Yearbook

The Authorized Offical Annual Report

2013–2016

中国茶业年鉴

China Tea Yearbook

The World Largest Tea Producing Country

The Authorized Official Annual Report

中国茶叶学会　中国国际茶文化研究会　主编

中国农业出版社

图书在版编目（CIP）数据

中国茶业年鉴. 2013—2016 / 中国茶叶学会, 中国国际茶文化研究会主编. — 北京 : 中国农业出版社, 2016.12
ISBN 978-7-109-22579-4

Ⅰ.①中… Ⅱ.①中… ②中… Ⅲ.①茶业-中国-2013-2016-年鉴 Ⅳ.①F326.12-54

中国版本图书馆CIP数据核字(2016)第311254号

中国农业出版社出版
（北京市朝阳区麦子店街18号楼）
（邮政编码 100125）
责任编辑 陈 瑨

中国农业出版社印刷厂印刷 新华书店北京发行所发行
2016年12月第1版 2016年12月北京第1次印刷

开本：889mm × 1194mm 1/16 印张：21.25 插页：10
字数：800 千字
定价：300.00 元

编辑说明

一、《中国茶业年鉴》是一部全面、系统反映我国茶业建设成就、经验及其发展动态的大型资料工具书。

二、《中国茶业年鉴》的基本任务是：面向市场、面向基层、面向未来，为茶业行政机关、茶业广大生产经营单位、国内外茶业投资者、茶业研究人员和茶文化爱好者提供茶叶主要县产销信息、国家和地方有关政策法规、各省份茶叶进出口贸易等资料。

三、《中国茶业年鉴（2013—2016）》，主要收录2012—2015年资料，全卷约80万字。

四、《中国茶业年鉴（2013—2016）》统计数据来源于国家统计局、海关总署。所录资料，除特别说明外均不含台湾省及香港、澳门特别行政区。国际统计资料数据来源于联合国粮农组织（FAO）、联合国商品贸易统计数据库（COMTRADE）。

五、年鉴文字部分，按条目编辑。全卷编排按内容分类。

六、年鉴文稿编撰，由农业部种植业管理司、中国国际茶文化研究会、中国茶叶学会以及各地茶叶行政管理部门、茶叶学会、茶文化学会承担。

七、年鉴计量单位、文字撰稿、资料选用均执行国家现行法规。

八、条目、文章，一律署名，文责自负。

中国茶业年鉴编辑部

《中国茶业年鉴》编辑委员会

2012国际茶文化研讨会

第六届海峡两岸茶业博览会

2013国际茶业大会

2013中国茶叶学会年会

中华茶人联谊会第五届会员代表大会

2014中国茶业经济年会

2014年中国茶叶学会年会

第二届中国茶业博览会

2015国际茶业大会

2015第二届茶业大会

2015中国茶业科技年会

第六届中国国际茶业及
茶艺博览会

天府龍芽

中国茶叶版图上的“龙脊”

此刻，在地球的其他角落，大约 30 亿杯茶正在被不同肤色的人们分享着，尽管这些茶拥有各种各样的名号，但在它们成为红茶、砖茶、乌龙茶……之前，中国都是它们最初的发祥地。几千年前，正是炎黄子孙，代表人类开启了认识利用茶树的历史。

千百年来，对于中国人，茶是生活、茶是趣味、茶亦是道义。但是在中国复杂的茶叶谱系中，哪里是茶文化最初的发源？哪里有最“高山”仰止的茶园？我们的答案是——“天府之地”四川。

深入天府之地，揭开传说与演绎的面纱，
从寻找中国茶香的源头开始，品茗川茶的风土与茶韵，
找到专属于中国人的“茶本主义”！

天府龙芽——茶之初，姓本“蜀”

从先秦直到西晋，巴蜀都是茶产业的中心，是当之无愧的茶文化开创地。确凿的文字记载出现在西汉末年，官至谏议大夫的王褒，在其著名的《僮约》列举的种种杂务中，出现了“烹茶尽具”“武阳买茶”的文字描述。

“烹茶尽具”，说明茶叶已成日常饮用风尚，而且在富裕人家，还出现了专门的茶具，需要准备齐全，洗涤干净。

“武阳买茶”，说明此时的茶叶已经高度商业化，出现了如武阳这样相当规模的茶叶集散地（武阳即今成都以南彭山区）。

茶马古道“川茶崛起”，山间铃响茶香来

川茶，还与另一个里程碑式的中华符号息息相关，这就是“茶马古道”。

随着唐朝文成公主的和亲，唐蕃古道的开通，茶文化传入了吐蕃，由于茶叶有助于藏式饮食中的“疏滞腻”，饮茶迅速在吐蕃地区传播开来。但是酷寒的高原气候使得茶叶在西藏无法种植，只能依赖于中原入藏。

作为与西藏毗邻的茶叶发源地——四川，当仁不让地承担起了茶叶入藏的重任。自宋代开始，政府便在雅州（今四川雅安）、戎州（今四川宜宾）专设“茶马司”，并被沿用至明清。在以马匹作为主要交通工具的年代，中原地区主要为农区，不产马匹，西藏却盛产良马，这种互补性使汉藏两个民族走到了一起。

于是，“茶马互市”产生了，茶马古道也就在历史的深处呼之而出。这是一条完全由人和马的脚力踩出来的艰辛之路，从此让汉藏文明紧密联系。

四川省茶产业带示意图

在雪岭若浮的四川雪山山脉内侧，如古代汉族传说中“C”字形玉龙般，分布着120多个产茶县。

“C”字形玉龙分布带

天府龙芽——中国茶叶版图上的“龙脊”

我国山茶科植物分布辽阔，东起东经122°的台湾省东部海岸，西至东经95°的西藏自治区易贡，南自北纬18°的海南省榆林，北到北纬37°的山东省荣成市，东西跨经度27°，南北跨纬度19°，总计4 000余万亩的中国茶园，分布在海拔数米至海拔2 600米的垂直高差之间，坐落于热带、亚热带、暖温带三个气候带之内。但是唯有四川茶叶产区，犹如一枚“C”字形玉龙，横亘在中华茶叶版图之上。

四川产茶区，拥有我国独具的低纬度和海拔高低相差悬殊的地理环境。当我们凝视彩色的中国地形图时就会发现，从地处西南的四川一路往西，地图的颜色渐次变深——这意味着这里的海拔高度正在不断地抬升。从秦岭、岷山、大雪山，一直到贡嘎山、四姑娘山等山脉，一级级抬升的山峰宛如大地升向天空的阶梯。环绕着这些雪岭若浮的山脉内侧，即四川盆地的盆周山区和盆地丘陵区，如“C”字形的国宝玉龙一般，分布着产茶县120多个，优势重点产茶县30多个。

天府龙芽——“无芽不好茶”

一杯好茶，在茶人与饮者之间，不仅隔着无可替代的地理条件，更有神奇的制茶工艺。

川山、川水、川人，造就了红茶、绿茶、黄茶、黑茶等齐备的六大川茶品类，独创了川茶“甘冽、浓醇、耐泡”的厚重口味，也赋予了这片鲜叶以千姿百态五颜六色在杯中起舞的茶缘。

所谓“无芽不好茶”，川茶多芽茶，芽是生长点，也是茶的精华和营养之所在。

天府龙芽——同纬度早春茶

对于嗜茶者，莫不以春茶为贵，可谓“一春心事在新茶”。但是并非只有“明前雨前时节”才是区分茶叶等级的茶季“金线”。实际上，清明谷雨之后，5~8月间还有两茬夏茶，白露之后收秋茶，就连寒冬腊月还有冬茶。茶季贯穿了一整年！

但是对于中国人最重要的节日——春节，要想在此期间喝到名副其实的春茶新茶，非川茶莫属。因为四川素有“看春晚，喝春茶”一说，相对于大部分东部产区，四川产地的气温条件更利于茶叶的早熟，像宜宾、雅安、峨眉等地在每年春节前后便可制作新茶，这在同纬度茶叶产地中是相对较早的。四川盆地有冬暖夏凉的气候特征，可谓占足先机，宜宾更是有“中国早茶之乡”的美誉。浙江、安徽等地的春茶采摘要等到每年的3月末至4月初，福建的春茶要等到每年的3月中旬。

每年春季回暖，茶树萌芽，那透着清新茶香的一茶一叶便在采茶女的巧手和制茶师的妙手中，形成一粒粒饱满鲜嫩的早茶，将早春的第一道香韵带往四方。

四川省茶业集团股份有限公司

四川省茶业集团股份有限公司是四川首家实施全茶产业链开发的股份制企业，旗下有茶树良种繁育公司、茶叶初制加工厂、茶叶营销公司、国际贸易公司、电子商务公司等10余家控股子公司，注册资金2.08亿元。2015年公司实现综合产值16.36亿元，出口创汇760万美元，占四川茶叶出口额52%以上。

公司先后荣获“农业产业化国家重点龙头企业”“全国农业产业化优秀龙头企业”“全国茶行业综合实力十强企业”“中国出口茶叶企业十强企业”“国家科技创新型星火龙头企业”等多项荣誉，并被四川省委、省政府确定为“川茶千亿产业 ”发展的排头兵企业进行扶持。

公司全资收购的天宫山高山有机茶基地是川茶大区域品牌“天府龙芽”的优质原料供应基地，且连续11年通过国内、国际有机茶双认证，是目前全国连片规模最大的高山有机茶基地。

公司先后承担和实施了国家、部、省、市级科技攻关、成果转化、星火计划和技术创新各类项目20余项，参与制定31个国家、行业标准，并攻克全国绿茶加工共性技术难题，创新中国黑茶加工技术，突破名优茶机制集成加工技术，为茶行业的技术研发和成果应用做出了表率。 同时， 公司目前拥有全国最大的科技创新园区及全国茶和行业唯一的“一站两院两中心”（即：四川茶行业唯一的院士专家工作站、 全国茶行业唯一的国家认定企业技术中心、四川省唯一的四川省茶业工程技术研究中心、川茶产业技术研究院、川茶产业商学院）科技创新平台，引领茶行业科技创新。

一站两院两中心

- 院士专家工作站
- 国家认定企业技术中心
- 川茶产业商学院
- 四川省茶业工程技术研究中心
- 川茶产业技术研究院

公司“叙府牌”商标被评为“中国驰名商标” “四川省著名商标”，拳头产品“叙府龙芽”产品连续七次在国际名茶评比中荣获金奖，“天府龙芽”获“百年世博中国名茶金骆驼奖”和“金芽奖·中国最具国际竞争力名茶品牌”。

公司在国内建成品牌川茶实体店200多家，在香港、马来西亚等10多个国家和地区建立了营销机构，拓展了蒙古、摩洛哥、格鲁吉亚、俄罗斯等海外市场。俄罗斯原第一副总理索斯科维茨先生于2015年正式受邀成为公司终身荣誉顾问。

公司按照四川省政府2014年1号文件精神指示，联合省内121家茶企成立了四川省川茶品牌促进会，打造川茶大区域品牌。2015年，公司原创品牌“天府龙芽”被确定为川茶大区域品牌，并于2016年第五届国际（四川）茶博会暨天府龙芽茶文化节上发布。

目前，公司正实施四川省有史以来第一个农业省级重点项目——川茶产业融合发展项目，项目计划投资12.65亿元。公司将在3～5年内，以项目建设为抓手，通过引资引智、兼并重组、合资合作，建成川茶百亿企业航母，推动四川茶产业整体转型升级发展。

天府龙芽

叙府龙芽

川茶集团天宫山万亩高山有机茶基地

华发茶业

浙江华发茶叶有限公司创办于1994年，是全国民营企业中第一家农业产业化国家重点龙头企业，2002—2012年在全国茶叶加工企业中连续收购、加工、出口名列第一，是目前中国厂房面积最大、加工能力最强、联结基地和联结农户最多，集科研开发、技术推广、生产加工、国际贸易为一体的大型绿茶生产加工出口企业之一。嵊州市三十强企业，嵊州市纳税大户。

公司下属全资企业5家，境外投资企业1家，境外办事处4家，公司产品主要包括珠茶、眉茶、龙井茶、乌龙茶、辉白茶、蒸青茶等六大类系列产品，公司有注册商标40多个，“皇帝”牌产品和商标先后被评为“中国驰名商标”“浙江出口名牌”“浙江省著名商标”。

2013年起，公司从嵊州市经济开发区，整体搬迁到有着80年历史的原浙江省三界茶厂（该厂第一任厂长为当代茶圣吴觉农），目前进行产业结构调整和升级，从原比较单一的出口，现朝着以出口为主，内销与深加工为重点发展方向。

多年来，公司一直为以维护行业利益、加强食品安全、环境保护、科技兴农、基地建设为己任，热心社会公益事业，积极回报社会。

公司荣誉

农业产业化国家重点龙头企业
全国百佳优秀农业龙头企业
中国食品土畜进出口商会茶叶分会 副会长
浙江省茶叶产业协会 副会长
绍兴市工商联（总商会） 副会长
绍兴市农业龙头企业协会 会　长
嵊州市茶叶产业协会 会　长

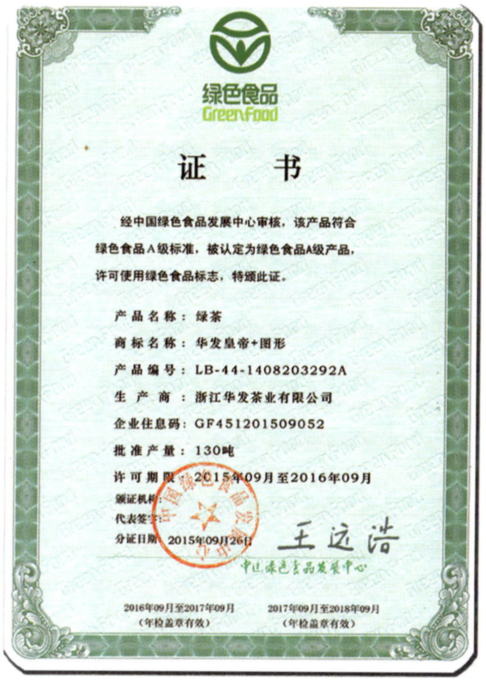

浙江华发茶业有限公司
地址：浙江省嵊州市三界镇华发路16号 邮编：312400
电话：0575/83359888
传真：0575/83359888
E-mail:wftxc @wafatea.net
公司网址http://www.wafatea.com

孝感市福良山农业综合开发有限公司

孝感市福良山农业综合开发有限公司，是2006年孝南区引进的回归企业，固定资产1.5亿元，在孝南区、大悟县建有10 000亩生产、示范基地。公司主营业务为名优茶生产、销售，茶树和果蔬品种引进、培育、繁育、推广，优质粮油、蔬菜、水产品示范基地，农产品物流，农业技术培训、农业观光旅游等，并致力于品牌农产品的生产、销售。

公司以建成国家级现代农业龙头企业为目标，以“种子、种苗”为主业，围绕主业做产业。以“富润良品，健康人生”为己任，坚持生态、科技、高效发展方针，以“示范带动，五统一分”和“六个一”为纽带，采取“公司+基地+合作社+家庭农场+农户”运营模式，主攻“精品茶、优质苗、品牌菜、健康鱼、优质粮油”，追求“企业发展，百姓致富”。在各级政府、部门的高度重视和扶持下，全体同仁奋力拼搏，艰苦奋斗，公司从零开始，迅速壮大，投资8 000万元在孝南区、大悟县分别建设了2个育苗工厂、3个基地。现已形成“三园七区、六个基地、两个中心”的格局。

公司已具备年产精品茶20吨，年繁育无性系良种茶苗1.5亿株，果蔬种苗3亿株，24万亩大田机插秧苗，年产名、优、特品牌蔬菜5 000吨、水稻1 000吨、油菜籽400吨、健康水产品100吨，年交易农产品6万吨，交易额2亿元，年培训农业技术人员2 000人次，年接待游客15万人次，年产值5亿元的能力。

公司被农业部授予“大别山无性系良种茶苗繁育和高效名优茶示范基地”“种子工程（茶树）项目承担单位”，国家茶叶产业技术体系“湖北扁型茶加工示范基地”，省农业厅、农科院“茶树主推品种定点繁育和供应基地”，以及“农业产业化省级重点龙头企业”“湖北省科技创新型企业”“农业科技创新试点企业”“孝感市农业产业化经营十佳企业”等称号。

公司茶叶产品“福良山碧剑”“感天龙剑”评为湖北名牌产品，荣获全国第七届、第八届（中茶杯）特等奖，“中国茶博会”“中国农博会”金奖，湖北二十佳名茶、孝感市六大名茶、“孝感市十大土特名品”等十多个奖项。

公司董事长、总经理乐子华当选为湖北省工商业联合会常务理事、孝感市政协委员、孝感市茶叶商会会长，荣获“孝感市五一劳动奖章”“孝南区建区20周年十大优秀企业家”“孝感英才—农村拔尖实用人才”荣誉称号。

2015年6月16日，公司董事长兼总经理乐子华参加“中俄农产品贸易座谈会”

农业部领导、省农业厅领导到公司视察

湖北省政协领导到公司视察

恩施州农科院茶叶研究所

恩施州农科院茶叶研究所是恩施州农科院下设科研单位之一，主要从事茶叶的生产、加工、销售与茶树新品种选育、茶树种苗繁育、茶叶配套机械设备技术研究、茶叶内含物的提取等科研工作。获省州成果登记 10 项，获湖北省科技进步二等奖 1 项，获恩施州科技进步奖 4 项，获中国茶叶学会科学技术奖 1 项，金桥奖优秀项目奖 1 项，湖北省优秀专利奖 1 项。现有员工总数 10 人，其中硕士研究生 4 人，正高职高级农艺师 2 人，高级农艺师 1 人，高级茶艺师 1 人，中级评茶员、中级茶艺师各 1 人。

自 2004 年建所以来，先后实施了《恩施州富硒茶的开发和示范》《湖北省茶树良种繁育示范场》《茶树营养袋快繁育苗技术研究》《湖北省恩施自治州茶树良种工厂化育苗和有机茶生产示范基地》《恩施州茶叶工程技术中心组建》《茶树“二段法”法快繁育苗技术研究》《恩施玉露专用茶树品种选育与配套设备研究》《恩施玉露品牌建设》等项目。目前承担国家自然科学基金地区基金《恩施地区茶树特异地方资源的发掘及保护》、国家茶叶产业体系恩施试验站、湖北省恩施州茶叶良种繁育基地建设项目、湖北省农业科技创新中心鄂西综合试验站（特色作物育种创新团队）、湖北省第二批现代农业产业技术体系茶叶减肥减药恩施试验站等项目。授权发明专利《一种适用于机械化管理的茶树栽培方法》《一种橘树花茶及制备方法》《茶树人工杂交花瓣授粉法》3 项；实用新型专利《一种茶叶回潮机》《一种机采茶鲜叶振动分级机》《鲜叶贮青摊青室》3 项；外观专利《包装盒（茶叶）》1 项。审定品种 1 项，发表论文 17 篇，参编科普读物 3 部，拍摄制作电教片 1 部。

目录

茶叶质量与标准

茶业法规文献

茶 文 化

各 地 茶 业

茶 业 企 业

茶 叶 之 乡

茶 人 介 绍

茶业统计资料

附　录

2014年全国茶叶生产概况

农业部种植业管理司经济作物处　封槐松

2014年，我国茶叶生产在遭遇2013年长江中下游茶区严重伏旱、早春东部茶区持续低温阴雨等不利因素的影响下，由于及时加强了茶园管理，仍然取得了各项生产指标超历史的好成绩。

（一）茶园面积低幅增加

据18个产茶省（自治区、直辖市）农业部门上报汇总，茶园面积274万公顷，同比增加13.52万公顷，增长5.19%。其中，采摘面积210.8万公顷，同比增加16.27万公顷，增长8.36%。

（二）茶叶产量中幅增加

干毛茶总产量209.2万吨，同比增加19.5万吨，增长10.33%。其中，除河南、海南略有减产，其他16省（自治区、直辖市）全部增产，增产较多的贵州增加4.7万吨，云南、福建各增加2.5万吨，四川、陕西各增加1.7万吨，湖北、浙江分别增加1.6万吨、1.1万吨。

（三）茶叶产值大幅增加

由于产量增加较多，加之价格继续上涨，干毛茶总产值大幅增加，达到1 349亿元，同比增加216亿元，增长19.07%。除海南减少1 734万元，其他17省（自治区、直辖市）均增加，增加较多的贵州增加55.9亿元、增长52.98%，陕西、云南分别增加27.3亿元、26.5亿元，福建、浙江、四川、湖北也都增加14亿～20亿元。

（四）大宗茶增幅超过名优茶

名优茶产量89.9万吨，同比增加8万吨，增长9.76%；大宗茶产量119.3万吨，同比增加11.5万吨，增长10.75%。名优茶产值892.5亿元，增加131.3亿元，增长17.26%；大宗茶产值456.4亿元，增加84.6亿元，增长22.77%。名优茶与大宗茶产量占比分别为43%和57%，下降或上升2个百分点；产值占比，名优茶占66.2%，大宗茶占33.8%，下降或上升1个百分点。

（五）六大茶类普遍增产

六大茶类增产较多的依次是：绿茶增产8.16万吨，达到133.26万吨，增长6.52%，主要是贵州和陕西分别增产3.6万吨、1.37万吨；黑茶增产5.84万吨，达到28.04万吨，增长26.33%，主要是云南、湖北、湖南分别增产1.84万吨、1.24万吨、1.03万吨；红茶增产3.81万吨，达到21.53万吨，增长21.55%，主要是福建增产1.1万吨；乌龙茶增产1.26万吨，达到24.54万吨，增长5.45%，主要是福建增产1万吨；白茶增产4 106吨，达到15 708吨，增长35.39%，主要是福建增产3 899吨；黄茶增产884吨，达到3 109吨，增长39.73%，主要是安徽和湖南分别增产450吨、319吨。

（六）生产水平和效益双提高

全国茶叶单产水平在连续3年下降的状况下开始止降回升。按茶园面积计算，平均每亩[①]产50.88千克，同比提高2.37千克，提高4.89%；按采摘面积计算，平均每亩产66.18千克，同比提高1.18千克，提高1.81%；除江西、山东、河南、广西、海南减产，其他13省（自治区、直辖市）都增产。与此同时，茶叶生产效益也大幅度提高。按茶园面积计算，全国平均每亩产值3 280元，提高382元，增长13.2%；按采摘面积计算，每亩产值4 266元，提高383元，增长9.88%；除江苏、河南、海南效益下降，其他15省（自治区、直辖市）效益均上升。

（七）茶叶质量及其安全水平明显提高

无公害茶园面积175.87万公顷，同比增加9.4万公顷，增长5.68%；有机茶茶园面积15.93万公顷，增加1.24万公顷，增长8.41%；优质高产的无性系茶树良种面积163.27万公顷，增加19.3万公顷，增长13.46%，占茶园总面积的比重由2013年55.2%上升到59.5%。

虽然2014年茶叶生产取得了十分可喜的成绩，但我们仍要继续认真贯彻落实农业部《关于促进茶叶生产持续健康发展的意见》，加大力度，强化措施，促进茶叶生产持续稳定发展。一是要积极引导各地稳定茶园面积，防止产大于销造成茶贱伤农；二是要努力提高茶叶单产和品质，加快我国茶叶由生产大国向生产强国转变；三是要从茶园到茶叶店全程监控茶叶质量安全，确保上市茶叶都是无公害产品。

① 亩为非法定计量单位，1亩≈666.7米^2。

2015年全国茶叶生产概况

农业部种植业管理司经济作物处　封槐松

2015年，茶叶生产保持稳定发展，形势良好，面积增幅下降，产量继续增加，产品结构优化，产值较快增长，提质增效成效明显。

（1）面积扩大。2015年18个产茶省茶园面积287.73万公顷，比2014年增加11.67万公顷，增长4.2%，比2014年回落1个百分点。采摘面积225.8万公顷，增加15.2万公顷，略低于2014年增加数。湖北、贵州、陕西、四川4省茶园面积各增加1.34万公顷以上。

（2）产量增加。预计干毛茶产量227.8万吨，比2014年增加18.6万吨，增长8.9%。其中，名优茶99.3万吨，增加9.1万吨，增长10.1%；大宗茶128.5万吨，增加9.5万吨，增长8.0%。六大茶类全面增产，其中，白茶增产50%以上，红茶、黑茶和黄茶也各增产10%以上。贵州增产4万吨，福建、四川、云南各增产2万吨以上。

（3）产值增加。预计干毛茶产值1 519.2亿元，比2014年增加170.1亿元，增长12.6%。其中，名优茶产值1 038亿元，增加145.4亿元，增长16.3%；大宗茶产值481.2亿元，增加24.7亿元，增长5.4%。贵州、四川、浙江和陕西干毛茶产值分别增加49.8亿元、27亿元、18.6亿元和16.5亿元。

（4）结构优化。茶叶生产结构调整优化体现在两个方面：第一，茶园结构优化，无性系良种茶园面积比例同比提高1.2个百分点，达56.5%；有机茶园面积比例提高0.3个百分点，达6.2%。第二，茶类结构优化，在干毛茶产量中绿茶、乌龙茶所占比例下降，红茶、黑茶、白茶、黄茶比例上升，六大茶类比例更加均衡。

（5）提质增效明显。茶叶提质增效继续取得良好成效，主要体现在茶叶质量安全保持稳定，名优茶比重提高，亩产量和亩产值提高。全国名优茶产量、产值占茶叶总产量、总产值的比重分别提高0.5和2.2个百分点，分别达到43.6%和68.3%。采摘茶园平均亩产量达67.2千克，比2014年提高1千克；平均亩产值为4 485元，比2014年增加215元，增长5%。

各地反映，当前保持茶叶持续健康发展的压力逐步增大。一是近年来茶园面积增加较多，全国未投产幼龄茶园仍达60多万公顷，保持茶叶产销平衡的压力逐步增大。二是茶叶价格回归理性，但生产成本越来越高，保持茶农持续增收的难度逐步加大。三是茶叶质量安全关注度高、容忍度低的现状未发生变化，国内外质量安全标准趋严，而依赖化肥、农药的传统种植模式还未彻底改变，确保茶叶质量安全的压力仍然较大。四是茶园季节性用工矛盾凸显，谁来采茶的问题日益严重。

针对茶叶发展中存在的问题，农业部种植业管理司将继续积极落实农业部《关于促进茶叶生产持续健康发展的意见》，加快促进茶叶发展方式转变，重点从四个方面入手：从布局入手，坚持优势区域发展思路，在农业结构调整中积极引导各地调减低效茶园，加快老茶园改造，保持茶园面积稳定。从品种入手，继续支持茶树良种繁育体系建设，提高无性系良种茶树比例。从技术入手，提升茶叶标准园创建水平，促进由“园”到“区”拓展，示范推广茶叶绿色生产模式和机械化生产模式，提高茶叶品质，降低生产成本。从市场入手，利用好中国国际农产品交易会、中国茶叶博览会等展会平台，进一步加大茶叶品牌创建力度。

中国红茶产业现状（2012—2014年）

中国农业科学院茶叶研究所　江用文　袁海波　滑金杰

一、红茶产销情况

1. 红茶生产

2012—2014年，我国红茶生产继续保持增长的态势。产量稳步增长，2012—2014年全国红茶产量分别为13.24万吨、16.00万吨、18.00万吨（图1），分别比上年增长16.4%、20.8%、12.5%；红茶占茶叶总产量的比重逐年提高，2012—2014年红茶产量占茶叶总产量的比例分别为7.4%、8.3%、8.6%。

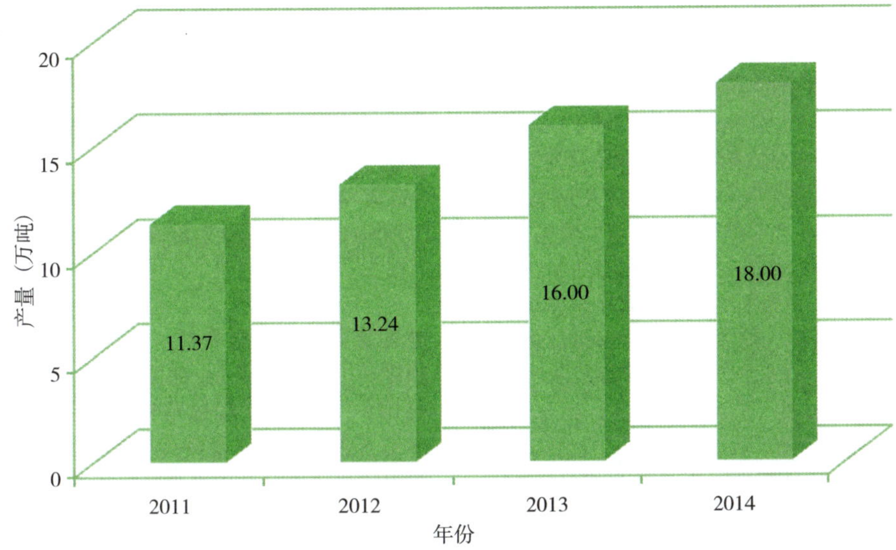

图1　2011—2014年红茶产量变化

生产红茶的地区扩大。近年来，在国内红茶市场需求持续增长的刺激下，全国产茶省份基本上都生产红茶，2012—2014年红茶产量超过1 000吨有13、14、14个省份，红茶产量超过5 000吨的有7、7、8个省份，红茶产量超过10 000吨的有4、5、5个省份，如表1所示。

表1　2011—2014年各省份红茶产量

单位：吨

地区	2011年	2012年	2013年	2014年
全国总计	113 679	132 416	159 967	180 180
江苏	2 353	2 452	1 948	2 250
浙江	1 330	1 370	1 321	1 296
安徽	4 228	4 422	5 168	5 660
福建	22 707	27 365	36 866	43 359
江西	4 450	5 123	4 915	5 723
河南	5 095	5 878	6 828	7 209
湖北	19 374	21 746	23 757	27 467
湖南	15 401	15 890	16 849	17 342
广东	1 279	1 338	2 011	3 410
广西	5 626	8 720	11 348	12 122

（续）

地区	2011 年	2012 年	2013 年	2014 年
海南	83	134	419	572
重庆	2 856	3 101	3 128	3 679
四川	2 584	3 195	3 660	3 788
贵州	881	950	1 472	4 863
云南	25 433	30 731	40 278	41 441

传统红茶产区积极恢复和振兴红茶产业，仍占主体地位。长期以来，茶叶产区根据资源禀赋的差异、市场需求的变化进行茶类结构的调整演变，形成了一批知名红茶产区，如滇红、祁红、闽红、宜红、川红、宁红、桂红。20 世纪 90 年代，由于我国红茶在国际市场上竞争力弱，取消鼓励出口的扶持政策后，红茶出口严重萎缩，上述红茶主产区纷纷由红茶改制绿茶。2006 年以来，国内红茶市场需求逐步兴起，促使这些地区又恢复红茶生产。从红茶生产规模看，滇红、闽红、宜红排名前 3 位，云南、福建和湖北 3 省的红茶产量超过全国总量的一半。湖南湘西红茶产区在历史上属于宜红产区，目前从宜红独立出来，命名为湘红。从增长速度看，2012—2014 年，福建、云南、广西红茶产量大幅增加，增速最快的是广西，2014 年红茶产量比 2011 年增长 1.15 倍；其次是福建，2014 年红茶产量比 2011 年增长 90.9%，并超过云南成为全国最大红茶生产省；云南省长期是我国最大的红茶产区，近三年红茶产量也呈现较快增长，特别是 2013 年比 2013 年增加近 1 万吨，增量达到全国总增长量的 34.7%，2014 年由于饮料所用的红碎茶需求量下降，红茶产量增加缓慢。

随着红茶市场的兴旺，涌现出新兴红茶产区如河南、贵州。河南、贵州两省过去不生产红茶，但现在已成为红茶的主产区。河南于 2009 年发展红茶，创制出信阳红，贵州大力发展红茶的时间更晚，这几年通过大力宣传和促销，发展快速。2012—2014 年，河南红茶产量仍保持较快发展，从 2011 年的 5 095 吨增加到 2014 年的 7 209 吨，增幅为 12.3%；贵州省红茶产量也快速增长，从 2011 年的 881 吨增加到 2014 年的 4 863 吨，年均增长 76.7%。特别是 2014 年，比 2013 年增长 230.4%。2014 年，河南红茶产量名列第 6 位，贵州省名列第 9 位。

2. 红茶市场

2012—2014 年，红茶产量大幅增长，但红茶的出口量却呈现逐年下降的趋势（表 2），这说明我国新一轮红茶产业的发展，主要动力来自于国内市场需求的拉动。

表 2　全国红茶产量和出口量

单位：万吨

年份	2011	2012	2013	2014
红茶产量	11.37	13.24	16.00	18.02
出口量	3.56	3.58	3.30	2.78

近年来，国内市场对红茶的需求得到快速发展，主要有以下因素：一是欧美市场以消费红茶为主，国内白领阶层与国外交往增多，喝红茶具有一种时尚感；二是随着饮茶人群老龄化，有些胃不舒服的人，觉得红茶温和，改喝红茶；三是部分年轻人加入到饮茶队伍，并且选饮红茶。

二、红茶生产企业

随着红茶产业的兴起，2012—2014 年以生产红茶为主导的企业也快速成长。在重点红茶产区，形成了一批以生产加工红茶为主的龙头企业，如滇红以云南滇红集团股份有限公司为代表，祁红以安徽国润茶业有限公司、安徽祁门红茶发展有限公司为代表，闽红以福建正山堂茶业有限责任公司、福建新坦洋茶业（集团）股份有限公司为代表，川红以四川川红茶业集团有限公司为代表，宜红以湖北宜红茶业有限公司、宜都市安明有机富锌茶业有限公司为代表，宁红以江西省宁红集团有限公司为代表，桂红以广西凌云浪伏茶业有限公司为代表，上述企业均发展成为省级以上农业龙头企业。同时，越来越多的国家级、省级农业产业化茶叶龙头企业涉入红茶加工或扩大红茶加工，成为其提高资源利用率、拓展市场的一个新增长点，如云南双江勐库茶叶公司、浙江茶叶股份公司、湖北萧氏茶业公司等新增了红茶产品。另外，领域外越来越多的工商资本开始关注、投资红茶产业，如云南白药集团、龙润集团、祥源集团，其中龙润集团已成为国家级农业产业化龙头企业。

三、红茶加工技术

红茶加工技术水平取得了长足的提升。在红茶快速发展的初期，一些地方特别是新区，对红茶加工的技术要领没有全面掌握，特别是萎凋程度、发酵条件和程度掌握不到位，加工的红茶达不到标准要求，出现汤色不红、发暗，茶汤滋味不醇，甚至有酸味。在各级政府和企业的重视下，通过专家指导、技术培训，工人加工红茶的技能有了较大提高。

红茶加工技术研究进展快。近年来，红茶加工技术研究根据市场对红茶的品质风格追求汤色亮、香气高、滋味醇的变化，根据不同品种原料的特点，研究提出萎凋适宜的条件和程度，不同萎凋方式对红茶品质风味的影响；研究提出红茶发酵适宜的温湿度条件、程度，采用新技术提高发酵的质量，研制出技术参数可控的连续化萎凋、发酵设备，一些红茶加工规模企业新建红茶加工连续化生产线，小规模红茶加工厂，对生产设备进行了改造，使红茶加工技术水平有了较大的提高。

四、红茶品牌的培育

红茶品牌建设取得较快发展。在红茶品牌建设中，公共品牌和企业品牌共同发力。公共品牌主要是申请地理标志保护，目前我国有3个部门从事农产品的地理标志保护工作，一是国家工商总局的地理标志商标注册，二是国家质量监督检验检疫总局的地理标志产品保护，三是农业部的农产品地理标志登记。到2014年年底，申请国家工商总局的地理标志商标注册有12件，分别是祁门红茶、凤庆滇红茶、福鼎白琳工夫、筠连红茶、坦洋工夫、信阳红、宜昌红茶、宜红工夫茶、英德红茶、正山小种、政和工夫、遵义红；申请国家质量监督检验检疫总局的地理标志产品保护有5件，分别是英德红茶、坦洋工夫、武夷红茶、筠连红茶；申请农业部的农产品地理标志登记有7件，分别是修水宁红茶、铅山河红茶、五峰宜红茶、宜都宜红茶、金寨红茶、金秀红茶、筠连红茶。其中筠连红茶在3个系统中均申请并获批准，坦洋工夫、宜红工夫茶、英德红茶在2个系统中申请并获批准。

从驰名商标培育来看，与红茶密切相关的有4件，其中有2家红茶生产企业获得驰名商标，分别是安徽国润茶业有限公司的“润思”、云南滇红集团股份有限公司的“凤”牌；红茶公共品牌有2件获得驰名商标，分别是福建省福安市茶业协会持有的“坦洋工夫”、福建省政和县茶叶技术推广总站持有的“政和工夫”。

大别山地区6年茶叶优质高产协作工作总结

农业部种植业管理司经济作物处　封槐松　全国农业技术推广服务中心　冷杨

大别山地区是我国著名的革命老区，自古以来由于生态环境优良，又是茶叶生产的适宜区，信阳毛尖、六安瓜片等一批品牌名优茶叶在这里孕育，走向全国，蜚声海外。但过去由于交通不便、与外界交往很少，经济发展长期处于比较落后的状态，茶产业也始终不大不强。为了改变这种状况，农业部种植业管理司在充分调研的基础上，于2009年2月发文组织鄂豫皖3省、6市、26县（市、区）农业部门，以及全国农业技术推广服务中心、中国农业科学院茶叶研究所等6个技术支撑单位，成立协作组，在协作方案的指导下，开展大别山地区名优茶优质高产协作活动。大别山名优茶产业从茶园面貌、技术水平，到产销氛围、产业效益都得到了极大的提升。

一、成效十分显著

根据2014年各协作单位茶叶生产、加工的实绩，与《大别山地区名优茶优质高产协作示范方案》中各项指标进行比较，除单产由于订的增长幅度过高，加上近年来早春低温阴雨时间较长致使部分地区减产没有完成外，其他所有指标都超额完成，部分指标增速高于同期全国平均水平，后来统计的一些加工和质量安全指标也年年超额完成，主要表现在以下几个方面：

1. 生产总量大幅增加　2014年茶园面积达到26.33万公顷，比2008年增加12.21万公顷，增幅86.4%，年均增长10.9%；开采面积17.85万公顷，比2008年增加7.95万公顷，增幅80.3%；无性系茶园面积达到8.25万公顷，占茶园总面积的31.3%，比2008年提高17.4个百分点，快于全国无性系普及速度。2014年茶叶总产量达到13.13万吨，比2008年增加6.15万吨，增幅88.1%（河南省增加3.38万吨、增长147%），比全国同期平均增幅66.3%、高21.8个百分点；其中名优茶产量达7.18万吨，比2008年增加3.75万吨，增幅109.3%（河南省增加2.88万吨、增长204%），比全国同期平均增幅85.2%、高24.1个百分点。2014年茶叶总产值154.2亿元，比2008年增加112.4亿元，增长268.9%（河南省增加73.4亿元、增长381%），略低于全国平均281.3%的增幅；其中名优茶总产值达128.1亿元，比2008年增加93.9亿元，增长275%（河南省增加71.1亿元、增长477%）。名优茶分别占到总产量和总产值的54.69%和82.99%，分别比2008年提高5.56和2.84个百分点，高于同期全国名优茶发展水平。

名优茶比重上升，品质提升，带动茶叶均价和单位面积产值翻番。每亩产值由协作前不足2 000元，增加到2014年的3 900多元，在促进茶农增收上意义重大。协作区6年年均新增产量1万余吨，新增产值18.89亿元，累计增产6万多吨、增加产值110多亿元，农村人均增收近千元。

2. 质量安全水平全面提升　从生产上来看，协作区不施用化学农药茶园面积超过6.67万公顷，占茶园总面积的26%；认证无公害茶园面积已达18.6万公顷，比2008年增加10.4万公顷，增长127%，占茶园总面积的70.64%；有机茶认证面积1.35万公顷，比2008年增加0.99万公顷，增长270%，茶叶产品中基本无农药残留。从加工来看，6年间新建连续化、清洁化、自动化的现代流水加工生产线近200条，使茶叶加工状况由6年前主要是小作坊式向现代化迈进了一大步，加工卫生条件大大改善。从监管看，茶叶质量安全水平稳定提高，2014年农业部茶叶质量监督检测中心、农业部农产品质量监督检测中心（郑州）等质检机构先后到大别山茶区抽检数百个茶样，全部符合质量安全国家标准。

3. 茶叶加工全面升级　2014年茶叶年加工能力达到23.5万吨，增加14.9万吨，增长172%；建成清洁化、连续化加工流水线193条，增加140多条，使清洁化、自动化水平显著提高。2014年市级以上茶叶龙头企业210余家，较2008年增加130多家。其中，国家级产业龙头企业1家、省级38家、市级175家。涌现出河南信阳毛尖、文新，安徽徽六、汉唐清明，湖北英山云雾、悟道茶等一批知名龙头企业。尤其河南信阳，龙头企业层出不穷，以信阳毛尖、文新为领头羊，现申林、蓝天、佛灵山、其鹏、九华山、仰天雪绿、新林、光州等一大批茶业龙头企业像雨后春笋般集群发展，规模优势明显，带动效应突出。

4. 市场建设加快　截止到2014年，协作区规模化茶叶产地交易市场达94座，年销售茶叶4.7万多吨。信阳市采取政府搭台、企业筹资、信阳毛尖集团牵头，计划总投资50亿元建设“中国信阳国际茶城”，将是全国茶叶产区最大的茶叶批发交易市场，目前投资28亿元的工程量已全部完成。销区网点建设也稳步推进，信阳市在全国建立茶叶企业品牌形象店300多家、营销网点1 500多个；岳西县茶叶协会牵头在安庆市设立“岳西翠兰”旗舰店，21家企业入驻，抱团发展。另外，电子商务成为茶叶销售新亮点，“信阳毛尖”淘宝店铺超过600家，六安市已有342家茶叶企业建有网店，霍山县全县茶企网店2014年销售额已达6 000多万元。

5. 品牌效应大大增强　6年来建立各类品牌600多

个，其中大批品牌在全国已有较高知名度。除了传统有名的“信阳毛尖”“六安瓜片”“霍山黄芽”外，重新整理和新推出了“岳西翠兰”“舒城兰花”“英山云雾”“龙潭”“文新”“悟道茶”“蓝天”“良奇”“新林”“信阳红”等一批获中国驰名商标、中国地理标志保护产品的名茶。

二、工作非常出色

1. 加强组织领导，上下齐心协力 农业部种植业管理司经过与安徽、河南、湖北3省农业厅（委）茶叶生产主管处（站）沟通协商，于2009年2月正式成立协作组，下发《大别山地区名优茶优质高产协作示范方案》，并于3月25日在安徽省潜山县正式启动。3省及大别山地区6市26县（市）迅速逐级分解落实部司下达的协作方案，使整个协作活动从下到上、又从上到下做到目标任务明确、协作内容具体、参加单位广泛、组织方式全面、进度安排严密。受邀参加的全国农业技术推广服务中心、中国农业科学院茶叶研究所、安徽省农业科学院茶叶研究所、湖北省农业科学院果树茶叶研究所、河南省信阳市农业科学研究所、浙江上洋机械厂等技术支撑单位，积极投身到大别山茶叶协作活动中来，努力开展技术服务。一些市、县级协作单位对协作活动也特别重视，相继成立了以政府牵头的协作组，如信阳市成立了以分管副市长为组长的协作领导小组，8个县区分管县长、区长和技术支撑单位负责同志为成员，在信阳市茶产业办公室设立协作办公室，确定3名专业技术人员主抓协作示范。

2. 加强技术培训，狠抓示范推广 无论是协作单位还是技术支撑单位，都以协作活动为平台，开展大量技术培训、指导、示范、推广工作，重点围绕人才队伍培养、无性系茶树良种推广、绿色生产模式构建和名优茶现代化加工技术推广等四个方面发挥技术支撑作用，推动大别山茶区发展资源节约、环境友好、生产高效、产品安全的现代茶业。全国农业技术推广中心先后3次在光山、大悟和信阳等协作区举办全国茶叶技术培训班，培训大别山茶区26个县的茶叶技术推广人员200多人次。另外，还通过农业部茶叶标准园培训，带领协作茶区技术骨干到浙江、四川、湖南等先进茶区考察学习。各级农技部门大力开展科技人才培训，6年来，黄冈市利用阳光工程、结合“三万”活动，共举办科技培训班（会）200多次，培训茶农2.8万人次，印发技术资料3万余份。

据不完全统计，信阳市农业科学研究所和推广部门举办各类专业培训班130多期，培训近7万人次，普及讲座、一事一训受训人员45多万人次，累计印发技术资料、手册、“明白纸”等30多万份。中国农业科学院茶叶研究所、湖北省农业科学院果树茶叶研究所、安徽省农业科学院茶叶研究所等科研单位加快了大别山适宜茶树良种育苗工作，选育出石佛翠、鄂茶1号等良种。安庆国家茶叶产业技术体系综合试验站，在太湖、岳西、金寨、潜山等县新建良种示范基地200公顷，展示推广石佛翠、舒茶早、皖茶91、中茶302、山坡绿等国家级茶树良种。全国农业技术推广中心在协作茶区大力开展绿色生产模式集成示范工作，在信阳市平桥区马氏生态茶叶专业合作社、信阳毛尖集团生产管理分公司、湖北红安县裕德茶叶有限公司茶叶基地建立核心示范点，重点示范化学农药替代技术、化肥减量增效技术和茶园生态环境优化等3项综合技术，辐射带动数千亩茶园，减肥减药效果明显，茶叶质量安全显著提升，生态和经济效益显著。中国农业科学院茶叶研究所与信阳市开展战略合作，在茶树病虫害绿色防控技术三年行动计划中，提供全程技术指导，通过示范带动，全面推进茶园标准化、专业化、精细化管理。

湖北省农业科学院果树茶叶研究所委派茶叶专家，对湖北协作茶园的土壤、茶园肥力背景值进行取样调查和分析检测，提出测土配方施肥技术方案和措施。2014年采用配方施肥的茶园面积达到2.488万公顷，新增0.258万公顷，比2013年的2.23万公顷增加了11.57%。浙江上洋机械有限公司作为技术支撑单位之一，6年来在大别山茶区示范、推广销售茶叶加工单机8 521台（套），总价约为5 600万元，清洁化、连续化、自动化加工生产线89条，名优茶加工能力和效率大幅提升；同时还配合协作市县茶叶加工主管部门和质检、卫生监督部门，组织茶叶清洁化加工技术培训班，提高现有中小型茶厂的清洁化加工意识和技术应用水平，加速老旧茶厂改造，帮助茶厂取得QS证书。

3. 加大资金投入，夯实产业基础 各协作单位发挥各自优势，积极争取、整合相关涉农资金，尤其是市、县级政府将茶产业作为支柱产业大力扶持，夯实了茶产业生产基础。6年来，农业部种植业管理司通过种子工程、农业综合开发和菜篮子工程建设项目为协作茶区建设了一批育繁推一体化茶树无性系良种繁育场、现代化加工厂及高标准茶园。

据统计，2009年以来协作茶区共得到种子工程项目4个，总投资近3 000万元，其中国家投资1 400多万元；农业综合开发项目7个，总投资近2 000万元，其中国家投资840万元；菜篮子工程项目建设标准茶园17个，国家投资850万元。国家财政下拨的现代农业发展资金也大量用于大别山茶业发展。各地这6年也加大了对大别山茶叶生产的投资力度，河南省级财政累计投了7 000万元，市、县级共投了5 000万元；安徽从2011年起，将国家现代农业发展资金安排在协作茶区，从2 000万元起步，逐年增加到2014年的3 800万元，专项建设无性系良种茶园，使协作区无性系茶树面积得到较快增加。湖北省级财政投入8 000多万元在大别山茶区开展茶叶基础性建设，确保协作活动按计划目标稳步推进。此外，一些茶叶企业也自筹资金，加快加工设施更新换代，如2013年湖北悟道茶业有限公司与韩国企业联合投资3.6亿元，建设悟道茶文化科技产业园，集茶叶生产、加工、深加工、茶叶产品体验、茶叶产品销售于一体的综合科技园。

4. 加强市场推介，打造知名品牌 各协作单位利用整合品牌、举办节庆、参加展会、开展评比、媒体宣传和品牌植入等六项措施，举办数百次茶事活动，形成浓烈茶叶氛围，助推大别山茶叶品牌申报中国驰名商标、中国地理标志保护产品等称号，显著提升了大别山茶叶影响力。信阳市大力整合品牌，强力打造“信阳毛尖”，使其名震京城、行销全国，通过举办一年一度的信阳国际茶文化节，广邀国内外茶叶界领导、专家和茶商代表参加，提高了信阳茶叶的知名度，扩大了宣传效果；六安市到北京等大城市推介“六安瓜片”“霍山黄芽”“舒城兰花”“金寨翠眉”和“华山银毫”，使“五朵金花”绽放异彩；安庆市到上海等大城市推介“岳西翠兰”“天华谷尖”“天柱剑毫”和“桐城小花”，使“四大天王”名扬四海。

5. 加强阶段总结，确保取得成效 为了防止协作活动走过场，协作组各成员单位都认真负责，采取一系列措施保证协作活动务实开展。这些措施归纳为“六有”特色，即有方案、有组织、有思路、有精神、有检查、有总结。“有方案”指协作单位根据农业部种植业管理司下发的协作方案，制订具体的实施方案，确保目标任务分解落实。“有组织”指协作组织严密，行政、推广、科研、企业等 4 个体系单位分工协作，而且所有地、县级协作单位还组成工作专班，保证协作有序开展。“有思路”指协作活动始终坚持贯彻农业部对茶产业工作的指导精神，科学制订发展规划，主动适应国内茶叶发展形势，保证茶产业健康稳定发展。“有精神”指协作骨干将老区“朴诚勇毅、不胜不休”的革命精神体现在协作工作中，克服经费不足、人手紧张的困难，发扬艰苦朴素、勇于担当、攻坚克难精神，推动协作工作不断深入。“有检查”指协作过程中，各协作单位每年不定期督查下面工作，农业部种植业管理司三年组织专家到协作区随机抽查。“有总结”指每年协作活动结束，由下至上不仅要书面总结，还要召开一次总结会，总结成绩、交流经验、查找问题、部署新的一年工作，算上 3 年中期总结和 6 年验收总结，一共总结 8 次，上报到农业部种植业管理司的协作总结近千份，仅部司总结交流会就开了 6 次，每次 3 省、6 市、26 县（市）都积极参加。据不完全统计，协作活动制订各级工作方案 30 多份，组织督导检查近百次，县级以上协作单位填报总结 200 多份，举办各类茶事活动数百场次，其中在行业内有较大影响的技术和品牌活动达 30 多场次。

三、经验值得总结

鄂豫皖 3 省 6 年协作活动，为大别山茶产业快速健康发展注入了强大推力和活力，也为今后我国茶产业的持续发展摸索了经验。

1. 坚持上下联动，交流协作 通过协作，实现上下联动，交流合作，形成推动大别山茶业发展的巨大合力。“上下联动”指从部到省，再到市县，从行政到科研推广，再到企业，真诚协作。每年协作工作结束，各协作单位都要向组长单位提交报告，总结当年，安排下一年。“交流协作”指走出去、请进来，发挥地缘优势，加强与周边地区茶业人才、科技、文化、经贸等方面的交流与合作，还邀请全国农业技术推广中心、中国农业科学院茶叶研究所专家现场指导，共同研究解决问题，落实措施。

2. 坚持调整结构，多元发展 针对大别山茶区过去茶类单一、效益低下的问题，协作区积极调整茶类结构，由单一生产绿茶向产品多元化方向发展，由单一生产初毛茶向精加工茶和深加工茶发展，由单一内销茶向内外销茶结合发展。一些地方在做大做强名优绿茶的同时，积极研究开发名优红茶、黄茶、乌龙茶、特种茶，茶食品等深加工，延长加宽了产业链条。同时，依托美丽茶乡建设，加快发展茶文化休闲旅游产业，使第一、二、三产业链融合发展、协调发展。

3. 坚持无害化生产，确保质量安全 为了确保产品质量安全，协作区依靠科技创新集成，大力示范推广一系列高效低碳、环境友好技术。“两减一防”：减药减肥，生态栽培与绿色防控，注重预测预报，推广以农业措施和生物防治为主，化学防治为辅的综合防治，用低毒低残低水溶性农药替代高毒高残留高水溶性农药。低产衰老茶园“八改”：改树、改土、改肥、改药、改园、改种、改善配套设施和改模式。夏秋茶力推“四机”：机剪、机采、机耕、机防集成配套技术。大力推广测土配方施肥和有机肥利用。加快茶叶加工厂机械设备改造升级，从浙江上洋等企业引进一大批连续化生产线，实现低碳高效加工，破解了质量安全隐患大、生产成本高、环境压力大等难题。

4. 坚持多管齐下，做强品牌 从大别山茶叶协作实践经验看，实施品牌战略，拓展市场渠道有“五种结合”模式值得总结：一是品牌整合与资本运营强强结合，整合企业，整合品牌。二是茶品牌与茶文化有机结合，发掘和弘扬大别山名茶与名人、名山、名水、名景、诗词书画等历史文化资源及创意文化。三是茶旅游与养生结合，做大“以茶为媒”旅游文化产业，打造六安茶谷、英山云雾茶之旅等品牌。四是品牌宣传与城市节点结合，湖北茶企近年抱团出击北上广、在“万里茶道”“一带一路”节点城市，组织举办重大茶事活动，建立完善流通体系。五是线上线下结合，同时发展电商与实体店，力促知名茶品牌立足大别山、唱响全国、香飘世界。

5. 坚持领导支持，扩大宣传 大别山地区将茶叶当作山区脱贫的主导产业来发展，政府扶持是关键，凝聚了人心，奠定了基础，提供了动力，发展成效突出。茶被世人称为“神奇的东方树叶”，习近平总书记在对外交往中，多次送出茶礼，多次在演讲中提到“万里茶道”和茶文化。茶已经成为联通欧亚大陆“丝绸之路”“万里茶道”的重要载体和文化名片，成为“一带一路”发展战略的重要内容。因此，茶产业要紧跟国家战略，进一步凸显为国增光、为民谋利的重要地位和作用，把茶产业发展与精准扶贫、农民增收、生态建设、文明建设紧密结合，突出农业主管部门的宏观管理和引领指导作用，加大对茶产业扶持力度，重点是加大生态标准茶园建设、科技成果推广转化、国际茶品牌培植，加强优势区域协作，倡导“茶为国饮”、加强“茶与健康”宣传普及，积极推动茶产业投资、消费、出口三驾马车并驾齐驱，政策扶持、科技创新、文化建设三大动力比翼齐飞，提高国际影响力、品牌竞争力。

四、成果需要巩固

1. 要规划好未来的发展蓝图 在经济新常态及加快推进现代农业发展的新形势下，茶产业要积极融入“一带一路”等国家重大战略，打造具有全球竞争力的强势产业。今后茶产业发展总体思路是：积极适应经济新常态，以创新驱动发展、转型升级为主线，以“一带一路”为契机，以国内外市场为导向，以科技创新、品牌打造、文化宣传为推力，以“生态、安全、优质、高效”为目标，稳面积、调结构、转方式、保安全、增投资、建队伍、提质量、拓市场，为山区农民增收、生态建设、文化建设和现代农业发展做出新贡献。要在现有的基础上确定下一个发展目标：到2020年，茶园面积要控制在28万公顷以下（占全国10%），茶叶总产量18万吨以上（占全国8%）。着力构建现代茶产业加工体系，积极开发茶市场、茶文化、茶旅游等产业，力争第一、二、三产业协调发展。

2. 要切实转变发展方式 大别山茶区转变茶叶发展方式，重点是推广可持续发展模式和社会化服务模式，打造茶叶品牌，提高茶叶效益，可从4个方面入手：一是从技术入手，加强茶叶生产装备及新产品研发，大力推广环境友好的绿色生产模式及配套技术，进一步普及低碳高效的连续化加工技术。二是从服务入手，大力发展病虫害统防统治等社会化服务，推进绿色防控与统防统治融合，培育多元化的经营服务组织。三是从结构入手，加快淘汰低产低效茶园，鼓励发展生态茶园、有机茶园等高标准园区，鼓励茶产业与食品、化妆品、保健品、观光农业等产业结合发展。四是从主体入手，加快培育新型农业经营主体，加大龙头企业和合作社扶持力度，加强新型茶农培训，全面提升茶产业人员素质。

3. 要努力提高生产水平和经济效益 2014年，全国274.1万公顷茶园平均每亩产出50.9千克，而大别山地区26.3万公顷茶园平均每亩产出只有33.2千克，比全国平均水平要低34.8%，主要原因是：思想上重面积轻单产，心理上只索取不付出，技术上喜简单厌繁杂，工作上图粗放弃精细，等等。要改变这种状况，使整个大别山的茶树茂盛、茶叶高产高效，需做到以下几点：一要结合老茶园改造，逐步普及无性系茶树良种，挖掘茶树品种增产潜力；二要加强水肥管理，增强茶树生长潜力，尤其要增施有机肥，提高土壤肥力；三要推广修剪枝还园，改善土壤质地结构和增加有机质。

4. 要加大政策扶持力度 协作活动部里没有安排专项经费，一些项目支持力度也很有限，主要靠各地自筹资金开展协作工作。因此，建议今后各省在落实园艺作物标准园等国家财政项目及其他地方财政项目时，优先安排参与协作的县市区，争取做到协作区项目全覆盖，以进一步巩固协作成果，夯实产业基础。同时，省市县应整合项目资金，重点扶持协作区的标准园创建主体做大做强，真正将标准园打造为展示园、宣传园、生态园和辐射带动园，以此引领带动整个大别山茶业发展。同时，积极参与国务院批复的大别山革命老区振兴发展规划中来，争取茶产业更多的发展措施。

2012年中国有机茶产业发展概况

中国农业科学院茶叶研究所　杭州中农质量认证中心　张优　傅尚文

截止到2012年12月31日，中国有机茶（含转换）面积3.5万公顷，产量2.8万吨，其中出口1.2万吨，内销1.6万吨。2012年，我国有机茶产业发展的基本情况如下：

一、2012年3月1日，一系列有机农业及产品认证与管理的新规范性文件开始实施，进一步规范了有机茶生产、加工、销售的管理和认证

为进一步完善有机产品认证制度，规范有机产品认证活动，保证有机活动的一致性和有效性，根据《有机产品认证管理办法》等法规、规章的有关规定，2011年12月2日国家认证认可监督管理委员会（以下简称“国家认监委”）发布了修订后的《有机产品认证实施规则》（CNCA-N-009：2011）（以下简称“认证实施规则”），国家质量监督检验检疫总局（以下简称“质检总局”）和国家标准化管理委员会于2011年12月5日发布了修订后的国家标准《有机产品》（GB/T 19630—2011），上述两项有机产品认证新规均从2012年3月1日开始实施。与此同时，一批有关有机茶生产、加工、销售和认证的新配套的规范性文件相继发布实施：

1. 根据国家认监委发布的《关于国家有机产品认证标志备案管理系统有关事项的通知》，建立有机茶认证标志备案管理系统　2012年1月10日，根据《关于进一步加强国家有机产品认证标志管理的通知》（国认注〔2011〕68号）的要求，为确保2012年3月1日正式运行国家有机产品认证标志备案管理系统（以下简称“备案系统”），国家认监委发布《关于国家有机产品认证标志备案管理系统有关事项的通知》（认办注函〔2012〕5号），为建立有机茶认证备案系统，对各有机茶认证机构提出如下六点要求：一是各认证机构按照国家认监委信息中心编制的《国家有机产品认证标志备案管理系统认证机构数据报送工作指南》（以下简称《工作指南》）要求，进一步完善本机构国家有机产品认证标志（以下简称“有机标志”）管理方案。二是为便于有机标志管理和电话查询，“有机码”中的“随机码”从原来的9位数字调整为12位数字，“有机码”中的外资“认证机构代码”由原来的“F＋该认证机构批准号的2位阿拉伯数字批准流水号”调整为“9＋该认证机构批准号的2位阿拉伯数字批准流水号”。三是为加强备案信息完整和可追溯，各认证机构应建立备案信息的电子台账或相应的信息系统对有机标志进行有效的管理。四是为便于社会公众和相关监管部门查询，各认证机构应当在印制或加贴的有机标志旁边标注统一查询网址（food.cnca.cn）。在有机标志电话查询系统开发完毕前，各认证机构不得在印制或加贴的有机标志旁边擅自标注查询电话号码。五是备案系统将与有机产品认证信息系统相关联，实现对有机标志发放数量和使用范围的校验，未通过系统校验的备案信息将无法传输到备案系统中。为保障获证企业合法权益，各认证机构应当确保备案系统与有机产品认证信息系统中相关信息、数量的真实性、准确性和一致性。六是保证社会公众和相关监管部门能够及时查询到有机标志使用信息，各认证机构应当在有机标志发放给获证企业前，将有机标志备案信息传输至备案系统。

2. 国家认监委发布《关于启用国家有机产品认证标志备案系统的公告》，正式启用全国统一的有机茶认证标志备案系统　2012年2月29日，国家认监委发布2012年第9号公告《关于启用国家有机产品认证标志备案系统的公告》，根据《中华人民共和国产品质量法》《中华人民共和国认证认可条例》等法律法规的规定，为进一步严格国家有机产品认证标志使用，便捷社会公众和相关监管部门对有机产品及其标志的查询、辨识，国家认监委于2012年3月1日正式启用备案系统。

（1）标志使用。自2012年3月1日起，有机产品生产企业应在销售的有机产品或者产品的最小销售包装上，加施国家有机产品认证标志（含有机转换产品认证标志）及其唯一编号（有机码）、认证机构名称或者其标识。2012年3月1日前，已从认证机构领取旧版有机产品认证标志或已印制带有旧版有机产品认证标志的产品包装，应在2012年7月1日前使用完毕。有机产品认证机构和生产企业应采取有效措施，保证有机产品认证标志仅在认证证书限定的产品范围、数量内使用，严禁在认证证书覆盖范围外的场所进行二次分装、加贴标识等行为。2012年3月1日后，初次获得“有机转换产品”认证证书的生产单位一年内生产的有机转换产品，只能以常规产品销售，不得使用有机转换产品认证标志及相关文字说明。

（2）信息报送。各有机产品认证机构应当按照《工作指南》的要求，制订本机构国家有机产品认证标志管理方案，并报国家认监委备案。各有机产品认证机构应当在将有机产品认证标志发放给有机产品生产企业前，将有机产品认证标志发放信息传送至备案系统。各机构应建立备案信息的电子台账或相应的信息系统对有机产品认证标志的发放、使用进行有效管理，确保本机构发放的每枚认证标志能够从市场溯源到每张对应的认证证书、产品和生产企业，做到信息可追溯、标识可防伪、数量可控制。

（3）公众查询。消费者可在“中国食品农产品认证信息系统”的“有机码查询”栏目中，输入所持产品上的“有机码”，查询该有机产品认证标志所对应的获证产品的基本信息。消费者如对查询结果有疑问，可根据备案系统提示信息，联系相应认证机构进行核实，或拨打12365进行举报、投诉。

（4）监督管理。各地方认证监管部门应当加强对有机产品认证标志使用情况的监督，对伪造、冒用、超期、超范围使用认证标志的，应当依照《中华人民共和国产品质量法》《中华人民共和国认证认可条例》等法律法规的规定进行处理；对未按规定使用或者不规范使用有机产品认证标志的，应当及时通知颁证认证机构依据认证规则规定暂停、撤销该认证证书，并告知相关销售单位。各认证机构应当定期或不定期进行市场抽样，验证有机产品生产企业合法、规范使用有机产品认证标志情况。对于违规使用认证标志的，应当及时暂停、撤销该认证证书；情节严重的，应当及时向当地认证监管部门报告。

3. 质检总局、工商总局和国家认监委联合下发《关于进一步加强有机产品监管工作的通知》，强化有机茶认证和标志管理 2012年4月18日，质检总局、工商总局和国家认监委联合下发《关于进一步加强有机产品监管工作的通知》（国质检认联〔2012〕214号），经过近20年的发展，我国有机产业已初具规模，国内有机产品消费市场逐渐形成，但同时也存在一些急需解决的问题。为切实保护消费者权益，服务经济发展，根据《产品质量法》《广告法》《反不正当竞争法》《认证认可条例》等法律法规的规定，就进一步加强有机产品监管工作通知如下：一是各级质检部门应当依法加强对有机产品获证企业的监管。对监管中发现生产、加工过程或者认证标志、认证证书使用不符合有机产品认证要求的获证企业，应当及时通知发证机构暂停或者撤销认证证书。发证机构无正当理由，拒不暂停或者撤销认证证书的，应当严格按照《认证认可条例》的相关规定查处。二是各级质检部门应当进一步加强对流通领域有机产品认证证书、认证标志使用行为的监督。对于不符合相关规定的销售者，应当责令整改；对生产企业超期、超范围或者伪造、冒用认证标志、认证证书的行为，应当严格按照《产品质量法》《认证认可条例》等法律法规的规定查处。三是各级质检部门应当依法严厉打击非法和违规认证、认证咨询活动，进一步净化认证市场。同时，加强对销售者宣贯《有机产品》国家标准，督促销售者严格按照《有机产品》国家标准的要求采购、储运、销售有机产品，严禁在认证证书标明的生产、加工场所外对有机产品进行二次分装、分割或者自行加施有机产品认证标志等行为。四是各级工商部门对销售者伪造或者冒用有机产品认证标志，进行虚假宣传等违法行为，应当严格按照《产品质量法》《广告法》《反不正当竞争法》等法律法规的规定查处。五是消费者发现违法违规行为的，可通过12365举报电话、12315消费者申诉举报网络分别向质检、工商部门举报。各级质检、工商部门应当加强协调与配合，强化信息交流与合作，及时受理和依法处理消费者相关举报，切实维护消费者合法权益。

4. 有机产品认证标志的整治列为全国“双打”范围 2012年5月15日，《全国打击侵犯知识产权和制售假冒伪劣商品工作要点的通知》（国办发〔2012〕30号），开展有机产品认证标志专项整治：加强对获证企业的监督检查，严禁获证企业超范围、超数量使用有机产品认证标志；加强对流通领域的监督检查，严肃查处假冒、伪造、超期和超范围使用认证标志行为，严禁在认证证书标明的生产、加工场所外对有机产品进行二次分装、分割，擅自加贴有机产品认证标志；加强有机产品认证标志备案系统建设和宣传，方便消费者和监督部门查询监督。

5. 国家认监委发布《关于开展有机产品认证标志专项整治活动的通知》 2012年7月2日，国家认监委《关于开展有机产品认证标志专项整治活动的通知》（国认注〔2012〕53号）要求，为贯彻落实《国务院办公厅关于印发2012年全国打击侵犯知识产权和制售假冒伪劣商品工作要点的通知》（国办发〔2012〕30号）、《关于印发〈全国质检系统“质检利剑行动”工作方案〉的通知》（国质检执〔2012〕134号）关于开展有机产品认证标志专项整治等要求，严厉打击假冒有机产品行为，增强有机产品消费信心，国家认监委决定组织开展有机产品认证标志专项整治活动：

（1）专项整治范围。认证机构、获证企业、销售场所（主要包括大中型商超、专卖店、批发市场和淘宝、沱沱工社等有机产品销售、配送的网络平台）有机产品认证标志、认证证书的发放、使用情况。

（2）实施步骤与内容。第一阶段——宣传教育整改阶段（7～9月）。各级质检部门应本着“寓监管于服务”的原则，深入生产、销售场所，结合“质量月”等活动，利用座谈、走访、培训等形式，加强对生产企业、销售单位和消费者有机产品认证法规、标准和有机产品、有机产品认证标志追溯系统的宣传；组织辖区内获证企业、销售单位和认证机构对照有机产品法规、标准要求进行自查自纠，帮助相关认证机构和获证企业建立和完善有机产品认证标志管理制度，督促销售者严格按照《有机产品》国家标准的要求采购、储运和销售有机产品，增强消费者辨假识假能力。同时，摸清本辖区有机产品生产、认证和销售分布情况，为进一步加强有机产品认证监管打下基础。

第二阶段——集中整治阶段（10～11月）。各级质检部门应当按照质检总局、工商总局、国家认监委《关于进一步加强有机产品监管工作的通知》要求，主动争取工商等部门的支持，积极组织开展对辖区内生产企业、销售场所和认证机构专项整治活动，并依照《产品质量法》《进出口商品检验法》《认证认可条例》《认证机构管理办法》等法律法规的规定进行重点查处。

第三阶段——总结汇总阶段（12月）。各级质检部门应当分阶段对专项整治活动情况进行汇总、分析和总结，及时分析、解决专项整治活动中发现的问题，及时总结、推广专项整治活动中好的做法与经验，及时宣传报道专项整治活动取得的成效和典型案例。

（3）相关要求。各省级质检部门、各认证机构要严格按照通知要求，认真做好相关工作的计划安排和组织实施工作，并分别在9月20日、11月20日前报送第一、第二阶段统计表。在12月20日前报送专项工作书面总结。

6. 有机茶认证检查员通过有机产品认证新规的转换 为保证2012年3月1日实施的有机产品认证新规的顺利落实，国家认监委组织开展有机产品认证检查员的转换培训，所有有机产品认证检查员必须参加转换培训和考试，未通过有机产品认证检查考试的，一律暂停有机产品认证检查员注册资格。

7. 各有机茶认证机构对有机茶获证企业开展有机产品认证新规的宣贯培训 为配合CNCA-N-009：2011《有机产品认证实施规则》和GB/T19630—2011《有机产品》标准的发布实施，进一步加强有机产品获证企业的生产管理水平，不断提高获证组织有机产品生产和管理方面的意识，各有机产品认证机构分别在各地举办了获证企业有机产品新标准和实施规则的培训班，介绍2011—2012年形势下有机产品生产管理和认证以及标志使用情况的现状和前景；重点解读了新发布的《有机产品》国家标准和《有机产品认证实施规则》以及如何正确规范使用有机产品认证标志等内容。

8. 国家认监委继续对有机茶实施国家抽查监督 为认真贯彻落实全国认证认可工作会议精神和《关于印发〈国家认监委2012年认证认可专项监督检查计划〉的通知》（国认法〔2012〕14号）要求，国家认监委组织开展2012年度获认证食品农产品专项监督抽检。专项监督抽检范围为获得有机产品和绿色食品认证的茶叶、水果、蔬菜、水产品、肉制品（畜肉）及乳制品六类产品，计划抽样数量为330个，抽检产品涵盖河北、山东、江苏、浙江、福建、黑龙江、内蒙古和四川八个省区，实际抽取有机茶样品53个。监督检查结果是：4个批次产品存在超期、超范围使用证书和标识的行为（产品检测合格），还有产品使用认证标志不规范（产品检测合格），如抽样包装上或企业现场确认的产品名称与证书上产品名称不一致等现象，这些不合格的产品都已按规定受到了相应的处置。

二、有机茶生产县市继续领跑全国“有机产品认证示范创建区”

为充分利用认证认可手段，认真贯彻落实《中华人民共和国国民经济和社会发展第十二个五年规划纲要》中关于“绿色发展，建设资源节约型、环境友好型社会”的要求，国家认监委决定在“十二五”期间组织开展“有机产品认证示范区（县、市）”创建活动。根据2012年全国认证认可工作会议关于“传递信任　服务发展”的精神，国家认监委继续开展“有机产品认证示范创建区”的工作，经各地申报、省级质量技术监督局（出入境检验检疫局）推荐，国家认监委组织专家进行了文件评审和现场实地检查，2012年11月国家认监委公布了第二批12个“有机产品认证示范创建区”中，主产有机茶的浙江省武义县、四川省宝兴县、湖北省宣恩县、江西省婺源县等榜上有名，占第二批有机产品认证示范创建区的33%，这是有机茶生产发展过程中的良好业绩，也是各级政府和社会各界对有机茶生产和认证的信任与认可的结果。

三、环保部公告有机食品生产基地，一批有机茶基地榜上有名

2012年12月24日，环境保护部根据《国家有机食品生产基地考核管理规定（试行）》（环发〔2003〕65号），公布了第四批国家有机食品生产基地，有机茶生产基地（申报单位）19个，占全部60个基地的16.7%，它们是浙江省杭州市建德市乾潭镇天赐有机茶基地（浙江天赐生态科技有限公司）、杭州市临安市太湖源镇东坑村有机名茶专业合作社有机产品基地（临安市东坑有机名茶专业合作社）、宁波市宁海县城关镇望府有机茶基地（宁海县望府茶叶有限公司）、绍兴市上虞市丰惠镇大自然有机产品基地（上虞市大自然生态农业有限公司）、绍兴市诸暨市东和乡东和农业科技十里坪有机庄园（浙江东和农业科技发展有限公司）、金华市武义县白姆乡长蛇形村更香有机茶基地（浙江更香有机茶叶开发有限公司）、舟山市普陀区桃花镇大立有机茶基地（舟山大立有机食品有限公司）、安徽省黄山市徽州区富溪乡光明有机茶基地（黄山光明茶业有限公司）、黄山市徽州区富溪乡谢裕大有机茶基地（黄山谢裕大茶叶股份有限公司漕溪茶厂）、黄山市休宁县商山镇高潭村荣山有机茶基地（休宁县荣山茶厂）、六安市舒城县汤池镇常院村望母寨有机板栗茶生态园（舒城县望母寨有机板栗工程协会）、江西省宜春市铜鼓县大段镇古桥有机食品基地（铜鼓县裕达有机农业开发有限公司）、山东省临沂市沂水县院东头乡蒙山龙雾高山有机茶基地（山东蒙山龙雾茶业有限公司）、广西壮族自治区柳州市三江县斗江镇滩底村邓家屯三江源源有机茶基地（广西柳州三江源源茶业有限公司）和柳州市三江县高基乡江口村天池有机茶基地（广西三江侗族自治县天池茶业发展有限责任公司）、重庆市巫溪县中岗乡茶园村龙鼎有机茶基地（重庆市龙鼎茶业有限公司）、云南省临沧市凤庆县大寺乡岔河村六大茶山有机茶基地（云南六大茶山茶业股份有限公司），以及普洱市思茅区南屏镇弯掌山、董寨、马尾山祖祥有机茶基地（普洱祖祥高山茶园有限公司）。

四、有机茶的认可度增加，各地继续重视有机茶生产、加工和市场流通

2012年1月6日，一个计划投资16亿元的大型有机

茶庄园在安溪龙涓乡新岭村奠基，为安溪茶业发展和茶乡原生态体验旅游再添新亮点。2012 年 2 月 10 日，2012 年中国有机茶生产者贸易者合作会议在杭州举行，会议由中国农业科学院茶叶研究所茶叶质量认证发展研究中（杭州中农质量认证中心）联合中国茶叶学会有机茶专业委员会、农业部茶叶质量监督检验测试中心主办，得到国家茶叶产业技术体系的支持。2012 年 4 月 13 日，英国一家采购商专程到位于建德市乾潭镇的浙江天赐生态科技有限公司，订购了价值 100 万美金的有机茶，这是该公司连续 6 年到浙江天赐采购有机茶。2012 年 9 月 6 日，在科技部下达的 2012 年度国家星火计划项目中，由黄山茶业集团有限公司承担的“有机茶安全生产及产业化开发”项目，被列为 2012 年度国家星火计划项目，这是歙县继黄山市汪满田茶业有限公司、黄山市翠绿茶菊有限公司之后的第三个立项的国家星火计划项目。

2013 年中国有机茶产业发展概况

中国农业科学院茶叶研究所　杭州中农质量认证中心　傅尚文　王东辉　沈星荣

截止到 2013 年 12 月 31 日，中国有机茶（含转换）面积 5.3 万公顷、产量 2.8 万吨①。2013 年，我国有机茶产业发展的基本情况如下：

一、继 2012 年最严的有机产品认证与管理制度实施后，2013 年有机产品认证与管理更严格

2013 年 4 月 24 日，国家认监委 2013 年第 7 号公告《国家认监委关于发布有机产品认证配套文件的公告》：为进一步完善有机产品认证制度，根据《有机产品认证管理办法》（国家质检总局第 67 号令）、《有机产品认证实施规则》（国家认监委公告〔2011〕第 34 号公告）规定，制定了《〈有机产品认证目录〉变更程序》和《有机产品生产、加工投入品评估程序》，现予以发布，并于 2013 年 6 月 1 日起实施。

2013 年 11 月 15 日，为进一步完善有机产品认证制度，规范有机产品认证活动，保证认证活动的一致性和有效性，国家质监总局发布了新《有机产品认证管理办法》（第 155 号，以下简称新《办法》），于 2014 年 4 月 1 日实施。新《办法》的主要特点是：

1. 统一管理加强监督　一是明确"四统一"的认证制度，加强统一管理。第五条规定，国家推行统一的有机产品认证制度，实行统一的认证目录、统一的标准、统一的认证实施规则、统一的认证标志。二是明确行政监管的内容和方式，加强全过程监管。为加强对有机产品认证活动的有效监管，新《办法》第五章增加了两项内容：国家认监委和地方认证监管部门的监管职责，以及地方认证监管部门中地方各级质监部门和各地出入境检验检疫机构的职责分工（第三十七条、第三十八条的规定）；七项地方认证监管部门的监管方式（第三十九条的规定）。国家认监委负责全国有机产品认证的统一管理、监督和综合协调工作。地方各级质监部门和各地出入境检验检疫机构（以下统称"地方认证监管部门"）按照职责分工，依法负责所辖区域内有机产品认证活动的监督检查和行政执法工作。各地出入境检验检疫机构负责对外资认证机构、进口有机产品认证和销售，以及出口有机产品认证、生产、加工、销售活动进行监督检查。地方各级质监部门负责对中资认证机构、在境内生产加工且在境内销售的有机产品认证、生产、加工、销售活动进行监督检查。三是完善罚则，加大对违法行为的处罚力度。新《办法》第六章通过对存在的问题设定罚则，加大对认证机构、获证产品认证委托人违法行为的处罚力度，解决了有机产品认证行政执法中执法依据不足的问题。四是建立退出机制。新《办法》第四十四条规定获证产品的认证委托人提供虚假信息、违规使用禁用物质、超范围使用有机认证标志，或者出现产品质量安全重大事故的，认证机构 5 年内不得受理该企业及其生产基地、加工场所的有机产品认证委托。如果考虑转换期、认证申请至认证证书发放的时间，该类企业生产的产品实际将在 6～8 年内无法再次使用有机产品认证标志。这在一定程度上讲就是一种退出机制。

2. 规范认证活动　一是完善认证程序，加强有机产品的源头管理。新《办法》第十条将有机产品认证程序明确为现场检查、产品检测、环境监（检）测 3 个必经程序，即对获得认证企业的生产和加工现场检查；对农业生产阶段大气、土壤、水进行监测、检测；对获得认证的产品在风险分析基础上的检测。保证产品从源头上符合有机产品标准的要求。认证机构对认证委托人生产、加工现场的现场检查是有机产品认证过程中最重要的部分，现场检查和产品检测结果也是认证机构做出认证决定的主要依据，有机产品认证实施规则对现场检查人员、现场检查步骤、范围、产品检测、环境监测等进行了详细规定。二是限定认证产品目录。有机产品认证的对象必须是列入《有机产品认证目录》内的产品。2012 年，国家认监委发布公告，确定了可以进行有机产品认证的产品目录，共计 127 种产品，其中绝大部分是供人类食用的食品，另外包括供人类食用的植物类中药、人类使用的服装及其纺织用的原料、动物食用的饲料。只有列入目录的产品，认证机构才能接受生产者、加工者的委托，进行有机产品认证。在原有机产品认证中并没有对认证范围进行任何约束，以致出现了一些不适合进行有机产品认证的产品获得认证。三是建立认证证书和标志编号制度，建立完整的有机产品追溯链。新《办法》建立了认证证书统一编号制度、认证标志统一编号制度、档案记录制度，对于出现问题的有机认证产品实施溯源。四是再次加工、分装、分割的产品禁止使用有机产品认证标志。近年来，我国有机产品市场乃至有机产品认证存在的一个很大的问题，就是作为有机产品身份识别重要依据的有机产品认证标志、标签标识标注混乱。获证产品在认证证书标明的生产和加工场所外进行再次加工、分装、分割，意味着生产、加工场所发生变更，不能证明产品持续符合有机产品国家标准的要求，根据《有机产品认证实施规则》的规定，应当进行重新认

① 国家认证认可监督管理委员会，《中国有机产品发展报告》，2014 年。

证，证明其符合有机产品国家标准的要求，方可加施中国有机产品认证标志。五是建立有机产品认证销售证制度，规范市场秩序。新《办法》第十四条建立和明确了有机产品销售证制度。销售证是由认证机构颁发的文件，声明特定批次或者交付的货物来自获得有机认证的生产单元，通过销售证可以对获证组织销售的认证产品进行范围和数量的控制。销售证有效保证了产品的可追溯性，对获证组织的产量数量进行有效的控制，防止非有机产品与有机产品混淆。六是取消有机转换认证及其标志。为了进一步规范有机产品市场秩序，打击非法利用有机转换认证冒充有机认证的行为，新《办法》取消了有机转换认证及其标志，从根本上杜绝了获证产品的认证委托人利用有机转换认证冒充有机认证的行为，也有利于消费者统一识别和正确理解有机产品概念。七是取消含有机配料加工产品未获得有机产品认证的标识规定。为了进一步规范有机产品市场秩序，防止未获得有机产品认证而仅含部分有机配料的加工产品，在其产品上标注“有机配料生产”“有机”等文字冒充有机产品且误导公众以为该产品为有机产品的行为，新《办法》取消了总局67号令中关于含有机配料加工产品未获得有机产品认证可在其产品标注“有机配料生产”或配料为“有机”字样的规定，有利于消费者统一识别和正确理解有机产品概念。

3. 加强进口产品管理 新《办法》增设“有机产品进口”一章，加强对进口有机产品的监督管理。新《办法》增设第三章“有机产品进口”。根据《商检法实施条例》的规定并参照国际惯例，对境外有机产品认证体系的等效性评估和进口有机产品监管做出了比较详细的规定。对进口有机产品的管控过程包括两个方式：一是与国家认监委就有机产品认证体系等效性方面签署相关备忘录的国家或者地区的进口产品，在进口过程中各地出入境检验检疫机构对申报的进口有机产品实施入境验证。二是未签署相关备忘录的国家或者地区的进口产品，应当符合中国有机产品相关法律法规和国家标准的要求，中国的认证机构去国外开展认证活动，目前已经有90多个国外品牌获得中国认证机构认证。

4. 建立风险预警机制 建立认证风险预警机制，保护消费者权益。根据监督检查、消费者投诉、媒体反映出现的有机产品认证问题，新《办法》第四十三条规定：“认证监管部门可以根据发布的动植物疫情、环境污染等风险预警、监督检查和消费者投诉、媒体反映等情况，及时发布有机产品认证区域、获证产品及其认证委托人、认证机构的认证风险预警信息，并采取相关应对措施。”有机产品的生产、加工过程不允许使用化学合成的农药、化肥、食品添加剂和转基因等物质，同时有机产品生产、加工、贮存、运输、流通环节多，产品流动性大，易受常规农业生产和外界环境因素影响，因此监管部门需综合影响有机生产、加工、经营的各种因素，及时发布预警信息，必要时暂停某个区域或某类产品的认证，降低认证风险，保证获证产品质量，保护消费者利益。发布有机产品认证风险预警信息的主体是认证监管部门，包括国家认监委和地方认证监管部门。发布有机产品认证风险预警信息的依据主要包括：国家有关部门发布的动植物疫情、环境污染风险预警等信息；监督检查；消费者投诉举报；媒体反映。有机产品认证风险预警信息对象包括：有机产品认证区域、获证产品及其认证委托人、认证机构。

二、各级政府继续推进有机茶产业平台建设

为充分发挥认证认可“传递信任、服务发展”的作用，完善有机产品认证监管联动机制，利用认证认可手段促进地方经济发展，推动我国有机产业健康、稳步发展，国家认监委自2011年起开展了“有机产品认证示范创建”工作。经地方质检部门择优推荐，国家认监委对2013年度开展有机产品认证示范创建的单位组织开展了文件评审、专家咨询、网上公示和现场检查，2014年发布了2013年度“国家有机产品认证示范创建区”名单，2013年度5家县市中，浙江省淳安县、四川省蒲江县和青川县、贵州省凤冈县均为茶叶主产区，这是有机茶生产发展过程中的良好业绩，也是各级政府和社会各界对有机茶生产和认证的信任与认可的结果。

三、各地继续重视有机茶生产、加工和市场贸易，各种要素资源看好有机茶

2013年1月9日下午，福建省农业科学院在安溪为安溪华虹茶业科技示范基地授牌。此举标志着华虹茶业安溪铁观音土壤肥料科技示范项目“无机转有机”，高调嫁接省农业科学院，为今后安溪，乃至全省、全国茶业，做出典范。2013年1月11日，元泰茶业与福建省张天福有机茶技术服务中心联合推出“闽红印象”。

2013年4月，西山国家现代农业示范园区在这一茶园启动“升级程序”，按照有机农产品标准生产、加工碧螺春茶，力争两至三年打造成西山最大的有机茶叶基地，并通过与周边水月禅寺、贡茶院等景区的农旅融合互动，开发茶文化旅游。

2013年7月，江西省进出口有限公司来到瑞金市，在云蒸霞蔚的观音岽茶场，与赣州市武夷源实业有限公司签订了价值300万元的茶叶购销合同。2013年7月8日，福建农林大学植保学院与安溪县桃源有机茶场有限公司签订共建科研实验基地合作协议，这是该学院在安溪县建立的首个产学研基地。

2013年11月29日，中国有机绿茶在欧盟茶叶市场最大的供货商——新安源公司，该公司有机茶2013年出口创汇1 300万美元，同比增长30%，创历史新高。有机茶是21世纪茶产业发展的必然趋势，坚持做有机绿茶是中国茶叶进入国际市场的出路之一。

2014年中国有机茶产业发展概况

中国农业科学院茶叶研究所　杭州中农质量认证中心　王东辉　沈星荣　傅尚文

截止到2014年12月31日，中国有机茶（含转换）面积4.8万公顷，比2013年的5.3万公顷①减少9.4%。2014年，我国有机茶产业发展的基本情况如下：

一、2014年4月1日，关于有机产品认证与管理新的规范性文件陆续实施

为进一步完善有机产品认证制度，规范有机产品认证活动，保证认证活动的一致性和有效性，2013年11月15日，国家质监总局发布了新《有机产品认证管理办法》（第155号，以下简称2013版《办法》），从2014年4月1日开始实施。国家标准化管理委员会对2012年3月1日实施的《有机产品》（GB/T19630-2011）国家标准发布了第1号修改单，于2014年4月1日实施。根据《中华人民共和国认证认可条例》和《有机产品认证管理办法》等法规、规章的有关规定，国家认监委第11号公告发布了修订后的《有机产品认证实施规则》（以下简称新版《认证实施规则》），2014年4月23日实施。有机茶生产企业积极响应政策的变化，及时调整已有的管理模式，在食品安全形势严峻的背景下，顺应国家产业政策的导向，保证了生产的有机茶产品满足新版《有机产品》直接相关的法规、规范的要求。

各有机茶认证机构在2014年4月1日前相继开展了有机产品管理新法律法规宣贯。以有机茶为主要认证对象的杭州中农质量认证中心，于2014年2月23日在杭州，联合中国农业科学院茶叶研究所茶叶质量认证发展中心和中国茶叶学会有机茶专业委员会联合举办了“2014年有机茶生产贸易合作会议暨有机产品法规宣贯会”。来自全国各地的110余家有机茶生产和贸易企业的130多名代表参加了合作会议，国家认证认可监督管理委员会注册管理部食品农产品认证管理处处长王茂华博士、中国农业科学院茶叶研究所副所长鲁成银研究员分别作了《中国有机产品认证制度及新版“有机产品认证管理办法”宣贯》和《茶产业形势分析、质量安全与品牌建设》专题报告。

二、有机茶生产县市继续领跑全国“有机产品认证示范创建区”

为充分发挥认证认可“传递信任、服务发展”的作用，完善有机产品认证监管联动机制，利用认证认可手段促进地方经济发展，推动我国有机产业健康稳步发展，国家认监委自2011年起开展了“有机产品认证示范创建”工作。经地方质检部门择优推荐，国家认监委对2014年申报开展有机产品认证示范创建的单位组织开展了文件评审、专家咨询、网上公示和现场检查，2014年度9家“国家有机产品认证示范创建区”名单中，茶叶主产区浙江省开化县和湖北省赤壁市榜上有名。这是有机茶生产发展过程中的良好业绩，也是各级政府和社会各界对有机茶生产和认证的信任与认可的结果。

三、环保部公告有机食品生产基地，一批有机茶基地榜上有名

2015年2月，环境保护部2015年第12号“关于第5批及第1～3批国家有机食品生产基地考核及2014年复核结果的公告”，根据《国家有机食品生产基地考核管理规定》（环发〔2013〕135号），对2014年第5批共计100个新申报国家有机食品生产基地进行了考核，并对第1～3批共计68个到期需复核的基地进行了审核，通过资料审查、现场抽查、公示等程序，经研究确定67个第5批新申报基地通过考核，其中茶叶15家占22%，分布在江苏1家、浙江3家、江西2家、湖北1家、广西1家、四川2家、贵州4家、云南1家，确定39个第1～3批到期需复核基地通过复核，其中茶叶3家，浙江2家、贵州1家。

四、各级政府以有机茶作为推动生态文明建设的抓手，引导各种资本（资产、人力）积极投入有机茶生产，取得可喜成效

1. 江西婺源“打造中国有机茶第一县”　2014年3月15日，江西婺源“打造中国有机茶第一县”2014年开园仪式举行，这是婺源县紧扣“茶园建设、品牌打造、市场开拓、文化带动”重点，打造“中国有机茶第一县”迈出的重要一步。茶产业是婺源传统优势产业，近年来，婺源按照“生态化、良种化、规范化”的要求，制订有机茶园建设标准，出台扶持政策，推进茶产业快速发展、和谐发展。2014年，婺源深入实施有机茶发展战略，抓好中国有机茶都的规划建设，拓展网络、专营店等销售渠道，逐步在全国主要茶叶销售市场、大中城市扶持建设一批婺源有机茶专卖店。同时，加快建设茶园休闲观光基地，力争年内改造有机茶园800公顷，有机认证666.7公顷，全县茶园面积拓展到1.17万公顷，实现茶叶产量1.35万吨，加工贸易量5万吨，茶业系列产值22亿元，出口创汇4 000万美元，茶农人均增收180元。

2. 云南“勐库大叶种有机茶基地建设及产业化开发”

① 国家认证认可监督管理委员会，《中国有机产业发展报告》，2014、2015。

项目成效显著 茶产业是云南省尤其是临沧市的优势产业，重点发展有机茶对促进产业提质增效和持续发展具有重要作用和意义。由云南双江勐库茶叶有限责任公司承担、中国农业科学院茶叶研究所参加实施的科技创新强省计划项目“勐库大叶种有机茶基地建设及产业化开发”项目顺利通过专家验收。项目建成勐库大叶种资源圃 3.33 公顷，收集勐库大叶种种质资源 23 个，筛选无性系优良品系 2 个，完成有机茶基地建设 666.7 多公顷（其中新建 100 公顷）并获得有机茶认证，每亩产干茶 42 千克；制订了《勐库大叶种有机茶种植技术操作规程》《勐库有机普洱茶生产企业标准》；公司新增就业上千人，公司茶区涉农 1.8 万多户、7 万多人从事茶叶种植生产，茶叶每亩均产值为 5 200 元，成本约 12 000 元/公顷，每亩均纯收入 4 400 元左右，有效辐射带动双江县 8 666.7 公顷茶园规范化种植管理。

3. 贵州凤冈县多举措确保锌硒有机茶品质 2014 年以来，享誉“中国富锌富硒有机茶之乡”的贵州省凤冈县，为切实把好锌硒有机茶叶品质关，积极采取无人机播撒有机生物农药、持“蓝本本”销售茶青、加强源头管理等三大举措，进一步强化和维护富锌富硒有机茶品质，保证食品安全，保护生态环境，有效保障了茶农和茶企的利益。为确保有机茶品牌、品质和食品安全，组织质监、工商、农业等部门联合执法，制订出台相关措施，严把茶叶质量关。各茶叶加工厂和茶叶专业合作社统一购买“蓝本本”，填上茶农户主姓名后发给茶农，茶农在交售茶青时必须持证进入茶青市场交易，有效地减少和杜绝外地“以次充好”茶青进入茶青市场交易现象发生。为提高广大茶农和茶叶加工企业的食品安全意识，该县先后举办了 4 期培训班，请茶叶专家、质监人员着重讲解农业生产标准体系、农业生产公共安全管理体系、农业化学投入品控制体系、质量安全追溯管理体系、食品安全监控评估和预警体系以及诚信管理体系建设应当注意的环节和主要事项。

4. 四川打造有机茶核心示范区 四川省茶叶行业协会有机茶联盟联合四川本色联盟有机茶有限公司规划在四川省内打造茶叶“三大核心示范区”，首期建设规划面积 1 333.3 公顷，重点选择泸州市瀚源有机茶基地、乐山市森林雪有机茶基地等；中国名茶文化核心示范区将在成都“龙和国际茶城”，规划面积 200 公顷，示范区建设采取“一区七园模式”，该项目将充分整合全国名茶产业、名茶产品和名茶文化优势资源，建设一流的中国茶文化和世界茶叶贸易基地；中国名茶核心示范区——雅安甜茶产业示范园和泸州甜茶产业示范园，规划面积 3 333.3 公顷，计划总投资 10 亿元人民币。

5. 贵州纳雍县高山生态有机茶产业示范园区联姻绿色防控技术 纳雍县高山生态有机茶产业示范园区是贵州省集中打造“五个 100 工程”建设的省级现代高效农业示范园区之一，是毕节市茶产业发展的风向标。为保障园区内茶产业无公害、标准化、高水平发展，提升茶产业效益，2014 年纳雍县从资源开发、生态保护入手，对茶产业示范园区茶园基地与“绿色防控”技术开展病虫害防控“联姻”，打造病虫害绿色防控新亮点。

6. 云南沧源县好山好水出好茶，助农民增收 在强调“生态立市，绿色崛起”发展战略的临沧，在位于北纬 23°生物优生带上的沧源，碧丽源（云南）茶叶有限公司秉承“绿色、健康、可持续发展”的宗旨，于 2007 年 3 月开始在芒摆村种茶，保留山上 16 万株原生树木；人工除草、还草于园；护坡护梗、保持水土；处理生活污水、保护水源；保护野生动物；与客户共同捐建芒摆茶农之家，循环培训茶农、帮助茶农转变观念、提升劳动技能、建设友好社区等，他们用“顺应自然的耕作方式”努力与大自然和谐共处，用平等和友爱努力与茶农、社区和谐相处。这种方式让自然得到尊重，也让生产者、消费者获得幸福和健康。芒摆村村民逐渐融入到现代茶叶产业链中，承包管理公司的茶园、接受专业技术培训，随着茶园投产和产量的逐年增加，不仅实现了在家门口采茶、卖茶的愿望，同时收入也逐年稳定增加。

7. 贵州黎平依托“两高”过境发展有机“两茶”产业 黎平县紧紧围绕“厦蓉高速公路”和“贵广快速铁路”过境，开展人人创业运动，构建面向“珠三角”、建设有机绿茶基地的产业体系，出现新气象，“侗乡黎平好风光，青山绿水茶叶香。家家户户种茶树，百姓心里亮堂堂。”黎平县是贵州省内茶园较集中连片的大茶区之一，茶园面积居黔东南之首，是典型的农业主导型县域经济。茶产业是黎平惠农面最广、最具发展前景和市场竞争力的产业。从 1976 年开始集中建设茶园开始到 2013 年，经历了 37 个春秋，黎平茶园已初具规模。全县已建成茶叶 1.37 万公顷，主要品种是龙井 43 号等四大品种。2013 年茶叶总产量达 7 000 吨，茶叶总产值 5 亿元，受益 2.8 万农户，群众增收 2 亿元以上，解决农村 7.5 万人农村劳力就业。目前，黎平县政府决定再用 3 年的时间，在 20 个乡镇扩展建设新茶园 1.2 万公顷，力争农民创业人均建有茶园 0.03～0.06 公顷，在 2017 年前，建成 2 万公顷高档有机茶园。

8. 湘茶集团牵手淮安热电　共推湖南生态有机黑茶

湖南省茶业集团注重茶叶产品“生态、有机、无公害”的质量特点，2004 年由该公司研究并转化的“出口优质高效低农残茶与有机茶产业化关键技术的研究与示范”项目曾解决了困扰湖南多年茶叶农残标准不符合欧盟、美、日标准的难题，全面拓展了湖南茶叶的出口市场。该公司建立了一套“从茶园到茶杯”完整的产品质量追溯体系，在茶叶产品出口方面严格做到了“生产有记录、信息可查询、流向可跟踪”，有机茶产品出口到世界 80 多个国家和地区，有机茶出口连续 7 年排名全国第一，2013 年达 7 000万美元。该公司借助自建的四大省部级科研平台，加强了对黑茶保健机理的研究和有机黑茶的研发，2013

年研究成功的全金花有机黑茶彻底打破了消费者对“黑茶是中低档边销茶”的感官认知，开启了黑茶的国外市场。在2014年5月的美国洛杉矶世界茶叶博览会上，全金花有机黑茶因其醇厚口感、健康环保理念和高科技含量的特点受到了来自世界各国近千家经销商的一致赞誉，当场达成了1 100万美元的实质性交易。有科技强力支撑的茶产业不仅推动了湖南省茶业从传统农业向现代健康产业转型，还确保广大茶农持续增收致富。

2015年中国有机茶产业发展概况

中国农业科学院茶叶研究所　杭州中农质量认证中心　王东辉　傅尚文

2015年我国有机茶发展继续保持较好的势头。《中国有机产品认证与产业发展报告（2016）》显示：通过中国有机产品认证的茶叶证书1 122张，获证企业数1 067家；有机茶园面积4.4万公顷，鲜叶产量7.7万吨。云南、四川、浙江、广西、福建、湖北仍然在全国各省（自治区、直辖市）中有机茶面积和鲜叶产量中占有较大的比例。有机茶发证数量和有机茶产量中比较不同茶类（不包括代用茶），绿茶占据了最大比例，证书数量占到57%，产量所占比例达到55%；有机红茶认证比例上升幅度较大，证书数量占24%，产量占比达19%；有机黑茶产量所占比例17%。

一、以有机茶为样本的生态农业得到各级政府的重视

2015年，随着“中共中央　国务院关于加快推进生态文明建设的意见”（中发〔2015〕12号）和“中共中央国务院印发《生态文明体制改革总体方案》”（中发〔2015〕25号）的发布，中共十八大提出的“生态文明建设”和习近平总书记提出的“绿水青山就是金山银山”进入全面实施阶段，有机、生态被纷纷作为各地的一张名片宣传，各地政府大力发展生态农业，不同省份、地区的有机茶持续发展壮大。

有机茶继续领跑“有机产品认证示范创建”工作。为充分发挥认证认可“传递信任、服务发展”的作用，落实中共十八大提出的“生态文明建设”新要求，进一步完善有机产品认证监管联动机制和有机产业发展协调管理机制，推动区域有机产业健康、稳步发展，服务“绿色发展、循环发展、低碳发展”，中国国家认证认可监督管理委员会（以下简称“国家认监委”）自2011年起开展了“有机产品认证示范区创建”工作。2015年，经地方质检部门择优推荐，国家认监委对申报开展有机产品认证示范创建的单位组织开展了文件评审、专家咨询、网上公示，公布河北省承德市丰宁满族自治县等17个县市为国家有机产品认证示范创建区，开展创建工作，其中，四川省泸州市纳溪区、云南省普洱市思茅区和西双版纳州勐海县、贵州省黔东南苗族侗族自治州雷山县和遵义市正安县、广西壮族自治区昭平县等6个创建区以有机茶为主要产品（国认注〔2015〕79号《国家认监委关于公布2015年度有机产品认证示范创建区名单的通知》）。同时，国家认监委对2011—2014年全国已开展“国家有机产品认证示范区创建”的37个县市中，根据示范创建县市自愿申请和地方质检部门推荐，并经有机产品认证示范创建经验提炼交流、自查自纠、专家咨询、抽查验证等程序，在国家认监委网站公示后，确定了四川省西充县等9县市为国家有机产品认证示范区，其中四川省蒲江县、浙江省武义县、浙江省建德市、福建省安溪县、湖北省赤壁市等5个示范区以有机茶为主要产品（国认注〔2015〕64号《国家认监委关于公布国家有机产品认证示范区名单的通知》）。这是有机茶生产发展过程中的良好业绩，也是各级政府和社会各界对有机茶生产和认证的信任与认可的结果。

环境保护部2015年第12号“关于第5批及第1～3批国家有机食品生产基地考核及2014年复核结果的公告”，根据《国家有机食品生产基地考核管理规定》（环发〔2013〕135号），对2014年第5批共计100个新申报国家有机食品生产基地进行了考核，并对第1～3批共计68个到期复核的基地进行审核，最终确定67个第5批新申报基地通过考核，其中茶叶15家、占22%，分布在江苏1家、浙江3家、江西2家、湖北1家、广西1家、四川2家、贵州4家、云南1家，确定39个第1～3批到期需复核基地通过复核，其中茶叶3家，分布在浙江2家、贵州1家。

古丈茶叶高峰论坛给力有机茶发展。2015年6月5日，在古丈县春秋有机茶叶基地高望山有机茶庄，举行了“国茶有机茶叶示范基地”授牌仪式，标志着该县“2015有机茶发展高峰论坛暨妙古金新茶品鉴会”正式举行。论坛由湘西自治州委常委、副州长贾广东主持，副州长何益群致欢迎词。本届茶叶高峰论坛由湘西自治州政府、湖南省茶叶学会主办，古丈县政府承办，华融湘西分行、湘西自治州春秋有机茶业有限公司、古丈县春秋茶叶专业合作社协办，国务院参事刘坚、中国绿色食品发展中心副主任刘平、国家发展和改革委员会研究所所长敖万忠、农业部办公厅处长张国庆、国茶文化专项基金管理委员会执行主任施济人、中国茶学会理事长江用文、国茶研究员郑国建、中国茶叶研究所有机茶认证中心主任傅尚文等出席本次高峰论坛，共同讨论有机茶叶发展前景，探索有机茶业发展方向，探讨做强做大茶叶产业和高效、优质茶叶产业在扶贫开发中的作用。近年来，古丈县致力于有机茶发展。该县山清水秀、环境优美，生产有机茶有着得天独厚的优势。已通过有机茶认证共1 200公顷，预计2015全年新增绿色有机茶面积约733公顷，有机茶产业将成为该县茶叶产业富民的主要抓手。

湖北省随州市有机茶省级农业标准化项目通过考核验收。随州市“有机茶省级农业标准化示范区”示范项目是

湖北省第五批农业标准化示范区，创建时间为3年。项目创建期间，随州市抢救性恢复示范区荒芜茶园800公顷，标准化茶园面积由创建初的约867公顷扩大到约3 867公顷，带动2个专业合作社5 000多户茶农实现茶叶标准化生产，实现年增收5 000余万元，户均增收近万元。867余公顷核心示范区茶园取得欧盟、美国、日本等国家和地区的有机认证。其中有机“绿碎茶”新产品在加工集成技术上，取得重大突破，获得六项实用新型专利，生产技术及规模位居国际、国内领先地位。

二、有机茶“绿色、生态、环保”的理念得到助农增收青睐，有机茶开发呈现多彩发展之路

四川省泸州市农家女返乡种有机茶，年入20万会算“增收账”。泸州市纳溪区白节镇团结村六组的陈龙英同丈夫韩中华返乡创业种有机茶，“早春这季单芽采摘期仅有1个多月，虽然每亩只能采摘15～20千克鲜茶叶，但公司订单鲜茶叶收购价每千克却达到136元，我们每天也有六七百元的收入。”除去年生产成本，一年有20万的盈余，成为了村里响当当的“种茶状元”!

好山好水种好茶——上海浦商杨松炎回乡发展高山生态有机茶产业。上海航瑞木业有限公司老总杨松炎，在福建省浦城县仙阳镇上洋村海拔1 200多米的畚箕凹，新建茶场约17.34公顷，现正在抓紧茶苗的种植，主要种植肉桂、瑞香、奇兰、梅占等四个高香型岩茶品种，产收的茶可做优质红茶、绿茶、白茶等。整个茶场计划投资1 000万元，一期投资150万元，目前已完成投资50多万元。

江西省赣州市龙南县虔茶有机茶产业引领群众奔“钱”程。龙南恒泰茶业以发展壮大虔茶有机茶产业为目标，开发荒山近万亩，采取“公司＋基地＋农户”模式，由企业提供茶苗、技术，对茶园进行统一经营、管理。经过精心管护，如今的虔茶有机茶园初见效益，“钱”景可观。该场已与农户签订了鲜叶收购合同，统一加工销售，实现了集茶叶种植、加工、销售、产品研发为一体的一条龙经济林产业项目。茶场的建立，不仅有效整合了林地资源，还大量解决了当地群众就业增收问题。目前，该场从当地聘请职工600多名，人均工资1 500元/月，每逢采茶旺季，还需另聘2 500多名临时采茶工。此外，茶场还在茶树间套种了大量珍稀植物红豆杉树苗，发展了土鸡散养，在茶园周围种植了数万亩毛竹林，有效带动了当地农民增产增收，让万余农户脱贫致富绣“钱”程。

安徽省休宁县荣山茶厂有机茶走出国门。2015年5月，由27人组成的欧盟有机茶采购代表团考察荣山生态农庄333余公顷有机茶基地，实地查看和询问了生态有机茶园高标准的管理方法，并现场进行茶叶的采摘、炒制，欣赏了道茶茶艺表演，对有机茶园的管理津津乐道，并现场签单采购20吨有机茶。

江西铜鼓一片茶叶带富一方百姓。“6年前村里引进有机茶叶种植，现在总面积有467多公顷，村里每年人均增收1 400多元。”说起村里的变化，铜鼓县大公式镇交山村党支部书记朱剑桂高兴地说。2009年，镇、村联合到浙江招商，交山村良好的生态环境吸引了一位客商。该客商在交山村成立了江西鑫茂投资有限公司，大面积种植有机白茶。从2009年至今，该公司通过流转山林陆续种植有机白茶267多公顷。2011年，又有一位浙商落户交山村，成立了春大地农业生态发展有限公司，并在交山村流转山林、种植有机白茶133多公顷。“每亩茶园每年需要支付茶叶采摘、加工和茶园管护工资370元左右，我们合作社66.7余公顷茶园，去年支付给村民的劳务工资就达36多万元。”合作社负责人朱乔说。朱剑桂介绍说，2015年两家企业和合作社发放的劳务工资需260多万元，全村人平均可增收1 440多元；过几年茶园全部进入盛产期，支付的劳务工资还要更多。

湖南省娄底市新化渠江薄片万亩有机茶种植与加工基地竣工。2015年6月17日，新化渠江薄片万亩有机茶种植与加工基地竣工。新化县万亩有机茶种植与加工项目是渠江薄片茶业有限公司的投资项目，项目于2012年7月开工建设，总投资5 000万元，是娄底市新化县农业重点建设项目。经过近3年的建设，已建成集种植、旅游、加工、展示、茶文化为一体的园区，占地面积13 600米^2，主要建设内容为加工园区建筑面积9 000米^2，茶艺建筑面积2 000米^2，综合楼建筑面积2 000米^2，生产加工流水线一条。项目建筑按仿唐中式园林建筑设计，体现新化独特的茶叶文化内涵，年产值1亿元。

消费者票选“广东茶王”有机茶备受网友青睐。由南方报业传媒集团《茶行天下》主办的“2015消费者心中的广东茶王”评选活动圆满结束，千香茗秀乐昌九峰小种红茶、大江山红英九、岩仔绿茶、承龙璋龙王绿茶、仙堂山有机红茶、银窿山乌龙茶、车八岭有机茶、神仙坑红茶、凯达牌香妃翠玉乌龙茶、华彤柑普荣获2015消费者心中的广东茶王称号。

2012—2014年我国茶叶消费与贸易概况

中国农业科学院茶叶研究所/国家茶叶产业技术体系产业经济研究室
胡林英　陈富桥　姜爱芹　姜仁华

一、茶叶消费

1. 国内需求　2010年以来，我国茶叶消费一直稳居全球首位，国际茶叶委员会（ITC）数据显示，2011年国内茶叶消费达到125.30万吨。但是自2012年起，国内茶叶消费需求增长率有所放缓，联合国粮食与农业组织（FAO）数据显示2012—2014年我国国内茶叶消费年均增长率为4%～5%，国家茶叶产业技术体系产业经济研究室估算2012年我国茶叶消费量约为130万吨，2014年达137万吨，同比增长3.69%。近5年，国内茶叶消费年均增长量为4.7万吨。在茶叶的人均饮用量上，基于快速增长的茶叶产量，ITC的计算数据显示我国2011—2013年的人均茶叶消费已达1.04千克，以"人均消费量=（产量－出口量＋进口量）/人口数"公式推算，2014年国内茶叶人均消费量可突破1.2千克。我国茶叶人均消费量与科威特、爱尔兰、土耳其、阿富汗、英国等国家差距还较大，随着国内茶叶消费结构的优化，该差距有望逐步缩小。

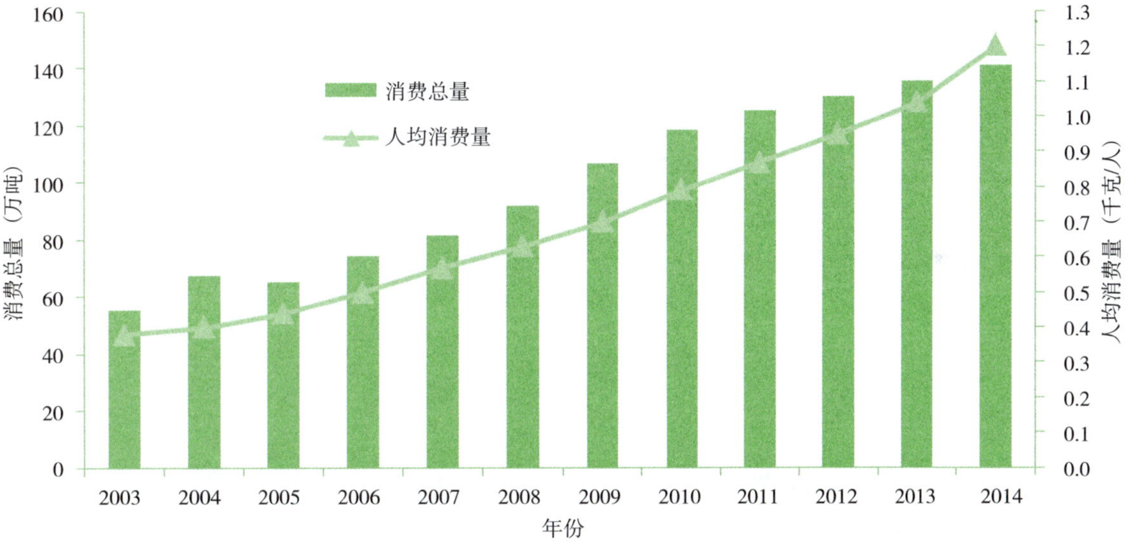

2003—2014年我国茶叶消费总量与人均消费量变化趋势

数据来源：ITC统计报告，FAO和The Economist Intelligence Unit（EIU）统计数据，国家茶叶产业技术体系产业经济研究室预估数据。

2. 消费结构　2012—2014年，我国茶叶消费绿茶依然居于国内市场主导地位，只是消费占比有所下降；乌龙茶消费回稳，市场份额基本稳定在12%左右；红茶尤其是高档红茶消费表现出强劲增长态势，市场份额开始逼近乌龙茶；传统上以边销为主的黑茶近几年也开始受到市场关注；茉莉花茶消费呈现出高端消费特征，高档花茶的销售比重呈上升趋势。另外，近年来新的茶叶深加工产品不断被推向市场，对茶叶深加工产品消费量也不断提高。

3. 茶叶价格　目前，市场中的茶叶价格是中低端茶上涨，高端茶类下降，2014年春茶价格在生产成本的推动下，茶青平均价格为41元/千克，平均增幅9%，干茶平均价格253元/千克，同比增长7.9%；高端礼品茶平均价比2013年下降30%～40%。国家统计局年度数据显示，2000年以来，我国农产品生产价格指数与居民食品消费价格指数节节攀升，相较之下，茶叶的生产与消费价格指数增长较慢，以2002年的100为标准，2012、2013年茶叶生产价格指数分别为140和141，年均增长率为3.17%；2012、2013年消费价格指数为121和123，年均增长率为1.90%；2010年以来茶叶的生产价格指数增速大于消费价格指数。整体来说，近几年茶叶的销售市场形势稍显严峻，期待更多营销手段进一步发挥作用，刺激茶叶消费。

主要年份国内各茶类消费量及比例变化趋势

单位：万吨、%

茶类	数量	2006 年	2009 年	2012 年	2013 年	2014 年
绿茶	消费量	54.51	77.70	84.92	84.89	86.58
	比例	73.52	73.60	64.96	64.27	63.16
红茶	消费量	2.29	3.18	9.66	10.71	13.02
	比例	3.09	3.02	7.39	8.11	9.50
乌龙茶	消费量	9.52	13.49	17.55	16.17	16.06
	比例	12.84	12.78	13.43	12.25	11.72
黑茶（不含普洱）	消费量	2.16	4.16	7.05	7.74	8.37
	比例	2.92	3.94	5.40	5.86	6.11
其他茶	消费量	5.66	7.03	11.54	12.56	13.03
	比例	7.63	6.66	8.83	9.51	9.51
消费总量		74.14	105.56	130.72	132.07	137.06

数据来源：国家茶叶产业技术体系产业经济研究室。

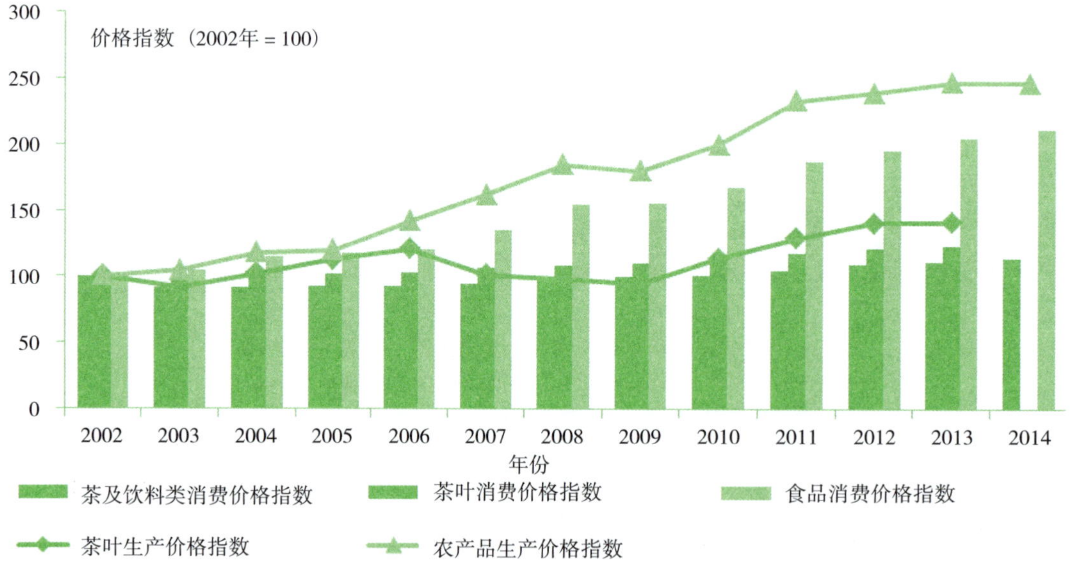

2002—2014 年居民食品及茶叶类生产与消费价格指数的变化

数据来源：国家统计局。

二、国际贸易

1. 出口规模 茶叶作为我国特色出口农产品之一，具有一定的比较优势。2006—2011 年，我国茶叶出口量和出口额的整体增长态势基本不变，只是增幅有所波动；2012—2014 年，我国茶叶出口徘徊不前，时涨时落，2013 年国内茶叶出口量达到 32.58 万吨，但 2012 年与 2014 年都不甚理想，茶叶出口量分别为 31.35 万吨和 30.10 万吨。2014 年，我国茶叶出口量同比下降 7.5%，其中，绿茶出口 24.92 万吨，同比下降 5.8%；红茶出口 2.78 万吨，同比下降15.6%；乌龙茶出口1.54万吨，同比下降9.7%；花茶出口0.58万吨，同比下降15.7%；普洱茶出口0.34万吨，同比下降25%。在出口额方面，因为生产成本不断增加，产品单价有所提升，近10年来一直保持增长趋势，2006—2011年茶叶出口额的年均增长率达到了12.03%，2012—2014年这3年的出口额增幅虽有所下降，但也达到了增幅10%，2014年在出口量大幅下降的情况下，我国茶叶出口额约12.7亿美元，同比上升2.21%。

2006—2014年我国茶叶出口情况

数据来源：海关进出口统计数据。

2. 出口结构 我国茶叶出口主要包括绿茶、红茶、特种茶三大类，绿茶是我国出口茶类中的主导产品，出口规模居世界首位，约占世界绿茶出口量的75%，其出口量的波动情况基本与总量一致。2012年以来，绿茶出口占比进一步提升，2014年达到了82.65%。近10年在斯里兰卡、印度、肯尼亚等茶叶主产国的竞争挤压和国内生产因素的影响下，我国红茶出口量在波动中不断减少，2014年仅有2.78万吨，占出口总量的9.21%，出口地位持续下降。其他茶类诸如乌龙茶、普洱茶等特种茶，也是现代中国茶叶出口贸易的重要组成部分，但是其出口总量较之绿茶来说相对较低，且近10年特种茶的出口量不断下滑，2006—2010年特种茶的年均出口量还有3.41万吨，到2011—2014年仅2.79万吨，特种茶在国际市场一直未取得有力的突破。

2012—2014年各茶类出口量情况

单位：万吨

年份	绿茶	红茶	特种茶		
			乌龙茶	普洱茶	花茶
2012	24.87	3.58	1.74	0.43	0.73
2013	26.45	3.28	1.70	0.45	0.69
2014	24.92	2.78	1.54	0.34	0.58

3. 出口市场 目前，中国与世界113个国家和地区建立了茶叶贸易关系，2013年在中国茶叶出口市场中，位居前5名的分别是摩洛哥、乌兹别克斯坦、美国、毛里塔尼亚和日本；2014年中国茶叶出口前5名为摩洛哥、美国、俄罗斯、日本和乌兹别克斯坦。近些年，中国茶叶出口的贸易格局没有明显变化，70%为欠发达国家和地区，摩洛哥长期稳居首位，占我国茶叶出口总量的20%左右；美国、乌兹别克斯坦和日本一直跻身前5名，只是次序偶有变化，每年与这3个国家的茶叶贸易量均在1.5万～3.5万吨。受绿色贸易壁垒和茶叶消费习惯影响，中国尚未完全打开欧盟市场，80%的茶叶出口贸易在中亚、非洲地区。

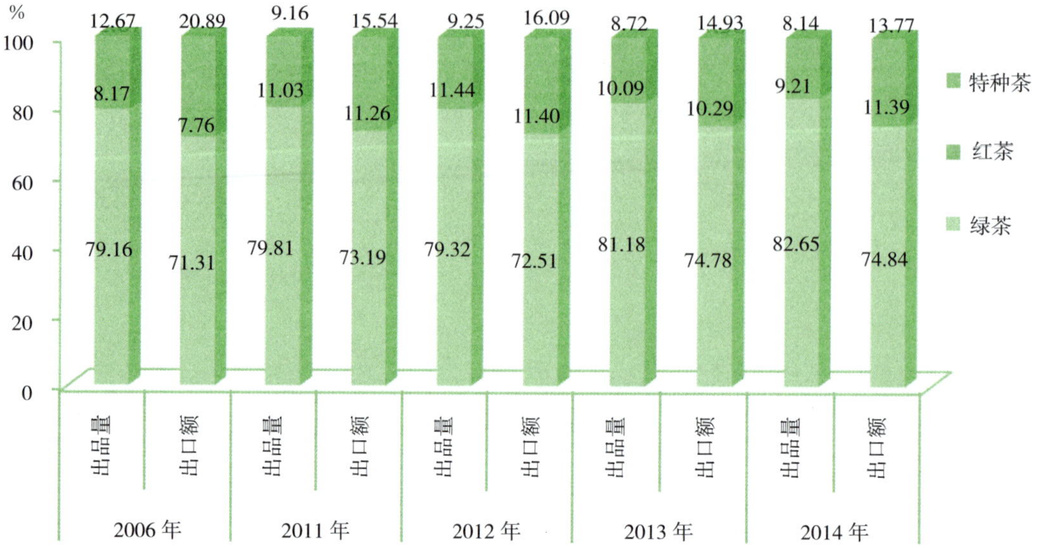

2006—2014年各茶类出口量占比变化情况

数据来源：海关进出口统计数据。

三、趋势与展望

从国内市场来看，茶业发展形势相对严峻，整体进入调整期。首先，我国茶叶消费均价的增速不及生产成本的增长，产业经营利润不断被压缩，加上国内农村劳动力已进入总量过剩与结构性短缺并存阶段，这一现实特征对以劳动密集型为主的茶产业发展提出了挑战。其次，在信息化时代，国民消费方式正发生悄然变化，网络购物渐成主流；大家的消费理念也趋于理性，时尚、便利成为新一代产品的代名词。在生产压力与市场需求的推动下，“奢侈品路线”“投资收藏热潮”等违背茶叶健康产品属性的发展路径将逐步被市场淘汰，大众消费市场将被重新挖掘，国内茶叶消费结构不断优化，茶产品将持续多元化与功能化变革，品牌化建设将越来越受重视。

从国际贸易看，我国茶叶出口已面临较大发展瓶颈，在生产成本不断提高、人民币预期升值及有关国家地区市场农药残留检测指标增多趋严的情况下，若仍以出口大宗散装原料茶为主，那么产品附加值低，竞争力弱，茶叶出口的不稳定性和不可持续性将进一步扩大。当然，在“一带一路”战略的带动下，我国茶业抓住发展机遇，努力提升自身质量安全水平，树立自身产品优势，走品牌化发展道路，出口贸易方面也许可以取得突破性成就。

2012 年全球茶叶市场概况及我国茶叶进出口形势分析

中国食品土畜进出口商会茶饮园艺部 蔡军 林海霞

当今世界约有半数以上的国家（地区）和人口有饮茶习惯，茶必将成为21世纪的主导饮料。我国是茶树的原产地，有着悠久的茶叶种植历史和深厚的饮茶文化。随着茶产业的迅猛发展、茶企实力不断增强，我国茶叶出口取得骄人成绩，成为世界上茶叶对外贸易增长最有潜力的国家。

一、全球茶叶市场概况

1. 生产总量再创新高 2012 年，全球茶叶产量469.3万吨，同比上升1.77%。从地区看，亚洲茶叶产量占世界总产量的84.96%，比2011年增加2个百分点；非洲占12.59%，比2011年略有增加。从国家看，我国茶叶产量175.1万吨，同比上升8.49%，占全球茶叶总产量38.89%，比2011年增加2个百分点，成为带动全球茶叶产量上升的主要因素。印度、肯尼亚、斯里兰卡和越南位列世界前五，产量比2011年均有所下降。上述5国茶叶产量之和占全球茶叶总产量82.30%。

2. 出口总量基本持平 2012 年，全球茶叶出口174.1万吨，同比下降0.51%。从地区看，亚洲茶叶出口占世界总出口量的60.42%，与2011年持平；非洲占34.38%，比2011年略有增加。从国家看，肯尼亚出口43万吨，同比上升2.12%，继续保持世界第一；我国出口32.2万吨，位居第二；斯里兰卡、印度和越南位列其后。

3. 进口总量同比略降 2012 年，全球茶叶进口159.9万吨，比2011年下降2.27%。其中，俄罗斯进口18.2万吨，是世界最大茶叶进口国；巴基斯坦进口13.1万吨，位居第二；美国进口12.6万吨，位居第三。

2012 年全球茶叶总生产量

单位：吨、%

序号	国家	生产量	数量同比
1	中国	1 750 997	17.97
2	印度	1 111 760	−0.35
3	肯尼亚	369 562	−2.21
4	斯里兰卡	326 278	−0.72
5	越南	178 000	−11.24
6	土耳其	147 000	1.38
7	印度尼西亚	130 500	−8.32
8	阿根廷	84 000	−9.68
9	日本	75 500	−3.21
10	孟加拉国	62 155	4.78

2012 年全球茶叶总出口量

单位：吨、%

序号	国家	出口量	数量同比
1	肯尼亚	430 209	2.12
2	中国	321 790	−0.24
3	斯里兰卡	319 947	6.20

（续）

序号	国家	出口量	数量同比
4	印度	180 000	−5.57
5	越南	143 000	−5.59
6	阿根廷	78 000	9.51
7	印度尼西亚	71 000	−5.90
8	乌干达	48 217	4.48
9	马拉维	41 834	−6.81
10	坦桑尼亚	26 300	−3.00

2012 年全球茶叶总进口量

单位：吨、%

序号	国家或地区	出口量	数量同比
1	俄罗斯	181 863	3.24
2	巴基斯坦	131 250	4.03
3	美国	125 500	−1.54
4	英国	123 287	−3.73
5	埃及	96 400	14.76
6	独联体（除俄罗斯）	90 000	—
7	伊朗	64 000	−3.03
8	摩洛哥	53 700	−8.21
9	阿富汗	43 400	−12.06
10	迪拜	43 000	−18.87

数据来源：ITC 统计数据。

二、2012 年我国茶叶出口概况及同比下降原因

1. 出口概况 2012 年，我国对外贸易形势仍然严峻，但在业界各方共同努力下，我国茶叶出口行业发展态势良好，出口额首度突破 10 亿美元，同比上升 7.98%，出口量 31.35 万吨，同比略有下降。

（1）红茶普洱茶出口微增，其他茶类量减价增，绿茶成为拉低出口主因。2012 年，我国红茶出口 35 847 吨，同比上升 0.76%；普洱茶出口 4 288 吨，同比上升 0.34%。绿茶、乌龙茶和花茶出口量比 2011 年有所减少，其中绿茶出口 24.87 万吨，同比下降 3.41%，成为拉低全国出口的主要因素。乌龙茶出口 17 372 吨，同比下降 3.20%；花茶出口 7 322 吨，同比下降 0.25%。

我国是全球产茶大国中唯一能够量产各种类茶的国家，其中绿茶在国际市场长期保持绝对优势，产量占全球绿茶总产量的 83.40%，出口量占全球绿茶总贸易量 77.97%（2011 年）。近 10 年来，我国绿茶出口平均年增 4.7%，成为茶叶出口持续增长的有力保证。由于国际消费市场以红茶为主，我国红茶生产面临肯尼亚、印度、斯里兰卡等主产国的竞争，加之受到国内诸多因素的制约，红茶出口持续下降；乌龙茶、普洱茶、花茶等特种茶尚未成为茶叶消费主流产品，市场开拓困难重重。

（2）亚洲北美洲出口同比略有上升，非洲欧洲等传统主销市场下降，摩洛哥是影响我国茶叶出口最重要的因素。2012 年，我国对亚洲、北美洲茶叶贸易呈恢复性增加，出口量分别为 9.17 万吨和 2.56 万吨，同比上升 3.94%和 0.78%。其中，乌兹别克斯坦由于前期库存消化、市场需求旺盛等因素，出口量为 2.59 万吨，同比上升 39.37%，再次成为我国第二市场；美国消费需求稳步回升，出口量 2.43 万吨，同比上升 1.92%，位居第三。2012 年，我国对第一市场摩洛哥出口大幅下降，出口量

5.58 万吨，同比下降 12.31%，导致我国茶叶出口减少；俄罗斯继 2011 年出口同比下降 15.89%后，再次出现 14.41%的降幅，已由 2010 年第三位降至目前第五位；日本因受农残标准多变、国内消费不振等多种因素影响茶叶进口，进口量呈逐年下降的态势，2012 年从我国进口茶叶 1.73 万吨，仅为 2004 年的 46%。

我国茶叶出口至 120 多个国家和地区，其中 70%出口对象国为欠发达国家和地区，尤以西北非国家为主。其中，非洲是我国最重要的传统市场，占出口量近 50%，在出口量超过万吨的 9 个国家和地区中，就有 4 个是非洲国家，特别是第一市场摩洛哥是我国茶叶出口行业风向标，保持摩洛哥及其他非洲国家稳定增长是我国茶叶出口持续发展的重要基础。

2. 茶叶出口同比下降的主要原因 一是农残标准成为制约茶叶出口的重要因素。2012 年，欧盟、日本相继修改可溶性农药检测及三唑磷、氟虫腈等具体农药检测标准，进一步加剧我国茶叶出口企业经营风险，严重影响我国茶叶出口欧盟和日本；摩洛哥也在酝酿采取类似欧盟的茶叶进口标准，导致采购商持观望态度。二是茶叶价格上涨影响签约成交。我国行业组织在政府部门的支持下不断规范茶叶出口秩序，出口茶叶质量明显提升，加之由于劳动力、原料等生产成本提高，茶叶价格逐年攀升，导致采购商难以接受。三是消化库存签约减少。由于摩洛哥采购商担心价格上涨，2011 年大幅进货导致库存过多。

三、面临的瓶颈和对策分析

1. 存在的主要问题

（1）缺乏真正意义上的龙头企业和知名品牌。因历史诸多因素和传统消费习惯，我国出口茶叶多为原料性贴牌中低档产品，竞争方式也多以低层次的价格竞争为主。尽管近年来我国各大茶类中均有地区性品牌茶企脱颖而出，呈现企业品牌化、规模化提速态势，但仍缺乏真正意义上的行业龙头企业和全球知名品牌。由于企业规模普遍偏小，存在小生产与大市场的矛盾和小农经营与现代茶企的差距，难以凭借自有品牌占领全国和国际市场。

（2）缺乏全球化茶业交易平台。我国茶叶交易多为原始的小门市现货交易，交易规模普遍较小，低档次、低水平的茶业流通服务，不能满足茶产业发展的实际需要。

（3）贸易企业与科研机构缺乏有效合作。我国大多数茶企因自身实力所限，对研发重视不够，自主研发能力薄弱，而且由于创新产品投放市场周期长，宣传促销资金量大，与科研机构合作的积极性不高，不能及时生产适销不同偏好的时尚创新饮品。

（4）市场宣传促销手段贫乏。世界上 80%的消费者饮红茶，却对我国各类茶叶知之甚少，特别是对人体的保健作用更无了解，致使我国特种茶类在国际市场尚未形成消费热。

（5）销售不稳定因素增加。一是我国茶叶生产成本大幅提升，出口价格增幅较高，欠发达国家市场消费能力有限；二是我国茶产品质量标准管理相对不足，市场风险加大；三是欧盟、日本农残检测指标多、变化快，其他国家若参照，我国茶叶出口形势堪忧。

2. 对策建议

（1）着力打造区域优势品牌。我国茶类产品区域版块优势明显，区域茶原料优势由各企业打造成区域品牌产品，进而转变为产业优势，向产业集群方向发展，形成以技术、品牌、质量、服务为核心的综合竞争优势。在政策支持下，整合资源，抱团形成合力，加大宣传力度，拓展国际国内市场。

（2）建立现代国际茶业交易平台。建立拥有全球现代信息流、物流、咨询和综合采购服务机构的现代国际茶叶交易大型平台，扶持区域性茶叶配送体系建设，实现现货交易与期货、拍卖、信用、综合采购交易等有机结合。通过现代交易平台召开国际会议、专业考察等多种方式，让中外茶商和消费者更多了解茶科技、茶文化和茶与健康及产业现状，展示企业的标准化生产、营销和管理等，达到扩大我国企业知名度和产品销售的目的。

（3）以科研创新推动产品转型升级。以六大茶类的传统加工工艺为基础，通过茶类交叉特征的研究，进行工艺创新优化组合，创制具有色、香、味、形品质特征的新产品，将民族化或区域化的茶产品拓展为全球化的饮品。把传统茶叶延伸到天然药物、保健品、功能食品、功能饮料、天然化妆品、天然日化用品等健康产业领域，引领国际茶叶新型消费趋势，满足各层次消费者需求。

（4）挖掘市场潜力，扩大消费群体。南方以绿茶、乌龙茶、普洱茶消费为主；北方以砖茶、花茶为主，绿茶为辅。随着人们消费水平的提高和对健康的渴求，名优绿茶、乌龙茶、普洱茶将呈稳定增长态势，更多地研究生产特色茶、礼品茶、保健茶、品牌包装茶等多样化茶产品，并快速发展为时尚饮品。单位福利茶、集团专供茶有着很大的发展潜力。网络销售和茶叶配送是今后市场发展方向，是为特殊消费群体提供服务的延伸。随着农村城镇化步伐加快和农民收入的提高，培育和关注农村消费集群是不可忽视的市场趋势。

（5）打造国际品牌，拓展国际市场。帮助企业建立和形成产、销、学、研互动机制，重点研究世界主要红茶市场的消费口味和习惯，着力提高科技开发能力、加快产品自主创新、发展茶叶深加工产品、延长产业链、提高茶叶附加值。通过提高质量打造优质品牌，并通过品牌宣传开拓市场。强化茶叶“品牌”意识，走“品牌”战略之路，培育中国全球茶品牌，有针对性地拓展不同国家市场需求的各茶类品牌。

（6）科技与文化融合引领消费风尚。科技在于提升品质、创造新品、诠释功能；文化在于传播消费理念、拓展消费领域、提升产品价值。科技内涵的丰富与文化外延的拓展结合，以“健康”为驱动茶叶消费的主导引子，将为茶叶国际消费区域和消费群体注入科学动力，推动更多消费者因健康而饮茶，饮茶成消费时尚。提高茶文化软实力，将有效促进我国茶叶规模与效益的同步增长。

随着企业实力稳步提升和政策扶持力度的不断加强，茶产品结构将根据市场需求进行相应调整。只有将政府宏观管理、行业协调服务和企业自律有机结合，不断推动茶产业结构调整和产品创新，才能研发生产更多适销对路、具有国际竞争力的新产品，我国茶产业也必将迎来更加美好的未来。

2013年全球茶叶市场概况及我国茶叶进出口形势分析

中国食品土畜进出口商会茶饮园艺部　蔡军　林海霞

一、全球茶叶市场概况

1. 生产总量再创新高　2013年，全球茶叶产量481.9万吨，同比上升4.57%。从地区看，亚洲茶叶产量占世界总产量84.39%，与2012年基本持平；非洲占13.39%，比2012年略有增加。从国家看，我国茶叶产量185万吨，同比上升3.37%，占全球茶叶总产量38.39%，与2012年基本持平。印度、肯尼亚、斯里兰卡和越南位列世界前五，上述5国茶叶产量之和占全球茶叶总产量82.92%。

2. 出口总量同比上升　2013年，全球茶叶出口186.5万吨，同比上升5.20%。从地区看，亚洲茶叶出口占世界总出口量59.09%，比2012年减少1个百分点；非洲占36.11%，比2012年增加2个百分点。从国家看，肯尼亚出口49万吨，同比上升14.91%，继续保持世界第一；我国出口33.2万吨，位居第二；斯里兰卡、印度和越南位列其后。

3. 进口总量略有增加　2013年，全球茶叶进口170.9万吨，比2012年增加5.19%。其中，俄罗斯进口17.8万吨，是世界最大茶叶进口国；美国进口13万吨，位居第二；巴基斯坦进口12.7万吨，位居第三。

2013年全球茶叶总生产量

单位：吨、%

序号	国家	生产量	数量同比
1	中国	1 850 000	3.37
2	印度	1 200 040	6.54
3	肯尼亚	432 453	17.02
4	斯里兰卡	340 229	3.60
5	越南	173 325	−2.13
6	土耳其	149 000	1.36
7	印度尼西亚	134 000	−2.36
8	阿根廷	84 700	0.83
9	日本	84 700	−1.40
10	孟加拉国	63 159	1.62

2013年全球茶叶总出口量

单位：吨、%

序号	国家	出口量	数量同比
1	肯尼亚	494 347	14.91
2	中国	332 416	3.30
3	斯里兰卡	317 710	3.81
4	印度	209 000	1.36
5	越南	143 325	−2.57
6	阿根廷	78 000	1.51
7	印度尼西亚	70 000	−0.10
8	乌干达	56 696	8.46
9	马拉维	40 500	−3.19
10	坦桑尼亚	27 400	−1.36

2013 年全球茶叶总进口量

单位：吨、%

序号	国家或地区	进口量	数量同比
1	俄罗斯	178 000	2.72
2	美国	130 156	3.58
3	巴基斯坦	126 633	−3.52
4	英国	115 342	−4.44
5	独联体（除俄罗斯）	113 000	7.41
6	埃及	99 700	2.36
7	伊朗	75 300	12.05
8	阿富汗	73 400	68.73
9	摩洛哥	63 000	17.32
10	迪拜	53 800	8.91

数据来源：ITC 统计数据。

二、茶叶出口再创历史新高

2013 年，我国茶叶出口继续保持良好发展态势，出口 32.58 万吨，金额 12.47 亿美元，同比分别上升 3.92%和 19.64%，双双再创历史新高。

（1）绿茶、普洱茶出口同比增长，其他茶类量减价增，绿茶所占份额逐年增加。2013 年，我国绿茶出口 26.45 万吨，同比上升 6.37%；普洱茶继续保持回升态势，出口 4 513 吨，同比上升 5.26%。红茶、乌龙茶和花茶出口形势未能出现好转，出口数量分别为 3.3 万吨、1.7 万吨和 6 856 吨，同比下降 8.29%、1.92%和 6.37%。

近 10 年来，我国绿茶出口保持强劲快速增长，2013 年出口量比 2004 年增长 35%，在出口茶叶中所占份额则从 2004 年的 70%增至 2013 年 81%，有力地保证了我国茶叶出口行业稳步发展和茶叶出口大国的地位。然而，由于国际消费市场以红茶为主，我国红茶生产面临肯尼亚、印度、斯里兰卡等主产国竞争，加之受到国内诸多因素制约，红茶出口持续下降，2013 年出口量比 2004 年减少 16%，在出口茶叶中所占份额则由 14%降至 10%。由于产品创新欠缺、市场宣传乏力等因素，乌龙茶、普洱茶、花茶等特种茶尚未成为茶叶消费主流产品，市场开拓困难重重，出口形势不容乐观。与 2004 年相比，乌龙茶出口减少 12%，所占份额从 7%降至 5%；花茶出口比减少 65%，所占份额从 6%降至 2%；普洱茶出口减少 30%，所占份额从 1.9%降至 1.4%。

（2）对非洲出口大幅上升，所占份额逐年增加，对亚欧出口份额有所下降。非洲是我国重要的茶叶传统主销市场，2013 年出口近 17 万吨，比 2004 年增长 40%，所占份额由 43%升至 52%。出口欧洲 4.2 万吨，比 2004 年增长 11%，但所占份额有所下降；出口亚洲 8.8 万吨，比 2004 年减少 14%，所占份额由 37%降至 27%。

我国茶叶出口至 125 个国家和地区，其中 70%出口对象为欠发达国家和地区，尤以西北非国家为主。非洲是我国最重要的传统市场，摩洛哥长期稳居首位，占我国茶叶出口总量近 20%，是我国茶叶出口行业风向标；毛里塔尼亚、阿尔及利亚、多哥和塞内加尔等国出口量均过万吨，与 2004 年相比涨幅分别为 104%、63%、528%和 38%，跻身我国出口前十位。乌兹别克斯坦位居第二，出口 2.3 万吨，比 2004 年增长 33%；对德国出口首次超过万吨，比 2004 年增长 84%，德国已成为进口我国茶叶最多的欧洲国家。对日本出口因受农残标准多变、国内消费不振等多种因素影响逐年下降，2013 年为 1.73 吨，比 2004 年减少 53%，已从第二出口大国降至目前的第五位。俄罗斯则连续三年保持两位数下降，2013 年出口 1.35 万吨，比 2004 年减少 8.7%。

（3）浙江继续保持出口第一大省地位，安徽和湖南所占份额不断提高。浙江是茶叶出口重要地区，占我国出口总量 50%以上。近年来，安徽和湖南茶叶出口逐年增加，2013 年出口数量分别为 4 万吨和 3.4 万吨，比 2004 年分别增长 127%和 67%，占我国茶叶出口份额分别从 6%和 7%上升至 12%和 10%，为促进茶叶出口做出重要贡献。

由于受生产成本、原材料价格等因素影响，中西部地区茶产业加速发展，区域结构更趋平衡也是茶叶出口的重要特点。2013 年，浙江、福建、江苏等东部沿海省份茶叶出口占比 61%，比 2004 年下降 10 个百分点。湖北、贵州、四川等中西部省份茶叶出口大幅提升，茶叶生产和出口成为上述地区农民增收的重要途径。

三、茶叶出口行业隐忧及发展前景

1. 茶叶出口再创新高的主要原因 一是我国茶产业持续发展，政府、茶行业和企业共同努力提升出口茶叶品质，国际影响力显著增强。例如，在摩洛哥市场，三方经数年努力，极大地提升了我国茶叶出口行业在主销市场的影响力和话语权，树立了非洲消费者对中国茶产品的信心。二是通过“走出去请进来”拓宽合作渠道加大宣传力度，国际茶业大会、美国和俄罗斯茶叶展等已成为重要合作平台。三是茶叶是生活需求品而非奢侈品，国际市场有着刚性需求，特别是在非洲地区进口增长迅速。

2. 茶叶出口行业隐忧 近年来一直困扰着茶叶出口行业的因素有：一是由于历史和现实因素，我国茶叶出口企业规模小，缺乏真正意义上的龙头企业，低价恶性竞争导致长期以来企业利薄甚至无利。二是我国茶叶出口传统市场主要以散装、贴牌的大宗茶为主，鲜有品牌产品，全球知名品牌更是匮乏，企业只能获取微薄的加工费，更多利润被国外品牌商赚取。三是人民币升值、生产成本增加导致出口单价持续上涨，极大地削弱了出口产品竞争力，严重遏制了企业扩大经营出口规模，冲击企业的根本利益，甚至使少数企业难以为继。四是市场宣传促销手段贫乏，导致世界多数消费者对我国各类茶叶特别是对人体的保健作用知之甚少，加之企业自主研发能力弱、与科研机构合作的积极性不高，不能及时生产适销不同偏好的时尚创新饮品，致使我国特种茶类在国际市场尚未形成消费热，绿茶出口优势不断扩大。五是我国茶产品质量标准管理相对不足，市场风险加大。欧盟、日本不断增加和变化农残检测指标，为我茶叶出口增加了新的不确定因素。

3. 茶叶出口前景光明 为确保茶叶出口健康持续发展，重要的是科技、品牌和平台。一是以科研创新推动产品转型升级，以科技与健康、文化融合引领消费风尚。通过科技研发具有不同品质特征的新产品，把传统茶叶延伸至健康产业领域，引领国际茶叶新型消费趋势，满足各层次消费者需求；为茶叶国际消费区域和消费群体注入科学动力，推动更多消费者因健康而饮茶，使饮茶成消费时尚。二是对内打造区域优势品牌，对外打造外贸国际品牌。推动区域茶原料优势打造成区域品牌产品，进而转变为产业优势，向产业集群方向发展，形成以技术、品牌、质量、服务为核心的综合竞争优势；帮助企业建立和形成产、销、学、研互动机制，通过提高质量打造优质品牌，并通过品牌宣传开拓市场，强化茶叶品牌意识，走品牌战略之路，培育中国全球茶品牌，有针对性地拓展不同国家市场需求的各茶类品牌。积极促进外贸品牌培育，是转方式、调结构的重要内容，是增强国际竞争力的重要手段，是树立“中国制造”良好形象的重要途径，对进一步提升我国茶叶国际影响力具有重要意义。三是建立现代国际交易和交流平台。建立现代国际茶叶交易大型平台，扶持区域性茶叶配送体系建设，实现现货交易与期货、拍卖、信用、综合采购交易等有机结合；利用交易平台建立交流机制，通过召开国际会议、专业考察等多种方式，展示我国茶叶企业的快速发展及产业现状，让国内外茶商和消费者更多了解茶科技、茶文化和茶与健康，达到进一步提升我国企业知名度、扩大产品销售的目的。

目前，我国茶叶出口虽有诸多不足，但已是世界茶叶生产强国和出口大国，未来必将成为世界茶叶出口强国。这一势头现在早已显现，中国在世界级茶叶会议上的地位、部分茶企先进的加工设备和国内一些知名茶叶的美誉度都无可置疑。中国茶叶的前景将会是光明的，中国茶产业引领世界茶叶行业发展将为期不远。

2014 年全球茶叶市场概况及我国茶叶进出口形势分析

中国食品土畜进出口商会茶饮园艺部　蔡军　林海霞

我国是茶树的原产地，有着悠久的种茶历史和深厚的饮茶文化，茶叶是我们的祖先留给世界的最好礼物。近年来，我国茶产业发展迅速，茶叶出口取得显著成绩，成为世界上茶叶贸易增长最有潜力的国家。

一、全球茶叶市场概况

1. 生产总量再创新高　2014 年，全球茶叶产量 502.6 万吨，比 2013 年增长 0.6%。从地区看，亚洲茶叶产量占世界总产量的 84.7%，非洲占 13%，与 2013 年基本持平。从国家看，中国茶叶产量 198 万吨，比 2013 年增长 2.9%，占全球茶叶总产量 39%，与 2013 年基本持平。茶叶产量位居前十的其他国家分别是：印度 118.5 万吨、肯尼亚 44.5 万吨、斯里兰卡 33.8 万吨、越南 17 万吨、印度尼西亚 13.2 万吨、土耳其 13 万吨、阿根廷 8.5 万吨、日本 8.2 万吨、孟加拉国 6.4 万吨。

2. 出口总量略有减少　2014 年，全球茶叶出口量 182.5 万吨，比 2013 年减少 3.5 万吨，下降 2%。其中，肯尼亚茶叶出口 49.9 万吨，比 2013 年增加 5 033 吨，继续保持世界第一；斯里兰卡出口 31.8 万吨，比 2013 年增加 8 686 吨，位居第二；我国出口 30.1 吨，比 2013 年减少 3 万吨，名列第三。排在第 4～10 位的茶叶出口国分别是：印度 20.8 万吨、越南 13 万吨、阿根廷 7.6 万吨、印度尼西亚 6.8 万吨、乌干达 5.4 万吨、马拉维 4 万吨、坦桑尼亚 2.4 万吨。

3. 进口总量小幅下降　2014 年，全球茶叶进口总量 166.3 万吨，比 2013 年减少 4.4 万吨，下降 2.6%。其中，俄罗斯进口 15.4 万吨，是最大茶叶进口国；巴基斯坦进口茶叶 13.8 万吨，比 2013 年增加 1.1 万吨，位居第二；美国进口茶叶 12.9 万吨，位居第三。世界其他主要茶叶进口国包括：英国 10.7 万吨、埃及 10.6 万吨、独联体国家（除俄罗斯）10.4 万吨、迪拜 6.2 万吨、伊朗 6.1 万吨、阿富汗 5.7 万吨、摩洛哥 5.7 万吨。

2014 年全球茶叶总生产量

单位：吨、%

序号	国家	生产量	数量同比
1	中国	1 980 000	2.9
2	印度	1 184 800	−1.3
3	肯尼亚	445 105	2.9
4	斯里兰卡	338 032	−0.6
5	越南	170 000	−5.7
6	印度尼西亚	132 000	−1.5
7	土耳其	130 000	−3.3
8	阿根廷	85 000	−0.3
9	日本	82 400	−0.5
10	孟加拉国	64 480	−2.7

2014 年全球茶叶总出口量

单位：吨、%

序号	国家	出口量	数量同比
1	肯尼亚	499 380	1.0
2	斯里兰卡	317 885	2.8

（续）

序号	国家	出口量	数量同比
3	中国	301 484	−7.5
4	印度	208 000	−3.5
5	越南	130 000	−7.4
6	阿根廷	76 000	2.2
7	印度尼西亚	68 000	−4.0
8	乌干达	54 000	−6.1
9	马拉维	39 766	7.2
10	坦桑尼亚	24 400	−6.5

2014 年全球茶叶总进口量

单位：吨、%

序号	国家或地区	进口量	数量同比
1	俄罗斯	154 000	−1.5
2	巴基斯坦	137 877	8.9
3	美国	129 165	−0.7
4	英国	106 724	−7.5
5	埃及	105 500	4.8
6	独联体（除俄罗斯）	104 000	2.0
7	迪拜	62 000	8.0
8	伊朗	60 600	−24.3
9	阿富汗	57 000	−20.6
10	摩洛哥	57 000	−5.3

数据来源：ITC、中国海关统计数据。

二、我国茶叶贸易现状

1. 茶叶出口总量下滑，出口成本上升 2014 年，我国茶叶出口 30.1 万吨，同比下降 7.5%，出口金额 12.7 亿美元，同比上升 2.1%。

（1）各茶类出口全面下降。2014 年，绿茶出口 24.9 万吨，同比下降 5.8%；绿茶出口仍在茶叶贸易中发挥支撑作用，占出口总量 80%以上。红茶出口 2.8 万吨，同比下降 15.6%。乌龙茶出口 1.5 万吨，同比下降 9.7%。花茶出口 5 782 吨，同比下降 15.7%。普洱茶出口 3 385 吨，同比下降 25%。

2014 年我国茶叶出口国别（地区）前 20 位

单位：千克、美元、%

序号	国家和地区	出口量	出口额	数量同比	金额同比
1	摩洛哥	58 996 243	211 522 630	−3.59	−0.02
2	多哥	16 892 530	75 434 307	38.59	50.01

（续）

序号	国家和地区	出口量	出口额	数量同比	金额同比
3	乌兹别克斯坦	16 387 677	38 008 572	−30.01	−28.07
4	美国	15 302 842	83 244 168	−30.69	−8.24
5	阿尔及利亚	15 010 213	56 190 108	12.38	15.22
6	日本	14 550 002	60 638 630	−17.1	−9.47
7	毛里塔尼亚	14 096 595	61 791 989	−22.5	−16.32
8	俄罗斯	13 933 247	48 971 881	3.01	−6.96
9	塞内加尔	13 332 028	59 766 269	30.46	33.81
10	德国	12 542 484	48 532 108	24	15.41
11	中国香港	10 237 925	110 939 865	4.9	33.52
12	喀麦隆	7 099 706	7 007 881	−18.35	−42.53
13	巴基斯坦	6 352 549	14 443 078	−0.18	46.07
14	马里	5 277 973	24 416 100	−30.29	−21.66
15	贝宁	5 062 943	9 515 190	−4.26	−22.72
16	冈比亚	4 438 959	17 974 700	−37.91	−33.9
17	加纳	4 248 411	18 332 978	−26.43	−16.02
18	阿富汗	4 130 975	10 032 326	98.64	82.36
19	尼日亚	3 495 960	14 468 192	−8.3	−4.28
20	利比亚	3 273 786	10 975 588	−26.51	−6.72

数据来源：中国食品土畜产进出口商会。

（2）茶叶出口市场相对集中，出口产品结构仍以大宗散装原料茶为主。茶叶出口超过万吨的国家和地区共有11个：摩洛哥、多哥、乌兹别克斯坦、美国、阿尔及利亚、日本、毛里塔尼亚、俄罗斯、塞内加尔、德国和中国香港。摩洛哥长期稳居首位，占中国茶叶出口总量近20%，出口前11位的国家和地区占出口总量的66.5%。

（3）各茶类出口价格全面上涨。近年来，中国茶叶成本持续上升，品质明显改善，出口价格逐年上涨。绿茶同比上涨8.4%，红茶同比上涨33.8%，乌龙茶同比上涨12.7%，普洱茶同比上涨20.5%，花茶同比上涨1.3%。我国是全球产茶大国中唯一能够量产各种类茶的国家，出口规模30万吨左右，是全球第二大茶叶出口国，主要品种涵盖绿茶、红茶、特种茶三大部分。其中，绿茶出口规模居世界首位，在国际市场长期保持绝对优势，未来贸易发展空间潜力巨大。

2. 茶叶进口快速增加 近年来，由于我国经济快速发展，民众消费观念和饮茶习惯趋于个性化、多元化，我国进口茶叶数量迅速增加，主要进口品种是红茶和绿茶。2014年，我国进口茶叶2.3万吨，金额约9 300万美元，分别比2013年增长15.1%和22.7%。其中，红茶占进口总量76%，斯里兰卡、印度、印度尼西亚是主要进口国；绿茶占20%，越南、印度尼西亚和中国台湾是主要进口地区。随着民众口袋里的钱越来越多，品饮国外优质红茶将成为时尚的象征，我国进口茶叶数量将继续保持两位数快速增长，我国也将成为优质红茶的重要消费地区。

3. 茶叶出口总量下降原因及促进出口对策

（1）原因分析。茶叶出口总量下降，究其深层原因，主要缘自内外两大方面。外观世界，欧盟针对茶叶农残检测所制定的标准严苛，且检测方法多变，使得中国在2014年出口欧洲、日本茶叶因农残检测超标被通报33次，损失数千吨茶叶；中国茶叶主销市场以欠发达地区为主，对非洲茶叶出口占对全球出口量的54%，消费能力有限。此外，非洲国家疾病疫情和政局动荡部分影响了茶叶贸易，出口同比下降4.2%，乌兹别克斯坦茶叶贸易周期长、回款慢，企业经营风险大，茶叶出口也出现萎缩。内省自身，中国茶叶高昂的生产成本导致出口价格连年涨幅较大，相逆于国际市场主流需求，从而贸易量下降，因2014年经济形势复杂、卢布大幅贬值的俄罗斯削弱了对中国茶叶的进口力度。

面对起伏多变的国际茶叶市场浪潮，中国茶叶出口显得异常鲜明——国际市场茶叶消费习惯与中国传统饮法差异较大，饮用红茶是世界茶叶爱好者的消费传统，全球红茶消费额占茶叶消费总额的60%；而中国除红茶外其他种类茶叶的口味和冲泡方式在国际茶叶市场上认知度低，没有产生浓厚的品饮热情，造成“内热外冷”的窘境，也因此使得印度、斯里兰卡、肯尼亚等红茶生产大国成为竞争对手。同时，中国茶企的产品输出水平绝大多数为原料阶段，品牌影响力低，普遍在资金实力和产品研发能力上较为薄弱，打入国际市场的营销战略也相对匮乏。

（2）促进出口对策。行业组织需要加大工作力度赢得茶叶出口增长的机会：一是继续搭建交流合作宣传平台。由中国食品土畜进出口商会牵头举办的国际茶业大会、中国茶叶T20峰会等已成为业界深具影响力的活动，在宣传展示中国茶产业发展、促进国际交流合作上发挥了显著作用。二是整治质量安全，营造良好环境。为维护提高中国茶叶品质形象，中国食品土畜进出口商会配合政府部门开展了一系列行业自律工作。近几年，我国出口茶叶质量明显提高，出口均价4 222美元/吨，同比上升10.3%，连续5年保持两位数增长。三是积极应对贸易壁垒，维护产业正当权益。在欧盟、日本等市场实施不公平贸易壁垒和歧视性做法时，中国食品土畜进出口商会快速反应与外方进行磋商，反映中方业界诉求，配合政府对外交涉，减少企业经济损失。四是加强国际合作，拓展新兴市场。茶叶分会长期与世界主要茶叶消费国的行业协会、主要茶叶贸易商保持着稳定友好的合作关系，建立了畅通的交流机制。每年都组织茶企赴重要茶叶消费市场进行宣传拓展，推介诚信企业和优质品牌，树立中国茶叶产业正面形象。五是我国提出两个符合欧亚大陆经济整合的“一带一路”大战略，即“丝绸之路经济带战略”和“21世纪海上丝绸之路经济带战略”。这对我国茶叶的出口和茶企走向海外提供了筑梦空间。茶叶在古丝绸之路上扮演了重要角色，在“一带一路”的大战略中，中国茶叶更应该永立潮头，再塑中国茶叶丝绸之路的新辉煌。

2015年全球茶叶市场概况及我国茶叶进出口形势分析

中国食品土畜进出口商会茶饮园艺部　蔡军　林海霞

一、全球茶叶市场概况

1. 生产总量再创新高　2015年，全球茶叶产量520.0万吨，比2014年增长1.6%。从地区看，亚洲茶叶产量占世界总产量86.4%，占比（与2014年相比，下同）略有增加；非洲占11.4%，占比略有下降。从国家看，中国是最大产茶国，2015年生产茶叶223万吨，比2014年增长6.4%，占全球茶叶总产量42.9%，占比增加4个百分点；印度119.1万吨位居第二，比2014年减少1.3%；肯尼亚39.9万吨，位居第三，比2014年减少10.3%。茶叶产量居世界第4～10位的国家分别是：斯里兰卡32.9万吨、越南16.5万吨、土耳其13.0万吨、印度尼西亚12.9万吨、阿根廷8.3万吨、日本8.2万吨、孟加拉国6.6万吨。

2. 出口总量继续减少　2015年，全球茶叶出口量175.7万吨，比2014年减少7万吨，下降3.8%。其中，肯尼亚出口44.3万吨，比2014年减少11.2%，但仍保持世界第一；中国出口32.5万吨，比2014年增长7.8%，位居第二；斯里兰卡出口30.1吨，比2014年下降5.2%，名列第三。排在世界第4～10位的茶叶出口国分别是：印度21.4万吨、越南12万吨、阿根廷7.7万吨、印度尼西亚6.5万吨、乌干达4.9万吨、马拉维4.0万吨、坦桑尼亚2.4万吨。

3. 进口总量小幅下降　2015年，全球茶叶进口总量165.1万吨，比2014年减少4.9万吨，下降2.9%。其中，巴基斯坦进口15.2万吨，比2014年增长10.1%，成为最大茶叶进口国；俄罗斯进口15.1万吨，比2014年减少3 000吨，下降1.9%，位居第二；美国进口13.0万吨，比2014年增长0.6%，位居第三。世界其他主要茶叶进口国包括：英国11.3万吨、独联体（除俄罗斯）9.0万吨、埃及8.8万吨、迪拜6.5万吨、摩洛哥5.8万吨、伊朗5.5万吨、阿富汗5.3万吨。

2015年全球茶叶总生产量

单位：吨、%

序号	国家	生产量	数量同比
1	中国	2 230 000	6.4
2	印度	1 191 100	−1.3
3	肯尼亚	399 210	−10.3
4	斯里兰卡	328 961	−2.7
5	越南	165 000	−5.7
6	土耳其	130 000	—
7	印度尼西亚	129 293	−4.7
8	阿根廷	83 000	0.8
9	日本	82 000	0.8
10	孟加拉国	66 347	−2.9

2015年全球茶叶总出口量

单位：吨、%

序号	国家	出口量	数量同比
1	肯尼亚	443 461	−11.2
2	中国	324 956	7.8

（续）

序号	国家	出口量	数量同比
3	斯里兰卡	301 423	－5.2
4	印度	214 000	4.6
5	越南	120 000	－9.1
6	阿根廷	77 000	1.2
7	印度尼西亚	65 000	－2.1
8	乌干达	48 558	－15.1
9	马拉维	39 766	－22.3
10	坦桑尼亚	24 400	8.8

2015 年全球茶叶总进口量

单位：吨、%

序号	国家	进口量	数量同比
1	巴基斯坦	151 861	10.1
2	俄罗斯	151 000	－1.9
3	美国	130 000	0.6
4	英国	112 852	5.7
5	独联体（除俄罗斯）	90 250	－4.0
6	埃及	88 000	－14.8
7	迪拜	65 000	－4.4
8	摩洛哥	57 500	－5.9
9	伊朗	55 000	－9.2
10	阿富汗	52 700	－22.5

数据来源：ITC、中国海关统计数据。

二、我国茶叶贸易现状

1. 茶叶出口逆势增长，出口金额创历史新高 2015 年，我国茶叶出口 32.5 万吨，同比上升 7.8%，金额 13.8 亿美元，同比上升 8.6%，出口金额创历史新高。

（1）绿茶出口大幅增长，绝对优势更加突出，其他茶类有增有减。我国茶叶出口以绿茶为主，占出口总量 80%以上。2015 年绿茶出口 27.2 万吨，同比上升 9.2%，占茶叶出口总量 83.7%，比 2010 年所占份额增加 6 个百分点；红茶出口 2.8 万吨，同比上升 1.3%，占茶叶出口总量 8.6%，比 2010 年所占份额减少 3.5 个百分点；花茶出口 6 045 吨，同比上升 4.5%；乌龙茶出口 1.5 万吨，普洱茶出口 3 284 吨，同比分别下降 0.1%和 3%。

绿茶在国际市场受市场欢迎程度不断提升。巴基斯坦、美国和英国位居全球茶叶进口量第 2～4 位，2015 年从我国进口绿茶 6 050、6 762 和 1 851 吨，同比分别上升 42.6%、10%和 14.9%。德国、法国和波兰是欧盟重要的茶叶消费国，2015 年从我国进口绿茶 8 984 吨、4 919 吨和 1 430 吨，同比分别上升 2.6%、84%和 72.4%。

（2）非洲市场占比持续上升，东盟和中东欧快速增长，新兴市场潜力巨大。非洲是我国最为重要的茶叶出口市场，长期占据半壁江山。2015 年，我国对非洲出口茶叶 17.3 万吨，同比上升 6.3%，占茶叶出口总量 53.2%，比 2010 年所占份额增加 7 个百分点；对亚洲其他国家和地区出口 8.8 万吨，同比上升 13.3%。

东盟和中东欧 16 国是从我国进口茶叶增速较快的地区，2015 年进口 1.3 万吨和 4 364 吨，同比分别上升 41.4%和 44.9%。大洋洲和拉丁美洲作为我国茶叶的新兴市场，由于基数较低，出口增幅较大，2015 年出口 2 399吨和 1 472 吨，增幅分别为 13.6%和 31.5%。

（3）茶叶出口区域结构趋于平衡，中西部地区出口增速明显，湖北、四川潜力巨大。近年来，中西部地区茶产业加速发展，茶叶出口区域结构更趋平衡。2015 年，浙江、福建、上海、广东等地区茶叶出口所占份额为 59.5%，比 2010 年下降 12 个百分点，安徽、湖北等地区出口快速增长，所占比重持续增加。

2015 年，安徽出口茶叶 5.7 万吨，同比上升 20.7%，成为全国第二大出口省份，占出口总量 17%，比 2010 年所占份额增加 9 个百分点，年均增长 119.7%。湖北出口 9 397 吨，同比增长 40.9%，从 2010 年全国各省茶叶出口量排名 12 跃居第 6 位，年均增长 130.6%。四川出口 5 525吨，同比增长 152.8%，比 2010 年增长 825%，年均增长 156.0%，成为全国茶叶出口增速最快的省份。此外，云南、贵州等中西部省份茶叶出口大幅提升，茶叶生产和出口成为上述地区农民增收的重要途径。

2. 茶叶进口继续增加，斯里兰卡是最重要的茶叶供应国 近年来，我国茶叶进口持续快速增长。2015 年，茶叶进口 2.3 万吨，金额 1.1 亿美元，同比分别上升 1.84%和 14.82%。自 2010 年以来，进口数量和金额年均增长率分别高达 113%和 117%。其中，红茶占进口总量 82%，斯里兰卡、印度、印度尼西亚是主要进口国；绿茶占 10.6%，越南、印度尼西亚和我国台湾是主要进口地区。随着民众消费水平的提升和消费结构的多元化，我国进口茶叶数量将继续保持快速增长，我国也将成为世界优质红茶的重要消费地区。

3. 茶叶出口增长原因分析 从市场情况看，茶叶出口增长的主要原因包括以下三个方面：一是人民币贬值对出口的促进作用。2015 年 1～7 月，茶叶出口走势波动起伏，自 8 月份起连续大幅增长，从而拉升了全年茶叶出口量。二是主销市场呈恢复性增长。摩洛哥、乌兹别克斯坦、美国等主销市场 2014 年进口基数低，刚需恢复上涨，贸易量增加。三是品质提升增强国外客商信心。在国际茶叶质量标准越趋严格的形势倒逼下，中国茶企进一步强化质量管理，茶叶品质不断提升，与国外客商签约成功率增加。

三、我国茶叶出口面临的主要问题及对策建议

尽管中国茶叶已经踏在世界市场的舞台，但能否成为主角仍面临考验。多年来，中国茶叶出口量始终在 30 万吨左右徘徊。目前存在的主要问题是：

第一，国外市场技术壁垒愈加严苛，检测项目多变，风险加剧，严重阻碍出口。最突出的受阻市场就是欧盟、日本。20 世纪末的一段时间，我国输往欧盟茶叶出口快速增长，1998 年达到 4.2 万吨；而自欧盟实施了苛刻的农药残留限量检测标准后，我国输往欧盟茶叶快速递减，2005 年降至 1.61 万吨。近 10 年来，我国出口欧盟茶叶始终维持在 2 万吨左右，贸易壁垒成为我国茶叶在出口欧盟进程中避不开的障碍。另一个传统主销市场日本在实施食品安全法后，我国输往日本茶叶总量从 2007 年 3.7 万吨降至当前的 1 万多吨。

第二，饮茶习惯的差异从根本上也对出口形成了影响。欧美及中东地区是国际上最主要的茶叶消费地区，红茶为主流茶品。俄罗斯年均进口茶叶 16 万吨，从我国进口仅为 1 万吨，市场份额很少。绿茶消费尽管呈上涨趋势，但仍以袋泡绿茶、绿茶饮料为主导。由于品饮差异，我国出口这些地区的绿茶绝大部分还是散装的原料茶。对非洲的茶叶出口占我国茶叶出口总量 50%，但非洲消费者购买力低，出口茶叶质量与价格倒挂严重，企业经营艰难。

我国茶叶出口若要提高效益、实现质的突破，在跨越技术壁垒和推广茶文化、主导茶叶消费方面，仍需政府、企业和行业共同发力。为稳定并促进茶叶出口，中国食品土畜进出口商会发挥了积极的协调与推动作用。2015 年，商会围绕“提质量、拓市场、争权益、促交流”开展大量工作，采取措施积极应对：先后召开全国珠茶、眉茶出口协调工作会，强化企业质量意识和行业监督；积极组织企业参加各类国际茶叶展会，宣传我国优质茶叶和品牌产品；在输往欧盟茶叶蒽醌事件中，商会及时向商务部、国家质量监督检验检疫总局报告企业受损情况和行业建议，经我国政府加大对外交涉，欧委会重新修订了蒽醌限量标准，降低了中方企业损失；举办国际茶业大会推动与国际茶界的对接合作，提升了湖北茶的国际知名度。

今后，商会将与各国茶叶协会建立网络上的深度合作，力争搭建网上茶叶信息贸易中心，提升我国茶产业国际影响力和话语权，并在投资、新品新技术研发等方面探索新的服务合作模式，在国际市场上加大推广茶健康、茶文化力度，以文化促进贸易发展。

2011—2014 中国茶叶企业产品品牌价值评估报告

浙江大学 CARD 中国农业品牌研究中心　中国茶叶品牌价值评估课题组[①]

一、前言

中国是茶的故乡，茶的历史源远流长，纵观中国茶叶品牌发展历程，茶叶企业的产品品牌作为直接面向消费者、对接市场的核心载体，在茶业增效、茶农增收、茶产业转型升级中发挥着不可替代的重要作用。

浙江大学 CARD 中国农业品牌研究中心与《中国茶叶》杂志、中国农业科学院茶叶研究所中国茶叶网联合组建课题组，采用“浙大 CARD 农产品品牌价值评估模型”，在全国范围内连续开展茶叶企业产品品牌的价值评估工作，并于 2011、2012、2013 年三次发布了“中国茶叶企业产品品牌价值”评估结果及报告。

2014 年，在前三轮研究的基础上，课题组继续开展相关研究。在全国主要产茶区的上千个茶叶企业产品品牌中，选取 200 个品牌为研究对象。历时数月，通过茶叶主体调查、消费者综合评价调研、专家调查、网络调查等多种方式，去除数据相对不够完整的品牌，最终完成了对 178 个茶叶企业产品品牌的价值评估。

课题组期望通过品牌价值量化过程，实现长期持续的跟踪研究，透过数据探寻茶企产品品牌的成长规律和发展方向，进而引导茶企创建充满活力的高价值品牌。

二、数据分析：成长、累积、稳定

根据理论模型，课题组综合考量了品牌的成长性、累积性和稳定性等多方因素，并通过品牌收益、品牌强度乘数和品牌忠诚度因子等一级指标下众多指标的整合构成测量，实现产品品牌价值的量化。其中，品牌收益主要关注品牌的成长性；品牌强度乘数主要关注品牌持续发展的要素，涵盖品牌领导力、品牌资源力、品牌经营力、品牌传播力、品牌发展力等五个二级指标体系；品牌忠诚度因子反映的是消费者对品牌的认可和忠诚程度，主要关注品牌的稳定性。

本节将通过综合分析 2011—2014 年度四轮评估的数据，从品牌成长性、累积性和稳定性切入相关分析。

（一）品牌成长性数据：价值和收益的双增长

1. 品牌价值稳步成长　品牌价值是品牌发展的综合体现。四轮评估的数据显示，参评品牌的平均品牌价值呈现持续上升的态势，从 2011 年的平均 1.26 亿元，上升到 2014 年的平均 1.62 亿元，每年保持递增趋势，涨幅达到 28.6%。由此可见，我国内地茶叶企业产品品牌的整体发展势头不错，如图 1 所示。

从各年度的增长幅度来看，数据显示，2012 年比 2011 年的平均品牌价值增长了 4.8%，2013 年比 2012 年增长了 7.6%，2014 年相较 2013 年增长 14%，增长幅度逐年加大，整体增长速度加快。

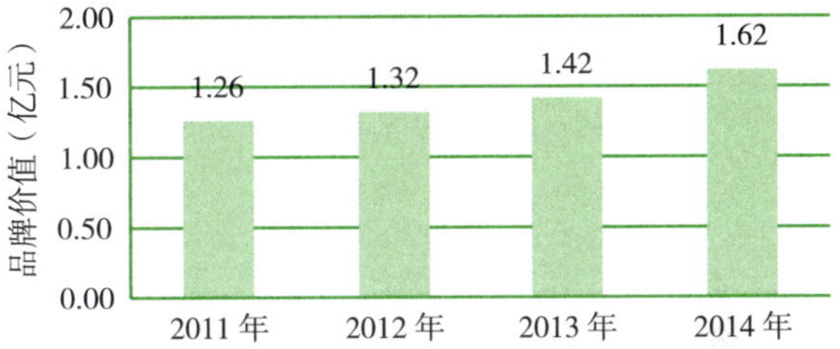

图 1　2011—2014 年，各轮评估的平均品牌价值

虽然从年度比较来看，平均品牌价值得到稳步成长，但同时我们需要看到本次有效评估的 178 个茶企产品品牌中，品牌价值超过 10 亿元的品牌只有两个，占总体比重的 1%。品牌价值超过 5 亿元的品牌总百分比只占 7%，大多数品牌价值在 5 亿元以下，甚至 1 亿元以下品牌占比高达 45%。这表明，虽然中国茶叶企业产品品牌处于不断成长发展的进程中，但整体品牌价值依然偏低，多为中小型企业，如图 2 所示。

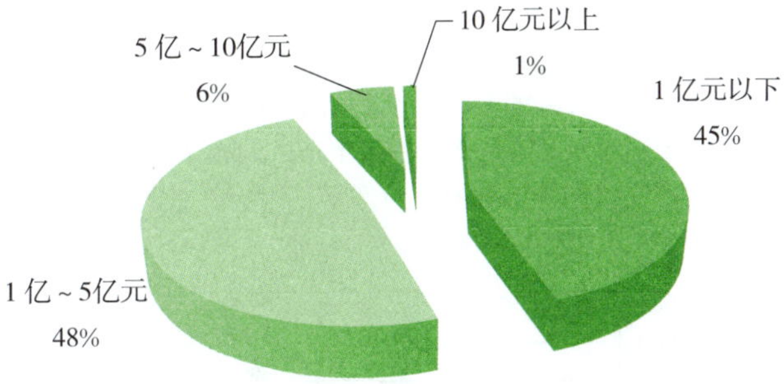

图 2　2014 年茶叶企业产品品牌价值分布

2. 品牌收益持续上升　品牌收益体现的是品牌无形资产带来的收益，如图 3 所示。我们看到，2011—2014 年，评估品牌的平均品牌收益分别为 811 万元、898 万元、930 万元和 1071 万元，呈现持续上升态势，其平均品牌收益与平均品牌价值变化曲线的走向基本一致。

从各年度的增长幅度来看，品牌收益的年增长率也由 2012 年的 10.7%到 2013 年的 3.6%再到 2014 年 15.2%，相比较品牌价值逐年加大的增长幅度，品牌收益增长幅度

① 课题顾问：鲁成银、阮浩耕、梁国彪；课题组成员：胡晓云、程定军、刘进、贾枭、魏春丽、庄庆超；执笔：刘进。

在2013年有所回落，如图4所示。

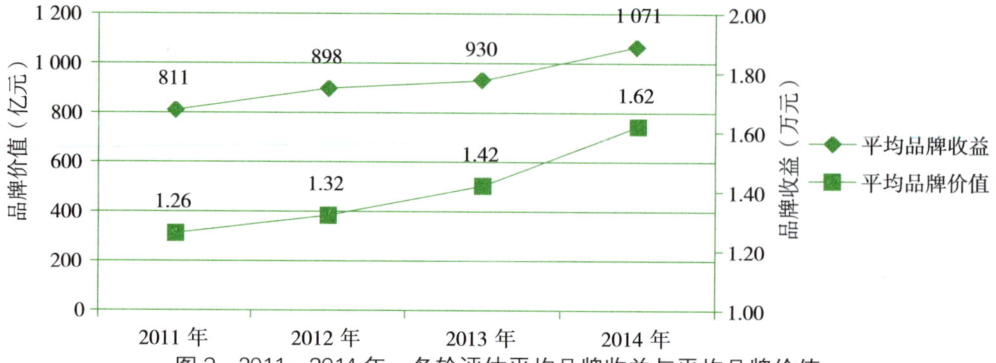

图3　2011—2014年，各轮评估平均品牌收益与平均品牌价值

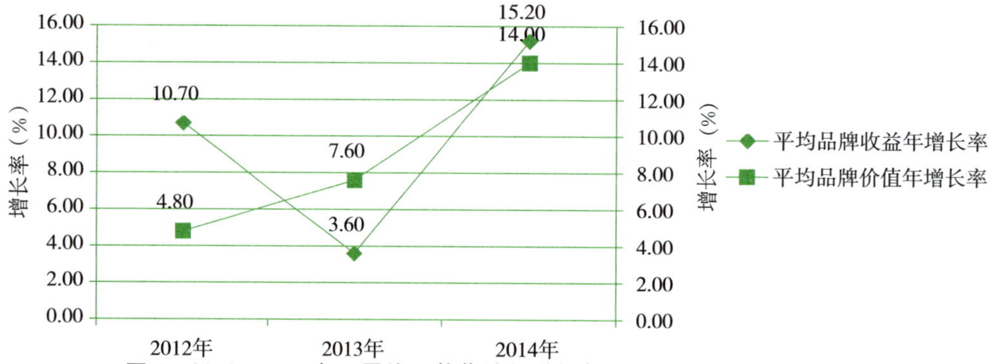

图4　2012—2014年，平均品牌收益年增长率与平均品牌价值年增长率

3. 销售额连年增加　销售额是企业生产成果的货币表现，销售额的增长一定程度上体现了企业的发展情况。比较四轮评估数据发现，参评品牌的平均销售额呈现持续上升态势，从2010年平均7 833万元上升到2013年平均11 592万元，连年稳定增长，整体涨幅达到47.8%，如图5所示。超过90%的参评品牌近四年的销售额均处于上升趋势，也有少数品牌出现了销售下滑，调查访谈中了解到，这些企业出现销售下滑的原因多半是因为产量下滑、市场判断失误、品质下降等原因。

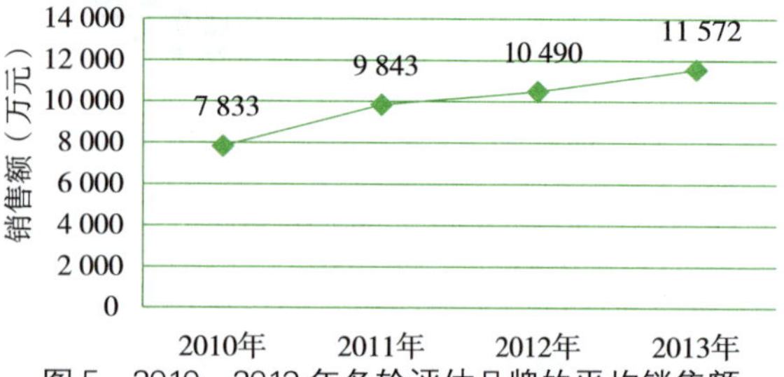

图5　2010—2013年各轮评估品牌的平均销售额

（二）品牌累积性数据：品牌强度的累积提升

1. 品牌强度乘数累积进阶　品牌强度乘数是品牌的未来收益能力持续性的综合体现，由品牌领导力、品牌资源力、品牌经营力、品牌传播力和品牌发展力构成。

从平均品牌强度乘数来看，2011—2014年，参评品牌的平均品牌强度乘数稳定上升，从16.21～16.55，如图6所示。这表明随着品牌的成长，在品牌强度方面各项指标得到了累积发展。

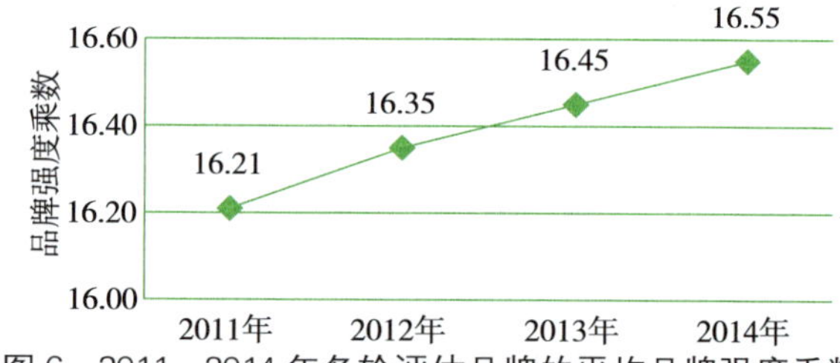

图6　2011—2014年各轮评估品牌的平均品牌强度乘数

在四次评估中，品牌强度乘数分布较均匀，历年均为两头小中间大，即高于17分和低于15分部分占少数，多数品牌强度乘数得分在15～17分，如图7所示。变化在于：品牌强度乘数低于15分的品牌逐年变少，由2011年的占比16%变为2014年的4%。这表明随着时间增长，各参评品牌在品牌强度各个指数方面的加强和进步。

2. 品牌标准、认证和检测体系趋于完善　标准体系、认证体系、检测体系是茶叶品质的重要保证，品质是品牌的立足之本，拥有好的品质是品牌价值提升的必要因素。从评估品牌的统计数据来看，茶叶企业产品品牌的标准、认证、检测体系都在不断完善之中。以认证体系为例，2011年取得绿色及绿色以上（包括有机）认证的品牌占参评品牌的81.8%，这一数字到2014年增长为85.7%，

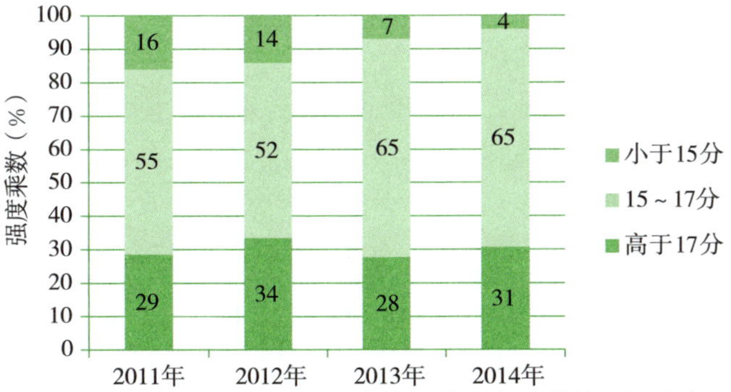

图7　2011—2014年各轮评估的品牌强度乘数的区间分布

得到了累积增长。据农业部相关数据显示，截止到2013年年底，衡量茶叶质量安全水平的无公害茶园面积2 462万亩，增加194万亩，增幅为8.6%；有机茶茶园面积228万亩，增加13.8万亩，增幅6.4%。这些数据都表明，茶叶质量安全水平在这几年得到了明显提高。

此外，通过调查访谈也了解到，越来越多的企业开始重视标准、认证、检测这三大体系的建设，进一步在自有基地中推行标准化建设，实施产品质量可追溯体系，形成自身企业的质量安全监管制度；并有越来越多的企业已创建或正在创建可供消费者直接查询的产品质量可追溯系统。这一切都证明，各茶叶企业在提升茶叶产品质量、提升茶叶产品品质等方面一直在做出努力。

3. 品牌覆盖面、市场影响力累积扩大　市场对于企业产品销售而言至关重要，也是影响品牌价值的关键因素。企业对接市场有专营渠道、加盟连锁、区域经销代理等多种形式，除却销售量和销售额等数据，我们还可以透过其他数据看到市场的累积影响力。

纵观四年数据，我们看到各茶叶企业的市场覆盖区域在逐渐扩大，如图8所示，2011年数据显示，局限在省内销售的品牌占比为4%，但这一数据到2014年已降至1%；在5个以上省份销售的品牌，由2011年的占比82%上升为2014年的88%，更多的茶叶企业品牌在不断扩张它的销售范围，让产品能接触到更多的消费者。

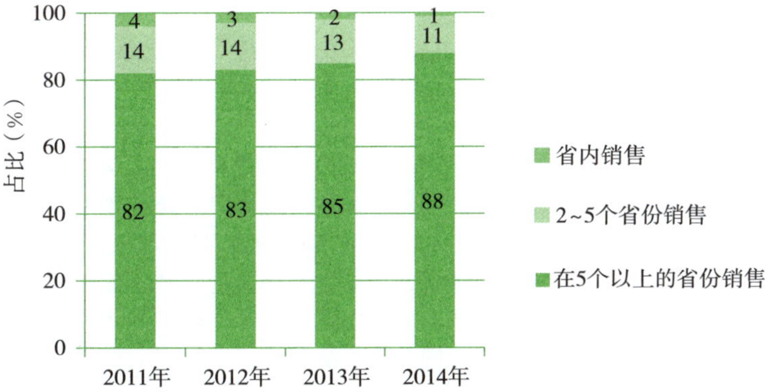

图8　2011—2014年，参评品牌的市场覆盖省份分布情况

出口情况也是如此，统计数据显示，四年来参评品牌出口市场覆盖，由2011年的平均销售到8个国家和地区，到2014年扩张到平均覆盖10个国家和地区。据中国食品土畜进出口商会茶叶分会统计，2002—2013年，我国茶叶出口从23万吨增长到32.58万吨，出口量稳居世界第二位，出口规模持续增长，出口金额从3.4亿美元增至12.47亿美元，屡创历史新高，进一步印证了茶企产品品牌市场覆盖面不断扩张的趋势。市场的拓展带来了更多的销售和更广泛的消费者接触面，为企业产品品牌影响力和品牌价值的提升带来助力。

4. 品牌传播影响累积释放　随着对品牌的持续传播以及时间累积，品牌自身影响力也得到了相应累积。四轮评估的品牌网络声誉调查数据显示，2011年，每个评估品牌的平均检索相关信息量为475 379条，2012年为612 107条，2013年已上升为773 564条，到2014年则为940 609条，如图9所示，每年的平均网络检索相关量快速增长，表明相关品牌在持续的宣传投入、广泛的新闻信息传播后，影响力得到了累积增长。

与此对应的数据，则是平均品牌知名度的提升。2011年参评品牌的平均品牌知名度得分为53分，2012年为64.52分，2013年为66.38分，到2014年则上升为72.79分，四年持续上升，如图10所示。四年间，茶叶企业产品品牌的知名度得分从60分及格线以下上升了近20分，增长幅度达37.3%。数据曲线可见，随着品牌的

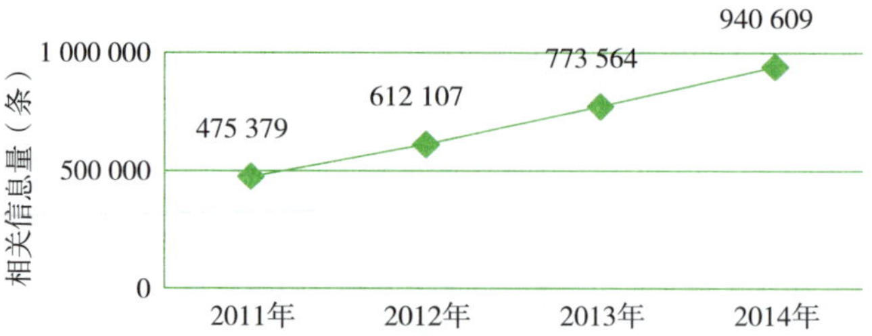

图 9　2011—2014 年评估品牌的年度网络检索相关信息量比较

发展，一般品牌知名度会继续累积，越来越高。

评估品牌的平均好感度曲线则不同，从图 10 可以看出呈现轻微波动。2011 年和 2012 年的数据显示，平均品牌好感度分别为 64.04 分和 65.00 分，2013 年则出现下滑至 62.51 分，2014 年回升至 69.25 分。品牌好感度下降的原因众多，调查发现，个别品牌报出品质下滑、农药残留、抽检不合格等负面报道，会造成品牌好感度的降低。对消费者而言，好印象和坏印象是同时累积的。

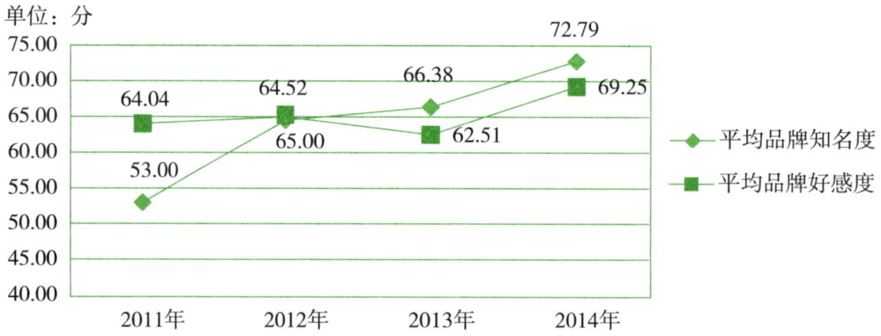

图 10　2011—2014 年评估品牌的年度平均品牌知名度、平均品牌好感度比较

（三）品牌稳定性数据：品牌忠诚度稳定延续

品牌忠诚度因子反映消费者对品牌的忠实程度，主要表现在市场价格波动情况下，消费者购买该品牌茶叶的意愿。一般而言，价格的剧烈变化将导致品牌忠诚度的相对波动，品牌忠诚度因子作为品牌价值稳定状态的数字表达，成为观察品牌价值长期稳定性的最好视角。

如图 11 所示，从 2011—2014 年所有参评品牌的数据来看，平均忠诚度因子从 2009 年的 0.913 到 2014 年的 0.886，都处于 0.8 以上，但数据也显示，尽管四年评估中参评品牌的评价品牌忠诚度因子均居于高位，但也出现了些许波动，特别是 2012 年，2011 年平均品牌忠诚度因子为 0.913，2012 年则下降至 0.865，这说明在 2012 年各参评品牌价格出现了较大幅度的波动。2012 年后，2013、2014 两年平均忠诚度因子数据都在持续上升中，也表明了价格波动在减弱，品牌价值趋向稳定。

从参评品牌的品牌忠诚度因子分布来看，如图 12 所示，忠诚度因子低于 0.8 的品牌占比从 2011 年 8%上升到 2014 年的 15%，可见稳定程度下降的品牌数量略有增加。总体来看，忠诚度因子处于中、高区间分布的品牌依然占比较大，高于 0.8 的区间虽占比略有下降，但仍在 80%以上。这说明，参评品牌的品牌忠诚度整体虽略有波动与下滑，但仍保持相对稳定。由于品牌忠诚度因子计算的是三年数据，因此，这也说明了，参评品牌在 2009—2014 这六年间，其价格出现了波动，品牌忠诚度因子水平受到了一定程度的影响，但影响不大。

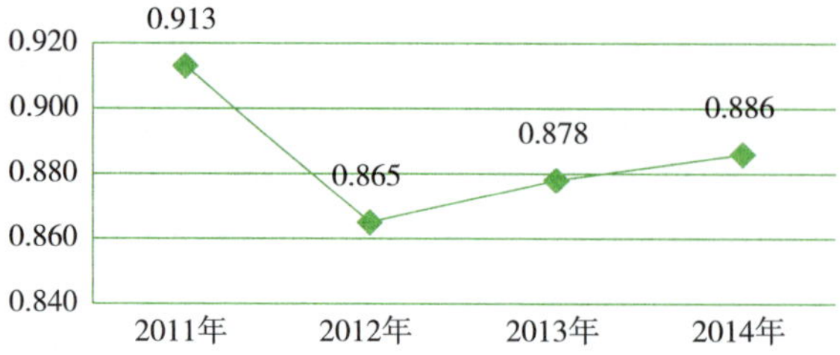

图 11　2011—2014 年四度参评品牌的平均品牌忠诚度因子

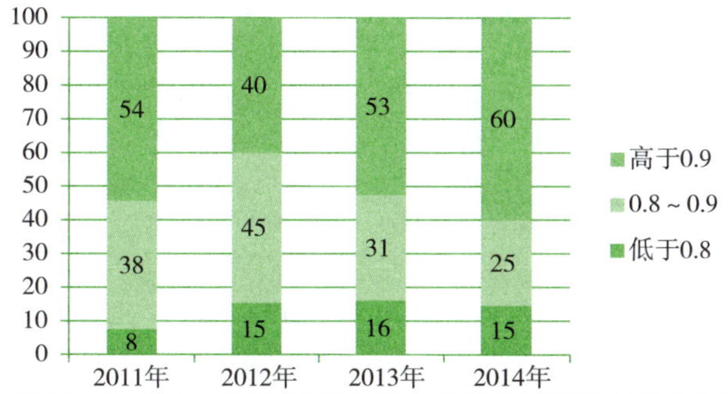

图 12　2011—2014 年，四度参评品牌的品牌忠诚度因子分布区间比较

三、洞察现象：行进中的变化趋势

（一）背景变化："名茶"时代走向"民茶"时代

近年来，随着茶叶消费市场的变化，越来越多的企业开始重新定位茶这一传统饮品，茶叶开始由"名茶"时代走向"民茶"时代，重新回归大众化消费。

大众化消费不仅仅指价格大众，而是更尊重大众的价值。对于大多数茶叶企业而言，做一杯安全、放心而且喝得起的好茶将成为主流。这一现象及趋势首先基于目前的政策导向和市场环境。农业部 2013 年茶叶数据显示，由于政策原因，名优茶价格明显下降，大众茶价格适度上升，全国大宗茶产值增幅加快为 20.7%，而名优茶产值增幅减缓为 9.6%，随着政策的深入执行，相信茶叶消费大众化这一趋势将会保持。

中国人口结构改变也必然使得茶叶更贴近大众消费者。麦肯锡《中国新一代务实型消费者》报告中说，对中国当代消费者消费习惯的深入研究可见，新一代的消费者更趋向务实型消费，表现在产品的品牌与品类选择上，消费更显理性，购物行为更明智。当受过良好教育的 80 后、90 后人群逐渐成为社会的中坚力量，也成为主要的发言群体和消费群体，未来茶叶市场的更多空间则留给茶叶产品本身。

此外，近年来中国茶产业规模增速明显。各地区特别是贵州、浙江、福建等产茶重点地区将茶产业作为重点扶持产业，基地面积不断扩大。据农业部发布的 2013 年中国茶叶种植生产情况统计，2013 年茶园面积 3 869 万亩，同比增长 253.8 万亩，规模的不断扩大带来了产量持续增加，2013 年干毛茶总产量 189 万吨，同比增长 11.5 万吨，中国茶叶已连年增产增收，可以预计未来整个茶叶市场的销售压力。在这样的背景下，继续小而精的名茶时代显然已经不符合时代要求，拥有更广泛群众基础的民茶时代已经到来。

（二）渠道变化：茶叶电子商务全面开花

如果说，前两年茶叶企业在电子商务方面仍处于积极探索和突飞猛进阶段的话，2014 年茶叶电子商务可谓进入了"全面开花"时代。不仅越来越多的茶叶企业通过网上商店宣传、销售自身产品，而且越来越多的茶叶企业意识到电子商务与传统售卖的差异，并积极做出了相应改变。此外，越来越多专业的网络茶商开始出现。

自 2011 年茶行业兴起进军互联网热潮之后，传统的茶商、茶企纷纷进军茶叶电子商务，把眼光投向了网络卖茶领域。评估数据显示，2014 年，参评品牌在淘宝或其他网络平台拥有网络销售渠道的品牌占比为 89%，而这一数据在 2011 年时仅为 58%。增速如此明显，可见目前电子商务已渗入大部分茶叶企业的销售。随着微信、微博等新媒体形态的出现，相关电子商务功能的开拓与利用，相信未来茶叶品牌将会更加深入电子商务业务。

参评企业不仅在广度上将电子商务作为销售渠道的扩张，更注重电子商务的深入拓展。更多的茶叶企业意识到电子商务的特殊性，开始分析线上消费者与传统消费的差异，重新规划品牌定位和产品品线。如八马茶业、忆江南茶业等，纷纷对线上产品进行有针对性的调整，开拓更适应电子商务的产品。

电子商务作为一个新的市场平台，除了对传统茶企拓展市场提供助力以外，近年来，更造就了一批专业网络茶商。其代表品牌如艺福堂，近年来，销售节节高涨，2013 年，全年销售额突破 2 亿元。回顾历史可见，艺福堂在 2006 年成立时销售额不过 4 万元，在几年时间里增长了数千倍。目前，像艺福堂这样的专业网络茶商已越来越多地涌现。随着电子商务的"全面开花"，2014 年中国茶叶流通协会决定筹组"电子商务专业委员会"，这也从侧面反映了茶叶电子商务的蓬勃发展。

（三）合作变化：企业联盟的发展

调查发现，大多数茶叶企业产品品牌的价值额度集中在 5 亿元以下，规模小、资金少，这是中国茶叶企业的现状。这些中小企业如何对抗市场？企业间的合纵连横必不可少。所谓合纵连横，即是企业联盟，合纵注重团结，连横注重发展。

调查发现，茶叶企业之间合纵连横主要通过结盟等方式实现。前几年，企业联盟更多停留在渠道的拓展和相互学习上。如福建安溪铁观音集团、河南五云茶叶集团的战略合作，期望各自发挥企业优势，在销售网络方面相互共享。到2013年，结盟方式有了新的发展。更多企业意识到自身力量的局限，开始新的更紧密的企业联盟。如川茶集团联盟，该联盟由川茶集团股份倡议发起、30多家茶叶龙头企业共同成立的联盟，其主要作用是通过整合品牌、资金、产品等资源优势，改变过去传统的茶企单打独斗的情况，解决个企的投资风险，减少重复投资，整合川内茶企的各类资源，打造“川茶”大品牌。它更多地专注于市场销售的联合体，由联盟成员共同指定的第三方——专业销售公司开展统一经营管理。

如果说川茶联盟是基于区域的联盟，那么中国黄茶产业联盟则是基于品类的联盟。黄茶在古时享有盛誉，但在今天的消费市场，黄茶几乎很难与其他几大茶类抗衡。为了做大品类，发展企业，近年湖南岳阳、四川雅安、安徽霍山等三地的黄茶主产区的龙头企业协同成立中国黄茶产业联盟，通过联盟的力量抱团宣传推动黄茶的影响力。2013年，这一联盟在湖南岳阳举办“中国黄茶文化艺术节”和“中国黄茶产业发展论坛”，在业界形成了一股黄茶热，企业联盟运作在黄茶影响力传播、企业抱团宣传等方面取得了一定的成功。

茶企通过多种形式的合纵连横谋求品牌的发展，合纵，以“积众弱为强”的思想策略，对抗强大的品牌；连横，深度开发自身资源优势，做大做强。可见，中国茶企在创建产品品牌的过程中，其经营主流将不再是以微弱的影响各自独占资源，而是以竞合发展的方式，合理地再分资源、整合资源、共同出击。

（四）传播变化：传播手段的精细化趋势

品牌传播是塑造和推广品牌的重要步骤，随着微博、微信等新传播媒介及移动互联网等新传播平台的兴起，我们欣喜地看到，茶叶企业的品牌传播手段呈现了精细化趋势。这种精细化趋势主要体现在对新媒体的进一步运用和与消费者的双向沟通。

调查发现，超过一半的参评品牌都设立了官方微博，且较多企业都将微博传播当作品牌传播的一部分，一些企业甚至专门安排团队实施微博营销。徽六茶业、普秀茶的官方微博保持了频繁的活跃度，吴裕泰则有每天一则茶知识和茶感悟的“老吴说茶”，艺福堂更是拥有14万的粉丝群，除了茶知识和健康知识分享，更侧重与消费者的交流互动，开展推广活动。调查显示，电子商务较活跃的企业如艺福堂、忆江南在微博上的活跃度更高，且微博传播内容更灵活，值得其他茶企学习。

除了微博，微信的兴起也给茶叶企业提供了更灵活、高效的推广平台。2013年广州茶博会上，微信“二维码”的身影随处可见，除了企业宣传册，还有企业的宣传海报、名片，甚至有参展企业的员工衣服、茶具上均印上了二维码。微信二维码的方便、快捷给茶企传播带来了很大便利，只要用手机扫描，即可进入企业微信平台。微信广阔的覆盖面和用户群也给品牌传播带来助力。据腾讯数据统计，截至2014年3月31日，微信月活跃用户总数达到3.96亿。目前，茶叶品牌利用微信传播主要在两个方面：一是公众平台的信息推送，茶叶品牌通过微信公众平台账号，定期将品牌有价值的信息直接推送给平台订户。目前，大益、吴裕泰等品牌已经开通，这是单向的传播。二是微信平台的客服功能。用户就自己感兴趣的资讯进行查询，通过回复相关的数字代码或是文字代码，即可了解产品的特点、价格等，有些茶企的微信公众号还具有微信下单功能，通过微信会员优惠稳定的消费者，同时保持双向沟通。传播手段的精细化趋势将给茶叶企业的品牌成长提供更多助力。

四、应变对策：变化中凸显品牌价值

（一）激活自身优势，挖掘品牌符号

1. 确定品牌战略，走适合自己的道路 茶叶企业因为自身发展历程不同，各有其自身特色。审视自身、分析优劣，这是品牌战略的第一步。在调查发现，一些茶叶企业在选择品牌战略正做出积极尝试。如四川花秋茶业，将单一品牌拓展到多个品牌，原有的花秋品牌包含绿茶、花茶、新花茶等三大系列六十余个品种，花秋茶业新推出“天府飘雪”品牌，专走高端茉莉花茶。一些企业则整合其旗下品牌，如河南信阳毛尖集团，此前同时运营龙潭、五云山、陆羽等三个品牌，2013年则实施单一品牌战略，主推“龙潭”一个品牌。

单一品牌战略和多品牌战略是茶叶企业在战略选择时的不同模式，各有优劣。多品牌比单一品牌定位会更精准、抗风险能力和分散危机更强。单一品牌战略则更有利于节约传播成本、在短期内对品牌拉动力强。茶叶企业要根据企业自身条件，做出适合自己的选择。

2. 创新品牌精神，创造品牌符号 品牌精神是指一种能够代表品牌的富有个性的精神，是品牌在长期生产和经营中逐步形成的事业信念、价值观念。调查发现，受传统思想束缚，有些茶叶企业误以为品牌精神是“虚”的东西，是形式主义，或者误以为只有高端品牌才需要做文化、做精神。其实不仅是做高端品牌，只要想做大一个品牌，都需要赋予品牌以精神内涵与消费者进行精神沟通。比如可口可乐，代表着一种自由、活力、狂热的美国精神；立顿代表的是健康快捷的时尚茶饮；柯达公司卖的也不单是相机，而是人们留住永恒的记忆；同仁堂将自己的药品提升到“仁”的精神内涵，充分体现传统文化济世利人的道德价值，这些都是品牌精神的表达，茶叶企业若想真正成为一个消费者敬佩、忠诚的品牌，需根据自身情况创新属于自己的品牌精神内涵。

品牌精神外化为品牌符号。符号是最简洁高效的沟通工具，将品牌所蕴含的理念符号化，帮助消费者简化他们对品牌的判断，通过视觉、声音、语言、色彩及其组合构成的符号体系，与消费者沟通。从某种意义上说，品牌是情感的符号。茶不仅仅是一种单纯的冲泡饮用的产品，它还是一种审美文化追求和思想、精神寄托，是消费者从物质享受到文化精神的符号化的介质。

无论从消费者的心理诉求，还是茶叶产品自身的文化属性，抑或行业竞争的市场要求，赋予产品以精神内涵，创造属于自己的品牌符号都将是未来茶叶产品销售的重要途径。

（二）累积传播创新互动，加深品牌关系

1. 整合营销传播，维持消费者关系 品牌关系是品牌和顾客及其他利益关系者之间持久的联系，茶叶作为一种日常饮品，消费者重复购买可能性高，维持忠诚的品牌关系是节约沟通成本的有效途径。整合营销传播把营销传播活动看成是一个企业与消费者、供应商、分销商、竞争者、政府机构及其他公众发生互动作用的过程，其核心是建立和发展与这些公众的良好关系。这要求茶叶企业一方面把广告、促销、公关、直销、包装、新闻媒体等一切传播活动都涵盖到营销传播活动的范围之内，另一方面则使企业能够将统一的传播信息传达给消费者。

因此，茶企应当充分运用与自身结合的符号，强化符号力量、体现精神寄托，借助整合营销实现品牌的有效传播、建立品牌的消费关系。

2. 对接新渠道新媒介，加深消费者互动沟通 在社交媒体日益发展的大环境下，各种新沟通渠道的兴起为茶叶企业和消费者之间构建更亲密的关系提供了可能，而如何利用好新渠道新媒介做好相对应的对接，进一步加深与消费者互动沟通则是茶叶企业需要重视的问题。

如利用微信等新媒体与公众进行交流、互动，微信拥有互动性实时性强、精准到达率等强大的功能属性，通过微信公众号向公众展示其微官网、微会员、微推送、微活动等，吸引到更多的人成为关注品牌的粉丝，在潜移默化中将其普通粉丝转化为忠实粉丝，认可品牌，进而成为忠诚消费者。利用电子商务平台，与意向茶叶消费人群建立强有力的关系，一方面实现茶叶销售的新渠道，另一方面将之作为传播茶叶产品信息的媒介，直接实现与消费者点对点的互动沟通。

（三）关注消费市场，提升品牌价值

对于身处品牌消费社会中的人来说，一个人所消费的产品，都是他自己的或者某一个群体的认知符号。注重消费者个人价值的体现，增加品牌附加值，是茶企做强自身品牌的命脉。

消费者对茶叶的消费需求，有解渴、社交、文化、审美、精神寄托等不同层次的需求，不同的消费群体对茶叶的消费需求不同。茶叶在消费者生活中的角色、出现的场所也不尽相同，如日常生活、办公商务接待、礼品社交、情趣茶艺等。因此，茶叶企业需要面对消费市场、分析消费者需求，考虑到不同应用环境等，提供对应发展方向，以此提升品牌的附加值。更进一步，茶叶品牌的消费具有象征性特征，消费者在消费茶叶时不但消费茶本身，而且消费不同品牌的茶所象征或代表的某种文化社会意义，包括个人的心情、美感、身份、气氛、情调，具有文化再生产或消费情绪、欲求的再生产特征。消费者通过对茶品牌的消费，实际上建构了一种人生的生活方式或价值的新秩序，“茶”也就成为多义的开放性文本。根据不同消费群体的不同的价值取向，在产品需求满足的同时，以品牌形象满足其象征需要，也是获得更高的附加价值的方式。总之，通过洞察消费需求生产适销对路的产品，并塑造合适的品牌形象满足消费者的象征需求，能为企业带来更多利润。

五、结语

当前，中国茶产业发展迅猛，茶叶生产屡创新高，连续 19 年增产增收，给未来茶叶企业的发展与市场竞争带来更多的压力。同时我们也看到，喝茶已成为越来越多中国人的生活习惯，茶作为社会生活中不可缺少的健康饮品和精神饮品，正被越来越多的人接受、喜爱和追求，且与其他国家相比，中国人均茶叶消费量仍有很大增长空间。我们有理由说，茶叶消费市场潜力很大。

这是一个竞争的时代，未来茶叶品牌的竞争压力巨大，但同时茶叶消费市场潜力无限，蕴含着更多的可能性。只要中国茶叶企业勇于突围、敢于创新，相信将缔造更强大的品牌。

2014 中国茶叶企业产品品牌价值排行榜

单位：亿元

排名	品牌名称	品牌价值	排名	品牌名称	品牌价值	排名	品牌名称	品牌价值
1	大益	12.82	36	岩中玉兔	2.15	72	大明山	1.33
2	吴裕泰	11.34	37	大山坞	2.11	73	嘉竹绿茶园	1.31
3	LUCKYBIRD 吉祥鸟	7.85	38	金鹿	2.06	73	川	1.31
4	春伦	7.83	39	黄花	2.02	74	鑫品	1.28
5	采花	7.82	40	碧云天	1.99	75	青钱神茶	1.27
6	更香茗茶	7.57	41	悟道茶	1.98	76	秦汉相府	1.26
7	汉家刘氏	6.32	42	宋茗	1.95	76	玲珑	1.26
8	新坦洋	6.26	43	嘉竹	1.92	77	张元记	1.21
9	崟露	5.76	44	隽永	1.91	77	盘龙	1.21
10	绿剑	5.27	44	味独珍	1.91	78	鄣公山	1.20
11	巴陵春	5.10	45	艺福堂	1.90	78	千道湾	1.20
12	品品香	5.03	46	天壶	1.88	79	天醇	1.19
13	吟春碧芽	4.15	47	三万昌	1.84	80	古洞春	1.18
14	凤	3.96	48	九龙山	1.81	81	福百祥	1.17
15	汪满田	3.85	49	裕荣香	1.80	81	九华红	1.17
16	文新	3.65	50	高黎贡山	1.77	82	皇茗园	1.12
17	迎客松 GREETPINE	3.42	51	西竺	1.76	83	浪伏	1.10
18	绿雪芽	3.37	52	黄府茶行	1.75	84	台品	1.09
18	雪青	3.27	53	蒙山龙雾	1.72	85	沂蒙春	1.06
19	雾里青	3.13	54	舒绿园	1.71	86	双园	1.03
20	碧螺	2.98	55	咏萌	1.69	87	凯达	1.02
20	徽六	2.98	56	肖坑	1.68	88	陈升号	0.97
21	雨佳	2.94	57	羊岩山	1.64	88	上茗轩	0.97
22	武夷星	2.86	58	多奇	1.63	89	安池	0.90
23	太姥绿叶	2.83	59	定心	1.62	90	花枝山	0.86
24	九华山	2.77	60	黄之江	1.60	91	谭家桥	0.84
25	龙潭	2.72	61	浮红	1.56	92	xiyanshan 西岩山	0.83
26	宜	2.66	62	福茗芳	1.55	92	春辉	0.83
27	誉达茶业	2.49	62	茂圣	1.55	93	极北云岫	0.81
27	清茗	2.49	62	天方	1.55	94	芭蕉	0.78
28	普秀	2.44	63	银龙	1.54	95	顶峰茶业	0.77
29	三鹤	2.43	64	名峰山	1.53	95	乡雨茶	0.77
30	绿芳	2.34	65	瑞达	1.51	96	正山堂	0.73
31	浮瑶仙芝	2.31	66	茗红	1.47	97	御玺	0.72
32	天峰	2.30	67	品雅有机茶	1.46	97	春山	0.72
33	洪通	2.27	68	巴南银针	1.43	98	林生	0.69
34	花秋	2.24	69	天毫	1.42	99	坪春	0.68
34	碧涛	2.24	70	雨泰茗茶	1.38	100	兰草	0.67
35	忆江南	2.23	71	仰天雪绿	1.35			

声明：本研究中所估算之品牌价值，均基于茶叶品牌持有单位提供相关数据及其他公开可得信息，且运用浙江大学CARD中国农业品牌研究中心茶叶企业产品品牌专用评估方法对采集的数据处理的结果。

2013 中国茶叶企业产品品牌价值排行榜

单位：亿元

排名	品牌名称	品牌价值	排名	品牌名称	品牌价值	排名	品牌名称	品牌价值
1	大益	12.02	36	普秀	2.09	69	福茗芳	1.21
2	吴裕泰	10.49	37	绿昌茗	2.08	70	龙珠	1.19
3	LUCKYBIRD 吉祥鸟	7.84	38	了翁	2.06	71	天醇	1.12
4	春伦	7.65	39	金鹿	2.01	72	福百祥	1.11
5	采花	7.11	40	三鹤	1.97	73	绿宝石	1.10
6	更香	7.03	40	忆江南	1.97	74	玲珑	1.08
7	皇帝	6.18	41	洪通	1.95	75	肖坑	1.05
8	汉家刘氏	5.63	42	贡	1.90	76	凯达	1.04
9	崟露	5.56	43	湘益	1.88	77	瑞达	1.03
10	新坦洋	5.42	44	碧涛	1.86	78	秦汉相府	1.02
11	绿剑	4.73	45	隽永	1.80	79	鑫品	0.98
12	品品香	4.60	46	定心	1.79	80	张元记	0.96
13	巴陵春	4.57	46	乙万杯	1.79	80	双园	0.96
14	松萝山	4.40	47	龙潭	1.78	81	银龙	0.93
15	吟春碧芽	4.13	48	裕荣香	1.77	81	九华红	0.93
16	汪满田	3.47	49	嘉竹	1.75	82	仰天雪绿	0.92
17	得雨活茶	3.36	50	黄花	1.70	83	上茗轩	0.90
18	文新	3.17	51	金龙玉珠	1.69	84	大明山	0.88
19	迎客松 GREETING PINE	3.03	52	花秋	1.66	84	xiyanshan 西岩山	0.88
20	雾里青	2.95	52	碧云天	1.66	85	浪伏	0.78
21	碧螺	2.91	53	Duoqi（多奇）	1.62	86	名峰山	0.77
22	君山	2.83	54	西竺	1.61	87	天毫	0.73
23	雨佳	2.74	55	高黎贡山	1.56	87	香妃翠玉	0.73
24	大山坞	2.62	56	九龙山	1.54	88	乡雨	0.70
24	太姥绿叶	2.62	57	羊岩山	1.52	89	安池	0.69
25	徽六	2.57	58	浮红	1.51	90	顶峰茶业	0.65
26	午子	2.53	59	舒绿园	1.50	91	卢正浩	0.64
27	宜	2.43	59	御茶园	1.50	92	皇茗园	0.61
28	白沙溪	2.40	60	咏荫	1.47	93	金茗红	0.59
29	九华山	2.38	61	天方	1.41	94	凤凰山	0.56
30	绿芳	2.29	62	三万昌	1.40	95	名峰	0.55
31	绿雪芽	2.27	63	茂圣	1.38	96	狮	0.53
32	誉达	2.22	64	巴南银针	1.31	97	太姥山	0.52
33	岩中玉兔	2.19	65	川	1.30	98	千道湾	0.51
34	清茗	2.16	66	味独珍	1.29	99	壹泡红	0.50
34	天峰	2.16	67	宋茗	1.28	100	天姥仙	0.48
35	浮瑶仙芝	2.14	68	天壶	1.24			

2012 中国茶叶企业产品品牌价值排行榜

单位：亿元

排名	品牌名称	品牌价值	排名	品牌名称	品牌价值	排名	品牌名称	品牌价值
1	大益	11.01	40	嘉竹	1.68	73	银龙	0.79
2	吴裕泰	9.81	41	天峰	1.67	74	龙都皇芽	0.78
3	LUCKY BIRD	7.68	42	了翁	1.65	75	仰天雪绿	0.74
4	春伦	6.95	43	忆江南	1.62	75	福茗芳	0.74
5	采花	6.73	43	碧涛	1.62	76	瑞达	0.73
6	更香	6.45	44	黄花	1.61	77	龙都御芽	0.72
7	皇帝	6.05	45	怡清源	1.56	77	野尖	0.72
8	猴王	5.19	46	洪通	1.55	77	张元记	0.72
9	龙都香茗	5.16	47	碧云天	1.50	78	秦汉相府	0.71
10	崟露	5.11	48	三鹤	1.43	79	乡雨	0.70
11	汉家刘氏	5.08	48	普秀	1.43	80	黑玫瑰	0.69
12	新坦洋	4.43	49	花秋	1.42	81	顶峰茶业	0.64
13	品品香	4.33	50	龙生	1.35	81	安池	0.64
14	绿剑	3.48	51	九龙山	1.33	82	xiyan shan	0.60
15	汪满田	3.38	51	定心	1.33	82	香妃翠玉	0.60
16	吟春碧芽	3.29	52	川	1.29	83	宋茗	0.57
17	君山	2.65	53	咏萌	1.27	84	墨玉天香	0.55
18	满堂香	2.54	54	双园	1.26	85	皇茗园	0.53
19	午子	2.47	54	王者之香	1.26	85	浪伏	0.53
20	徽六	2.43	55	舒绿园	1.23	86	天毫	0.52
20	迎客松	2.43	56	浮红	1.19	87	太姥山	0.50
21	雾里青	2.37	57	羊岩山	1.16	88	春独早	0.49
22	宜	2.31	58	巴南银针	1.15	89	妙品栗香	0.42
23	文新	2.29	58	凯达	1.15	89	陈升老班章	0.42
24	绿雪芽	2.17	59	天壶	1.13	90	春辉	0.41
25	大山坞	2.15	60	高黎贡山	1.12	90	云丽江山	0.41
26	岩中玉兔	2.14	61	天品国香	1.10	91	闽津	0.40
27	太姥绿叶	2.12	62	福百祥	1.09	92	八角亭	0.39
28	九华山	2.10	63	Duoqi（多奇）	1.04	92	卢正浩	0.39
29	西竺	1.99	64	鞠岭	1.02	92	金花	0.39
30	浮瑶仙芝	1.95	65	蜀涛	1.00	93	千道湾	0.38
31	白沙溪	1.93	66	茂圣	0.99	93	光州	0.38
32	金鹿	1.91	66	御茶园	0.99	93	坪春	0.38
33	誉达	1.85	67	鑫品	0.94	94	石乳	0.37
34	绿昌茗	1.80	67	狮	0.94	95	崇顶湖	0.36
35	隽永天香	1.77	67	肖坑	0.94	96	细品人生	0.35
36	天方	1.75	68	味独珍	0.93	97	福禄双星	0.33
36	裕荣香	1.75	69	上茗轩	0.88	98	晓阳春	0.30
37	绿芳	1.72	70	大明山	0.86	99	陈升号	0.27
38	雪窦山	1.71	71	三万昌	0.82	100	望海峰	0.26
39	湘益	1.70	72	久扬	0.80			

2015中国茶叶企业产品品牌价值评估报告

浙江大学CARD中国农业品牌研究中心　中国茶叶品牌价值评估课题组①

一、前言

茶，为国饮。发于神农，闻于鲁周公，兴于唐朝，盛于宋代。古时茶马古道既是茶叶流通之道，闻名中外的丝绸之路运输的不仅是丝绸，更有茶叶。在中国茶的发展历史上，出现过很多以茶为经营主项的商号。时至今天，现代企业制度的建立诞生了诸多茶叶企业。茶叶企业的产品品牌作为直接面向消费者、对接市场的核心载体，在茶业增效、茶农增收、茶产业转型升级中发挥着不可替代的重要作用。

从2011年起，浙江大学CARD中国农业品牌研究中心和《中国茶叶》杂志、中茶所中国茶叶网联合组建课题组，致力于“中国茶叶企业产品品牌价值评估”专项研究。五年来，我们不仅见证了中国茶叶企业产品品牌价值的整体上升发展，看到了中国茶叶企业产品品牌的波动发展历程，更体察到了茶叶企业产品品牌成长过程中的变化与趋势。

2015年，在前四轮研究的基础上，课题组继续开展相关研究，历时5个月，通过对品牌持有单位、消费者、网誉、专家等对象进行的多方调查，从全国中上千个茶叶企业产品品牌中，根据材料的真实性、完整性等标准，最终完成了对178个茶叶企业产品品牌的价值评估。

二、数据解读：价值上升 增幅趋缓

本次评估依然沿用了浙江大学“CARD农产品品牌价值评估模型”，品牌价值＝品牌收益×忠诚度因子×品牌强度乘数。下面，对依据该模型及指标体系而获得的相关数据进行分析。

（一）整体比较：波动中增长

纵观五轮价值评估数据可见，中国茶叶企业产品品牌的整体成长趋向良好，品牌价值、品牌收益总体在波动中向上，品牌强度、品牌忠诚度在波动中趋于稳定。

1. 品牌价值与品牌收益：波动中增长　五轮专项评估数据显示，被评品牌平均品牌价值连年上升，从2011年的1.26亿元上升到2015年的1.66亿元，呈现向上趋势。比较历年评估的平均品牌收益可见，2014年被评品牌的平均品牌收益为1 071万元，比2013年的930万元高出141万元，到了2015年，被评品牌平均品牌收益稳定在1 079万元，表现出品牌收益先上升后稳定的现状，具体如图1所示。

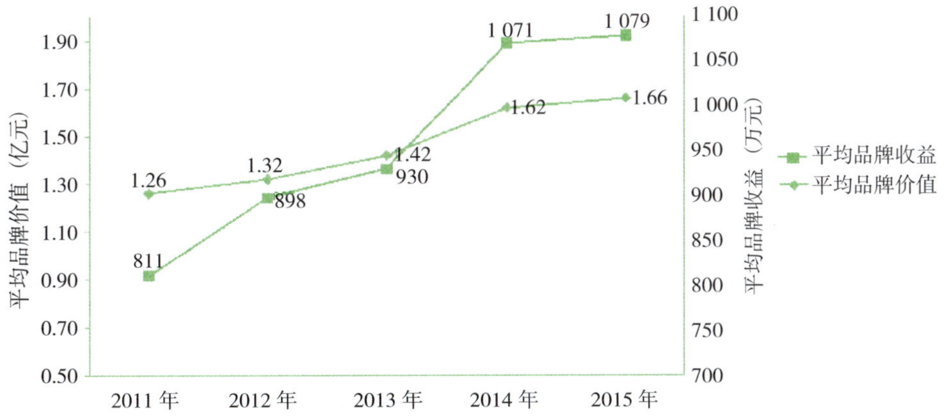

图1　2011—2015年被评品牌的平均品牌价值与平均品牌收益

如图2所示，比较2011—2015年被评品牌的平均品牌价值和平均品牌收益的年度变化可见，平均品牌价值增长率最低时2.47%，最高时达到14.08%。其中，2010—2014年平均增长率持续上升，品牌价值整体保持较快的增长趋势，但2014—2015年增长率放缓，表明上升势头减弱。平均品牌收益的变化同时可见，2012—2013年，平均品牌收益增长率为3.56%，2014—2015年为0.75%，其余年间，增长率均超过10%，总体增长，但增长率有波动。

① 课题顾问：鲁成银、阮浩耕、梁国彪；专家组成员：鲁成银、阮浩耕、梁国彪、王建荣、王岳飞；课题负责人：胡晓云；执笔：胡晓云、刘进；课题组成员：魏春丽、刘进、庄庆超、贺梦晗、郑志远。

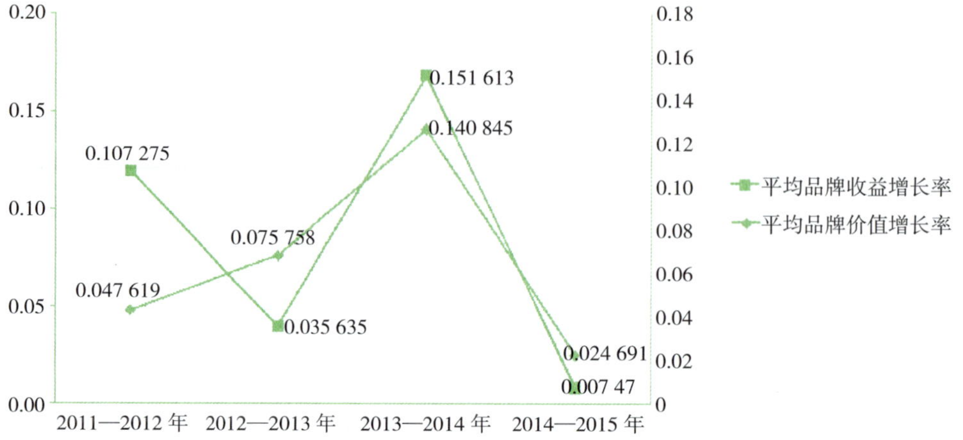

图 2　2011—2015 年被评品牌的平均品牌价值及平均品牌收益增长率变化

2. 品牌强度：波动中上升　品牌强度乘数由一组表征品牌强度程度的因子加权综合得出，衡量的是品牌的领导力、资源力、经营力、传播力和发展力等指标的水平。

比较五年评估数据发现，2011 年，被评品牌的平均品牌强度得分为 69.82 分，2014 年这一数值上升至 71.70 分，2015 年重新回落至 70.72 分。如图 3 所示，2011—2014 年，平均品牌强度得分保持平稳上升，2014—2015 年则稍有下滑，但从线性来看，整体仍处于上升趋势。

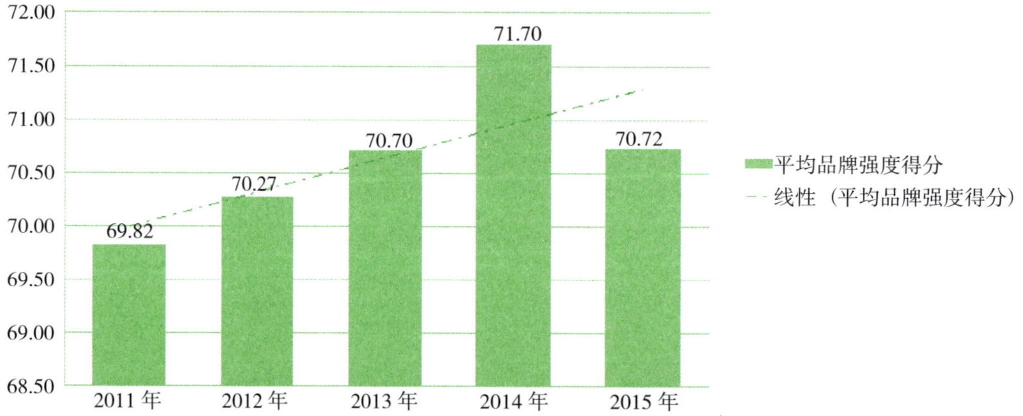

图 3　2011—2015 年被评品牌的平均品牌强度得分比较

从参评品牌在 2014—2015 年的“五力”得分情况来看，品牌资源力和品牌传播力得到了累积提升，品牌领导力和品牌经营力稍有下滑，品牌发展力保持较为平稳。具体数据如图 4 所示。

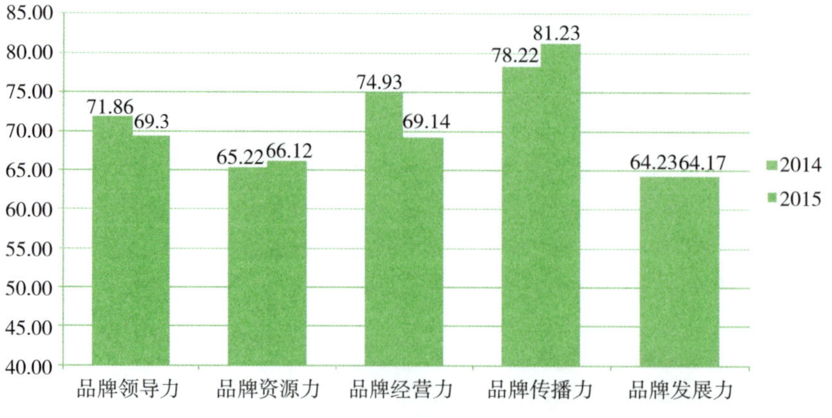

图 4　2014—2015 年被评品牌的“五力”平均得分比较

3. 品牌忠诚度：波动趋于平稳 品牌忠诚度因子反映消费者对品牌的忠实程度，主要表现在市场价格波动情况下，消费者购买该品牌茶叶的意愿。一般而言，价格的剧烈变化将导致品牌忠诚度的相对波动，品牌忠诚度因子作为品牌价值稳定状态的数字表达，成为观察品牌价值长期稳定性的重要指标。

如图5所示，2011—2015年所有被评品牌的数据可见，平均忠诚度因子从2011年的0.913到2015年的0.901，两个数据差异甚少。但在2011—2015年的其他年份，忠诚度因子出现过较大的波动，如2012年，平均品牌忠诚度因子低至0.865。这说明，2011—2012年，各被评品牌的价格出现了较大幅度的波动，从而影响了消费者对品牌的购买意愿。2012年后，2013—2015年，被评品牌的平均忠诚度因子数据均持续上升，表明了2012—2014年被评品牌的价格波动在减弱，品牌忠诚度因子趋于稳定。

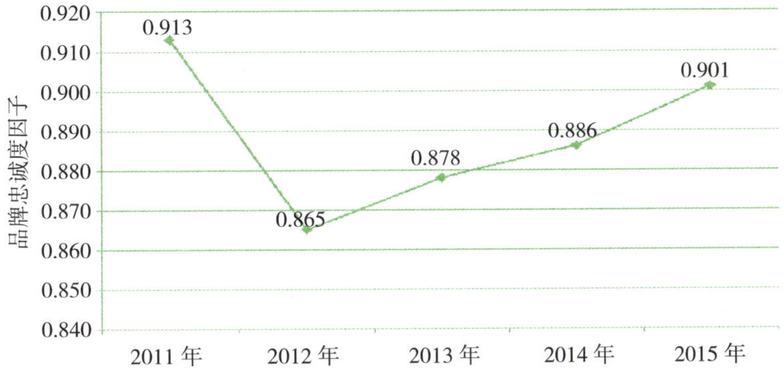

图5　2011—2015年被评品牌的平均品牌忠诚度因子变化曲线

（二）个体差异：不同品牌的表现

1. 价值差异 从年度平均值比较来看，被评品牌的品牌价值整体稳步成长，但不同品牌之间的表现差异显著。本次被评的178个茶企产品品牌中，只有一个品牌（吴裕泰）的品牌价值超过10亿元；品牌价值超过5亿元的品牌10个，占总体被评品牌的6%；大多数品牌价值在5亿元以下；1亿元以下品牌的占比高达46%。这表明，虽然中国茶叶企业产品品牌的价值处于不断成长发展的进程中，但每个品牌的品牌价值依然整体偏低。如图6所示。

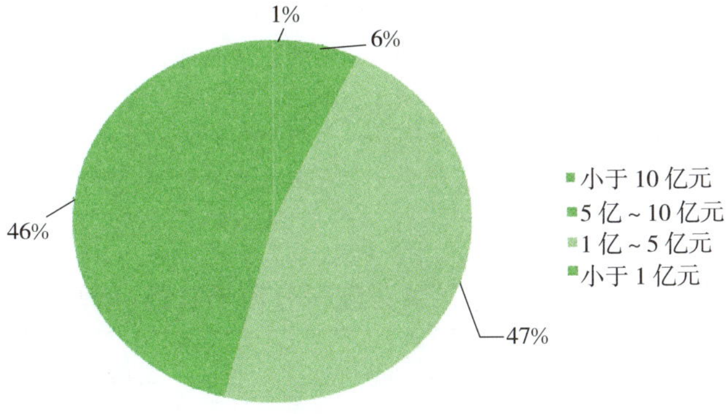

图6　2015年被评品牌的品牌价值区间分布

2. 市场差异 市场是影响品牌价值的关键因素。2011年的评估数据显示，局限在省内销售的品牌占比为4%。但这一数据到2015年已降至1%。2015年被评品牌的市场覆盖区间分布可见，占比65%的品牌在10个以上省份销售，超过30%的品牌销售范围少于10个省，市场覆盖有限，如图7所示。

不同的企业有不同的市场。被评品牌中，有少数品牌在国内极少销售，产品主要外销。这些品牌的国际市场销售数据显示，销售量下降，但销售额上升。如安徽茶叶进出口有限公司的LUCKY BIRD吉祥鸟品牌，近年来出口销售量下降，但销售额稳中有升。此外，据我国海关统计，2014年，我国茶叶出口30.1万吨，同比下降7.5%，出口金额12.7亿美元，同比上升2.1%，海关统计数据从侧面印证，中国茶叶出口市场出现了销售量下降，销售额上升的重要变化。

同时，各茶叶企业陆续进入互联网电子商务，线上销售也发生了变化。如图8所示，2015年，在淘宝或其他网络平台拥有网络销售渠道的被评品牌占比为90%，这一数据在2011年时仅为58%。这说明，已有近90%的被评品牌已拥有网络销售渠道，电子商务已成为茶企拓宽市场的常态化途径。

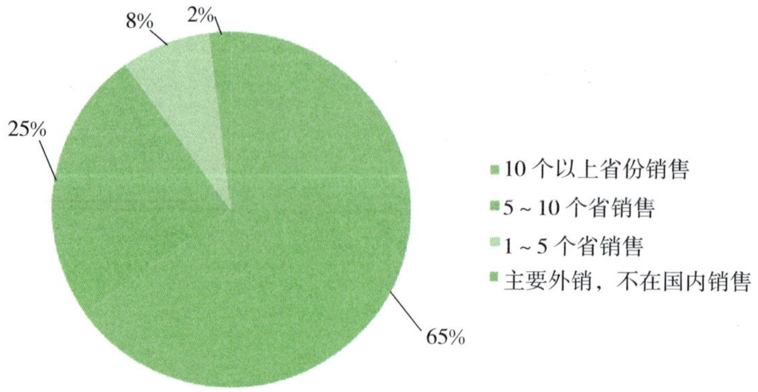

图 7　2015 年被评品牌的市场覆盖区间分布

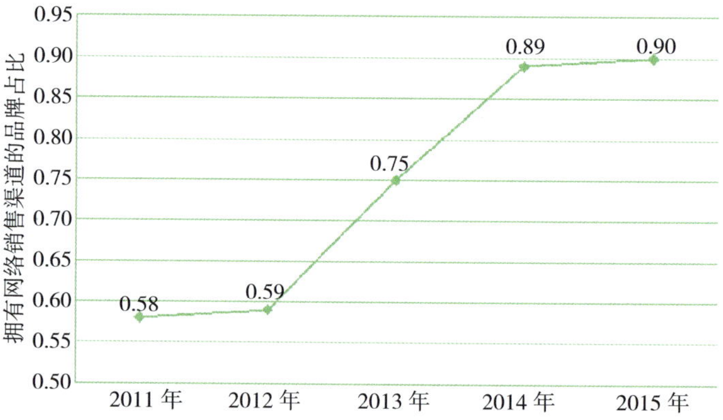

图 8　2011—2015 年拥有网络销售渠道的被评品牌比率

3. "五力"比较　有投入方有回报。被评品牌在传播投入、市场拓展、认证检测等各方面的努力都会转化为数据体现到品牌强度的各项指标中。表 1 是本次评估中品牌强度得分最高的十个品牌的得分状况。其中，安徽省六安瓜片茶业股份有限公司的"徽六"品牌以 86.67 的高分位居榜首。其次是福建省天湖茶业有限公司的"绿雪芽"牌和福建品品香茶业有限公司的"品品香"牌、湖北采花茶业有限公司的"采花"牌，得分均在 86 分以上。

表 2 是最具"五力"的品牌，其中贵州贵天下茶业有限公司的贵天下品牌的整体品牌强度得分为 84.14 分，但品牌发展力得分居所有被评品牌之首，达到 87.60 分，表现出强劲的发展势头。

表 3 是 2015 年"五力"分别排名靠前的品牌名单。

表 1　2015 年品牌强度得分前十位的品牌

序号	企业	品牌	品牌强度得分
1	安徽省六安瓜片茶业股份有限公司	徽六	86.57
2	福建省天湖茶业有限公司	绿雪芽	86.53
3	福建品品香茶业有限公司	品品香	86.16
4	湖北采花茶业有限公司	采花	86.11
5	浙江省诸暨绿剑茶业有限公司	绿剑	85.88
6	安徽茶叶进出口有限公司	迎客松 GREETPINE	85.44
7	福建武夷星茶业有限公司	武夷星	85.08
8	福建春伦茶业集团有限公司	春伦	84.39
9	贵州贵天下茶业有限责任公司	贵天下	84.14
10	信阳市文新茶叶有限责任公司	文新	83.98

表 2　2015 年品牌强度指标中“五力”得分最高的品牌

	企业名称	品牌名称	得分
品牌领导力	湖北采花茶业有限公司	采花	93.75
品牌资源力	安徽茶叶进出口有限公司	迎客松 GREETPINE	91.25
品牌经营力	福建品品香茶业有限公司	品品香	90.40
品牌传播力	福建武夷星茶业有限公司	武夷星	98.00
品牌发展力	贵州贵天下茶业有限责任公司	贵天下	87.60

表 3　2015 年“五力”五强品牌

品牌领导力五强	
湖北采花茶业有限公司	采花
浙江省诸暨绿剑茶业有限公司	绿剑
福建春伦茶业集团有限公司	春伦
安徽茶叶进出口有限公司	LUCKY BIRD 吉祥鸟
安徽茶叶进出口有限公司	迎客松 GREETPINE
品牌资源力五强	
安徽茶叶进出口有限公司	迎客松 GREETPINE
安徽省六安瓜片茶叶股份有限公司	徽六
安徽茶叶进出口有限公司	LUCKY BIRD 吉祥鸟
福建省天湖茶业有限公司	绿雪芽
云南普洱茶（集团）有限公司	普秀
品牌经营力五强	
福建品品香茶业有限公司	品品香
福建省天湖茶业有限公司	绿雪芽
浙江省诸暨绿剑茶业有限公司	绿剑
安徽茶叶进出口有限公司	迎客松 GREETPINE
安徽省六安瓜片茶业股份有限公司	徽六
品牌传播力五强	
福建武夷星茶业有限公司	武夷星
贵州贵天下茶业有限公司	贵天下
福建品品香茶业有限公司	品品香
湖北采花茶业有限公司	采花
勐海陈升茶业有限公司	陈升号

品牌发展力五强	
贵州贵天下茶业有限责任公司	贵天下
浙江安吉宋茗白茶有限公司	宋茗
福建武夷星茶业有限公司	武夷星
信阳市文新茶叶有限责任公司	文新
湖北省赵李桥茶厂有限责任公司	川

三、现象洞察：新常态，新心态

1. 茶叶市场的“新常态” 21世纪开始，中国茶业一路高歌猛进、快速发展，农业部统计数据表明：中国茶业的复合增长率到达20%。具体表现在2000—2014年中国茶园面积的年增幅都在100万亩以上，产业总规模进入千亿时代。但是，由于国内消费环境的变化，从2013年起，礼品茶、中高档茶市场持续遇冷。评估数据显示，2012—2014年，名茶市场依旧疲软。此次被评的178个品牌中，18个品牌的销售量在2014—2015年出现了不同程度下滑，占被评品牌总量的10%，这些品牌多半定位高价礼品茶。与高价礼品茶“遇冷”形成鲜明反差的是，大众茶销售“量价齐升”，如定位为大众茶的忆江南和艺福堂，近几年销量都是连年增长。大众茶销量增长证明了国人饮茶之风的普及，更证明了大众饮茶市场不仅是现实存在的，而且空间无限，茶叶消费大众化成为茶叶市场“新常态”。

2. 食品问题频发背景下的质量意识 近年来，食品安全问题频发，茶行业也不能幸免，接连曝出稀土超标、农残超标的负面新闻，严重影响了中国茶产业与茶企业的整体信誉。

品质是品牌的立足之本，拥有好的品质是品牌价值提升的必要因素。标准体系、认证体系、检测体系是茶叶品质的重要保证。从被评品牌的统计数据来看，茶叶企业产品品牌的标准、认证、检测体系都在不断完善之中。以认证体系为例，2011年，取得绿色及有机等认证的品牌占被评品牌总体的81.8%，2015年，该数据增长到86%。越来越多的品牌获得了更严格的认证，2015年被评的178个品牌中，有30个品牌获得了GAP认证，8个品牌获得了HACCP认证。数据表明，各茶叶企业提高了品质管理意识，并做出了相应的努力。

3. 电子商务的波动式发展 2011—2014年的中国茶叶企业产品品牌价值评估报告中，分别用“积极探索”“突飞猛进”“全面开花”来形容茶叶企业产品品牌在电子商务领域的发展。纵观2014年数据，我们可以用茶叶电子商务“转型发展”的一年来概括。

数据显示，2015年被评品牌拥有网络销售渠道的品牌占比为90%，而这一比例在前四年分别为58%、59%、75%、89%；2014—2015年，被评品牌的电子商务拓展在量上出现了提升缓慢的现象。访谈调研结果告诉我们，传统茶叶企业总体上对网络的认知度不高、操作专业化程度低，许多茶企跟风进入电商领域，不久就因业绩惨淡而萌生退意。传统茶企在没有认识到互联网思维的重要性的前提下进入电子商务，机械地将线下的传统商业模式生搬硬套到互联网上，打价格战，没有创建网络品牌及其个性，最后遭到滑铁卢，阻碍了茶叶电子商务的高效发展。

四、未来应对：整合力量，创新业态

2015年的评估数据显示，中国茶产业的企业规模小、单个企业的市场占有率低、单个品牌的价值不高等常态特征依然延续。

面对上述现实，我们应当如何去应对？如何提供既适合中国茶产业现实又能够具有国内外市场竞争力的有效建议？

过去，面对一系列数据时，我们会有一种自发的担忧，担忧中国茶产业经不起国内外市场竞争的风浪，每一只茶叶企业的船都太小；我们会有一种“它山之石可以攻玉”的期待，到国际的同行中去寻找模版、建立标准；我们会有一种拔苗助长的心态，期望工商资本、风险投资早日投身茶产业，形成茶产业的工业革命。总之，我们期待改变，期待通过规模化、标准化、工业化改变中国茶产业的品牌小而多的现状；期待在小而散的茶产业基础上，打造大型中国茶叶航空母舰，势如破竹，驶入国际茶产业竞争市场并大获全胜。

但是，这么多年过去了，中国茶企的航空母舰并未形成。中国茶企的未来应当如何走？

2015年5月26日，中国茶叶品牌馆授牌仪式之后，“中国茶业品牌与文创高峰论坛”上，各位专家观点纷呈：

杭州茶叶研究院院长张士康：通过育壮“茶产业树”，政产学研商联动，做好行业品牌；挖掘与梳理独有资源，做好个性化、专业化、公共性的企业品牌；培育消费者认知品牌，三方联动有效融合，塑造茶业品牌。

中国茶叶研究所副所长鲁成银：提出“二元分类”理论，茶分为地缘茶与非地缘茶。中国茶业品牌建设要充分考虑自身优势，建立大众茶—礼品茶—顶级茶的金字塔结构的消费体验，融合第三产的发展，突出地域的文化、健康等概念，打造自身独有的品牌。

浙江大学中国农业品牌研究中心主任胡晓云：品牌经济是以实体经济为基础的符号经济，是以消费者心智占领为目的的关系经济，是以产品与符号的意义构成为价值的价值经济。未来，我们应当在实体经济、资源经济为基础，创造符号经济、关系经济、价值经济。中国茶要重视大众市场、个性消费的关系处理。

祥源茶副总经理吴锡端：树立产品的识别度和口感识别度，营造品牌口碑。

艺福堂总经理：互联网是工具和手段，产品和品牌才是核心与灵魂，要注重服务体验，提升产品的服务体验。

上述专家建议，看似各说各的，其实呈现了较为共通的观点：根据中国茶产业的资源特征与现状，根据品牌经济、互联网时代的消费特征，寻找适合中国茶产业现状、中国茶产业特征的品牌建设道路。

（一）中国茶产业面临的消费市场特征

21 世纪，消费者的生活态度、价值观发生了重要变化，其消费形态也随之发生了重要变化。

1. 多元消费、个性消费、符号消费、价值消费成为趋势 虽然依然存在着跟风消费等现象，但消费者越来越理性、越来越自主，其价值主张也越来越多元，因此，形成了多元、个性化的消费趋势，越来越注重对符号消费、意义消费、价值消费。

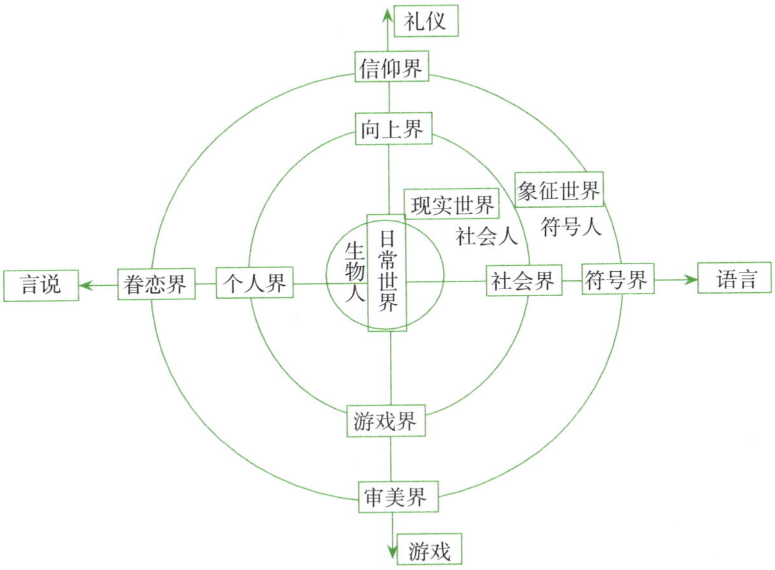

图 9　新生活世界模型

图 9“新生活世界模型”显示：当今与未来的消费者不仅仅是生物人，更是社会人、符号人。他们在日常世界中生存，在现实世界中交流（社会界）、提升（向上界）、实现娱乐体验（游戏界），获得自我的存在感（个人界），在象征世界中超越物质状态，获得纯粹的意义与价值的象征消费。这些不同的象征消费，满足着他们各自的不同需求，如通过某个物品或品牌的消费，达到眷恋的需求满足（眷恋界）；通过某个产品或品牌的消费，显示了自己的个性追求（符号界）与价值信仰（信仰界）；通过某个产品或品牌的消费，实现了美的体验与消费满足（审美界）。

在新的生活世界里，消费者的需求呈现了多样化、象征性特征。多样化消费，给不同个性的茶叶产品或品牌提供了多元对接的机会。不同的品类、不同的口感、不同的形态都能够有对应的消费人群，而寻求多样化消费的人群则更喜欢个性、小众、稀缺的茶产品。中国六大茶类，每一类茶的品类特征及其不同地域、不同制作工艺产生的个性化产品，都能够受到一定的消费者追捧或忠诚消费。象征性消费越来越盛行，使得消费者对茶产品的地缘资源、文化资源、历史渊源、制茶工艺、品牌故事等体现的象征性内涵更感兴趣，茶产品成为某种意义、价值的象征。

2. 互联网的兴起与飞速发展，改变了人们的生活方式和消费方式 数据显示，2014 年全球网民数量已达 30 亿，2015 年，全球网民数量将达 32 亿。而在 2000 年，全球的互联网网民才 7.8 亿人。随着移动互联网的出现，全球移动互联网用户已超过 10 亿，中国的用户已达到 5 亿。消费者通过移动互联网和互联网购买茶产品的几率将越来越高。2008 年成立的“艺福堂”，7 年时间，成为茶产业的“互联网领导品牌”。本次调研数据显示，艺福堂 2011—2014 年的茶叶销售额分别为：7 500 万元、12 800 万元、20 500万元、25 000 万元，短短 4 年时间，其销售额便从7 500上升到 25 000，增长了 3 倍多。这与艺福堂品牌迎合了消费者的互联网消费方式有重要的关联。

3. 消费者缺乏消费安全，品牌背书成为营销重点 5 月 17 日，央视新闻频道《每周质量报告》栏目播出的“验茶”节目曝光了一批全国知名的茶叶品牌产品在茶叶污染物、茶叶农残、茶叶等级以及市场售价等方面存在的问题。中国消费者对中国农产品的质量安全问题缺乏信心，同时，对境外茶品牌有着先入为主的盲目信赖。因此，中国茶产品的营销中，品牌背书、行业背书等成为营销重点。

（二）中国茶产业的品牌新生态

课题组认为，根据消费者的消费趋势与消费方式的变化特征、中国茶产业的现状特征，中国茶产业、中国茶企应当建立一个适合中国茶产业的历史与现实、消费与生产、竞争与发展的品牌新生态。该品牌新生态，由代表中国茶产业的国家品牌形象与内核的中国茶产业品牌、具有不同的个性与文化价值的中国茶企业（产品）品牌联合构成。该品牌新生态，将拥有强大的中国茶行业品牌，个性突出的“小而美”的企业（产品）品牌、以地缘资源为特色的产地品牌、以渠道资源为优势的互联网电商品牌、超市品牌、O2O品牌……这些不同类型的品牌共同构建既有“中国茶”综合特征与民族文化个性的大产业品牌，又创造不同层次、不同消费者、不同个性、不同优势、不同品类的茶品牌和谐共处、联合竞争的品牌新生态。

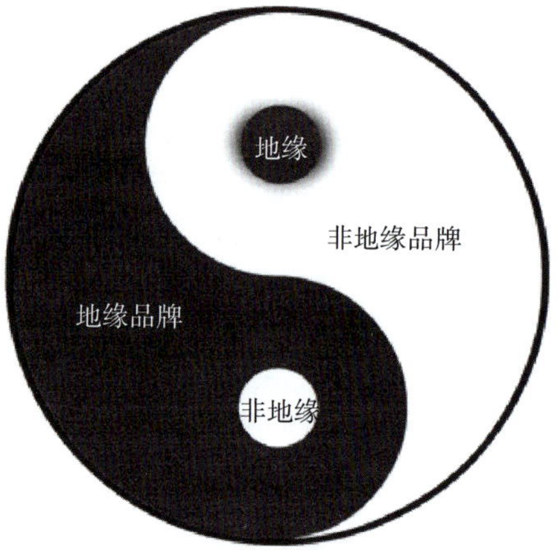

图10 “中国茶”产业品牌新生态结构图

如图10所示，将“中国茶产业的品牌新生态”用阴阳相生、对立竞争又资生依存、相生相长的太极图表现可见，整个太极图为“中国茶”的产业品牌图。其中，基于“地缘”优势的产地品牌与企业（产品）品牌之间，形成“中国茶”整体的产业品牌与各个不同区域的茶叶区域公用品牌、各个不同的区域公用品牌与区域内企业（产品）品牌的多重母子品牌关系；非地缘品牌包括以渠道资源为优势的互联网茶叶品牌、商超茶叶品牌、自营连锁加盟品牌等，以资源整合文创附加价值的茶叶文创品牌等等。这些品牌的共通特征是品牌的产生并没有显著的地缘资源，但是，他们可以借助渠道资源、文创概念等反过来利用地缘资源，形成超越地域界限的非地缘品牌。

1. 中国茶的行业品牌“中国茶” 中国茶在世界茶产业中的位置，一直比较尴尬。历史地位、品种品质、种植面积、产品数量、个性特征、文化独特性等均排在前列，但始终在国际市场上无法有更大的品牌作为和高溢价成就。虽然“七万家茶企不如一个立顿”“立顿入口龙井洗手”等过于长他人志气灭自家的威风，但中国茶在国际市场上的原料茶地位并未得到根本的改变。因此，在世界的舞台上，着力打造“中国茶”的品牌形象，提升“中国茶”的行业特色，势在必行。在“中国茶”的品牌塑造中，如何利用“一带一路”的开放政策、如何利用中国茶的历史文脉与日益壮大的规模效应、如何与国家品牌塑造与传播之间形成互为融合的战略，值得更深入的研究。

2. 以地缘资源为特色的产地品牌与母子联动品牌模式 茶是自然风物。区域环境资源、生态地理自然资源对其的品质、品种、文化的独特性有重要的制约力。从中国地大物博、茶资源丰富、茶品种特色显著的地缘优势出发，打造一系列的品种独特、品质独特、工艺独特、文化独特的产地区域公用品牌，同时形成区域公用品牌与区域内企业（产品）品牌的品牌联盟与集聚，造就基于地缘优势的品牌整合力。“中国茶”产业品牌、区域公用品牌（西湖龙井、安吉白茶、安溪铁观音等等）、区域内企业（产品）品牌（大益牌普洱茶、八马牌安溪铁观音、贡牌西湖龙井、祥源牌祁门红茶等）之间形成抱团发展，互动提升的格局。

3. 结合非地缘资源优势，打造非地缘品牌族群 地缘有其优势，也有其规模发展的局限性和资源制约性。利用互联网、移动互联网、创意思维的接触互动优势、产品渠道资源、文创附加价值优势，塑造如艺福堂（互联网茶叶品牌）、忆江南（商超茶叶品牌）、吴裕泰（连锁专卖店）、初印茶社（移动互联网文创品牌）等的非地缘品牌，并从互联网生存、全球市场的角度出发，形成突破地缘限制的流通品牌或创意性品牌。

4. 整合地缘与非地缘优势，打造兼具整合优势的整合品牌 地缘与非地缘之间，可以你中有我，我中有你，形成整合地缘与非地缘优势的整合品牌。

英国的川宁与立顿、美国的“茶业共和国”、德国的“日历茶”、印度的“塔塔”、新加坡的“TWG”、澳大利亚的“T2”、日本的“伊藤园”等，都是相对结合地缘优势，同时应顺互联网世界、全球族群出现而不断超越地缘文化的茶叶品牌。这种品牌的优势，是能够整合地缘、非地缘双重优势，形成强大的整合价值，并连接消费者的现代感与时尚文化，吸引到新新人类的消费，形成巨大的消费市场。

（三）中国茶产业的产业超越

本次品牌价值评估的数据显示，当前，中国境内的众多茶企的主业多为茶叶生产与茶叶销售，其品牌的主体产品是茶叶或者初加工的茶叶产品，产业延伸不多。

产业延伸的价值，在于可以充分利用一个品牌的品牌影响力、品牌延伸能力将品牌塑造的成本最小化，将品牌资产、品牌价值最大化。

其他国家的涉茶企业如英国的立顿、日本的“伊藤园”等品牌，均实现了原茶、茶饮料、抹茶或茶粉、茶深加工、茶添加食品、茶文化体验、茶旅游等整合了一二三产业的绵长产业链。一个品牌统辖一条长产业链，并在产业链的不同阶段分别获得不同的品牌影响力、品牌经济效益、品牌社会价值。

通过资本投入、技术创新、专利开发、文化挖掘等，形成中国茶的系列产业链，实现中国茶产业的产业超越，实现中国茶行业品牌、区域公用品牌、企业（产品）品牌的多重资源整合、产业链接，实现“中国茶”的现代化经营，现代消费市场的对接，这是摆在中国茶人面前的新问题。

2015 中国茶叶企业产品品牌价值排行前 100 位

单位：亿元

排名	企业名称	品牌名称	2015 价值	排名	企业名称	品牌名称	2015 价值
1	北京吴裕泰茶业股份有限公司	吴裕泰	11.70	20	湖北宜红茶业有限公司	宜	3.22
2	安徽茶叶进出口有限公司	LUCKY BIRD 吉祥鸟	8.07	21	霍山县雨佳有机茶有限公司	雨佳	3.18
3	湖北采花茶业有限公司	采花	7.92	22	福建武夷星茶业有限公司	武夷星	3.09
4	福建春伦茶业集团有限公司	春伦	7.87	23	永春县魁斗莉芳茶厂	绿芳	3.09
5	北京更香茶叶有限责任公司	更香茗茶	7.82	24	河南九华山茶业有限公司	九华山	3.06
6	湖北汉家刘氏茶业股份有限公司	汉家刘氏	6.45	25	苏州市东山茶厂	碧螺	2.95
7	福建新坦洋茶业（集团）股份有限公司	新坦洋	6.35	26	江西省宁红集团有限公司	宁红	2.83
8	湖南洞庭山科技发展有限公司	巴陵春	5.94	27	福建誉达茶业有限公司	誉达	2.73
9	浙江省诸暨绿剑茶业有限公司	绿剑	5.89	28	杭州忆江南茶业有限公司	忆江南	2.66
10	福建敖峰闽榕茶业有限公司	崟露	5.78	29	四川蒙顶山跃华茶业集团有限公司	跃华	2.66
11	福建品品香茶业有限公司	品品香	5.16	30	云南普洱茶（集团）有限公司	普秀	2.60
12	江苏吟春碧芽股份有限公司	吟春碧芽	4.31	31	成都市碧涛茶业有限公司	碧涛	2.57
13	信阳市文新茶叶有限责任公司	文新	4.25	32	广西梧州茶厂	三鹤	2.55
14	黄山市汪满田茶业有限公司	汪满田	3.81	33	安吉县大山坞茶场	大山坞	2.54
15	安徽茶叶进出口有限公司	迎客松 GREETPINE	3.79	34	江苏茅山青锋茶叶有限公司	金鹿	2.44
16	福建省天湖茶业有限公司	绿雪芽	3.79	35	黄山市徽州洪通茶厂	洪通	2.41
17	安徽省六安瓜片茶业股份有限公司	徽六	3.49	36	浙江安吉宋茗白茶有限公司	宋茗	2.39
18	天方茶业股份有限公司	雾里青	3.46	37	四川省花秋茶业有限公司	花秋	2.37
19	福建满堂香茶业股份有限公司	满堂香	3.37	38	紫金县黄花茶业有限公司	黄花	2.36

（续）

排名	企业名称	品牌名称	2015 价值	排名	企业名称	品牌名称	2015 价值
39	浮梁县浮瑶仙芝茶业有限公司	浮瑶仙芝	2.33	58	四川嘉竹茶业有限公司	嘉竹	1.89
40	四川蒙顶山味独珍茶业有限公司	味独珍	2.31	59	桂东县玲珑王茶叶开发有限公司	玲珑	1.88
41	福建隽永天香茶业有限公司	隽永	2.29	60	金坛市御庭春茶业有限公司	天壶	1.88
42	湖北悟道茶业有限公司	悟道	2.27	61	浙江省武义茶业有限公司	九龙山	1.87
43	贵州贵天下茶业有限责任公司	贵天下	2.21	62	福建省裕荣香茶业有限公司	裕荣香	1.87
44	广东省大埔县西岩茶叶集团有限公司	岩中玉兔	2.13	63	福鼎市天毫茶业有限公司	天毫	1.83
45	山东蒙山龙雾茶业有限公司	蒙山龙雾	2.09	64	福建瑞达茶业有限公司	瑞达	1.83
46	安徽舒绿茶业有限公司	舒绿园	2.06	65	浮梁县浮瑶仙芝茶业有限公司	浮红	1.77
47	广西农垦茶业集团有限公司	大明山	2.04	66	福鼎市张元记茶业有限公司	张元记	1.76
48	广西梧州茂圣茶业有限公司	茂圣	1.97	67	浙江碧云天农业发展有限公司	碧云天	1.76
49	安溪县桃源有机茶场有限公司	品雅	1.97	68	苏州市吴中区西山碧螺春茶厂	咏萌	1.76
50	池州市九华山肖坑有机茶有限责任公司	肖坑	1.96	69	奉化市雪窦山茶叶专业合作社	雪窦山	1.76
51	广东省大埔县西岩茶叶集团有限公司	西竺	1.94	70	福鼎市芳茗茶业有限公司	福茗芳	1.74
52	四川省蒙顶山皇茗园茶业集团有限公司	皇茗园	1.93	71	宜宾川红茶业集团有限公司	川红	1.74
53	腾冲县高黎贡山生态茶业有限责任公司	高黎贡山	1.93	72	六安市黄府茶业有限公司	黄之江	1.72
54	苏州三万昌茶叶有限公司	三万昌	1.93	73	重庆茶业（集团）有限公司	定心	1.71
55	江苏鑫品茶业有限公司	鑫品	1.91	74	福建福百祥茶文化传播有限公司	福百祥	1.69
56	六安市黄府茶业有限公司	黄府茶行	1.91	75	镇江雨泰茶业有限公司	雨泰茗茶	1.69
57	福建福鼎东南白茶进出口有限公司	多奇	1.91	76	临海市羊岩茶厂	羊岩山	1.67

（续）

排名	企业名称	品牌名称	2015 价值	排名	企业名称	品牌名称	2015 价值
77	福建向荣大芹山茶业发展有限公司	名峰山	1.64	89	勐海陈升茶业有限公司	陈升号	1.33
78	福建省银龙茶叶科技有限公司	银龙	1.61	90	英德市上茗轩茶叶有限责任公司	上茗轩	1.23
79	天方茶业股份有限公司	天方	1.57	91	杭州顶峰茶业有限公司	顶峰茶业	1.15
80	紫阳县盘龙天然富硒绿茶有限公司	盘龙	1.53	92	四川早白尖茶业有限公司	早白尖	1.13
81	重庆茶业（集团）有限公司	巴南银针	1.53	93	临沂市沂蒙春茶叶有限公司	沂蒙春	1.11
82	河南仰天雪绿茶叶有限公司	仰天雪绿	1.51	94	安徽省池州市安池茶叶有限公司	安池	1.02
83	杭州艺福堂茶业有限公司	艺福堂	1.51	95	临沭县春山茶场	袁春山	1.00
84	婺源县鄣公山茶叶实业有限公司	鄣公山	1.50	96	恩施市润邦国际富硒茶业有限公司	芭蕉	0.99
85	湖北龙王垭茶业有限公司	龙峰	1.45	97	广东凯达茶业股份有限公司	凯达	0.99
86	安吉千道湾白茶有限公司	千道湾	1.42	98	紫阳县盘龙天然富硒绿茶有限公司	春独早	0.96
87	安徽大业茗丰茶叶有限公司	大业茗丰	1.35	99	江西婺源林生实业有限公司	林生	0.95
88	金坛市御庭春茶业有限公司	秦汉相府	1.34	100	筠连县青山绿水茶叶专业合作社	娇芽	0.88

2015 中国茶叶区域公用品牌价值评估报告

浙江大学 CARD 中国农业品牌研究中心　中国茶叶品牌价值评估课题组①

一、前言

从“十二五”初期国家号召产业转型升级，到“十二五”末提出的“推动中国产品向中国品牌转变”，品牌化已经成为各行各业发展的重要方向，“实施品牌战略发展现代农业”已成为业内共识。而作为农业产业中品牌化起步相对较早的茶产业来说，更是肩负着率先打造与提升中国品牌农业的责任，真正让“一片叶子富了一方百姓”。

由浙江大学 CARD 中国农业品牌研究中心、《中国茶叶》杂志、中茶所中国茶叶网联合组建的课题组，已连续 6 年开展了“中国茶叶区域公用品牌价值评估”专项研究。六年来，我们持续观察中国茶叶品牌的发展现状，也不断为茶行业提供茶叶品牌建设研究成果。每一年发布的“中国茶叶区域公用品牌价值评估”结果，已经成为中国茶业发展的风向标。

在本年度评估中，课题组自 2014 年 11 月起，通过对品牌持有单位、消费者、专家等众多对象的多方调查研究，并根据材料的真实性、完整性要求，从全国 203 个茶叶区域公用品牌中，筛选收集了 106 个品牌的相关资料，最终完成了 94 个品牌的价值评估。

二、品牌成长新常态

在过去的 2014 年，“品牌”已成为农业领域的热门词汇，成为新常态下农业转型升级的重要战略。从中国茶叶区域公用品牌价值专项评估数据来看，其品牌价值的增长也呈现出了新常态。依据浙江大学“中国农产品区域公用品牌价值评估模型”（简称“CARD 模型”），品牌价值＝品牌收益×品牌强度乘数×忠诚度因子，本节就 2015 年度茶叶区域公用品牌价值评估中有关数据展开分析。

1. 品牌价值仍存较大发展空间　2015 年度被评的 94 个茶叶区域公用品牌，覆盖了全国四大茶产区共计 15 个省份，被评品牌的总价值超过了 1 268 亿元，相较 2014 年，增长了 114 亿元，其中品牌价值最高的是安溪铁观音为 58.27 亿元，最低的是缙云黄茶 0.71 亿元。2015 年的平均品牌价值为 13.50 亿元，相比 2014 年的 12.15 亿元，增加了 1.35 亿元，平均品牌价值的增长幅度为 11.11%，同比回落了 18.67 个百分点。可见，本次评估品牌的平均品牌价值增长趋于平缓。

查看被评品牌的价值区间分布，如图 1 所示，品牌价值超过 50 亿元的品牌有 4 个，占总体被评品牌的 4%，处于 20 亿～50 亿的品牌占总体的 10%，占比最多的是处于 10 亿～20 亿的品牌，共有 40 个品牌，其次是处于 5 亿～10 亿的品牌，共有 31 个品牌，分别占到了总数的 43%和 33%，处于 1 亿～5 亿的品牌数是 8 个，少于 1 亿的品牌有 2 个。这表明，茶叶区域公用品牌的品牌价值在 5 亿～20 亿元的品牌是主体，大多数品牌仍处于相对弱小状态，在未来仍有较大的提升空间。

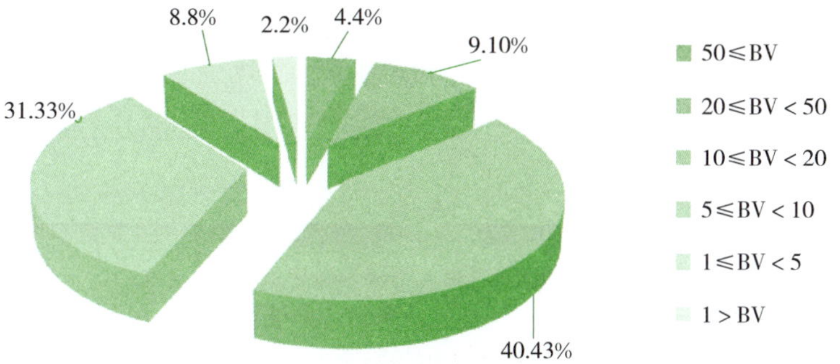

图 1　2015 中国茶叶区域公用品牌价值区间分布

2. 品牌收益有待提高　根据 CARD 模型，农产品区域公用品牌的品牌收益＝年销量×（品牌零售均价－原料收购价）×（1－产品经营费率），品牌收益是在剔除生产环节的劳动收益，结合市场交换完成的最终零售价格，并在充分考虑农产品再生产环节中的诸多不可控因素后，以连续 3 年的数据最终统计得出由品牌本身带来的收益部分。

① 课题顾问：鲁成银、阮浩耕、梁国彪、王建荣；专家组成员：鲁成银、阮浩耕、梁国彪、王建荣、王岳飞；课题负责人：胡晓云；执笔：魏春丽、胡晓云；课题组成员：魏春丽、刘进、庄庆超、翁余辉、贺梦晗、郑志远、应燕燕。

2015年被评品牌平均品牌收益为8 454.24万元，相比2014年的7 861.7万元高出了近600万元。比较品牌收益分布区间，如图2所示，处在5 000万～10 000万元的品牌最多有43个，占到了总量的46%，其次是处于1 000万～5 000万元的品牌，共有26个，低于1 000万元的品牌仅2个，处在10 000万～20 000万以及高于20 000万元的品牌数量分别有18个和5个。品牌收益的分布相对比较集中，也反映了大部分茶叶区域公用品牌在品牌收益上还有待提高。

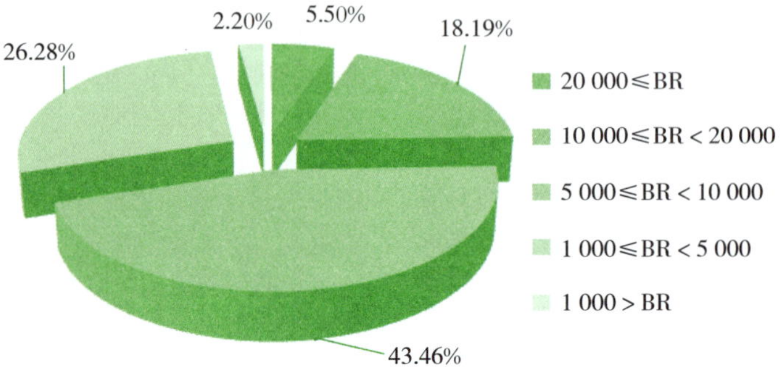

图2　2015中国茶叶区域公用品牌收益区间分布

3. 品牌强度全面提升　品牌强度是指品牌所带来的未来持续收益的能力，是一组因子的加权综合，由品牌带动力、品牌资源力、品牌经营力、品牌传播力和品牌发展力5个指标构成。品牌强度乘数越大，表明品牌的持续收益能力、品牌抗风险能力以及品牌竞争力越强，在行业中的地位也相对越高。

2015年被评的94个品牌，平均品牌强度得分为81.77，比2014年的平均得分76.49高出了近7个百分点，其中最高得分为94.61，最低的是68.94。品牌强度得分排在前十位的品牌中，平均得分达到了90.75，具体可见表1。比较品牌强度的“五力”指标，如图3所示，2015年被评品牌平均“五力”除品牌发展力为79.13外，其余“四力”均超过了80，且与2014年相比，都有不同程度的提升，其中品牌经营力上涨幅度最高，达到了10.04%，其次是品牌资源力上涨了7.99%，相对上涨不太明显的是品牌传播力，仅为2.11%。这表明，中国茶叶区域公用品牌在品牌强度上得到了全面提升，但目前在品牌投入上，更多的是对品牌资源的保护与提炼以及对组织经营层面的关注与投入，在品牌传播上的工作相对较少。

表1　2015年被评品牌强度得分前十位

排名	品牌名称	品牌强度得分
1	普洱茶	94.61
2	安溪铁观音	92.43
3	武夷山大红袍	92.32
4	西湖龙井	92.29
5	福州茉莉花茶	91.42
6	狗牯脑茶	89.24
7	正山小种	89.16
8	都匀毛尖	88.88
9	太平猴魁	88.70
10	开化龙顶	88.49

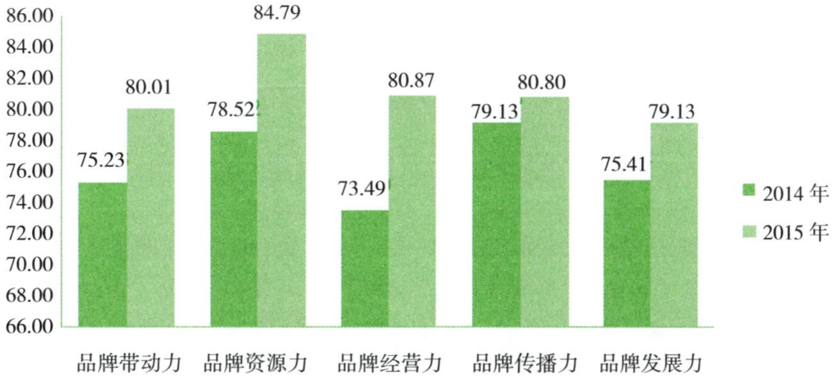

图 3　2014、2015 年被评品牌平均品牌“五力”比较

4. 品牌忠诚度折射市场价格相对稳定　品牌忠诚度因子测度的是消费者的品牌忠诚度，侧重于品牌能否在长时间内维持稳定的销售及其价格。在公式表达中，品牌忠诚度因子＝（过去 3 年平均售价－销售价格标准差）÷过去 3 年平均售价。

根据概念及公式可知，品牌忠诚度因子受市场销售价格的波动而变化，当波动越小，消费者的品牌忠诚度表现就越高。2015 年被评品牌平均品牌度因子为 0.89，整体处在一个忠诚度较高的水平，与 2014 年的 0.88 也大致相当。其中忠诚度因子在 0.80 及以上的品牌有 82 个，占到了全体被评品牌的 87.23%，忠诚度因子低于 0.50 仅有一个品牌即霍山黄大茶，仅为 0.48。

这表现为中国茶叶区域公用品牌在过去的一年里，虽有小部分品牌在价格上存在较大的波动，但整体价格波动不大。中国茶叶区域公用品牌在市场价格表现上正处于一个相对平稳的、有序的环境中。

三、品牌现象万花筒

在经历了 2012 年礼品市场遇冷、2013 年的平稳过渡和 2014 年市场回春之后，中国的茶叶品牌化发展逐渐步入了正轨。茶乃国饮，茶产业的发展对当地茶农以及消费者均有不同程度的影响。在 2014 年年初国家提倡品牌化发展之后，一系列有利于品牌农业的政策及指导文件出炉，位于杭州的中国茶叶博物馆也于 2015 年“五一”期间推出了“茶业品牌馆”。此外，品牌也正在成为消费者进行茶叶消费的重要选择因素。回顾近年茶品牌的发展，结合 6 年来评估过程中所遇到的问题，我们发现了几个较为突出的现象。

1. 品牌价值增长与规模扩张无明显关系　在 2014 年茶叶区域公用品牌价值评估报告中，我们曾对“规模大、产量高，一定出大品牌”的误读进行了简要的纠正。在此，我们继续从数据出发，进行探究与验证。

比较历年被评品牌的平均规模与平均品牌价值变化，如图 4 所示，在 2010—2011 年，平均品牌价值在规模减少 11.25%的情况下增长了 4.40%，而之后的四轮评估，虽规模和价值均有不同程度的增长，但仅从该两组数据无法得出规模增长与价值增长之间明显的关系。同样比较中国四大茶产区之间该组数据的变化，从图 5 可见，以“安溪铁观音”“福鼎白茶”等为代表的华南产区，2015 年的平均规模较 2014 年下降了 1.65%，而平均品牌价值增长幅度达到了 14.06%；以“普洱茶”“都匀毛尖”等为代表的西南产区在平均规模和平均品牌价值上均有 20%以上的增长；以“信阳毛尖”“汉中仙毫”等为代表的江北产区，在 2015 年评估中，其平均规模和平均品牌价值分别增长了 7.42%和 10.45%；以“西湖龙井”“安吉白茶”等为代表的江南产区在平均规模增长 16.16%的情况下，

图 4　历年被评品牌平均规模与平均品牌价值变化比较

平均品牌价值仅增长了7.03%。从以上四大产区平均规模与平均品牌价值增长情况比较来看，两者之间不存在明显的正相关或负相关关系。品牌价值的大小不取决于规模的大小，甚至存在着在规模下降的情况下依然保持增长态势的情况。

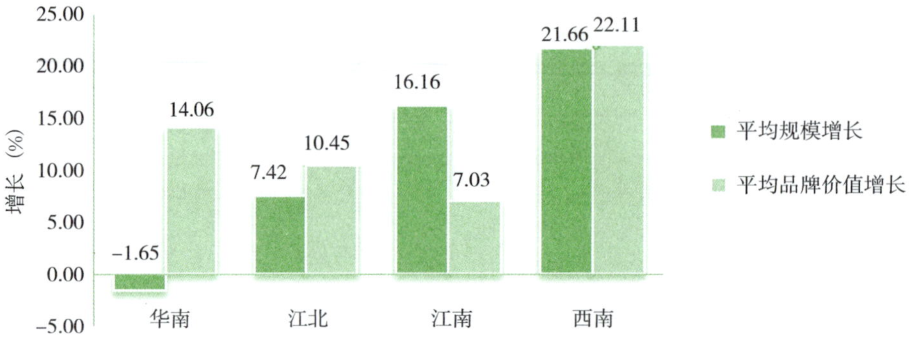

图5 四大产区2015年被评品牌平均规模与平均品牌价值变化比较

品牌价值的高低与生产规模大小没有直接的、明显关联，最典型的案例就是西湖龙井。西湖龙井（证明商标）仅在杭州西湖周边168千米^{2}核心茶产区内按照龙井茶标准进行种植、生产，它仅凭每年五六百吨的产量，创造出了逾50亿元的品牌价值，其背后的因素我们在2014年的评估报告中有做分析。西湖龙井168千米^{2}的限定，确实限制了其生产规模的扩张，但也正因如此，在地理范围上保证了西湖龙井的品质，使之有别于其他龙井茶（证明商标）①。

目前，类似于西湖龙井"小规模、大价值"的发展是个例，很多地方政府在引导茶产业发展上依然需要走规模化道路，而地域的限制，在一定程度上影响了其规模化发展，尤其是对部分属于同根同源的茶产品而言，地域性的限制就如同一把枷锁。在近几年的茶产业发展中，个别地方为了打开这把枷锁，将同属于同一座山脉或地理区位的所有符合标准的茶产品进行整合，通过统一打造一个大区域公用品牌来寻求发展之路，比如梵净山翠峰茶、都匀毛尖、蒙顶山茶等。

梵净山位于贵州省铜仁市，处在江口、印江、松桃三县交界处，位于梵净山西麓的印江县，在2005年获得"梵净山翠峰茶"地理标志保护产品，2012年又以县茶业管理局为主体申请注册了地理标志证明商标，占据了"梵净山"的天时地利。2013年年底，商标主体变更为铜仁市茶叶行业协会，将原有授权许可范围扩大到了整个铜仁市，"梵净山翠峰茶"从一个县级茶叶区域公用品牌迈向地级市公用品牌。同属贵州省的都匀毛尖，在2014年也启动了茶产业整合扩张行动，将该品牌使用范围从都匀市放宽到了整个黔南州地区，由黔南州政府进行统一管理，生产规模从近30万亩变成了100万亩（投产面积逾40万亩），体量增加巨大。

对于地方政府大力发展茶产业而言，整合区域内一切可以整合的资源，确实可以在一定程度上壮大产业，并为当地的茶农和茶企创造更多、更高的机会和平台，但从品牌的长久发展来看，这种仅仅依靠规模的扩张来达到产业的提升还是需要时间的见证。

2. 品牌溢价各有不同 品牌溢价即品牌的附加值，品牌溢价能力的大小是同类产品不同品牌之间存在差异的最显著特征。农产品品牌尤其是区域公用品牌与一般工业产品品牌最大的区别特征是产地的差异，"橘生淮南则为橘，橘生淮北则为枳"，说的是不同产地生产出来的农产品品质不一，而产地的差异不仅体现在产品本身，在品牌溢价上也同样存在着不同。

我们依据品牌收益/近3年平均销量得出单位销售量的品牌收益，也就是每销售1千克茶叶所获得的品牌收益，将不同产区的茶叶品牌溢价能力进行比较。如图6所示，比较2015年四大茶产区的平均品牌溢价可见，江南产区茶叶平均品牌溢价能力明显高于其他三大产区，达到了28.16元/千克，其次是华南产区20.97元/千克、江北产区13.49元/千克，而西南产区茶叶平均品牌溢价较低，销售1千克茶叶仅获得6.27元品牌收益。

一方水土一方茶，不同产区不同茶，品牌溢价能力也不尽相同，而这份差异的背后同样还有茶类的不同。在2015年的94个被评品牌中，绿茶有65个，占到了被评总数的69%，其次是红茶、黄茶，白茶类仅有"福鼎白茶"一个品牌，除传统的六大茶类以外，还有茉莉花茶、茶叶替代品（如苦丁茶）以及兼做绿茶、红茶等的综合类茶（如"武当道茶"）。比较这几类茶品牌的溢价能力，可以看出不同的茶类其品牌溢价能力的表现也不同。

① 《龙井茶证明商标使用管理实施细则》第二章第五条：使用龙井茶证明商标的产品的种植地域范围为以下县（市、区）：杭州市西湖区（西湖风景名胜区）、萧山区、滨江区、余杭区、富阳市、临安市、桐庐县、建德市、淳安县、柯桥区、新昌县、嵊州市、诸暨市、上虞区、越城区、磐安县、东阳市、天台县。

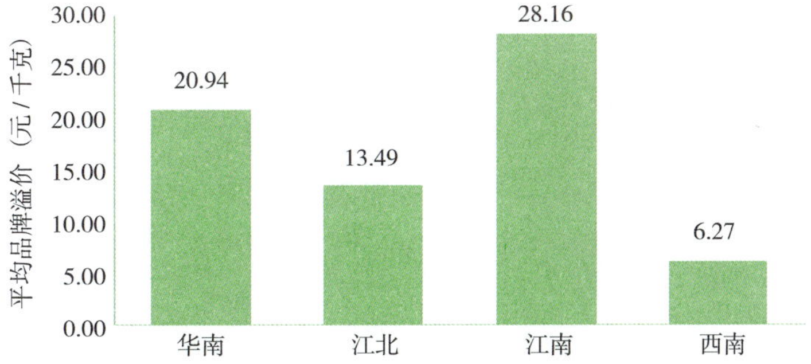

图6　2015年四大茶产区平均品牌溢价比较

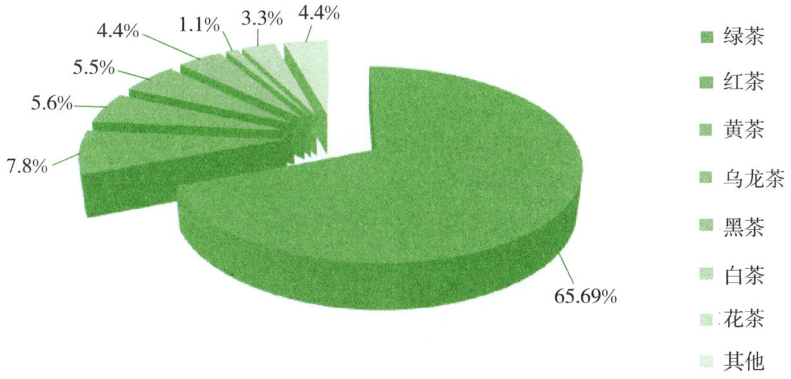

图7　2015年被评品牌品类分布

如图8所示，在传统六大茶类当中，黄茶的品牌溢价能力较为突出，每千克茶叶收获36.74元品牌收益，其次是白茶为35.03元/千克，但由于白茶样本仅为1个品牌，相对可比性不强。被评数量最多的绿茶类品牌以22.00元/千克的溢价能力居于黄茶、乌龙茶之后，黑茶类品牌溢价能力相对其他茶类品牌表现较弱，仅为5.00元/千克。

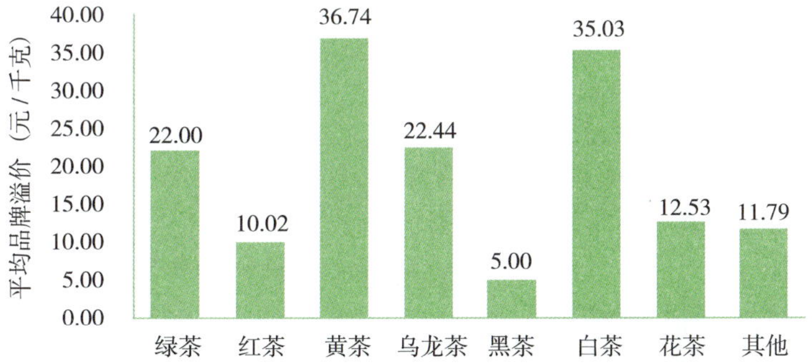

图8　2015年被评品牌各品类平均品牌溢价比较

3. 品牌管理与保护正在强化　农产品区域公用品牌是特定区域内相关机构、企业、农户等所共有的，在生产地域范围、品种品质管理、品牌使用许可、品牌行销与传播等方面具有共同诉求与行动，以联合提高区域内外消费者评价，使区域产品与区域形象共同发展的农产品品牌。因此，农产品区域公用品牌天然存在着“地域性、共有性、区域代表性”的三大特征，对其进行有效的品牌管理和保护也就更显价值。在此概念上，一般至少须获得地理标志证明商标（或集体商标）、农产品地理标志、地理标志保护产品的其中一项，且该标志的使用具有一定共享性，才可认定为农产品区域公用品牌。

而三种“地标”形式的保护各有千秋，农产品地理标志标示农产品来源于特定地域，产品品质和相关特征主要取决于自然生态环境和历史人文因素，并以地域名称冠名的特有农产品标志；地理标志保护产品，指产自特定地域，所具有的质量、声誉或其他特性取决于该产地的自然因素和人文因素，经审核批准以地理名称进行命名的产品；地理标志证明商标是标示某商品来源于某地区，并且该商品的特定质量、信誉或其他特征主要由该地区的自然因素或人文因素所决定的标志，是属于知识产权的范畴，受《商标法》保护，是三种“地标”形式保护中相对更有法律约束的一种保护形式。

在中国茶叶区域公用品牌的建设与发展中，越来越多的品牌已经认识到仅获得地理标志的保护是不够的，还需要组拳出击、正本溯源。中国是产茶大国，仅茶叶区域公用品牌就有200多个，企业产品品牌更是不计其数，还有更多以散茶形式销售的茶产品。在如此庞大的茶叶市场里，难免存在着仿冒、贴牌的情况，如西湖龙井、安溪铁观音等知名度较大的品牌，时常曝出“售假”新闻，随之而来的，打假维权也是从未间断。

以近年全国打假引起轩然风波的西湖龙井为例，西湖龙井在2001年获得原产地域产品保护（地理标志保护产品的前身），以《西湖龙井茶统一产地标识管理》作为自我保护的唯一手段，虽然有据可依，但保护力度小，导致遍地都是“西湖龙井”。直到2011年6月，西湖龙井成功注册了地理标志证明商标，并于次年被认定为中国驰名商标，西湖龙井才有了更为有力的维权法宝。经过2年的过渡期，在强化内部管理的同时，西湖龙井于2013年开始启动全国打假行动，委托律师事务所开展维权，走上了一条为“西湖龙井”正名之路。时至今日，西湖龙井的维权行动还在进行，而市场上对这次大规模的打假行为各说纷纭。部分地方媒体站在保护当地经销商的角度，认为西湖龙井打假行为过于严厉，损害了经销商的利益，也将导致部分市场对西湖龙井的抵制；而另一种声音认为，西湖龙井的打假切实保护了消费者权益，是为茶叶市场从无序竞争走向有序竞争创造环境；第三种声音则是从西湖龙井茶农、茶企出发，正本溯源是西湖龙井品牌能够长久的唯一出路，保证消费者好感度，才是品牌价值与利益的所在。

在2015年的评估中，西湖龙井以58.20亿元居于安溪铁观音（58.27亿元）之后，这是西湖龙井首次从品牌价值榜首跌落。究其原因，在各项评估指标中，我们发现西湖龙井的好感度出现了一定的下降。较之知名度、认知度，好感度得分变化更能反映消费者对该品牌的信任与喜好程度的变化。2014年西湖龙井好感度得分达到了92.50，而在2015年评估中仅为88.92，同期比较安溪铁观音从原85.25分上升到了87.63分。继续挖掘西湖龙井好感度下降的原因，我们发现最主要的因素是其2014年在广东市场的打假行为，受到了当地媒体的质疑，并存在较大的转发量，这在一定程度上削减了消费者对西湖龙井的信心，由此造成好感度出现了一定程度的下跌，最终影响了整体品牌价值的提升。

虽然从短期来看，西湖龙井的打假维权对自身造成了一定的负面影响，但以长远之计，肃清市场，以持续性打假保护消费利益，是重塑消费者信心的必经之路。这也为国内其他茶叶品牌的自我保护提供了一次经典示范。

从2015年的评估数据来看，在94个被评品牌中，有67个品牌向国家工商总局注册了地理标志证明商标，6个品牌注册集体商标，以商标形式对品牌进行了法律保护；33个品牌获得农业部颁发的农产品地理标志，57个品牌获得了国家质检总局认可的地理标志保护产品，同时拥有三项保护的品牌有10个，未申请任何地标保护的品牌有2个（仅以地方习惯性茶叶名称作为公用品牌打造，未进行任何形式的地理标志保护）。

从专利申请来看，共计有49个品牌申请了不同数量的专利保护，其中申请数量不足10件的品牌占到了27个，数量超过100件的品牌仅2件，具体数量分布如图9所示。从版权登记情况来看，在94个品牌中仅有11个品牌进行了相关版权登记。

从这几组数据可得知，地方上对于茶叶区域公用品牌的保护已有一定意识，已经有77.66%的品牌在商标上对品牌进行了保护，超过半数的品牌申请不同数量的专利保护，但也还存在着部分品牌仅获得农产品地理标志或地理标志保护产品的保护，缺乏强有力的法律保障，这在一定程度上增加了品牌维权的难度。

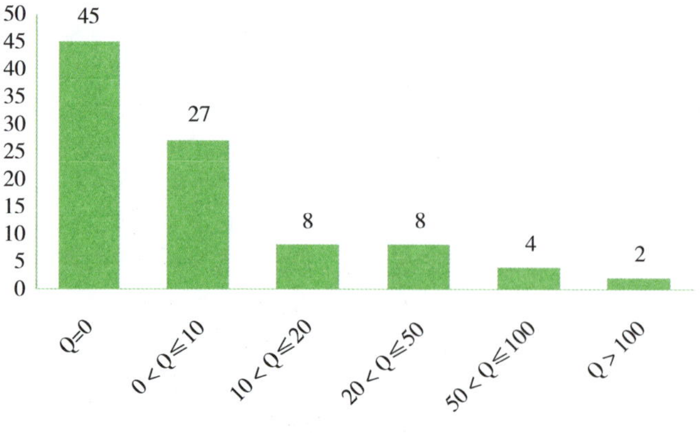

图9　2015年被评品牌专利申请数量分布

4. 品牌价值连年增长并趋向稳定　品牌价值是一个品牌重要的成长表征。从2010年起，茶叶区域公用品牌价值专项评估已经连续进行六轮，比较六轮评估中被评品牌的平均品牌价值发现，我国茶叶区域公用品牌价值在逐年增长。如图 10 所示，2010 年平均品牌价值为 8.18 亿元，到 2013 年首次突破了 10 亿元大关，而到了 2015 年，平均品牌价值已达 13.50 亿元。

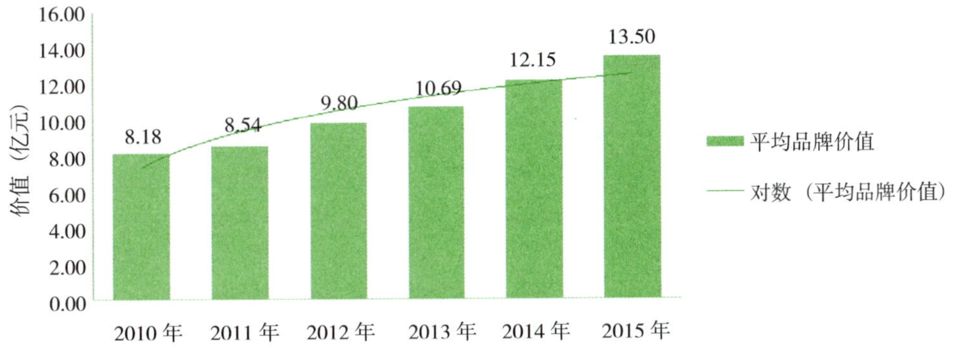

图 10 历年被评品牌平均品牌价值

如图 11 所示，比较历年被评品牌平均品牌价值变化，2011 年评估比 2010 年仅上涨了 4.40%，而 2012 年同期上涨了 14.75%，上涨幅度为历年最高，在随后的三轮评估中，虽均有不同程度的上升，但总体徘徊在 10%左右，相对 2010—2011 年和 2011—2012 年的上涨幅度，趋向于平稳。从这组数据可知，我国茶叶区域公用品牌价值呈现出了稳定增长的态势。

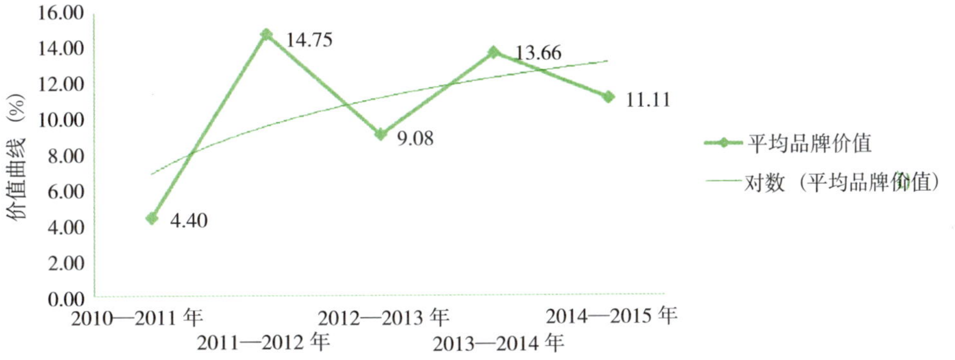

图 11 历年被评品牌平均品牌价值增长曲线

5. 品牌未来收益能力持续提升 图 12 是历年被评品牌平均品牌强度得分的比较，2010 年共计有 83 个品牌，平均品牌强度得分 53.83，到了 2015 年，其 94 个被评品牌平均品牌强度得分为 81.77，整体而言，茶叶区域公用品牌的品牌强度在逐年上升。图 13 是历年被评品牌平均品牌强度得分的变化曲线，从该图可见，品牌强度得分的增长幅度在变小，2011 年比 2010 年上升最高达 18.30%，增长幅度最低的是 2013—2014 年，仅为 3.87%，而 2015 年的增长幅度略有回升，达到了 6.90%。

图 12 历年被评品牌平均品牌强度得分

图 13　历年被评品牌平均品牌强度得分曲线

从品牌“五力”分别来比较品牌强度的提升，如图 14 所示，从 2010—2015 年，六轮评估间，中国茶叶区域公用品牌“五力”在不断外延。2010 年品牌“五力”分别为带动力 60.45、资源力 51.32、经营力 55.36、传播力 52.97、发展力 51.84，发展到 2015 年，品牌“五力”分别达到了 80.01、84.79、80.87、80.80 和 79.13。品牌强度得分以及品牌“五力”的提升表明中国茶叶区域公用品牌在未来的持续收益能力、抗风险能力和竞争力在逐渐增强，而增长幅度的变小也表明中国茶叶区域公用品牌的发展正在进入一个相对平稳的时代。

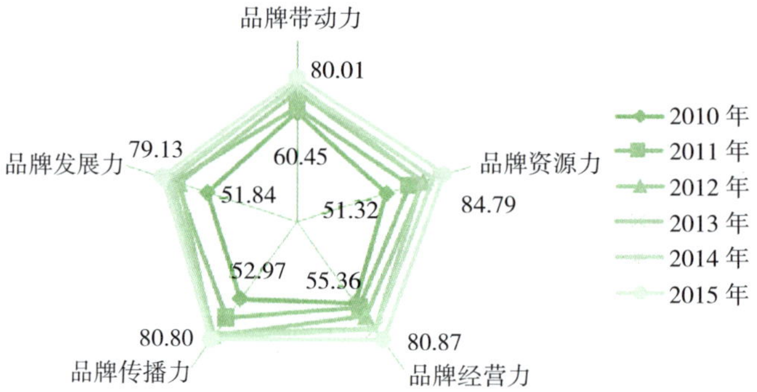

图 14　历年被评品牌平均品牌“五力”

6. 几经波折，理性消费正回归　2012 年，国家提倡节俭风，对各种吃拿卡要进行了整顿，使得农产品销售在很大程度上受到了影响，这其中当然也包括茶叶。一个非常明显的现象是，高价礼品茶成了市场的弃儿，各地天价茶无人问津，同时受到“牵连”的还有普通茶叶的消费，导致当年茶农整体收益水平遭受影响。

经过两年的降温，除原先的“天价茶”“高端茶”遇冷外，普通百姓间的礼品茶消费已逐渐趋向理想回归。以明前茶为例，明前茶因其稀缺性及消费者的“尝鲜”心理，在价格上往往被炒至高位，如 2012 年的明前西湖龙井拍出了 18 万元/500 克的价格，比当时黄金价格还要高。随着“国八条”的落实，2013 年起，西湖龙井明前茶价格基本维持在每 500 克 7 000～8 000 元，连续三年处在相对稳定且亲民的一个价位。在 2015 年明前茶市场上已基本难觅万元茶，如洞庭山碧螺春在在京销售约每 500 克 5 000 元上下，其他云南、四川、贵州等产区的明前茶价格处在每 500 克 60～300 元不等。

茶叶价格理性回归已成事实，除此之外，简朴包装风格重回市场。印有厂名、产地等标识的牛皮纸包装茶叶重新获得了消费者的喜爱，摈弃了原先的过度包装，以茶叶品质本身来获取价值，从原先“卖包装”回归到卖“品质”，这也体现了消费者从重“面子”到重“里子”的理性消费回归。

茶叶消费的理性回归也体现在了评估数据上。比较历年茶叶区域公用品牌的平均忠诚度因子，如图 15 所示，从 2010—2012 年，被评品牌的平均忠诚度因子持续下降，从原 0.89 下降为 0.78，直到 2013 年评估有所回升，与 2011 年持平，而 2014 年和 2015 年该数据相对较平稳，表明从 2013 年起，茶叶市场价格的波动幅度在逐渐变小，并趋于稳定状态。

四、未来品牌生态系统

茶叶区域公用品牌价值专项评估已经伴随中国茶叶品牌发展走过了六个年头，而中国茶叶从“茶马古道”一路走来，到了今天的“一带一路”，挑战与机遇并存。在这个农业品牌大潮已起的时代背景下，茶产业发展的方向一直没有变，就是沿着品牌化一路走下去，而如何在品牌浪潮中选择适合自己的发展道路，在茶叶品牌生态、品牌群落中谋得自己的一席发展空间，是各品牌需要衡量的重要因素。在前几年的研究报告中我们已指出，认清市场、认识品牌，在这里，根据品牌发展走向，我们提出了三组不同的发展战略方向。

图 15　历年被评品牌平均品牌收益与忠诚度

1. 大而全与小而美　传统茶产业发展总是离不开强调“规模化”“标准化”，成片的茶园展现茶乡的魅力。据国家统计局统计，我国茶产业规模在连年递增，并且中西部产区如异军突起，势头猛进，尤其是从 2005—2010 年的五年时间里，全国茶园面积从 1 352 千公顷扩增成为 1 970 千公顷，其中西南产区茶园面积扩张最快，从原 456 千公顷扩大为 786.1 千公顷，幅度高达 72.39%，扩张速度惊人，一跃成为全国四大茶产区中规模最大的产区，具体如图 16 所示。

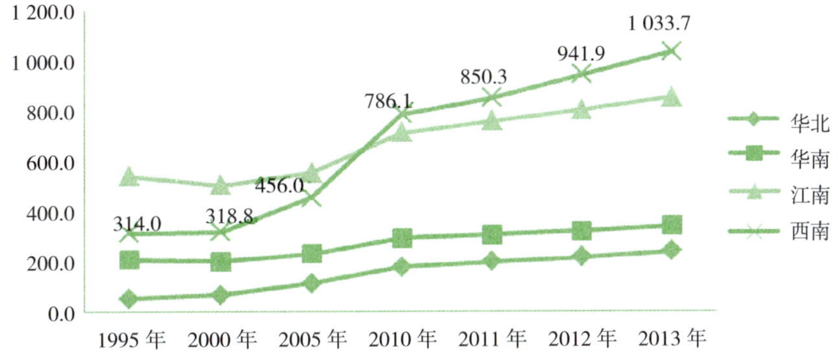

图 16　四大产区主要年份茶园规模比较

这势如破竹的“东茶西进”，除了受茶产业良好效益的驱动外，还有更多的是源于地方政府对茶产业“大而全”的追求。世界上将茶产业“大而全”做到极致的是印度，工厂化的生产方式是目前国内茶叶生产所望尘莫及的。而如前文所述，品牌价值的提升并不与规模的扩张有明显的关联，且中国的茶产业多为一家一户的生产，一味追求“大而全”发展是我国茶产业发展国情所不允许的。

随着消费群体的年轻化，对于茶叶的消费需求也更加多样化，已经不满足于传统茶品牌千篇一律的“王者风范”，转而寻找“小清新”“个性化”的消费感受，这也就催生了一批“小而美”的茶品牌的诞生。典型的有“乡土乡亲”“祥源茶”以及“初印茶社”等各类定制茶的出现。

无论是“大而全”还是“小而美”，实质上是茶产业在规模化、标准化与个性化、多元化发展之间的区别。以大宗消费为主的茶叶可以用规模化、标准化来保障茶叶的高产以及品质的统一，如用于制作深加工的茶叶以及群体消费的中低档茶叶。而以个体消费为主的茶叶，要满足不同人群的消费需求，则更需要有个性化、多元化的发展。

龙生九子各有不同，茶叶区域公用品牌作为母品牌，在引导子品牌发展之时不可一味强调做大做强，允许子品牌有个性化的追求与发展，最终百花齐放，丰富母品牌的产品线及品牌内涵。在这方向下，茶叶区域公用品牌要有战略性的眼光，根据自身条件，在发展规模化、标准化茶园的同时，也要鼓励部分小产区、特色茶的大胆创新，正是因为有不同的存在，才会有更系统、健康的茶叶消费市场。

2. 名茶与民茶　各界对于做“名茶”还是“民茶”已经争辩了多年，一说“琴棋书画诗酒茶”是所谓的“名茶”享受，而“柴米油盐酱醋茶”是“民茶”的待遇，事实上，无论是哪一种茶都可以是物质与精神的双重体验，它们的区别只是“茶”本身对自己的定位不同而已，而饮茶是消费者自己同自己的对话，具体达到物质还是精神满足取决于消费者的心境。也因此对于走“名茶”还是“民茶”之路，仅仅是选择的不同，不存在孰优孰劣的问题。

从茶业发展史上看，从吃茶到喝茶，茶叶都是稀罕物，早期只有贵族才能享有，当时的官焙贡茶及其他名茶发展至今，基本都以“名茶”出现在消费者面前。而随着茶叶规模的增加以及理性消费的回归，更多的“名茶”从高高在上的圣坛走下来，走进大众，与民狂欢。这是否意味着“名茶”在没落？实则不然。在未来的发展中，真正具有稀缺性的茶品牌将依然占据金字塔的顶尖。比如规模小但历来属于名茶系列的洞庭山碧螺春、西湖龙井等，如果能够在市场大潮中，保证其中生产条件最好、历史最悠久的几座山头只做顶级茶的态度屹立不倒，就是最好的“名茶”自我见证。对于普洱茶、安溪铁观音等这类体量庞大的茶叶品牌，选取其中最具代表性的产区或古茶树，以生产“名茶”为主，而其余茶叶依然走大众化消费市场，形成一个产品梯队，既保留了“名茶”的稀缺性，又能够完成量的消耗。另外对于缺乏历史资源支撑的后起之秀，作为茶叶品牌新生代，将更多的选择避开“名茶”这座独木桥，改走相对接地气的“民茶”之路。从现有茶叶市场来看，同属龙井茶范畴的大佛龙井、越乡龙井等品牌处在中间层次，其余小产区内生产的龙井茶则形成了大众化消费的“民茶”产品，与西湖龙井共同构建了龙井茶金字塔，来自贵州、四川等地的茶大多也是属于“民茶”范畴。

虽然，中国的茶叶市场需要有“名茶”与“民茶”的共同存在，但“名茶”已历经多年的发展，在未来的时间里，可能会涌现更多的知名的“民茶”，来填补中国茶叶市场的空缺。而届时，中国茶品牌金字塔内的产品体系也将更为丰富。

3. 传承与创新 茶在中国由来已久，无论是生产方式还是消费习惯，都是中国历史舞台上不可或缺的角儿。而随着科技的进步以及现代人生活方式的改变，茶，也在做相应的改变。茶，作为品饮，在现代市场下，不仅存在着内部竞争，更面临着来自咖啡、可乐的挑战，这也就迫使茶品牌在继承传统的同时寻找现代化的创新发展。

对于传统的继承与发扬是中国茶界的共识，如对历史文脉的挖掘、各地各类“贡茶”的诞生、传统茶宴的回归以及近年市场上对老茶的追捧，都是对茶历史、茶文化不同层面的传承。而说到“茶叶现代化”，往往总是与生产挂钩，但我们认为茶叶现代化发展不仅仅是指生产方式的现代化，更是理念的创新，是品牌时代下的茶叶现代化、时尚化发展。

放眼全球，国际上对茶叶的现代化与创新思考极为深入。立顿是国人接触较多的国际茶叶品牌，在其100多年历史里，已经成功将自己打造成了仅次于可口可乐的全球第二大软饮料品牌。美国人在20余年前创建了茶叶共和国（The Republic of Tea），以体贴、巧思和独特的理念，主推健康、血型和个性化的产品开发，用创意、现代和设计感的包装方式，又相继延伸至创新茶商、茶礼与茶乐，展开了一场以“茶”之名的市场革命。还有法国“以茶酿酒”的TANG，用了4年时间实现了从茶叶到烈酒，用中国绿茶酿制的TANG专为中国客户量身定制。离我们较近的案例如日本的伊藤园茶饮料，1979年从中国进口乌龙茶并生产世界上第一个罐装乌龙茶产品，进军软性饮料市场，以前卫的“茶”理念，将“茶”作为一个现代产业来运作，发展至今，其生产的绿茶、麦茶、健康新品茶饮料在日本销量第一，同时也以“茶”为核心，开发了众多延伸产品。

从国内看，中国的现代化茶叶品牌也有不少。如中国的茶饮料市场自1993年起步，2001年开始进入了快速发展期，涌现了如康师傅、统一等大批的茶饮料品牌，而2011年农夫山泉推出的“东方树叶”，以其“0卡路里”的亮点及满富历史的品牌故事和时尚的包装风格席卷市场，成为众多茶饮料中的“黑马”。此外，在现代化创新理念下发展起来的的典型品牌有忆江南、艺福堂等。忆江南被誉为“中国的立顿”，借助以商超为主的多种渠道，以现代、时尚的包装符号，瞄准年轻消费者特别是白领女性，在众多传统的茶叶品牌中脱颖而出。在市场定位上与忆江南有相似之处的艺福堂，不同于传统茶企的被迫“涉电”，它从一开始就将渠道瞄准了电子商务，是一个依托于电商平台发展起来的年轻品牌。随着人们对消费体验的多元化需求的推进，对产品的现代感、时尚感也将有更高要求，而茶叶品牌在发展过程中，也将适应时代的发展，涌现出更多具现代化、时尚化的“美”的品牌。

中国的茶产业品牌化发展，必须要考虑构建一个对应不同消费需求的茶品牌生态系统，既要有适当的“大而全”也要有“小而美”的发展，要有“名茶”更要有大众消费得起的“民茶”，还要满足现代人的审美观，创造出具有现代化、时尚化的茶叶潮牌。

2015 中国茶叶区域公用品牌价值排行榜

单位：亿元

排名	品牌名称	品牌价值	排名	品牌名称	品牌价值	排名	品牌名称	品牌价值
1	安溪铁观音	58.27	33	滇红工夫茶	13.41	65	金山翠芽	8.51
2	西湖龙井	58.20	34	安溪黄金桂	13.03	66	松溪绿茶	8.25
3	信阳毛尖	55.73	35	霍山黄芽	12.93	67	茅山长青	8.20
4	普洱茶	55.66	36	英德红茶	12.77	68	茅山青锋	8.02
5	福鼎白茶	31.41	37	宜宾早茶	12.75	69	岳阳黄茶	7.84
6	大佛龙井	29.20	38	婺源绿茶	12.65	70	犍为茉莉花茶	7.43
7	安吉白茶	29.10	39	岳西翠兰	12.39	71	千岛银珍	7.27
8	福州茉莉花茶	26.77	40	浮梁茶	12.14	72	修水双井绿	7.21
9	武夷山大红袍	24.61	41	孝感龙剑茶	11.81	73	屏山炒青	7.14
10	祁门红茶	24.26	42	金奖惠明茶	11.60	74	万源富硒茶	7.11
11	白芽奇兰	21.60	43	狗牯脑茶	11.55	75	石门银峰	6.77
12	越乡龙井	21.47	44	磐安云峰	10.94	76	沂蒙绿茶	6.68
13	都匀毛尖	20.71	45	安化千两茶	10.92	77	筠连红茶	6.61
14	横县茉莉花茶	17.99	46	恩施玉露	10.82	78	桃源野茶王	6.49
15	太平猴魁	17.95	47	长兴紫笋茶	10.76	79	仪征绿杨春茶	6.20
16	武当道茶	17.93	48	福鼎白琳工夫	10.42	80	桂平西山茶	6.14
17	蒙顶山茶	17.44	49	马边绿茶	10.34	81	天台山云雾茶	6.06
18	松阳银猴	17.39	50	日照绿茶	10.29	82	舒城小兰花	6.01
19	汉中仙毫	17.35	51	天山绿茶	10.11	83	江山绿牡丹茶	5.57
20	径山茶	16.85	52	龙谷丽人茶	10.02	84	仙都笋峰茶	5.55
21	正山小种	16.83	53	泰顺三杯香	10.01	85	余庆苦丁茶	4.03
22	庐山云雾茶	16.62	54	金坛雀舌	9.81	86	上犹绿茶	3.96
23	开化龙顶	16.58	55	宁红工夫茶	9.70	87	正安白茶	3.48
24	蒲江雀舌	16.54	56	凤冈锌硒茶	9.63	88	平阳早香茶	3.40
25	安化黑茶	16.26	57	岳阳银针	9.52	89	筠连苦丁茶	2.71
26	紫阳富硒茶	15.03	58	恩施富硒茶	9.43	90	霍山黄大茶	2.69
27	武阳春雨	14.79	59	桃源大叶茶	8.97	91	资溪白茶	2.06
28	湄潭翠芽	14.36	60	南江大叶茶	8.68	92	霄坑绿茶	1.96
29	嵊州珠茶	14.10	61	漳平水仙茶	8.66	93	斗山太湖翠竹	0.92
30	永春佛手	13.85	62	安化茶	8.63	94	缙云黄茶	0.71
31	六堡茶	13.82	63	七佛贡茶	8.61			
32	千岛玉叶	13.63	64	桐庐雪水云绿茶	8.54			

2014 中国茶叶区域公用品牌价值排行榜

单位：亿元

排名	品牌名称	品牌价值	排名	品牌名称	品牌价值	排名	品牌名称	品牌价值
1	西湖龙井	56.53	33	滇红工夫茶	11.61	65	犍为茉莉花茶	7.32
2	安溪铁观音	56.16	34	婺源绿茶	11.42	66	修水双井绿	7.16
3	信阳毛尖	52.15	35	永春佛手	11.08	67	七佛贡茶	7.15
4	普洱茶	52.10	36	梵净山茶	10.94	68	千岛银珍	7.02
5	洞庭山碧螺春	34.23	37	霍山黄芽	9.87	68	漳平水仙茶	7.02
6	福鼎白茶	28.32	38	安溪黄金桂	9.83	69	恩施富硒茶	7.01
7	大佛龙井	27.91	39	金奖惠明茶	9.81	70	凤冈锌硒茶	6.83
8	安吉白茶	27.76	40	金坛雀舌	9.77	71	安化茶	6.55
9	福州茉莉花茶	23.26	41	长兴紫笋茶	9.76	72	屏山炒青	6.21
10	祁门红茶	23.08	42	政和工夫	9.65	73	石门银峰	6.17
11	武夷山大红袍	23.04	43	马边绿茶	9.37	74	沂蒙绿茶	5.98
12	越乡龙井	18.89	44	磐安云峰	9.30	75	桃源野茶王	5.97
13	白芽奇兰	18.82	45	浮梁茶	9.28	76	天台山云雾茶	5.92
14	横县茉莉花茶	16.59	46	龙谷丽人茶	9.26	77	舒城小兰花	5.80
15	正山小种	16.27	47	岳西翠兰	9.18	78	仪征绿杨春茶	5.76
16	松阳银猴	15.94	48	孝感龙剑茶	9.16	79	江山绿牡丹茶	5.46
17	武当道茶	15.45	49	泰顺三杯香	9.00	80	万源富硒茶	5.32
18	汉中仙毫	15.40	50	桃源大叶茶	8.92	81	桂平西山茶	4.93
19	蒙顶山茶	15.34	51	日照绿茶	8.85	82	筠连红茶	4.88
20	径山茶	15.27	52	安化千两茶	8.65	83	缙云仙都笋峰	4.69
21	太平猴魁	15.08	53	天山绿茶	8.63	84	上犹绿茶	3.54
22	开化龙顶	14.49	54	岳阳银针	8.57	85	余庆苦丁茶	3.45
23	蒲江雀舌	14.23	55	宁红工夫茶	8.39	86	平武绿茶	3.44
24	都匀毛尖	13.78	56	福鼎白琳工夫	8.21	87	平阳早香茶	3.30
25	嵊州珠茶	13.75	57	金山翠芽	8.19	88	筠连苦丁茶	2.71
26	湄潭翠芽	13.71	58	南江大叶茶	8.18	89	正安白茶	2.03
27	安化黑茶	13.58	59	松溪绿茶	8.13	90	资溪白茶	1.94
28	紫阳富硒茶	13.52	60	茅山长青	8.01	91	霍山黄大茶	1.84
29	六堡茶	12.39	61	桐庐雪水云绿茶	7.89	92	霄坑绿茶	1.59
30	武阳春雨	12.06	62	恩施玉露	7.86	93	太湖翠竹茶	1.27
31	千岛玉叶	12.05	63	茅山青锋	7.79	94	缙云黄茶	0.43
32	英德红茶	11.96	64	梵净山翠峰茶	7.68			

2013 中国茶叶区域公用品牌价值排行榜

单位：亿元

排名	品牌名称	品牌价值	排名	品牌名称	品牌价值	排名	品牌名称	品牌价值
1	西湖龙井	54.56	33	永春佛手	9.28	65	七佛贡茶	6.36
2	安溪铁观音	54.34	34	云南红茶	9.01	66	天山绿茶	6.21
3	普洱茶	49.41	35	金坛雀舌	8.99	67	石门银峰	6.08
4	信阳毛尖	49.10	36	霍山黄芽	8.94	68	恩施富硒茶	6.01
5	洞庭山碧螺春	32.02	37	政和工夫	8.86	69	天台山云雾茶	5.57
6	福鼎白茶	26.93	38	安溪黄金桂	8.61	70	莒南绿茶	5.44
7	大佛龙井	25.82	39	景宁金奖惠明茶	8.47	71	贵定云雾贡茶	5.41
8	安吉白茶	25.65	40	长兴紫笋茶	8.37	72	雅安藏茶	5.40
9	祁门红茶	22.71	41	马边绿茶	8.05	73	安化茶	5.13
10	福州茉莉花茶	21.91	42	金山翠芽	7.94	73	漳平水仙茶	5.13
11	武夷山大红袍	21.62	43	松溪绿茶	7.85	74	凤冈锌硒茶	4.93
12	越乡龙井	18.05	44	龙谷丽人茶	7.79	75	江山绿牡丹茶	4.92
13	白芽奇兰	17.94	45	日照绿茶	7.77	76	仪征绿杨春茶	4.87
14	正山小种	15.86	46	崂山茶	7.76	77	政和白茶	4.81
15	横县茉莉花茶	15.29	47	岳阳银针	7.73	78	屏山炒青	4.70
16	松阳银猴	14.99	48	宁红工夫	7.70	79	桃源野茶王	4.59
17	汉中仙毫	14.65	49	岳西翠兰	7.63	80	缙云仙都笋峰	4.46
18	武当道茶	14.57	50	茅山青锋	7.36	81	舒城小兰花	4.36
19	蒙顶山茶	13.49	51	桃源大叶茶	7.34	82	万源富硒茶	4.21
20	都匀毛尖	12.93	52	泰顺三杯香	7.16	83	昭平银杉	4.18
21	太平猴魁	12.86	53	磐安云峰	7.10	84	筠连红茶	3.81
22	径山茶	12.82	54	浮梁茶	7.09	85	桂平西山茶	3.57
23	蒲江雀舌	12.77	55	桐庐雪水云绿	6.95	86	余庆苦丁茶	3.34
24	紫阳富硒茶	12.36	56	修水双井绿	6.89	87	平阳早香茶	3.17
25	湄潭翠芽	12.27	57	余姚瀑布仙茗	6.86	88	临湘黑茶	2.99
26	嵊州珠茶	12.24	58	安化千两茶	6.83	89	平武绿茶	2.83
27	开化龙顶	12.08	59	犍为茉莉花茶	6.81	90	筠连苦丁茶	2.55
28	六堡茶	11.99	59	恩施玉露	6.81	91	苍南翠龙茶	2.15
29	武阳春雨	10.93	60	茅山长青	6.77	92	正安白茶	1.44
30	英德红茶	10.88	61	梵净山翠峰茶	6.75	93	大新苦丁茶	1.38
30	千岛玉叶	10.88	62	千岛银珍	6.74	94	霍山黄大茶	1.34
31	安化黑茶	10.78	63	福鼎白琳工夫	6.66	95	霄坑绿茶	0.76
32	婺源绿茶	9.58	64	荣成绿茶	6.44	96	缙云黄茶	0.15

2012 中国茶叶区域公用品牌价值榜

单位：亿元

排名	品牌名称	品牌价值	排名	品牌名称	品牌价值	排名	品牌名称	品牌价值
1	西湖龙井	52.66	32	英德红茶	8.51	61	梵净山翠峰茶	5.03
2	安溪铁观音	52.04	33	安化黑茶	8.37	62	恩施玉露	5.00
3	普洱茶	47.14	34	雨花茶	7.90	63	漳平水仙茶	4.99
4	信阳毛尖	46.06	35	婺源绿茶	7.89	64	莒南绿茶	4.90
5	洞庭山碧螺春	30.94	36	永春佛手	7.88	65	福鼎白琳工夫	4.78
6	福鼎白茶	25.34	37	长兴紫笋茶	7.82	66	雅安藏茶	4.64
7	大佛龙井	22.91	38	金坛雀舌	7.78	67	凤冈锌硒茶	4.57
8	安吉白茶	22.66	39	金山翠芽	7.38	68	南江大叶茶	4.53
9	武夷山大红袍	21.19	40	桃源大叶茶	7.33	69	安化茶	4.47
10	祁门红茶	20.42	40	霍山黄芽	7.33	70	恩施富硒茶	4.45
11	福州茉莉花茶	19.89	41	马边绿茶	7.28	71	屏山炒青	4.14
12	坦洋工夫	19.50	42	宁红工夫	7.24	72	石门银峰	4.08
13	白芽奇兰	16.57	43	景宁金奖惠明茶	7.13	73	万源富硒茶	3.96
14	越乡龙井	14.92	44	浮梁茶	6.94	74	安化千两茶	3.91
15	正山小种	14.87	45	日照绿茶	6.89	75	舒城小兰花	3.72
16	松阳银猴	13.09	46	修水双井绿	6.84	76	仪征绿杨春茶	3.62
17	汉中仙毫	13.08	47	桐庐雪水云绿	6.78	77	缙云仙都笋峰	3.52
18	武当道茶	12.74	48	岳西翠兰	6.76	78	桂平西山茶	3.49
19	蒙顶山茶	12.72	49	崂山茶	6.74	79	筠连红茶	3.41
20	太平猴魁	12.54	49	安溪黄金桂	6.74	80	余庆苦丁茶	3.17
21	径山茶	12.00	50	岳阳银针	6.58	81	贵定云雾贡茶	3.02
22	都匀毛尖	11.39	51	泰顺三杯香	6.56	81	江山绿牡丹茶	3.02
23	紫阳富硒茶	11.18	52	茅山青锋	6.39	82	平阳早香茶	2.91
24	蒲江雀舌	10.52	53	余姚瀑布仙茗	6.30	83	平武绿茶	2.56
25	嵊州珠茶	10.33	54	犍为茉莉花茶	5.93	84	筠连苦丁茶	2.15
26	湄潭翠芽	10.30	55	天山绿茶	5.92	85	临湘黑茶	1.81
27	开化龙顶	10.24	56	千岛银珍	5.86	86	大新苦丁茶	1.16
28	千岛玉叶	10.21	57	茅山长青	5.75	87	正安白茶	1.06
29	武阳春雨	9.92	58	七佛贡茶	5.65	88	霍山黄大茶	0.76
30	信阳红	9.44	59	天台山云雾茶	5.21	89	保靖黄金茶	0.40
31	六堡茶	8.79	60	磐安云峰	5.17	90	霄坑绿茶	0.20

国家茶叶产业技术体系“十二五”建设工作总结

国家茶叶产业技术体系　杨亚军　杨珍伟

一、“十二五”茶叶体系基本构架

国家茶叶产业技术体系由产业技术研发中心与综合试验站2个层级构成。产业技术研发中心以中国农业科学院茶叶研究所为建设依托单位，包括育种与种苗、病虫害防治、栽培与茶园机械、加工、深加工和产业经济6个功能研究室，研发中心设立27个专业岗位，基本涵盖了茶叶研发的各专业领域。综合考虑茶叶生产区域、种植面积及分布集中度情况布局试验站，在全国依托各省、市（县）级茶叶研究机构、省级龙头企业等设立试验站31个，基本覆盖我国主要茶叶生产区域。产业技术研发中心主要负责开展茶产业共性技术和关键技术研究，综合试验站主要负责研发技术成果在当地辐射区域的示范和推广。成立执行专家组，负责体系重大事项的决策和民主管理。设立体系管理办公室，协助首席科学家开展日常管理。

二、“十二五”取得的成果

1. 体系标志性成果

（1）高品质砖茶生产技术研究与示范。针对砖茶氟含量高的问题，从原料生产入手，通过品种、栽培技术降低原料氟含量，从而生产出氟含量合格的砖茶产品：筛选出“中茶108”“中茶302”“槠叶齐”“茗丰”“湘波绿2号”等5个低氟砖茶品种，在湖北、湖南、四川等砖茶产区建立品种示范园102公顷；开发出降氟剂A和降氟剂B，降氟效果在10%～40%，其中降氟剂B的降氟效果较降氟剂A好，获得国家发明专利1项（ZL 201110211669.1），提出了降氟栽培技术和低氟品种的配套加工工艺；综合应用上述品种和技术，生产出品质符合要求，氟含量低于300毫克/千克的产品，在内蒙古、新疆、四川等多地进行消费者试饮测试，内蒙古地区99.63%的被访对象能接受试饮的青砖茶样品，新疆地区97.3%的受访对象可接受试饮的茯砖茶样品，四川甘孜334位受访的藏族同胞仅1位无法接受试饮的康砖茶样品。在砖茶销区的调研表明，所生产的高品质砖茶达到传统砖茶的风味水平，符合少数民族的饮茶风味。通过该项综合技术的开发和应用，解决了以往单项技术不能全面解决优质低氟砖茶生产的技术瓶颈。

（2）优质、高效茶树新品种的选育与示范推广。共育成国家、省级茶树新品种27个，示范推广新品种44个，这些新品种的推广应用，有力地推动了我国茶树无性系良种的普及，改善了茶树品种结构，为我国茶产业转型升级提供了最基础的品种保证，如茶树新品种“中茶108”，性状优异，适宜栽培区域广，到2015年年底，“中茶108”已在11个省（区）栽培，推广总面积23.79万亩，其中投产茶园16.35万亩。2014年10月对浙江、湖北、四川、陕西等省10个示范基地的调查表明“中茶108”示范园增效明显，扣除亩产值最高与最低的示范基地，平均亩产值为17 595.78元，平均每亩增效9 896.36元。品种的推广应用为产业升级提供了品种支撑。

（3）茶产品水溶性农药的安全性评估和控制技术。提出了两种高检出率的新烟碱类农药吡虫啉、啶虫脒的风险预警，开展了水溶性农药替代品种的筛选，以及茚虫威、虫螨腈等高效低毒农药的示范推广、登记、标准修订等相关工作。首次提出了应以茶汤中农药残留水平作为农药最高残留限量（MRL）标准制定的依据，使得国际相关组织的MRL标准放宽50～100倍，减少经济损失2.5亿元。构建了茶叶提取物（含速溶茶）中水溶性农药残留的“无机陶瓷膜—纳米膜—柱色谱组合分离技术去除技术”，实现了我国速溶茶和儿茶素系列产品批量出口时水溶性农药残留零检出。这项研究为降低我国茶叶中农药残留和保障茶叶质量安全作出重要贡献，对我国茶叶出口和世界茶叶贸易的公平发挥了重要作用，且产生了显著的社会和经济效应。

2. 体系重大成果

（1）γ-氨基丁酸茶加工技术及系列产品。该项成果研发出具有自主知识产权的γ-氨基丁酸茶加工关键技术，开发出γ-氨基丁酸绿茶/红茶/乌龙茶/白茶/超微绿茶粉和速溶茶粉系列新产品。该成果在浙江、江苏、福建、云南、湖北、广西等六个主要产茶省份进行了转让和示范推广，近3年累计新增产值1.08亿元，新增利税1 529万元，出口创汇98万美元，带动茶农增收3 080万元，经济效益和社会效益显著。该成果荣获“2013年浙江省科技进步奖二等奖”。

（2）扁形名优绿茶连续化自动化加工技术与成套装备。通过工艺的优化组合，集成创新出一套扁形名优绿茶机械加工新工艺；研制出数控炒茶机、扁形茶连续自动炒干机和连续理条机等关键设备，构建了配套的标准加工工艺参数，实现了扁形名优绿茶加工的全程自动控制，生产效率比传统手工或单机加工提高10～20倍，节约加工成本25%～50%。该技术成果已在浙江、江苏、贵州、湖北、山东等5个主要产茶省进行了应用推广。本成果荣获“2014年浙江省科技进步奖三等奖”。

（3）循环滚炒型绿茶全自动生产线及标准工艺参数。研制出循环滚炒单元和锥形桶回潮装置2台关键设备，创新开发出循环滚炒型绿茶（香茶）全自动生产线，提出了相应配套标准加工工艺参数，实现了循环滚炒型绿茶（香茶）加工的自动化控制。该项技术成果已在浙江、湖南、湖北、四川、贵州等省推广应用，取得了较显著的社会效益和经济效益。对推动我国大宗绿茶加工技术和装备的升级换代，促进绿茶加工向现代化方向发展发挥了积极的作用。

（4）茶园假眼小绿叶蝉预警和绿色防控技术。建立了适用于我国4大茶区的假眼小绿叶蝉数字化预警、预测技术各1套，2015年预警、预测结果均为80%。研制出茶小绿叶蝉数字化黏虫色板，色板于2012年投入生产并在全国进行示范推广，2012—2015年推广面积近28万亩。研制出窄波LED杀虫灯，对叶蝉的诱杀效果提高了140.84%±30.8%。这些预警、防控的技术产品对降低我国假眼小绿叶蝉的危害、减少化学农药的使用、提高我国茶叶质量安全水平具有积极的推动作用。

3. 体系重要进展

（1）体系开展了茶鲜叶机械化生产与配套加工技术研究，开发出适用于平坡、缓坡、陡坡3种不同类型茶园的管理机械，茶园机械化管理与采摘技术和装备，对解决“采茶工荒”、实现“以机器替代人”，起到了重要的推动作用。初步提出了田间作业机械配套农艺技术以及机采鲜叶绿茶、乌龙茶、红茶和黑茶配套加工工艺技术，以上进展为鲜叶全程机械化生产的后续研究提供了坚实的基础。体系开展的茶树分子标记及重要功能基因的克隆，为提高茶树育种效率、分子设计育种提供了技术贮备和支撑。

（2）综合氮肥总量控制、养分分期施用策略、不同茶类氮肥施用策略和研发的茶叶专用肥，体系研发形成一套养分优化管理示范技术（含精准测土施肥技术和茶叶专用肥技术两项），在31个综合试验站配合下建立101个示范点进行了2014—2015年连续两年示范，进行示范的茶园包含高产茶园、中产茶园和低产茶园，保证了示范实施的广泛性和结果的可靠性，结果显示，与习惯施肥相比，每亩利润增加7.9%～19.9%，肥料投入成本减少5.2%～9.9%。

（3）体系研发的茶叶深加工终端产品的产业化和开展的茶叶相关产品保健医用效果研究，包括具有调理肠胃作用的老黑茶饮料和茶叶活性成分的个人护理品研发，如茶祖保湿面膜、茶祖爽肤水等，延伸了我国茶产业的产业链，提高了茶资源的利用率，对推动我国茶产业向纵深方向发展起到了重要作用。

（4）体系开展的产业发展驱动模式与产业组织系列研究，为我国茶产业转型升级方向定位、路径选择提供了理论基础。进行的我国茶叶消费系列问题研究，构建了基于消费者行为的信息传递机制模型分析新媒体对茶叶消费的影响机制；借助描述统计与计量模型测定了消费者对茶叶质量安全风险的响应程度，掌握了茶叶质量安全信息的传播路径，提出了缓解质量安全担忧程度与危机公关干预方式；提出了基于消费者行为学的茶叶精准营销策略。

三、“十二五”对产业发展的决策咨询

1. 向政府主管部门及行业协会提交咨询建议 向政府主管部门及行业协会提交212项建议。其中，“茶叶中蒽醌污染物评价与残留控制技术”“关于加快推进安徽省茶产业发展的建议”“茶农专业合作社扶持政策效果评估与改进对策研究”等13份建议获得省部级及以上领导批示，提出的《关于进一步加强湖南省良种茶园发展的若干建议》等100份建议被地方政府采纳。

2. 对茶叶生产问题的监测 重点共对全国20个省（自治区、直辖市）60个城市的茶叶市场进行抽样检测，主要包括茶叶中的农药残留、重金属元素和有害微生物的监测。向农业部农产品质量安全监管局、种植业管理司提交《茶叶质量安全例行监测报告》《茶叶专项监测报告》《茶叶质量安全风险评估报告》等20份报告；向浙江省农业厅、浙江省食品药品监督管理局提交《浙江省茶叶质量安全报告》《浙江省茶叶质量安全监督报告》等8份报告；向浙江省杭州市、杭州市西湖区、四川省峨眉山市、河南省信阳市政府等地方政府提交报告9份。这些报告客观、真实地反映了产业的质量安全状况，为政府掌握茶叶质量安全动态和形成决策提供了支持。

3. 向社会和企业提供公共服务和信息咨询 为企业提供咨询报告233份，其中被采纳152份。为生产一线提供技术指导意见（规范）等969种。举办“全国茶产业经济研讨会暨茶业企业家论坛”等全国茶产业经济研讨会5次，及时发布茶业经济研究成果，为企业提供茶产业发展经济信息咨询。

四、“十二五”开展的茶叶科技服务

为了贯彻落实《农业部关于做好基层农技推广骨干培训工作推进产业技术体系与基层农技推广体系对接的通知》精神，国家茶叶产业技术体系联合浙江、四川、贵州、陕西等省及地方茶叶主管部门举办“茶园替代农药示范现场会”“茶树新品种推介现场会”“体系专家走进贵州技术培训”等活动；并深入全国16个产茶区开展技术指导、培训，累计开展3 850场次，培训基层农技人员6.2万人次、新型经营主体2.1万人次、农民41.4万人次，得到了当地主管部门、技术人员和茶农的肯定。

国家茶叶产业技术体系先后编写《主要农作物病虫害简明识别手册——茶树分册》《种茶技术100问》《茶园农药科学使用手册》《高温旱害茶园减灾与恢复技术措施》《茶叶农事操作挂历》《茶园机械使用手册》等15种技术资料发送茶农、茶技人员等，编写的《茶产品中水溶性农药的控制技术》入选2012年农业部《农业轻简实用技术

汇编》。

国家茶叶产业技术体系密切注意茶叶生产，针对发生的自然灾害如茶园冻害、旱害、病虫害爆发等及时开展抗灾急救工作。同时，针对社会和媒体关于茶叶市场质量安全问题的报道，如“绿色和平组织2012茶叶农药残留报告”“回笼茶问题”“乌龙茶稀土问题”“春茶销售形势异常”“中央电视台2套信阳茶叶质量安全问题”“上海市消保委《2014年度茶叶比较试验结果通报》”等事件，及时开展调查研究和回应解答，并将情况及时上报有关管理部门。通过上述工作，有效地保障了我国茶叶的正常生产和市场消费。

全国茶叶主要科研机构

中国农业科学院茶叶研究所

中国农业科学院茶叶研究所（以下简称“中茶所”）是我国唯一的国家级综合性茶叶科研机构，位于浙江省杭州市西湖风景区，1958年5月经国务院科技规划委批准成立，2001年6月浙江省编办批准加挂“浙江省茶叶研究院”牌子。2003年开始中茶所改制为科技型企业，由中国农业科学院管理。中茶所现设有办公室、科技处、财务处3个职能部门，茶树资源与改良研究中心、茶树种植工程研究中心、茶叶加工工程研究中心、茶叶质量标准与检测技术研究中心、茶叶质量认证发展研究中心、茶业经济与信息研究中心、农产品质量安全研究中心、茶业职业技能培训中心、茶叶试验场等9个业务部门。中茶所主要从事茶叶基础和应用基础科学、科技产业开发、茶叶质量安全检测、有机茶认证、茶业职业技能培训等领域的研究和服务工作。自建所以来，先后承担各类课题767项，获奖成果107项；出版各类著作100多部，茶学SCI论文和发明专利数在全国茶学研究教育单位中名列前茅；制（修）定国际标准4项，国家标准27项，行业标准65项。在科研创新、产业开发、服务“三农”等方面取得了一系列显著成绩，为促进我国茶产业的健康发展提供了重要的科技支撑。

经过几代中茶所人的共同努力，现已成为学科设置齐全、技术力量雄厚、科研设施条件完善的全国茶叶科技研发中心。放眼未来，中茶所将以实施中国农业科学院科技创新工程为契机，进一步解放思想，开拓创新，努力争创“国内领先，国际一流”的现代农业科研院所。近年来，重点在茶树种质资源、茶树新品种选育、茶树栽培、茶树无害化防治、茶叶加工、茶叶深加工以及茶叶质量安全和标准等领域开展了研究，取得了重要进展，推动了学科的发展。

中茶所以应用和应用基础研究为主，围绕着茶叶优质、高产、高效和茶叶行业的关键、共性科技问题开展攻关创新。研究领域涵盖茶叶产前、产中、产后各环节，以茶树种质资源和遗传育种、茶树营养生理、茶树有害生物防治、现代茶叶加工工程、茶叶化学成分、茶树生物技术、茶叶质量标准与安全等为研究重点。杭州龙冠实业有限公司是中茶所的科技型企业；农业部茶叶质量监督检验测试中心、杭州中农质量认证中心设在中茶所；中国茶叶学会挂靠在中茶所。全所现有在职人员190余名，其中专业技术人员140多人、正高级职称人员20多名、副高级职称人员30名。其中，陈宗懋研究员是目前我国茶叶界唯一的院士。全所现有国家级突出贡献专家1名，省部级突出贡献专家4名，中国农业科学院突出贡献专家1名，享受政府特殊津贴专家18名等。

中茶所先后与美国、日本、韩国、英国、法国、加拿大、德国、瑞士等20多个国家开展合作研究，选派科技人员出国考察和参加学术会议，并主办了5次国际茶叶学术研讨会。技术援助马里、摩洛哥、几内亚、巴基斯坦、斯里兰卡等国家建立茶场和茶叶加工厂。

中茶所科研条件比较优越，建有院士实验室、茶树生物技术实验室、分子生物学实验室及“开放实验室”。拥有液相色谱仪、高速冷冻离心机、气质联用仪、全谱直读光谱仪、近红外分析仪、等离子发射光谱仪等先进仪器设备和大型人工气候室。中茶所图书馆藏书4万余册，是我国最大的茶叶专业图书馆。中茶所主办、编辑出版《中国茶叶》《茶叶科学》专业期刊。

<table>
<tr><th colspan="4">中国农业科学院茶叶研究所</th></tr>
<tr><td>所长、党委副书记</td><td>杨亚军</td><td>地址</td><td>浙江省杭州市梅灵南路9号</td></tr>
<tr><td>党委书记、副所长</td><td>姜仁华</td><td>邮编</td><td>310008</td></tr>
<tr><td rowspan="2">副所长</td><td rowspan="2">江用文、鲁成银、阮建云</td><td>院士</td><td>陈宗懋</td></tr>
<tr><td colspan="2">正高级专家</td></tr>
<tr><td>电话</td><td>0571-86650180、86650115</td><td colspan="2" rowspan="3">陈　亮　陈宗懋　成　浩　傅尚文　韩文炎　江和源
江用文　姜爱芹　姜仁华　梁国彪　林　智　刘　新
鲁成银　阮建云　孙晓玲　王新超　肖　强　杨亚军
叶　阳　尹军峰　曾建明　周智修　朱永兴</td></tr>
<tr><td>传真</td><td>0571-86650056</td></tr>
<tr><td>网址</td><td>http：//www.tricaas.com</td></tr>
</table>

中华全国供销合作总社杭州茶叶研究所

中华全国供销合作总社杭州茶叶研究院于1978年经国务院国科发字〔1978〕356号文批准成立，是直属于中华全国供销合作总社的国家级科研院所。由于国务院机构改革和隶属关系的调整，单位先后更名为“中华全国供销合作总社杭州茶叶、蚕茧加工科研所”“商业部杭州茶叶加工研究所”“国内贸易部杭州茶叶研究所”“中华全国供销合作总社杭州茶叶研究所”，2000年3月正式更名为“中华全国供销合作总社杭州茶叶研究院”（以下简称“杭州茶叶研究院”）。

杭州茶叶研究院是集茶叶科学研究、质量监督检验、茶叶职业技能培训鉴定、技术信息服务和开发生产经营为一体的综合性研究机构，是ISO国际茶叶标准化技术委员会在中国的唯一技术归口单位。目前主要机构有：科技创新中心、国家茶叶质量监督检验中心、产业中心、茶叶职业技能培训与信息中心、全国茶叶标准化技术委员会秘书处、浙江省茶叶集团茶叶研究所有限公司等。现有职工128人，其中高中级技术人员60余人，省部级优秀专家3人，享受国务院特殊津贴专家4人，在职研究员10人，副研究员12人，具有硕士学历以上人员32人，其中博士8人，建有一支专业与年龄结构合理、创新能力较强的科研团队。

杭州茶叶研究院承担国家及省部级科研课题160余项，主要包括国家“十二五”科技支撑项目、国家科技攻关项目、科技部农业科技成果转化项目、科技部科研院所专项、国家质检公益项目、国际合作项目，以及浙江省自然科学基金、浙江省公益基金项目等。曾获部级科技进步奖12项，其中1项获部级科技进步一等奖、5项获部级科技进步二等奖、6项获部级科技进步三等奖；多次参加并组织承办ISO茶叶国际标准化会议，承担国家标准制（修）订76项，占现行国家茶叶标准制（修）订项目的70%以上，行业标准制（修）订39项；完成全国茶叶产品质量监督抽查任务数十次，接受数万批次各地企业、工商、质量监督机构及消费者的委托检验业务；培训和考核各类茶叶专业技术人才10 000余人次；出版发行《中国茶叶加工》《茶叶信息》两本刊物，在全国范围内组建了一支信息员队伍；并且与全国重点产茶县政府合作，先后和浙江省新昌县、湖北省英山县、河南省信阳市浉河区、福建省福鼎市和安溪县、广西壮族自治区灵山县、云南省昌宁县、湖南省安化县、贵州省都匀市、安徽省休宁县等中国六大茶类重点茶区共建了10个茶叶科技创新示范县。

杭州茶叶研究院紧紧围绕“三能力一平台”（较强自主创新能力、较强成果孵化能力、较强产业运营能力、权威安全评估平台）建设的科学发展战略目标，以“全价利用，跨界开发”新理念和锐意进取的精神，推进院所各项事业的可持续发展，为中国茶产业发展做出更大贡献！

中国全国供销合作总社杭州茶叶研究院			
院长、党委副书记	张士康	地址	浙江省杭州市采荷路41号
党委书记、副院长	郑国建	邮编	310016
副院长	杨秀芳	网址	http：//www.co-tea.com
电话	0571-86092735	传真	0571-86092735

福建省农业科学院茶叶研究所

福建省农业科学院茶叶研究所建于1935年，占地面积4.7公顷，试验茶园59.7公顷。现有在职员工86名，其中正高6名、副高8名、博士和硕士33名；拥有国家茶叶产业技术体系执行专家组成员1名、岗位专家2名、综合试验站站长1名，是唯一拥有国家茶叶体系2名以上岗位专家的省一级茶叶研究机构；拥有福建省现代农业（茶叶）产业技术体系岗位专家2名和入选福建省“百千万人才工程”1名。

本所内设茶树育种、栽培、植保、制茶与机械、生理生化等研究室。在福安市社口镇设有科技部福建省乌龙茶科技成果转化中心、科技部茶树栽培与茶叶加工技术服务平台、农业部国家茶树改良中心福建分中心、农业部福安茶树资源重点野外科学观测试验站、农业部福建茶树及乌龙茶加工科学观测实验站、国家茶叶产业技术体系宁德综合试验站；福建省茶树种质资源共享平台、福建省红壤山地农业生态过程重点实验室（与福建省农业科学院农业生态研究所共建）、宁德市茶产业研发中心等创新平台，在福州院部农业高新技术大楼建有茶叶生物技术实验室、在福州市拥有1 600米^{2}茶叶生产性工程化实验室。

改革开放以来获国家、部省级成果奖58项，育成13个国家级、6个省级茶树良种在茶区推广应用；自主开发出茶毛虫 NPV 杀虫剂、871 白僵菌和韦伯虫座孢菌等生物农药；20 世纪 80 年代研发的“乌龙茶做青工艺与设备”实现了乌龙茶做青机械化、人工智能化作业，对我国乌龙茶生产产生了深远的影响；在国内率先开展研究并提出了茶树高效低碳种植技术体系；常年为全省茶区举办茶叶实用技术培训班，1960 年创办的《茶叶学报》期刊影响因子位居全国茶学类科技期刊第二位，编著国内第一本《茶树品种志》，出版茶叶科技书和著作 39 部。为推进福建省茶产业的持续稳定发展提供了强有力的技术支撑，取得了显著的社会、经济与生态效益。

福建省农业科学院茶叶研究所			
所长	尤志明	网址	http：//www.faas.cn/deptcys/
党委副书记	赵兴荣	地址	福建省福安市社口镇湖头洋 1 号
副所长	吴光远	邮编	355015
联系人	高香凤	正高级专家	
电话	0593-6618066	尤志明　吴光远　张文锦　郑乃辉　王庆森　曾明森	
传真	0593-6610388		

江西省蚕桑茶叶研究所

江西省蚕桑茶叶研究所，始建于 1958 年，行政隶属于江西省农业厅，是融蚕桑、茶叶及园林园艺科学研究、科技服务、良种繁育、生产示范、生态休闲为一体的省级农业科研事业单位，也是江西省现代农业综合示范园区。建有江西省现代农业院士工作站、国家现代农业产业体系茶叶与蚕桑 2 个综合试验站，也是江西省茶叶产业体系首席专家依托单位。获评全国休闲农业“十佳”园区、全国科普教育基地、国家 AAAA 级景区。依托江西省蚕桑茶叶研究所建设的凤凰沟风景区获得国家旅游局授予的“国家 AAAA 级旅游景区”，在农业部举办的“2013 年中国美丽田园推介活动”中，被评定为中国美丽田园，中国旅游总局年度总评中授予“年度最受欢迎景区”。

自建所以来，江西省蚕桑茶叶研究所承担蚕、桑、茶品种选育，病虫害发生规律及防治技术研究，产业发展模式研究等各类科研课题 115 项。其中，国家科技部星火计划、农业攻关项目、科技支撑项目、科技“三援”专项、成果转化项目，农业部“948”项目、技术攻关项目、技术改进项目，商务部、国家农业综合开发办公室等各类课题 32 项；承担省科技厅、省农业厅、省商务厅、省农业综合开发办公室等各类课题 100 多项。截止到 2014 年年底全所从业人员 502 人，其中专业技术人员 339 人，包括高级 47 人、中级 58 人、初级 170 人。拥有“555”赣鄱领军人才 1 名，省百千万人才 2 名、西部之光人才 1 名；柔性签约两院院士 11 人，首席科学家 2 人，特聘博士 2 名。

2012—2014 年，江西省蚕桑茶叶研究所共承担省级以上科研项目 20 项，包括国家现代农业产业技术体系建设专项 2 项（蚕桑产业九江综合试验站、茶叶产业南昌综合试验站）、国家科技部农业成果转化基金项目 2 项、科技部星火计划 1 项、江西省现代茶叶产业技术体系建设专项 2 项（首席专家兼良种与繁育岗位、赣南茶区试验推广站）、江西省重大支撑计划项目 1 项、富民强县科技特派团 10 个对接县团长等，完成鉴定（验收）项目 9 项，涉及蚕桑、茶叶、苗木、果树、经济作物等科研攻关和新技术推广应用等方面。江西省现代农业院士工作站平台引进茶叶院士陈宗懋，并签订了科技合作协议。

2012—2014 年，获江西省科学技术进步三等奖 2 项，农业部全国农牧渔业丰收奖三等奖 1 项，江西省农牧渔业技术改进一等奖 1 项、二等奖 3 项、三等奖 4 项。科技人员出版专著 2 部，独撰或合作发表科技论文 70 篇，其中国家级学术期刊 6 篇；获国家知识产权局发明专利授权 5 项，实用新型授权 4 项。

2012—2014 年，全所科研基础建设投资 3 000 余万元，主要用于添置科研仪器设备、建设现代农业展示馆、蚕桑丝绸文化馆、江西省茶叶博览院、改善茶叶标准化生产车间、更新加工设备、新建农业节水灌溉设施等，使全所基础和科研条件得到明显提升。

江西省蚕桑茶叶研究所			
所长、党委书记	管帮富	地址	江西省南昌县黄马
联系人	郑蜀云	邮编	330202
电话	0791-85023012	传真	0791-85021391

湖南省农业科学院茶叶研究所

湖南省农业科学院茶叶研究所始建于1928年，是湖南省唯一的省级茶叶科研机构，建设有资源育种、栽培植保、生化加工、经济推广四大科研团队。在茶树种质资源收集、茶树育种、茶苗繁育、茶园生态防控、绿肥研究、机采机制、加工自动化、技术推广、成果转化、黄金茶研究等多个方面全国领先，综合实力居全国14个省级茶叶研究所前列。

科研成果丰硕。累计获得省部级以上科技奖励80余项（其中国家科技进步三等奖1项、省部级一等奖5项、省部级二等奖25项）；选育出槠叶齐、白毫早、槠叶齐12号、尖波黄13号、高芽齐、玉绿等6个国家级良种，保靖黄金茶1号、黄金茶2号、湘波绿、碧香早、茗丰、玉笋、尖波黄、高桥早、大尖叶、福毫、福丰、湘红茶1号、湘红茶2号、湘波绿2号、潇湘红21-3等15个省级良种和茶肥1号绿肥品种，品种推广占省内良种面积80%以上，占全国良种面积20%以上；制订地方标准30余项，获得国家发明专利10余项，公开发表论文1 271篇，出版专著25部。“十二五”以来主持国家自然科学基金项目1项，国家科技支撑计划子项1项；国家星火计划、国家农业科技成果转化资金项目、国家茶叶产业体系项目、行业科研专项等部级项目10余项；主持省科技重大专项、省自然科学基金等省项目10余项（科技重大专项1项、自然科学基金3项）。

人才队伍初具规模，科技队伍年轻化。在职科技人员总数60人，平均年龄38岁，其中高级职称人员总数26人，硕士生导师3人，博士4人，硕士27人，享受国务院特殊津贴的专家1人，国家茶叶产业技术体系黑茶育种岗位专家1人，这是一支从事茶树种质资源、品种选育、栽培技术、加工、植保和科技推广方面的高级人才队伍。

科研平台条件完善。建有国家茶树改良中心湖南分中心、农业部湖南茶树及茶叶加工科学观测实验站、国家茶叶产业技术体系长沙综合试验站等科技平台13个，其中省部级平台9个。湖南省茶叶检测中心挂靠该所，拥有实验室500米^2，实验仪器800多万元；建有1个占地40公顷，集科研、中试、示范、培训等功能于一体的综合试验基地，其中种质资源保存圃4公顷，收集国内外茶树种质资源1 555份，茶树原种母本园13.3公顷，生产示范基地13.3公顷，温室2 700米^2。

成果转化成效显著。先后承担国家星火计划、国家和省农业成果转化等重大项目。通过实施“新五个一工程”，先后与30多个县（市）政府部门、100多家企业开展技术合作与服务，示范推广茶树良种2万公顷，全自动茶叶加工生产线10余条，带动创造经济效益30亿元以上，有力支撑了湖南“千亿”茶产业发展。

<table>
<tr><th colspan="4">湖南省农业科学院茶叶研究所</th></tr>
<tr><td>所长</td><td>包小村</td><td>网址</td><td>http：//www.hntptea.cn</td></tr>
<tr><td>党委书记</td><td>谭正初</td><td>地址</td><td>湖南省长沙市芙蓉区马坡岭远大二路702号</td></tr>
<tr><td>副所长</td><td>李赛君、王沅江、王润龙</td><td>邮编</td><td>410125</td></tr>
<tr><td>联系人</td><td>郑红发</td><td colspan="2">正高级专家</td></tr>
<tr><td>电话</td><td>0731-84081442</td><td colspan="2" rowspan="2">包小村　谭正初　王沅江　杨　阳　粟本文　郑红发</td></tr>
<tr><td>传真</td><td>0731-84692241</td></tr>
</table>

安徽省农业科学院茶叶研究所

安徽省农业科学院茶叶研究所，其前身1915年创建于祁门县平里镇，是我国最早建立的茶叶专业研究机构。2009年全所有在职职工76人，其中科技人员26人（副高以上职称9人，中级职称人员10人，初级职称人员7人）；大学本科学历人员15人，大专学历6人，中专学历5人。拥有试验、示范茶园约35公顷、科研与中试用房8 754米^2。

所内设国家茶树育种安徽分中心、综合栽培研究室、机械制茶研究室、化验质检研究室暨安徽省农业科学院茶叶质量检测中心、国家茶产业技术体系黄山综合试验站、所办公室、财务科、示范茶场等。茶叶研究所立足安徽茶区，以应用研究为主，重点解决茶叶生产中的关键技术难题。科研工作的重点是：围绕茶叶无公害高产优质高效栽培，开展茶树新品种选育及繁殖技术、茶园施肥与土壤培育、茶树采摘与修剪等技术研究；茶树主要病虫害发生规律、测报技术、综合防治、新农药效果及安全使用等研究。在茶叶加工方面，以提高红茶、绿茶品质风格为核心，开展制茶新工艺、名优茶创制与精深产品开发、茶叶加工机械化及配套技术等研究。在茶叶品质及质量安全方面，开展新标准、新技术、新方法的应用研究，与国际接轨不断提高检测能力和水平，以满足安徽茶叶生产全程质量安全监控的需要。此外，在2009年启动的国家茶叶产业技术体系建设中，承担营养与栽培研究室土壤肥料岗位专家和黄山综合试验站的工作任务。

新中国成立后，全所取得各类科研成果116项，其中60项成果获院市级以上科研成果奖励。选育出国家级茶树良种5个，省级茶树良种6个。“九五”期间，创制的“祁红香螺”茶获国际金奖；“绿香兰”茶和“黄山白雪”茶获安徽省名茶称号。“十五”至“十一五”期间共承担财政部、安徽省科技厅等各级下达的科研项目共20余项。为总结交流科研成果，编印了《茶叶试验研究资料集刊》1～6集。编写了《祁红》《茶叶科技问答》《茶叶生产二百题》，参与编写了《中国茶树栽培学》《中国农业百科全书茶叶卷》《中国茶树品种志》等10余部书籍。全所科技人员在省级以上公开出版刊物上发表论文700余篇。

科研仪器设备不断更新，有各类仪器设备230余台（套），尤其是拥有液相色谱仪、气相色谱仪、原子吸收光谱、荧光分光光度计、紫外分光光度计、核酸蛋白检测仪、薄层扫描仪等一批大型仪器，使该所的检测分析手段和能力得到较大的提高。有红茶、绿茶初制微型设备各一套，可开展红茶、绿茶各种样品的研制；还有名优茶、红茶、绿茶初精制加工设备100余台（套）。

为加速科技成果的推广、使科学技术尽快转化为生产力，致力于茶叶科研成果的推广与应用，致力于服务安徽茶产业，在安徽省各主要产茶区都建有试验及推广基地，与各产茶县涉农部门及龙头企业保持紧密的合作关系。随着茶叶经济的不断发展，坚持以市场为导向，以效益为目标，抓住机遇与挑战，进一步对外开展各种形式的合作与开发，为安徽和全国茶业的持续发展做出更新、更大的贡献。

安徽省农业科学院茶叶研究所			
所长	唐小见	地址	安徽省黄山市祁门县文峰南路1号
副所长	丁勇、陈长庚、钟金玲	邮编	245600
电话	0559-4512744	正高级专家	
传真	0559-4512744	丁　勇　廖万有　黄建琴　王文杰	
网址	http：//www.triaaas.cn		

云南省农业科学院茶叶研究所

云南省农业科学院茶叶研究所始建于1938年，占地面积90公顷，是云南省唯一从事茶叶综合研究的省级科研单位。内设党政办公室、科技管理科、计划财务科和科技成果转化科等五个二级部门和茶树种质创新与改良中心、茶树品种选育中心、茶树种植工程中心、茶叶加工与检测中心、茶树植保研究中心、咖啡研究中心和茶叶咖啡品鉴中心。依托建有国家种质大叶茶树资源圃、西双版纳普洱茶研究院、国家茶叶产业技术体系西双版纳综合试验站、国家茶叶加工技术研发分中心、云南省茶树种质资源创新与配套栽培技术工程研究中心等科技平台。现有在职职工123人，其中高级职称31人，中级职称34人，博士3人，硕士12人，省委联系专家1人，云南省技术创新人才3人，云南省农业科学院中青年学术学科带头人培养对象2人，硕士生导师3人。

建所以来，承担完成了200余项研究课题，获科技成果奖60余项，其中国家级2项、省部级20项（省科技进步一等奖2项）；主编专著15部，参编专著10部，在省级以上期刊发表科技论文600余篇；已获授权专利6项；申请茶树新品种保护6个，“紫娟茶”和“云茶1号”获国家植物新品种保护权，是我国首批获植物新品种保护的茶树品种。建立了占地面积2公顷的国家种质勐海茶树分圃，已收集保存茶组植物28种和7种非茶组植物的各类资源2 200余份，包括有野生型、近缘种、过渡型、栽培型等种质资源材料，成为我国大叶茶树种质资源保存份数最多、种类最齐全的活体保存中心。筛选出茶树特异资源12份，茶树优质资源36份；选育出国家级、省级茶树良种29个，并在省内外推广应用13.3多万公顷，其中，“云抗10号”在全省推广种植10.7多万公顷，成为云南省的当家品种；“云南大叶茶密植速成高产栽培技术”被农业部列为全国重大推广项目，在全省重点茶区推广近13.3多万公顷，为全省茶叶产量的提高、效益的提升做出了重大的贡献；在全国率先提出兼顾经济、生态、社会“三个效益”的生态茶园理念，并成功示范推广1.3多万公顷；编写出版了《云南有机茶生产规程》，2002年至今在全省推广种植有机茶园1.3多万公顷；自20世纪30年代末以来，开展普洱茶原料晒青毛茶、紧压茶工艺提升研究和普洱茶人工发酵技术研究，获得了普洱茶人工接种渥堆发酵技术专利。研制开发国家级、省部级名优茶叶新产品40余个，率先应用名优绿茶造型机械，研发生产机制造型名优工夫红茶，研制开发的云海白毫、佛香茶、滇红香曲、滇红金针、云红蟠毫、紫云红等产品多次荣获国家和省茶叶博览会大奖。在省内茶区开展科技成果转化与示范推广，取得了显著的社会、经济效益。云南省农业科学院茶叶研究所经过70余年的发展，已成为云南省茶叶科技创新的主要基地，科技成果转化、技术服务的中坚团队，已成为支撑云南茶产业持续发展的中坚力量。

在未来的茶叶科技发展中，云南省农业科学院茶叶研究所将努力打造“中国大叶茶种质创新研发基地，中国普洱茶工艺创新研发基地”，为振兴中国普洱茶做出新的贡献。

云南省农业科学院茶叶研究所			
所长	李荣福	地址	云南省西双版纳州勐海县省农科院茶叶研究所
党委书记	陈啸云	邮编	666201
副所长	梁名志	网址	http：//www. yntri. com. cn
电话	0691-5170139	正高级专家	
传真	0691-5170135	梁名志　刘本英　汪云刚	

全国茶学主要高等院校

浙江大学茶学系

浙江大学的茶学学科建于 1952 年，经过几代人的共同努力，现已发展成为多学科交叉的特色学科，在国内外具有较高知名度。已故的著名园艺学家蒋芸生教授、著名茶学家庄晚芳教授和张堂恒教授为本学科的建设和发展做出了重大贡献。茶学学科于 1957 年招收国外留学生，1962 年开始招收研究生；1981 年获得硕士学位授予权，1986 年获得博士学位授予权，1991 年开始建设博士后流动站学科点。在 1989 年、2002 年和 2007 年国家重点学科遴选中分别列为国家级重点学科。

茶叶研究所负责茶学领域的研究生培养和相关科学研究，主要研究方向包括：生物技术与茶资源利用、茶叶化学与综合利用、制茶工程与茶叶品质鉴定、茶企业文化与经营管理等。茶学系成立至今，曾经有 100 多位教职员工在茶学系从事教学、科研和其他工作，先后在世界各地聘请 10 多位兼职教授和客座教授。研究所有教学和科研人员 27 人，其中教授 7 人、副教授 8 人、讲师 5 人、专职教师 3 人、实验茶场职工 4 人。累计培养了全日制本科毕业生 1 600 余人，硕士研究生近 200 人，博士研究生 60 人，专科毕业生 197 人，函授生 88 人。同时，为兄弟院校和兄弟单位培训进修教师和技术人员近 100 人。

浙江大学茶学系科研条件良好，主要研究室包括：茶树生物技术实验室、茶资源利用实验室、茶叶品质鉴定实验室、茶园管理与安全生产实验室、茶叶深加工实验室、茶叶化学实验室、茶叶天然产物实验室等；拥有实验基地 10 公顷，名优茶生产线一条、红绿茶初制厂一座；并在余杭、新昌、嵊州等地建有茶树良种繁育基地 33.3 多公顷。茶学系在科学研究、茶业教学、茶文化推广等方面取得的成果有：荣获各级奖励 60 余项，省、部级以上科研成果奖 30 余项，其中国家发明奖 1 项，全国科学大会奖 1 项，国家级科技成果奖 1 项，省（部）级科技成果二等奖 6 项、三等奖 16 项、四等奖 4 项。已出版主编、副主编或参编教材 29 本，其中主编全国统编教材 14 本。

湖南农业大学茶学系

1958 年 4 月湖南省人民委员会发文同意湖南农学院设立茶叶专业，1981 年 11 月茶学专业获国务院学位委员会硕士授予权，1985 年成立湖南农学院茶叶研究所，1988 年成立湖南农学院教学实习茶厂，1992 年 1 月茶学专业从园艺系独立出来组建茶学系，1994 年获国务院学位委员会博士授予权，1995 年湖南农业大学成立博士后流动站，茶学博士点为该站核心成员之一，2001 年茶学学科被湖南省教育厅评定为湖南省“十五”重点建设学科，2003 年教育部批准省部共建“茶学教育部重点实验室”，2006 年茶学学科再次被评为湖南省“十一五”重点建设学科，2010 年茶学学科入选湖南省优势特色重点学科，2014 年入选教育部、农业部和国家林业局第一批卓越农林人才教育培养计划试点专业。

茶学专业自创办伊始，坚持以教学为中心，不断优化教学内容，改善教学条件，创新教学手段，以培养符合时代和产业发展要求的合格专业技术高级人才为目标，在探索中总结，在实践中完善，逐渐形成了农、工、贸和产、学、研为一体的独特的专业办学特色。此外，根据三部委教改试点要求，从招收的茶学新生中，根据成绩和选拔成立茶学卓越班，实行小班授课，全程导师制，以培养新型现代茶学科技人才。

本专业所依托的学科为园艺学一级学科和茶学二级学科，建有园艺学一级学科博士点、硕士点和茶学二级学科博士点、硕士点，茶学学科为湖南省重点学科。学科现有教师 32 名，其中教授 13 人，副教授或相当专业技术职务 15 人，博士生导师 8 人，硕士生导师 17 人。其中，新世纪百千万人才工程国家级人选 1 人、教育部创新团队领衔人 1 人、国务院特殊津贴专家 3 人、国家现代农业产业技术体系岗位科学家 1 人、湖南省科技领军人才 1 人、教育部新世纪优秀人才 1 人、国家优秀博士学位论文提名奖 1 人、霍英东基金优秀中青年教师 1 人、湖南省新世纪 121 人才 1 人、湖南省优秀中青年专家 3 人、湖南省优秀青年骨干教师 5 人。

学科以茶叶科学前沿理论与创新技术为研究领域，确定了茶叶功能成分化学、茶叶加工理论与新技术、茶树生物技术与种质创新、茶树生理与无公害栽培、茶文化与茶业经济等五个研究方向。设有国家植物功能成分利用工程技术研究中心、教育部茶学重点实验室、湖南省天然产物工程技术研究中心、科技部药用植物资源国际合作研究中心等科研平台。

2005 年以来，共承担国家 973 计划、国家自然科学基金、国家重大科技成果转化项目、国家支撑计划、国际科技合作计划、湖南省重大科技专项等科研项目 50 多项，累计科研经费 9 000 多万元。荣获国家和省部级科技成果奖 10 余项，其中，国家科技进步二等奖 1 项、湖南省科技进步一等奖 3 项、湖南省科技进步二等奖 2 项、省部级科技进步三等奖 7 项。获国家专利 40 多项，选育茶树新品种2个，发表学术论文410多篇，其中SCI收录45篇。

“十一五”期间，学科在平台建设、团队建设、科学研究、人才培养等方面实现了跨越式发展，在全国茶学学科中营造了唯一的国家级研究平台（国家植物功能成分利用工程技术研究中心），唯一的国家级科技成果奖（茶叶功能成分提制新技术与产业化，国家科技进步二等奖）。

福建农林大学茶学系

历史沿革：福建农林大学茶学专业具有40年的办学历史。1975年创建茶叶专业（专科），1978年开始招收本科生，1993年茶学学科被批准为硕士学位授权点，2003年获博士学位授权点，2005年为福建省重点学科，2012年成立安溪茶学院茶学专业。

专业特色：立足乌龙茶、红茶、白茶、茉莉花茶的原产地优势，培养面向现代茶叶全产业链的“一专两师”复合应用型人才。设有本科、硕士、博士点，已形成本科—硕士—博士完整的学科教育体系。每年招收茶学博士生2～4名，硕士生18～25名，本科生60～70名。

师资力量：茶学专业共有教师15人，其中专任教师10人；专任教师中具有博士学位的比例达到60%，教授7人，副教授2人。

教学科研实力：设有茶学福建省高校重点实验室、福建农林大学茶叶科技与经济研究所、茶叶研究所、中国白茶研究所、福州茉莉花茶科技与全球重要农业文化遗产联合研究中心。有1位教师获“全国科技优秀工作者”荣誉称号，2位教师获“福建新世纪百千万人才工程省级人选”；1位教师聘为国家茶产业工程技术中心委员，2位教师分别担任农业部和福建省茶产业体系岗位专家；获福建省科技进步一等奖1项、二等奖4项、三等奖4项，发明专利10余项，主编《中国茶产业报告》（蓝皮书）和茶学专著10余部。主持或者参与制订红茶、乌龙茶、白茶、茉莉花茶国际和国家标准。

福建农林大学茶学学科在茉莉花茶、白茶、乌龙茶等特种茶类研究、茶叶加工工程、茶叶经济学研究方面居全国领先水平，近5年承担国家和省部级科技项目40余项。

培养效果：近几年，茶学专业本科毕业生就业率达97%以上，主要从事茶学专业相关的教学、科学研究、技术开发与推广、经营与管理等工作。福建省高校（含高职）、中职学校茶学专业主要师资力量、各级茶叶技术推广部门及大中型茶叶企业的管理干部和技术骨干绝大部分毕业于福建农林大学园艺学院茶学专业；一批校友自主创办企业，在就业创业中取得突出成绩。

云南农业大学龙润普洱茶学院

龙润普洱茶学院成立于2006年4月，其前身是建于1972年的茶学专业，是云南农业大学与国际化、知名企业“龙润集团”共同创建的服务云南优势产业的特色学院。茶学是一门具有悠久历史和特色鲜明的传统学科，亦是一门涉及自然科学和人文科学的现代学科。茶叶既是云南的传统支柱产业，也是数百万山区农民的主要经济来源和地方财政的主要税源。云南的山区，特别是一些贫困山区，一直把茶叶视为生命产业。为了加快云南茶叶经济的发展步伐，改变过去茶叶专业人才一直依靠外省院校培养的状况，云南农业大学于1972年建立了茶学专业，1973年开始招生。1996年茶学学科被批准为硕士研究生授权点，1997年招收茶学硕士研究生。1998年招收外国留学生，是学校首次招收留学生的学科。2000年以来，茶学面向全国招生，扩大了学生来源。2005年，根据社会经济发展对人才的需要，在茶学专业的基础上，又增设茶学（茶艺茶道）方向，实行文理兼招，于2006年招收学生29人。办学40多年来，茶学专业在教学、科研、人才培养等方面取得了诸多成果，为促进云南茶叶产业的发展做出了贡献。

目前，茶学已形成本科生、硕士研究生（包括农业推广硕士、高校在职教师硕士）及外国留学生的多层次办学的格局。在认真办好本科教育的同时，还积极举办中、高级茶艺师培训，招收函授生。随着云南省委、省政府“把茶叶产业培育成区域性支柱产业”的进程，茶学将显现更加蓬勃的活力和美好的发展前景。茶学专业师生秉承“上善若水，精行俭德”的精神，致力于传承茶文化精髓，培养茶产业英才，在教学、科研、人才培养等方面不断努力。

专业学科平台建设成效显著，在学校及龙润集团的大力支持下，学院完善了茶学教学实验中心的建设，并新建了茶文化实验室、品茗室等特色教学场所，校内有1个、校外有6个实践教学基地，为专业人才的培养提供了良好的平台。此外，为了适应云南茶产业的发展，做强、做优普洱茶，云南普洱茶研究院、国家普洱茶认证中心也相继成立，不仅对云南茶产业跨越式的发展产生重要作用，同时也为学院的人才培养起到积极的推动作用。

学院充分利用资源优势，结合国家和云南社会经济发展需求，经过几代人的不懈努力，在茶树种质资源、云南普洱茶、茶的综合利用、茶文化等方面均取得了大的突破。近期学院承担国家、省、部科研项目30余项，科研经费达5 000余万元。其中有国家“十一五”支撑计划项目“云南特色茶产业化关键技术研究与示范”；国家基金项目“云南普洱茶品质形成机理研究”；农业部公益性项目“茶叶清洁化加工技术研究及标准制定”；云南省科技攻关及高新技术发展计划“云南普洱茶化学成分及质量标准研究”等，还有云南省教育厅精品课程建设项目“普洱茶文化学”。尤其是国家支撑项目的立项，是学院在茶学学科研究方面进入国家层面的里程碑，为学院学科建设、学术水平的提升搭建了良好的平台。

江西省婺源茶叶学校

江西省婺源茶叶学校创办于1939年，目前是我国唯一一所以茶命名、办学特色鲜明的国有公办学校，现隶属于上饶市人民政府。学校设有茶文化、茶叶生产与加工技术、茶业企业经营与管理、旅游服务与管理、电子商务、物流管理、园林绿化等10个中专专业，以及茶文化、茶叶生产与加工技术、国际贸易（茶叶营销）等三个高职专业，在校全日制学生近千人。学校现有在职教职员工86人，1名教授，21名副教授（含高级讲师），其中涉茶专业副教授16人，涉茶专业硕士及以上学历6人，拥有很强的茶专业教师队伍。办学70多年来，为社会输送了以茶专业为主体的技术人才近万名，他们活跃在江西省乃至全国茶业战线上，为江西省乃至全国茶业事业的发展做出了较大贡献。由学校教师研制的“婺源茗眉”已成为婺源名茶，享誉国内。2012年5月，在贵州举办的全国手工茶技能比赛中，8名参赛选手有7人获得一、二、三等奖，并一举取得团体冠军；2012年6月在天津全国职业技能大赛中荣获茶叶加工、中国茶艺2项一等奖；2013年的全国手工茶技能赛中，全校选手再传捷报，4名参赛选手3人获一、二、三等奖，指导老师张宇星获得全国优秀指导教师荣誉。学校在注重技能培养的同时，坚持茶业科学研究，已获国家、省（部）级奖励的成果专利10多项；主编和参编全国茶业类教材、专著20多部，在全国各类茶专业刊物上发表论文420多篇。学校培养的茶叶类毕业生供不应求、待遇丰厚，经常出现十几个岗位抢聘一个毕业生的场面。

为了做强做大婺源茶叶学校，适应现代教学需要，江西省婺源茶叶学校于2014年10月21日完成了学校的整体搬迁，新校区占地17.9公顷，分南北两个校区，第一期10.4公顷，投资1.6亿的南校区已投入使用，校区内配备了能同时满足2 000名在校生所需的生活、学习设施，拥有现代化茶叶加工场、种类齐全的茶树品种园和采摘园、茶叶生化室、审评室、茶艺表演厅、古筝房、形体室、冲泡室、茶栽（保）室、土肥（植生）室等教学实验室，为提高学生的实践操作创造了良好的条件。

为了提高办学层次，培养更多高学历的应用型人才，婺源茶叶学校于2013年成功签订了《上饶市与江西农大共建婺源茶校》和《江西农大与江西婺源茶校合作开设茶学及相关专业教学点》的协议，首次招收了128名农大涉茶专业本科生，2014年招收了135名本科生。

按照江西省婺源茶叶学校整体规划，力争在2020年前把茶校建设成以专科教育为主体、兼顾本科及中职教育共同发展为两翼的全国最具影响的茶文化传播高等专科学校，为达到这一目标，学校正采取系列措施，尤其是强化师资队伍建设、完善办学条件、拓展招生渠道。

天福茶职业技术学院

天福茶职业技术学院，简称“天福茶学院”，由天福集团总裁、“世界茶王”李瑞河先生投资人民币2.5亿元创办。学校占地面积84.7公顷，建筑面积16万米^2，是经福建省教育厅颁发办学许可证、教育部备案的全日制高职高专院校，也是全球第一所茶专业高等院校。现任校长为原浙江大学茶学系主任周巨根教授，名誉校长由茶学界唯一的中国工程院院士陈宗懋担纲。

学校目前已开设茶叶生产加工技术、茶文化、食品加工技术、市场开发与营销、旅游管理、多媒体设计与制作、食品营养与检测、国际经济与贸易、物流管理以及艺术设计（陶瓷与茶具艺术方向）等十个专业。学校现有教职工290余人，教师有来自浙江大学、厦门大学、西南农业大学、北京师范大学等知名学校的博士、硕士，其中教授、副教授等副高级以上职称22人，专任教师102人，还有数名来自台湾以及国外的特聘教授。

根据专业设置和发展要求，配备完善的教学、实验设施，有茶树育种、茶叶加工、食品工程、茶叶审评、艺术欣赏等实验室和演示教室；有教学电脑室、多媒体教室和语音教室多间；学校图书馆总建设面积6 133.7米^2，馆内设有师生阅览室、微机检索室，网络图书馆等。天福集团在福建、四川、浙江等省建有九大生产基地，2座茶叶博物馆，2处高速公路服务区以及国内980余家茶叶直营连锁店，均可作为学校实习实训基地。在学校对面专用于学校实习实训的基地——天福茶学院校办厂区，占地20公顷，厂房面积7万米^2，包含各种茶类加工厂房、茶食品厂、茶叶精制厂、生物科技厂和茶具厂。天福集团集茶叶生产、加工、销售、科研、文化、教育、旅游为一体，是当前世界最大的茶业综合企业，是全国首获“中国驰名商标”称号的第一家茶企业。

学校作为全国民办高校唯一试点单位，于2008年开始面向台湾招生。在两岸合作交流上，依托优势，引进大批台湾人才，如两岸第一个茶学博士阮逸明教授、美国芝加哥大学李瑞荣教授、陆羽茶艺中心主任蔡荣章教授、当选漳州市优秀青年科技人才的李尚儒博士等。同时，在福建省有关部门的关心重视下，根据海西地区先行先试的原则，学校面向海外招生的方案得到主管部门的批复，成为可以招收留学生的院校之一。学校设有国际交流与合作处、成教中心等机构，专门负责国内外培训与交流合作等业务。

茶业社会团体、商会和基金会专栏

中国茶叶学会

中国茶叶学会成立于1964年，在中国科学技术协会的领导下，在中国农业科学院茶叶研究所的支撑下，由我国茶叶科技、教学、推广、生产、经贸、文化等领域的精英人才联合组成的国家一级学术性社会团体，2011年在民政部社会组织评估中被评为AAAA级学会，2次获得中国科学技术协会优秀社团科技奖，现拥有个人会员9 791名，团体会员单位678家。中国茶叶学会有着悠久的历史和卓越的成绩，享誉海内外，现为第九届理事会，名誉理事长陈宗懋院士、杨亚军研究员，理事长江用文研究员，秘书长阮建云研究员。

学会设立11个分支机构：学术、科普、组织、青年四个工作委员会，以及茶叶提取物分会、茶叶经济研究工作委员会、有机茶专业委员会、茶叶机械专业委员会、茶叶感官审评与检验专业委员会、科技工作者专业委员会、茶艺专业委员会。办事机构为秘书处，下设学术交流部、培训指导部、会员科普部、发展综合部、《茶叶科学》编辑部。

学会主要工作有：开展国际、国内、海峡两岸学术交流，举办茶艺师、评茶员职业技能培训，举办茶艺师资培训及各类知识更新高级研修班，“中茶杯”“国饮杯”全国茶叶评比，全民饮茶日活动，开展科技成果评价、项目评估、产品评价、“茶叶科技奖”和“青年科技奖”评选等。中国茶叶学会将进一步与国内外茶叶有关单位广泛合作，为振兴中华茶产业作出贡献。促进茶叶科学技术的繁荣和学科发展，茶叶科技的普及与推广，茶叶科技人才的成长和提高，科技与茶产业结合，为推进社会主义新农村建设、构建和谐社会作出贡献。

学会还广泛发动会员积极参加各项科普活动，并为会员举办科技、茶文化培训班等，应国内外茶文化爱好者的要求，几年来学会组织举办茶文化培训班10余期，培训学员400余人，其中100余人为国外学员。从2002年开始组织举办茶艺师和评茶员职业资格培训，现已培训学员600多人。此外，学会还与有关部门配合，拍摄《中国茶叶》《中国眉茶》等影像片，出版《中国茶与健康》《新编无公害茶园农药使用手册》等科普读物。

中国国际茶文化研究会

中国国际茶文化研究会是由农业部主管，经向民政部登记的全国性茶文化研究团体，是受国家法律保护的社会团体法人。

中国国际茶文化研究会是在1990年杭州召开的第一届国际茶文化研究会上，由海内外茶学、茶文化和茶业经济界人士首先发起，并于1993年11月由农业部正式批准成立的。中国国际茶文化研究会吸收具有一定学术地位和社会影响的团体、茶文化和茶叶界以及社会相关人士为团体会员和个人会员，并聘请海外著名人士担任荣誉职务。

中国国际茶文化研究会位于杭州上城区南山基金小镇内，研究会下设：办公室、联络部、发展部、宣教部、学术部、茶馆工作委员会、茶艺专业委员会、中国国际茶文化书画院、浙江华韵职业技术学校、云南民族茶文化研究会普洱茶研究中心，以及《茶博览》杂志社、茶业世界网站、浙江新东方茶文化发展有限公司等。研究茶的历史和文化；开展文化学术交流，加强合作，增进友谊；倡导茶为国饮，促进茶学和茶业经济发展，为促进社会主义精神文明和物质文明作出贡献。

中国国际茶文化研究会倡导“茶为国饮”，一直坚持通过举办茶事活动，带动茶文化旅游、促进茶经济发展、造福广大茶农。研究会主办或协助各地政府开展了各种各样的茶文化活动。如先后多次召开国际茶文化研讨会、国际茶叶大会和全国性茶文化工作座谈会，举办中国（杭州）西湖国际茶文化博览会，举办全国茶艺之星大赛，全国民族茶艺大赛，全国茶道、茶艺邀请赛等。

中国国际茶文化研究会积极开展茶文化研究工作，不断丰富茶文化内涵，取得了丰硕的成果，先后在国内外出版发表了《新茶经》《茶为国饮》《中国茶文化》《茶之初》《杭州梅家坞茶文化村》等专著和文章。

中国国际茶文化研究会下属的浙江省华韵职业技术学校和对外培训中心为全国乃至日本、韩国等国家培养初、中、高级茶艺师和技师、评茶员。研究会还与浙江农林大学合作，共同筹建了我国首家茶文化学院。

中国茶叶流通协会

中国茶叶流通协会成立于1992年，是由茶叶行业生产、加工、经营、管理、科研、教学等领域的企业、事业单位、社会团体及个人联合组成的跨地区、跨部门、跨所有制的全国性社团组织，接受中华全国供销合作总社与民政部的业务指导和监督管理，属国家AAAA级行业协会。

中国茶叶流通协会的宗旨是按照社会主义市场经济的要求，发挥行业中介职能，服务中国茶叶事业。

中国茶叶流通协会的主要职能是组织收集、整理和传递国内外茶业经济信息和科学技术信息，进行市场分析、预测，开展信息交流活动和咨询服务，为企业的生产和经营提供决策依据；积极推进行业技术进步和产业化经营，组织技术交流、产品质量论证和科技项目论证，开展专业技术、技能培训和企业管理人员培训，组织技术技能竞赛和产品推荐，提高行业技术水平和企业管理水平；通过展览展示、专题讲座、茶道茶艺表演、印发宣传资料；普及茶叶商品知识、宣传茶叶饮用价值，弘扬中国茶文化；代表会员向国家有关部门反映茶叶生产、流通各个环节的新情况和存在的问题，提出制定行业方针、政策、制度、法规等方面的意见和建议；协助和承担政府主管部门委托的部分行政管理职能；协调会员之间以及行业内各环节利益主体之间的关系，增进会员之间的横向联系，组织商品交流，拓宽茶产品市场，促进行业内部各种形式的合作和横向经济联合，发挥行业的群体优势；加强与国内外同行业的各种交流活动。

中国茶叶流通协会的最大权力机构为会员代表大会，会员代表大会的执行机构为理事会，理事会的常设机构为秘书处。

中华茶人联谊会

中华茶人联谊会，是中国从事茶叶事业的人士及爱茶人士自愿参加组成的民间社团组织，于1990年8月在北京正式成立，经民政部批准注册，由商务部主管，中粮集团代管。目前，有团体会员100多个，个人会员近1 500名。

中华茶人联谊会成立的宗旨：发扬爱国主义精神，团结中华茶人，增进友谊与合作，促进祖国茶叶生产、贸易、消费和茶叶科技、文化艺术的发展，振兴中国茶叶事业。

中华茶人联谊会的主要职能：一是组织开展国内外茶人之间的联谊活动，增进友谊与合作；二是通过展览展示、专题讲座、茶道茶艺表演、印发宣传资料，普及茶叶商品知识、宣传茶叶饮用价值，弘扬中国茶文化；三是广泛收集行业资讯，及时、准确地传递给广大会员；四是组织开展相关公益活动，提高行业凝聚力，践行社会责任；五是协调会员之间以及行业内各环节利益主体之间的关系，增进会员之间的横向联系，组织商品交流，拓宽茶产品市场，促进行业内部各种形式的合作和横向经济联合，发挥行业的群体优势；六是加强与国内外同行业的各种交流活动。

中华茶人联谊会自创办以来一直以推动中华茶人的交流与合作，促进与繁荣中华茶文化为己任。在未来的工作中，中华茶人联谊会将继续通过深化自己的联谊功能、资讯功能、公益功能、宣传功能为促进茶经济、传播茶文化、弘扬茶精神而服务。

中华茶人联谊会编辑出版双月刊《中华茶人》，建设茶时尚、茶文化、茶经济园地，让茶带着时间之重走入时尚、繁荣茶文化事业。中华茶人联谊会成立以来，举办过多次全国性或国际性的大型茶事活动，为了抢救宝贵的茶叶历史资料，与中国茶叶股份有限公司合作，耗资几百万元，历经十余年时间，先后编辑出版了《中国——茶的故乡》《中茶史录》《中国茶叶进出口统计汇编》《中华茶叶五千年》《中国古茶树》等书籍。与此同时，中华茶人联谊会与中国茶叶股份有限公司委托中央电视台，历时两年，行程2万千米，拍摄52集大型电视片《中华茶苑》，该片对弘扬茶文化、宣传茶叶经济，走“大茶叶”发展之路起到了积极作用。

吴觉农茶学思想研究会

吴觉农茶学思想研究会于2001年5月在浙江省上虞市召开成立大会和第一次学术讨论会，是由我国茶学界的专家学者和茶文化界相关人士及相关企业单位发起组织的学术性民间团体。宗旨是团结茶界的专家、学者及广大茶人和爱茶人共同探讨与弘扬吴觉农茶学思想，繁荣我国茶叶经济和文化，为社会主义的物质文明和精神文明建设服务。

吴觉农（1897—1989）是我国著名的农学家、茶叶专家和社会活动家，是我国现代茶叶事业的复兴和发展的奠基人。为振兴茶叶经济，维护华茶在国际市场上的声誉，改善茶农的生活状况，他做了多方面的努力，如首创茶叶口岸和产地检验检疫制度；在各产茶省成立茶叶试验场和改良场。抗日战争期间，他开拓茶叶对苏联易货贸易，支援了抗战经济，他重视茶叶专业人才的培育，包括在复旦大学建立第一个高等学校茶叶系；为了研究茶叶产销、科研情况，他在武夷山创立第一所国家级研究机构。

新中国成立后，他在农业部的领导岗位上，会同贸易部门制订和布置了全国茶叶产销体系并成立新中国第一个对外贸易公司——中国茶业公司。

吴觉农著译甚丰，有关茶叶的主要著作有《中国茶业复兴计划》《中国茶业问题》，晚年主编《中国地方志茶叶历史资料选辑》《茶经述评》，尤其后者对我国茶叶历史和现状做了全面正确的评述。由于他对我国茶叶事业所做的贡献，被誉为“当代茶圣”，在他为振兴茶叶的实践和理论探索的基础上，形成了中国特有的茶学思想，对当前的茶经济、茶文化的发展，具有现实指导意义，值得后人发掘、研究和弘扬。

吴觉农茶学思想研究会业务范围包括：围绕吴觉农茶学思想对当前茶叶产销情况与问题，举行专题学术研究或向有关部门反映意见，提出建议；与有关组织联合举办茶事活动，包括学术交流与讨论，以及各种形式的茶文化活动；通报会务信息及海内外研究成果和信息等。

华侨茶业发展研究基金会

华侨茶业发展研究基金会是国务院批准、商务部主管、民政部注册，于1981年9月8日在北京成立的我国最早的两个基金会之一；国家AAA级基金会，国际茶叶委员会成员，是我国茶界唯一的全国性基金会，也是第一批获得公益性捐赠税前扣除资格的基金会。

成立30多年来，基金会已历经六届理事会，得到了原国务院副总理吴仪、原侨联副主席林丽韫、原财政部长项怀诚等有关领导和茶界百岁泰斗张天福、茶界唯一院士陈宗懋和金融界专家的指导与支持，为推动我国茶产业发展做了大量卓有成效的工作。特别是五届理事会成立以来，积极探索了一条以金融为杠杆支持茶产业发展的道路。2011年组织召开了“全国首届茶业投融资年会”，并围绕着“如何用金融杠杆撬动茶产业发展”进行深度探讨，首次提出了“资源与资本对接，茶业与金融携手”的新理念，开启了茶业与金融对接的新思维、新起点。基金会分别设立了“中信惠茶专项基金”“多维生态立体茶园专项基金”“茶树花产业发展专项基金”“名茶美食专项基金”“茶业电子商务专项基金”“文化产业专项基金”“两岸茶园创客专项基金”等多个专项基金，以及“茶叶深加工技术专业委员会”“红茶发展专业委员会”“古树茶保护利用专业委员会”等，基金会的工作重点已转移到以基金助力茶产业发展的轨道上来。此外，基金会为破解茶行业人才短缺的瓶颈，组织发起了全国“茶业经营管理师”“茶道养生师”的培训项目，得到人力资源与社会保障部独家授权并颁证；在全国开展“茶业经营管理人才百县万人公益培训工程”，受到茶界好评。

为适应茶业新常态，与时俱进，将“资源与资本对接，茶业与金融携手”作为宗旨，通过金融杠杆撬动茶产业跨界融合，快速发展；继续设立茶以及相关产业的专项基金；继续实施“茶业经营管理师”“茶道养生师”百县万人公益培训工程项目；支持茶叶科技创新和循环经济发展模式；推广茶叶的生物肥、生物治虫技术，促进茶园的生态环保；助力打造中国名优茶品牌；充分利用“互联网＋金融＋茶产业”的新模式，积极推进“一带一路一茶”工程；弘扬、传播中国茶文化，与中央电视台紧密合作，拍摄《茶香中国》大型纪录片，把中国茶及茶文化推向世界，为助力我国茶业快速稳健转型升级发挥更大作用。

北京市茶业协会

北京市茶业协会经北京市商务委员会及北京市民政局批准，成立于1989年。协会聚集了众多的茶界知名学者、专家、茶人及茶企，协会设有茶文化专业委员会、专家委员会、青少年专业委员会，以及五个分会即安溪铁观音分会、福安分会、徽茶分会、柘荣白茶分会、马连道分会。

北京市茶业协会通过开展各种富有特色的活动，致力于宣传有关茶产业的政策；以服务为根本，为政府和企业提供双向服务，发挥桥梁和纽带作用，行使行业代表、行业服务、行业协调和行业自律的职能，为北京茶产业发展贡献力量。组织会员进行培训、技术咨询、信息交流，产品推荐、市场营销等活动；协调会员与会员、会员与其他行业生产者、经营者、消费者以及其他社会组织的关系；维护会员和茶业行业的合法权益；维护市场秩序，规范商业企业经营行为，建立健全行业自律机制；提高行业整体素质。北京市茶业协会在弘扬茶文化与推动茶经济发展中，凝聚力不断加强，社会影响力不断扩大，在北京市民政局对社会团体评估中被评为AAAA级社团组织。

协会宗旨是团结本市行政区域内从事茶叶生产、流通、科研、教育的企业事业单位和热心协会工作的各层次、各方面茶叶工作者，通过各种形式为政府和企业提供双向服务，发挥桥梁和纽带作用，维护市场秩序，保护会员合法权益，规范商业企业经营行为，推动茶业经济繁荣与发展。

北京市茶业协会2013年通过开展北京茶界“靓丽动人庆三八”活动、北京第九届春茶节、以“共体、共建、共赢”为主题的营销论坛、发布《建立首都全民饮茶日》的倡议、“安徽名茶斗茶赛”等各种富有特色的活动，向广大消费者推荐“质量合格、质价相符”的茶品，将绿色环保、健康科学的饮茶之风带到北京百姓身边，真正体现了“健康喝茶，喝茶健康，喝健康茶”的办会宗旨。

福建省茶叶学会

福建省茶叶学会成立于1956年12月16日，至今已59周年，历经九届理事会。第九届理事会理事88人，常务理事42人，现有团体会员119家（境外5家）、个人会员998人（其中有高级职称200多人、外籍名誉会员9人）。下属5个分支机构：张天福茶学研究分会、闽台茶叶合作研究分会、技术咨询委员会、培训工作委员会、名优茶推广工作委员会。

本会成立60年来，围绕着为经济建设服务、为促进科技发展服务、为会员服务，积极开展学术交流、普及科技知识、培训人才、推广科技成果与先进技术、推介名优茶、推动品牌建设，参与科学认证、技术咨询服务，促进科技成果转化，为茶区、为茶企业、为茶农的创收增效作贡献。学会主办有《福建茶叶》《闽茶会讯》《茶缘》三个刊物。

2012年5月，与北京华侨茶产业发展研究基金会联办“茶业经营管理师”首期培训班。10月，组织茶企、专家、学者，带了几十种名茶前往台湾南投参加“2012年第三届世界茶博会”和茶叶论坛，促进交流。11月，在漳州举办有两岸茶人参加的“闽台茶产业展”“海峡两岸茶产业发展研讨会”。

2013年5月，首次与中国自然辩证法研究会环境哲学专业委员会合作在建瓯市举办“2013海西生态农业与经济发展暨第五届张天福茶学研讨会”，这是自然与社会的学科融汇，茶学与哲学的首次学术交流。6月，与福建省台胞联谊会等单位在福安市联办“2013海峡科技专家论坛第12分会场·海峡两岸茶产业发展研讨会”，农业部原部长何康等与会指导。同时，与会代表还出席宁德市技术职业学院茶学专业成立78周年纪念活动。

2014年2月9日，由福建省茶叶学会与福建省农学会共同举行“首届海峡两岸农友茶人新春话题会暨产业合作仪式”。10月25～28日，在“第十二届中国国际农产品交易会”首设茶叶展区，展示海峡两岸各种名茶，并召开茶叶贸易国际化高峰论坛。

福建省茶叶学会自2002—2013年连续十二年被中国科学技术协会授予“全国省级学会之星”，两次获得中国科学技术协会“学会之星三连冠”。2012年6月被福建省政府授予“福建科技成果项目对接十周年优秀组织奖”。

江西茶业联合会

江西茶业联合会是江西省农业厅遵照赣府厅发〔2008〕81号《关于加快推进我省茶产业发展的意见》文件精神筹备，经江西省民政厅批复，归江西省农业厅管理的非营利性社会团体法人组织。江西茶业联合会常设机构有秘书处（下设办公室、信息中心）、茶学专业委员会、茶叶流通专业委员会、茶文化专业委员会、茶馆业专业委员会，四个专业委员会的服务职能及服务对象涵盖了茶业的全部产业链。

江西茶业联合会的宗旨是：为茶企服务，成为党和政府联系全省茶叶生产与流通企业的桥梁和纽带，促进江西茶产业发展。江西茶业联合会拥有近200个会员单位，囊括了江西茶叶种植、生产加工、产品营销等各领域较具规模的涉茶企业。

江西茶业联合会成立以来开展的主要工作：一是组织江西茶企多次参加国内外各大茶展（会），在南昌自主举办了七届茶博会，积极地推介江西茶产品。二是先后组织开展全省“名优茶”“大众茶”以及“江西十大名茶”评比活动，有效地提高了广大茶企产品质量及品牌创建意识。三是先后举办了4次技能大赛活动，主要有“制茶能手大赛”“茶艺职业技能大赛”，并推荐选手参加全国大赛，均取得可喜成绩。四是举办了两期涉茶专业职业资格技能培训，为茶企培养适用型人才。五是承办了“第七届海峡两岸茶业学术研讨会”，会议的成功举办获得了相关省级领导和中国茶叶学会、台湾茶叶协会高度评价。六是连续举办三届“全民饮茶日”活动，传播饮茶与健康知识，倡导全民饮茶。

作为上联政府，下联茶企、茶农的省级茶行业组织，本着“促进江西茶产业发展”这一宗旨，将继续发挥好以下作用：一是沟通职能。作为政府与企业之间的桥梁，及时向茶行业主管部门及茶区地方政府转达茶企的愿望与合理化要求，同时协助政府部门制订和实施茶产业发展规划、产业政策、行业标准等。二是协调职能。制订并贯彻落实江西茶行业的行规行约和相关的产业标准，协调茶行业各类企业的生产经营行为。三是监督职能。对江西茶行业的产品和服务质量、竞争手段、经营作风进行有效监督，维护行业信誉，鼓励公平竞争。四是研究职能。经常性开展茶行业发展状况调研，探讨茶行业面临或将有可能发生的问题，及时提出相应的建议。五是其他服务职能。编辑发行《江西绿茶》简报，提供信息服务；适时开展技能培训，提高从业人员素质；举办茶博会、茶业高峰论坛等，提升江西茶产业的社会影响力。

湖北省陆羽茶文化研究会

湖北省陆羽茶文化研究会是由湖北省文化厅主管，经湖北省民政厅登记的省级茶文化研究团体，是受国家法律保护的社会团体。1999年，研究会由湖北茶文化和茶叶经济界人士在武汉发起成立，并召开第一届会员代表大会和一届一次理事会议，原湖北省副省长韩宏树当选为第一任会长。研究会常设机构为秘书处，负责处理日常事务，并负责吸收具有一定学术地位和社会影响的团体、茶文化业界以及社会相关人士为团体会员和个人会员。研究会所设陆羽茶艺中心，是各级茶艺师、茶叶审评师的培训机构。

湖北省陆羽茶文化研究会是一个非营利性质的文化组织，是研究茶文化的专业学术团体，专家多，成果多。自2010年至今，作为研究会重要工作内容之一的茶艺师、评茶员职业培训，总计开办了60多期，参与培训4 800多人，其中2 000多人获得不同等级职业证书。同时，定向培养的多支茶艺表演队在国内多个茶艺大赛中，屡次获得金奖及其他奖项，多次得到了相关领导及省内外同行的高度肯定与赞扬。

湖北省陆羽茶文化研究会办有会刊《陆羽》杂志，截至目前已出版29期，发表数百篇文稿；曾邀请著名作家沈虹光创作《茶圣传奇》；与湖北省供销合作社合拍电视连续剧《茶叶之路》；在这过往的18载里，陆羽茶文化研究会为湖北省茶产业发展以及相关人才培养方面都作出了巨大贡献；历届会长的潜心经营，湖北省厅部门的大力支持以及全国各地广大茶友的鼎力支持，让湖北省陆羽茶文化研究会越办越好，在社会各界也拥有高度的评价。

湖北省陆羽茶文化研究会不仅建立了自己专业的网站，及时发布、更新相关信息，同时也将杂志搬上线，读者可以在网站上一站式阅读，既普及了茶文化知识，又扩大了研究会在社会上的影响。一直以来研究会充分发挥沟通的桥梁与纽带作用，与国内10多个主要产茶省频繁交流，跟进了武汉东方茶港的奠基，推动呼和浩特120峰骆驼运茶叶过长江，协助将黄鹤楼茶业公司的青砖茶转赠给俄罗斯总统普京，将武当神武道茶、邢绣娘荷叶茶、羊楼洞青砖茶、谷城蓝溪茶等省内茶叶端上13个驻华使馆的餐桌。

我国茶叶产品质量安全状况

国家茶叶质量监督检验中心　郑国建　高海燕

我国是茶叶大国，茶叶作为健康饮品，其质量安全状况日益受到消费者的关注。我国各级政府高度重视茶产业发展，茶叶质量安全体系不断完善，产品综合合格率稳步提升，茶叶行业取得了长足的进步。

2012 年，卫生部修订了我国食品中污染物限量的强制性国家标准 GB 2762—2012《食品安全国家标准　食品中污染物限量》。该标准规定了茶叶中污染物为两种：铅和稀土；铅的限量由 5 毫克/千克变为 5.0 毫克/千克，表述更严谨。2014 年，卫生部、农业部联合修订了我国农药残留限量的强制性国家标准 GB 2763—2014《食品安全国家标准　食品中农药最大残留限量》。该标准规定了茶叶中 28 种农药残留的限量值，与被代替的老标准相比，新增了喹螨醚、氯噻啉、噻螨酮等三项农残限量。新标准整合了各项标准，以高起点、严要求推动我国茶叶质量安全向前发展。

一、茶叶产品质量安全总体状况

1. 茶叶产品质量国家监督抽检结果　2014 年国家食品药品监督管理总局开展了两次茶叶产品质量国家监督抽检，共抽检 1 004 批次茶叶产品。

2014 年第一阶段，抽检茶叶 342 批次，抽检项目包括六六六、滴滴涕、三氯杀螨醇、铅等 23 个指标。不合格样品数为 5 批次，样品不合格率为 1.46%。检出不合格的检测项目为铅、三氯杀螨醇、氰戊菊酯。其中，2 批次氰戊菊酯超标，含量分别为 0.1、0.07 毫克/千克；2 批次铅超标，含量分别为 8.8、7.7 毫克/千克；1 批次三氯杀螨醇超标，含量为 0.5 毫克/千克。

2014 年第二阶段，抽检茶叶 662 批次，抽检项目包括六六六、滴滴涕、三氯杀螨醇、铅等 35 个指标。不合格样品数为 4 批次，样品不合格率为 0.60%，检出不合格的检测项目为柠檬黄、日落黄、胭脂红、三氯杀螨醇、草甘膦。1 批次柠檬黄、日落黄、胭脂红超标，含量分别为 310、10.2、6.6 毫克/千克；1 批次三氯杀螨醇超标，含量为 5.058 毫克/千克；2 批次草甘膦超标，含量分别为 2.6、1.78 毫克/千克。

2. 有机茶叶产品认证专项监督抽检结果　最近几年来，国家认证认可监督管理委员会委托国家茶叶质量监督检验中心每年开展有机茶叶产品认证专项监督抽检工作。2013 年，按照有机茶叶的相关标准，抽检发现不合格产品 6 批次。其中，2 批次为联苯菊酯超标，4 批次均为多农残超标。超标农残包括三氯杀螨醇、联苯菊酯、甲氰菊酯等 10 余种。2014 年，有机茶叶产品抽检发现不合格产品 3 批次。

二、国家茶叶质量监督检验中心茶样检测结果

2012—2014 年，国家茶叶质量监督检验中心进行了近 10 000 批次的茶叶质量检测，根据茶类、地区、项目等进行了数据分析统计。通过对这 3 年各大茶类总体检测情况和总体合格率比较表明：随着各方对茶叶质量安全意识逐年增强，新的食品安全国家标准出台，检测样品数量逐年增多，指标要求趋严，而总体合格率还是不断提高。具体检测结果如下：

1. 按茶类统计　2012—2014 年，绿茶、红茶、白茶、黄茶、花茶等产品合格率均在 90%以上，而乌龙茶、黑茶等产品合格率相对较低一些。

2. 按产地统计　2012—2014 年，浙江、贵州、江苏、安徽、上海等省市生产和经销的茶叶产品合格率在 90%以上，云南、湖南、四川、福建等省市生产和经销的茶叶产品合格率相对稍低一些。

3. 按检验项目统计　2012—2014 年，所检茶叶中六六六、滴滴涕、甲胺磷、乙酰甲胺磷、乐果、硫丹、甲氰菊酯、氯氟氰菊酯、氯菊酯、溴氰菊酯、氟氰戊菊酯、敌敌畏、杀螟硫磷、喹硫磷、八氯二丙醚、吡虫啉、哒螨灵、噻嗪酮等大多数农药残留量符合标准规定；三氯杀螨醇、联苯菊酯、氰戊菊酯等少数几种农药残留量有一定程度的超标；铅、稀土总量、氟、大肠菌群、水分、总灰分等其他卫生指标个别茶叶也有不同程度的超标现象。另外，水浸出物、游离氨基酸、碎茶和粉末、粗纤维、酸不溶性灰分、水溶性灰分、水溶性灰分碱度、茶梗、非茶类夹杂物等大部分理化指标合格率达到 97%以上；茶叶感官品质的合格率相对较低。

三、目前茶叶产品存在的主要质量问题

1. 少数农药在茶叶中的残留量较高　从国家茶叶质量监督检验中心近 3 年对茶叶产品的检测情况来看，三氯杀螨醇和联苯菊酯的合格率为 90%～92%，属于合格率相对较低的两个项目。2014 年委托检验样品中，三氯杀螨醇最高含量达 4.70 毫克/千克，联苯菊酯最高含量达 9.50 毫克/千克。2014 年，山东省监督抽检发现 22 批次茶叶产品不合格，其中 12 批次三氯杀螨醇超标、10 批次氰戊菊酯超标。需要注意的是，极少量茶叶中还检出了国

家标准规定以外的农药。例如，2014 年委托检验样品中，少量茶样检出了水胺硫磷、毒死蜱、三唑磷等农药残留；还有个别茶叶产品中含有多种农药残留，如灭多威、氯氟氰菊酯、氰戊菊酯、硫丹、吡虫啉、多菌灵、噻嗪酮、氯氰菊酯等，其中有些是禁用农药，有些是非常规农药。

2. 个别茶类稀土总量偏高 国家茶叶质量监督检验中心近 3 年对 3 500 余批次的茶叶产品进行了稀土总量检验，结果显示稀土总量合格率为 90%左右，合格率偏低；进一步分析发现，乌龙茶产品合格率最低，为 88%左右。2014 年，北京市食品药品监督管理局在监督检查工作中发现 11 批次茶叶产品不合格，均为稀土总量超标，含量在 3.9～18 毫克/千克。2014 年，河北省食品药品监督管理局监督抽检发现 13 批次茶叶产品稀土超标。稀土总量超标是继农药残留、铅含量超标之后，茶叶质量与安全面临的又一个严峻的问题。现行国家标准中稀土限量标准适用于茶叶上的科学性，受到各方高度关注。

3. 少数产品感官品质不符合要求 国家茶叶质量监督检验中心近 3 年对 2 000 余批次的茶叶产品进行了感官品质检验。通过分析发现，送检样品的感官品质合格率为 93%左右，与其他检测项目相比，合格率相对偏低。不合格原因主要是等级不符、以次充好、假冒原产地、拉抬等级、原料老嫩度达不到规定的相应等级质量要求、品质特征不符。

4. 个别产品铅含量超标 我国大部分茶叶产品的铅含量均能符合 GB 2762-2012《食品安全国家标准 食品中污染物限量》要求，但个别茶叶产品仍存在铅含量超标现象。2014 年，茶叶产品质量国家监督抽检发现 2 批次铅超标，含量分别为 8.8、7.7 毫克/千克。

5. 添加非茶类物质的现象仍然存在 近几年，国家茶叶质量监督检验中心在日常检验中发现企业违规添加各种非茶类物质的现象。部分地方的商检部门还在茶叶质量检查中发现了一些混有“固形茶”和“回笼茶”的出口茶叶。2014 年，茶叶产品质量国家监督抽检发现 1 批次茶叶样品含有柠檬黄、日落黄、胭脂红等着色剂，这给我国茶叶产品的声誉带来了消极影响，给消费者的饮用安全造成了一定隐患。

6. 少数理化指标含量较高 由于少数茶企不重视茶叶加工的环境卫生，过程不规范，导致少数茶叶产品的理化指标达不到标准要求。2014 年，贵州省监督抽检发现 2 批次茶叶产品总灰分超标；安徽省监督抽检发现 1 批次茶叶产品水分超标。国家茶叶质量监督检验中心近 3 年来对 3 000 余批次茶叶产品进行理化指标检测，也发现少数茶叶产品总灰分、水分含量较高。

四、提高茶叶质量安全水平的建议

1. 引导消费者树立理性的食品质量安全观 消费者的喜好，决定了生产者的生产方向。树立理性辩证的食品质量安全观，是提高茶叶行业质量安全的重要因素。部分消费者喜欢喝早茶、嫩茶，这就促使某些生产者采用大棚覆盖、催芽素等手段使茶树早发芽，刻意地追求早采和采制单芽茶。其实这种早茶的香气、滋味以及营养成分远不如一芽二叶的茶叶，催芽素甚至可能对茶叶造成污染。因此，全社会要加大宣传，让消费者了解什么样的茶是真正的好茶、什么样的喝茶方式最健康，引导消费者树立理性的食品质量安全观。

2. 实施“农药发展战略”，走综合防治之路 目前，农药残留超标是我国茶叶产品存在的主要质量问题。解决农残问题是茶叶产业发展关键所在，其主要措施：一是对病虫害进行防治，要走综合防治之路，加强茶园的生态建设，保持良好的生态环境；选用抗性品种；采取生物防治、物理防治等措施，实现可持续发展。二是加强新的农药替代品的开发、引进和试验推广，特别是生物农药、环境友好农药的研究和开发。三是加强对茶园农药使用的指导和监管，确保茶农科学合理使用农药。

3. 加强科研和技术创新，改善生产加工条件 政府和茶企应加大茶叶科技投入力度，开发新品种、新技术、先进设备，促进茶叶行业发展。对于某些地区、某些产品污染物含量超标问题，要从污染源调查、环境治理、改善加工条件等方面着手，从源头加以解决。针对某些茶叶有害微生物等含量超标问题，通过研究茶叶生产过程危害分析和关键控制点技术，改进加工工艺，建立机械化、清洁化生产线。

4. 加大质量安全标准制修订力度 我国现行的茶叶质量安全判定依据是 GB 2762—2012 和 GB 2763—2014 标准。相关部门应基于茶叶产品的特性，结合行业发展实际，整合梳理现有标准，制订茶叶产品安全标准。规范茶园管理、茶叶生产加工等行为，从源头控制质量安全，使茶农种茶、茶企制茶等活动有据可依，实现管理科学化、效益最大化，进而推进茶叶产品质量。

5. 加强企业的监督管理 加强对企业生产加工环节的监管，规范茶叶企业生产行为，提升主体管理水平。加强对各地茶叶市场等流通领域的管理，进行必要的市场监督抽检，提高经销者的质量意识和责任。

基于国家茶叶质量监督检验中心对全国各地企业送检的茶叶产品检验数据，同时结合国家监督抽检、各地质检、工商、农业等部门的抽检结果，综合分析认为，2014 年我国茶叶产品综合合格率为 94%，我国茶叶产品质量安全水平处于稳步上升状态，但仍存在少量农药残留、污染物、感官品质等不合格现象。建议引导消费者树立理性的食品质量安全观、实施病虫害综合防治、加强科研和标准制订等措施，进一步提高我国茶叶产品质量安全状况。

茶叶、含茶制品和茶代用品的国家标准、行业标准和地方标准 2015 年变化汇总①

中国农业科学院茶叶研究所　汪秋红　傅尚文

按照国务院《深化标准化工作改革方案》（国发〔2015〕13 号）深化标准化工作改革、加强技术标准体系建设的有关要求，国家标准化管理委员会、地方和行业标准主管部门都在整合精简强制性标准、优化完善推荐性标准，2015 年标准变化较大。为方便茶叶从业者了解标准变化情况，按照法律法规和标准的要求组织生产（加工）经营活动，现将国家标准化管理委员会网站、中国农业质量标准网、各省（自治区、直辖市）质量技术监督局网站和食品伙伴网等收集到的 2015 年度茶叶、含茶制品和茶代用品的国家标准、行业标准和地方标准变化情况汇总如下（因标准备案原因，截止 2016 年 5 月 31 日）：

2015 年制修订标准汇总

标准编号	标准名称	发布日期	实施日期	被代替标准号
GB/T　30357.3—2015	乌龙茶　第 3 部分：黄金桂	2015 年 7 月 3 日	2015 年 11 月 2 日	
GB/T　30357.4—2015	乌龙茶　第 4 部分：水仙	2015 年 7 月 3 日	2015 年 11 月 2 日	
GB/T　30357.5—2015	乌龙茶　第 5 部分：肉桂	2015 年 7 月 3 日	2015 年 11 月 2 日	
GB/T　31740.1—2015	茶制品　第 1 部分：固态速溶茶	2015 年 7 月 3 日	2015 年 11 月 2 日	
GB/T　31740.2—2015	茶制品　第 2 部分：茶多酚	2015 年 7 月 3 日	2015 年 11 月 2 日	
GB/T　31740.3—2015	茶制品　第 3 部分：茶黄素	2015 年 7 月 3 日	2015 年 11 月 2 日	
GB/T　31748—2015	茶鲜叶处理要求	2015 年 7 月 3 日	2015 年 11 月 2 日	
GB/T　31751—2015	紧压白茶	2015 年 7 月 3 日	2016 年 2 月 1 日	
GH/T　1103—2015	茶馆经营管理通用规则	2015 年 3 月 27 日	2015 年 6 月 1 日	
GH/T　1104—2015	茶叶专卖（营）店经营管理规范	2015 年 3 月 27 日	2015 年 6 月 1 日	
GH/T　1105—2015	茶行业网店经营管理规范	2015 年 3 月 27 日	2015 年 6 月 1 日	
NY/T　2140—2015	绿色食品　代用茶	2015 年 12 月 29 日	2016 年 4 月 1 日	NY/T　2140—2012
NY/T　2672—2015	茶粉	2015 年 2 月 9 日	2015 年 5 月 1 日	
NY/T　2710—2015	茶树良种繁育基地建设标准	2015 年 2 月 9 日	2015 年 5 月 1 日	
NY/T　2740—2015	农产品地理标志茶叶类质量控制技术规范编写指南	2015 年 5 月 21 日	2015 年 8 月 1 日	
NY/T　2798.6—2015	无公害农产品　生产质量安全控制技术规范　第 6 部分：茶叶	2015 年 5 月 21 日	2015 年 8 月 1 日	

①　本文曾发表于《中国茶叶》2016 年 6 月刊。

（续）

标准编号	标准名称	发布日期	实施日期	被代替标准号
NY/T 2852—2015	农业机械化水平评价 第5部分：果、茶、桑	2015年10月9日	2015年12月1日	
NY/T 5018—2015	茶叶生产技术规程	2015年2月9日	2015年5月1日	NY/T 5018—2001
SN/T 4256—2015	出口普洱茶良好生产规范	2015年5月26日	2016年1月1日	
DBS13/002—2015	河北省食品安全地方标准代用茶	2015年4月23日	2015年5月1日	
DBS52 002—2014	贵州省食品安全地方标准代用茶	2015年2月12日	2015年6月1日	
DB32/T 2804—2015	梅占茶栽培技术规程	2015年9月10日	2015年11月10日	
DB32/T 2820—2015	长山剑毫茶加工技术规程	2015年9月10日	2015年11月10日	
DB32/T 2842—2015	茶园害虫绿色防控技术规程	2015年10月20日	2015年12月20日	
DB33/T 303—2015	优质茶评选技术规范	2015年7月27日	复审换代号	DB33/T 303—2001
DB33/T 668.1—2015	无公害菊米 第1部分：产地环境	2015年7月27日	复审换代号	DB33/T 668.1—2007
DB33/T 668.2—2015	无公害菊米 第2部分：栽培与加工	2015年7月27日	复审换代号	DB33/T 668.2—2007
DB33/T 506—2015	出口茶叶类商品运输包装检验规程	2015年7月27日	复审换代号	DB33/T 506—2004
DB33/T 551—2015	扁形茶炒制机 质量安全要求	2015年7月27日	复审换代号	DB33/T 551—2008
DB33/T 739—2015	松阳茶生产技术规范	2015年5月7日	2015年6月7日	DB 33/T 739—2009
DB33/T 729—2015	建德苞茶生产技术规范	2015年6月12日	2015年7月12日	DB33/T 729—2009
DB33/T 797—2015	惠明茶生产技术规程	2015年11月2日	2015年12月2日	DB33/T 797—2010
DB33/T 819—2015	茶楼茶馆服务规范及星级划分	2015年7月27日	复审换代号	DB33/T 819—2010
DB33/T 967—2015	香茶加工技术规程	2015年5月7日	2015年6月7日	
DB33/T 995—2015	茶树霜冻等级	2015年11月2日	2015年12月2日	
DB34/T 365—2015	九华佛茶	2015年12月30日	2016年1月30日	DB34/T 365—2003
DB34/T 366—2015	九华佛茶生产加工技术规程	2015年12月30日	2016年1月30日	DB34/T 366—2003
DB34/T 426—2015	地理标志产品 天华谷尖茶	2015年12月30日	2016年1月30日	DB34/T 426—2004
DB34/T 427—2015	天华谷尖茶加工技术规程	2015年12月30日	2016年1月30日	DB34/T 427—2004
DB34/T 1394—2015	茶叶色选机	2015年3月27日	2015年4月27日	DB34/T 1394—2011
DB34/T 2281—2015	清洁化茶厂建设条件	2015年2月3日	2015年3月3日	
DB34/T 2413—2015	汀溪兰香茶生产技术规程	2015年7月14日	2015年8月14日	
DB34/T 2414—2015	乌龙茶加工技术规范	2015年7月14日	2015年8月14日	
DB34/T 2570—2015	祁红香螺加工技术规程	2015年12月30日	2016年1月30日	

（续）

标准编号	标准名称	发布日期	实施日期	被代替标准号
DB34/T　2571—2015	石墨茶加工技术规程	2015年12月30日	2016年1月30日	
DB35/T　1228—2015	地理标志产品　武夷红茶	2015年6月26日	2015年9月26日	DB35/T　1228—2011
DB35/T　1497—2015	茶树主要害虫测报与生态防控技术规程	2015年2月28日	2015年6月1日	
DB35/T　1498—2015	地理标志产品　永定万应茶	2015年2月28日	2015年6月1日	
DB35/T　1505—2015	红茶加工通用技术规程	2015年6月26日	2015年9月26日	
DB35/T　1516—2015	茶叶综合做青机通用技术要求	2015年8月12日	2015年11月12日	
DB35/T　1545—2015	武夷岩茶冲泡与品鉴方法	2015年12月28日	2016年3月28日	
DB35/T　1546—2015	红茶冲泡与品鉴方法	2015年12月28日	2016年3月28日	
DB35/T　1552—2015	电子商务交易产品信息描述规范　茶叶	2015年12月28日	2016年3月28日	
DB36/T　448—2015	得雨活茶	2015年1月23日	2015年4月20日	DB36/T　448—2005
DB36/T　864—2015	无公害茶叶生产技术规程	2015年12月21日	2016年3月15日	
DB36/T　865—2015	绿色食品　茶叶生产技术规程	2015年12月21日	2016年3月15日	
DB36/T　866—2015	有机茶生产技术规程	2015年12月21日	2016年3月15日	
DB36/T　867—2015	茶叶理条机	2015年12月21日	2016年3月15日	
DB42/T　522—2015	地理标志产品　鹤峰茶	2015年1月13日	2015年5月10日	DB42/522—2008
DB42/T　1042—2015	地理标志产品　梅子贡茶	2015年1月13日	2015年5月10日	
DB42/T　1059—2015	红（米）砖茶	2015年5月18日	2015年7月1日	
DB42/T　1080—2015	鄂茶10号扦插繁育与高效栽培技术规程	2015年6月5日	2015年10月1日	
DB45/T　1162—2015	桂热2号白茶加工技术规程	2015年3月30日	2015年4月30日	
DB45/T　1165—2015	优异茶树品种快速选育技术规程	2015年5月10日	2015年6月10日	
DB45/T　1166—2015	桂绿1号茶树品种制茶技术规程	2015年5月10日	2015年6月10日	
DB45/T　1167—2015	桂绿1号茶树品种栽培技术规程	2015年5月10日	2015年6月10日	
DB45/T　1170—2015	三叶香茶菜组培苗生产技术规程	2015年5月10日	2015年6月10日	
DB45/T　1178—2015	藤茶中二氢杨梅素的测定　高效液相色谱法	2015年5月10日	2015年6月10日	
DB45/T　1243—2015	茶树主要病虫害绿色防控技术规程	2015年12月1日	2015年12月30日	

（续）

标准编号	标准名称	发布日期	实施日期	被代替标准号
DB52/T 433—2015	都匀毛尖茶	2015年1月13日	2015年2月13日	DB52/T 433—2009
DB52/T 478—2015	湄潭翠芽茶	2015年2月15日	2015年3月15日	DB52/T 478—2005
DB52/T 489—2015	凤冈锌硒茶	2015年2月15日	2015年3月15日	DB52/T 489—2005
DB52/T 532—2015	地理标志产品 石阡苔茶	2015年2月15日	2015年3月15日	DB52/T 532—2007
DB52/T 713—2015	地理标志产品 雷山银球茶	2015年2月15日	2015年3月15日	DB52/T 713—2011
DB52/T 835—2015	地理标志产品 正安白茶	2015年2月15日	2015年3月15日	DB52/T 835—2013
DB52/T 995—2015	都匀毛尖茶加工技术规程	2015年1月13日	2015年2月13日	
DB52/T 997—2015	绿宝石 绿茶	2015年2月15日	2015年3月15日	
DB52/T 998—2015	绿宝石 绿茶加工技术规程	2015年2月15日	2015年3月15日	
DB52/T 999—2015	绿宝石茶专属茶园栽培技术规程	2015年2月15日	2015年3月15日	
DB52/T 1000—2015	遵义红 红茶	2015年2月15日	2015年3月15日	
DB52/T 1001—2015	遵义红 红茶加工技术规程	2015年2月15日	2015年3月15日	
DB52/T 1002—2015	湄潭翠芽茶加工技术规程	2015年2月15日	2015年3月15日	
DB52/T 1003—2015	凤冈锌硒茶加工技术规程	2015年2月15日	2015年3月15日	
DB52/T 1004—2015	安顺瀑布毛峰茶	2015年2月15日	2015年3月15日	
DB52/T 1005—2015	安顺瀑布毛峰茶加工技术规程	2015年2月15日	2015年3月15日	
DB52/T 1006—2015	梵净山 针形绿茶	2015年2月15日	2015年3月15日	
DB52/T 1007—2015	梵净山 针形绿茶加工技术规程	2015年2月15日	2015年3月15日	
DB52/T 1008—2015	梵净山 卷曲形绿茶	2015年2月15日	2015年3月15日	
DB52/T 1009—2015	梵净山 卷曲形绿茶加工技术规程	2015年2月15日	2015年3月15日	
DB52/T 1010—2015	梵净山 颗粒形绿茶	2015年2月15日	2015年3月15日	
DB52/T 1011—2015	梵净山 颗粒形绿茶加工技术规程	2015年2月15日	2015年3月15日	
DB52/T 1012—2015	梵净山 红茶	2015年2月15日	2015年3月15日	
DB52/T 1013—2015	梵净山 红茶加工技术规程	2015年2月15日	2015年3月15日	
DB52/T 1014—2015	地理标志产品 石阡苔茶加工技术规程	2015年2月15日	2015年3月15日	
DB52/T 1015—2015	地理标志产品 雷山银球茶加工技术规程	2015年2月15日	2015年3月15日	
DB52/T 1016—2015	地理标志产品 正安白茶加工技术规程	2015年2月15日	2015年3月15日	

2015 年废止标准一览

标准编号	标准名称	废止日期	实施日期	发布单位
DB11/ 505—2007	代用茶卫生要求	2015 年 4 月 8 日	2015 年 5 月 1 日	北京市质量技术监督局
DB11/ 621—2009	固态含茶制品卫生要求	2015 年 4 月 8 日	2015 年 5 月 1 日	北京市质量技术监督局
DB33/T 228.1—1998	大佛龙井茶　第 1 部分：茶树良种繁育	2015 年 3 月 4 日	2015 年 3 月 4 日	浙江省质量技术监督局
DB33/T 228.3—1998	大佛龙井茶　第 3 部分：栽培管理	2015 年 3 月 4 日	2015 年 3 月 4 日	浙江省质量技术监督局
DB33/T 228.4—1998	大佛龙井茶　第 4 部分：采摘与加工	2015 年 3 月 4 日	2015 年 3 月 4 日	浙江省质量技术监督局
DB33/T 253.1—2005	无公害绿剑茶　第 1 部分：产地环境	2015 年 3 月 4 日	2015 年 3 月 4 日	浙江省质量技术监督局
DB33/T 253.2—2005	无公害绿剑茶　第 2 部分：茶树良种繁育	2015 年 3 月 4 日	2015 年 3 月 4 日	浙江省质量技术监督局
DB33/T 253.4—2005	无公害绿剑茶　第 4 部分：栽培管理	2015 年 3 月 4 日	2015 年 3 月 4 日	浙江省质量技术监督局
DB33/T 253.5—2005	无公害绿剑茶　第 5 部分：采摘与加工	2015 年 3 月 4 日	2015 年 3 月 4 日	浙江省质量技术监督局
DB33/T 257.1—2010	径山茶　第 1 部分：栽培技术规程	2015 年 3 月 4 日	2015 年 3 月 4 日	浙江省质量技术监督局
DB33/T 257.2—2010	径山茶　第 2 部分：加工技术规程	2015 年 3 月 4 日	2015 年 3 月 4 日	浙江省质量技术监督局
DB33/T 258.2—2000	越乡茶　第 2 部分：栽培管理	2015 年 7 月 27 日	2015 年 7 月 27 日	浙江省质量技术监督局
DB33/T 258.3—2000	越乡茶　第 3 部分：采摘与加工	2015 年 7 月 27 日	2015 年 7 月 27 日	浙江省质量技术监督局
DB33/T 304—2011	莫干黄芽茶生产技术规程	2015 年 3 月 4 日	2015 年 3 月 4 日	浙江省质量技术监督局
DB33/T 325.1—2011	普陀佛茶　第 1 部分：苗木	2015 年 3 月 4 日	2015 年 3 月 4 日	浙江省质量技术监督局
DB33/T 325.2—2011	普陀佛茶　第 2 部分：栽培技术	2015 年 3 月 4 日	2015 年 3 月 4 日	浙江省质量技术监督局
DB33/T 325.3—2011	普陀佛茶　第 3 部分：加工技术	2015 年 3 月 4 日	2015 年 3 月 4 日	浙江省质量技术监督局
DB33/T 469.1—2010	蒸青煎茶　第 1 部分：茶树栽培技术规程	2015 年 3 月 4 日	2015 年 3 月 4 日	浙江省质量技术监督局
DB33/T 469.2—2010	蒸青煎茶　第 2 部分：加工技术规程	2015 年 3 月 4 日	2015 年 3 月 4 日	浙江省质量技术监督局
DB33/T 672—2007	茶叶加工企业良好操作规范	2015 年 3 月 4 日	2015 年 3 月 4 日	浙江省质量技术监督局
DB33/T 675—2008	茶叶安全生产种植技术规范	2015 年 3 月 4 日	2015 年 3 月 4 日	浙江省质量技术监督局
DB33/T 740.1—2009	金观音茶叶生产技术规程　第 1 部分：苗木培育	2015 年 3 月 4 日	2015 年 3 月 4 日	浙江省质量技术监督局

（续）

标准编号	标准名称	废止日期	实施日期	发布单位
DB33/T 740.2—2009	金观音茶叶生产技术规程　第2部分：栽培	2015年3月4日	2015年3月4日	浙江省质量技术监督局
DB33/T 740.3—2009	金观音茶叶生产技术规程　第3部分：加工	2015年3月4日	2015年3月4日	浙江省质量技术监督局
DB50/T 108—2003	半烘炒绿茶	2015年1月9日	2015年1月9日	重庆市质量技术监督局
DB51/T 11—1991	茶叶鲜叶质量标准	2015年5月5日	2015年5月31日	四川省质量技术监督局
DB51/ 152—1992	茯砖茶	2015年5月5日	2015年5月31日	四川省质量技术监督局
DB51/T 342—2001	无公害农产品生产技术规程　茶叶	2015年5月5日	2015年5月31日	四川省质量技术监督局
DB51/T 373—2003	有机茶生产技术规程	2015年5月5日	2015年5月31日	四川省质量技术监督局
DB51/T 423—2004	无公害农产品生产技术规程　茉莉花	2015年5月5日	2015年5月31日	四川省质量技术监督局
DB51/T 444—2004	无公害农产品生产技术规程　金银花	2015年5月5日	2015年5月31日	四川省质量技术监督局
DB51/T 465—2004	炒青绿茶加工技术规程	2015年5月5日	2015年5月31日	四川省质量技术监督局
DB51/T 557—2006	有机茶加工技术规程	2015年5月5日	2015年5月31日	四川省质量技术监督局
DB51/T 874—2009	绿色食品　茶叶生产技术规程	2015年5月5日	2015年5月31日	四川省质量技术监督局
DB51/T 1064—2010	有机茶加工技术规程	2015年5月5日	2015年5月31日	四川省质量技术监督局
DB51/T 1676—2013	有机茶病虫害防控技术规程	2015年5月5日	2015年5月31日	四川省质量技术监督局
DB51/T 1857—2014	有机茶生产技术规程	2015年5月5日	2015年5月31日	四川省质量技术监督局

中国食品农产品认证机构

序号	批准号	机构名称	机构代码	机构地址	电话	状态	联系人
1	CNCA-R-2002-051	上海挪亚检测认证有限公司	631629112	上海市浦东新区锦绣东路2777弄26号3层	021-50430897	有效	陈瑗元
2	CNCA-R-2016-249	辽宁欧希蒂认证有限公司	91210105MA0P48PH11	辽宁省沈阳市皇姑区崇山中路47号501		有效	
3	CNCA-R-2002-069	凯新认证（北京）有限公司	74159271X	北京市东城区新中西街2号新中大厦7层706室	010-65535910	有效	
4	CNCA-R-2016-242	中标合信（北京）认证有限公司	91110108551445647R	北京市海淀区增光路33号	010-68718905	有效	
5	CNCA-R-2007-151	北京中合金诺认证中心有限公司	663734769	北京市丰台区南四环西路188号十六区3号楼1至11层101内11层1101室（园区）	010-88850617	有效	张祥茂
6	CNCA-R-2004-128	辽宁辽环认证中心	117911692	辽宁省沈阳市皇姑区崇山东路34号405、406室	024-66761352	有效	
7	CNCA-R-2016-227	黑龙江省国安产品质量安全认证中心有限公司	91230103MA18WY185T	黑龙江省哈尔滨市南岗区赣水路15号1栋2层7号	0451-82330176	有效	
8	CNCA-R-2003-104	山东世通质量认证有限公司	747822520	青岛市竹园路2号	0532-85730069	有效	
9	CNCA-R-2002-105	中环联合（北京）认证中心有限公司	739396429	北京市朝阳区育慧南路1号	010-59205880	有效	陈燕平
10	CNCA-R-2003-117	上海英格尔认证有限公司	63165166X	上海市徐汇区中山西路2368号华鼎大厦801室	021-51114700	有效	
11	CNCA-RF-2008-52	华赛天成管理技术（北京）有限公司	795103045	北京市朝阳区东三环中路乙10号艾维克大厦21层2102-03A号	010-65676366	有效	
12	CNCA-R-2015-185	杨凌食品农产品质量安全认证中心	07453905X	陕西省咸阳市杨凌区杨凌现代农业示范园创新园内		有效	陈峰涛
13	CNCA-R-2002-100	北京中绿华夏有机食品认证中心	744740589	北京市海淀区学院南路59号	010-62131243	有效	王华飞

（续）

序号	批准号	机构名称	机构代码	机构地址	电话	状态	联系人
14	CNCA-R-2002-041	深圳华测国际认证有限公司	764953311	广东省深圳市福田区福强路4001号深圳市世纪工艺品文化广场311栋5楼F5-1	0755-82721691	有效	陈海玲
15	CNCA-RF-2013-47	湖南欧格有机认证有限公司	79238171X	湖南省长沙市芙蓉区隆平路湖南生物机电职院东湖校区	0731-84637041	有效	
16	CNCA-RF-2002-01	通标标准技术服务有限公司	625907462	北京市海淀区阜成路73号世纪裕惠大厦16层	010-68456699	有效	
17	CNCA-R-2002-089	黑龙江省农产品质量认证中心	731369346	黑龙江省哈尔滨市松北区创新二路1218号	0451-51969357	有效	张春红
18	CNCA-RF-2003-23	必维认证（北京）有限公司	753300809	北京市东城区北三环东路36号环球贸易中心B座22层	010-59683888	有效	纪新新
19	CNCA-R-2013-142	吉林省农产品认证中心	412755733	吉林省长春市市辖区东南湖大路1088号	0431-85237221	有效	徐学才
20	CNCA-R-2004-134	南京国环有机产品认证中心	738877458	江苏省南京市玄武区蒋王庙8号	025-85287271	有效	
21	CNCA-RF-2006-45	北京爱科赛尔认证中心有限公司	717712750	北京市海淀区天秀路10号中国农业大学（西校区）国际创业园4015室	010-62827070、62827171、62827272	有效	耿云霞
22	CNCA-RF-2002-05	莱茵检测认证服务（中国）有限公司	71788225-8	北京市朝阳区东三环中路乙10号	13901313115	有效	李磊
23	CNCA-R-2003-116	北京华思联认证中心	752611533	北京市朝阳区农展北路55号中欧中心B段408室	010-59195182	有效	董晓玲
24	CNCA-RF-2002-11	劳氏质量认证（上海）有限公司	724465815	上海市黄浦区延安东路550号海洋大厦2017-18、2001-02室	010-58256801	有效	王会荣
25	CNCA-R-2002-010	东北认证有限公司	117580889	辽宁省沈阳市沈河区文艺路21-1号	024-83961668	有效	
26	CNCA-R-2004-129	北京五岳华夏管理技术中心	747543345	北京市宣武区广安门南滨河路23号立恒大厦1号楼502室	010-57269682	有效	寇淑君

（续）

序号	批准号	机构名称	机构代码	机构地址	电话	状态	联系人
27	CNCA-R-2003-115	北京五洲恒通认证有限公司	721497504	北京市丰台区角门18号枫竹苑二区1号楼3层303室	010-63180681	有效	刘益君
28	CNCA-R-2002-015	杭州万泰认证有限公司	721067969	浙江省杭州市滨江区江南大道588号恒鑫大厦主楼17层～18层	0571-87902303	有效	里斯
29	CNCA-R-2002-084	中食恒信（北京）质量认证中心有限公司	742612786	北京市东城区东华门大街82号	010-52227546	有效	王贵际
30	CNCA-R-2002-001	中国质量认证中心	717802035	北京市丰台区南四环西路188号9区	010-83886666	有效	
31	CNCA-R-2002-013	浙江公信认证有限公司	142918087	浙江省杭州市市辖区密渡桥路15号新世纪大厦25楼（杭州市1250信箱）	0571-85067764	有效	
32	CNCA-R-2004-131	新疆生产建设兵团环境保护科学研究所	751654769	新疆维吾尔自治区乌鲁木齐市水磨沟区红山路159号	0991-2325271	有效	
33	CNCA-R-2004-133	西北农林科技大学认证中心	770031356	陕西省西安市市辖区杨凌西农路28号西北农林大学测试中心（植物所校区）	029-87091495	有效	
34	CNCA-R-2004-122	辽宁方园有机食品认证有限公司	742791665	辽宁省沈阳市皇姑区黄河南大街106号丽阳商务大厦A座11层（辽宁大厦对面）	024-86806565	有效	
35	CNCA-R-2003-096	杭州中农质量认证中心	751704885	浙江省杭州市市辖区云栖路1号	0571-86653153	有效	
36	CNCA-R-2002-007	广东中鉴认证有限责任公司	190379487	广东省广州市越秀区广州大道中路227号4楼	020-87369001	有效	
37	CNCA-R-2002-002	方圆标志认证集团有限公司	718701228	北京市海淀区增光路33号	010-68477287	有效	
38	CNCA-R-2002-028	北京中安质环认证中心	802107782	北京市朝阳区东三环南路58号富顿中心1号楼22层	010-58673510	有效	任庆才
39	CNCA-R-2010-145	北京东方嘉禾认证责任有限公司	771970793	北京市海淀区农大南路1号硅谷亮城2B-316	010-62827900	有效	张友廷

（续）

序号	批准号	机构名称	机构代码	机构地址	电话	状态	联系人
40	CNCA-R-2007-150	北京中瑞雅德士技术服务有限公司	783966230	北京市朝阳区东三环北路30号（住宅）楼2-11A	010-85967093	有效	王洋
41	CNCA-R-2004-123	黑龙江绿环有机食品认证有限公司	756300812	黑龙江省哈尔滨市南岗区教化街98号	0451-86484801	撤销	
42	CNCA-RF-2002-07	上海天祥质量技术服务有限公司	60727776-X	上海市徐汇区宜山路889号齐来工业城2号楼6楼	021-61194005	有效	邢明明
43	CNCA-R-2002-024	深圳市环通认证中心有限公司	726191176	广东省深圳市福田区侨香路裕和大厦六层全层	0755-83355888	有效	
44	CNCA-R-2002-035	兴原认证中心有限公司	100019905	北京市海淀区上地三街9号金隅嘉华大厦C座711室	010-62981683	有效	
45	CNCA-R-2002-039	北京埃尔维质量认证中心	718703127	北京市西城区车公庄大街甲4号物华大厦A1007室	010-68001010	有效	
46	CNCA-R-2002-083	福建东南标准认证中心	741692251	福建省福州市鼓楼区西门外山头角121号	0591-83762036	有效	
47	CNCA-R-2002-106	中国绿色食品发展中心	400007172	北京市朝阳区西坝河光熙门北里15号	010-62191404	有效	
48	CNCA-RF-2003-20	摩迪英联认证有限公司	717869117	上海市浦东新区碧波路912弄5号2层	021-50273066	有效	
49	CNCA-R-2002-045	北京大陆航星质量认证中心有限公司	723960276	北京市海淀区玉泉路甲12号	010-88260999	有效	何小梅
50	CNCA-RF-2003-27	上海挪华威认证有限公司	717850547	上海市虹口区虹桥路1591号9号楼	021-32084518	有效	徐蓓
51	CNCA-R-2003-055	农业部农产品质量安全中心	666666666	北京市海淀区学院南路59号	010-62191443	有效	
52	CNCA-RF-2005-40	上海禾邦认证有限公司	717856279	上海市长宁区武夷路258号	021-52377700	有效	
53	CNCA-RF-2007-50	上海色瑞斯认证有限公司	717881415	上海市杨浦区控江路1023号5楼505室	021-61483660	有效	
54	CNCA-R-2006-147	农业部优质农产品开发服务中心	400013548	北京市朝阳区朝外大街223号		有效	

（续）

序号	批准号	机构名称	机构代码	机构地址	电话	状态	联系人
55	CNCA-R-2002-009	长城（天津）质量保证中心	401210543	天津市南开区水上公园北路津龙公寓4号	022-23525348	有效	
56	CNCA-R-2002-006	中质协质量保证中心	101366431	北京市西城区中京几道12号	010-68710377	有效	
57	CNCA-R-2002-003	上海质量体系审核中心	132902364	上海市长宁区武夷路258号	021-52387700	有效	
58	CNCA-R-2003-114	北京东方纵横认证中心	700318634	北京市朝阳区慈云寺1号院东区国际3号楼2117室	010-85912674	有效	
59	CNCA-R-2004-136	中食联盟（北京）认证中心	765047644	北京市崇文区外大街9号正仁大厦八层	010-67091549	有效	赵尔萍
60	CNCA-R-2002-021	华夏认证中心有限公司	726360101	北京市海淀区北四环中路211号太极大厦七层	010-51615822	有效	王靖
61	CNCA-R-2002-016	北京新世纪认证有限公司	101514705	北京市西城区西直门内南小街国英1号楼11层	010-58561801	有效	黄权
62	CNCA-R-2002-038	北京世标认证中心有限公司	633723014	北京市海淀区德胜门外西大街15号，远洋风景8-2-6层	010-82295677	有效	高岚
63	CNCA-R-2002-053	北京恩格威认证中心	802077755	北京市朝阳区望京阜通东大街方恒国际C座18层	010-64802311	有效	曾见
64	CNCA-R-2002-020	北京中大华远认证中心	741571142	北京市东城区阜外大街乙22号415室	010-68396415	有效	杜同和

资料来源：国家认证认可监督管理委员会的中国食品农产品认证信息系统。

国家食药监总局①公布茶叶及相关制品监督抽检信息②

国家食药监总局：4 批次茶叶和 1 批次代用茶被检出不合格

2014 年 12 月 5 日，国家食品药品监督管理总局公布了本年度第二阶段 19 类食品及食品添加剂的监督抽检信息。其中，茶叶及其相关制品、咖啡监督抽检 776 批次，有 5 批次样品不合格。

本次抽检的茶叶及相关制品、咖啡主要包括茶叶、代用茶、速溶茶类和其他含茶制品。抽检依据是《食品安全国家标准 食品添加剂使用标准》（GB 2760—2011）、《食品安全国家标准　食品中污染物限量》（GB 2762—2005）（2013 年 6 月 1 日以前生产的）、《食品安全国家标准　食品中污染物限量》（GB 2762—2012）（2013 年 6 月 1 日（含）以后生产的）、《食品中农药最大残留限量》（GB 2763—2005）（2013 年 3 月 1 日以前生产的）、《食品安全国家标准　食品中农药最大残留限量》（GB 2763—2012）（2013 年 3 月 1 日～2014 年 7 月 31 日生产的）、《食品安全国家标准　食品中农药最大残留限量》（GB 2763—2014）（2014 年 8 月 1 日（含）以后生产的）、中华人民共和国农业部公告（第 199 号）等相关标准、法律法规及产品明示标准和指标的要求。抽检项目包括茶叶、代用茶、速溶茶类和其他含茶制品中铅等重金属，六六六、滴滴涕、三氯杀螨醇等农药残留以及食品添加剂和微生物指标等 35 个指标。

本次共抽检茶叶、代用茶、速溶茶类和其他含茶制品样品 776 批次，覆盖 20 个生产省份的 617 家企业。其中，抽检茶叶样品 662 批次，不合格样品数为 4 批次，样品不合格率为 0.60%，检出不合格的检测项目为柠檬黄、日落黄、胭脂红、三氯杀螨醇、草甘膦。抽检代用茶样品 66 批次，不合格样品数为 1 批次，样品不合格率为 1.52%，检出不合格的检测项目为二氧化硫。抽检速溶茶类、其他含茶制品样品 48 批次，未检出不合格样品。

据悉，国家食药监总局已责令相关省级食品药品监管部门按照相关法律法规，对不合格产品及其生产经营企业及时依法查处，并采取有针对性措施，防控食品安全风险。

不合格产品信息

序号	标称生产企业名称	标称生产企业地址	被抽样单位名称	被抽样单位地址	食品名称	规格型号	商标	生产日期	不合格项目	检验结果（单位：毫克/千克）	备注
1	武夷山市正峰茶业有限公司	武夷山自然保护区桐木村庙湾 8 号	利群集团胶州商厦有限公司	山东省青岛市胶州市苏州路 118 号	金骏眉茶	200 克/提（34 袋/提）	/	2014-1-2	柠檬黄	310	地方监管部门核实为假冒
									日落黄	10.2	
									胭脂红	6.6	
2	上虞市米家山茶果专业合作社	绍兴市上虞区章镇清潭村	上虞市米家山茶果专业合作社	章镇清潭村	翠茗茶（绿茶）	62.5 克/罐	/	2014-6-10	三氯杀螨醇	5.058	
3	山东双营食品有限公司	兰陵县庄坞镇南营子村	山东双营食品有限公司	兰陵县庄坞镇南营子村	牛蒡养生茶	100 克/盒	双营	2014-5-8	二氧化硫	68.11	
4	武夷山市武夷岩茶研究所有限责任公司	武夷山市星村镇齐云路（原星村九曲精制茶厂）	武夷山市武夷岩茶研究所有限责任公司	武夷山市星村镇齐云路（原星村九曲精制茶厂）	奇种（武夷岩茶）	散装称重	仙人栽	2013-4-25	草甘膦	2.6	

① 国家食药监总局全称为国家食品药品监督管理总局，以下均使用简称。

② 抽捡信息来源：中国质量新闻网，下同。

（续）

序号	标称生产企业名称	标称生产企业地址	被抽样单位名称	被抽样单位地址	食品名称	规格型号	商标	生产日期	不合格项目	检验结果（单位：毫克/千克）	备注
5	浙江叶常香茶业有限公司	浙江金华武义县中盛路	浙江叶常香茶业有限公司	中盛路	武阳春雨高山茶（绿茶）	100克/袋	叶常香	2014-4-18	草甘膦	1.78	

国家食药监总局：抽检茶叶及其相关制品不合格名单

2015年2月16日，国家食品药品监督管理总局公布了2015年第一期食品安全监督抽检情况。本次抽检的茶叶及其相关制品、咖啡产品主要包括茶叶、砖茶、代用茶、速溶茶类和其他含茶制品。

抽检依据是《食品安全国家标准　食品添加剂使用标准》（GB 2760—2011）、《食品中污染物限量》（GB 2762—2005）（2013年6月1日以前生产的）、《食品安全国家标准　食品中污染物限量》（GB 2762—2012）（2013年6月1日以后生产的）、《食品中农药最大残留限量》（GB 2763—2005）（2013年3月1日以前生产的）、《食品安全国家标准　食品中农药最大残留限量》（GB 2763—2012）（2013年3月1日以后、2014年8月1日之前生产的）、《食品安全国家标准　食品中农药最大残留限量》（GB 2763—2014）（2014年8月1日以后生产的）、中华人民共和国农业部公告（第199号）等相关法律法规及产品明示标准和指标的要求。

抽检项目包括茶叶及其相关制品中重金属、农药残留、食品添加剂和微生物指标等35个项目。共抽检847家企业的1174批次产品。

不合格产品信息

序号	标称生产企业名称	标称生产企业地址	被抽样单位名称	被抽样单位地址	食品名称	规格型号	商标	生产日期	不合格项目	检验结果
1	杭州山地茶业有限公司	西湖区龙坞镇唐家桥	杭州山地茶业有限公司	西湖区龙坞镇唐家桥	桑抹茶	180克/盒	山地	2014-8-8	大肠菌群	230MPN/100克
2	嵊州市和发茶厂	浙江省绍兴市嵊州县经济开发区农产品加工园区加佳路78号	嵊州市和发茶厂	经济开发区农产品加工园区加佳路78号	珠茶（绿茶）	200克/袋	/	2014-11-5	三氯杀螨醇	0.306毫克/千克
3	汕头市永康保健品有限公司	汕头市濠江区海旁路45号东侧2楼、3楼	饶平县金恒晟购物广场有限公司	广东省潮州市饶平县黄冈镇粤东市场二楼	桂花	40克/罐	石旭生®	2014-9-2	二氧化硫	0.358克/千克
									铅	3.2毫克/千克
4	广东豪爽天然保健食品有限公司	连州市城南开发区	湛江天马大药房连锁有限公司泉庄分店	广东省湛江市人民大道中27号之14—15号	豪爽溪黄茶®代用茶	100克/罐	豪爽®	2014-8-3	铅	2.9毫克/千克

（续）

序号	标称生产企业名称	标称生产企业地址	被抽样单位名称	被抽样单位地址	食品名称	规格型号	商标	生产日期	不合格项目	检验结果
5	广东豪爽天然保健食品有限公司	广东省连州市城南开发区	湛江市金永安大药房连锁有限公司龙潮分店	广东省湛江市开发区人民大道中70号第一层办公室	口苦口臭茶（代用茶）	30克/盒	廖冲	2014-8-3	铅	2.6毫克/千克
6	广东豪爽天然保健食品有限公司	广东省连州市城南开发区	湛江市金永安大药房连锁有限公司龙潮分店	广东省湛江市开发区人民大道中70号第一层办公室	廖冲湿王茶	20克/盒	廖冲	2014-6-7	铅	3.3毫克/千克
7	珠海李氏百草凉茶有限公司	珠海市斗门区斗门镇八甲村水田项	湛江市金永安大药房连锁有限公司龙潮分店	广东省湛江市开发区人民大道中70号第一层办公室	玉竹薏苡仁代用茶型	40克/盒	卓兴	2014-6-4	铅	4.2毫克/千克
8	汕头市金峰食品实业有限公司	汕头市大学路升业大厦第二层03号厂房	广东美佳乐购物广场有限公司商品城分公司	普宁市普宁国际商品城商贸中心东座	柠檬茶（代用茶）	3×12包/盒	/	2014-10-12	铅	4毫克/千克
9	汕头市永康保健食品有限公司	广东汕头市濠江区达濠海旁路45号东侧二楼、三楼	揭西县棉湖镇万客佳日用百货商行	广东揭阳揭西棉湖新湖村委兴华路东段南侧（荣华大酒店对面）	润通茶	1.6克×25包/盒	石旭生R	2014-3-2	铅	5.4毫克/千克
10	信阳吞达茶叶有限公司	河南省光山县白雀镇罗山茶厂	淄博奥德隆超市连锁有限公司周村胜利店	山东省淄博市周村周隆路1788号	大红袍茶	500克/盒（内含6小盒）	/	2014-3-10	柠檬黄	0.66克/千克
11	山东省天园茶叶有限公司	山东省济南市历下区和平路42号	临沂银座商城有限公司	山东省临沂市兰山区红旗路11号	铁观音	250克/罐	未标注	2014-5-7	三氯杀螨醇	0.31毫克/千克

国家食药监总局：3批次茶叶被检出不合格

2015年2月27日，国家食品药品监督管理总局公布了2015年第二期食品安全监督抽检信息。本次抽检的茶叶及其相关制品、咖啡产品主要包括茶叶、砖茶、代用茶、速溶茶类和其他含茶制品。

抽检依据《食品安全国家标准　食品添加剂使用标准》（GB 2760—2011）、《食品中污染物限量》（GB 2762—2005）（2013年6月1日以前生产的）、《食品安全国家标准　食品中污染物限量》（GB 2762—2012）（2013年6月1日以后生产的）、《食品中农药最大残留限量》（GB 2763—2005）（2013年3月1日以前生产的）、《食品安全国家标准　食品中农药最大残留限量》（GB 2763—2012）（2013年3月1日以后、2014年8月1日之前生产的）、《食品安全国家标准　食品中农药最大残留限量》（GB 2763—2014）（2014 年 8 月 1 日以后生产的）、中华人民共和国农业部公告（第 199 号）等标准及产品明示标准和指标的要求。

抽检项目包括重金属、农药残留、食品添加剂、微生物指标等 35 个指标，共抽检 147 家企业的 228 批次产品。

不合格产品信息

序号	标称生产企业名称	标称生产企业地址	被抽样单位名称	被抽样单位地址	食品名称	规格型号	商标	生产日期	不合格项目	检验结果（单位：毫克/千克）
1	雅安农耕时代生态农业有限公司	雅安市天全县解放街 138 号	雅安农耕时代生态农业有限公司	雅安市天全县解放街 138 号	二郎山乌茶（乌金）	240 克/盒	二郎山	2014-10-4	三氯杀螨醇	0.55
2	亳州八方饮品有限公司	安徽省亳州市谯城区光明东路	亳州八方饮品有限公司	安徽省亳州市谯城区光明东路	贡菊八宝茶	150 克/袋	远甜	2014-11-1	二氧化硫	437
3	苏州洞庭西螺茶叶有限公司（制造商）；信阳市浉河区天潭茶叶有限公司（授权商）	苏州市南环西路 25 号（制造商地址）；信阳市浉河区吴家店镇南街（授权商地址）	确山县福旺旺商业有限公司泌阳连锁店	泌阳县新兴路	碧螺春（茶叶）	100 克/袋	天潭	2014-9-11	三氯杀螨醇	0.991

国家食药监总局：1 批次抹茶被检出不合格

2015 年 3 月 30 日，国家食品药品监督管理总局在其官网公布了 2015 年第三期食品安全监督抽检情况。在茶叶及其相关制品、咖啡产品监督抽检中，共抽检 141 家企业的 188 批次产品，不合格 1 批次。本次抽检的茶叶及其相关制品、咖啡产品主要包括茶叶、砖茶、代用茶、速溶茶类和其他含茶制品。

抽检依据是《食品安全国家标准　食品添加剂使用标准》（GB 2760—2011）、《食品中污染物限量》（GB 2762—2005）（2013 年 6 月 1 日以前生产的）、《食品安全国家标准　食品中污染物限量》（GB 2762—2012）（2013 年 6 月 1 日以后生产的）、《食品中农药最大残留限量》（GB 2763—2005）（2013 年 3 月 1 日以前生产的）、《食品安全国家标准　食品中农药最大残留限量》（GB 2763—2012）（2013 年 3 月 1 日以后、2014 年 8 月 1 日之前生产的）、《食品安全国家标准　食品中农药最大残留限量》（GB 2763—2014）（2014 年 8 月 1 日以后生产的）、中华人民共和国农业部公告（第 199 号）等相关法律法规及产品明示标准和指标的要求。

抽检项目包括重金属、农药残留、食品添加剂、微生物指标等 35 个指标。

不合格产品信息

序号	标称生产企业名称	标称生产企业地址	被抽样单位名称	被抽样单位地址	食品名称	规格型号	商标	生产日期	不合格项目	检验结果
1	杭州茗乐茶业有限公司	杭州市余杭区瓶窑镇窑北村毛元岭	杭州茗乐茶业有限公司	瓶窑镇窑北村毛元岭	抹茶	200 克/袋	/	2014-08-25	菌落总数（仅限速溶茶类）	15 000 CFU/克
									大肠菌群（仅限速溶茶类）	2 400 MPN/100 克

国家食药监总局：两批次砖茶被检出重金属铅超标

2015 年 6 月 30 日，国家食品药品监督管理总局公布 2015 年第 13 期食品安全监督抽检情况。本期公布的抽检信息涉及 11 大类食品 552 批次样品，不合格样品 26 批次。其中，抽检茶叶及相关制品 42 批次，样品检验项目合格的 40 批次。

本次抽检的茶叶及相关制品、咖啡产品主要包括茶叶和砖茶。抽检依据《食品安全国家标准食品添加剂使用标准》（GB 2760—2011）、《食品中污染物限量》（GB 2762—2005）（2013 年 6 月 1 日以前生产的）、《食品安全国家标准食品中污染物限量》（GB 2762—2012）（2013 年 6 月 1 日以后生产的）、《食品中农药最大残留限量》（GB 2763—2005）（2013 年 3 月 1 日以前生产的）、《食品安全国家标准食品中农药最大残留限量》（GB 2763—2012）（2013 年 3 月 1 日以后、2014 年 8 月 1 日之前生产的）、《食品安全国家标准食品中农药最大残留限量》（GB 2763—2014）（2014 年 8 月 1 日以后生产的）、中华人民共和国农业部公告（第 199 号）等标准及产品明示标准和指标的要求。抽检项目包括重金属、农药残留、食品添加剂等 22 个指标。

本次共抽检 32 家企业的 42 批次产品。经检验，不合格样品 2 批次，为标称宜宾市外贸金叶茶业有限责任公司生产的青砖茶和金砖黑茶（黑砖茶），主要问题是重金属铅超标。

不合格产品信息

序号	标称生产企业名称	标称生产企业地址	被抽样单位名称	被抽样单位地址	样品名称	规格型号	商标	生产日期/批号	不合格项目	检验结果（单位：毫克/千克）	标准值（单位：毫克/千克）
1	宜宾市外贸金叶茶业有限责任公司	四川省宜宾市福溪工业集中区	双流县雄兴茶叶商贸部	双流县西航港成白路社区兴华丰食品城 301-9 号	青砖茶	1 500 克/包	图形	2012-3-22	铅	10.0	5.0
2	宜宾市外贸金叶茶业有限责任公司	四川省高县福溪工业集中区	广汉百伦商贸有限公司	广汉市中山大道南一段 6 号	金砖黑茶（黑砖茶）	168 克（7 克×24 块）/盒	金江牌	2014-6-23	铅	7.28	5.0

农业部关于促进茶叶生产持续健康发展的意见

农农发〔2013〕2号

各有关省、自治区、直辖市农业厅（委、局）：

茶叶是我国重要的经济作物，也是城乡居民生活的必需品。近年来，我国茶叶生产快速发展，面积不断扩大，产量不断增加，名优茶增多，市场供应充足。但茶叶生产仍存在一些问题，突出的是老茶园面积较大，单产出现下降，品质效益提升不快，影响茶产业的健康发展。今后一个时期，要在稳定茶园面积的同时，加强茶园管理，提高单产，提高品质和效益，促进茶叶生产持续稳定发展。

一、着力稳定茶园面积

多年来，我国茶园面积稳步增加，特别是2003年以来，茶园面积快速增加，2012年茶园面积达到3 500多万亩。目前，一些地方仍在加快发展茶园，面积呈扩大的趋势。要深入实施《全国茶叶重点区域发展规划（2009—2015年）》，发挥资源优势和比较优势，稳定长江流域绿茶产区，稳步提升东南沿海乌龙茶产区，适度发展西南红茶及特种茶产区，引导茶产业向优势产区集中。各地要根据资源条件和市场容量，因地制宜地发展茶叶生产，积极推进区域布局和品种结构的优化，保持茶园面积的基本稳定。

二、加大老茶园改造力度

目前，我国有30%的茶园树龄在30年以上，单产低，品质差。要把改造老茶园作为今后茶叶生产发展的重点，加快品种改良，提高单产和品质。整合项目资金，引进龙头企业，加快老茶园的基础设施改造，建设一批沟渠路配套、灌溉设施齐全的高标准茶园。加快无性系茶树良种的推广，优化品种结构，改造低产茶园，推进规模化、标准化生产。力争到2015年高标准茶园比例达到20%、提高5个百分点，无性系茶树良种普及率达到60%、提高9个百分点。

三、努力提升茶园管理水平

这是加快推广关键技术、挖掘生产潜力的重要途径。各地要结合开展茶叶标准园创建，集成推广关键技术，积极推行标准化生产，提升茶园管理水平。强化肥水管理，尤其要重视冬前有机肥和春秋季茶叶专用肥的施用，旱季应及时灌溉。推进科学修剪，做到适时、适量、适型修剪，提高资源利用率，推进机械采摘。推行适度采摘，名优茶要提倡一芽一叶或一芽二叶，减少单芽的采摘，大宗茶要做到应采尽采，充分利用茶叶资源。加快机械采摘，重点是要研发名优茶采摘的机械，提高机采水平。

四、大力推广绿色防控技术

茶叶的质量安全，事关人民群众的身体健康，社会极大关注。要大力推广生态控制、生物防治、物理防治等生态栽培技术，降低种植环节带来的食品质量安全风险。积极推广杀虫灯、色诱板、释放天敌等非化学防控技术，减少化学农药的使用，控害保益。推行科学施药，指导农民因时因地因虫施药，推广高效低毒的脂溶性农药。加强绿色防控技术的研究与推广，以生态区域为单位，开展绿色防控技术的协作攻关，尽快集成一套高产优质低残留的绿色防控技术模式。

五、积极推进产业化经营

引导支持企业和茶叶专业合作社在优势产区建立生产基地，加快培育一批具有较强竞争力、带动力的茶叶龙头企业。加强市场流通体系建设，强化信息引导和产销衔接，在集中产区和销区建设一批规模大、辐射广的批发交易市场。依托协会等中介组织，举办博览会、展销会等，创响一批茶叶品牌，扩大市场影响力，提升市场竞争力。

农业部

二○一三年四月一十七日

江西省人民政府关于进一步推进茶产业发展的意见

赣府厅发〔2012〕51号

为进一步促进我省茶产业规模化、标准化、品牌化和产业化发展，做大做强茶产业，确保茶产业持续健康、稳定有序发展，促进茶叶增产、农业增效、农民增收，特提出本意见。

一、重要意见

江西是茶叶的故乡，生态环境条件在全国处于领先地位，具有发展茶产业得天独厚的优势。进入新世纪以来，江西茶产业取得了长足发展，总体呈现出“产业规模扩大、产品质量提高、区域优势凸显、经济效益增加”的良好发展态势。2011年，全省茶叶面积88.49万亩，干毛茶总产量3.27万吨，实现农业产值40亿元。全省有茶叶企业180余家，其中省级以上涉茶龙头企业29家，茶叶销售收入达20亿元，出口创汇3 770万美元。全省共建立各类茶叶合作经济组织308个，带动茶农共24万户。目前，茶叶种植遍布11个设区市90个县（市、区），涉茶农业人口超过400万，茶产业已成为广大茶叶主产县（市、区）的支柱产业和茶农增收致富的重要来源。

我省茶产业虽然发展态势很好，但与全国其他产茶大省相比，仍存在产业规模不大、加工设备简陋、龙头企业带动力不强、茶叶品牌影响力较弱等突出问题。做大茶产业规模，优化茶产业结构，增强茶叶加工增值能力，提升茶叶品质，加强茶文化建设，创响名优茶品牌，促进江西茶产业优化升级，对加快农业农村经济结构调整，增加就业岗位和农民收入，推动富裕和谐秀美江西建设，具有十分重要的意义。

二、总体要求

（1）指导思想。坚持以科学发展观为指导，以农民增收、企业增效为目标，以工业化理念谋划产业发展，着力扩规模、提品质、创品牌、拓市场、增效益，强化市场营销体系、科技人才体系、质量监管体系、社会服务体系，大力推进基地建设标准化、产品加工清洁化、品牌创建国际化，努力把我省打造成全国茶叶生产、加工、出口、重要基地和茶叶交易、茶文化交流中心，实现由产茶大省向产茶强省转变。

（2）发展目标。到2015年，全省茶园总面积达到120万亩，茶叶总产量达到10万吨，总产值突破80亿元，其中名优茶产量2.5万吨，名优茶产值50亿元，茶叶出口创汇8 000万美元以上，茶农组织化程度60%以上。到2020年全省茶园总面积达到200万亩，茶叶总产量达到20万吨以上，总产值突破200亿元。

三、主要措施

（3）推进标准化茶园建设。在赣东北、赣西北、赣中和赣南等四大优势茶区，新建一批规模化、标准化和专业化程度较高的无性系良种茶叶基地，至2015年全省新开发标准化茶园面积20万亩以上。通过老茶园改种换植、低产茶园改造，建成一批标准化、低碳化、高值化、良种化生态茶园，力争2015年全省改造低产茶园面积20万亩以上。支持现有10个国家级标准茶园创建基地建设，大力推行测土配方施肥、节水灌溉、病虫害综合防治等集成技术。积极支持龙头企业和标准化茶园创建基地建立生产有记录、信息可查询、流向可跟踪、责任可追究、质量有保障的产品可追溯体系。

（4）集中培育重点茶叶企业。实施“产业兴龙头，龙头带产业”战略，通过分类指导和支持引导，做大做强一批茶产业龙头企业。重点选择10～15家特色明显、产销结合、农贸一体、有一定规模的茶叶企业，培育打造成为科技型、外向型、带动型的龙头企业。鼓励企业采取兼并收购、资产重组、股份合作等形式，整合组建大企业、大集团，力争到2015年，推动1～2家重点茶叶企业上市。选择10个具有一定规模、有较好技术条件、有示范带动作用的初制茶厂进行优化改造，支持其引进茶叶清洁加工设备及其配套技术，改造厂房和加工环境。

（5）加快江西绿茶品牌整合。按照“以区域整合为基础、以省级整合为目标、以企业运作为主体、以政府扶持为推动”的思路，进一步推进“江西绿茶”品牌整合，加大对“江西绿茶”种植、加工及产品质量标准推广力度，大力宣传“江西绿茶”品牌，切实加强“江西绿茶”品牌市场监管，对使用“江西绿茶”统一标志参加展示展销、在省外设立销售窗口和进行市场销售的企业继续给予扶持。同时，积极打造具有传统优势的区域品牌，扶持“婺源绿茶”“浮梁茶”“庐山云雾茶”“双井绿茶”和“遂川狗牯脑茶”等区域品牌，做强做精江西特色名茶。

（6）加强市场营销体系建设。做大做强南昌茶叶交易市场，完善市场管理，增强辐射带动能力。支持在茶叶生产县（市）建设茶叶交易市场，在茶叶种植主产乡镇新建以茶青交易为主的市场。积极举办和参加国内外茶博会、茶交会、茶文化节、茶产品展销等活动。鼓励茶叶企业跨区域开设连锁经营，发展农超对接、物流配送及电子商务等，努力扩大我省茶叶市场占有份额。

（7）促进茶叶产业链延伸。依托省（市）茶叶科研院所和大专院校，加强茶叶新技术研发，重点围绕茶树种质资源创新、优良品种引进与选育、茶叶标准化生产加工、贮藏保质、茶叶综合利用和茶叶机械研发等关键技术进行攻关。鼓励加工企业利用丰富的茶叶资源，积极开展夏秋茶和中低档茶的综合利用，提升茶饮料、原料茶和茶多酚、儿茶素、茶黄素等茶叶提取物加工水平，拓展茶叶发展领域，扩大茶叶深加工的产品应用范围。加快我省高香型传统特色红茶发展，同步推进绿茶类白茶、青茶（铁观音）、藤茶、功能茶等发展，丰富茶产品种类和档次，实现茶产品的形态功能多样化。

（8）加强人才队伍建设。实施人才兴茶战略，加快引进国内外茶专业技术人才，支持在我省大中专院校开设茶学、茶叶生产加工技术、茶文化等专业，建立省茶叶工程实验室和技术专业培训中心，在婺源等茶产区，重点办好茶叶中等专业学校，培养高级技能人才；充分利用阳光工程、雨露计划、远程教育等培训资源，加大对茶叶生产加工技术、新生代茶农和中高级评茶师培训力度；有计划、有重点地加强对基层农技推广部门、茶叶专业合作社和中小茶叶流通企业技术人员的培训，大力培养一批有经营头脑，善于公关推介和开拓市场的营销人才。

（9）支持茶叶中介组织发展。进一步发挥茶叶中介组织的桥梁与纽带作用，做好茶叶行业发展和市场营销的协调、服务、自律等工作，为政府部门决策当好参谋。鼓励和扶持各类茶叶专业合作社发展，培育农村经纪人队伍，努力提高茶叶生产、销售的组织化程度，增强自我发展能力。

（10）促进茶文化发展。结合我省绿色旅游、红色旅游和古色旅游，在全省重点打造一批有影响力的生态休闲观光茶园，打造独具江西特色的茶文化休闲农业品牌。通过招商引资、融资等多种途径，鼓励有一定实力的企业兴建茶叶博物馆、茶文化休闲园、茶生态旅游公园等各种类型的茶文化园区，举办各种形式的茶文化活动，传播茶文化知识。

（11）加大财政扶持力度。省财政要加大对茶产业发展支持力度，各相关部门要根据茶产业发展规划，统筹安排一些专项资金，整合资金投入，对茶产业龙头企业发展、基地建设、新产品新技术研发推广、市场体系建设和营销等给予支持。从 2012 年起，对茶叶加工企业生产发展、技术改造等贷款进行贴息，对达到一定规模的无性系良种繁育基地建设进行补贴，对连片开发、品种符合规划、质量符合标准的种茶企业、种茶大户和茶叶出口大户给予扶持，对茶叶市场体系建设、省外境外市场开拓、茶叶产品申报出口农产品质量可追溯体系、茶叶产品展示展销推介活动等给予补助，对茶叶新技术研究、新产品开发和新技术推广等进行投入，对获得无公害农产品和国家外贸转型升级专业型示范基地或企业给予奖励，对开设茶类专业的学校给予扶持。各茶叶生产市、县也要加大对茶产业的财政投入，支持茶产业发展。

（12）强化部门配合。各级政府要将茶产业发展纳入重要议事日程。发改、财政、农业等部门要加大资金、项目扶持力度，抓好茶产业发展规划编制和实施工作；各银行业金融机构要创新金融方式，在风险可控的前提下，对具备发展潜力的茶叶种植大户、专业合作社和龙头企业发展茶产业给予信贷扶持，允许其利用茶园、厂房设备等通过评估后进行担保贷款，并给予适当的利率优惠；国土部门要对茶叶企业新建厂房用地在同等条件下给予优先安排；商务部门要支持茶叶企业参与国际市场竞争，扩大出口创汇；工商、质监等部门要加强茶叶流通和生产加工环节的监督、坚决打击假冒伪劣茶叶产品，保护消费者和茶叶企业的合法权益；税务部门要对茶叶企业销售自产的茶叶企业的合法权益；税务部门要对茶叶企业销售自产的茶叶，按国家规定给予税收方面的减免；科技部门要支持我省产业发展的科技进步，对关键环节、重要领域的科技攻关给予倾斜扶持。

江西省人民政府办公厅

二〇一二年七月十七日

湖南省人民政府关于全面推进茶叶产业提质升级的意见

湘政发〔2013〕26 号

各市州、县市区人民政府，省政府各厅委、各直属机构：

为进一步提升全省茶叶产业综合竞争力，充分发挥茶叶产业在现代农业和富民强省建设中的积极作用，现就全面推进茶叶产业提质升级提出如下意见：

一、总体要求和工作目标

（1）总体要求。以市场为导向，以品牌为引领，以企业为主体，以科技为支撑，以增加农民收入为核心，以提升质量效益为目标，大力实施品牌战略，做大做强湘茶产业。面向国内外市场，满足差异化消费需求，发展多茶类、多层次产品；发挥区域比较优势，科学统筹布局，形成规模化优势和区域化特色；坚持产业整体推进，完善全产业链，提升产业综合竞争力；坚持龙头带动，走产业化发展道路，提高茶叶产业化经营水平；坚持科技文化支撑，构建现代茶产业科技创新和技术推广体系，提高茶叶产业信息化水平，大力弘扬湘茶文化，增强茶叶产业发展后劲。

（2）工作目标。到 2020 年，建设 300 万亩优质茶园，无性系良种面积达 80%以上，产量 45 万吨，年出口 8 万吨以上；力争实现 1000 亿元茶业综合产值，全省茶农茶业收入翻一番。

二、工作重点

（1）优化产业布局，突出优势和特色。依据现有产业基础、优势条件和发展潜力，充分利用高海拔山区和水库库区资源条件，突出产品特色，以名优绿茶和黑茶为重点，进一步优化区域茶类布局。重点建设武陵山脉、南岭山脉、罗霄山脉以及长岳山丘区 U 形优质绿茶带、雪峰山脉优质黑茶带、环洞庭湖优质黄茶带。新一轮茶叶产业将重点布局长沙、安化、桃源、石门、湘阴、平江、临湘、宁乡、炎陵、茶陵、攸县、株洲、南岳、衡山、洞口、君山、岳阳、汨罗、道县、桃江、蓝山、江华、桂东、资兴、汝城、慈利、桑植、沅陵、会同、古丈、保靖、吉首、永顺等 33 个县市区。

（2）抓好良繁体系建设，加快良种化进程。着力建设省、市、县三级茶树良种繁育基地，重点建设省级茶树种质资源库、茶树原种圃、茶树良种母本园、茶树良种采穗圃、省级茶树种苗质量检验检测平台。在湘西自治州、长沙市、岳阳市、益阳市、常德市、郴州市等茶叶优势区域建立 10 个年出圃 1 亿株以上无性系工厂化容器育苗良种繁育基地，确保全省茶树品种更新换代。同时，积极鼓励和引导社会力量参与良种繁育体系建设。

（3）加强标准化基地建设，夯实产业基础。按照“生态化、良种化、规范化、标准化”的要求，坚持“集中连片、合理规划、规模发展”的原则，加强园区基础配套设施建设，改善茶园生产条件，着力建好武陵山脉 100 万亩名优绿茶标准化基地和湘中北地区 100 万亩黑茶标准化基地。抓好现有茶园更新改造、升级和新扩茶园管理，支持和鼓励茶叶企业、农民专业合作社开展无公害茶、绿色食品茶、有机茶基地认证。全面开展标准茶园创建，全省创建 100 个国家级标准茶园和 5～10 个 10 000 亩以上的标准园区，大力示范推广无性系良种栽培、茶叶测土配方施肥、茶园病虫绿色防控、茶叶机械化采摘等标准化生产技术。加快出口茶叶示范区建设，着力建好石门、临湘等出口茶叶质量安全示范区，带动全省茶叶质量安全整体水平的提升。

（4）培育壮大龙头企业，推进产业化经营。重点扶持市场带动力强、规模大的龙头企业，支持省内企业通过联合、股份合作、并购和重组组建大型龙头企业。积极招商引资，鼓励引进大型深加工龙头企业。积极探索担保、贷款、上市等模式，加快培育上市企业和国内、国际品牌龙头企业。加大对专业合作社的扶持，促进茶农向专业化发展，实现茶叶生产由分散经营向规模化经营转变。扶持有实力的企业开发武陵山片区茶产业，采取“公司＋合作社＋基地＋农户”的产业化组织模式，与基地及茶农建立利益联结机制，打造从“种植—加工—终端市场”的茶产业链，增强辐射带动能力。加快茶叶企业生产技术和设备升级换代，全省建设 30 家现代化茶叶加工示范企业，实现茶叶生产加工的清洁化、连续化、智能化、标准化。支持企业科技创新，积极开展茶叶新产品及功能性成分的开发，拓展茶叶精深加工范围。全省建设 20 条茶叶精深加工生产线，年消耗深加工原料 30 万吨以上。到 2020 年，培育 1～2 个年销售收入过 100 亿元、5 个过 50 亿元、10 个过 10 亿元的茶叶龙头企业，重点支持一批茶叶龙头企业上市。

（5）推进名优品牌建设，提升综合竞争力。加大扶持和统筹协调力度，构建名牌茶发展、推介、保护和利用的运行机制。严格品牌管理保护，加强茶叶品牌商标、标识、域名的监管和依法保护力度，对品牌企业的生产、加工、销售和企业管理实行标准化，做到品牌有标准、程序有规范、销售有标识、市场有监督，严厉打击假冒、侵权行为。鼓励当地政府组织申报地理标志产品保护或证明商标，做大做强地方优势特色产品，逐步形成规模效应、品牌效应。支持企业争创湖南省著名商标、中国驰名商标，提升品牌的知名度和影响力。到2020年，分茶类重点打造8～10个在国内外市场具有较大影响力的茶叶品牌，其中绿茶3～5个、黑茶2个、红茶1个、黄茶1个、花茶1个。大力发展茶叶功能性成分等深加工产品，积极创建深加工品牌。

（6）大力弘扬湘茶文化，丰富茶文化内涵。加强对湘茶文化的研究和推广。继续举办好中华茶祖节、中国（益阳）黑茶文化节、湘西茶文化节等节会，大力弘扬湘茶文化。全力推进中国黑茶工业园、茶祖印象产业园、武陵山区生态茶博园等产业综合项目。加强茶文化与旅游业的融合，大力发展茶旅游、茶观光、茶休闲业，打造安化茶马古道、长沙百里茶廊、吉首万亩黄金茶谷、石门夹山茶禅等茶旅游精品，以旅兴茶，以茶促旅。深入挖掘茶文化资源，提升茶文化品牌、促进茶文化消费、加大茶艺人才培训。发展传统文化与时尚消费契合的湘派茶馆。不断提升湖南茶叶在国际国内市场的软实力。

三、保障措施

（1）切实加强组织领导。构建“政府引导、企业主体、部门联动、社会参与”的茶叶产业发展推进机制。各级政府要高度重视茶叶产业发展，加强对茶产业和茶叶品牌建设的统筹协调。茶叶主产县市区要将茶产业作为一项重要的富民产业来抓，认真落实扶持政策，确保各项工作任务完成。省直有关部门根据职能分工，密切配合，共同推进茶叶产业发展。省农业厅牵头负责组织引导、协调服务全省茶产业发展，省农办、省发改委、省经信委、省财政厅、省商务厅、省供销社、省国土资源厅、省科技厅、省移民局、省扶贫办、湖南出入境检验检疫局、省工商局、省质监局等部门要加强指导和监管，积极支持茶叶产业提质升级。

（2）加大产业扶持力度。采取政府投入，企业投融资，个人、集体投资和银行信贷等多元化投资方式，积极拓宽引资渠道。省财政要加大整合力度，突出支持重点；茶叶产业重点市州、县市区人民政府要增加投入。同时，各级政府要整合资金，从农业产业化、现代农业发展、外经贸发展、农业综合开发、农机补贴、退耕还林、科技创新、以工代赈、扶贫开发、防护林建设、农业技术改造等专项资金中安排项目支持茶叶产业发展，重点支持良种繁育基地、茶树良种补贴、基础配套设施、标准茶园创建和龙头企业品牌培育、技术改造、市场开拓等环节。

（3）健全质量安全保障体系。实施产地环境、投入品使用、生产过程、产品质量全程监控，切实落实茶叶生产、收购、储运、加工、包装、销售各环节的质量安全监管责任，杜绝不合格鲜叶进入加工、不合格产品进入市场。在生产环节，以基地（合作社）为单位，建立农业投入品和生产记录档案制度，严格控制化学投入品的使用，禁止使用违禁物品。引导龙头企业推行ISO9000质量管理体系认证和HACCP食品安全保证体系认证，鼓励企业建立GAP生产体系和产品质量信息追溯系统。依托省、市、县各级农产品质量检验检测中心、出入境检验检疫等单位，建立全省茶叶质量安全检验监测体系，加强对茶叶产品质量日常安全监管，实现全省范围的茶叶产品质量安全可控、可追溯。

（4）加强市场体系建设。加快茶叶市场建设步伐，建设一批功能配套的产地区域性市场。鼓励茶叶龙头企业在省内外构建茶叶营销网络，支持企业在大中城市特别是一类城市设立品牌茶销售连锁店、专营店、加盟店，进大型连锁超市、大卖场等，提升湘茶的国内市场占有率。引导茶叶龙头企业更新营销理念，发展多元化的销售渠道，大力发展电子商务、配送、代理、直销、批发、邮购等新型流通业态。积极实施湘茶“走出去”战略，巩固和扩大欧美、非洲、亚洲等主要出口市场，提高对欧盟、北美的出口份额。支持茶叶企业到境外申请商标注册、卫生注册和取得产品质量专项认证。农业、商务、工商、质监、旅游、出入境检验检疫等部门要加强对茶叶企业指导和服务。

（5）强化科技信息支撑。以湖南农业大学和湖南省农科院的国家茶叶重点实验室和产业技术体系以及龙头企业现有工程技术研发平台为依托，进一步围绕湖南茶产业发展的关键技术和瓶颈问题开展创新研究和技术攻关，引导建立科技共享、优势互补机制，加强茶树良种选育、茶苗快速繁育、茶园机械化管理和采摘、茶叶连续化加工。茶叶现代化生产管理模式等关键技术研究与开发。引导龙头企业与科研单位、高等院校加强合作，建立绿茶、黑茶、花茶、红茶加工和茶叶提取物工程技术研发平台，不断推出新技术、新品种、新成果。积极探索茶叶科技人员和科技成果进村入户的长效机制，建立完善市、县、乡三级茶叶科技服务体系，在茶叶集中产区县、乡两级配备茶叶专业技术推广人员，提高茶叶科技的入户率和到园率。依托湖南省农村农业信息综合服务平台建立湖南茶叶产业信息服务平台，整合茶叶信息服务资源，建立多元化的信息服务渠道，推动茶叶种植、采收、加工、销售全产业链的信息服务，增强茶叶产业科技信息化支撑能力。

（6）发挥行业组织作用。各级茶业协会、茶叶学会要强化行业组织服务职能，做好行业自律、市场协调监督、科研协作、人才培养、产业宣传、茶文化传播等工作，为政府职能部门决策当好参谋，在推动全省茶叶产业健康快速发展中发挥作用。

湖南省人民政府
二〇一三年七月八日

山东省茶叶产业发展规划（2014—2020 年）

鲁政办发〔2014〕4 号

为全面提升我省茶叶产业发展水平，推动农业产业结构调整，促进农业增效农民增收，结合我省实际，制定本规划。

一、发展现状

（一）发展概况

茶叶是我国重要的经济作物，具有独特的营养与保健功能。我省自 20 世纪 50 年代开始从南方引进茶树进行试验种植，60 年代末 70 年代初获得引种试种成功，并进入推广阶段。90 年代后尤其 2000 年以来，逐步进入了面积扩大、产量增长、品质提升、效益增加的发展新时期。茶叶生产基本形成了鲁东南沿海、鲁中南山区和胶东半岛三大茶叶产区，全省 10 个市的 40 个茶叶生产县（市、区）基本分布在三大区域，呈现出较明显的区域优势，山东已成为全国纬度最高、面积最大的北方优质茶产区。2012 年，全省茶园面积 31.1 万亩，茶叶产量 1.3 万吨，分别比 1990 年增加了 15.8 倍和 19.3 倍；干毛茶总产值达到 20 多亿元，茶园亩均产值接近 6 500 元，比全国茶叶亩均产值 2 664 元高 144%。在茶叶主产区，茶叶产业已成为当地政府促进农业产业结构调整、推动农村经济发展和增加农民收入的重要途径。

由于独特的地理环境和生态条件，山东茶叶具有“叶片肥厚、耐冲泡、内质好、滋味浓、香气高”等突出特点，“日照绿茶”“崂山绿茶”和“泰山女儿茶”等产品已成为市场知名度较高的地方名茶。“雪青”“日照绿茶”“万里江”“崂池”和“怡明”等 5 个茶叶品牌荣获中国驰名商标，“浮来青”“御青”“灵岩”“五岳独尊”等 16 个茶叶品牌荣获山东省著名商标。“崂山绿茶”“日照绿茶”“泰山绿茶”“诸城绿茶”“长清茶”等 12 个主产茶区通过国家农产品地理标志认证。茶园面积的扩大和产量的提高，带动了茶叶加工业的发展。全省现有茶叶加工企业 1 000多家，其中年销售额超过 1 000 万的企业有 20 余家。

（二）发展潜力

1. 消费潜力。一是国际市场需求量增加。随着科技的发展和经济水平的提高，全球对茶叶的认知度不断提高，茶叶正受到越来越多消费者的青睐，全球茶叶产销长期保持稳定增长态势，尤其是绿茶、红茶销量不断增长，正在成为世界茶饮料的主导产品。根据国际茶叶委员会的报告数据显示，自 2002 年以来，世界茶叶产量和消费量持续增长，至 2011 年，产量和消费量分别达到 421.7 万吨和 400 多万吨，增幅分别为 36.7%和 33.7%。我国是世界第二大茶叶出口国，2012 年出口茶叶 31.4 万吨，金额达到 10.4 亿美元，均创历史新高。我国绿茶在国际市场上优势明显，近十年绿茶出口量年均增长 4%左右、出口额年均增长 12%以上。二是国内市场消费潜力巨大。我国虽然是世界茶叶生产源头和第一大产茶国，但人均年消费茶叶仅为 0.84 公斤，而西方国家爱尔兰、土耳其、科威特、英国等国人均年消费量在 2 公斤以上。随着我国城乡居民生活水平的提高，国内茶叶市场尤其是省内需求将有较快增长。按照全国平均水平计算，全省茶叶年消费量在 8 万吨左右，而目前我省茶叶年产量仅为 1 万多吨，仅占消费需求的 16%，远远不能满足省内消费者的需求。随着我省经济发展水平和消费者对茶叶认识的提高，我省茶叶消费必将呈刚性增长态势。

2. 生产潜力。一是发展空间大。山东属于暖温带半湿润季风气候。山东茶叶产区位于北纬 34 度 53 分～37 度 49 分、东经 116 度 42 分～122 度 42 分之间，区域内年平均气温 11～14℃，年平均降水量在 550～950 毫米，平均光照时数为 2 300～2 890 小时，较适宜茶叶生产。根据有关调研资料和适种区茶业发展规划，目前适宜茶树种植面积在 100 万亩以上，种植发展空间较大。二是增产空间大。目前全省茶园平均亩产量 42.7 千克，仅为全国茶园平均亩产量的 81%，随着茶园基础设施的改善、茶树优良品种和先进茶园管理技术的推广，在 3～5 年内我省茶园平均亩产可提高到 55 公斤，增产空间较大。三是综合效益高。山东茶品质独特、文化内涵丰富、丰产年限长，综合效益高。此外，茶树是多年生常绿植物，具有良好的水土保持、绿化环境、净化大气的功能，属于典型的生态农业。发展茶叶产业符合农业转方式、调结构、稳增长、保增收的要求。

（三）发展优势

1. 茶叶内在品质佳。经中国农科院茶叶研究所等单位化验分析，我省生产的茶叶鲜叶主要化学成分大都高于南方，其中黄酮、儿茶素、氨基酸含量明显高于同类南方茶叶，硒含量达到了农业部颁布的富硒茶标准中规定的含量，为天然富硒茶。

2. 茶叶产业效益较高。我省茶叶种植效益一直位居全国前列，据调查统计，茶农年鲜叶收入每亩可达 5 000～10 000 元，高的达 20 000 元以上。近几年，山东早春优质绿茶每斤售价 2 000～3 000 元，以夏季原料加工的红茶每斤售价 300～1 200 元。由于茶叶的比较效益较高，日照、青岛、泰安等地纷纷出台支持茶叶产业发展的优惠政策，将其作为一项重要的地方特色产业来发展。

3. 科研体系较为健全。山东农业大学和青岛农业大学均设有茶学系，年培养茶学专业本科、硕士、博士研究生近百人；全省有5家省、市茶叶科研机构，科研人员达到50多人，其中具有中高级职称专业人员40多人。国家茶叶产业技术体系日照综合试验站在茶树越冬、设施栽培、无公害茶园管理等方面进行了大量研究，被评定为山东省茶业工程技术研究中心。我省联合陕西、河南两省的相关单位成立了北方茶产业技术创新战略联盟，搭建起良好的科技创新平台。各重点产茶市、县也基本建立了技术推广机构，初步形成了较为完善的茶叶技术推广体系。

4. 茶文化底蕴深厚。山东茶文化最早可追溯至唐宋时期，山东是古代茶树生长北限。据唐代封演《封氏闻见录》记载，中国茶道兴于泰山灵岩寺。据现代考证，最晚在金代山东就有茶树生长的记载，元、明时期，昆嵛山地区还曾设有管理茶叶生产的“茶场提举”。可以说，“灵岩佛家茶文化”“崂山和昆嵛山道家茶文化”“泰山女儿茶文化”“南茶北引茶文化”等独特的齐鲁茶文化历史悠久，源远流长。随着我省经济、文化的快速发展，齐鲁茶文化已渗透到经济社会生活的各个方面，济南茶博会、日照绿茶节、崂山茶文化节等地方茶事活动，增强了茶文化内涵，提升了山东茶叶品牌影响力。

（四）制约因素

1. 对茶叶发展认识不足。多年来，全省未对茶叶发展进行整体规划，没有明确的发展目标和思路，缺乏政策引导和资金支持，科学研究和技术推广环节薄弱，茶叶产业基本上处于自发、无序发展状态。

2. 茶叶生产规模化、标准化水平较低。大部分茶园水电路渠、越冬防护、排水灌溉、生产装备等基础设施较差，防灾抗灾能力较弱。全省标准化示范园仅有12家，茶园面积不足2 000亩；无性系良种比例不到10%，远低于全国43%的平均水平。茶叶加工厂虽然数量较多，但普遍规模较小，设备老旧、带动力偏弱。省级农业产业化龙头企业仅有7家，不足全部茶叶加工企业的1%，规模化程度较低。

3. 种苗基地建设滞后。全省尚未建立茶树良种苗木繁育体系，影响茶树无性系良种推广进度。茶农多数采用原始落后的茶树种子直播建园，致使茶树生长差异大，园相整齐度低，茶叶质量参差不齐，无法满足加工高档茶的优质原料需求。

4. 科研及推广能力较弱。我省茶叶科研机构长期缺少专项科研经费，缺少较高层次的科研人才，实验室装备及综合研究手段相对滞后，研究水平相对较低；基层技术推广网络不健全，专业技术人员缺乏，服务手段也相对落后，管理技术推广不到位，科技成果转化率低。

二、指导思想、基本原则和发展目标

（一）指导思想

以党的十八大和十八届二中、三中全会精神以及习近平总书记视察山东重要讲话精神为指导，以市场需求为导向，以科技创新为动力，紧紧围绕增加茶农收入和提升产业发展水平，强化政策支持，扩大产业规模，加强基础建设，推广关键技术，优化产业结构，推进精深加工，努力实现我省茶叶产业跨越式发展。

（二）基本原则

1. 因地制宜、集聚发展。根据茶产区的生态环境、品种资源、种植、加工技术等条件，因地制宜调整优化生产布局，转变生产方式，引导产业集聚发展，发挥规模优势。

2. 市场驱动、统筹发展。统筹考虑生产、销售和消费等因素，根据市场需求和消费特点，改进加工设备和技术，突出特色品牌，增加品种类型，满足不同消费群体需求，把产业建立在有效消费的基础上，为产业的可持续发展提供市场动力。

3. 科技支撑、持续发展。引导产学研联合攻关，提高茶叶科技创新能力，集成推广一批实用、高效的新技术新成果，为茶树栽培、茶叶加工提供强有力的技术支撑，实现产业的持续发展。

（三）发展目标

到2020年，全省茶园面积发展到50万亩，采摘面积40万亩，分别比2012年增长60%和85%；无性系良种覆盖率达到30%以上，“三品”认证茶园面积达到60%以上；茶叶产量3万吨，干毛茶总产值60亿元，分别比2012年增长130%和200%；主产区茶农亩均增收1 000元以上。

三、发展重点

1. 建立完善茶树良种繁育体系。实行外引与自繁自育相结合，加强对当地抗逆性强茶树种质资源的筛选、收集和保存，加大外地优良茶树品种的引进力度。一是建设茶树种质资源保存圃。依托有关科研单位，在青岛、日照、泰安建设3处茶树种质资源保存圃，加强当地茶树抗寒良种的筛选、收集和保存，适当引进外地优良茶树品种，加强试验示范，扩大资源储备，为我省茶树良种繁育奠定基础。二是建设茶树良种苗木繁育基地。依托技术优势突出、设施条件完备的教学科研及推广单位和龙头企业，在日照市建设1处省级茶树良种苗木繁育基地，在青岛、临沂、泰安各建1处市级茶树良种苗木繁育基地。注重提高苗木繁育基地的建设水平，完善基础设施、实验设备、苗木分级、包装、储运等先进的配套设施。力争2020年形成年产3 000～4 000万株优质苗木的生产规模，较好满足我省茶园发展的需求。

2. 创建优质高效示范园区。在日照、临沂、青岛、泰安等主产区创建8个成方连片面积1 000亩以上国家级茶叶标准示范区；在日照市岚山区、日照市东港区、五莲、莒县、莒南、沂水、临沭、青岛市黄岛区、青岛市崂山区、即墨、乳山、荣成、海阳、诸城、泰安市泰山区、泰安市岱岳区、肥城、新泰、济南市长清区、淄博市博山区等茶叶生产基地县（市、区），每县（市、区）建设3个左右面积200亩以上的省级优质高效生态示范园。以创建优质高效示范园区为契机，集成推广关键技术，积极推行标准化生产，提高茶叶单产；大力推广绿色防控技术，积极推广杀虫灯、色诱板等非化学防控技术，推行科学施药，减少化学农药的使用，降低种植环节带来的食品质量安全风险，提高茶叶产品质量。力争示范园区的茶园全部达到无公害农产品的生产要求，其中50%以上的茶园达到绿色食品的质量安全标准。

3. 加快低产低效茶园改造。在日照、青岛、临沂等主产区，重点推行老茶园更新改建和低产低效茶园改造升级示范园建设。一是更新改建老茶园。根据茶园的树龄老化状况，采取伐老植新等方式，对种植25年以上的老龄低效茶园进行更新改建，每市建设50亩以上的更新改建示范园10个，带动全省约4万亩老龄茶园更新。二是改造低产低效茶园。通过树冠更新、土壤改良、肥水调控、越冬防护等配套技术的应用，每市建设100个面积在80亩以上的低产低效茶园改造示范园，带动全省近10万亩低产低效茶园的改造升级。在茶园更新改造过程中，加大优良品种推广力度，大力推广配方施肥、节水灌溉、茶园铺草等综合配套技术，改善茶园生态环境和生产条件，持续增加生产效益。

4. 打造加工龙头企业和知名品牌。加大对茶叶加工龙头企业、农民专业合作社、行业协会和家庭农场的扶持力度，加强设备改造和优化升级，不断改进加工装备和加工工艺，并组织开展茶叶清洁化生产示范项目，重点打造20家市级以上的茶叶加工龙头示范企业、示范合作社，带动全省90%以上的加工企业实现清洁化生产。按照政府引导、市场运作的原则，加大对“日照绿茶”“崂山绿茶”“泰山绿茶”等区域公用品牌的扶持和保护力度，实施“区域公用品牌+企业品牌”双品牌扩张，重点打造5个在国内外有影响力的知名企业品牌、10个省内知名企业品牌，放大品牌效应，带动全省茶叶生产和销售。鼓励龙头企业和农民专业合作社等创建特色品牌，对获得驰名、著名商标的，每年拿出部分资金进行跟踪扶持，进一步提高品牌影响力。支持龙头企业、行业协会和农民专业合作社参与省级以上的茶叶评比、品牌打造和展会展销等活动，对参评和获奖单位进行一定程度的补贴和奖励。加大对重点区域品牌、重点茶叶龙头企业、专业合作社、家庭农场等的宣传推介力度，叫响山东茶叶品牌。

5. 完善茶叶质量标准体系。一是完善茶叶标准化体系建设。加强省级及地方茶叶标准（规程）的制订和修订工作，健全完善各项标准规程，建立健全全省自上而下涵盖生产、加工、包装、储运等环节的技术标准体系，为全省茶叶标准化发展提供依据。二是加强第三方认证工作。鼓励支持企业和地方积极开展“三品一标”（无公害农产品、绿色食品、有机农产品和农产品地理标志）、“QS”和“HACCP”等认证，提升企业质量管理水平和产品安全水平。三是加强茶叶质量检验检测机构建设。依托现有机构和条件，在日照市、青岛市、临沂市、泰安市、威海市、济南市等全省茶叶主产市建设6～8处县级茶叶质量检验检测机构，配备专业技术人员及茶叶农残速测仪、产品质量追溯系统等检测设施设备，加强茶叶质量安全监管，为消费者提供安全优质的茶叶产品。

6. 挖掘茶叶文化内涵。发挥我省丰富的茶文化历史资源和人文资源优势，组织开展茶文化研讨会，不断提升齐鲁茶文化的影响力。持续办好济南、青岛、日照茶博会，充分利用这些平台，宣传山东茶叶品牌和优势。加强茶叶产业与旅游业的融合，在茶叶主产区积极开发“茶之旅”等旅游项目，研究开发茶叶旅游产品，打造一批融茶文化、民俗文化、禅文化及休闲度假等为一体的旅游线路，增强旅游业对茶叶产业的带动作用。

四、政策措施

1. 加强组织领导。省里将把茶叶发展纳入全省特色农业发展总体规划，进行统筹安排。各茶叶主产区政府要把茶叶产业发展纳入现代农业、新农村建设和农民增收的整体战略进行部署，因地制宜地研究制订本地的茶叶产业发展规划，进一步明确任务目标，突出发展重点，强化工作措施，确保取得实效。建立茶叶产业发展协调推进机制，农业、发展改革、财政、水利、科技、商务、供销、质检、人力资源社会保障、林业、旅游等部门参加，研究制订具体的政策措施，统筹协调茶叶发展规划的组织实施。农业部门要充分发挥主管部门职能，负责牵头协调，切实抓好产业发展的宏观指导和总体管理工作。发展改革、财政部门要加大基建资金和财政资金对茶叶产业发展的支持力度，做好项目实施和资金监督管理工作。商务、供销部门要在茶叶市场建设、茶叶产品流通、农超（商）对接、茶叶电子商务、涉茶农产品经营服务和农村现代经营流通服务体系建设等方面，切实加大推进力度。水利、科技、质检、人力资源社会保障、林业和旅游等部门也要根据各自职能范围，加强对茶叶产业发展的支持力度。各级要建立健全茶叶产业发展指标考核体系，并将考核结果纳入各主产区政府现代农业发展考核体系。省政府有关部门要制订全省茶叶产业发展绩效考评办法，绩效考评结果作为省级选择扶持项目的重要依据。

2. 完善扶持政策。一是强化资金扶持。采取增加和整合资金相结合的形式，加大对无性系良种繁育基地建设、生态示范园区建设、培育龙头企业、知名品牌推介等扶持力度；积极整合扶贫开发、财政支农项目、菜篮子工程、农产品质量安全示范县创建、园艺作物标准园创建、农业标准化示范区建设、农机补贴、农田水利建设、退耕还林、好客山东游等相关资金，集中使用投向，适当向茶叶产业倾斜，发挥资金规模效应。主产区政府在安排涉农资金时，加大对茶叶产业发展的扶持力度。二是明确扶持重点。加大茶园水电路渠、生态林网、越冬防护、生产加工装备等配套设施建设的资金投入力度，提升茶园建设水平。鼓励建设无性系良种茶园，对形成一定规模的进行资金补贴和政策扶持。探索将茶园纳入良种苗木、造林补贴范围，支持龙头企业、农民专业合作社和家庭农场进行设备改造升级，对购买先进生产、加工机械给予一定补贴。加强茶叶市场体系建设，鼓励建设重点茶区批发市场和体验馆、专卖店、网上交易等各具特色的茶叶购销交流平台，扩大市场销售。三是加大信贷扶持。利用好农业产业化龙头企业信贷支持政策，协调支持金融机构加大对茶叶加工企业的信贷支持力度，鼓励企业进行技术改造、产业升级和生产基地建设，大力开展茶叶清洁化生产。

3. 创新发展模式。积极推广“企业＋基地＋茶农”“合作社＋基地＋茶农”等生产经营模式，支持加工企业通过实行保护价收购、利润返还、信贷担保、吸收农户入股等方式，与农民专业合作社、农户之间形成“风险共担、利益共享、共同发展”的利益联结机制，增强产业抗风险能力。鼓励企业建设自营茶园，加强统一管理，严格控制农业投入品使用，从源头上保障质量安全。支持龙头企业和专业合作社围绕产前、产中、产后各环节，为基地农户开展农资供应、农机作业、技术指导、病虫防治、市场信息、产品营销等服务。支持成立山东省茶叶协会，加强各级茶叶协会建设，积极开展生产服务、技术指导、市场推介、品牌培育、对外宣传等活动，每2年举办一次山东省名优茶评比和茶艺技能大赛活动。采取以奖代补、先建后补、财政贴息等不同方式，重点扶持辐射范围大、带动能力强的龙头企业、专业合作社和家庭农场等新型经营主体。鼓励优势企业进行设备改造、科技创新和兼并重组，进一步做大做强，推动全省茶叶产业整体稳步发展。

4. 强化科技支撑。加强对大专院校和科研院所的支持，鼓励进行茶学研究和实用人才培养，提高科技创新能力。支持有关企业和科研单位引进技术、设备，进行新品种引进、栽培模式创新、加工技术提升、茶类新产品开发及山东特色茶食品、茶饮品和茶旅游产品等开发，推进茶叶深加工，延伸茶产业链，增加附加值。创新技术推广机制，以创建生态示范园为平台，以龙头企业、农民专业合作社和家庭农场为主体，以信息网络为渠道，大力开展多种形式的技术培训和技术服务，加快新品种、新技术和新成果的转化推广能力。结合农民培训、财政支持茶叶项目，加大茶农培训力度，引导和鼓励茶叶从业人员参加“园艺工”“茶艺师”“评茶师”“炒茶师”等职业技能培训和资格认证，提高从业人员技术水平。

山东省人民政府办公厅
二〇一四年一月二十七日

福建省促进茶产业发展条例

第一条 为了促进茶产业健康可持续发展，根据国家有关法律、法规，结合本省实际，制定本条例。

第二条 在本省行政区域内从事茶产业相关活动的，应当遵守本条例。

本条例所称的茶产业包括茶叶种植、加工、经营以及为其提供的相关服务。

第三条 省人民政府和茶叶产区市、县（区）人民政府应当加强茶产业发展工作的领导，建立促进茶产业发展的协调制度，研究解决茶产业发展中的重大问题，具体工作由农业（茶业）行政管理部门负责。

农业（茶业）、林业、国土、经贸、卫生、工商、质量技术监督、检验检疫等部门依照各自职责，做好促进茶产业发展的相关工作。

第四条 省人民政府和茶叶主产区市、县（区）人民政府应当制订本行政区域茶产业发展规划，并将其纳入国民经济和社会发展规划。

茶产业发展规划要与生态环境保护规划、水土保持规划以及自然保护区、风景名胜区等特定区域保护规划相衔接。

第五条 省人民政府和茶叶主产区市、县（区）人民政府应当安排茶产业发展专项资金，重点支持茶树种质资源保护、新品种选育与推广、生态茶园基地和茶叶标准化示范区建设、茶叶质量检测、茶叶品牌创建等，促进茶产业健康可持续发展。

第六条 茶叶产区县级以上地方人民政府应当根据国家相关政策和本条例，制订促进茶产业发展的优惠政策和具体措施；对在促进茶产业发展工作中做出突出贡献的单位和个人，应当给予表彰和奖励。

第七条 茶叶产区县级以上地方人民政府应当加大有关茶业基础性、公益性研究投入，推进茶业科技创新和成果应用，提升茶产业可持续发展能力和水平。

第八条 茶叶产区县级以上地方人民政府应当明确茶叶技术推广机构，加强茶叶技术推广力量，加快茶叶新品种、新技术、新机具、新农药、新肥料的推广，提高对茶产业的服务能力。

第九条 茶叶产区县级以上地方人民政府应当加强茶叶交易平台建设，完善茶叶物流基础设施，提高茶叶市场流通效率。

第十条 茶叶产区县级以上地方人民政府应当采取措施，引导和规范茶叶专业合作社发展，促进茶叶专业合作社提升服务能力和管理水平，对符合条件的茶叶专业合作社申报茶叶方面支农项目，优先予以支持。

鼓励和支持茶叶专业合作社整合组织资源和生产要素，实行联合或者重组，建立茶叶专业合作社联合社。

第十一条 县级以上地方人民政府应当推进闽台茶产业的合作与交流。

在台湾农民创业园中从事茶叶生产经营的，按照有关规定享受优惠政策。

第十二条 省人民政府农业行政管理部门应当将适宜在本省推广使用的茶叶生产、加工机械产品，列入本省支持推广的农业机械产品目录，对购买列入目录的机械产品按照有关规定给予补贴。

第十三条 省人民政府农业行政管理部门应当会同有关设区的市人民政府，加强优、特、珍、稀茶树种质资源的保护工作，划定茶树优异种质资源保护区、保护地。天然茶树优异种质资源保护区、保护地的划定，应当报省人民政府批准。

茶树优异种质资源保护区、保护地由所在地县级人民政府管理，县级人民政府农业（茶业）行政管理部门具体负责。

茶叶产区县级以上地方人民政府农业（茶业）行政管理部门应当加强茶树优良品种的选育、引进、示范、推广工作。

第十四条 省人民政府卫生行政管理部门应当会同农业、质量技术监督等有关部门，根据《中华人民共和国食品安全法》制订茶叶质量安全地方标准。

鼓励茶叶生产企业制订严于茶叶质量安全地方标准的企业标准。

第十五条 茶叶产区县级以上地方人民政府农业（茶业）及其他有关行政管理部门应当采取措施，促进茶叶标准化种植、加工，推进茶园道路、水利等基础设施和生态茶园建设，并在项目资金使用上优先给予安排。

茶园中建设所需的茶叶生产设施用地按照法律、法规及省人民政府相关规定办理。

第十六条 茶叶产区县级以上地方人民政府质量技术监督部门应当组织茶叶生产企业和科研机构，推动并参与当地主要茶类国家标准的制订工作。

第十七条 茶叶产区县级以上地方人民政府农业（茶业）及其他有关行政管理部门应当建立完善信息平台，加大当地主要茶类的宣传力度，为茶叶生产经营者开拓国内外市场、开展市场营销提供政策咨询和信息服务。

第十八条 县级以上地方人民政府有关行政管理部门、教学科研机构和茶叶技术推广机构应当加强茶叶种植、加工等方面人才的培训，开展评茶、茶艺、茶叶加工等职业技能鉴定工作，促进茶产业高技能人才队伍建设。

第十九条 支持依法成立的各类茶业社团组织开展推动茶产业发展相关活动，规范行业行为，加强行业自律和人才培训，开展行业诚信建设，引导茶叶生产经营者依法生产经营，为茶叶生产经营者提供服务。

政府及有关部门在制订茶产业发展规划和行业标准时，应当听取茶叶行业协会等各类茶业社团组织意见。

第二十条 支持茶叶企业和教学、科研机构设立茶叶科技研发、推广机构，开展茶树优良品种选育以及茶叶高产优质栽培、精深加工、安全生产等技术的研发和推广。对茶产业高新技术成果转化项目的，按照有关规定享受优惠政策。

茶叶加工企业进行技术改造和技术创新，推行清洁化、标准化集中加工区建设的，县级以上地方人民政府按照有关规定给予补助。

第二十一条 鼓励金融机构开发、创新适合茶产业发展的金融产品和服务，增加对茶产业项目的信贷投入。

鼓励茶叶企业依法利用资本市场筹集社会资金。县级以上地方人民政府应当支持符合条件的茶叶企业上市融资。

第二十二条 山地茶园的权利人可以向县级以上地方人民政府林业主管部门提出林权登记申请，由同级人民政府依法核发《中华人民共和国林权证》。

支持山地茶园权利人以林权作为抵押进行贷款。依法将茶园的林权进行抵押的，原办理林权登记的县级以上地方人民政府林业主管部门应当根据申请办理抵押登记。

第二十三条 鼓励成立各类茶文化促进组织，支持社会组织建设茶文化场所，积极开展茶事、茶艺活动，深入挖掘、整理、传播茶文化，推进茶文化事业和产业发展。

县级以上地方人民政府文化、旅游、农业（茶业）及其他有关行政管理部门，应当挖掘、整理、传播茶文化，开发推广茶文化旅游，加强茶文化对外宣传与交流。对列入非物质文化遗产名录的茶叶传统制作技艺及其传承人给予保护，对传承人给予奖励和资助。

第二十四条 鼓励茶叶品牌建设，争创各级各类名牌产品。

对获得良好农业规范、食品安全管理体系认证以及无公害农产品、绿色食品、有机产品认证的茶叶企业，县级以上地方人民政府应当给予奖励。

对被认定为中国驰名商标、福建省著名商标、福建省名牌产品、福建省名牌农产品的，以及获得国家地理标志产品保护、农产品地理标志、证明商标、集体商标的，县级以上地方人民政府应当予以保护、奖励，并在项目安排等方面优先予以支持。

第二十五条 鼓励茶叶生产企业、茶叶专业合作社和茶叶行业协会等对具有特定自然生态环境和历史人文因素的茶叶，申请茶叶地理标志保护。

县级以上地方人民政府要加强对茶叶地理标志申请、使用和保护等工作的组织协调。茶叶地理标志产地范围内的茶叶企业、茶叶专业合作社等经依法申请后，可使用茶叶地理标志产品专用标志。

第二十六条 开垦茶园应当符合茶产业发展规划，并采取措施保护生态环境，防止水土流失。

省人民政府农业行政管理部门应当会同有关部门制订生态茶园和茶园示范区建设的相关标准，规范生态茶园和茶园示范区建设。

禁止在坡度二十五度以上的陡坡地以及水土流失严重、生态脆弱的地区新开垦茶园。对坡度过陡且无法进行生态改造的茶园，应当退茶还林，避免水土流失。

第二十七条 在茶园中推广使用生物有机肥，开展测土配方施肥，使用高效、低毒农药和生物农药，推广病虫害综合防治技术，推进病虫害专业化统防统治工作。

茶叶种植禁止使用剧毒、高毒、高残留农药。县级以上地方人民政府农业（茶业）行政管理部门应当根据国家公布的可供茶树上使用的农药目录，指导茶农科学使用农药。

第二十八条 实行茶叶质量可追溯制度。

县级以上地方人民政府应当逐步建立茶叶质量安全追溯信息服务平台。

茶叶生产企业和农民专业合作经济组织应当建立茶叶生产记录制度，做好对所生产茶叶的检验检测，不得销售不符合茶叶质量安全标准的茶叶产品。任何单位和个人不得伪造茶叶生产记录。

茶叶经营企业对其销售的茶叶产品，应当建立进货查验记录制度，如实记录茶叶的名称、规格、数量、供货者、进货日期等内容，不得销售不符合茶叶产品质量安全标准的茶叶产品。

第二十九条 成品茶包装应当合理，包装的材质、结构和成本应当与内装茶叶的质量、规格和成本相适应，减少包装性废物的产生。

成品茶包装和标识应当按照国家有关规定执行，标明产品的品名、产地、生产者、生产日期、保质期等内容。

县级以上地方人民政府质量技术监督、工商等有关行政管理部门应当加强对茶叶产品包装和标识标注的监督管理。

第三十条 茶叶行业协会等茶业社团组织可以按照公开、公平、公正原则，组织专家开展茶叶名优产品评定工作，但不得强制茶叶企业参加，也不得以营利为目的。

县级以上地方人民政府及有关部门应当加强对茶叶名优产品评定工作的监督管理，维护茶叶企业和消费者的合法权益。

第三十一条 茶叶交易场所、批发市场应当设立或者委托茶叶质量检验检测机构，对进场销售的茶叶质量安全状况进行抽查检测；发现不符合质量安全标准的，应当要求销售者立即停止销售，并向所在地县级人民政府农业（茶业）行政管理部门报告。

县级以上地方人民政府农业（茶业）、工商、质量技术监督及其他有关行政管理部门应当对茶叶交易场所、批发市场加强监督检查，并提供便捷、优质服务。

第三十二条 县级以上地方人民政府农业（茶业）、

质量技术监督、工商、卫生、经贸等有关行政管理部门应当加强对茶叶质量安全的监管工作，对生产销售的茶叶进行监督抽查，监督抽查结果依法由省人民政府有关行政管理部门予以公布。

茶叶的检测应当委托具备茶叶质量检测资质的检验检测机构进行。

第三十三条 违反本条例第二十七条第二款规定，使用剧毒、高毒、高残留农药的，由县级以上地方人民政府农业（茶业）行政管理部门给予警告，并根据所造成的危害后果，处三千元以上三万元以下罚款；对使用剧毒、高毒、高残留农药的茶叶产品予以没收；构成犯罪的，依法追究刑事责任。

第三十四条 违反本条例第二十八条第三款规定，茶叶生产企业和农民专业合作经济组织未建立茶叶生产记录，或者伪造茶叶生产记录的，由有关行政管理部门责令改正；拒不改正的，可以处二百元以上二千元以下罚款。

违反本条例第二十八条第四款规定，茶叶经营企业未建立进货查验记录制度的，由有关行政管理部门责令改正，给予警告；拒不改正的，处二千元以上二万元以下罚款。

违反本条例第二十八条第三款、第四款规定，销售不符合茶叶质量安全标准的茶叶产品的，由有关行政管理部门没收不合格茶叶产品；不合格茶叶产品货值金额不足一万元的，并处二千元以上二万元以下罚款；货值金额一万元以上的，并处货值金额五倍以上十倍以下罚款。

第三十五条 县级以上地方人民政府农业（茶业）行政管理部门和其他有关行政管理部门工作人员在促进茶产业发展工作中玩忽职守、滥用职权、徇私舞弊的，依法给予处分；构成犯罪的，依法追究刑事责任。

第三十六条 对违反本条例的行为，法律、法规已有处罚规定的从其规定。

第三十七条 本条例自 2012 年 6 月 1 日起施行。

（2012 年 3 月 29 日福建省第十一届人民代表大会常务委员会第二十九次会议通过）

贵州省茶产业提升三年行动计划（2014—2016年）

黔府办发〔2014〕19号

为贯彻落实省委、省政府关于加快发展特色优势产业的战略部署，着力推进我省茶产业的转型升级，提升品牌竞争力，促进农村经济发展和农民增收，特制定本行动计划。

一、基本原则

1. 市场主导，政府推动。发挥市场在资源配置中的决定性作用，大力培育市场主体；强化政府在制定和实施茶产业发展战略、规划、政策、标准、激励机制、提供公共服务等方面的职责，加强市场活动监管，建立公平竞争的市场环境。

2. 龙头带动、品牌引领。集中人力、物力和财力，扶持和鼓励大企业、大集团，通过以点带面，促进专业化分工、产业集群，加快市场拓展，全面提升黔茶品牌知名度和影响力。

3. 调整结构、丰富品种。在坚持以绿茶为主的同时，适应市场需求，调整产品结构，丰富产品种类，大力发展红茶、乌龙茶、黑茶、白茶等品类，提高茶叶资源利用率和效益。

4. 提升质量、确保品质。加强现有茶园管护，引进和优化茶树品种，提高茶园单产和茶叶品质。加强茶叶加工技术改造和质量监管，提高茶叶生产清洁化、标准化和规模化水平。

二、主要目标

到2016年，全省建成茶园面积700万亩以上，其中投产茶园500万亩，形成加工企业3 000家以上，茶叶年产量27万吨，茶产业综合产值超过500亿元，农民人均茶叶收入达到1 000元。打造2个以上全国知名品牌，培育5个以上有一定知名度的品牌，不断提升贵州茶叶规模、质量和品牌影响力，为把我省建成在规模、品质、品牌上引领全国的的茶叶强省打下坚实基础。

2014年，全省投产茶园面积350万亩，产量18万吨，综合产值超过270亿元。

2015年，全省投产茶园面积420万亩，产量22万吨，综合产值超过400亿元。

2016年，全省投产茶园面积500万亩，产量27万吨，综合产值超过500亿元。

三、行动内容

（一）品牌创建。通过重点品牌引领、公共品牌跟进方式，促进企业集聚，构建黔茶品牌系列。

1. 打造品牌系列。依托贵州低纬度、高海拔、寡日照、多云雾的地理优势，大力实施黔茶品牌战略，即绿茶以“都匀毛尖”“湄潭翠芽”“绿宝石”，红茶以“遵义红”为重点；大力扶持“梵净山茶”“凤冈锌硒茶”“石阡苔茶”“瀑布毛峰”等公共品牌建设。（牵头单位：省农委，责任单位：各市〔州〕政府）

2. 支持品牌建设。以“都匀毛尖”“湄潭翠芽”“绿宝石”“遵义红”“梵净山茶”“凤冈锌硒茶”“石阡苔茶”“瀑布毛峰”等品牌为依托，大力实施“基地品牌化、企业品牌化、产品品牌化”三位一体品牌战略，鼓励支持和引导龙头企业通过兼并重组、市场融资、连锁加盟等方式组建茶叶生产、加工、销售集团，做大做强品牌企业。实施龙头企业商标战略，增强茶产业商标市场竞争力。制定完善品牌运营管理规则，支持行业组织及第三方服务机构承担品牌运营维护、行业自律、信息发布、文化创意、质量安全检测等工作。（牵头单位：省农委，责任单位：省工商局、省商务厅、省质监局、各〔州〕政府）

3. 加大品牌宣传。围绕重点品牌与公共品牌，实施多元化、多层次、多角度的宣传推广。在省内主流媒体开辟专栏、专题综艺节目，长期宣传推广茶叶品牌；把高速公路沿线、主要茶区、旅游景区、宾馆和餐饮企业等，建成宣传推广黔茶品牌的重要窗口；在贵州和贵阳形象及旅游宣传片中植入茶叶品牌；在中央电视台等全国主流媒体策划推出“茶叶发现之旅”“多彩贵州绿茶好”等专题节目、商业广告；利用微信、微博等新媒体，加大品牌宣传推广力度；每年开展30次以上的省外宣传推介活动，鼓励支持龙头企业参加国内外的茶叶展销会和综合展会，到主要目标市场投放广告宣传；将中国·贵州国际绿茶博览会办成推介黔茶的重要平台，成长为国内茶区最重要的展示和交易盛会。（牵头单位：省委宣传部、省农委，责任单位：省商务厅、省交通运输厅、省新闻出版广电局、省旅游局、各〔州〕政府）

4. 营造品牌环境。突出黔茶品牌地方特色、文化特色，加快推进主要区域品牌地理标志、原产地域保护、知名品牌创建示范区建设，指导茶叶地理标志证明商标的申请注册，培育茶叶驰名商标和贵州省著名商标。“贵州绿茶”通过农业部地理标志保护登记。加强自主知识品牌产权保护意识，构建区域、企业自我保护、行业保护和司法保护相结合的机制。把诚信作为品牌的命脉，引导产业链上下游各个环节依法经营、诚实守信。（牵头单位：省农委，责任单位：省工商局、省质监局、各〔州〕政府）

（二）市场拓展。健全茶产业市场运行机制，确定重点目标市场，加大招商引资力度，搭建全国化、多元化的营销渠道网络，迅速提升黔茶市场占有率。

1. 确定重点目标市场。主攻上海、广州、深圳、重庆等特大城市和华北、东北、西北三大区域，力争实现全国100个百万人口以上大城市全覆盖。大力开拓大宗绿茶出口市场。（牵头单位：省农委，责任单位：省商务厅、各〔州〕政府）

2. 加大招商引资力度。以茶叶园区为平台，以项目建设为抓手，优化招商引资环境，全面推进以商招商、茶事活动招商。借助全国知名茶商加速黔茶推广。（牵头单位：省农委，责任单位：省投资促进局、各〔州〕政府）

3. 建立销售渠道网络。采取以奖代补方式，引导和支持茶叶龙头企业建立完善销售渠道。力争到2016年，在特大城市开设贵州茶叶旗舰店50家、三大区域开设贵州茶叶形象店500家、100个百万人口以上大城市开设贵州茶叶专卖店500家。鼓励支持黔茶进入吴裕泰、张一元、天福等国内重要茶叶销售渠道，到沃尔玛、家乐福等主要超市，开设黔茶店中店及专柜；到全国10大茶叶批发市场建立批发网点，设立集中销售区域。引导贵州知名酒企省外经销商经销贵州茶，实现渠道共享。支持品牌企业、经销商开设茶吧，创新茶叶营销体验模式。省内巩固提升产地茶青交易市场与区域茶叶批发市场、新建专卖（营）店、茶馆（楼）等营销网点3 000个。嫁接100个旅游景区，200家三星级以上酒店、500家加油站、1 000家特色餐饮店等渠道，推进黔茶营销。（牵头单位：省农委，责任单位：省商务厅、省旅游局、各〔州〕政府）

4. 推进电商全网覆盖。力争到2016年，在淘宝、天猫、阿里巴巴、京东，苏宁易购、一号店、善融商务等国内电商主流平台营销贵州茶叶，卖家开店数量全网达到10 000家以上，本地茶企开店率达80%以上。建设好淘宝贵州馆。协调贵阳电子商务物流产业园区、京东电商产业园、龙洞堡电子信息商务港、贵州茶资源交易中心等平台，建设茶叶电子商务创业园和孵化平台，支持引导大中专毕业生创业。力争到2016年，创业园入驻茶企300家以上。引导茶企在适宜网上营销或展示的产品包装上，突出贵州特色或元素，形成黔茶整体形象。通过质量追溯体系、二维码、物联网以及监控数据，强化网上营销茶产品质量安全监管。通过搜索营销、社会化媒体营销等网络营销途径，提升黔茶品牌形象。支持龙头企业常年在各大电商开展品牌宣传月、宣传周活动，通过促销、折扣、团购等方式，形成电商市场宣传黔茶的浓厚氛围。（牵头单位：省农委，责任单位：省商务厅、省质监局、各〔州〕政府）

5. 改善交易环境。支持省内重点茶叶交易市场改造升级，支持龙头企业建设贵州茶资源交易中心及配套冷链物流设施。整合和优化物流运送渠道，完善物流基础设施，实现物流渠道共享和整体议价，降低物流成本。实施线上网店和线下零售网点联动，实现茶叶网购在全国配送的高速便捷。（牵头单位：省农委，责任单位：省发展改革委、省商务厅、各〔州〕政府）

（三）加工升级。以清洁化、标准化和规模化为发展方向，加快推进茶叶初制、精制分工进程，形成"初制标准化、精制规模化、拼配数据化"格局。通过三年努力，着力培育10家黔茶产销联盟（企业集团）、重点扶持3 000家初制加工企业、60家精制加工企业、50家精深加工企业，实现加工年产值250亿元以上。

1. 加快发展初制加工。全省新建小型初制加工企业1 500家，建成小型清洁化生产线2 000条，使小型初制加工企业达到2 500家，生产线3 000条以上；新建中型及以上初制加工企业400家，建成中型及以上清洁化生产线800条，使中型及以上初制加工企业达到500家，生产线1 000条以上。加大对初制加工企业新技术运用、厂房建设、设备更新的扶持力度，提升初制加工企业产能、技术和装备水平。全省初制加工企业食品质量安全市场准入（QS）认证率提高到80%以上。全省初制加工能力满足500万亩基地茶青资源有效利用的需求，实现初制年加工产值200亿元以上。（牵头单位：省农委，责任单位：省经济和信息化委、省国土资源厅、各〔州〕政府）

2. 大力推进精制加工。着力培育一批茶叶产品精制加工龙头企业，实现大规模、大批量、多品类拼配，提高产品标准化、规模化和协作化水平。建立完善"跨区域、跨季节、跨品种"茶叶拼配技术体系和产品标准体系。鼓励支持茶叶精制加工企业落户食品加工产业园区、茶叶园区，加强质量检测、冷链物流等配套能力建设，集中扶持省级示范精制加工企业60家，年精制加工能力5万吨，产值50亿元以上。（牵头单位：省农委，责任单位：省发展改革委、省经济和信息化委、省国土资源厅、各〔州〕政府）

3. 着力延伸产业链。立足资源禀赋、产业基础和市场需求，形成以绿茶为主，名优茶和大宗茶并举，春夏秋茶并重的产品结构。大力发展茶叶精深加工以及茶叶衍生品开发，延伸产业链、拓宽产业幅，促进茶叶资源综合利用。到2016年，全省夏秋茶青资源利用率达到80%，新增茶饮料、茶食品、茶保健品、茶日化品等生产企业50家，茶叶深加工产值10亿元以上。（牵头单位：省农委，责任单位：省经济和信息化委、各〔州〕政府）

4. 推进茶叶加工标准化。建立龙头企业引领、多元参与、分工协作的茶叶产销联盟，整合产品资源及市场资源，集中资源、集群加工、集约营销，实现规模化和标准化。激励引导龙头企业主导或参与国家、行业茶叶标准的制（修）订，提升我省在全国茶叶技术领域的话语权。加大对贵州茶叶技术标准体系地方标准的宣传推广和实施，引导茶叶生产企业开展QS、ISO9000质量管理体系和HACCP（危害分析关键控制点）认证，建立企业标准体系，创建标准化良好行为AAA或AAAA级活动，规范茶叶加工环节，提升茶叶加工品质。（牵头单位：省农委，

责任单位：省质监局、各〔州〕政府）

（四）基地提升。围绕茶园提质增效，以标准园创建为抓手，促进幼龄茶园早投产，加强投产茶园管护，建成国内面积第一、产量第一、质量安全第一的茶叶原料基地。率先在茶叶上打造无公害农产品、绿色有机食品第一产业大省。积极创造条件，争取创建国家级茶叶出口基地。把茶园建设成为农民持续稳定增收的重要渠道，成为贵州“四在农家·美丽乡村”的典范，成为旅游休闲度假的重要目的地。

1. 提高茶园集中度。按照区域化、集约化、规模化和以农户为主体的要求，推进茶园向优势区域集聚，连点成线、连线成片，重点打造20个20万亩以上的茶叶主产县、250个万亩以上核心乡镇、100个万亩专业村。（牵头单位：省农委，责任单位：各市州政府、省财政厅、省国土资源厅、省林业厅、省扶贫办、省供销社）

2. 提升茶园生产能力。加强茶园肥水、病虫害防治等关键环节管理，促进大规模幼龄茶园尽早投产。配套完善茶区水电路基础设施，推广茶园平衡施肥，病虫害绿色防控，机械化管护与采摘。年建成优质高效茶叶标准园50万亩；建成出口茶、有机茶、特色茶、茶资源综合开发利用等专用基地50万亩；建成茶区猪沼茶、茶下养鸡（禽）、苗木种植等产业互动融合生态茶园200万亩；结合旅游景点、最美茶乡、茶叶园区，建成休闲观光茶园50万亩。（牵头单位：省农委，责任单位：各〔州〕政府）

3. 创新茶园经营管理模式。鼓励企业与合作社合作，形成以茶叶加工企业为龙头、合作社为依托、农户建园为主体的茶叶产业化经营模式。引导品牌企业与集中产区、规模茶场、茶叶合作社合作建设专属茶园、种植庄园。推广茶园线上线下的认购模式，让更多的网民成为茶园“合伙人”。支持农户流转茶园，建成茶园15亩以上的茶叶专业大户、家庭农场10万户。创建茶叶示范社300家，推动茶叶合作社成为茶园标准化生产、科技推广、质量安全控制的重要主体。支持以企业为主体，建设全资茶叶生产基地。（牵头单位：省农委，责任单位：省林业厅、省扶贫办、省供销社、各〔州〕政府）

（五）质量保障。以保障贵州茶叶可持续发展、打造贵州茶叶品牌和提升市场占有率为核心，着力强化茶叶标准化建设、监督检验检测和产品质量可追溯等环节，建立最严厉的质量安全监管制度，实现茶叶国际、国内质量安全检测合格率100%。

1. 完善贵州茶叶标准体系。以机械化、自动化为方向，以企业为主体，全面开展“都匀毛尖”“湄潭翠芽”“绿宝石”“遵义红”等重点品牌，“梵净山茶”“凤冈锌硒茶”“石阡苔茶”“瀑布毛峰”等公共品牌的标准体系制（修）订。茶叶主产县全部建成国家级、省级茶叶标准化示范县（区），建成200万亩标准化生产示范基地、40万亩出口示范基地。示范基地全部通过“三品一标”认证，茶叶加工企业全面实现清洁化生产，通过QS、ISO、HACCP等质量管理体系认证，严格按照标准种植、施肥、用药、采摘、加工、储运等，全面提升黔茶质量安全水平。（牵头单位：省农委、省质监局，责任单位：各〔州〕政府）

2. 开展病虫害绿色防控。茶区全面禁止销售、施用高毒高残留农药、水溶性农药，全面施用低毒低残留农药、脂溶性农药。严格农药销售登记备案制度。在茶园面积5 000亩以上的乡镇全面实行茶叶农药肥料专柜（专营店）。在规模化、标准化的示范茶区内，禁止间套种可能因施用农药危及茶叶农残的作物。加强生产记录管理，严格执行安全间隔期规定。结合标准化示范基地建设，在湄潭、凤冈等茶叶主产县建立200万亩绿色防控基地，广泛使用黄板蓝板、杀虫灯和植物源农药。实行病虫害联防联控茶园200万亩。（牵头单位：省农委，责任单位：省食品药品监管局、各〔州〕政府）

3. 建立茶叶质量安全监测体系。推进全省有资质并已具备相应检测能力的检测机构——贵州省农产品质检中心、贵州省分析测试研究院、贵州大学精细化工研究院等与企业合作，建立高效、便捷通过欧盟认证和出口国认可的茶叶质量安全第三方检测机构，满足省内企业开拓国内外市场检测需要。建立茶叶主产县县级茶叶质量安全检测站、重点茶叶龙头企业检测室、重点市场以及核心乡镇茶叶速测点的茶叶质量安全监测网络体系。开展茶叶质量安全产地准出。在42个茶叶主产县全面实施茶叶检测合格上市制度，乡镇农产品质量安全监管站对监测合格茶青出具产地准出证明，茶叶收购及加工企业凭产地准出证明和茶青销售随附单收购茶青。在最美茶乡、茶叶核心基地划定核心保护区域，禁止对环境有污染企业（项目）进入。（牵头单位：省农委、省食品药品监管局，责任单位：省环境保护厅、各〔州〕政府）

4. 建立贵州省茶叶质量安全云服务平台。创建贵州省茶叶质量云服务安全网，建立政府监管、行业自律、企业追溯、消费者查询的全省茶叶质量安全可追溯系统。通过许可、授权等形式，引导支持在最美茶乡、茶叶类省级园区、企业专属基地、出口基地，茶叶类省级以上龙头企业，先期进入质量安全可追溯的云服务平台，确保贵州茶叶质量安全的公信度和核心竞争力。（牵头单位：省农委，责任单位：省经济和信息化委、省食品药品监管局、各〔州〕政府）

（六）科技创新。以强化科技支撑和人才培养为重点，建设完善科技支撑服务平台，引进和培养茶叶科技服务与经营管理人才，加速科技成果转化，开展关键技术研究与攻关，整体提升贵州茶产业科技水平。

1. 调整优化品种结构。加大优良品种推广力度，选育和推广一批茶树良种。适应开发规模化、标准化和多元化产品需要，实现茶区劳动力资源季节性均衡配置。在黔东北茶区主推中茶系列、黔湄系列以及石阡苔茶等；黔中、黔南茶区主推福鼎大白茶、中茶系列、都匀毛尖与贵定乌王地方群体种等；黔西北茶区主推福鼎大白茶、中茶系列、乌牛早等；黔西南茶区主推乌牛早、福鼎大白茶、中茶系列、黔湄系列与云抗系列。根据不同区域茶叶品质特征、品牌定位、产品类型和发展方向，加大适制乌龙茶、红茶等优良茶树品种引进、选育、试验、示范和推广力度，建设完善一批品比园、母本园，为未来茶树品种调整提供技术储备。加强对地方品种资源保护与开发，选育一批具有自主知识产权的地方优良品种。（牵头单位：省农委，责任单位：省科技厅、省农科院、各〔州〕政府）

2. 加强人才队伍建设。鼓励支持省内大专院校、职业院校设立茶叶专业，加强师资队伍建设，优化学科设置，扩大茶叶专业招生规模。每年培养茶叶种植、加工、质量审评、市场营销（电子商务）、茶艺茶文化等专业复合型人才4 000人。深化产教融合、校企合作，鼓励创办各类民间茶叶学校、培训机构、茶艺馆。在茶叶主产县、省级园区、省级以上重点龙头企业、交易市场及茶馆，建立教学实践基地。鼓励支持校企、校地合作办学。大力实施全产业链生产实用技术培训，每年培训茶企、合作社、家庭农场、专业大户、农技人员等10万人次。（牵头单位：省农委，责任单位：省教育厅、省人力资源社会保障厅、省扶贫办、各〔州〕政府）

3. 促进农技推广和科技成果转化。建立完善农科教、产学研一体化服务机制，加快推进科技成果转化。深化与中国农业科学院茶叶研究所在良种引进培育、技术成果转化应用和示范推广、共建科研基地、人才教育培训等方面合作。依托中国农业科学院茶叶研究所、省茶叶研究所等科研机构，组建贵州茶叶专家服务团，定期到茶区、茶企开展指导与服务。全力推广茶园平衡施肥技术和茶叶专用复合肥，专用复合肥施用面积400万亩以上。在250个连片万亩茶园的乡镇全面推广茶园管护机械化综合配套技术。（牵头单位：省农委，责任单位：省科技厅、省农科院、各〔州〕政府）

4. 加强科技支撑服务平台建设和重大项目攻关。加强与国内科研院所合作，推进农科教、产学研结合，支持中国农业科学院茶叶研究所、省茶叶研究所联合共建国内一流的茶叶科技支撑服务平台。依托贵州大学、省茶叶研究所、省山地农业机械所等，组建中国南方茶叶机械研究所。引导支持省内军工、制造企业与茶企联合研制、生产茶叶机械，把贵州建成中国重要的茶叶装备制造基地。围绕市场需求和节本增效，开展关键技术基础性研究与重大项目攻关。对全省茶树品种区域布局，出口茶、大宗茶标准化生产，夏秋茶资源综合利用、茶叶精深加工与产品开发，重大病虫害绿色防控技术研究与新型植物源农药开发等关键共性技术进行研究与攻关。鼓励支持茶叶省级以上重点龙头企业、茶叶类农业园区建设产品研发中心，使企业、园区成为产品创新主体和重要平台。支持龙头企业建立博士后流动工作站。（牵头单位：省科技厅，责任单位：省农委、省教育厅、省经济和信息化委、省农科院）

（七）金融服务。深化与金融机构的合作，创新金融产品与融资模式，吸引各类资本进入茶产业。

1. 建立有效沟通机制。定期召开银企、银政及政企对接会，举办"黔茶与金融"论坛，搭建金融机构、投资担保机构与茶行业主管部门、茶区、茶企之间交换信息的重要平台。（牵头单位：省农委，责任单位：省政府金融办）

2. 扶持重点对象。金融机构优先扶持茶园面积20万亩以上的县，茶叶类省级园区，重点茶叶交易市场，省内重点茶叶品牌、茶叶加工和营销龙头企业。（牵头单位：省农委，责任单位：省政府金融办、各〔州〕政府）

3. 建立投融资平台。发挥省和茶叶主产县担保平台和财政专项资金杠杆效用，建立完善"担保—贷款—贴息"支持茶产业发展资金使用机制。依托茶叶主产县政策性担保公司，建立以茶叶为主的担保机构。（牵头单位：省政府金融办，责任单位：省财政厅、各〔州〕政府）

4. 创新金融产品。政府引导、各金融机构参与，以龙头企业为主体，发起成立省级茶产业并购基金，专门用于行业并购、企业重组、技术升级等。以财政资金为导向，企业出资，金融机构贷款支持，重点在茶叶主产县组建20个企业互助基金会或合作社，着力解决小型茶叶企业贷款难问题。推动茶园林权、土地经营使用权、存货、厂房与机器设备、股权等茶产业资源要素的市场化、金融化。推动建立茶叶保险财政补偿保费机制，提高茶叶生产的抗风险能力。（牵头单位：省农委，责任单位：省政府金融办、各〔州〕政府）

（八）文化宣传。依托贵州丰富多彩的茶文化资源，鼓励和支持茶文化创意创作、开展不同层次的茶文化普及活动。

1. 茶文化研究与茶文化遗产保护。支持文化机构、民间力量、企业，挖掘整理贵州丰富多彩的茶文化，编撰出版一批黔茶文化书籍。加强古茶树群等茶文化遗产保护，重点支持贵州茶文化生态博物馆建设，推动在主要茶区建设分馆，在贵州省博物馆开辟"黔茶文化展区"等。支持行业组织发展壮大，成为茶产业宣传推介、行业自律和茶文化传播的主体力量。（牵头单位：省农委，责任单位：省文化厅、各〔州〕政府）

2. 创作茶文化文艺作品。鼓励支持文艺组织、文化企业、文艺家开展茶文化文艺创作，出版发行一批茶文化题材的音乐（歌曲）、曲艺、文化散文集、长篇小说、影视作品等。重点扶持1～2部富有贵州或各茶区地域特色的茶文化散文集，1～2部反映贵州茶历史茶文化或现代茶业发展的长篇小说，1～2部宣传贵州独有的盐茶古道历史或有地域茶文化烙印为题材的电影、微电影、电视连续剧。（牵头单位：省委宣传部，责任单位：省文化厅、省新闻出版广电局、省文联、各〔州〕政府）

3. 建设茶文化传播与媒体平台。鼓励贵州主流媒体开辟茶文化栏目，支持贵州电视台开办"茶文化综艺节目”。创办茶文化杂志《茶情》，促进《西部开发报·茶周刊》升级，建设茶专业网站。在省内外贵州茶叶专卖店植入统一的贵州元素。（牵头单位：省委宣传部，责任单位：省农委、省文化厅、省新闻出版广电局、省文联、各〔州〕政府）

4. 促进茶旅一体化。在全省 100 个旅游景区（景点），以茶园、茶馆、茶街为载体，开辟茶文化展示窗口；规划建设一批特色鲜明的茶文化旅游景点、主题公园和主题酒店；在孔学堂开设大碗茶庄。结合旅游景区和茶叶重点区域，打造 1～2 台茶文化主题大型歌舞演出或实景演出节目，举办两年一届的“贵州·国际茶艺大赛”，打造 1～2 个具有地方特色和旅游吸引力的茶文化节；支持打造带有评书、曲艺表演、小话剧、茶艺表演等文化传播功能的文化茶馆 10～20 家。（牵头单位：省旅游局，责任单位：省农委、省文化厅、省文联、各〔州〕政府）

5. 普及茶文化。以喝茶健康为主题，推动茶文化进机关、进学校、进军营、进企业、进社区。将茶文化活动作为中小学劳动课的内容之一。引导形成全社会饮茶、爱茶、关心茶的良好氛围。（牵头单位：省农委，责任单位：省教育厅、各〔州〕政府）

四、保障措施

（一）加强领导，明确职责。完善省茶产业发展联席会议制度，加强对省茶产业提升三年行动计划的工作部署、组织协调和考核检查，每个季度召开一次联席会议，协调推进三年行动计划的各项工作。联席会议办公室负责提出三年行动计划的年度计划、主要政策措施，落实联席会议议定的各项具体工作。联席会议成员单位按照各自职责，全力配合做好相关工作。（牵头单位：省农委，责任单位：省茶产业发展联席会议成员单位）

（二）多措并举，增加投入。从 2014 年起，省级财政加大茶产业资金投入力度，同时，在不改变资金使用方向、项目运行方式的前提下，整合有关专项资金，重点用于茶产业品牌打造、市场开拓、茶叶加工技改、新建茶园和茶园质量提升等。各市（州）、茶叶主产县（市、区、特区）要千方百计筹集资金，加大扶持力度。加大招商引资力度，引进民营资本进入我省茶产业领域。（牵头单位：省财政厅、省农委，责任单位：省茶产业发展联席会议成员单位）

（三）落实土地、税收等优惠政策。经地方政府主管部门批准的茶叶生产、加工、物流项目用地，在土地审批和用地指标上要优先保障，在地方收费等方面给予优惠；落实好各项税收优惠政策。（牵头单位：省国土资源厅、省地税局、省工商局，责任单位：各〔州〕政府）

（四）建立激励机制。对推动茶产业发展贡献突出的县（市、区、特区），在项目和资金安排上给予重点扶持；对因工作不力、重视不够、弄虚作假、未完成年度目标任务的茶产业发展县（市、区、特区），在茶产业项目和资金安排上予以调减；对地方经济发展和农民就业、增收贡献突出的茶叶生产、加工、销售企业，茶馆（楼）、合作社、专业大户、家庭农场等市场主体给予奖励。（牵头单位：省农委，责任单位：省茶产业发展联席会议成员单位）

贵州省人民政府办公厅

二〇一四年四月二十一日

大力弘扬与培育“清敬和美”当代茶文化核心理念

中国国际茶文化研究会会长　周国富

茶文化是中国优秀传统文化的有机组成部分，植根于源远流长、博大精深的中华传统文化土壤，贯穿于茶的生产、科研、经营、消费及与茶相关文化与文艺活动的各个环节，既与中国经典传统文化、艺术相互交融，更与中华民族千百年来的日常社会生活息息相关。茶文化历经淘炼而升华至天人合一的哲学境界，成为人们宁静清和的生活方式、精行俭德的价值追求和“清敬和美”的文化精神，是中华优秀文化中的一颗璀璨明珠。大力弘扬和培育“清敬和美”当代茶文化核心理念，无论是对继承弘扬中华优秀传统文化，还是努力践行社会主义核心价值观、推进和谐社会建设都有十分重要的历史和现实意义。

本着“继承不离本，创新不离谱”的原则，在认真分析和汲取传统茶文化、茶道、茶德精神及紧密结合当今茶文化发展实际的基础上，融合会通各家观点，概括提炼出“清”“敬”“和”“美”的当代茶文化核心理念。

1. 所谓“清”　“清”是茶文化当代核心理念的基本特征，她既是茶叶特征的自然显现，也与人的基本品质紧密关联，更是茶与人在“道”与“德”的层面的和谐统一。一个“清”字，可以涵盖德、俭、廉、正、静、真等茶文化的多种内涵。

一是“清”指与茶叶、茶饮、茶艺相关的清气、清和、清雅。“清”的特征，首先来源于茶的自然品质。鲜嫩的茶叶与漫山遍野的绿色茶园，呈现出平和清淡的自然秉性，给人以清气扑面、满目清润的深切感受。饮茶的妙处不仅在品味鲜茗的甘洌醇香，而且可化积郁之气、致清和之健。

二是“清”指与修养、品德、情操有关的清心、清静、清平。陆羽《茶经》中的精行俭德和《六羡歌》中表达的理念，其本质是“清心”二字。“清”是中国道家思想的重要体现，也是崇尚“道法自然”的心境所在。佛家禅宗倡导禅茶一味，认为茶道与佛理共通，深化了茶与茶文化内涵，提升了茶的精神品质。茶道把“静”作为达到物我两忘的必由之路，喝茶就是修炼清静宁和的心境，营造幽雅清静的环境和空灵静寂的氛围，帮助人们静心思虑。在世事纷扰中，淡雅的清茶能让人们心宁神静，自省自察，去除烦躁，化解心结，于清思静观之中看庭前花开花落，望天空云卷云舒。唐代赵州从谂禅师“吃茶去”和宋代无门慧开禅师“春有百花秋有月，夏有凉风冬有雪；若无闲事挂心头，便是人间好时节”的诗偈，告诫芸芸众生就是用一杯茶品人生浮沉，持平常心观大千世界，品茶中感悟从容平淡和人生哲理。

三是“清”指与从政为官相关的清正、清白、清廉。一杯清茶理政事，向来是为官之道的重要象征，蕴含的是清正的品质和高洁的美誉。历朝历代的各种茶道之文、茶德之论，“清廉”二字都是题中应有之义。自古以来，“清茶一杯”，体现了茶与从政为官之间应以“清廉”为基本特质和价值追求的良好关系；君子之交淡如水、清如茶，是对官员端良的人际交往关系、廉洁的行为举止的称颂和期待。

2. 所谓“敬”　“敬”字所指者，乃是人的诚敬、尊敬、敬畏、敬爱之情。一个“敬”字所体现的，是茶之于礼的价值和人行于世的守则。

一是“敬”指人对自然、对规律的敬畏之心。中国茶文化，始终闪耀着“天人合一”哲学思想的光辉。中国茶道美学总是要从人与自然的统一之中去寻找美，茶事过程实质上就是促进人体与自然尤其是生活环境的协调统一。茶文化中尊崇和顺应自然发展规律、恭敬、自律、冲和、淡泊等思想要素，是中华民族在与自然相处的历史过程中，形成的思想资源和人生态度，在中华五千年灿烂文明和社会发展中发挥了十分重要的作用。

二是“敬”指人与人之间互相敬重、互怀敬意、相敬如宾的友好关系。“客来敬茶”，这是中华传统礼法礼俗中最为普遍和常见的礼仪之道。“寒夜客来茶当酒，竹炉汤沸火初红”就是对当时社会环境下，以茶待客、以茶代酒的生动写照。在茶的生活中，不仅只是物质的享受，更讲究的是对自然、历史的敬畏及人与人之间和谐交往的规矩守则。追求的是礼俗熏陶中涵育道德修养的行为方式，是社会对人与人之间以“敬”为重的友好关系的培育。

三是“敬”指人所应该具有的敬祖尊老的敬爱之情。茶礼就是晚辈向长辈以茶请安，节日寿辰时晚辈向长辈以茶致敬。重阳敬老是最为重要的民间礼俗和节日，在茶事中，奉茶致亲、以茶为敬，是其中必不可少的礼仪，她体现的是中华民族以茶饮为载体的敬爱前辈的传统，以及这种传统在今天的发扬光大。

3. 所谓“和”　“和”字所指，乃是和合、和谐之义，是基于茶文化“清”的本质和“敬”的理念之上的、人与他者及其自我心灵的和谐关系。一个“和”字所体现的，既是茶道，也是人道和社会运行之道。

一是“和”指“以和为贵”的中国思想文化的本质。在中国的思想发展史上，儒、释、道是对我国历史、社会、文化影响最大的三种思想体系。儒家在茶中品出了仁、释家在茶中品出了禅、道家在茶中品出了道。源远流长的茶文化，不但吸取了儒、释、道三家的思想精华，更以其博大包容的胸襟，海纳百川，兼容并蓄，化儒、释、道三家主旨于和合共生之一体，体现了儒释道文化的圆通融合。茶文化包容和合的品质，反映了儒、释、道三教的理念，体现了“以和为贵”的中国思想文化的本质，是中国优秀传统文化的典型代表，十分难能可贵地树立起了“和合”文化的思想典范。

二是“和”指人与自然的和谐关系。老子曰：“人法地，地法天，天法道，道法自然。”自然是万物之本，茶叶是自然的精华。茶聚天地之精华，纳山水之灵气，是大自然恩施于人类的宝物。陆羽《茶经》云，煮茶的风炉是“金”，放在地上的是“土”，烧的木炭是“木”，燃烧的是“火”，煮汤的是“水”。陆羽把煮茶的过程，看作是金木水火土相生相克达到和谐平衡的一个自然的过程。因此，人与茶的关系，实际上是人与自然之间的友好关系的反映。人类不但要敬畏自然，更需要在这敬畏之中，建立起与自然友好相处的和谐关系。在今天，尤其需要修复甚至重构这种友好关系，在茶意氤氲之中，推介回归自然、节制欲望、简单生活、诗意栖居等既古老又新生的生活理念。

三是“和”指自我心灵的宁静和谐。茶之于心灵的宁静和谐，主要体现在，茶可以养“爱心”，以使“仁者爱人”；可以养“德心”，以使人精行俭德；茶可以养“静心”，以使人宁静致远；茶可以养“苦心”，苦其心志，苦尽甘来；茶可以养“凡心”，唯是平常心，方可清心境；茶可以养“放心”，放下繁忙的工作，放松绷紧的神经，放开功名利禄的念想，放掉喜怒哀乐的心绪；茶可以养“专心”，专心致志，用心体会，充满恭敬，饱含感恩；茶可以养“和心”，和谐中庸，和气待人，和睦相处，让和谐世界从“心”开始。身心安宁，人自和静，便能感悟人生、领悟真谛、提升觉悟，看世界碧海蓝天，山清水秀，风和日丽，月明星朗，以臻于修炼身心、净化自我、道德圆满、心灵和谐之境。

四是“和”指社会和谐运行的内在秩序。孔子曰：“吾道一以贯之，忠恕而已矣。”“忠恕”，其实质乃是将心比心、推己及人之意，体现了儒家处理人类社会和平交往和人际社会关系的基本道德准则，既涵盖了儒家“仁、义、礼、智、信”的要义，也是茶文化精神的重要内涵。“廉美和敬”“清敬和美”，大都关乎人与人之间、人与社会之间交往的尺度和准则，大都是从将心比心、推己及人中来。茶所具有的清和、淡逸的特性，自然地呈现出平和恬淡的神韵，茶总是清纯淡雅，清新怡人，有君子之风、和谐之韵，故而儒以养廉，佛以参禅，道以修真，民以持家，由此起到和诚处事、和气待人、和谐社会、和平发展的作用。因此，茶文化本质上就是一种和谐文化，具有茶“和”社会、茶“和”天下的良好功能，人际关系因茶而更加和睦，社会环境因茶而更加融洽。

4. 所谓“美”　一个“美”字，是茶文化当代核心理念追求的最高愿景，是天、地、人、茶、水、情在“天人合一”哲学境界上的共同升华。

一是“美”指纯美茶叶和精美茶园的观赏之美。茶叶素有“东方美人”之称，其纯净光洁之形、水中蹁跹之姿、鹅黄嫩绿之色，颇具“盈盈十五，娟娟二八”之少女的清雅之态。各类茶汤更是呈现出翠绿、橙黄、杏红、中国红、琥珀色等原生态色彩的美轮美奂，令人由衷而起“名茶如美色，未饮已倾城”之叹。茶园，是红脉绿韵的风景线，是旅游休闲的好去处，是返璞归真、回归自然的绝妙地。茶园中的茶叶吐故纳新，净化空气；固土纳水，涵养大地；四季常绿，赏心悦目。茶叶既是生态的结晶、自然的内涵，也是美化大地的使者，更是环境美好的象征。

二是“美”指美妙茶韵的品味之美。茶中之味、味中之意，讲究一个“品”字，慢饮细品之中，方能体味到茶韵之美。品茶，需要调动全身官能参与，用双手沏茶、举杯，用眼睛去赏清丽之色，用耳朵去闻高冲低斟之声，用鼻子去嗅沁人心脾之香，用味蕾去尝甘洌之味，再通过眼、耳、鼻、舌、身把末梢的官能感觉传递给心灵，人们意会到的就是茶韵。茶道实为“人道”，“得道”与否，在于各自的素养。茶韵更是茶道中的佳境，是精神层面上的细致感受。茶韵的品味之美，实是茶饮品味过程的升华，是茶饮的绵长余味对人精神的浸润，她由心而发，体现的是茶客的修炼之功和修善境界。

三是“美”指人生圆融的大美之境。从美学的角度来看，美是事物促进和谐发展的客观属性与功能激发出来的主观感受，是客观实际与主观感受的具体统一，是引起人类生命主体精神有益性的整体和谐与统一。茶文化绵延数千年，与人类生活相伴随，起步于物质形态，升华至哲学境界，滋养人的身心，涵养人的品格，丰富人的精神，启迪人的智慧，慰藉人的心灵，促进了人与自然、人与社会、人与自我心灵的整体和谐与统一。故此，茶境之中，自有大美。茶叶在其生命最为华美的时候，被采摘离开了生命之树，历经了诸多磨难，如制作时的揉、搓、捻、压、炒、烘等，以至发酵成为好茶，冲泡时来到了精致的茶具之中，舒展蛾眉，与知音清新之水共舞，散发出淡雅的气息。那是一种为了瞬间的精彩而释放全部生命的悲壮之美，是一种为了瞬间与清新之水自由舞蹈而生发的相知之美，又是一种为了将一生凝聚的精华尽情展露的大气之美，更是一种梦想与现实结合的圆满之美。正所谓“生在山水云雾间，历经磨难终成仙；遇得知音共舞蹈，终身精华展大美”。人生的意义何尝不是如此呢！

文化需要传承，传播才有影响；精神需要培育，弘扬才有力量。大力弘扬和培育“清敬和美”当代茶文化核心理念，必须坚持与时代精神相结合、与继承优秀传统文化相结合、与培育和践行社会主义核心价值观相结合，要着力在“转”字上做文章，在“化”上下功夫，使当代茶文化核心理念真正转化为人们的精神理念、价值追求和行为方式，切实做到深化于境（界）、内化于心、外化于行、实化于效，将当代茶文化核心理念蕴含的巨大正能量转化成为实现伟大“中国梦”的强大动力！

中国茶叶应立足中华走向世界

农业部原部长　何康
福建省茶叶学会　冯廷佺

我们伟大祖国位于世界东方，地域辽阔，山海相依，是世界生物多样化的区域，更是亚热带植物——茶树的原产地，是世界上最早、最适宜种茶的地方。中国是世界上“茶树品种王国”，又是世界上茶类最多、名茶品类最丰富的国家，还是最早的茶叶出口国。随着历史的变迁，世界风云变幻，尤其是第一次世界大战后，印度、斯里兰卡红茶的兴起，我国茶叶出口和国际茶叶市场逐步被外国占领。新中国成立后，茶叶出口贸易曾取得较大发展，但近年增长速度较为缓慢。为促进中国茶产业发展得更快、更好，要为国家做出更大贡献。“立足中华五千年精粹、纵观国茶与世界”，是习近平主席近年在世界瞩目的外交场合“三论中国茶”的核心，也是鼓励我们以茶睦邻交友，茶香飘四海，共同为促进世界和平与发展的崇高事业做出更大的贡献！

一、中国茶叶产销概况

中国是世界上第一产茶大国，茶园辽阔，茶区广布。全国有 18 个省（自治区、直辖市）产茶，茶叶成为内销和出口的主要农产品，是农村特别是丘陵山区农民脱贫致富的主要经济作物。近些年来，我国茶叶产销持续发展，2013 年部分茶园虽遭受春寒夏旱的自然灾害，但茶叶生产仍然持续发展，茶园面积不断扩大，茶叶产量继续增长。2013 年，茶园面积达 258 万公顷，其中可采面积为 194.5 万公顷，有机茶园 15.2 万公顷，良种面积 135.4 万公顷，良种面积占总面积的 52.5%。茶叶产量达到 193 万吨，比 2012 年增长 7.8%，其中绿茶为 131 万吨，比 2012 年增长 5%；红茶 15.64 万吨，增长 18%；乌龙茶 23.43 万吨，增长 7.5%；黑茶 9.5 万吨，增长 19%；白茶 1.23 万吨，增长 20.6%；黄茶 0.8 万吨，增长 30.6%；其他茶类 11.4 万吨，增长 12.4%。名优茶达到 85 万吨，同比增长 9.3%。茶叶总产值达 1 106.2 亿元，同比增长 12.6%，突破千亿元大关，名优茶产值为 791 亿元，增长 9.6%。

中国茶叶出口前景看好，2013 年出口茶产量和出口茶产值均创历史新高，全年出口茶为 32.6 万吨，比 2012 年增长 3.92%，出口金额为 12.5 亿美元，同比上升 19.64%，平均单价每吨为 3 920 美元，同比上升 15.13%。我国出口茶量 2013 年绿茶、普洱茶比 2012 年有所增长，其他茶类量减价增。中西部茶产业加速发展，湖北、贵州、四川等省茶叶出口大幅度上升；东部沿海茶区出口茶下降。茶叶内销市场，消费的热点仍然为黑茶、红茶，白茶、普洱茶强劲上升。白茶内销持续上升，黄茶发展迅猛，绿茶、乌龙茶销量有所减缓，礼品茶、团购茶售量骤减，大宗茶市场空间加大。总的来说，我国茶叶销售主要是内销为主。随着茶叶生产的发展，开拓世界茶叶市场，走国际化之路，是今后一个时期发展茶叶的重要途径。

二、制约中国茶叶出口的瓶颈

自明末清初以来，中国茶叶已开始外销出口到东南亚、欧美许多国家，印度、斯里兰卡红茶兴起后，中国的外销出口量增长不大。据资料记载，自 1900—1932 年，中国年平均茶叶出口量为 4.2 万～9 万吨，仅占世界出口量的 11%～27%。新中国成立以来，中国扩大了茶叶出口销路，茶叶出口量增长到 2013 年的 32.6 万吨，约占世界茶叶出口量的 18%。近年来，我国茶叶生产发展很快，茶叶生产量年增辐较大，增幅为 7%～8%，然而出口增幅不大，增幅为 3%～4%，其出口制约瓶颈有以下方面：

（1）中国茶的标准化，在世界上缺失主导的话语权。话语权白茶在德国，红茶在英国，绿茶在欧盟，茶文化在日本、韩国，所以中国茶被欧盟等许多国家拒之门外。

（2）茶叶出口的管理和引领，缺失统领及服务部门。现有茶叶出口单靠茶企自行寻找出口商家和出口销路，难以扩大开拓市场。

（3）茶叶出口商品，缺失合作共同创立的大品牌。各省、各茶区、各种名茶的品牌五花八门、各自为政，茶叶进口国难以选择。

（4）中外文化和饮食的差异，在国际上缺失茶饮的大氛围。由于中国茶在世界尚没有很畅通的宣传和销售渠道，所以在国际市场上消费者不多。

（5）茶叶产业化生产，着眼内销为主，缺失面向世界的大产业，茶产业的国际化、标准化、品牌化水平不高。

（6）茶叶生产成本增大，出口价格缺失较大的盈利。多年来，我国茶叶种植、加工成本不断上升，而茶叶出口价格稳步不前，增长甚微，影响茶叶走向世界的引力。

三、中国茶叶走向世界、再创辉煌的策略

中国茶叶的可持续发展，关键在于产品的适销对路。而茶叶贸易销路很大一块是对外贸易，因而必须走适应国外需求的国际化之路。

1. 推动茶叶外贸发展策略　我国实行改革开放以来，茶叶产销有了极大的发展，但在茶叶出口贸易方面发展不

快。为此，应当贯彻执行习近平主席前不久提出的“提高对外开放水平，落实完善促进外贸发展政策”的指示。建议各级经贸等有关部门，落实并完善茶叶外贸发展的政策和措施。加大对外宣传力度，充分利用国内报刊、电视等媒体和发挥驻外大使馆、孔子学院、华人华侨机构、团体的引领作用，努力把中国茶推向世界市场。

2. 完善茶叶与国际接轨的策略 近些年，国外如欧盟等组织不断提高茶叶安全质量标准，亦有些媒体负面报道，加上国内缺少统一的质量标准体系，为此，应力争以产茶、消费大国的中国来建立茶业统一的标准体系，顺应国际市场的变迁。

3. 创新产品以适应市场需求的策略 中国出口茶叶过去多数是散装茶、原料茶，如出口日本的乌龙茶多是低层次、低价格的供制大众茶水的原料。为此，必须加强科学研究，在摸清状况的前提下大胆创新，产制适合不同国家市场消费的新产品，产制快速、卫生、味香、方便的产品，生产制造适合男女老少口味多变的新产品，研制保健茶、花草茶、茶饮料及茶叶提取药品等，要研制出创新型被消费者认可、价值适销的新茶品。同时，中国精品茶和礼品茶也要打入国外市场和高层社会。

4. 培育品牌促进发展的战略 品牌是产品质量、知名度、信赖度、消费忠诚度、附加值的主要标志。要从建立大品牌、统一品牌着眼，解决中外文化差异的品牌问题，培育和提升适应市场发展的品牌价值，加强和促进茶叶向外传播和流通。在米兰举行的世博会100周年上，在“中国茶文化馆”和“企业”大显身手，把中国茶推向世界。

5. 创新茶业经营模式的策略 目前，中国欠缺全球化的茶业大企业和经营体，经营模式小型、单一，缺少竞争力。中国现有的茶馆茶店经营模式，在国外不适应，应创新模式，加强与国外企业、知名馆店、超市的合作，也可利用国外的中餐馆设茶专柜、专席，通过宣传饮茶有益健康，使中国茶获得更多认知度。进一步研究科学营销的理念和方法，建立电子商务网络，培育国外广阔的茶叶市场，让中国茶真正走向全球。

前景是广阔的，前途是光明的。只要坚持贯彻党中央制定的方针和政策，坚持改革开放的方向，全国茶叶企业和茶叶工作者有能力、有智慧能解决上述问题。中国历史悠久，享誉四海的茶产业要焕发青春，大步进行创新发展，广销全国，走向世界。

茶叶之路与中国软实力

中国社会科学院工业经济研究所茶产业发展研究中心　陆尧

中国历史上有多条茶叶之路。以二连浩特为重要节点的中蒙俄茶叶之路用300多年的历史向世人宣告：茶叶文明是人类文明的重要组成部分，茶叶之路是健康之路、友谊之路、和平之路。

2014年2月，来自国内外的宾客共同在二连浩特隆重举办了“茶叶之路与城市发展”研讨会。该会对于顺利开展重走茶叶之路系列活动，弘扬茶文化，繁荣茶经济，促进中蒙俄文化交流，推动沿线城市可持续发展，振兴欧亚大陆商贸，具有深刻的历史意义与现实意义。

一、二连浩特对茶叶之路和中国茶文化的贡献

二连浩特是中国正北方最为重要的陆路口岸，因而成为茶叶之路的关键节点城市。古“茶叶之路”是一条在前清时代由茶商开辟的国际商道。这条商道从山西太原辐射中国南方诸省，向北途经呼和浩特、四子王旗、二连浩特，过乌兰巴托再北上俄罗斯恰克图等地，用骆驼将中国盛产的茶叶等运往蒙古和俄罗斯，并辐射到欧洲其他地方。这条路之所以用“茶叶”命名，是因为茶叶是当时所有货物中的大宗货物，每年都有数十万担甚至上百万担过境。

“伊林驿站”是二连浩特茶叶之路的重要载体，其作为茶叶的集散地和来往茶商的住宿场所，见证了茶叶之路的辉煌，成为中蒙俄三国共同的宝贵历史文化资源。

回顾历史，不难看出：二连浩特是连接东西方文明的便捷途径，为传播中国茶文化，促进欧亚大陆贸易往来，做出过杰出贡献。内蒙古专家邓九刚先生呕心沥血，研究茶叶之路历史，贡献出专著《茶叶之路》，为茶叶之路研究与拓展奠定了坚实的理论基础。二连浩特市委市政府高度重视新茶叶之路建设，连续几年举办驼队重走“茶叶之路”活动；在二连浩特建成中国首家伊林驿站主题博物馆；正在建设的大盛魁影视基地为中央电视台拍摄大型纪录片《茶叶之路》创造了条件；积极筹建“茶叶之路”国际城市联盟，为推动中蒙俄三国联合打造“茶叶之路”国际品牌开了好头。

二、以茶文化与儒释道为核心打造中国软实力

在中国传统文化中，茶文化与儒释道有着不解之缘。茶带给人们健康与品位，是社会和谐进步的润滑剂。儒释道也分别满足人们精神生活中的不同需要，帮助人们养成良好心态。儒家倡导“仁者爱人”，要友善、宽容、进取，堂堂正正地度过一生。佛家追求化解人生中的烦恼，使心灵得以净化。道家提倡“无为”，学会放松，轻轻松松地度过一生。茶与儒释道互补，帮助人们拿得起、想得开、放得下。在品茶过程中，更多发现生活中原本不曾发现的美好，达到生理健康、精神愉悦的理想境界。

中国茶道思想是融合儒释道诸家精华而成的，茶叶之路上充满了茶与儒释道的和谐元素。如武夷山的茶道精神就是“千载儒释道，万古山水茶”，而三教的存在，对武夷茶的发展，起了很大的推动作用；又如山西榆次常家，遵循“学而优则贾”的治家祖训，儒商兼融，在恰克图从事茶叶贸易，传承200多年；再如名字出自《易经》的湖北咸宁至今在赤壁羊楼洞羊洞街还保留着100余家茶作坊、茶庄和商铺等，很多俄罗斯老人还在怀念这里出去的汉口茶。

近年来，在茶文化与儒释道互补的发展中，茶禅一味显得比较突出，爱茶和信佛的越来越多。茶润心，禅静心，成为很多消费者的共识，也成为茶禅文化共同发展的源动力之一。道家文化的弘扬力度相对不足，宜适当加强与完善。

三、开展重走茶叶之路系列活动，彰显中国软实力

2012年3月26日，重走茶叶之路系列活动新闻发布会在北京钓鱼台大酒店隆重召开，包括二连浩特市领导在内的100多位嘉宾与会议代表出席，50多家主流媒体报道。随后，分别在二连浩特、呼和浩特、长沙、昆明、雅安、武夷山、安溪、福鼎、福州、北京茶博会等开展工作，并积极推进。本活动由内蒙古茶叶之路研究会、中国社会科学院工业经济研究所茶产业发展研究中心（以下简称“社科院茶研中心”）、欧盟—中国交流协会等联合主办，宗旨为弘扬茶文化，繁荣茶经济，促进茶叶之路关联城市合作，发展以二连浩特为纽带的欧亚大陆文化交流与贸易往来，提升中国茶叶的整体国际知名度，增强中国茶叶在国际茶叶贸易中的话语权。该活动的主要项目有：驼队运茶、茶叶之路发展论坛、节点城市资源与驼载茶原产地资源推介、国内外著名博物馆驼载名茶收藏、驼载纪念茶拍卖与销售、中国茶业发展基金筹建、中华茶道艺术展示与大赛等。

为了实现5 000年中华民族、特别是中华茶人的追求，社科院茶研中心将做好以下工作：

1. 大力发展特色茶文化旅游项目　旅游业是重要的支柱产业，茶业要主动向旅游靠拢，优势互补，共同发展。这方面，二连浩特大力打造颇具特色的边关之旅、驿

站之旅和恐龙之旅“三大”特色旅游品牌，成为旅游拉动城市发展的典范，值得茶产业借鉴。例如，可以在二连浩特推出“喝砖茶、吃烧麦”的特色早餐与“喝热奶茶、跳蒙古族舞”的茶艺篝火晚会，还可以在武夷山、岳麓山、武当山等地开展茶艺养生之旅，实现茶产业与旅游业的良性互动。

2. 实施市场导向型发展战略，用茶业消费促进茶业生产 近年来，社科院茶研中心鉴于中国现有茶业产能为200万吨而产量只有140万吨左右的事实，多次提出“多开一亩茶园好，还是多开一个茶庄好”的警示，积极提倡用消费拉动生产的发展模式。在现阶段茶业市场拓展中，有两个关键节点：一是能否将茶产品从农产品形态升级为营养保健品形态，二是能否吸引白领阶层喜欢茶。为此，需要政府、企业、消费者、研发宣传机构共同努力，政策扶持，积极引导。

3. 大道从简，科学饮茶，稳步增强城市居民幸福指数 茶文化有几千年的积淀，常使中国茶人引以为荣。但在茶文化普及工作中，往往千篇一律、死记硬背、不够生动，或者一般性介绍多于营养养生功效的介绍、一份宣传材料使用多年看不出新变化等。

千百年来，儒家先贤提倡“寓教于乐”，我们在茶文化推广过程中，要特别注意这一点。要多用消费者喜闻乐见的形式宣传茶文化，宜根据消费者不同职业、年龄、季节甚至性别等，有针对性地介绍茶叶选购、储存、冲泡、品饮、妙用等方法，深入浅出地介绍科学饮茶知识；对茶产业一线员工，宜提倡“泡好茶、说好茶、卖好茶”。同时，大量事实证明，茶带给人们健康、愉悦、品位，如“下午茶”风行世界成为淑女绅士的生活常态与社会地位的象征。

茶陪伴人类走过了几千年的历程，还将更广泛、更具影响力地陪伴人类走下去。在一定意义上可以说，茶是普惠人类的健康饮料，是成本最低的友谊向导，是富于情趣的幸福因子。因而，茶将成为幸福指数的重要元素，继续为中国人、继而为全人类的幸福指数增光添彩。

4. 积极筹建茶叶之路国际友好联盟，推动节点城市共同发展 回顾上海世博会期间，中国世博十大名茶成功实施“一加九”合作模式（轮流在所在城市举办推介、联谊等活动），我们对茶叶之路国际友好联盟整合资源优势，共同实现可持续发展充满信心。

5. 与孔子学院密切合作，帮助更多外国朋友享受茶的温馨 目前，中国在海外建有350多所孔子学院、500多所中小学孔子学堂。他们为推广汉语、宣传中国文化、促进民间友好往来起到了推动作用。这一平台，也可以为宣传中国茶文化贡献力量。比如，在教材中增加茶文化知识，教学中增加茶艺演示，举办茶艺夏令营、冬令营，在茶叶之路国际友好联盟城市鼓励开办茶馆茶庄，增加当地消费者喜欢的茶产品供应量，宣传喝茶有益健康，天下茶人是一家，招聘茶叶之路茶艺志愿者等。

由二连浩特、内蒙古茶叶之路研究会、中国社会科学院茶研中心、欧盟—中国交流协会创意发起，长沙、岳阳、安化、武夷山、晋中、太原、武汉、赤壁、咸宁、襄阳、九江、张家口等城市踊跃参与的重走茶叶之路系列活动和茶叶之路国际友好城市联盟筹建工作，是响应中国政府文化大发展、大繁荣号召的积极举措。我们一定努力和有关各方优势互补、真诚合作，把中蒙俄共同的宝贵历史文化资源和世界珍贵的文化遗产“茶叶之路”研究好、拓展好，把事做好、做到底。

“禅茶一味”的文化内涵

河北省茶文化学会　舒曼

“禅茶一味”是禅茶文化的一种表现形式，也是禅茶文化核心内容之一。以禅入茶抑或是以茶入禅为载体的文化，发轫当自晋代，几经浮沉从唐宋兴盛至明清衰退，然而在近十年复兴，这其中况味有雅有俗。

从雅上论，茶自从成为“饮品”之后，很快就成为一种文化现象，从佛教传入又“因缘具足”成了“和尚家事”。尽管2 000多年历经坎坷却是延续不断，诸多人大有浮躁之心、名利之欲，社会有识之士认准了“禅茶一味”是清凉剂，对其青睐有加，所以这四个字被人大书特书。从俗上论，也正因今日人心浮躁加上名利的驱使，一些商人也借势把“禅茶一味”这种文化现象拿来炒作，并且把“禅茶”概念植入商品赚钱。

生活离不开雅——琴棋书画诗曲茶之“茶”，人之向往；也离不开俗——柴米油盐酱醋茶之“茶”，人之必须。前者属形而上，为精神层面，意不在茶；后者属形而下，为物质层面，少涉文化。凡事能雅能俗、雅俗同兴才是茶文化发展之本。

要解释何为“禅茶一味”，首先要简单地厘清中国传统文化中儒释道主要思想对中国茶文化的影响。

有人说：“茶文化和茶道的最高境界都以禅悟为指归。”本文以为此要义是指禅宗思想包涵着儒家和道家的思想。中国茶文化的核心是茶道，而茶道的精神特点主要由儒释道三家精粹思想加以体现。所以说，中国茶文化，源头在道家，核心为儒家，发展在佛家。也就是说，中国茶文化是基于儒家的治世机缘，倚于佛家的淡泊情操，洋溢道家的浪漫理想，借品茶倡导清和、俭约、廉洁、求真和求美的高雅精神。

1. 茶与道通，通在自然（道茶一味）　古文人常在户外把煮水、温盏、投茶、温润、沏泡、品饮、收具、洁器、复归视为一次与大自然亲近融合的历程，其实是把大自然恩赐的茶作为人和天地融合的一种体验。“道法自然”与“天人合一”是道家思想的重要内容。这里的自然有两方面的意义：一是天地万物，二是自然而然的人性。道家主要告诉人们在天地万物中获得思想和艺术的启迪，使人的思想在自然境界里得到升华。茶是“万物含生”的一种生命体现，最后奉献在人们的杯中，与茶打成一片，实际上也是完成道家“天地与我并生，万物与我合一”的思想。唐代诗僧皎然有“一饮涤昏寐，情思朗爽满天地；再饮清我神，忽如飞雨洒轻尘；三饮便得道，何须苦心破烦恼……”尤以诗的最后“熟知茶道全尔真，唯有丹丘得如此”之句，表明了佛家对道家茶道思想的肯定和崇尚。有“茶仙”之称的唐代诗人卢仝，一生写过许多诗，惟其一首《走笔谢孟谏议寄新茶》（后人又称《七碗茶歌》）茶诗，却在中国古代七千余首茶诗中被视为中国茶文化最经典之作，千古绝唱。“……一碗喉吻润，两碗破孤闷。三碗搜枯肠，唯有文字五千卷。四碗发轻汗，平生不平事，尽向毛孔散。五碗肌骨轻，六碗通仙灵。七碗吃不得也，唯觉两腋习习清风生……”这七碗茶竟然喝出了道家老庄思想中的逍遥、自在、洒脱的意境，诗人直至最后感怀出一句：“蓬莱山，在何处？”欲寻梦于蓬莱山的道家仙境。

2. 茶与儒通，通在中庸（儒茶一味）　儒家认为“致中和”（中庸之道的主要内涵），则天地万物均能各得其所，达到和谐境界。“文质彬彬，然后君子”（语出《论语·雍也》），人的生理与心理、心理与伦理、内在与外在、个体与群体达到高度和谐统一，这不仅是古人追求的理想，今人亦是。

现代功夫茶具中有一种叫“公道杯”，把泡好的茶汤不直接入饮杯，而是先置入“公道杯”中，这样让每个人喝到的茶均是相同的味道，感受着相同的趣味。此时的茶味，无有高下之分，无有浓淡之分，无有轻重之分；而喝茶的人，无有贵贱之分，无有尊卑之分，无有高低之分。这体现了远离两边，住于中道，尊重差异的“中庸思想”，更体现了每个人在茶面前人人平等的思想观念。而我们的奉茶程序呢，一般都是从左向右奉起，也体现了一种平等观。

以茶礼仁，客来敬茶，是中国传统文化的重要内容之一。礼仪作为一种人类形式化了的行为体现，礼制的产生与中华文明的形成有着直接的内在联系。儒家思想中“非礼勿视、非礼勿听、非礼勿言、非礼勿动”（《论语·颜渊》），乃是社会成员之间的交往规则。有人说，中国人的待客礼仪是通过茶来培养的，此言不虚。我们如果对中学生和大学生做一番调查，问：如果家里有客人拜访，见父母或自己要做的第一件事是什么？99%的中学生和大学生都会异口同声说“倒茶”，绝对不会有人说倒酒，或倒可乐等。这说明了什么呢？说明以茶待客的礼制早已根深蒂固地烙在中国人的心里。纵然是一杯白开水，也可体现“此时无茶胜有茶”或“无味之味乃之味也”的茶道最高境界。因为主人的礼到了，情到了，待人礼仪之道也就到了。

3. 茶与佛通，通在和合（禅茶一味）　自佛教传入中国后，慧能禅师把中国道、儒两家的文化融入到印度佛教中，形成了适合中国国情的佛教——禅宗。禅宗主张“一切众生，皆有佛性”，万物皆是佛法、万物皆可成佛的思想。而汲取山河之灵气、沐浴天地之风华的茶，恰恰是万物中的灵液。僧人饮茶的习俗是在唐代正式确立，最重要的原因是茶性洁净，予人悟道。所以，茶对于僧人来说，不仅仅是祛瞌睡和补充体内养分的功能。由于禅宗提倡“明心见性，直指人心”的顿悟观，讲究生活体验与参禅密不可分，所以在唐朝产生了赵州“吃茶去”的公案。从谂禅师这三声颇有回味的“吃茶去”被世人看成是“赵州禅关”，因茶能清心、涤心，易于进入禅的明心见性真实境界，见到自己的本来面目，故对中国禅宗茶道的形成产生了重大的影响。“赵州禅茶”提升了佛教茶文化乃至中华茶文化的文化内涵，赵州禅茶的出现是“禅茶一味”肇始的标志，是禅茶文化形成的标志，同时也标志着佛教“禅宗茶道”的正式形成，也为中国茶道的形成奠定了基础。因而，“吃茶去”作为禅的“悟道”方式，构成了“茶禅一味”的至高智慧境界。“吃茶去”作为佛门直指人心的开示，度化了多少人，赢得了历代高僧的赞叹！

“禅茶一味”这四个字，是目前最“俗”（熟）也是最雅的一句话，它几乎成了现今茶文化、茶道的一句口头禅。中国的茶文化是以儒家精神为基础接受了禅宗文化，而禅宗文化又找到了最好的载体又接受了茶文化。“一茶一禅，两种文化，有别有同，非一非异；一物一心，两种法数，有相无相，不即不离；一啜一饮，甘露润心，一酬一和，心心相印。”

茶禅一味——茶和禅具有同一兴味。当茶进入禅理，似乎变得玄奥，原本人们还认识的茶，自从被“禅”的介入，人们突然对茶恭敬有加，茶开始变得崇高了。再因为从宋朝“出口”日本，后又“进口”中国的四字“圣言”——“茶禅一味”，开始被人熟知。于是，高深莫测的四个字就成了好事者聚讼纷纭的“口头禅”了！让我们静下心来面对这四个字，慢慢从玄奥中走出来，以禅的智慧来慢慢品味这四个字。禅茶学者陈云君先生说：“茶禅一味简单地说就是当人们在有心、用心饮茶时静无所思，但在静中，一时个人的人生况味都在空、有之中渐近渐远，渐远渐近……茶是茶，禅是禅，因为有心、用心，茶也是禅，禅也是茶。”

北 京 市

北京是我国首都，全国政治、经济和文化的中心。北京地区饮茶历史悠久，茶文化绚丽多彩、凝聚厚实。近些年来，茶叶消费量逐年上升，成为全国最大的茶叶销售区域之一，呈现出多种经济成分、多种流通渠道、多种经营方式并存的市场新格局。

2012—2013 年，中国茶叶经济和茶文化飞速发展，北京在全国茶业事业中的引领作用愈加显著。为了彰显首都茶界发展的年度成果，探脉全国茶业发展形势，突出宣传杰出品牌、个人、事件和地域公共品牌，北京晨报《品茶》专刊特举办“2012—2013 年度首都茶事评选”，评选分设“首都居民喜爱的十大茶业品牌”“首都茶事十大新闻”“首都十大杰出茶人”和“高性价比地域公共品牌”四大奖项。在专家和资深茶友的支持下，综合多方面意见，《品茶》专刊主办的“第三届首都茶事榜”揭晓：2013 年度杰出人物：孙丹威、陆尧、高程奇、赫存道、萧艺、胡智学、邓增永、赵炎、高剑飞、胡明方；2013 年度杰出品牌：吴裕泰、金古月、御茶园、弘建茶器、乐品斋、满堂香；2013 年度新锐品牌：祥源茶、禄鼎生、芬吉；2013 年度特色茶馆：非常有普茶楼、老舍茶馆、憩园茶馆；2013 年度新闻事件：“88 青事件”将普洱茶老茶造假话题引入公共视野、安溪铁观音集团等多家茶企 IPO 之路夭折、天力士普洱茶项目被曝巨额亏损、茶产业结构升级示范单位“马正和茶产业升级孵化中心”成功运行、中华茶人联谊会“青年茶人计划”启动、芬吉年份茶将茶叶奢侈品风尚带向新高度、中国社会科学院茶研中心举办“中国浓香型铁观音发展高峰论坛”。

全国茶馆等级评审委员会，成立于 2014 年 4 月，是为贯彻商务部（〔2014〕第 23 号）公告发布的《茶馆等级划分与评定》国家行业标准（SB/T 11072－2013），在商务部的指导下，由国务院国有资产监督管理委员会商业饮食服务业发展中心依据《关于成立全国茶馆等级评审委员会的决定》（商饮字〔2014〕14 号），邀请相关机构、专家、学者成立，全面负责全国茶馆等级评审工作的机构。

名称	位置	星级	连锁店数量（个）
老舍茶馆	北京市西城区前门西大街正阳市场 3 号楼	五星级	2
平月茶馆	北京市海淀区万寿路宾馆 A 座一层	五星级	2
清香林（万寿路店）	北京市海淀区翠微南路 21 号楼	五星级	3
和静园茶人会馆	北京市朝阳区百子湾路 32 号 6－88	五星级	1
茶话汇	北京市丰台区葆台路大溪地小区北门底商	四星级	1
解馋茶苑	北京市东城区和平里北街喜马拉雅宾馆南门	四星级	1
品清轩茶艺馆	北京市丰台区开阳里三街 7 区 4 号	四星级	1
味空茶镜 雨林馆	北京市朝阳区安慧里二区四号楼 1 楼（炎黄艺术馆东南侧）	四星级	1
圣仙亭茶苑	北京市海淀区万寿路西街甲 7 号中组部招待所 1 号楼 1 层	四星级	2
金缔茗苑	北京市丰台区方庄芳城东里 9 号楼 2 层	四星级	1

注：全国茶馆等级评审委员会评定。

大事记

2012 年 5 月 11～13 日，第二届中国国际茶业及茶艺博览会吸引了来自斯里兰卡、马来西亚、泰国、新西兰、印度、日本、英国、瑞典和我国香港、台湾等数十个国家和地区的 300 多家参展企业，举行了第一届“锡兰红茶”文化节、第三届“长征杯”中国名茶评比等活动。

2012 年 6 月 16～19 日，中国茶叶流通协会、北京市西城区人民政府、普洱市人民政府共同主办的“2012 北京国际茶业展”开幕典礼在北京展览馆举行。全国政协副主席白立忱，中华全国供销合作总社党组书记、理事会主任杨传堂，中国茶叶流通协会常务副会长王庆等领导在开幕式后参观 2012 北京国际茶业展展区，并与参展商进行了亲切的沟通。

2013 年 4 月 19～22 日，由中国农业国际合作促进会、中国茶叶学会主办，中国农业国际合作促进会茶业工作委员会、北京京港环球国际展览有限公司承办，台湾省茶商业同业公会联合会、斯里兰卡驻华大使馆、印度驻华大使馆、马来西亚驻华大使馆协办的第三届中国国际茶业及茶艺博览会在北京农业展览馆隆重举行。本次活动特邀中国农业科学院、农业部农村经济研究中心为支持单位，中国农业科学院茶叶研究所、农业部茶叶质量监督检验测试中心提供技术支持。

2013 年 6 月 20～23 日，由中国茶叶流通协会和北京市西城区人民政府、安徽省六安市人民政府联合主办的“2013 北京国际茶业展”“2013 北京马连道国际茶文化节”“第十三届中国六安瓜片茶文化节”在北京展览馆和马连道茶叶一条街绚丽开幕，共同奉上规模空前的交易盛会和茶文化交流平台。

2013 年 12 月 31 日，北京市茶业协会在京召开了“2013 年年会暨 2013 年职业技能竞赛表彰大会”。2013 年北京市茶业协会通过开展北京茶界“靓丽动人庆三八”活动、北京第九届春茶节、以“共体、共建、共赢”为主题的营销论坛、发布《建立首都全民饮茶日》的倡议、“安徽名茶斗茶赛”等各种富有特色的活动，向广大消费者推荐“质量合格、质价相符”的茶品，将绿色环保、健康科学饮茶之风带到北京百姓身边，真正体现了“健康喝茶，喝茶健康，喝健康茶”的办会宗旨。

2014年4月18～21日，第四届中国国际茶业及茶艺博览会在全国农业展览馆盛大开幕，400多家企业带着各地名茶前来参展。在茶博会开幕当天下午，在农业展览馆3号馆湖北展区，举办湖北青砖茶产品推介会暨万里茶道北京站启动仪式。

2014年6月19日，由中国茶叶流通协会、北京市西城区人民政府、河南省信阳市人民政府共同主办的“2014北京国际茶业展”“2014北京马连道国际茶文化展”“第22届信阳国际茶文化节北京活动周”同时在北京展览馆开幕。

2014年9月16～19日，第五届中国国际茶业及茶艺博览会在北京国家会议中心开幕。本届展会由农业部中国农业国际合作促进会主办，博览会举办“2014禅茶保护与发展论坛”和“中国茶产业电子商务发展论坛”，探讨茶产业可持续发展；还举办了第一届茶业大会，众多专家学者围绕中国茶产业的现状和未来的发展趋势展开讨论。

2015年3月21日，北京市茶业协会召开了第三次会员代表大会及三届一次理事会、监事会会议，127名代表参加会议。会议的主要任务是回顾总结第二届北京市茶业协会的工作，并选举产生第三届理事会、监事长会，研究部署当前和今后一个时期协会工作的任务。经投票选举白文祥继续当选会长，付光丽继续当选秘书长，任长青当选监事长。

2015年9月19～20日，第二届茶业大会在中国农业科学院举办，来自农业部、地方政府涉茶机构、行业协会、企业代表，以及澳大利亚、马来西亚等国的涉茶协会代表、来自“一带一路”沿线国家驻华代表等200多人参会。2015“中国三十座最美茶园”和“中国十佳茶旅路线”颁奖仪式成为亮点。

（北京市茶业协会　付光丽）

山 西 省

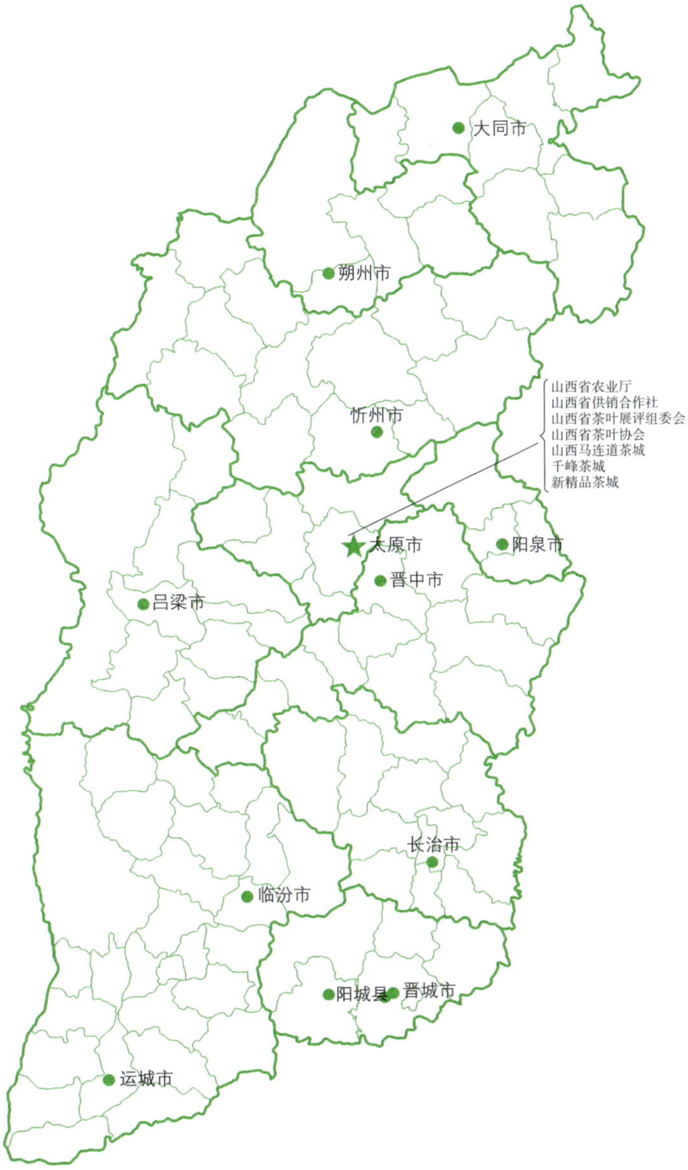

山西虽不产茶，但山西人爱喝茶，善品饮。历史上，号称中国十大商帮之首的晋商人善于经营茶业，曾开辟过万里茶路，创造过灿烂的晋商茶文化。早在明末清初，茶叶已成为晋商经营的重要商品。近几年，从老百姓喝茶的类别来看，品种从单一转为多品种，从宗茶为主转向名优茶、品牌茶为主。喝绿茶和茉莉花茶的人数保持平稳，喝乌龙茶的人数减少，黑茶的需求在不断扩大，普洱茶也在山西市场上稳占一定的份额，白茶也有了一定的消费群体。

山西是华夏文明的发源地之一，近代晋商更是中国茶叶贸易的主要参与者和推动者，山西商人曾经在茶叶的培植、茶叶加工、茶叶运销、茶文化的传播等方面，为祖国茶文化的发展及传播起到了积极的推动作用，同时促进了中国茶叶经济的发展和近代民族加工业的发展，也为中国茶叶在海外的传播做出了不可磨灭的贡献。

近年来，随着山西经济的强劲发展，山西的茶叶市场发展速度很快，以省会城市太原为中心，辐射到三晋大地，越来越多的茶叶、茶文化爱好者不断涌现，茶城、茶行、茶馆、茶文化服务业不断增加，有些地市还成立了茶叶行业协会。人们更加注重文化与养生、注重生活品质的提高，饮茶、论道、行礼、养生、休闲，茶已成为最好的载体，成为人们推崇的健康生活方式。据不完全统计，太原现有10余家大型茶叶市场和自发形成的茶叶几条街，山西各地市也形成了大小不一的茶叶市场和茶叶街，国内主要茶企品牌都已入驻山西，山西已经逐步形成了全国主要的茶叶消费区和高端茶叶消费区，也成为全国茶销区市场的风向标。

茶叶消费

从老百姓喝茶的类别来看，品种从单一转为多品种，从大宗茶为主转向名优茶、品牌茶为主，消费结构更趋现代化、多元化。喝绿茶和茉莉花茶的人数保持平稳，这个群体一直在茶类消费中保持主导地位；喝乌龙茶（主要是铁观音）的人数减少。近年来，随着人们生活水平的提高和饮食结构的变化，全省对黑茶的需求也在不断扩大。安化黑茶因其独特的品质特征和特有的香味独受追捧，普洱茶也在山西市场上稳占一定的份额，白茶也有了一定的消费群体。茶民越来越多，喝茶的档次越来越高。这一变化主要表现在消费者对茶叶质量的要求上，具有一定茶知识的人士在购茶时，会对茶叶的等级、新旧等进行审评；平常人士则会选择一些著名品牌企业的茶叶；一般消费者各有所好，较多选择大宗低档茶叶。山西茶人对茶叶质量的要求越来越高，越来越重视茶叶的保健功能，一般消费者选择茶叶现在也开始关注一些著名品牌企业的茶叶，购买茶叶时也会去了解有无茶叶的无公害农产品、有机茶、绿色食品等认证手续。茶叶与人的生活密切相关，所以山西蕴含着广阔的市场。

茶文化

2012—2014年，山西省连续举办了三届“中国山西茶业茶文化博览会”和三届“中国（太原）国际茶业博览会”。茶博会是以政府主导、协会主办、企业运作的专业茶业茶文化博览会，传承和弘扬了中国茶文化，促进了山西茶产业发展，普及茶文化知识，培养全民爱茶喜茶的生活习惯，进一步挖掘晋商茶文化历史和开展传统茶文化，重振晋商茶文化雄风，提高山西人民茶文化素质，带动了山西相关产业经济和茶业经济、茶文化活动等方面持续、健康的发展。

2012—2014年，山西省连续举办了三届“山西省茶产业（学术）年会”，促进山西茶文化、茶学术的发展。山西省茶产业（学术）年会，每次都有来自国际茶人、国内茶叶专家、山西省各地茶人、茶企精英等300多人参加，该年会搭建了山西茶叶产业与学术两大平台，繁荣了山西茶叶科学，树立了精品茶叶学术论坛形象，打造了山西茶叶行业第一年会品牌，进一步促进了山西茶产业的发展。山西省联合湖南省茶叶学会、安化县人民政府等单位共同举办了山西省第三届茶叶行业（学术）年会暨第一届黑茶文化节活动。近年来，随着人们生活水平的提高和饮食结构的变化，山西对黑茶的需求也在不断扩大。在山西省第一届黑茶文化节活动期间，聘请中国黑茶专家现场揭秘黑茶与人类健康，更好地弘扬祖国茶文化、传承晋商茶道精髓、普及茶叶科学知识，倡导科学饮茶方法，传播茶与健康的科学思想。

茶业科技教育

近年来，随着茶产业的快速发展，山西省各地茶事活动开展得红红火火，各类茶艺赛事活动也如火如荼。为进一步推动山西茶艺高级技能人才队伍建设，引导广大茶艺从业人员钻研业务、爱岗敬业，不断提高技能水平，促进茶艺职业技能的普及、交流与发展，弘扬我国优秀传统茶文化，倡导“茶为国饮”，引导茶向科学、健康的方向发展，促进山西省茶艺师职业技能水平的提高。

山西省茶叶学会、山西省职业技能鉴定中心、太原市职业技能鉴定指导中心、太原市茶业协会、太原市职工技术协会等单位共同连续举办了两届茶叶行业茶艺师职业技能大赛，承接政府社会职能，促进山西茶业职业技能水平的提高。山西省（太原市）茶叶行业茶艺师职业技能大赛以开展技能大赛活动为载体，引导和激励山西省广大茶艺从业人员学技能、练本领，全面提升全省茶艺师从业人员队伍素质。该比赛设个人赛、团体赛和茶席设计赛三项内容，经过规定茶艺、自创茶艺和茶席设计比赛角逐选拔出的优选选手，在比赛中获得山西省决赛个人赛前三名的选手，将由山西省人力资源和社会保障厅授予“三晋技术能手”荣誉称号。同时，由省人力资源和社会保障厅颁发技师职业资格证书，并可申报高级技师资格考评。获得第四至第六名的优胜者，颁发高级工职业资格证书。已取得高级工职业资格证书的，颁发技师职业资格证书。在比赛中获得太原市个人赛和茶席设计竞赛第一名的选手，由太原市劳动和社会保障局、太原市总工会授予“太原市技术能手”荣誉称号，并颁发茶艺师技师职业资格证书。获得个人赛和茶席设计竞赛第二名和第三名的选手，由太原市劳动和社会保障局、太原市总工会颁发高级茶艺师职业资格证书。已持有高级茶艺师职业资格证书的参赛选手可破格申报技师考评。

大事记

2012年6月9日，由山西省茶叶学会主办的“山西省首届茶行业年会”在铁道大厦会议大厅隆重举行。

2012年9月16日～10月7日，山西省茶叶学会、太原市社会科学界联合会、太原市茶业协会联合举办了太原市首届全民科学饮茶、构建公众健康大型公益活动。

2012 年 10 月 12～15 日，由山西省茶叶学会、太原市茶业协会联合主办的“2012 中国（太原）国际茶业博览会”在山西省展览馆北展馆隆重举行，本次茶博会吸引了全国众多茶业、茶具产区及港澳台、东南亚地区近 300 家品牌茶业、茶具生产厂商参展。

2013 年 9 月 10 日，山西省茶叶学会以“学术茶座”形式在学会会议室举办了茶叶食品安全科普知识为主题的学术茶座。

2013 年 9 月 16 日～10 月 7 日，由山西省茶叶学会、太原市茶业协会联合政府部门举办了“山西省首届茶艺师职业技能大赛”和“太原市首届茶艺师职业技能大赛”，这是山西省茶业历史上第一次举办技能大赛，也是第一次展示山西各地茶艺师职业技术教育成果的一次盛会。

2013 年 9 月 29 日，为了更好地普及茶叶科学知识、倡导科学饮茶方法、传播科学思想、弘扬科学精神，促进全民科学素质的不断提高，山西省茶叶学会、太原市茶业协会联合举办了山西省第二届全民科学饮茶、构建公众健康大型公益活动。

2014 年 8 月 1 日，山西省茶叶学会举办了山西省第三届茶行业学术年会，国际茶人、国内茶叶专家、山西省各地茶人、茶企精英等 300 多人参加了会议。

2014 年 8 月 1～5 日，山西第三届茶博会在中国煤炭博物馆盛大举行，其目的是共同促进山西茶产业发展，普及茶文化知识，培养全民爱茶喜茶的生活习惯，共同打造华北区域市场茶产业的权威交易平台而再铸佳绩。

2014 年 9 月 6 日，山西省茶叶学会联合相关单位在龙轩阁茶城联合举办了太原市第三届全民科学饮茶、构建公众健康大型公益活动。

2014 年 10 月 24～27 日，由山西省茶叶学会、太原市茶业协会主办的“2014 第三届中国（太原）国际茶业博览会”在山西展览馆隆重开幕，进一步搭建山西与全国茶叶交流及合作平台，推动山西茶叶消费的增长，促进山西茶业经济的发展。

2014 年 10 月 25 日，山西省茶叶学会培养的茶艺师组团参加了在杭州举行的第四届全国武林斗茶大会暨首届中华茶奥会，来自太原市的选手秦玉平获得首届中华茶奥会泡茶 PK 组金奖。

（山西省茶叶学会　吴凤鸣）

江　苏　省

江苏省地处我国茶区北缘，产茶历史悠久，素以建园科学规范、栽培管理精细、制茶技术精湛而见长。全省产茶县（市、区）35 个，茶园主要分布在沿江和苏南丘陵山区，分为 3 个一级茶区：镇宁扬山地丘陵茶区、太湖低山丘陵茶区、云台山茶区。茶叶企业 1 025 家，其中省级龙头企业 64 家。

基本情况

近年来，江苏省茶叶种植面积稳定，茶园面积保持在 3.4 万公顷以上。茶叶产量受自然和市场因素影响略有起伏，2012—2014 年全省茶叶产量分别为15 371吨、13 862 吨、14 035吨，产值分别为 23.0 亿元、22.3 亿元、22.5 亿元。茶叶产业已成为丘陵山区农业的重要支柱产业，是现代高效农业的重要组成部分，对促进农业产业结构调整、增加农民收入、扩大就业，推动山区新农村建设发挥着重要的作用。

2012—2014 年，江苏茶园总面积稳定在 3.4 万公顷，比 2011 年增加 5%。2012 年茶叶总产量约 1.5 万吨，比 2011 年增加 7%，其中名特茶产量5 360吨，比 2011 年增加 717 吨。受倒春寒、干旱等不利气候影响，2013 年、2014 年茶叶总产量稳定在 1.4 万吨左右。

2012—2014 年江苏省茶业情况

项目	单位	2012 年	2013 年	2014 年
毛茶产值	亿元	23.0	22.3	22.5
茶园面积	万公顷	3.404	3.396	3.420
茶叶产量	吨	15 371	13 862	14 035
企业数	个	983	1 002	1 025
城镇居民茶叶消费	千克/人	0.37	0.32	0.31

发展现状

江苏茶叶坚持质量第一，实施精品战略，在业内得到普遍赞同，苏茶影响力和竞争力得到进一步提升。

1. 茶园基础得到加强 各茶区继续以发展茶树无性系为重点，大力加强茶园基础建设。据统计，2014 年，无性系良种茶园面积11 739.5公顷，无性系良种茶园的普及率提高到 34.2%，比 2011 年增加了 4 个百分点。推广林茶、果茶间作等复合生态茶园建设，形成了一批路沟渠配套、林网配套的现代化茶叶生产新基地。全省通过“三品”认定的茶园不断增加，其中无公害茶园面积由 2012 年的17 210.3公顷增加到 2014 年的18 693.2公顷；2012 年原产地保护、地理标志认证产品数量 22 个，2013 年增加到 86 个，2014 年持续增加到 91 个。为了提高茶园防御自然风险能力和质量安全水平，应对早春晚霜危害频繁的茶园防霜冻风扇、遮阳网等设施得到广泛推广应用，大部分茶园开始使用频振式杀虫灯、性诱剂、黏虫色板等病虫害综合防治方法。

2. 清洁化加工实现重大突破 全省茶叶加工设备技术改造步伐全面加快，引进应用环保型汽热杀青机、微波杀青机等茶叶加工机械。推广标准化、系列化的新机械及名优茶的加工技术，名茶机械加工的普及率全省超过 90%。实施茶叶加工环境的绿化、美化、净化工程，茶叶加工厂环境得到综合整治，杜绝加工污染源，符合现代食品安全要求的崭新的茶叶加工厂不断增多。制订和执行茶叶清洁化加工的规章制度，严格管理和监控加工过程的茶叶质量安全。改善储藏、包装条件，全面普及推广茶叶低温冷藏保鲜技术，实施茶叶生产全程质量安全控制，使全省茶叶质量安全状况明显提升，质量信誉不断提高，通过 QS 认证的茶企业总数近 400 家。

3. 民营经济发展迅速 民间资本投资茶园建设、开发茶产业继续保持增长，民营经济已成为产业的发展主体，全省民营茶园面积比重已达 90%。民营经济具有起点高、规模大、活力强的特点，它的迅速崛起，为江苏省茶产业发展增添了动力，推进了社会资源的有效配置，产业内部的组合优化，促进了江苏省茶叶的健康发展。同时，茶区的农民专业合作组织和土地股份合作组织发展迅速，全省茶叶合作经济组织已超过 100 家，部分地区成立了茶叶股份合作联社，加快了茶叶生产方式从家庭作坊式向股份合作规模化经营的转变，对于提高竞争力、适应市场经济发展起到了积极的推动作用。

4. 品牌优势日益显现 茶产业是步入市场经济最早的产业之一，经过多年激烈市场竞争的磨炼，全行业无论是领导者还是经营者、生产者，质量标准意识、市场意识、品牌意识普遍增强。有一定规模的茶场都有独立的注册商标、企业标准、名茶品牌，全省已制订省级茶叶地方标准 63 部，2014 年省著名商标增加到 46 个，比 2011 年增加 11 个，省级以上名牌农产品 46 个，比 2011 年增加 7 个。各地为弘扬茶文化，引导茶消费，举办溧阳茶叶节暨天目湖旅游节、无锡斗山太湖翠竹茶叶节、镇江全民饮茶日、仪征绿杨春早茶文化节等节庆活动，宣传推介产品，扩大产业影响。

5. 产业发展空间拓宽 茶叶深加工和休闲观光农业的发展成为江苏省茶产业链延伸的重要方向。以茶多酚、速溶茶、超微粉茶为主的深加工产品生产和销售有较大幅度的增长，其中速溶茶年加工消耗原料 1.5 万吨，茶多酚的销售突破 1.5 亿元，超微粉茶的生产销售连年翻番，其应用涉及食品、医院、化工等领域，显示了茶叶深度加工产品的广阔发展远景。茶文化和休闲观光农业的兴起，成为产业发展的新亮点。茶叶企业利用周边的旅游环境，涉足观光休闲茶园、茶楼建设，增强了企业活力，开拓了经营渠道，收到了良好的效果。这不仅推动了茶叶的消费，而且带动了其他三产的发展，活跃和发展了农村经济，改变了茶区面貌，致富了山区农民，推动了山区新农村建设。据不完全统计，全省从事休闲观光农业茶叶企业达 100 家，年经营额数亿元。各种茶叶节庆和茶艺茶事活动频繁，品茗休闲、茶文化旅游逐步兴起，从不同侧面激活了市场，开拓了消费需求，促进了产业的发展。

产业政策

江苏省经济发达，劳动力成本高，宜茶自然资源有限，是茶叶的大销区小产区，自产茶产量约占省内销量的 1/3。因此，近年来，江苏茶产业发展定位于“优质、省工、清洁、节能”，发挥名茶优势、质量优势和效益优势，坚持精品战略，以名优茶为支柱产品，积极发展深加工茶制品和再加工茶叶产品，巩固提高大宗绿茶。实施标准茶园创建，扩大无性系良种面积，推广复合生态茶园建设、茶园病虫害综合防治、名茶机械化及清洁化加工、茶园灾害防除设施应用等技术，积极开拓市场，宣传推介品牌，全面提升产业化经营水平。根据上述产业发展总体思路，各级财政给予相应的资金扶持。一是通过财政支持现代农业生产发展、高效设施农业、农业三新工程、丘陵山区农业综合开发等项目，对无性系茶树良种、茶园生态建设、茶叶标准化生产给予补贴，省以上财政按不超过建设总投入的1/3给予补助；二是通过项目对农民专业合作组织、农业产业化龙头企业建设予以补助，补贴标准15万～200万元；三是农机补贴，对茶场购置保鲜冷库、杀青机、杀虫灯等给予定额补贴；四是鼓励申报无公害、绿色、有机产品基地和农产品地理标志认定，对通过认证和获得各级名牌产品称号给予1 000～5 000元奖励；五是开展标准茶园创建，中央财政给予一定补助，主要用于生态栽培物化技术应用补贴。

茶叶生产

2012年，江苏茶叶生产形势较好，春茶生产期间气温上升较快，鲜叶集中生长，生产季节缩短，市场行情较好，名茶价格上涨，产值大幅上升。2012年全省茶园总面积3.404万公顷，比2011年增加5%，产量15 371吨，比2011年增产7%，产值达23.0亿元，比2011年增值7.5%，产量产值双增。2012年名优茶产量5 360吨，产值19.15亿元，同比增幅均超过15.4%。

2013年，江苏茶叶生产受灾害性天气影响较大，春季3、4月倒春寒，7、8月又是持续1个多月的罕见高温干旱天气，造成全省1万多公顷茶园受害减产。另外，受政策影响，高档名优茶销量大减、价格下跌，前期市场观望情绪严重。但在各界人士的共同努力下，全省茶叶产值保持稳定。2013年，全省茶园总面积3.396万公顷，与2012年持平，产量13 862吨，比2012年减产9.8%，产值达22.3亿元，比2012年略降3%。2013年名优茶产量4 586吨，比2012年下降14.4%，名优茶产值与2012年持平。

2014年，江苏茶叶产业持续受影响，受2013年高温干旱天气影响，部分地区茶树长势减弱、产量下降；政策环境影响加大，集团消费、礼品消费几乎绝迹，早春市场继续观望情绪严重，茶场主动减少生产。2014年全省茶园总面积3.42万公顷，总产量14 035吨，茶叶总产值22.5亿元，同比略增0.9%。2014年名特茶产量减至4 526.5吨，产值降至18.29亿元，占总产值的比重达81.3%。

2012—2014年江苏省茶叶生产情况

单位：万公顷、吨、亿元、%

年份	面积		产量		产值		名特茶增幅	
	总面积	开采面积	总产量	名茶产量	总产值	名茶产值	产量增幅	产值增幅
2012	3.404	2.785	15 371	5 360	23.0	19.15	15.4	15.4
2013	3.396	2.6995	13 862	4 586	22.3	19.11	−14.4	−0.2
2014	3.420	2.8686	14 035	4 527	22.5	18.29	−1.3	−4.3

2012—2014年江苏省茶叶主产地区

单位：公顷、吨

地区（市）	茶叶面积			茶园产量			茶树品种	主要品牌
	2012年	2013年	2014年	2012年	2013年	2014年		
无锡市	5 732.5	5 716.3	5 714.7	6 676.1	6 058.7	6 527.3	福鼎大白、福鼎大毫、龙井系列、浙农系列、鸠坑种、槠叶种	阳羡雪芽、无锡毫茶、太湖翠竹、竹海金茗
常州市	7 895.3	7 892.0	7 788.0	3 502.0	2 929.0	2 818.8	福鼎大白、龙井系列、浙农系列、鸠坑种、槠叶种	金坛雀舌、茅山青锋、天目湖白茶、翠柏、寿眉

（续）

地区（市）	茶叶面积			茶园产量			茶树品种	主要品牌
	2012年	2013年	2014年	2012年	2013年	2014年		
南京市	8 604.5	8 653.7	8 729.3	2 337.6	1 709.9	1 817.1	龙井系列、鸠坑种、槠叶种	雨花茶、翠眉、金陵春
镇江市	4 594.1	4 706.7	4 990.7	1 413.0	1 376.2	1 443.1	福鼎大白、龙井系列、浙农系列、安吉白叶茶、槠叶种、鸠坑种	金山翠芽、茅山长青、吟春碧芽、长山剑豪
苏州市	2 414.1	2 402.5	2 400.3	374.1	382.9	374.4	洞庭山群体种	碧螺春
扬州市	2 371.2	2 288.3	2 237.3	621.0	500.4	809.2	槠叶种、鸠坑种、宜兴群体种	绿杨春
连云港市	2 183.8	2 236.3	2 067.6	407.6	436.8	470.5	龙井系列、福鼎大白、鸠坑种	云雾茶
淮安市	80.0	80.0	80.0	32.0	32.0	32.0	福鼎大白、龙井系列	雨山茶、铁山寺茶
徐州市		333.3	320.0		100.0	100.0	龙井系列、福鼎大白、安吉白叶茶、鸠坑种	马陵山

2012—2014 年江苏省茶叶主产县

单位：公顷、吨

县（市）	茶叶面积			茶园产量			茶树品种	主要品牌
	2012年	2013年	2014年	2012年	2013年	2014年		
浦口区	904.5	985.3	970.7	171.7	151.1	172.1	福鼎大白、槠叶种、鸠坑种、黄山种、龙井系列、乌牛早	浦桥玉剑、福童雨花茶
江宁区	3 152.9	3 073.8	3 066.9	760.0	635.6	608.0	福鼎大白、槠叶种、鸠坑种、黄山种、龙井系列、乌牛早	雨花茶
六合区	985.9	1 042.6	1 073.3	106.0	101.0	75.4	福鼎大白、槠叶种、鸠坑种、黄山种、龙井系列、乌牛早	雨花茶
溧水区	1 736.1	1 675.3	1 720.7	636.6	499.0	535.1	福鼎大白、槠叶种、鸠坑种、黄山种、龙井系列、乌牛早	严景万雨花茶、碧螺春

（续）

县（市）	茶叶面积			茶园产量			茶树品种	主要品牌
	2012 年	2013 年	2014 年	2012 年	2013 年	2014 年		
高淳区	1 747.1	1 798.7	1 819.7	636.8	293.0	400.0	福鼎大白、楮叶种、鸠坑种、黄山种、龙井系列、乌牛早	雨花茶、碧螺春、金陵春
宜兴市	5 000.0	5 000.0	5 000.0	6 200.0	5 701.0	6 127.0	福鼎系列、龙井系列、浙农系列、楮叶种、鸠坑种、宜兴群体种	阳羡雪芽、竹海金茗、碧螺春
溧阳市	4 885.3	4 885.3	4 800.0	1 990.0	1 870.0	1 680.0	安吉白叶茶、福鼎大白、楮叶种、鸠坑种	天目湖白茶、水西翠柏、南山寿眉、沙河桂茗
金坛区	2 752.7	2 752.7	2 747.3	1 405.0	967.0	1 067.6	福鼎大白、龙井系列、浙农系列、楮叶种	金坛雀舌、茅山青锋
吴中区	2 070.3	2 056.0	2 053.3	305.0	315.0	309.0	洞庭山群体种	碧螺春
赣榆区	1 006.7	1 029.3	811.3	191.0	203.0	227.0	福鼎大白、龙井系列、鸠坑种	夹谷春、宜朵、舶船山
海州区	604.9	620.0	673.3	139.5	160.5	167.0	龙井系列、鸠坑种	连云港云雾茶
仪征市	2 260.0	2 240.0	2 178.7	468.0	445.0	510.0	楮叶种、鸠坑种、宜兴群体种	绿杨春
丹徒区	799.2	900.0	1 000.0	302.3	313.0	332.5	福鼎大白、龙井系列、中茶 108	长山剑豪
丹阳市	912.9	934.7	944.0	391.0	374.9	393.0	福鼎大白、龙井系列、浙农系列、安吉白叶茶、楮叶种、鸠坑种	吟春碧芽
句容市	2 515.7	2 502.0	2 668.7	610.0	600.0	621.0	福鼎大毫、龙井系列、浙农系列、楮叶种	茅山长青、金山翠芽、春毫

茶叶加工

江苏省主要茶叶加工企业（2012 年）

单位：万元、吨、公顷、吨/年

名称	年销售额	茶叶产量	茶园面积	加工能力	茶叶品牌
江苏省吟春碧芽股份有限公司	6 500	45	80	36	吟春碧芽
溧水县茶厂	5 000	450	247	500	溧峰
南京六平茶叶有限公司	4 000	20	67	20	六平
江苏天目湖生态农业有限公司	3 200	17	133	20	富子
南京平山茶叶有限公司	3 000	20	100	20	华平
江苏茗鼎生态茶业科技有限公司	3 000	120	93	150	茗鼎牌
无锡太湖翠竹茶业有限公司	3 000	50	33	50	斗山牌、二泉映月、绿品牌、碧绿香、红螺春
江苏茅山青峰茶叶有限公司	2 900	80	387	360	金鹿、茅麓、薄玉
吴中区东山茶厂	2 685	25	112	50	碧螺
吴中区邓尉茶叶有限公司	2 600	25	110	100	邓尉
江苏省前峰茶厂	2 500	67	533	120	前峰
丹阳市司徒镇屯甸茶场合作社	2 000	40	133	35	
南京市溧水严景万茶场	2 000	100	213	200	严景万
宜兴市盛道茶业有限公司	1 800	100	53	500	盛道牌
江苏鑫品茶业有限公司	1 800	90	80	360	鑫品、鑫品红中王、丹毫
宜兴市寿桃山生态农业园	1 600	110	80	600	寿桃山牌

注：本表以 2012 年销售额为序。

江苏省主要茶叶加工企业（2013 年）

单位：万元、吨、公顷、吨/年

名称	年销售额	茶叶产量	茶园面积	加工能力	茶叶品牌
江苏省吟春碧芽股份有限公司	6 500	45	80	36	吟春碧芽
江苏天目湖生态农业有限公司	3 200	17	133	20	富子
江苏茗鼎生态茶业科技有限公司	3 000	120	93	150	茗鼎牌
无锡太湖翠竹茶业有限公司	3 000	50	33	50	斗山牌、二泉映月、绿品牌、碧绿香、红螺春
江苏鑫品茶叶有限公司	2 800	70	80	360	鑫品、鑫品红中王、丹豪

（续）

名称	年销售额	茶叶产量	茶园面积	加工能力	茶叶品牌
吴中区东山茶厂	2 685	25	112	50	碧螺
吴中区邓尉茶叶有限公司	2 600	25	110	100	邓尉
江苏省前峰茶厂	2 500	65	533	120	前峰
新沂市马陵春茶场	2 000	400	333	1 000	马陵山
丹阳市司徒镇屯甸茶场合作社	2 000	40	133	35	无
南京赭洛山茶叶专业合作社	1 896	16	153	20	浦桥玉剑
宜兴市盛道茶业有限公司	1 800	100	53	500	盛道牌
固城田家茶叶合作社	1 600	47	84	47	固城田家
宜兴市寿桃山生态农业园	1 600	110	80	600	寿桃山牌

注：本表以2013年销售额为序。

江苏省主要茶叶加工企业（2014年）

单位：万元、吨、公顷、吨/年

名称	年销售额	茶叶产量	茶园面积	加工能力	茶叶品牌
江苏省吟春碧芽股份有限公司	6 500	45	80	36	吟春碧芽
江苏天目湖生态农业有限公司	3 000	16	133	20	富子
无锡太湖翠竹茶业有限公	3 000	50	33	50	斗山牌、二泉映月、绿品牌、碧绿香、红螺春
江苏鑫品茶叶有限公司	2 750	70	80	360	鑫品、鑫品红中王、丹豪
吴中区东山茶厂	2 600	26	112	50	碧螺
江苏省前峰茶厂	2 300	60	533	180	前峰
吴中区邓尉茶叶有限公司	2 300	21	110	100	邓尉
丹阳市司徒镇屯甸茶场合作社	2 000	40	133	35	
宜兴市盛道茶业有限公司	1 800	100	53	500	盛道牌
淳青茶叶有限公司	1 680	200	273	200	淳青
固城田家茶叶合作社	1 600	55	107	67	固城田家
吴中区西山镇庭山碧螺春茶叶有限公司	1 600	16	80	30	庭山
宜兴市寿桃山生态农业园	1 600	110	80	600	寿桃山牌

注：本表以2014年销售额为序。

茶叶市场

江苏省是茶叶的大销区小产区，地产茶叶以内销为主，部分名茶和低档绿茶以出口为主。内销茶除传统名茶洞庭（山）碧螺春外，其他以本地直销、集团消费为主，很少进入市场流通。占据江苏省茶叶市场的主要是来自省外各茶叶主产区的产品，门市销售方式有传统茶叶老店、连锁店、产区直销店和商场、超市专柜。较大的茶叶专业批发市场主要分布在南京、苏州和常州，其他在茶叶集中产区有一些小型、季节性茶叶产地批发市场。

江苏省主要茶叶批发市场（2012年）

单位：万米^2、个、亿元、万吨

名称	建筑面积	规划铺位	年交易额	年交易量
常州市茅山茶叶市场有限公司	4.0	350	2.7	0.065
溧阳市苏浙皖边界市场	3.0	150	13.2	0.23
苏州市茶叶市场（美地茶园）	1.7	200	1.2	0.015
金坛市茅麓茶叶市场	0.8	38	0.9	0.03
苏州市茶叶市场	0.657	250	5.762	0.513 5
大伊山风景区	0.53	3	0.044	0.03
南京高淳东坝茶叶交易市场	0.5	120	0.084	0.001

注：本表以2012年建筑面积为序。

江苏省主要茶叶批发市场（2013年）

单位：万米^2、个、亿元、万吨

名称	建筑面积	规划铺位	年交易额	年交易量
金坛市茅山茶叶市场有限公司	4.0	350	2.3	0.055
连云港农副产品批发市场有限公司	4.0	250	0.05	0.002 5
溧阳市苏浙皖边界市场	3.0	150	12.3	0.215
苏州港龙茶叶市场	2.6	622	0.3	0.007 5
金坛市茅麓茶叶市场	0.8	38	0.85	0.028
苏州市茶叶市场	0.657	202	6.0	0.55
苏州美地茶城	0.6	120	1.5	0.03

注：本表以2013年建筑面积为序。

江苏省主要茶叶批发市场（2014年）

单位：万米^2、个、亿元、万吨

名称	建筑面积	规划铺位	年交易额	年交易量
金坛市茅山茶叶市场有限公司	4.0	350	2.2	0.05
连云港农副产品批发市场有限公司	4.0	250	0.05	0.002 5
溧阳市苏浙皖边界市场	3.0	150	12.0	0.2
苏州港龙茶叶市场	2.6	622	0.3	0.007 5
苏州市茶叶市场	1.3	210	4.8	0.65
金坛市茅麓茶叶市场	0.8	38	0.78	0.026 5
苏州市美地茶城	0.6	120	1.4	0.03

注：本表以2014年建筑面积为序。

茶文化活动

江苏有着悠久的茶文化史，历代文人墨客都为江苏茶文化抹上浓重的文化色彩，早在唐代就有诗人皮日休和陆龟蒙分别以茶坞、茶人、茶笋、茶籝、茶舍、茶灶、茶焙、茶鼎、茶瓯、煮茶为题写就的《茶中杂咏并序》和《奉和皮子十咏》组诗，为后人留下一段茶人佳话。茶圣陆羽曾在江苏游历考察，留下诗作、遗迹；与茶有关的地名、传说遍及江苏各地，如无锡的天下第二泉、镇江的江南第一泉、茶亭、茶山等，有待进一步发掘整理。弘扬茶文化，引导茶消费，是江苏发展茶产业的一项重要举措。近年来，各地举办了以茶为主题，内容丰富、形式多样的茶文化活动，开发了一批以茶产业为基础的休闲观光景点，这是近年来江苏茶文化发展的两个特点。

苏州吴中洞庭（山）碧螺春茶文化旅游节：苏州市吴中区人民政府主办，每年3月中下旬举行，期间进行碧螺春炒制能手竞赛、民间文艺表演，组织茶乡旅游。

溧阳茶叶节暨天目湖旅游节：江苏最早的茶事节庆，溧阳市政府主办，举办时间在4月下旬，其间开展名茶评比和展示、经贸洽谈、科技成果信息发布、茶产业发展高层论坛、大型主题情景晚会等活动，推动了溧阳市茶产业发展，打响了天目湖茶叶品牌。

无锡“滨湖之春”茶艺节：每年4月下旬举行，活动从采茶、炒茶，到品茶、评茶，为市民提供了一次全方位体验茶文化独特魅力的机会。茶艺节期间举办了名特茶展销、茶艺表演、茶文化图片展等茶文化系列活动。

镇江全民饮茶日：由江苏省茶叶学会和江苏农林职业技术学院连合举办，期间举办万人品新茗、茶艺表演、广场文艺演出等活动。

仪征绿杨春早茶文化节：仪征市人民政府主办，每年4月中下旬举行，组织茶乡旅游、茶书画展、茶文化知识讲座、茶精品展示。

大事记

2012年4月23日，举办“2012年江苏省第十五届‘陆羽杯’名特茶评比”，本届评比共收到参评茶样177个，最终评出特等奖43个，一等奖67个。名优茶评比促进全省茶叶加工水平的提升，对江苏茶叶品牌宣传起到了良好的促进作用。

2012年8月16日，江苏省农业委员会率江苏茶叶代表团参加2012年香港国际茶展。全省12家知名茶企，以名优绿茶为主，辅以部分红茶、乌龙茶及茶深加工产品，通过江苏文化元素的布置手法、精心编排的茶艺表演和举办专题推介活动，展示苏茶产品，弘扬苏茶文化，推介苏茶产业。

2012年9月24日，中国茶叶学会第九次全国会员代表大会暨全国茶业科技创新与产业发展学术研讨会在江苏省句容市举办，会议由中国茶叶学会主办，江苏省句容市人民政府与江苏农林职业技术学院承办，来自全国19个省份及香港特别行政区的共200余名代表参加了会议。

2013年4月17日，江苏省茶叶学会与仪征市政府合作主办了“第九届中国·仪征‘绿杨春早’茶文化节”，开幕式上中国茶叶学会授予仪征市“中国名茶之乡”称号，当天共600名中外客商与仪征市民参加此次活动，全市共设立了10个饮茶体验点，免费发放茶杯茶叶一万多份。

2013年4月21日，江苏省茶叶学会与江苏农林职业技术学院等单位联合在江苏茶博园举办了“2013江苏句容全民饮茶日”活动，本次活动主题为“茶为国饮　品味生活”。

2013年6月1日，连云港市举办“首届连云港茶文化节”，以“弘扬茶文化，做大茶产业”为主题，邀请茶叶专家在茶文化节上进行了多项专题报告，并进行技术指导。

2013年8月15～17日，江苏省农业委员会组织16家茶叶龙头企业赴港参加由香港贸易发展局和中国茶文化国际交流协会主办的“第五届香港国际茶展”，并举办了江苏名茶专场推介会和多场茶艺展示演出，首次参展的江苏紫砂壶艺术也给来访的中外客商留下深刻的印象。

2013年12月8日，江苏省茶叶学会与江苏农林职业技术学院联合在句容市举办“茶叶科技创新与产业发展研讨会”，邀请中国农业科学院茶叶研究所陈宗懋院士和江苏省农业委员会茶叶专家张定等作学术报告，介绍国内外茶产业、技术发展新动态和最新实用技术，并结合江苏茶业实际情况，对江苏茶产业发展以及升级转型，提出了有益的建议。

2014年年初，江苏省茶叶学会完成学会理事会换届工作，江苏省茶叶学会第九届理事会诞生，共有理事49名，比第八届理事会增加了两名理事。第九届理事会第一次会议选举产生了常务理事、正副理事长、秘书长，并推选了副秘书长以及各工作委员会组成人员。

2014年4月22日，“第十六届‘陆羽杯’江苏省名优茶评比”在金坛市举行，全省茶区生产企业积极参评，送样数达到了185个，创历史新高，48个茶样获特等奖，66个茶样获一等奖。

2014年4月26日，“第二届中国·金坛雀舌茶道会”在位于江苏省金坛茅山旅游度假区的江南茶都精彩开幕。

2014年4月28日，“第十三届中国溧阳茶叶节暨第十届天目湖旅游节”开幕，以“山水茶香，美丽溧阳”为主题，通过沏茶、闻茶、饮茶、品茶等活动，展示溧阳茶文化的精神内涵和溧阳的悠久文化历史。

2014年4月，“江苏省‘中江杯’首届手工制茶能手大赛”在江苏茶博园举行，本次大赛吸引了全省7市、64名制茶能手参与，参赛的有卷曲形、针形、扁形茶三种工艺，大赛共决出一等奖 3 名、二等奖 6 名、三等奖 9 名。通过本次比赛，展示了江苏茶叶加工的精湛工艺，手工制茶工艺的传承。

2014 年 8 月 14 日，江苏省农业委员会率省内 10 家茶叶知名企业赴港参加“第六届香港国际茶展”。江苏展团还举办了“江苏（香港）优质名茶推介及贸易洽谈会”，着重推介了江苏的一些知名茶企与茶叶品牌。

（江苏省农业委员会　杨意成　李岩）

浙 江 省

茶叶是浙江省农业十大主导产业之一，在全省农业中的地位举足轻重，是全省 72 个县（市、区）170 万山区、半山区农民增收的支柱产业，是扩大就业机会、提高生活水平的民生产业，也是建设绿色家园、促进身心健康的生态产业，更是传承和弘扬中华传统文化、助推社会和谐的文化产业。2015 年全省茶叶面积 19.5 万公顷，比 2014 年的 19.6 万公顷减少 0.56%；产量 17.25 万吨，比 2014 年的 16.54 万吨增加 4.32%；产值 144.1 亿元，比 2014 年的 130.5 亿元增加 10.42%；茶叶出口 15.8 万吨、创汇 5.2 亿美元，占全国总量的 48.54%和 37.62%。

浙江省茶叶基本情况

单位：万公顷、万吨、亿元、元/千克、个

年份	茶园面积	茶叶产量	毛茶产值	毛茶平均价格	生产经营型企业数
2012	18.3	17.5	114.7	65.7	2 273
2013	18.4	16.9	114.7	67.9	2 340
2014	19.6	16.5	130.5	79.1	2 473
2015	19.5	17.3	144.1	83.5	2 530

产业政策

2012—2014年是浙江茶产业提升发展的重要时期，省市县各级政府相继出台茶产业发展政策。2012年11月，浙江省政府办公厅下发了《关于提升发展茶产业的若干意见》（浙政办发〔2012〕142号）（以下简称《意见》），《意见》明确提出了提升发展茶产业的发展思路和总体要求，围绕提升发展水平、巩固优势地位、促进增产增收的目标，推进茶产业发展方式从“外延扩张”向“内涵提升”转变。为贯彻《意见》的精神，2014年2月浙江省农业厅出台了《关于加快推进茶产业提升发展的实施意见》（浙农专发〔2014〕9号），提出了具体实施方案，强调今后一个阶段的重点任务是茶树品种改良、标准茶园建设、现代加工水平提高、区域优势品牌做强、产业龙头培育、市场体系建设和茶全产业链建设等。2015年是浙江茶产业传承发展的重要时期。在2015年年初的《浙江省政府工作报告》中，李强省长提出建设浙江历史经典产业，并随后做出重要批示，将茶产业列入浙江省十大历史经典产业。8月4日，黄旭明副省长主持召开省政府常务会第53次会议，专题研究历史经典产业——茶产业发展工作，这是多年来浙江省茶产业从省政府层面上最为重视的一年。

2012—2015年，浙江省主要开展了几项重点茶产业提升发展支撑项目，有力地推动了茶产业基础的夯实：一是2012年7月，浙江省科技厅立项的浙江省十县五十万亩茶产业升级转化工程，安排了4年时间，其中专项资金共2 400万元，在19个茶叶主产县重点组织新特品种、绿色防控、优质茶机采、名茶连续化生产线、茶健康食品、茶食品产业化六个方面重大成果的转化应用。二是2012年11月，浙江省农业新品种选育重大科技专项“十二五”茶树育种协作攻关项目获得浙江省科技厅1 600万元支持并实施，项目拟2012—2015年在适宜机采的绿茶品种筛选和选育、高香高产型绿茶品种（系）选育、茶树抗寒机理研究和高抗品种选育、适合低碳栽培模式的品种筛选和选育、深加工专用新品种选育、茶树重要农艺性状相关分子标记开发、茶树品质形成关键基因的发掘鉴定与表达调控研究、育种材料创新技术研究与应用、茶树种苗繁育技术集成优化、示范与繁育体系建设等方面开展联系攻关。三是2014年7月，茶叶首次列入中央现代农业生产发展项目，在新昌、柯桥、磐安、文成、泰顺、桐庐、淳安、武义、遂昌、缙云、安吉等11个县（市、区）启动的茶产业提升试点项目，其中中央、省级财政资金每年安排5 000万元，重点围绕标准茶园建设、初制茶厂改造、精深加工产业化和产品品牌化市场化推进茶产业全面提升。2014年启动的中央财政立项现代农业生产发展资金茶产业提升项目，重点对标准茶园建设和初制茶厂改造进行提升，其中2014年度（2014年7月至2015年6月）在新昌、柯桥、磐安、文成、泰顺、桐庐、淳安、武义、遂昌、缙云、安吉等11个县进行扶持，安排中央专项扶持资金5 000万元，已基本建设完成，项目区11个县（市、区）共建成标准化茶园约1 933公顷、初制茶厂改造30余家，辐射带动全县7万余公顷，茶园产值产量分别增加4. 01%、6. 71%。2015年度继续在这11个县进行建设，安排中央专项扶持资金5 000万元，建设进度过半。四是茶产业“十二五”农业重大科技成果转化项目建设完成，该项目为期4年，投入4 000万元对茶树新品种、名优茶机采技术、连续化生产线、精深加工产品研发等关键技术进行集中攻关和成果推广，共培育国家级茶树新品种4个、省级新品种3个，建立科技成果转化应用示范县19个、建立高效生态优质茶园基地79个，建立茶叶连续化自动化加工和茶资源食品加工应用示范企业134家，建立绿色防控示范基地面积6 600公顷，技术成果覆盖15余万公顷。累计获奖成果101项，名优茶机采机制技术日渐成熟，困扰产业发展的瓶颈——劳动力依赖问题有望突破。另外，还有专项支持“三农六方合作、省茶叶科技创新团队、省茶产业技术创新战略联盟、省茶叶技术推广专家团队”等平台，开展了多项茶叶科研与先进实用技术的示范推广工作，有效推动了茶产业技术进步。

茶叶生产

2012年是浙江茶叶生产较好的一年。虽然春茶因气温骤升，鲜叶集中生长，生产季节缩短，但市场交易活跃，名茶价格上涨，产值大幅上升。2012年全省茶园总面积18.29万公顷，比2011年增加0.48%，产量17.5万吨，比2011年增产3.12%，产值达114.7亿元，比2011年增值13.68%，增值产值和产量双创历史新高，名优茶产值达104.5亿元，首次突破百亿大关。

2013年是浙江茶叶受影响较大的一年。一是灾害多、受损大，春季3、4月低温寒潮，7、8月又是持续40多天的罕见高温干旱天气，造成全省13.3多万公顷茶园受影响，经济损失达23亿元以上；二是受政策影响，高档名优茶销量大减、价格下跌，前期市场观望情绪严重。但在浙江省委省政府的高度重视下，通过各界人士的共同努力下，取得了逆市保值的良好成绩。2013年，全省茶园总面积18.41万公顷，比2012年增加0.66%，产量16.9万吨，比2012年减产3.13%；产值达114.7亿元，与2012年持平。

2014年是浙江茶叶持续受影响的一年。一是受2013年罕见高温干旱影响，浙北地区茶树长势减弱、产量下降；二是受政策愈加严格的影响，高档茶团购几乎绝迹，早春市场继续观望情绪严重；三是中国经济发展进入新常态，茶叶需求增长速度也在放缓；四是2014年夏天是2002年以来最凉爽的夏天，据主产县抽样调查，夏秋茶产量平均增加19.1%。2014年全省茶园总面积19.56万公顷，比2013年增加6.27%，茶叶总产量16.5万吨，比2013年减产2.37%，茶叶总产值130.5亿元，比2013年增值13.8%，其中名优茶产值达119亿元。

2015年，浙江茶叶生产有以下主要特点：一是开采早、气温偏低。2015年春茶最早于2月13～14日在温州永嘉与丽水莲都开采，虽然比2014年的2月3日迟了10天，但2014年开采后紧接两次冻害，实际在2月26日左右才复采，与后者相比却是提前了10多天。而在2～3月虽然气温偏低，但少有的没有出现冻害气象，特别是3月大部分日气温在8～20℃，到4～5月有一次持续3～4天的高温而引发的生产“洪峰”。二是全年生产季节长、品质好。2015年总体气候适宜茶芽正常生产与有效成分积累，确保了品质水平的提高。特别是早生品种的产量、品质与效益均为历史最好的年景。夏秋茶总体气温平稳，没有酷热，多数地方虽然生产长不及往年，但生产时间拉长到11月上旬，也是难得的生产季节最长的年景。三是全程机械化生产不断推进。随着人工成本和短缺不断加剧，以名优茶机采机制和名优茶连续化自动化生产线为重点的“机器换人”建设成为产业发展共识。2015年大部分茶叶生产重点县都建立了机采名优茶示范基地，其中柯桥区“平水日铸茶”机采机制产量占其总量的一半以上，且外形品质受到消费者认可。全省新增32条名优茶生产线，累计已有101家茶企140条生产线投产，年加工能力达到1万吨以上，生产产量达4 856吨，实现产值17.59亿元，占所在35县（市、区）茶叶总产值的13.30%。

浙江省茶叶生产主要地区

单位：吨、公顷

名称	2012年		2013年		2014年		2015年		主要品牌
	产量	面积	产量	面积	产量	面积	产量	面积	
绍兴市	51 319	500 490	49 710	490 980	43 269	512 565	27 828	32 123	大佛龙井、绿剑茶、越乡龙井、日铸茶、十里坪有机茶、觉农舜毫、石笕茶、泉岗辉白、皇帝茶叶
丽水市	27 151	446 415	27 586	469 365	29 913	474 075	16 289	32 456	松阳银猴、金奖惠明、香茶、梅峰、缙云黄茶、仙都笋峰、龙谷丽人、金观音
杭州市	32 283	493 620	28 503	501 720	26 548	514 125	19 881	34 413	西湖龙井、径山茶、千岛玉叶、雪水云绿、千岛银珍、九曲红梅、湘湖龙井、安顶云雾、天目青顶、建德苞茶
金华市	20 601	181 050	20 900	315 945	22 109	316 695	11 982	21 514	武阳春雨、磐安云峰、东白茶、婺州举岩、道人峰、浦江春毫、兰溪毛峰
宁波市	16 604	158 280	15 277	175 485	15 921	202 470	8 660	12 070	明州仙茗、瀑布仙茗、望海茶、望府茶、东海龙舌、奉化曲毫、三山玉叶、天池翠
湖州市	20 336	317 580	10 487	279 480	10 344	336 345	6 255	22 711	安吉白茶、长兴紫笋、莫干黄芽、安吉白片
衢州市	6 847	146 820	6 231	151 305	6 904	175 425	4 248	11 940	开化龙顶、绿牡丹、方山茶
温州市	4 973	179 790	5 117	216 360	5 464	223 845	3 392	14 970	乌牛早、三杯香、雁荡毛峰、平阳早香茶、苍南翠龙、文成贡茶、清明早、黄叶早
台州市	4 526	215 160	4 609	150 750	4 723	169 815	3 703	11 766	天台山云雾、临海蟠毫、羊岩勾青、紫高山茶、白马山茶、火山茶

注：本表按2014年产量为序。

浙江省茶叶主产县

单位：吨、公顷

名称	2012年		2013年		2014年		2015年		主要品牌
	产量	面积	产量	面积	产量	面积	产量	面积	
嵊州市	20 601	181 050	19 867	181 050	20 229	180 510	10 237	11 714	越乡龙井
武义县	9 432	96 855	10 766	96 165	11 979	96 195	5 716	6 689	武阳春雨
松阳县	10 603	115 590	10 959	117 330	11 271	114 930	3 889	7 831	松阳银猴
遂昌县	7 632	109 170	7 548	112 080	9 193	114 660	4 650	7 977	龙谷丽人
余杭区	10 316	55 290	6 840	53 490	7 867	55 560	5 129	3 649	径山茶
柯桥区	8 797	79 815	8 766	79 185	7 400	69 120	4 437	4 599	日铸茶
富阳市	6 116	54 780	6 610	55 320	5 863	56 940	4 943	3 903	安顶云雾茶
新昌县	5 998	97 950	5 645	95 505	5 794	94 950	3 128	6 313	大佛龙井
诸暨市	12 501	102 330	12 175	101 385	5 779	109 695	7 859	6 713	绿剑茶、石笕茶、十里坪有机茶
安吉县	4 414	143 865	4 452	146 055	4 311	200 085	3 426	13 398	安吉白茶、安吉白片
淳安县	7 354	191 970	6 525	193 695	4 254	191 610	3 590	12 620	千岛玉叶

注：本表按2014年产量为序。

浙江省主要茶叶加工企业

单位：万元、吨

企业名称	2012年		2013年		2014年		2015年		品牌
	销售额	产量	销售额	产量	销售额	产量	销售额	产量	
浙江华茗园茶业有限公司	42 555	20 329	59 665	27 742	64 238	26 353	65 119	27 155	华茗园
浙江振通宏茶业有限公司	28 800	10 500	36 800	13 500	39 600	14 100	41 600	28 701	振通宏
浙江昌祥茶叶有限公司	28 500	25 910	33 200	29 910	36 800	33 153	40 500	20 500	平水珠茶
浙江更香有机茶业开发有限公司	33 352	2 120	34 996	2 210	36 539	2 282	37 190	2 234	更香
余姚市华通茶厂	14 900	93 50	18 662	11 664	24 840	13 800	16 970	9 982	公主
浙江华发茶业有限公司	32 713	23 821	28 007	20 830	20 225	16 286	9 615	7 570	皇帝、华发
浙江省诸暨绿剑茶业有限公司	18 098	1 051	18 253	1 083	18 336	1 010	6 652	5 322	绿剑
开化宝纳制茶有限公司	13 137	6 759	15 466	7 512	15 837	7 621	41 600	28 701	元峰
绍兴县两溪茶厂	13 000	11 780	13 900	12 600	14 000	12 600	18 646	920	舜湖
临海市羊岩茶厂	12 000	250	12 500	250	12 500	270	16 553	7 725	羊岩山
湖州方路茶业有限公司	18 300	18 415	18 000	16 640	11 400	9 638	14 300	12 000	方路
浙江仙居茶叶实业有限公司	8 314	568	9 865	602	10 660	612	—	—	仙青
浙江春力茶业有限公司	10 100	5 280	10 112	5 497	10 045	5 189	8 199	4 975	春力
嵊州市大鹏茶业有限公司	8 466	18 581	8 210	16 825	7 601	15 000	7 500	6 200	鹏宇
浙江四贤茶业有限公司	64 594	1 640	7 102	1 761	6 367	1 504	5 563	1 256	高香早、四贤
新昌县诚茂实业有限公司	6 100	5 744	7 183	6 976	4 931	5 101	5 869	4 602	一万杯

注：本表以2014年销售额为序。

茶叶市场

2012—2014 年，茶叶价格随政策和气候上下波动，整体呈上涨趋势。2012 年早茶上市量少，均价明显高于往年同期 10%以上，中后期春茶产量充足价格趋于平稳，夏秋茶则有涨有跌，全省茶叶平均价格比 2011 年上涨 10.4%。2013 年春茶前期受政策影响，以西湖龙井为代表的高档名优茶价格大幅下跌，甚至出现下跌近一半的情况，后期随着中低档名优茶刚性需求拉动，市场快速回升，茶价恢复正常，全省茶叶平均价格比 2012 年上涨 3.6%。2014 年春茶前期受政策愈加严格的影响，价格持平，中后期中档名优茶量价双涨；夏秋茶因气候原因质量优于往年，价格大涨 20%左右；中秋季市场需求未达到预期，又出现短期价格下落，全省茶叶平均价格比 2013 年上涨 16.5%。2015 年春茶开市价格平稳、中后期上扬，全年整体稳中有升。2015 年茶叶市场经过两年来调整适应，市场逐渐成熟，开市价格与往年相似，之后继续高档名优茶走低、中低档名优茶稳中有升的态势。2 月中旬乌牛早上市价格为3 000元/千克，与 2014 年接近，浙南茶叶市场开市价格 900 元/千克，比 2014 年的 820 元/千克上涨了近 10%。到 3 月 25 日止的春茶采收7 354吨、早茶产值达 28.4 亿元，与 2014 年同期同口径的产量5 271吨、产值 18.7 亿元相比，分别增产 39.5%、增值 51.9%。同时 2015 年开采之后的一个月青叶价格为 120～200 元/千克，虽然与 2014 年基本持平，但维持的时间大都在 20 天以上，前期如此较长时间的稳定价格，前所未有。4～5 月气候有利于茶叶较快生长，相对品质较好的中低档茶增产较多。据新昌中国茶市反映，到 5 月 25 日交易总量 7 850吨，交易总额 32.6 亿元，分别比 2014 年同期增近 30%、40%。夏秋茶产量、产值总体与 2014 年基本持平，但结构性问题突出，其中珠茶受国际市场影响生产大幅压缩、价格降至每千克不到 6 元，珠茶生产降到了近 10 年来最低点。全年茶叶平均价格稳中有升，平均价格达 83.5 元/千克，比 2014 年上涨 5. 85%。

茶叶产地市场交易持续兴旺。2012 年全省产地市场交易总量与总值分别达 13.9 万吨、129.7 亿元，比 2011 年分别增长 15.8%和 25.9%。2013 年全省茶叶产地市场 130 家，交易总量与总值分别达 14.2 万吨、146.1 亿元，比 2012 年分别增长 2.2%和 12.6%。2014 年全省茶叶产地市场达 148 家，交易总量与总值分别达 16.2 万吨、175.5 亿元，比 2013 年分别增长 14.1%和 20.1%，其中松阳浙南茶叶市场交易量达 7.66 万吨，交易额达 46.2 亿元，交易量连续 12 年、交易额连续 8 年居全省同类市场首位。

浙江是中国茶叶出口大省，出口量和出口额一直保持全国第一，其中绿茶出口量占全国出口量的一半以上，占世界绿茶贸易量 40%以上，是名副其实的世界绿茶产业中心。2012 年以来，浙江省茶叶出口先扬后抑。2012 年，全省茶叶出口量 15.4 万吨，产值达 4.8 亿美元，与 2011 年基本持平，其中蒸青茶由于日本茶叶受核辐射事件影响实现产量产值大幅增加，分别达到 5 520 吨、1.35 亿美元，较之 2011 年分别增长 23.5%、17.4%。2013 年全省茶叶出口量 17.1 万吨，比 2012 年增长 11.1%，出口额 5.8 亿美元，同比增长 20.8%，其中红茶出口增长迅猛，出口量4 050吨，出口额 828 万美元，比 2012 年分别增长 279.6%和 166.2%。2014 年，全省茶叶出口 14.86 万吨，出口额 5.08 亿元，同比分别下降 13.1%和 12.4%，主要是摩洛哥、毛里塔尼亚和乌兹别克斯坦等输入国进口量大幅下滑。2015 年，全省茶叶出口量和出口额双涨，但受汇率波动、低端原料茶基地向东南亚转移等因素的影响，效益进一步下降，全年出口量 15.77 万吨，出口额 5.20 亿美元，同比分别增长 6.11%和 2.33%，平均价格 3 295 美元/吨，同比下降 3.56%。出口量和出口额分别占全国的 48.54%和 37.62%，均比 2014 年有所下降。其中绿茶出口量 14. 99 万吨，出口额 4.90 亿美元，同比分别增长 5.73%和 1.38%，分别占全国的 55.09%和 48.71%。

茶叶消费

浙江既是我国重点绿茶产区，也是重要茶叶销区，以名优绿茶特别是龙井茶消费为主。2012 年以来，随着茶叶消费市场趋势的变化，全省各地特色茶开发热情不断提高，在全省形成普遍性红茶开发热潮，当年春茶期间红茶产量达 200 余吨，同等原料加工红茶的利润比普通绿茶高 20%～30%。2013 年以后，红茶消费趋于理性，市场进入竞争整合时期，到 2014 年年底，全省红茶产量达 5 568 吨，产值达 7.0 亿元。同时，在各级政府的倡导下，茶叶精深加工有新的发展，在速溶茶、茶饮料、茶食品、茶功能性成分保健品等方面多点开花，到 2014 年年底实现产值达 11.9 亿元。

2013 年各地积极调整产品结构，开拓电子商务销售，2014 年安吉白茶 4 家电商一年销售额达 5 000 余万元，杭州一家企业网上销售龙井可达 4 000 多万元，其中“双 11”一天就达 224 万元，同比增加 2 倍多，网上销售已成为全省茶叶销售的重要渠道之一。2015 年，随着高档名优绿茶持续遇冷、效益下降后，各地积极调整产品结构，开发新产品寻求新突破。其中浙西南的香茶衔接了名优茶与大宗茶间的短板，发展形势喜人，2015 年香茶产量和产值达到 2.6 万吨、15 亿元，占全省茶叶产量和产值的 14.93%、8.91%。红茶经历过前两年的开发热潮后，已进入市场调整期，高档红茶量减少，中低档红茶量较大幅度增加，整体销售情况较好。另外金华的武义、浦江等地开始生产黑茶、白茶，目前规模都较小，但都取得了不错的效益。同时，茶叶精深加工快速发展，在速溶茶、茶饮料、茶食品、茶功能性成分保健品等方面多点开花，2015

年全省精深加工消耗茶叶量达 10.84 万吨，实现产值 18.97 亿元，分别比 2014 年增加 31.48%、59.39%。

浙江省主要茶叶贸易及出口企业

单位：万美元、吨

名称	2012 年		2013 年		2014 年		2015 年	
	年出口额	年出口量	年出口额	年出口量	年出口额	年出口量	年出口额	年出口量
浙江昌祥茶叶有限公司	2 779	8 379	3 716	11 200	4 197	12 655	4 600	15 100
浙江华发茶业有限公司	4 825	19 363	4 590	15 328	3 028	10 692	2 900	18 000
浙江余姚茶厂	1 132	4 600	1 460	5 760	1 990	6 970	—	—
开化宝纳制茶有限公司	1 601	5 742	2 011	7 026	1 950	6 800	2 538	7 696
浙江春力茶业有限公司	1 580	5 200	1 654	5 497	1 641	5 189	1 000	6 000
嵊州大鹏茶业有限公司	1 346	18 581	1 342	16 825	1 242	15 000	546	3 466

注：本表以 2014 年年出口额为序。

浙江省主要茶叶批发市场

单位：万米^2、亿元、万吨

名称	2013 年			2014 年			2015 年		
	市场面积	交易量	交易额	市场面积	交易量	交易额	市场面积	交易量	交易额
新昌中国茶市场	10.1	1.36	35.23	10.1	1.40	35.49	10.1	1.61	45.54
浙南茶叶市场	8.0	7.12	36.12	8.0	7.66	46.15	8.0	7.38	47.56
浙中生态茶叶市场	3.4	0.30	3.30	3.4	0.31	3.90	3.4	0.34	5.00
武义茶城	2.6	0.22	2.77	2.6	0.27	3.08	2.6	0.25	3.0
杭州千岛湖茶叶市场	2.2	0.47	8.66	2.2	0.40	9.11	2.2	0.39	10.55
开化龙顶茶叶市场	0.9	0.11	3.15	0.9	0.12	3.47	0.9	0.12	3.56

注：本表以 2014 年市场面积为序。

茶文化

2012 年以来浙江省深入实施茶叶品牌战略，着力打造“浙江绿茶”品牌，继续每年举办浙江绿茶博览会，鼓励各地举办形式多样的茶事活动，不断提升“浙江绿茶”知名度。2012 年，为庆祝浙江省和日本静冈县结好 30 周年，浙江省人民政府与日本静冈县政府共同举办了“浙江省·静冈县 2012 绿茶博览会”，并举行了绿茶国际论坛、茶乡游等多项活动。2013 年，浙江省农业厅在江苏省南京市规划建设展览馆举办“第八届浙江绿茶博览会”，这是浙江绿茶博览会首次以全特装方式，统一组织整体形象设计，展现浙江产茶大省、茶叶强省的地位。2014 年，浙江省农业厅在太原中国煤炭博物馆举办“第九届浙江绿茶博览会”，本届博览会是首次到中国西北部大商城举办，也是政府支持力度最大的一届，得到 9 个县（市、区）人民政府的特别支持。

为了打开茶叶销路、提振市场信心，各地对举办茶事活动给予了很大的支持与热情，3 年来在省内相继举办温州早茶节、中国茶商大会、中国茶叶大会、敬老茶会、中国安吉白茶博览会、中国宁波国际茶文化节等近 100 个茶事活动，以及丽水香茶推介会、嵊州越乡龙井推介会、莫干黄芽品鉴会等省外大城市推介活动近 20 场。

为了倡导“茶为国饮”理念和培育公众饮茶习惯，浙江省从 2009 年起首次在杭州市举办“全民饮茶日”活动，逐步发展到绍兴市、湖州市、金华市、台州市等市及余杭区、桐庐县等县（市、区），形成全省性的全民饮茶活动。2014 年 5 月，杭州中国茶都品牌促进会举行了“二十四节气·茶事”启动仪式，尝试以节气茶事还原江南百姓的传统习俗。

由教育部、全国供销合作总社、浙江省人民政府联合主办，浙江省教育厅承办的全国职业院校中华茶艺技能大赛，2013—2014 年连续举行了两届，先后有全国 21 个省份 37、45 支代表队，148、180 名选手，参加指定茶艺

（绿茶茶艺、红茶茶艺、青茶茶艺）、创新茶艺（现场解说或配音解说）、解读茶艺（微电影形式诠释茶艺）及体验茶艺（“茶舞青春”万人品茗）的比赛。2014年7～8月，教育部、财政部主办，浙江经贸职业技术学院和中华全国供销合作总社杭州茶叶研究院联合举办的首届全国茶艺与茶文化类专业骨干教师（企业顶岗）培训班在浙江经贸职业技术学院开办，来自17个省份46所大中专院校，专任教师35位，非专任教师24位进行了为期8周40天的专业系统培训；这次代表性活动的举办也为杭州打造茶艺人才培训与专业茶艺比赛打下了重要基础。

由中华全国供销合作总社杭州茶叶研究院、中国国际茶文化研究会茶馆专业委员会等主办，为促进茶界互动交流，致力打造国内最有影响力的斗茶盛会——“第四届全国武林斗茶大会暨首届中华茶奥会”于2014年10月25～26日在杭州盛大开幕，来自全国22个省份及德国、加拿大的国际茶人共456名选手角逐出了仿宋斗茶、斗沏泡茶能力、斗鉴别茶汤能力、斗茶品、茶汤对茶样五个大类12个金奖、28个银奖、48个优秀奖。同时，为期3天的“凤牌滇红杯”第二届全国大学生茶艺技能大赛于2014年11月29日至12月1日在浙江大学紫金港校区成功举办，来自全国19所大学148名选手参加了比赛。比赛包括指定茶艺技能、茶席创新技能和茶艺创新竞技等项目，通过茶艺技能大赛不仅展现了大学生的综合能力，也为更好地将“茶为国饮”理念与“绿色、健康、和谐”的茶文化精神融入高校人才培养发挥了积极的作用，同时也进一步推动了中国茶都杭城茶文化内容的丰富。

2015年浙江在省内外举办了30多场各类茶事活动。5月22～24日在郑州举行的第十届浙江绿茶博览会，以“浙江绿茶 品行天下”为主题，全省150多家企业参展。本次展会特别设立龙井茶展示专区，举行产业成就与品牌展示、名优茶叶展销、地方产品推介、茶道及茶文化表演等一系列活动，吸引了2 300多名客商和8万余名市民参加，实现现场销售490余万元，300多家茶商与浙江省茶叶生产企业对接合作，签订供销意向11 320万元，是历届茶博会中推介效果最显著的一次。

大事记

2012年3月12日，浙江省农业厅与省工商局联合下发了《关于联合组织开展保护龙井茶、西湖龙井等地理标志证明商标专用权专项整治行动的通知》（浙工商标〔2012〕35号），拉开了又一轮保护龙井茶合法生产经营权的序幕。

2012年3月23日，浙江省科学技术厅办公室与浙江省农业厅办公室在杭州联合召开了“浙江省十县五十万亩茶产业升级转化工程”实施工作会议，此次会议标志着省财政投入2 400万元支持的茶科技成果转化最大项目正式全面启动。

2012年6月8～10日，“浙江省·静冈县2012绿茶博览会”在杭州举行。由浙江省人民政府与日本静冈县政府共同举办，浙江省农业厅和静冈县经济产业部共同承办的茶博会以“绿色、健康、合作、和谐”为主题，静冈县组织了270余人参展。

2012年11月16日，2012国际（杭州）茶资源综合利用学术研讨会与产品展示活动在杭州举行，王建满副省长出席开幕式，并参观了茶资源综合利用衍生产品展示。

2013年5月10～12日，由浙江省农业厅主办，浙江省茶叶产业协会协办，绍兴县、余姚市、天台县、松阳县和平阳县人民政府特别支持的“2013浙江绿茶博览会”在南京规划建设展览馆成功举办。

2013年6月7～9日，由教育部、全国供销合作总社、浙江省人民政府联合主办，浙江省教育厅承办的“全国职业院校中华茶艺技能大赛”在浙江经贸职业技术学院举行。

2013年6月27日，由浙江省政府和中华全国供销合作总社主办，浙江省商务厅、浙江省供销社和中国茶叶拍卖交易服务有限公司承办的“2013中国茶业博览会”在杭州和平会展中心开幕，展会举行了中国茶叶贸易方式创新高峰论坛。

2013年7月初至8月19日，浙江大部分地区出现了持续40多天的干旱与一二十天超过40℃罕见高温极端气候，不仅严重影响了夏秋茶生产，也给浙江茶园的生产能力带来了历史罕见的危害。

2014年1月25日，由中国茶叶学会、中国国际茶文化研究会主办，浙江省人民政府承办的“2014迎春茶话会暨开化龙顶品尝会”在浙江省人民大会堂宴会厅隆重举行。

2014年2月19日，浙江省农业厅印发《关于加快推进茶产业提升发展的实施意见》（浙农专发〔2014〕9号），提出了“提升发展水平、巩固优势地位、促进提质增收”目标，强调今后一个阶段的重点任务是茶树品种改良、标准茶园建设、现代加工水平提高、区域优势品牌做强、产业龙头培育、市场体系建设和茶全产业链建设等。

2014年3月30日，联想控股佳沃集团与中国农业科学院茶叶研究所战略合作发布会暨“龙冠春茶品鉴会”在杭州隆重举行。农业部副部长、中国农业科学院院长李家洋，中国工程院陈宗懋院士，浙江省副省长黄旭明，中国国际茶文化研究会会长周国富，浙江省农业厅厅长史济锡，以及联想控股集团董事长柳传志等领导和嘉宾出席了此次新闻发布会。

2014年5月24～27日，“第九届浙江绿茶博览会”在山西太原举行，由浙江和山西两省农业厅共同主办，以“浙江绿茶　品行天下”为主题，全省60多个产茶县（市、区）138家企业参展。期间，集中展示展销了全省茶叶产业成就与绿茶品牌、名优茶及相关产品等，开展了嵊州越乡龙井推介、德清莫干黄芽品鉴会、茶道及茶文化表演等一系列活动。

2014年6月16～18日，教育部、全国供销合作总社、浙江省人民政府联合主办，浙江省教育厅承办的“全国职业院校中华茶艺技能大赛”在浙江经贸职业技术学院举行。

2014年9月16～18日，由中国农业科学院茶叶研究所和国家茶叶产业技术体系产业经济研究室联合主办的“第四届全国茶产业经济研讨会暨茶业企业家论坛”在杭州召开。本届研讨会的主题是“新媒体、新营销、新茶业”，目的是为了更加系统和科学地探讨新媒体、互联网、大数据对茶叶消费的影响。

2014年10月25～26日，来自浙江、山东、福建、新疆、台湾等22个省份及德国、加拿大的共约450余名茶艺高手和爱茶人士汇聚杭州，参加“2014第四届全国武林斗茶大会暨首届中华茶奥会”。

2014年11月10～13日，由中国农业科学院茶叶研究所与中国茶叶学会联合举办的“2014国际茶叶学术研讨会”在杭州召开。本次学术盛会的主题是“创新与发展”，世界各地共约350人与会，其中包括来自23个国家和地区的80多位外宾。陈宗懋院士和Kaison Chang分别作了题为《科技创新与茶产业发展》和《世界茶产业研究成果与发展》的主题报告。

2015年4月15日，2015年度浙江省科学技术奖励大会在浙江省人民大会堂召开，浙江大学茶学系屠幼英教授主持完成的“生物催化技术重组并强化茶深加工制品的功能及其产业化”项目荣获浙江省科技进步奖一等奖，为浙江省茶叶界新中国成立以来的第一个省科技进步一等奖。

2015年5月1日，中国茶叶博物馆新建的龙井馆区正式开放，作为中国茶叶博物馆除了双峰馆区外的又一全新实体馆区华丽亮相。新馆选址在杭州翁家山268号（原龙井山园），为江南丘陵地貌，总面积75 296米^2，山林覆盖率70%，龙井馆区建筑面积约5 000米^2。

2015年5月22～24日，第十届浙江绿茶博览会在河南郑州国际会展中心成功举办。本届茶博会由浙江省农业厅、河南省农业厅共同主办，以“浙江绿茶 品行天下”为主题，共吸引全省150多家企业参展。

2015年9月18日，李强省长主持召开浙江省政府第53次常务会议，研究和部署振兴茶历史经典产业工作。浙江省科技厅、省财政厅、省商务厅、省茶叶研究院、省新闻办等部门负责人参加了会议。会上黄旭明副省长就浙江省产业整合优势品牌、茶全产业链建设等有关问题，以及振兴茶历史经典产业有关对策措施组织专题研究有关情况做了说明，省农业厅作了关于振兴茶历史经典产业的情况汇报。

2015年10月24～27日，第十五届国际“无我茶会”在浙江举行，吸引了世界各地茶人广泛参与，有来自美国、韩国、日本等10多个国家和地区超过1 000名茶友参加了此次盛会。

2015年10月30日～11月1日，数百名茶艺高手和爱茶人士纷纷汇聚杭州，参加以“传承文化，跨界融合”为主题的第二届中华茶奥会。本次茶奥会分五大赛事，一是茶艺大赛，分指定茶艺竞技、创新茶艺竞技、品饮茶艺竞技、茶席创新竞技四个环节；二是仿宋斗茶赛，分仿宋斗茶擂台赛和茶百戏创意赛；三是茶调饮赛；四是茶品赛，分赛茶品和赛品鉴；五是茶席设计赛。

2015年11月18日，国家工商总局公布了“全国2014—2015年度诚信示范市场”名单，浙南茶叶市场榜上有名，这也是2015年浙南茶叶市场继入围“中国商品市场百强”之后，再次荣获国字号荣誉。

2015年12月9日，浙江省农业厅发布《关于公布2015年度浙江省标准化名茶厂名单的通知》（浙农专发〔2015〕68号），杭州开农生态科技有限公司等22家茶厂被确定为2015年度浙江省标准化名茶厂。

（浙江省农业厅种植业管理局　罗列万　冯海强）

安 徽 省

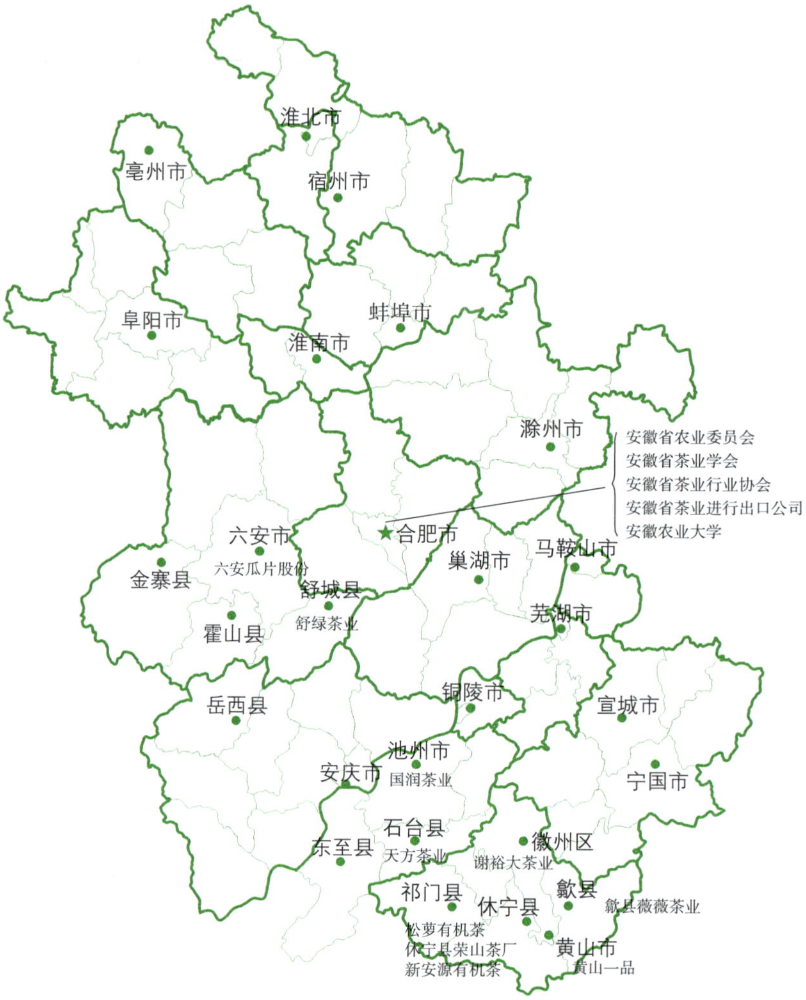

2012—2015 年，安徽省的茶产业在面积、产量和产值上保持了持续增长的好势头，使持续增产增值的年数达到了 15 年。2015 年，全省茶园面积已达 167.90 千公顷，茶叶产量 11.29 万吨，茶叶产值 85 亿元，分别较 2011 年增长 21.67%、28.88%和 84.78%。年均递增分别为 5.02%、6.54%和 16.59%。2015 年按总面积计，全省茶叶单位面积产值已达 5.06 万元/公顷，茶叶均价 75.18 元/千克，均较 2011 年提高 43%以上。

2011—2015 年安徽省茶叶生产基本情况表

单位：千公顷、万吨、亿元、千克/公顷、万元/公顷

年份	茶园面积	开采面积	茶叶产量	茶叶产值	单产	单产产值
2011	137.99	122.000	8.76	46.00	634.82	3.33
2012	149.69	131.048	9.49	62.00	633.97	4.14
2013	155.32	135.318	10.09	70.20	649.62	4.52
2014	166.56	144.602	11.12	76.11	667.62	4.57
2015	167.90	143.690	11.29	84.89	672.42	5.06

基本情况

截止到2015年年底，全省注册茶叶类商标数超过1 000个，其中传统名茶产区拥有茶叶商标400余个。已获省著名商标107个，中国驰名商标10个；全省各类规模的茶叶加工企业5 800余家，其中省级农业龙头企业53家、国家级农业龙头企业3家；无性系茶园面积50.67千公顷，占全省面积的30.17%；茶园产地“无公害、绿色、有机”认证面积稳定在总面积的85%左右，其中“无公害”认证面积保持在12万公顷，占全省总面积的70%以上。

2015年安徽省茶叶主产市基本情况表

单位：千公顷、万吨、亿元、千克/公顷、万元/公顷、元/千克

地区	总面积	开采面积	总产量	总产值	单产	单产产值	茶叶均价
黄山市	50.901	46.144	2.88	30.98	565.80	6.08	107.56
宣城市	27.055	23.689	3.3912	10.95	1253.45	4.05	32.29
池州市	13.146	10.942	0.8248	6.81	627.41	5.18	82.56
安庆市	30.668	26.116	1.2801	14.46	417.41	4.72	112.96
六安市	35.841	28.268	2.3678	16.72	660.64	4.66	70.61
其他市	10.329	8.533	0.5476	4.97	530.15	4.81	90.76
合计	167.900	143.698	11.2915	84.89	672.51	5.06	75.18

产业政策

在安徽省政府领导的重视下，2012年2月出台了《关于加强茶叶品牌建设　进一步做大做强茶产业的意见》（皖政〔2012〕23号）文件，省级建立了联席会议制度，加强领导；大幅增加了支持力度，2013年省级年投入扶持茶产业发展各类资金增加到近2亿元；省政府2012年7月召开茶科技报告会、2013年4月召开全省茶产业发展大会等活动进行全面动员。各主产市县积极响应，出台配套政策措施，落实相关发展任务，安徽茶产业迎来了一个全新的发展环境。最大的变化是支持发展的资金得到大幅增加。省级调控用于茶产业发展的省级财政专项资金、中央现代农业发展资金和中央农机购置补贴资金等资金三年投入情况如下：

（1）省财政茶叶发展专项资金。2012年800万元，2013年3 000万元（其中列支农大1 000万元），2014年3 000万元（其中列支农大300万元），2015年2 000万元（其中列支农大50万元），总计4年全省茶叶发展专项达8 800万元。

（2）中央现代农业发展资金（茶叶项目部分）。2012年6 300万元，2013年9 235万元，2014年9 000万元，2015年9 000万元，总计4年中央现代农业发展资金（茶叶项目部分）达33 000万元以上。

（3）农机补贴资金（补贴购买茶叶机械）。2012年，中央财政补贴3 548.032万元，总发生12 341.3796万元，补贴购机20 528台，带动农民投入8 793.34万元，受益户数16 456户；2013年，中央财政补贴2 736.12万元，总发生10 569.12万元，带动农民投入7 830万元，补贴购机18 372台，受益户数11 570户；2014年，中央财政补贴2 764万元，总发生9 127.11万元，带动农民投资6 363万元，购机13 376台，受益农户8 095户；2015年，中央财政补贴2 410万元，补贴购机10 604台，总发生9 013万元，带动农民投入6 603万元，受益农户6 795户。总计4年中央财政农机补贴资金在安徽用于购买茶叶机械的金额达到11 458.152万元。

（4）其他资金。农发、科技、扶贫等资金合计年均投入茶叶项目也在3 000万元以上（2013年3 173万元）。其他零星项目资金量也很可观，金寨县2013年国家现代茶叶示范区建设，国家和省级财政单列下达2 780万元。

主要措施

1. 建立省级联席会议制度，加强领导　从2013年起，省级茶产业联席会议正式运作，每年举行会议一次。参加单位为安徽省农委、财政厅、商务厅、科技厅、扶贫办、工商局、质监局、统计局、出入境检验检疫局、供销社、农垦管理局等省直属相关单位，技术支撑单位为安徽农业大学，以及中国农业发展银行安徽分行、中国农业银行安徽分行、安徽省农村信用社三家金融部门，此外还有安徽省茶业学会、有机茶协会、徽茶文化研究会和茶叶行业协会四家涉茶社团组织。由省政府分管农业的副省长担任召集人，联席会议除研究了茶产业一般性年度工作外，最重要的是落实每年省级茶产业发展专项等相关资金，制订支持政策。2013年还邀请了黄山市、宣城市、池州市、安庆市和六安市的市级分

管领导同志到会，分别汇报各自茶产业工作情况，了解省政府的茶产业工作部署。

2. 狠抓项目实施，强化基础建设 4年来，紧紧抓住政策、资金支持的有利时机，突出茶园结构优化改造、茶叶龙头企业技术改造创新、茶叶生产绿色防控体系建设、茶树良种育繁体系建设等重点项目，并加快推进。年平均新增无性系茶园6 000公顷，4年共新增18千公顷。2015年年底全省无性系茶园面积达50.67千公顷，较2011年增加89.98%。给予省级（茶叶类）农业龙头企业和部分重点市级农业龙头企业专项支持，如实施清洁化改造和设备升级。围绕茶园基地的"三品"认证开展年度考评，全省认证面积基本稳定在总面积的85%左右较高比例，并在全省布点开展绿色防控服务体系试点建设。对省内重点良种繁育场点专项扶持，全省专事茶树良种繁育的场、点达100多处，年繁育出圃茶苗稳定在1.5亿株以上。

3. 推动渠道建设，加大宣传力度 从省级开始设立专项，首先是分层次推进各类市场主体市场开拓和渠道建设工作。一是鼓励走出去建传统型网点，搭建渠道；二是推进企业的电商平台建设，线上线下结合；三是产地市场的完善配套。其次是加强全省性的宣传活动开展。一是由省茶行业主管部门省农业委员会联合安徽日报社，连续4年结合省政府的茶叶工作主题，开展主旨宣传和相关活动，引导发展；二是发挥相关茶叶社团的作用，组织重点企业集中在主流媒体宣传。2014年，组织10家企业在中央电视台集中宣传，进行了有益尝试；三是对省内各地的专项宣传给予一定的补贴。

4. 上下联动，共同推进 为保证贯彻落实省政府的决策部署，要求省内各地做到3个对应，即政策对应、机构对应和资金对应。要求各市县要出台结合各地实际的实施意见，制订实施方案，分步实施；要明确工作机构，落实专职人员，有人办事；要落实专项资金，有钱办事。4年来，各市县均出台了茶产业发展的意见文件，明确了工作机构，六安市还为此新成立了市级的茶叶局，开了省内各主产茶市的先河。各地根据各自的财力情况，通过整合相关资金，列出茶产业发展的专项资金。据不完全统计，各地合计年新增茶叶专项资金6 000余万元。

茶叶生产

2012—2015年的茶叶生产，没有遭遇2008—2011年连续4年早春出现的影响全省茶区生产的严重冻害。2012年全年气候基本正常。但2013年有较大灾害性天气出现。2013年清明后（4月6日夜～4月7日晨）发生影响全省一半以上茶园的晚霜冻害，受害较重的茶园主要集中在安庆、池州和宣城等市的沿江及低山茶园，受冻面积近8.7万公顷。由于已开采7～10天，当期产量减少6 000～7 000吨，价值10亿元以上。6月份持续大雨，6月30日黄山、宣城部分地区发生山洪灾害，一些名茶产地如太平猴魁原产地茶园摧毁严重，7月中旬至8月上中旬全省茶区又出现持续高温干旱。由于茶叶市场需求比较稳定，各地的应对措施得力，当年除名优茶产量略有降低外，春茶及全年生产量仍然取得增长。2014年仅仅是早春低温时间长，开采普遍推迟至清明后。2015年春茶时期气候正常，开采还有提前。

茶园面积经过前期几年的较快增长，2015年茶园总面积虽略有增长，但已基本停滞，且开采面积有减少。增长主要来自江北茶区，以黄山市、宣州市、池州市为主的江南茶区总面积和开采面积均有所减少，出现了一个新状况。

2014—2015年各茶叶主产市茶园面积变化情况

单位：千公顷

面积	黄山市	宣州市	池州市	安庆市	六安市	其他市	合计
2014年茶园面积	52.501	27.126	13.404	29.881	33.481	10.167	166.560
2014年开采面积	46.664	24.401	11.466	25.552	28.164	8.355	144.602
2015年茶园面积	50.901	27.055	13.146	30.668	35.841	10.329	167.900
2015年开采面积	46.144	23.689	10.942	26.116	28.268	8.533	143.698

安徽出产的茶类有绿茶、红茶、黄茶和黑茶四大类，但常年产量以绿茶和红茶为主。2015年绿茶10.43万吨、红茶6 040吨，分别占年产量的92%和5%；黄茶和黑茶等2 200吨，仅占2%，其中黄茶近2 000吨。此外，从产出效益看，春茶和名优茶占据了主要地位。春茶约是45%的产量，近70%的产值；名优茶是30%的产量，70%的产值。

2012—2015 年安徽省茶叶基本构成情况表

单位：万吨、亿元

年份	春茶产量	占总产量	春茶产值	占总产值	名优茶产量	占总产量	名优茶产值	占总产值
2012	4.32	45.52	38.75	62.50	3.20	33.72	44.23	71.33
2013	4.66	46.18	47.97	68.52	3.16	31.32	49.26	70.17
2014	4.83	43.43	53.16	69.94	3.32	29.85	54.25	71.38
2015	5.33	47.21	60.00	70.58	3.33	29.49	59.50	70.00

茶叶贸易

1. 茶叶内贸 4 年内销市场总的情况是前期稳定，后期有些变化。2012 年和 2013 年上半年，基本延续了前 10 余年的市场走势，继续在各单位和集团消费的推动下稳步前行。而从 2013 年下半年起，中央严控各单位和集团高消费的政策效能开始显现，以高档茶和高消费带动整个茶叶生产和内销市场的发展模式已不适应。虽然业界积极调整，不断开拓新的市场需求领域，增产中高档茶叶，保持了生产和消费规模稳步增长的趋势，但生产和经销主体的利润空间在萎缩，全省茶叶产值年均增长幅度在降低，出现了一些新的产业发展问题。

安徽省的茶叶销售除各市场主体自建渠道销售外，省内各地的产地市场起到了很大的沟通产销促进销售的支撑作用。截止到 2015 年年底，全省县级以上正常运作的茶叶专业市场有 20 余座，总经营额在 50 亿元以上。其中，地处芜湖市繁昌县峨桥的“江南第一茶市”，近年销量虽有下降，但仍以年销售额 15 亿元左右占据首席；黄山市的黄山茶城经营额为 7.5 亿元；霍山大别山商城经营额为 5 亿元左右。

2. 茶叶外贸 4 年中，安徽茶叶外贸在产品质量竞争和接受东部出口产能转移中增长较快，全省出口茶加工量已达到 20 万吨，安徽本省口岸茶叶出口量已上升为全国茶叶出口省份的第二位，成为新亮点。2015 年，全年出口茶叶 5.65 万吨，出口额 2.27 亿美元。全省茶叶出口企业 31 家，其中出口额 100 万美元以上的 19 家、500 万美元以上的 9 家、1 000 万美元以上的 7 家。黄山市一品有机茶业有限公司、松萝有机茶叶开发有限公司、金叶茶业有限公司、开神茶业有限公司和微微茶业（集团）有限公司 5 家企业出口额均超过 1 000 万美元。2015 年，黄山市歙县微微茶业（集团）有限公司出口额达到 4 330 万美元，占全省出口总额的 19.07%，继 2014 年起连续两年成为年度出口额全省企业第一。

2011—2015 年安徽省茶叶出口情况

单位：万吨、万美元

年份	出口数量	出口产值
2011	2.91	7 956
2012	3.32	10 700
2013	3.95	14 400
2014	4.69	19 500
2015	5.65	22 696

科技教育

1. 茶业教学 安徽省承担茶学本科教育的是安徽农业大学的茶学系，安徽黄山茶叶学校承担大专教育。截止到 2014 年年底，全省茶叶类在校学生有 595 名，教职工 104 名。其中，安徽农业大学茶叶本科生 469 名（茶学专业 284 人、茶文化与贸易专业 185 人）、茶学研究生 89 人、博士生 21 人，教职工 38 人（教师 32 人、教辅 6 人）；黄山茶叶学校 2014 年年底已并入黄山职业技术学院，并入时有茶学在校生 16 人，教职工 66 人。

2. 茶业科技 据安徽省农业科学院茶叶研究所提供的资料，2012—2015 年全省具有专业技术职称的科技人员数逐年略有减少。据 2015 年年底的统计，全省在职的专业技术人员共有 178 人，较 2012 年减少 10 人，人员减少主要在技术推广部门和科研单位，院校有增加。分布情况是院校 41 人（增 10 人）、科研院所 28 人（减 1 人）、推广部门 109 人（减 19 人）。其中，具有高级技术职称的 84 人（正高 23 人、副高 61 人），中级技术职称的 74 人，初级技术职称的 120 人。

2014 年，全省在研茶叶研究项目 59 项，获研究经费 4 957 万元。其中，2014 年新增项目 26 项，获研究经费 1 764 万元，分别比 2012 年减少 38 项、4 714 万元，比 2013 年减少 28 项、5 489 万元。

2015 年，全省在研茶叶研究项目 30 项，获研究经费 2 812 万元，其中 2015 年新增项目 13 项，获研究经费 1 084万元，均较 2014 年有所减少。

茶文化

为展示安徽茶区和茶产品的良好形象，加大宣传的力度，每年茶季期间，茶事活动精彩纷呈。六安市 4 年连续举办第十二、十三、十四、十五届六安瓜片文化节，黄山市坚持每年在上海和北京举办大型茶叶宣传活动，其他市及重点产茶县区都有各种茶文化或茶宣传活动举行。另外，旨在宣传安徽悠久的茶文化及塑造茶企文化形象，茶叶博物馆建设的兴起成为了安徽茶行业的又一特色，主要集中在黄山市。这为外界了解安徽及宣传安徽提供了一个窗口和新途径。

安徽茶区主要分布于黄山山脉和大别山山脉地区，黄山、九华山、齐云山、天柱山等著名旅游区散落其间，太平湖和大别山中的六大水库等水面波光粼粼，以徽州文化为代表的安徽茶文化源远流长，博大精深，自然和历史资源丰富多彩，开展茶休闲观光产业优势明显。安徽的茶休闲观光已经起步，已打造有天方集团推出的“慢庄”农居，旌德、绩溪、歙县、休宁等地的“古茶道”探秘等精品项目，以及大量的“农家乐”形式的休闲旅游点，正在显示出勃勃的发展生机。

大事记

2012 年 2 月 26 日，安徽省人民政府出台《关于加快茶叶品牌建设进一步做大做强茶产业的意见》（皖政〔2012〕23 号）文件，提出在太平猴魁、黄山毛峰、六安瓜片、祁门红茶四大名茶品牌建设的引领下，做大做强安徽茶产业，力争“十二五”末茶叶的产值较 2011 年翻一番，达到 100 亿元，综合产值 300 亿元的目标。

2012 年 7 月，在安徽省省长李斌的重视下，安徽省人民政府举办“加快推进茶产业发展专题报告会”，邀请云南省普洱市副市长盛军为全省重点产茶市县的领导干部、技术人员作专题报告。

2012 年 7～8 月，安徽省农业委员会和安徽日报社联合举办茶产业宣传月活动，并开展了十强县评比，金寨、霍山、裕安、舒城、岳西、潜山、宣州、祁门、休宁、歙县 10 个县（区）获“2012 安徽茶产业十强县”称号。

2013 年 4 月 8 日，安徽省人民政府在六安市召开了全省茶产业发展工作会议，省茶叶联席会议成员单位负责人、重点产茶市县分管负责人以及重点农业龙头企业负责人出席，梁卫国副省长主持并作主题发言。

2013 年 9 月 20 日，安徽省茶业学会、安徽省人力资源和社会保障厅职业技能鉴定中心联合主办的“安徽省首届茶业职业技能大赛（含个人赛和团体赛）”在合肥秋浦书院举行。10 月，安徽省推荐罗校、魏洋、汪之春、陈小雨、李青雅、罗丹等 6 位个人选手参加“武阳春雨杯”第二届全国茶艺职业技能竞赛总决赛，全部进入总决赛并获银奖、铜奖；黄山谢裕大茶艺队获团体优秀奖。

2014 年 1 月 14 日，谢裕大茶叶股份有限公司在新三板挂牌上市，股票代码 430370，成为国内首家通过中小企业股份转让系统上市的茶叶企业。

2014 年 6 月 18 日，安徽省工商行政管理局和安徽省农业委员会联合发文“关于推广使用《安徽省茶叶买卖合同》示范文本的通知”（工商合字〔2014〕45 号），鼓励茶叶经营者使用规范合同文本。

2014 年 8 月 6 日、28 日，谢裕大红茶和祁门红茶分别在渤海商品交易所挂牌上市，标志着安徽大宗农产品茶叶开始在国内大型现代市场交易平台上市交易。截止到 12 月底，合计网上成交 30.3 万吨，成交额 454.2 亿元，实际交割 76.7 吨，交割额 1 265.4 万元。

2014 年 6～9 月，首次由安徽省财政专项支持，省茶行业协会牵头，组织太平猴魁、黄山毛峰、六安瓜片和祁门红茶 4 大传统名茶的 8 家生产经营企业集群在 CCTV1 宣传，社会反响强烈。

2015 年 12 月 11 日，安徽省农业科学院茶叶研究所在黄山市举办了建所 100 周年庆祝学术研讨会，中国农业科学院茶叶研究所杨亚军研究员等国内知名专家到会祝贺。该所前身为 1915 年中华民国政府农商部在安徽省祁门建立的“农商部安徽模范种茶场”。我国老一辈茶叶专家陆溁、吴觉农、胡浩川、冯绍裘、庄晚芳、钱梁、何德钦、陈观沧等都曾在这里工作过，被誉为中国“茶叶专家的摇篮”。

（安徽省农业委员会特色农产品开发处　杨庆）

福 建 省

福建位于海峡西岸，全省有陆地 12.4 万千米^2，林地 831 多万公顷，森林覆盖率达 66%，居全国之首，具有生物多样性的生态环境。茶区属亚热带和南亚热带温湿气候，年平均气温 17～21℃，年降水量 1 500～2 200 毫米，相对湿度 70%～80%，茶园土壤为红、黄壤交错，高山区以黄壤和山地棕壤为主。八闽大地是中国最宜种茶和茉莉花的省份之一，全省人口 3 806 多万，从事茶业产业者达 400 多万人，茶叶成为广大农村茶区的主要产业。

2014 年，全省茶园总面积 24.29 万公顷，其中 6 680 公顷以上产茶县（市、区）有 12 个，年总产量 37.21 万吨，其中年产 8 000 吨以上的县（市、区）有 17 个，是中国第一产茶大省。

发展主要措施

1. 两岸产业研究 2012—2014 年闽台两岸延续茶产业合作研究，2014 年形成了《“闽台两岸农业产业合作研究——茶产业”成果报告》，研究总结了茶产业发展经验和方向，提供决策依据。安溪县茶叶产业连续 6 年居全国重点县第一位，全县拥有 550 多家，年产值超亿元的有 8 家，1 000 万元以上的 50 家，500 万以上 200 家。

2. 召开产业推进会 2014 年 8 月 28 日，福建省人民政府在福州召开了“福建省茶产业发展推进会”，出席会议的有副省长陈荣凯及有关部门的领导、专家、各地重点茶叶企业代表，会议进行了热烈的讨论，为福建省茶叶的持续发展建言献策。

3. 制订发展条例 2012年3月31日，福建省第十一届人民代表大会常务委员会第二十九次会议通过了《福建省促进茶产业发展条例》，并自2012年6月1日起施行，该条例共有三十七条，为促进茶产业健康可持续发展制订了有关规定。

茶叶生产

1. 茶树品种王国 近半个多世纪中，重点茶区的8个县（区、市）的近50余处发现野生大茶树，遗留的树桩有53厘米，树高11.5米，为乔木大叶或半乔木型。福建素有“茶树良种王国”之称，至今已有830个品种，其中国优19个、省优20个，正在区试品系尚有20多个，保存种质资源8 000多份。福鼎大白茶为全国良种标准种，良种普及率占95%。

2. 种植技术进步 2012—2014年，茶区重点推广茶树新品种、新技术、新肥料、新农药，加强生态茶园、有机茶园建设，转变茶叶发展方式，提升产业化水平，推广茶业科技进步。例如，福安市曾率先开展“五新”科技成果示范推广，先后获得全国绿色食品原料（茶叶）标准化生产示范基地等多项称号。福建漳州华安光照人茶业有限公司引进国际领先技术的可视农业技术和RFID（射频识别）、物联网产品追溯体系，采取网络化灌溉到茶园，取得科技成果奖励多项，发明和实用新型、外观专利22项。

3. 茶叶生产增长 2014年茶园比2009年扩大9.66%，2014年茶叶总产比2012年增长15.95%，茶叶单产亦比2012年增长6.08%。2014年茶类生产结构，又有新的变化，其中红茶占总产11.66%、绿茶占总产的30.85%、乌龙茶占总产的53.07%、白茶占总产3.93%、其他茶占总产的0.49%。近年来，产品、生产结构和消费市场的变化，茶类产制也不断变革。安溪县26万农户中有20万农户种茶，100万农民有80万人受益于茶产业，2014年农民人均纯收入13 409元，其中茶业收入达7 500元，占56%，成为全国百强县、福建十强县。

福建省茶叶基本情况（2012—2014年）

单位：万公顷、万吨、千克/公顷

地区	2012年				2013年				2014年			
	茶园面积	采摘面积	茶叶产量	茶叶单产	茶园面积	采摘面积	茶叶产量	茶叶单产	茶园面积	采摘面积	茶叶产量	茶叶单产
合计	22.14	19.55	32.09	1 626	23.23	20.57	34.69	1 204	24.29	21.62	37.21	1 725
宁德市	6.33	5.73	7.58	1 197	6.45	5.88	8.09	1 253	6.69	6.06	8.76	1 310
泉州市	4.2	3.82	6.03	1 578	4.61	4.18	6.66	1 592	5.00	4.56	7.02	1 530
南平市	3.68	3.37	5.56	1 654	3.83	3.49	5.97	1 708	4.06	3.73	6.47	1 732
漳州市	2.75	2.34	5.52	2 356	2.89	2.47	5.97	2 418	2.92	2.52	6.16	2 442
三明市	2.43	1.91	3.12	1 635	2.58	2.03	3.32	1 635	2.68	2.14	3.60	1 680
福州市	0.98	0.87	1.95	2 241	1.05	0.92	2.19	2 395	1.08	0.95	2.48	2 614
龙岩市	1.55	1.31	1.73	1 320	1.60	1.39	1.85	1 335	1.62	1.43	2.04	1 421
莆田市	0.15	0.14	0.47	3 285	0.16	0.15	0.51	3 367	0.17	0.16	0.54	3 374
厦门市	0.07	0.06	0.13	1 500	0.07	0.06	0.13	1 500	0.07	0.07	0.14	2 034

茶叶加工

1. 制茶工艺创新 在乌龙茶区，推广应用人工控制乌龙茶晾青、做青环境的新设备和新技术；在白茶区，改进晾青、晒青和烘干新工艺。同时，进行产品多元化开发，如福建仙洋洋食品科技有限公司在原研制茶浓缩汁的基础上，自2012年以来又研发了各种茶粉、低咖啡因茶、酶解茶、草木精萃茶及生物保健茶新工艺。

2. 制茶机械创新 重点研发创新推广连续化、智能化、清洁化、自动化的茶叶机械和生产线。例如，2012年以来，福安城湖茶叶有限公司自主创新发明了红茶自动萎调机等多项专利茶机，率先试验成功红茶光电色选机；政和佛子山狮峰茶业有限公司研究安装了工夫红茶初制的流水生产线，创新应用汽热、热风、微波杀青机、变频调速、低温速冻保鲜、包装全程自动化；福建仙洋洋食品科技有限公司董事长周绍迁引领员工于2014年始自主创新全国最先进、最大的自动化、现代化、智能化的流水线茶叶、生物萃取新装备和新型厂房。

3. 产品结构的变迁 新型茶及以茶为原料、以物理和化学工艺制造的新型闽茶饮料、超细微茶粉等，如浸提的茶汤、抽提的浓缩液中再掺和其他食品的液态产品，创新用于绿茶、红茶生产新型具有天然花香型的新茶品等。

茶叶市场

1. 茶叶贸易市场 福建省名茶花色多，产品主销北京、上海、广州、广东、广西、山东等茶城及华北、东北、西北等省（自治区、直辖市）市场，福建茶市场占有率为60%～70%。2014 年批发市场主要有：福州市五里亭、安溪中国茶都、漳州、邵武等 10 多个专业市场。其中，福州五里亭茶叶批发市场，年市场交易总额 20 亿元；安溪中国茶都市场，年交易量 2 021 万吨，年交易额达 22.5 亿元；邵武市 2012 年新建“中国茶都”总面积 7 万米^2，年交易额 4.8 亿元。

福建省重点茶叶批发市场（2014 年）

单位：米^2、个、亿元、吨

序号	市场名称	开业时间	建筑面积	营业面积	规划铺位	摊位	年交易额	年交易量
1	福州市五里亭茶叶批发市场	1992.9.8	50 000			1 000	20	
2	安溪茶叶批发市场	2000.12	18 000	80 000	1 800	3 000	22.5	22 100
3	漳州市闽南新城茶叶大市场		20 000					
4	大田县中国高山茶城	2014.9	124 000	32 000	260			
5	邵武市“中国茶都”	2014	34 000	34 000	200			

2. 茶叶销售楼馆 福建省在当地或在外省（自治区、直辖市）开设茶馆、茶楼、茶店、茶艺居。批零兼营的网点，据不完全统计全省有 58 000 余家（其中福州市 4 000 余家、厦门市 8 000 余家）。在国内外建立连锁店，如天福集团在国内外开设有 1 232 家直营连锁店。蓝湖集团公司在世界 100 多个国家和地区建立稳定多元化销售渠道。

福建省连锁茶业主要企业（2014 年）

单位：家、亿元、吨

序号	企业名称	连锁店	销售额	销售量
1	天福集团	1 232		
2	福建春伦茶业集团	200	3.70	3 000
3	八马茶业股份有限公司	197	4.61	1 113
4	泉州盛世三和茶业有限公司	200	4.60	780

3. 茶叶经销情况 茶叶经销以内销为主，外销为辅，经营方式多种，还学习借鉴法国葡萄酒庄园生产经营模式，采取多元化销售。2012—2014 年，在省内外举办 12 场国内或国际茶叶会展。有出口企业每年参加广交会、博览会、各重点茶区还举办茶叶各种品牌宣传。2014 年，福建省茶叶营销总额（据不完全统计）约为 600 亿元。

茶叶贸易

1. 公营出口公司 福州和厦门现有两个隶属于中粮总公司的公营出口公司（即福建茶叶进出口责任有限公司、厦门茶叶进出口责任有限公司）。2014 年，厦门茶叶进出口有限公司出口量为 1 079.84 吨，出口总值 565.54 万美元。

2. 私营出口企业 2014 年福建省重点出口私营茶企业有：厦门银和茶业有限公司、大闽食品（漳州）有限公司、厦门健民食品有限公司、福建省高建发茶业有限公司、福建蓝湖食品有限公司等。2014 年，大闽食品（漳州）有限公司出口量 3 203 吨、出口额为 2 855 万美元；福建蓝湖集团公司茶叶外销 80 多个国家和地区，茶叶出口额达 1 629 万美元。

3. 茶叶出口情况 2012 年全省出口量为 1.66 万吨，出口额 10 315.72 万美元；2013 年出口量为 1.8 万吨，出口额 12 728.76 万美元；2014 年出口量为 1.94 万吨，比 2013 年增长 0.14 万吨，出口额 16 947.69 万美元，比 2013 年增长 4 218.93 万美元（上述数字，不包括福建省茶区生产茶叶经外省市口岸出口数）。乌龙茶、花茶出口量仍以福建占前列，为全国第一位。据福建出入境检验检疫局提供，乌龙茶、绿茶出口货值分别占茶叶出口总值的 39.6%和 34.3%。其中，福州港口管理局宁德分局出口货值 4 729.5 万美元，同比增长 41.7%。

福建省茶叶出口量、出口额（2012—2014 年）

单位：吨、万美元

年份	合计		红茶出口		绿茶出口		乌龙茶出口		花茶出口		白茶出口		其他茶出口		茶浓缩汁及制品	
	出口量	出口额	出口量	出口额	出口量	出口额	出口量	出口额	出口量	出口额	出口量	出口额	出口量	出口额	出口量	出口额
2012	16600.18	10315.72	279.96	397.24	1086.59	1253.92	12712.72	5946.36	2317.37	2223.59	0.3	0.43	201.21	492.12	2.0	2.11
2013	18011.48	12728.76	586.76	877.49	1254.23	1822.18	12960.57	6293.96	2021.46	2529.36	0.4	0.62	277.51	424.24	910.58	780.95
2014	19395.89	16947.69	693.74	1047.46	2072.51	4236.50	11466.02	6388.03	1872.55	2090.04	9.6	3.52	79.44	327.95	3202.07	2855.17

茶叶科技教育

1. 茶叶科技成果 2013 年，福建省农业厅高峰等完成《福建省现代茶产业技术体系创新与应用》并获省科技进步二等奖，何孝延等完成《乌龙茶新优茶树品种推广与应用》并获农业部丰收奖一等奖。2013 年 12 月，由孙威江教授等完成的《提升茶叶品质的加工技术研究与集成应用》，次年获福建省科技成果二等奖。2013 年宁德职业技术学院潘玉华完成项目“高职茶叶生产加工技术专业教学改革实验研究”并获全国农业职业教育成果一等奖，2014 年“校企共建科教一举打造茶产业特色专业品牌职业教育模式”获福建省高等职业教育教学成果二等奖。2014 年由李永华教授研究的茶树基因成果登录美国 GENBANK（基因银行）。

2. 茶叶科技专著 2013 年 4 月，茶叶科技专著《闽茶概论》（周玉璠、冯廷佺、周国文、吕宁编著）出版发行。2014 年 8 月，高级讲师戈佩贞科技专著《伴茶六十春》出版发行，展示了茶学发展的成果。

3. 茶叶教育事业 2014 年，福建省茶叶高等教育的院校有 5 所。福建农林大学不仅是培养本科生，而且是茶学硕士、博士教育授权单位。宁德职业技术学院农业科学系是福建省最早培养茶叶专业的摇篮，该校前身是茶叶老前辈张天福教授创办。此外，还有武夷学院茶与食品学院、漳州科技职业学院茶学院、安溪茶学院。

4. 茶叶科技培训 2012 年 5 月 25 日，在国家人力资源和社会保障部中国就业培训技术指导中心的支持下，“茶叶经营管理师”首期培训班在福州开班。2012—2014 年，福建省茶叶学会连续举办十余期评茶员、茶艺师等培训班。2013 年，宁德市各级茶叶部门共举办各类茶叶培训班、讲座 40 多期，受训 5 000 多人次。2012—2014 年，安溪县实施万人培训工程，共举办培训班 669 期，参加人员达 94 997 人。

茶文化

1. 名茶品牌建设 一是名茶评选活动。2012—2014 年，福建省先后参加美国茶博会、中国国际茶博会，并举办了福建省名优茶等评选活动。二是品牌培育建设。福建省最大产区宁德市等地重视品牌建设宣传，2012 年被国家工商总局认定为“中国驰名商标”的有“仙洋洋”“品品香”；2013 年有“天山绿茶 TIANSHA” “绿雪芽及图”；2014 年有“六妙”，至此宁德全市已有 7 个“中国驰名商标”。武夷山、安溪等茶区许多名茶在此前已获认定。

2. 茶艺饮茶活动 2012—2014 年，每年在春节之际均兴办新春联谊会或茶话会，开展茶艺和茶叶歌舞表演。福州茶人每年 4 月 20 日在五里亭茶叶大市场举行“全民饮茶日”活动。2013 年 7 月 1 日，漳州市于九龙公园举行为期 5 天的全民饮茶活动。

3. 文化交流活动 2012 年，福建省茶叶学会组织茶企赴台湾省南投县参加茶博会活动。2012 年 5 月上旬，“安溪铁观音与茶文化系统”和“福州茉莉花与茶文化系统”，经成功申报获得全球重要农业文化遗产。

大事记

2012 年 1 月，经评审福建省 17 位茶叶科技工作者获 2011 年度“张天福茶叶发展贡献奖”，分别是李冬水、李一金、李宗垣、刘宜渠、陈金水、陈荣冰、吴雅真、张育松、郑乃辉、周玉璠、郭吉春、郭雅玲、姚信思、黄圣厚、谢逸安、詹梓金、廖公秋。

2012 年 3 月 29 日，全国第一个关于茶产业发展的地方法项目——《福建省促进茶产业发展条例》经福建省第十一届人大常委会第二十九次会议审议通过。

2012 年 4 月 11～15 日，福建省老区建设促进会与福建省茶叶学会联合组织调研组，先后深入宁德市蕉城、福安、寿宁、福鼎等四个县（市、区）茶区进行调查研究。

2012 年 5 月，在国家人力资源和社会保障部中国就业培训技术指导中心的大力支持下，“茶叶经营管理师”首期培训班在福州举行开班仪式。

2012 年 6 月，福建省被列入第一批全国茶叶类农产品地理标志资源目录的有 15 个。

2012 年 10 月 6～14 日，福建省茶界出席“2012 南投世界茶叶博览会”观摩团，应台湾省南投县邀请，先后参加了南投县茶事活动、台北“海峡茶旅文化经贸协会”剪彩仪式、两岸茶叶交流论坛，推动了闽台茶叶交流合作。

2012 年 10 月 10 日，由福建省人民政府等单位在安溪县主办“2012 茶叶创新与发展暨闽茶发展论坛”。

2012 年 10 月 18～20 日，第八届中国茶叶经济年会暨中国茶叶流通协会第七届会员代表大会在福鼎市举行，省人大常委会副主任庄先出席、市委书记廖小军在开幕式上讲话。

2013 年 4 月 20 日，由中国茶叶学会倡导的一年一度“全民饮茶日”，福建省 2013 年启动仪式于福州市五里亭茶叶批发市场举行。

2013 年 6 月 28～30 日，“生态农业与经济发展暨第五届张天福茶学研讨会”于建瓯举行，这是中国自然辩证法环境哲学专业委员会与福建省茶叶学会首次联合举行的“自然与社会的学科融汇，茶学与哲学的学术交流”。

2013 年 7 月 18 日，全国茶叶标准化技术委员会红茶工作组成立大会暨工作组第一次工作在福安市召开，孙威江教授任组长、陈宗懋院士等任顾问。

2013 年 7 月 27～29 日，“2013 年海峡两岸茶产业发展研讨会”于福安市举行，农业部原部长何康莅临宁德职业技术学院考察，并撰写“培养技术技能人才，服务海西经济建设”题词。

2013 年 9 月，“宁德职业技术学院茶叶生产加工技术实训基地”获国家级高职教育实训基地。

2013 年 10 月 12 日，“首届中国茶叶标准化发展论坛”于安溪县举行，国家标准化管理委员会巡视员张灵光、中国标准化研究院院长马林聪等出席，福建省茶叶学会会长冯廷佺主持论坛。

2013 年 12 月 10 日，福建省茶叶学会第九届会员代表大会于福州举行，选举产生了第九届理事会，冯廷佺连任三届会长。

2014 年 9 月 1 日，中国茶叶学会发文公布表彰优秀人才，张天福、陈宗懋获“终身成就奖”，福建省 2 人获全国优秀茶叶科技工作者，6 人获全国优秀茶叶科技创新企业家，4 人获全国优秀学会工作者。

2014 年 11 月 17 日，中国茶叶学会理事长江用文及常务副秘书长周智修专程到福州，主持举行“中国茶叶学会授予张天福先生终身成就奖颁奖典礼”，105 岁的张天福先生和夫人张晓红亲临受奖。

（福建省茶叶学会　冯廷佺　周玉璠）

江　西　省

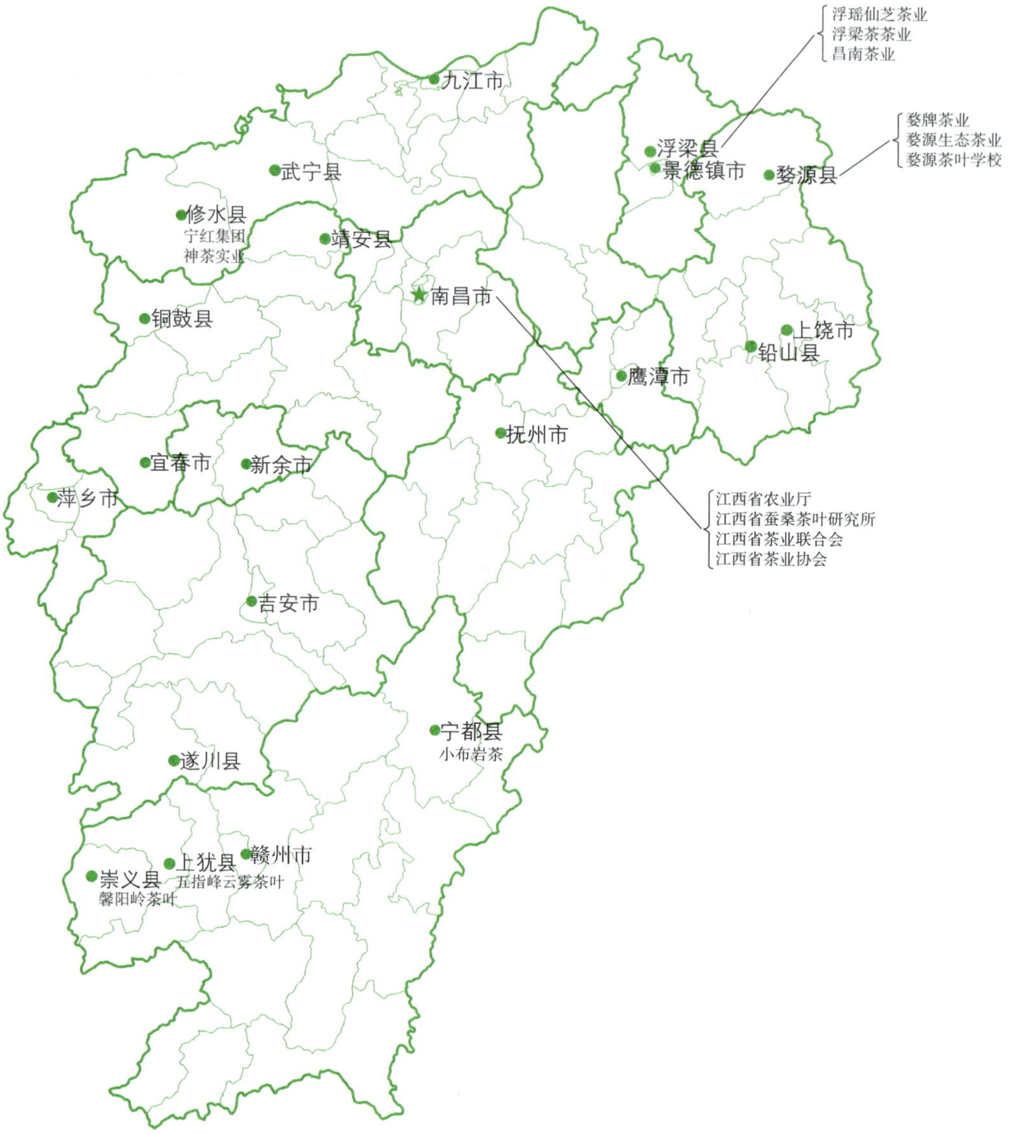

江西位于长江中下游以南，南岭以北，处于华东、华南、华中茶叶产区的中心，气候温暖，雨量充沛，空气湿润，土壤肥沃，森林植被覆盖达62.1%，位居全国第二，得天独厚的生态环境孕育出一批品质超群的江西名茶。江西产茶历史悠久，茶园面积、茶叶产量多年来在全国排名11～12位。生产的茶类以绿茶为主，占总量的75%左右，其次为红茶。茶树品种以当地良种为主，引进省外选育的新品种为辅。近年来，随着清香型乌龙茶的发展，开始有较多产茶县陆续引进适制乌龙茶的品种，生产清香型乌龙茶，年产量约占全省总产量的5%。

产业政策

为全面提升茶叶产业发展水平，促进农业增效、农民增收，江西省人民政府办公厅于2008年颁发《关于加快推进我省茶叶产业发展的意见》，该文发至市、县（区）人民政府及省政府各部门，明确推进茶叶产业发展的指导思想和主要目标，以及采取的系列有效措施。在省政府的高度重视与强力推动下，使江西的茶园面积、茶叶产量由20世纪末开始呈逐步萎缩的状态，向恢复性稳定发展的态势转变。为进一步促进江西茶产业规模化、标准化、品牌化和产业化发展，做大做强茶产业，江西省人民政府办公厅于2012年7月再次颁发《关于进一步推进茶产业发展的意见》，从而极大地激励了茶界人士的创业热情，当前江西茶产业总体呈现出“产业规模扩大、产品质量提高、区域优势凸显、经济效益增加”的良好发展态势。

主要措施

1. 政策激励 江西省政府就推进全省茶产业发展，先后两次行文，同时制订了一系列鼓励茶产业发展的政策。省政府每年统筹安排资金，加大对茶叶产业发展支持力度。各重点茶区地方政府均认真落实省政府文件精神，结合当地实际，制订了系列促进茶产业发展的政策，主要形式多为整合涉农及相关项目资金，实行“以奖代补”方式激励茶企在基地建设、产品加工、品牌打造及市场营销等多方面的积极性。

2. 品牌整合 从2008年开始，省政府加大茶叶品牌整合力度，提出在统一质量标准的前提下，鼓励支持规模较大、优势较强的茶叶品牌对其他小品牌进行整合，提高品牌集中度，培育出规模大、市场认同度高的重点品牌。按照“以区域整合为基础，以省级整合为目标，以企业运作为主体，以政府扶持为推动”的思路，推进“江西绿茶”的品牌整合，大力宣传“江西绿茶”品牌，加大“婺源绿茶”“浮梁茶”“庐山云雾茶”“狗牯脑茶”“宁红茶”等具有传统优势的区域品牌扶持力度，做强做大江西特色名茶。

3. 营销体系建设 为拓展茶叶消费市场，提升江西茶叶市场占有份额，省政府出台了系列政策，一是支持在省会城市建设辐射带动力强的省级茶叶交易市场，重点产茶区建地方区域性交易市场；二是鼓励资助茶企跨区域开设连锁店、加盟店，在省外开设专卖店、超市专栏；三是积极推进茶叶电子商务平台建设，发展农超对接，物流配送的电子商务。茶叶主产地政府积极跟进，落实政策，筹集配套专项资金；上规模的茶企踊跃参与，主动配合。正是在上下联动、共同发力形势的推动下，江西茶叶营销体系进一步完善并稳步发展，茶叶营销方式实现了多样化，从而促进了茶叶市场占有率的大提升。

茶叶加工

江西的茶叶产量逐年呈增长态势，但增幅较小。2012年茶叶产量为3.9万吨，较2011年增长11.43%；2013年茶叶产量为4.3万吨，增长10.26%；2014年茶叶产量为4.7万吨，增长9.31%。茶叶年产总量在全国排位较后，多年来均处于12位。近3年的茶叶单产变化不大，产量为600千克/公顷左右，较全国平均单产低18.2%。产生这一状况的原因有两个方面：一是生产过程注重中高档茶，一芽三叶以上的大宗茶在全省产茶总量中所占比例相当低。二是茶叶在内、外销方面，内销以中、高档茶为主，消费者多不看好大宗茶；外销量虽然在逐年增长，但总量不大，只占全省年总产量的18.9%。正是由于受市场制约，导致大部分茶叶产地放弃夏秋茶的生产加工，由此造成单产偏低，总量难有较大增长。

茶叶生产基地建设

江西的地理位置、生态条件极适宜种茶，全省从南至北，由东到西皆有茶园，产茶县（市、区）多达91个，习惯上划分为四大茶区：即赣东北茶区、赣西北茶区、赣中茶区、赣南茶区。各茶区均形成有数量不等的重点产茶县，尤以婺源、浮梁、修水、遂川为江西的产茶大县，这4县的茶园面积占全省总面积45%左右，产量占全省总量的50%以上；其次有上犹、铜鼓、资溪、崇义、上饶、靖安、宁都、铅山等县，其茶园面积、产量亦占有相当的比重。总体来讲，江西茶产业自省政府办公厅〔2008〕81号文颁发之后，显现出良好的发展态势。

1. 茶树种植面积稳步增长 2011年年末，江西茶园面积为60 360公顷，约占全国总面积的2.86%，在产茶省中排名第11位。2012年全省新增茶园的面积为5 133公顷，增长8.5%，总面积达65 493公顷；2013年在2012年的基础上，新增茶园7 107公顷，总面积为72 600公顷，增长10.6%。2014年根据农业部《关于促进茶叶生产持续健康发展的意见》的精神，结合本省茶园规模实质上并不大且茶叶消费尚好的情况，故茶园面积继续增长，但增幅缩小。2014年全省新增茶园5 200公顷，总面积达77 800公顷，较2013年增长7.16%。2012—2014年这3年累计增长17 440公顷，增幅达28.89%，平均年增长9.63%。

2. 茶园建设质量进一步提高 在政府重视、科技进步和各级专业技术人员的悉心指导下，全省各地在新茶园建设、老茶园改造项目工程实施中，一是注重维护、着力构建优良的生态环境。项目规划要求沟渠路配套，行道树、防护林一应俱全，创建标准化且具有观光性的生态茶园。二是注重良种的选配。江西省自20世纪90年代立项，农业部投资建立“江西省茶树良种繁育场”之后，相继又在婺源、浮梁、修水、遂川四大产茶县，陆续建成茶树良种繁育基地。各地新茶园建设，老茶园改植换种，均按照当地土壤、气候、茶类生产要求，选配经国家认定的无性系良种。

3. 茶叶加工设施向现代化迈进 为更好地推进茶产业转型升级，提升茶叶加工效率、卫生质量及经济效益，江西省政府以及重点茶区政府相继出台了扶持茶叶加工厂改善设施，提升竞争力的政策。各重点产茶县迅速行动，按照清洁化、标准化要求，改造、新建茶叶加工厂房，淘汰陈旧落后的加工机械。在财政资金的重点扶持下，产茶大县和主要产茶县陆续建起了符合食品卫生质量加工要求的茶叶加工示范厂，示范厂的加工设备已由原来的“机械加手工”或“单机加工”（机械未联装）的作业方式，向连续化、自动化生产线加工这一现代化的方向迈进。

茶叶市场

江西省所产的茶叶以中高档为主，且产品很适合当地消费者的喜好，因而营销理念以省内为主，省外为辅。销售渠道及方式随着市场的变化呈多元化发展趋势，但传统的营销方式当前仍占主导地位，茶叶销售主要有以下几种形式：

1. 茶叶市场 江西省南昌市现有规模较大的茶叶专营市场3个：昌东（南京东路）的南昌茶叶交易市场、昌东南（上海南路）的龙鼎茶城、昌西洪城大市场（全省最大的交易市场）内专设的茶叶经销区。赣东北的上饶市以及婺源、浮梁、修水、遂川等产茶大县，先后均建立了具有相当规模的产地交易市场。

2. 开设茶庄、茶馆 茶叶产区政府鼓励茶企在省内大中城市及县城开设茶庄，专营茶叶批发零售业务，社会上爱茶懂行人士在市区开茶馆、茶楼，其茶叶年消费量亦相当可观。

3. 会展推介，拓展省外市场并举 江西每年至少举办两次博览会，如由江西省政府主导、省农业厅组织的“江西省绿色食品博览会”；由江西茶业联合会主办的“中国（南昌）国际茶文化博览会”；由江西茶业联合会、茶叶协会组织茶企参加国内各大城市乃至国外的博览会，展示、推介江西茶叶。婺源、浮梁、修水、遂川等产茶大县采取各种有效措施拓展省外市场，并且陆续在北京、上海、广东、山东、江苏的大城市设立茶庄、专卖店和连锁店。

4. 电子商务 随着信息化产业的发展，江西规模大的茶企紧跟时代潮流，纷纷建立茶叶信息化服务平台、电子商务平台，着力发展茶叶电子商务，全省各主要产茶县，通过在线支付直接交易的营销方式正形成发展趋势。

茶叶贸易

江西茶叶对外贸易近年来一直稳中有升，2012—2014年均位居全国第六位，出口市场主要分布在北非的摩洛哥、阿尔及利亚、利比亚，欧洲的法国、英国、德国，东欧的俄罗斯、乌克兰，中东的伊朗、阿联酋，东南亚的日本及中国香港等60多个国家和地区，出口茶类以绿茶、红茶及再加工的茉莉花茶为主。

2012—2014年江西省茶叶出口情况

单位：吨、万美元

年份	出口数量	创汇金额
2012	7 358	2 802.50
2013	7 883	3 433.82
2014	8 887	4 613.81

江西省婺源县多家茶企与中国茶叶股份有限公司合作，从事婺源绿茶加工贸易，3年来亦出现量价齐升态势，2012年加工贸易量3.8万吨，加工贸易产值6.8亿元；2013年加工贸易量4.2万吨，加工贸易产值7.9亿元；2014年加工贸易量5.2吨，加工贸易产值11.7亿元。

茶叶科技

1. 科研 江西涉茶科研机构，按层级分有省、市、县三级共七个科研型事业单位，分别是江西省蚕桑茶叶研究所、九江市修水茶叶科学研究所、九江市庐山茶叶科学研究所、景德镇市茶叶科学研究所、婺源县茶叶科学研究所、婺源县茶叶机械研究所、遂川县茶叶科学研究所。创办最早的是九江市修水茶叶科学研究所，始于民国时期，时称“茶叶改良场”。遂川县茶科所成立于2013年，其他几个茶叶科研机构均创办于20世纪70年代初、中期。科研工作基本上围绕本省及当地茶产业状况及发展趋势，分阶段地开展各类应用技术的试验研究，成果转化有力地促使江西在茶树良种普及、优质栽培以及产品质量方面实现了与时俱进。

2. 技术推广 江西组建有较为完善的茶叶技术推广体系，在省、市及重点产茶县设立有茶叶技术推广（服务）站，专职从事技术推广、服务工作。主要采取以下三种方式：一是编写印发实用技术读本；二是根据具体情况，适时举办培训班，或是吸纳生产一线的青年，组织到省茶校参加定期培训；三是茶技人员根据各阶段的农事特点，下基层实地指导。

茶叶教育

1. 茶学教育 江西从事茶学（茶树栽培、茶叶加工、生理生化）教育的机构唯有江西省婺源茶叶学校，该校创办于1939年，以培养中等专业技术人员为主。随着社会进步和茶产业的事业发展，陆续创办了茶文化、茶叶种植加工、国际贸易（茶叶营销）等3个高职专业。2013年开始，江西省婺源茶叶学校与江西农业大学合作开办茶学专业，两年共招收茶学本科生263名，从而结束了江西茶学无本省培养学士人才的历史。

2. 茶艺教育 茶艺属社会科学文化范畴，创办茶艺教育，江西可谓开了全国的先河，第一部《国家茶艺师职业标准》和《国家职业资格培训教程 茶艺师》教材，均是由江西省社会科学院陈文华、余悦两位教授完成。从事茶艺教育，由开初的南昌女子职业学校一家，发展到数家教育单位开办茶文化专业，现有江西工业贸易职业技术学院、南昌市第一中等专业学校、江西省婺源茶叶学校等，先后为社会培养了一大批茶艺人才。

茶文化

江西茶文化历史悠久，茶歌、茶舞、茶戏（采茶戏）在全国具有极大的影响力。近年来，江西茶行业组织本着以茶文化促进茶产业发展，以茶文化推动茶品牌建设，提升茶叶文化品味和民众饮茶热情，组织开展系列颇有成效的大型茶文化活动。一是响应中国茶叶学会的发起，在全国各地积极举办“全民饮茶日”活动的倡议。江西茶业联合会连续三年，于谷雨前后在南昌举办该项活动，号召全民饮茶，宣传茶与健康，普及科学饮茶知识。二是举办多种形式的茶文化论坛活动，如茶文化与生态旅游暨名茶论坛、世界禅茶大会、茶文化博览会、谷雨茶诗会等。三是组织开展制茶、茶艺职业技能竞赛活动。

随着旅游业的兴起，茶文化旅游已成为江西茶叶一大亮点。全省各主要茶区，如婺源、浮梁、修水、庐山、遂川、上犹等县，积极挖掘茶文化的深刻内涵，结合当地优势特色，纷纷建设了茶博院、茶博府、茶文化产业园、茶叶绿色生态旅游观光园、茶文化旅游休闲度假园等，将茶园观光、茶叶制作、茶文化展示、茶文化交流、茶艺表演等融为一体，产生了极好的社会效益和经济效益。

大事记

2012年1月10日，江西省政府颁发《关于印发第二轮江西省志编纂工作方案的通知》（赣府厅字〔2012〕6号），首次将茶叶单列即《江西省志 茶志》，以分志形式编纂，江西茶业联合会为参编单位。

2012年2月28日，江西茶业联合会举办的首届“十佳茶企”“十佳茶馆”评选结果揭晓，本次活动得到众多茶企、茶馆的积极响应，申报参评踊跃。

2012年3月27日，江西茶业联合会、江西省蚕桑茶叶研究所联合举办“江西绿茶凤凰沟杯十大制茶能手（手工茶）大赛”。此次大赛可谓江西有史以来的第一次，活动举办得到各产茶县（市、区）的肯定与支持。

2012年5月16日，由江西省人力资源和社会保障厅主办，中国民俗学会茶艺学术研究专业委员会、江西茶业联合会等承办的“江西省首届茶艺师职业技能大赛”在泊园禅茶会所举行。

2012年6月4日，江西茶业联合会主办的“第四届中国江西茶叶博览会”在省展览中心隆重举行开幕仪式。江西省人大常委会副主任陈达恒，省政协副主席朱张才，省农业厅副厅长张忠平等领导出席了开幕式。

2012年7月17日，江西省政府办公厅颁发《关于进一步推进茶产业发展的意见》（赣府厅字〔2012〕51号），提出了系列促进茶产业规模化、标准化、品牌化和产业化发展的具体措施。

2012年8月23日，由中国茶叶学会、台湾茶协会联合主办，江西茶业联合会承办的“第七届海峡两岸茶业学术研讨会”在南昌市隆重举行。会议取得了圆满成功，得到中国科学技术协会、江西省政府、江西省农业厅及会议主办方的高度肯定。

2013年4月17日，“中国名茶——2013遂川狗牯脑茶（北京）品茗会”在钓鱼台国宾馆隆重举行，著名表演艺术家唐国强正式出任狗牯脑茶形象大使。

2013年5月10日，“2013年浮梁茶常熟推介会”在江苏省常熟市召开，江西省茶叶协会秘书长熊柏林出席了推介会，当地100余家茶叶经销商参加了推介会。

2013年5月16日，由江西省农业厅主导，江西茶业联合会、江西省茶叶协会联合举办了“江西省十大名茶”和“江西省名优茶”评选活动。

2013年9月27日，由江西省农业厅、江西省人力资源和社会保障厅联合主办，江西茶业联合会承办的“‘林生杯’江西省第二届茶艺职业技能竞赛（决赛）”，在江西饭店白鹭茶艺馆开赛。

2014年4月1～3日，江西省社会科学院、江西省旅游发展委员会、婺源县人民政府、江西省茶叶协会共同主办的“中国茶文化与生态旅游学术研讨会暨江西名茶论坛”在婺源县召开，江西省副省长朱虹出席会议并作重要讲话。

2014年7月16日，江西农业大学与上饶市人民政府在南昌签约，合作共建江西省婺源茶叶学校，共同进行茶学专业本科生的培养。

2014年8月，由中国国际茶文化研究会、韩国禅茶文化协会、江西省宗教文化交流协会共同主办，江西泊园茶馆承办的第九届世界禅茶大会在奉新百丈寺召开。

2014年9月12～15日，由江西茶业联合会、南昌市政府会展办公室联合主办，南昌金正展览有限公司承办的“2014中国（南昌）国际茶文化博览会”在南昌国际展览中心举行。

（江西省农业厅经济作物站 赵沙鸥 陈年生）

山　东　省

茶叶是山东农业新兴特色高效产业。20 世纪 50 年代开始从南方引进茶树进行试验种植；60 年代末 70 年代初获得引种试种成功，并进入推广阶段；90 年代后尤其 2000 年以来，逐步进入了面积扩大、产量增长、品质提升、效益增加的发展新时期。山东茶叶产区位于北纬 34°53′～37°49′、东经 116°42′～122°42′，种茶的地市主要有日照、临沂、青岛、泰安、潍坊、烟台、威海、济南等。

基本情况

1. 生产规模　一是茶叶种植区域不断扩大。至 2015 年，山东省 17 个地市中有 12 个地市、40 个县（市、区）种植茶叶，并初步形成了鲁东南沿海、鲁中南泰沂山区和胶东半岛三大茶叶优势产区。二是面积产量逐步增加。据山东省统计局统计，截止到 2015 年年底，全省茶园种植面积 2.6 万公顷，采摘茶园 1.9 万公顷，干毛茶产量 1.89 万吨，分别比 2010 年增长 39.5%、49.5% 和 58.8%，茶叶总产值超过 30 亿元。三是茶叶种植规模化程度提高。随着茶叶效益的提升，各地社会资本通过土地流转等方式纷纷进入山东茶产业，将全省茶产业推向新高度。济南莲心雪芽泉城白茶有限公司注册资本 1 000 万元，在济南长清成功引种白茶 153.3 公顷，逐渐成为白茶种植、加工生产的专业公司。

山东省茶叶产区分布

地市	主产区、县	零星种植区、县	地市	主产区、县	零星种植区、县
日照	岚山区、东港区、五莲县、莒县		青岛	黄岛区、崂山区、即墨市	胶州市、平度市、莱西市

（续）

地市	主产区、县	零星种植区、县	地市	主产区、县	零星种植区、县
临沂	莒南县、临港开发区、临沭县、沂水县	沂南县、费县、平邑县、郯城县、苍山县、蒙阴县	泰安	泰山风景区、泰山区、岱岳区、新泰市	肥城市、宁阳县
潍坊	诸城市	临朐县	烟台	海阳市	莱阳市、莱州市、牟平区、蓬莱市、栖霞市
威海	乳山、荣成		淄博		鲁山、沂源县
济南	长清区				

2. 质量水平 一是“三品一标”比例逐步提高。截止到2015年，全省通过“三品一标”认证的茶叶产品93个，其中无公害认证48个，绿色食品认证22个，有机认证11个，“日照绿茶”“泰山绿茶”等12个主产茶区通过国家农产品地理标志认证，全省“三品一标”产品覆盖了全部茶叶产品的70%以上。二是积极推广清洁化加工。茶叶企业通过加工车间改造提升、引进推广全过程连续清洁化加工生产线设备等措施，大大提高了茶叶加工效率和安全生产水平。全省已有216家茶叶企业通过QS认证，拥有清洁化生产线104条。

3. 茶叶产品 由原来的单一大宗绿茶，发展为以名优绿茶为主，大宗绿茶和红茶、白茶、乌龙茶等其他茶类为辅的生产格局。在茶叶外形上，相继开发出卷曲形、扁形、针形、球形等多种茶叶产品。2015年，全省名优绿茶产量7 560吨，产值20.2亿元，其中红茶产量1 700吨。

茶叶市场

全省现有茶叶加工企业1 177家，其中年销售额过千万的企业有37家，年销售额500万～1 000万元企业71家，省级农业产业化龙头企业7家，市级农业产业化龙头企业84家；各类茶叶合作社508个，家庭农（茶）场210个，其中国家级茶叶示范合作社7个、省级示范社22个。日照碧波、御青茶业股份有限公司进入了中国茶叶百强企业；日照御青茶业、淞晨茶业和凤玉茶业于2012年成功地在齐鲁股权交易中心挂牌上市，为茶产业发展开辟了新的模式。在市场体系建设方面，初步形成了以批发市场为主的多渠道流通格局，全省现有各级茶叶专业市场52个，经营业户6 000多家，年交易量接近10万吨。

山东省茶叶专业市场一览表

地市	数量	名　称
济南	9	济南茶叶批发市场、老屯茶城、广友茶城、舜和茶城、七里堡茶城、盖世农贸茶叶批发市场、济南市福辛茶叶市场、黄台茶叶批发市场、全福茶叶批发市场
青岛	9	利客来茶叶市场、青岛茶叶批发市场、青闽茶叶批发市场、吉食来金座茶城、茶叶批发一条街、春茗茶城、兴邦茶城、青岛宏铭茶叶批发市场、青岛汇茗茶叶批发市场
淄博	7	淄博市江南茶城、金乔茶叶批发市场、鲁中茶叶市场、洪沟茶城、中心茶城、玉峰茶城、淄博红星茶城
东营	4	东营茶叶批发市场、东营市江南茶叶批发市场、东营胜利茶城、东营茶城
潍坊	4	潍坊茶叶市场、潍坊茶城、北王茶城、广西茶城
日照	4	东辰茶叶市场、日照王府井大街茶叶市场、日照茶博园市场、东方购物广场茶叶市场
聊城	3	天润茶叶批发市场、御贡茶城、一品茶城
德州	3	德州市金华茶城、德州市福建茶城、齐齐发茶城
滨州	2	滨州高杜茶叶市场、站前茶叶批发市场

（续）

地市	数量	名　称
临沂	2	临沂茶叶批发市场、临沂凯歌国际茶城
烟台	2	烟台三站茶叶批发市场、烟台市茶叶批发市场
济宁	1	济宁江南茶城
泰安	1	泰山茶叶批发市场
枣庄	1	鹏翔茶叶批发中心

茶产业链

目前，全省茶产业在做好第一和第二产业的基础上，逐步向第三产业延伸。一是茶会展业日趋活跃。2015 年全省各市举办了 15 场较大型会展。2015 年 5 月举办的济南第九届茶博会上，参展企业达到 1 800 多家，现场交易额 6 000 万元，合同交易额超过 3.5 亿元，吸引参观者达 10 万余人次。“济南茶博会”“日照绿茶节”“崂山茶文化节”等地方茶事活动，有力地提升了茶文化内涵，增强了山东茶叶品牌影响力。二是茶旅游方兴未艾。日照、青岛、临沂、泰安等茶叶主产区，将茶产业与当地的旅游文化业相结合，开展形式多样的茶文化活动，打造茶产业和旅游文化业的亮点。泰安市充分挖掘泰山茶文化，拍摄了《问道泰山茶》系列新闻宣传片并出版了专著，组织开发的“泰山女儿茶”被有关部门指定为“泰山旅游指定产品”，实现了茶产业与旅游业的双丰收。

茶叶品牌

全省有 947 家茶叶企业拥有注册商标。“日照绿茶”等 5 个茶叶品牌荣获中国驰名商标，“泰山女儿”等 16 个茶叶品牌荣获山东省著名商标。“蒙山龙雾”和“沂蒙春”分别以 2.09 亿元和 1.11 亿元入选 2014 年中国茶叶企业产品品牌价值榜；“日照绿茶”和“沂蒙绿茶”分别以 10.29 亿元和 6.68 亿元位居 2015 年中国茶叶区域公用品牌价值排行榜的第 50 名和第 76 名。较强的品牌影响力有力地促进了茶叶效益的提高，2015 年全省茶园平均每亩产值 8 226 元，高出全国平均水平 83.4%，其中采摘茶园鲜叶每亩收入达到 10 571 元，最高 30 000 元以上。

科技教育

目前，山东拥有 3 个省级茶叶研究机构：山东农业大学茶学系/茶叶研究所（2002 年 2 月）、青岛农业大学茶叶研究所（2008 年 3 月）、山东省农业科学院茶叶研究中心（2008 年 9 月）；拥有的市级茶叶研究机构有：日照茶叶研究所、青岛农业科学院果树茶叶研究所、泰山林业科学研究院茶叶研究室、泰安市茶叶工程技术研究中心。在主产地市日照、青岛、临沂以及潍坊还有 13 家依托企业的茶叶研究所。

山东省企业类茶叶研究所一览表

地市	数量	名　称
日照	4	五莲县北方茶叶研究所、莒县茶叶研究所、山东日照太极茶叶技术研究所、日照市梨园春茶叶研究所
青岛	5	青岛北方茶叶研究所、青岛市崂山区云启山茶叶研究所、青岛即墨市茶叶研究所、胶南市海青茶叶研究所
临沂	2	莒南县有机茶叶研究所、沂南县茶叶研究所
潍坊	2	诸城茶叶研究所、桃林茶叶研究所

由于山东茶叶科研机构建立时间短、人员少，目前主要以解决生产中存在的关键技术和基础条件（或平台）为主，在课题类型上大多以引进、集成创新为主；课题来源以市级为主体，其中日照市茶叶科研立项最多，青岛市项目资助额度最大。2012 年以来，泰安市加大了对茶叶科技的投入，在北方茶树品种资源圃建设、精品茶园打造、新产品研发方面给予重点支持。山东农业大学、青岛农业大学两所高校以及日照茶叶研究所还承担了国家和省级的茶叶科研项目，包括国家自然科学基金、国家科技支撑计划、星火计划，以及教育部博士点基金、省自然科学基

金、省科技攻关项目。在茶树种质资源、茶树生理与生态、茶叶加工技术与理论、茶叶品质化学等方面进行了较为系统的研究。2013 年，由青岛农业大学丁兆堂教授主持的“茶树抗寒良种选育及其配套技术”荣获山东省科学技术进步奖二等奖。

主要措施

为促进茶产业优质高效持续发展，山东省主要从以下几个方面开展了工作：一是加强规划引导。2014 年 1 月 27 日，山东省人民政府办公厅下发《关于印发蜂业、烟叶、茶叶、桑蚕、中药材 5 个特色产业发展规划的通知》（鲁政办发〔2014〕4 号）文件，同时出台《山东省茶叶产业发展规划（2014—2020 年）》，将茶业列为山东省重点发展的 5 个特色农业产业之一，进一步明确了目标任务、发展重点和扶持措施等。二是加强茶园基地建设。为引导山东省茶产业向生态、安全、优质、高效发展，2013 年省农业厅印发了《关于认定省级标准茶园示范基地的通知》（鲁农果茶字〔2011〕3 号），在山东省主要茶叶产区开展了省级标准茶园示范基地的认证工作，第一批认证省级标准茶园示范基地 12 个。在此基础上，建设农业部茶叶标准园 6 个，茶叶生态栽培及社会化服务示范园 1 个。三是加大技术推广。根据茶叶生产的技术需求，近年来先后在近 20 个茶叶主产县实施了“茶树越冬防护技术”“名优茶生产加工技术”等省财政支持的农业技术推广项目，2012—2014 年累计投入 690 万元，大力推广了茶树设施越冬防护技术和茶园绿色控害技术。四是推广标准化生产。已制订并颁布《茶树无性系良种扦插繁育技术规程》《新建茶园技术规程》《茶园越冬防护技术规程》等 5 项地方标准，较好地推进了茶叶种植及加工的标准化进程。五是强化资金扶持。2014 年，山东省发展和改革委员会安排预算内资金1 200万元，用于扶持茶叶特色产业项目，在日照和烟台分别建立了 1 处茶树良种繁育基地，在日照、临沂等主产区建设 19 处优质高效茶叶标准化生态园和 4 处标准化清洁加工车间。2015 年山东省农业厅、财政厅将茶叶列入省现代农业发展资金项目，投入财政资金1 200万元，扶持 4 个茶叶重点县的茶产业发展。

在此基础上，各地市纷纷出台政策扶持茶产业发展，日照市把打造“北方绿茶之乡”作为该市八张城市名片之一，将茶产业纳入全市经济社会发展的重要内容。青岛市提出打造“北方新茶都”的发展目标，实行设施栽培补贴等鼓励措施。临沂市农委、财政局联合出台《临沂市茶叶发展补助资金》，实施以来累计补贴 400 多万元，较好地促进了全市茶叶生产。泰安市连续制订出台了《关于泰山茶产业发展的实施意见》《泰安市茶叶种植基地建设专项资金管理暂行办法》《泰山茶地理标志标识使用办法》等系列文件，2011—2013 年累计专项扶持资金 1 700 余万元用于新建茶园、精品茶园、茶叶加工企业的扶持补贴，实现了泰山茶产业跳跃式发展。

存在问题

1. 茶园基础设施建设落后 山东设施越冬防护茶园仅占 40%，造成冬季冻害时有发生，严重影响了茶农收益。茶园防护林、茶园生草等生态建设落后，茶园田间裸露地多，受冬春干旱大风影响，影响茶叶品质。

2. 无性系良种比例偏低 受制于标准化种苗繁育基地滞后和无性系良种茶建园成本高等因素影响，制约了山东省无性系茶树良种的推广，截止到 2015 年山东省无性系茶树良种不足 10%，远低于全国 56.5%的平均水平。

3. 低产低效茶园过多 一些老茶区由于建园时间早，建园标准低，加上管护不到位，造成茶园缺垄断行严重，截止到 2015 年低产低效衰老茶园占到了 20%以上。

4. 茶叶加工设备落后 炒茶设备陈旧、自动化清洁生产线少，山东 1 177 家加工企业中获得 QS 认证的企业 216 家，仅占 18.4%。

发展重点

1. 实施基础设施提升工程 一是大力推广茶园节水灌溉和水肥一体化技术。积极争取资金扶持，加大对日照、临沂、泰安等茶叶主产区园区的灌溉设备配套，建设一批示范园，大力推广水肥一体化、茶园微喷和中喷等技术，实现水分和养分的综合协调和一体化管理，减少资源浪费，降低茶叶灰分超标情况，实现增产增效。二是继续推广设施越冬防护技术。结合省财政支农项目的实施，进一步扩大县区实施范围，分片建设一批设施越冬防护示范园，带动当地越冬防护技术的提升，力争未来 3～5 年内设施越冬防护覆盖率由目前的 46%提高到 70%。三是加强茶园生态建设。实行茶园种树、行间铺草、地头种草，构建茶园生态防护林网，大力推广黏虫板、杀虫灯等绿色防控技术，以及生态栽培综合配套技术，在茶叶主产区进行生态示范园建设，带动全省茶叶种植水平的整体提高。

2. 实施茶叶加工提升工程 以“清洁化、标准化”为目标，提高全省茶叶机械化、自动化、连续化加工水平。一是积极推广茶叶清洁化生产，提高安全化水平。加大对企业落后厂房、设备的优化改造，提高大宗茶加工的自动化、清洁化水平。调整农机补贴政策，加大对大中型自动化生产流水线的补贴力度，分别在各市建设 3～4 家清洁化加工示范厂，提高茶叶生产效率，降低生产成本。二是加快制订山东茶叶加工技术标准体系。研究出台卷曲型茶、扁形茶、针形茶等不同类型茶叶加工技术规程，制订出适合北方的山东省茶叶审评标准，健全茶叶标准化体系，为产业发展提供参考。三是鼓励发展茶叶新品种和精深加工。支持有关企业和科研单位引进技术、设备，进行新品种引进、加工技术提升、茶类新产品开发及山东特色茶食品、茶饮品和茶旅游产品等开发，推进茶叶深加工，延伸茶产业链，提高附加值。

3. 实施茶树良种提升工程 良种是产业基础，根据《山东省茶叶发展规划（2014—2020年）》要求，一是建设茶树良种繁育基地。根据全省茶叶产业布局，结合山东省发展和改革委员会扶持项目的实施，在鲁东南沿海、胶东半岛和泰沂山区分别建立一处茶树良种繁育基地，加强对当地抗逆性强茶树种质资源的筛选、收集和保存，加大优良茶树品种的引进和繁育力度，满足周边茶园发展的需求。二是鼓励发展无性系茶树良种设施栽培。出台政策，科学规划，分别在日照、临沂、泰安、威海、烟台等地建设一批无性系茶树良种示范园，带动周边发展无性系茶树良种茶园。三是加大低产低效衰老茶园改造。通过低产低效老茶园换种改植进一步推进茶树品种改良，进一步优化各地茶树品种的合理搭配，选择出适合本地特色的主打品种和辅助品种。

4. 实施茶叶品牌提升工程 实施“区域公用品牌＋企业品牌”双品牌扩张，重点打造一批茶叶加工龙头示范企业、合作社和在国内外有影响力的知名企业品牌。一是加强地区品牌整合，确立各地主打品牌。对一些规模小、知名度小的县级区域公共品牌，进行全市整合，在各主产市分别打造1～2个具有较强号召力和影响力的地区品牌。二是树立名牌意识。针对当地主导茶叶品牌，结合当地茶叶品质特点，科学制定级别，研制统一生产加工标准，并从茶园管理、鲜叶采摘、初制加工到贮藏保鲜等环节做到相对统一。三是加大品牌推广力度。不定期举办各类茶叶博览会、学术研讨会、技术洽谈会。持续办好济南、青岛、日照等地茶博会，充分利用这些平台，宣传各地茶叶品牌和优势；鼓励企业积极参加各类茶叶博览会、茶艺竞赛、学术研讨会及各种宣传活动，塑造山东品牌形象，对获奖及参展单位给予一定扶持。

5. 加大产业政策资金扶持 一是落实好《山东省茶叶发展规划（2014—2020年）》，积极争取省财政、发展和改革委员会资金扶持，加大对茶园基础设施建设、无性系茶树良种设施栽培、品牌推介等扶持力度。各主产区政府要在土地流转、信贷、农机补贴、QS认证等方面出台扶持政策，支持当地茶产业发展。二是抓好农业部菜篮子工程（茶叶）、省财政支农等项目的实施，进一步扩大实施范围，确保“投一片，成一片”，发挥好财政资金的示范带动效应。三是加大对茶叶合作社、家庭农场等专业合作组织的培植力度，主产区政府要在茶叶农业产业化龙头企业、示范合作社、家庭农场认定、扶持等方面适当倾斜，大力发展“公司＋专业合作社（基地）＋标准＋茶农”等模式，在有条件的地区实行病虫害统防统治，提高产品质量安全水平。四是加强组织领导。成立茶叶发展协调机制，研究制订具体的政策措施，落实好茶叶产业发展规划；成立省市茶叶学会（协会），加强行业交流；加大茶叶技术培训，尤其是无性系茶树良种栽培管理等方面。

大事记

2013年10月21～24日，在浙江省武义县举行的“武阳春雨杯”第二届全国茶艺职业技能竞赛总决赛上，山东省获得个人赛银奖1名和铜奖2名、茶席设计赛铜奖3名，其中日照市冠清茶业科技有限公司的魏娟荣获个人赛全国第十名，被大赛授予银奖，日照市茶叶科学研究所获得优秀组织奖。

2013年10月23～26日，由农业部优质农产品中心、山东省农业厅等共同主办的2013首届中国茶叶博览会在济南举办。

2014年1月27日，山东省人民政府办公厅下发《关于印发蜂业、烟叶、茶叶、桑蚕、中药材5个特色产业发展规划的通知》（鲁政办发〔2014〕4号）文件，同时出台《山东省茶叶产业发展规划（2014—2020年）》，将茶业列为全省重点发展的5个特色农业产业之一。

2014年3月14日，由青岛农业大学丁兆堂博士主持的“茶树抗寒良种选育及其配套技术”荣获山东省科学技术进步奖二等奖，成为山东省历史上第一个获得省科技进步二等奖以上奖励的茶叶科技项目。

2014年8月6日，日照市茶叶学会成立，袁洪刚当选首届理事长。

2014年10月31日～11月3日，由农业部优质农产品开发服务中心主办的2014中国茶叶博览会在济南举办。

2015年4月，山东省启动省现代农业产业技术体系茶叶创新团队建设，设置5名岗位专家，3个综合试验站，其中青岛农业大学丁兆堂教授当选为首席专家。

2015年9月10日～13日，山东省专业技术人才知识更新工程——茶园绿色防控技术培训班在日照举行，来自全省9个产茶区的农业技术人员、重点茶叶企业技术人员参加培训，中国工程院院士、中国茶叶学会名誉理事长陈宗懋到会授课。

2015年9月19日，由日照市农业局、人力资源和社会保障局、总工会、妇女联合会共同举办的日照市第二届茶叶技能大赛在淞晨茶文化园举办，圣谷山茶场滕晓、盛润茶业马爱伟、天源茶厂李宗生，分别获得茶艺师、评茶员和茶叶加工工三个比赛工种一等奖。

2015年10月16日～19日，由农业部优质农产品开发服务中心联合中国优质农产品开发服务协会、中国农业科学院茶叶研究所、中国茶叶学会、海峡两岸茶业交流协会、山东省农业厅、济南市人民政府联合举办的第三届中国茶叶博览会在济南国际会展中心举行。

2015年11月17日，山东省现代农业产业技术体系茶叶创新团队“化学肥料与农药减施增效”学术研讨会在泰安召开，中国工程院院士、中国茶叶学会名誉理事长陈宗懋到会授课。

2015年11月18日～20日，由中国茶叶学会主办，青岛市茶叶协会、黄岛区人民政府承办的“2015 中国茶业科技年会”在青岛西海岸新区举行，来自国内外的1 000余名业界专家，围绕“创新驱动·转型升级”的主题探讨茶业科技和产业转型升级。会上同时公布了第十一届“中茶杯”全国名优茶评选结果，青西新区 1 个茶品获特等奖、9 个茶品获一等奖。

（山东省果茶技术推广站　李玉胜）

河　南　省

信　阳　市

信阳市位于河南省南部，地处淮河上游、大别山北麓，东邻安徽，南接湖北，素有三省通衢之称。总面积1.89万千米²，辖8县2区，总人口820万人。信阳市地处南北气候过渡带，属亚热带向暖温带过渡区，全市年均降水量为1 200毫米左右，年平均气温15.1℃，日照充足，雨量丰沛，山水相依，泉明林翠，是“北国江南，江南北国”。这里历史悠久，区位优越，生态良好，文化厚重，是全国双拥模范城市、中国优秀旅游城市和国家级生态示范市。特殊的地理位置、良好的自然生态条件使信阳成为我国北方边缘茶区，是全国最大名优绿茶生产大市之一。

茶叶种植和销售情况

河南省茶叶生产高度集中在信阳市，面积、产量、产值均占全省的95%以上。通过多年来坚持不懈的努力，信阳市茶产业实现了新的突破、新的跨越和新的提升。截止到2014年年底，全市茶园面积达14万公顷，近3年来面积一直稳定，茶园面积位居全国地级市第二位。2014年茶叶产量达5.29万吨，比2012年增加0.22万吨，增长4.76%，比2013年5.7万吨减少0.41万吨，减少7.19%；总产值达88.1亿元，比2012年77.2亿元增加10.9亿元，增长14.12%，比2013年85亿元增加3.1亿元，增长3.65%。其中，红茶产量8 340吨，产值14亿元。茶叶自营出口达4 650.9吨，货值1 285.4万美元。

河南省现有国家级农业产业化龙头企业1家，省级龙头企业12家，市级龙头企业54家，中国茶行业百强企业8家；拥有中国驰名商标4个，中国名牌农产品3个；现有茶叶从业人员超过100万人，茶农人均种茶收入超过5 000元。茶产业已成为信阳由农业大市向农业强市跨越的有力支撑和重要抓手，是信阳市农业增效、农民增收的一大特色亮点，是信阳发展特色农业经济和绿色生态经济的支柱产业。信阳市已成为我国江北地区最大的茶叶产销基地和国内重要的茶文化休闲旅游城市。

主要措施

1. 成立管理机构，加强组织领导 信阳市成立了信阳市茶产业办公室，负责全市茶产业的规划发展、综合管理和协调服务工作，各产茶县区也成立了相应的机构，一些重点产茶乡镇也成立了茶办或茶技站，管理服务体系逐步健全。历任市主要领导都亲自部署检查茶产业发展工作，主管市领导亲自挂帅，具体抓、负总责，各级领导亲自过问，各有关部门给予了大力支持，各级茶办充分发挥了组织协调的作用，抓好目标任务的落实，全市形成了上下一心、配合联动，拧成合力抓茶产业发展的浓厚氛围。

2. 制订产业规划，出台优惠政策 根据《河南省茶产业发展规划（2011—2020年）》的要求，信阳市制订了《信阳市茶产业发展规划（2012—2020）》。一是设立茶产业发展专项基金。信阳市财政每年安排200万元，各主要产茶县区财政每年安排100万元或200万元，分别设立市县区茶产业发展专项基金，用于扶持茶产业发展。二是涉农资金和项目集中向茶产业倾斜，优先支持茶产业发展。三是要求金融部门在行业政策允许范围内，对效益高、信誉好的茶叶龙头企业，提供最大限度贷款支持。四是积极鼓励外商来信阳市从事茶叶生产经营活动。五是林业部门把发展新茶园列入林业造林面积，予以支持，并结合林业产权制度改革，认真及时做好茶园确权登记工作，保护茶农权益。

3. 加快土地流转，创新发展机制 一是加大土地流转的力度，实现规模化发展。据统计，近年来发展的新茶园，土地流转率达到80%以上。通过土地流转，做到了统一种植、统一管理、统一生产、统一经营，提高了产业化经营水平，实现了集约化、合作化发展，真正做到农民得实惠，企业增效益。二是坚持走“公司＋基地＋农户、合作社＋基地＋农户”的新路子，着力培育壮大一批国家级和省级、市级茶叶龙头企业和茶叶专业合作社。三是通过设立茶产业发展专项资金、整合项目资金、引入“回归工程”、招商引资、龙头带动等形式发展茶产业。发展机制不断创新，有效地解决了制约全市茶产业发展的资金、土地等问题，使茶产业发展健康、稳定、可持续，路子越走越宽广。

4. 加强品牌建设，做好茶文化宣传 做大做强“信阳毛尖”和“信阳红”公共品牌，着力宣传好、使用好、管理好、保护好这两大公共品牌。目前，信阳市已成功培育出4个中国驰名商标和9个省级著名商标，3个中国名牌农产品和6个河南省名牌农产品。龙潭、文新、蓝天、新林等龙头企业实行统一品牌、统一形象，已在全省18个地市和全国各主要城市建立品牌形象店200多个，设立营销网点1 200多个，增强了品牌效应，树立了品牌形象，扩大了品牌影响，提升了品牌价值。2014年4月，经浙江大学CARD农业品牌研究中心评估，信阳毛尖品牌价值达52.15亿元，位居全国第三位。通过连续举办茶文化节，提高了信阳的知名度和影响力，提升了城市品位，促进了信阳经济社会的全面发展，取得了可观的经济效益和社会效益。

5. 发布采摘指数，加强质量安全 为更好地服务全市春茶生产，2014年3月，在信阳毛尖茶开采前期，信阳市茶叶协会积极探索，在借鉴外地成功经验的基础上，通过信阳电视台、信阳日报、中国茶叶流通协会官网、大河网、信阳市政府网、信阳茶产业新闻网及各产茶县区政府网等媒体，对社会广泛发布了信阳毛尖采摘指数。信阳毛尖茶采摘指数的预报发布，指导了茶企茶农及时分批采摘春茶，推进信阳毛尖茶产品结构不断调整优化，引导信阳毛尖茶消费者科学理性选购，加强信阳毛尖原产地产品保护，切实维护广大生产者和消费者利益。2013年，信阳市政府与中国农业科学院茶叶研究所签订的《茶产业发展科技战略合作协议》，充分发挥国家茶叶产业技术体系、高等院校和科研单位的科技人才优势，不断加强茶叶质量安全技术支撑能力。从2014年开始，信阳市与中国农业科学院茶叶研究所合作，重点开展了茶树病虫害绿色防控工作。通过制订方案、开展技术培训、现场指导、印发技术资料、进行质量抽检等形式，逐步提高茶农的质量安全意识，指导茶农科学规范使用农药，进一步提升全市茶叶质量安全水平。

科技教育

信阳市茶叶教育、科研实力雄厚，现有茶学类高、中级职称专业技术人员近千名，信阳市境内有信阳农林学院、信阳市农业科学院茶叶研究所、国家茶叶产业技术体系信阳综合试验站、河南省茶叶工程技术研究中心、河南省茶学博士后科研创新团队、信阳市茶叶工程技术研究中心等一整套完善的生产、科研、教学体系；信阳毛尖集团、信阳文新茶叶公司等企业也成立了茶叶研究院，信阳市还与中国农业科学院茶叶研究所签订了《技术服务战略合作协议》，为全市茶产业发展提供了有力的智力支撑。其中，信阳农林学院和信阳市农业科学院茶叶研究所是信阳市茶叶教育科研的中坚力量。

信阳农林学院茶学系设立已有30多年，为信阳乃至全国培养了近2万名茶叶专业技术干部，茶学系一方面积极开展教学，另一方面开展科技开发、技术创新研究、技术培训、推广服务等工作，为河南省茶产业发展做出了积极贡献。依托茶学系建立了河南省高校信阳毛尖茶产业工程技术研究中心、信阳市茶叶加工与检测工程技术研究中心。

茶叶科学研究是信阳市农业科学院的重要研究领域，多年来，通过加大对茶叶科研工作的投入和人才培养，茶叶专业技术队伍已成为信阳市和河南省茶叶科研及技术成果转化推广工作的重要力量，对促进信阳市乃至豫南地区茶产业的健康快速发展发挥了重要作用。目前，该院现有茶叶及相关专业技术人员18人，其中研究员2人、副研究员4人、助理研究员8人，专业领域涵盖茶树育种、茶树栽培、茶树植保、茶叶加工、茶叶检验与茶文化等。

茶文化

信阳市在大力发展茶经济的同时，注重挖掘弘扬茶文化，使茶文化与茶经济比翼齐飞，共同推进茶产业做大做强。一是连续成功举办信阳国际茶文化节。信阳茶文化节逐步成为国际性茶业盛会，办节理念、办节水平都有大幅度提升。每年的茶文化节期间，各级领导、国内外茶行业负责人、知名专家学者及海内外商贾云集信阳，参加贸易洽谈、商品展销和考察投资活动。二是大力普及茶文化。首先是从领导抓起，把爱茶、懂茶、喝茶、讲茶作为信阳各级干部一门学习任务和必修课，先后请国内知名茶叶专家为市县干部举办讲座，提高他们的文化修养；其次是从阵地抓起，信阳日报、信阳电视台及相关网站等主流媒体增设了茶文化宣传专栏专版，每年开展炒茶能手大赛和茶艺表演大赛，营造浓厚的茶文化氛围；再次是从娃娃抓起，在浉河、平桥等县区开展茶文化进校园活动，通过开设茶艺、茶知识、茶文化等课程，推动茶文化知识普及。三是着力发展茶文化旅游。建设茶文化一条街、茶之韵广场、盛典天下茶岛、百里茶廊和国际茶城等茶文化旅游设施传承弘扬中原茶文化，开展茶园观光游和茶乡风情体验游等。

大事记

2012 年 4 月 28～30 日，“第二十届国际茶文化节暨 2012 中国（信阳）国际茶业博览会”隆重举行。各级领导、全国主要产茶地市政府领导及协会负责人，以及印度、斯里兰卡、日本、韩国等世界主要产茶国代表共 200 多位贵宾出席。节会期间，共签约合作项目 90 个，总投资额 269.12 亿元，再创历史新高。

2012 年 5 月 18 日，中国国际茶学院筹建启动暨信阳毛尖集团揭牌仪式在羊山新区信阳毛尖集团办公楼前举行，各级领导出席仪式。

2012 年 10 月 17～20 日，第八届中国茶业经济年会在福建省福鼎市隆重召开，河南信阳毛尖集团有限公司常务副总经理阚贵前荣获“2012 年中国茶叶行业年度十大经济人物”；河南信阳卢氏茶叶集团、河南仰天雪绿茶叶有限公司荣获“2012 年度中国茶业电子商务十强企业”；新县荣获“2012 年度全国十大生态产茶县”；浉河区荣获“2012 年度中国茶叶产业发展示范县”，等等。

2012 年 10 月 19～22 日，“第六届中国（郑州）国际茶业博览会”在郑州中原国际博览中心举行。

2012 年 11 月 5 日，信阳市茶产业工作会召开，会议总结了“十一五”以来信阳茶产业发展所取得的成绩，安排部署了 2013 年度和今后一个时期全市茶产业发展工作，提出了未来信阳茶产业发展的目标。

2012 年 12 月，“信阳红”正式通过国家工商总局批准，成为地理标志证明商标。获得国家地理标志证明商标，意味着“信阳红”成为河南农产品又一张信得过的“质量名片”。

2013 年 4 月 28～30 日，“第二十一届国际茶文化节暨 2013 中国（信阳）国际茶业博览会”隆重召开，参展企业达 220 多家，参观人员总人数达到 5.5 万人次。首次举办中国国际茶商大会，有世界各地茶商代表 650 余人前来参加经贸洽谈、签约采购。

2013 年 9 月，由信阳市质量技术监督局承担，信阳毛尖集团、信阳农林学院茶叶研究所参与承担的精品茶叶（信阳毛尖）栽培标准化示范区完成了各项创建目标任务，顺利通过了国家标准委考核组的验收。该示范区为信阳市第 10 个通过验收的国家级农业标准化示范区。

2013 年 10 月 17～20 日，由河南省农业厅、河南省茶文化研究会、河南省茶叶商会、河南省茶叶协会联合主办的“第八届中国（郑州）国际茶业博览会”在郑州中原国际博览中心举行。

2013 年 11 月 18～19 日，“中国（信阳）首届茶包装交易会暨首届茶包装市场趋势战略论坛”在信阳国际茶城开幕，吸引了来自全国 100 余家茶包装生产企业、400 余家茶企、300 余家茶包装经销商前来参会。

2014 年 3 月 20 日，为更好地服务全市春茶生产，信阳市茶叶协会首次发布“信阳毛尖茶采摘指数”。

2014 年 4 月，信阳毛尖等十个茶叶公用品牌共同荣获“2014 中国茶叶区域公用品牌价值十强”。其中，信阳毛尖以 52.15 亿元名列第三。

2014 年 4 月 28～30 日，“第 22 届国际茶文化节暨 2014 中国（信阳）国际茶业博览会”正式开幕。

2014 年 6 月 19～22 日，由中国茶叶流通协会、北京市西城区人民政府和信阳市人民政府联合主办的“2014 北京国际茶展”“2014 北京马连道国际茶文化展”“第 22 届信阳国际茶文化节北京活动周”在北京隆重举行，通过活动周扩大了信阳茶产业的影响力和知名度，树立了信阳毛尖、信阳红的品牌形象。

2014 年 7 月 24 日，由农业部全国农技推广中心举办的“2014 年全国茶叶生态栽培技术培训班暨茶树病虫害绿色防控技术观摩会”在信阳市举行。

2014 年 10 月 20～21 日，“第十届中国茶业经济年会暨六堡茶博览交易会”在广西壮族自治区梧州市成功举行。信阳市组团参加了本届年会，浉河区被评为“全国茶叶工业转型示范县”，信阳市龙潭茶叶有限公司、河南新林茶业有限公司、信阳申林茶业开发有限公司 3 家茶企业被评为“全国百强茶企业”。

（河南省经济作物推广站　张香萍
信阳市茶产业办公室　张杰磊）

湖 北 省

湖北省位于长江中游，介于北纬29°01′53″～33°6′47″，东经108°21′42″～116°07′50″。地貌类型多样，山地、丘陵、岗地和平原兼备，其中山地占全省总面积的55.5%，属于亚热带季风气候，空气湿润，光线充足，热量丰富，无霜期长，降水充沛，雨热同季，是发展茶叶的适宜地区。茶树品种资源丰富，宜昌大叶种等3个品种已被审(认)定为全国茶树良种，鄂茶1号到鄂茶10号等10个茶树品种被审定为湖北省级良种；茶类多、内质好。绿茶是湖北省的优势茶类，乌龙茶发展前景看好，宜红工夫茶是全国三大红茶之一，在国际市场享有盛誉，川字牌砖茶畅销边疆少数民族地区。

茶叶生产

湖北是全国产茶大省，全省有71个县市300多个乡镇生产茶叶，其中主产县市18个。据年报统计，2012年全省茶园总面积260千公顷，其中采摘面积189.5千公顷，产量20.7万吨，农业产值80.7亿元；名优茶产量9.1万吨，名优茶产值62.1亿元，分别占茶叶总产量和总产值的44%和77%。无公害茶、有机茶生产稳步推进，有机茶面积达8.3千公顷，无公害茶面积210千公顷，占全省茶园总面积的81%。

2013年全省茶园总面积291.8千公顷，其中采摘面积205.4千公顷，产量22.2万吨，农业产值110.8亿元；名优茶产量9.5万吨，名优茶产值83.1亿元，分别占茶叶总产量和总产值的42.8%和75%。

2014年全省茶园总面积303.8千公顷，其中采摘面积219千公顷，茶叶总产量25万吨，茶叶农业产值130亿元，茶园面积位居全国第三位，产量第三位，产值第四位，规模和效益为中部地区第一位。高端名优茶受到前所未有的冷遇，低价位名优茶和大宗茶逆势而上，大宗绿茶量增价涨。红茶和黑茶等多元化开发步伐加快。2014年湖北茶叶出口量达8 372吨，比2013年增加1 867吨，增幅达28.7%；出口额8 892万美元，比2013年增加1 248万美元，增幅达16.3%，出口均价10.6美元/千克，高于全国平均水平1倍以上。

2015年，湖北茶叶产销再创新高。全省茶园总面积324.1千公顷，采摘面积231.3千公顷，产量28.1万吨，农业产值131.9亿元，分别较2014年总面积增加20.3千公顷，采摘面积增加 12.4 千公顷，产量增加 3.1 万吨，产值增加 3.3 亿元，分别增长 6.7%、5.7%、12.4%、2.6%。茶叶出口量达 12 169 吨，比 2014 年增加 3 797 吨，增幅 45.4%；茶叶出口额 10 659 万美元，比 2014 年增加 1 767 万美元，增幅 19.9%。

茶叶市场

2012 年全省茶叶均价达 39.17 元/千克，比 2011 年均价提高 0.8 元/千克，增长 2.1%。绿茶市场稳中略升，大宗茶价格与 2011 年基本持平，名优茶价格小幅增长，局部地区价格略有下降。红茶出口市场和高档名优红茶内销市场逐渐升温。乌龙茶价格大幅上升，鲜叶收购价达到 10 元/千克，较 2011 年 5.6 元/千克，增长 78.6%，商品茶价格增幅达 30%。砖茶市场稳步发展，内销中高档砖茶热销，中高档砖茶价格提高 10%以上。春茶价格上扬，鲜叶收购价同比增长 20%左右。2012 年夏秋茶价格高于 2011 年，均价约为 26 元/千克，同比 2011 年增加 1 元/千克。据湖北出入境检验检疫局统计，2012 年全省茶叶出口量3 977吨，出口额 2 603 万美元。

2013 年全省茶叶均价达 40.7 元/千克，比 2012 年均价 39.2 元/千克提高 1.5 元/千克，增长 3.8%。全年绿茶市场总体平稳，名优价格较 2012 年有所下降，大宗茶价格上升。特别是红茶、砖茶发展势头迅猛，各种名优新产品、工艺砖茶不断上市。中高档砖茶价格稳定，大宗砖茶量价齐升。咸宁市青砖茶内销均价价格 27 元/千克，较 2012 年同期提高 17.4%，原料价格较 2012 年提升 10%左右。高档红茶内销市场价格增幅 8%以上。春茶市场经受很大考验，春茶价格、销售量同比均略有下降。高档礼品茶同比 2012 年价格有所下降，销售量下降 20%左右；普通名优茶同比 2012 年价格平稳，销量持平；大宗茶量增价平。春茶鲜叶收购价格同比也有所下降，同比 2012 年下降 10%左右。夏秋茶价格 25.2 元/千克，较 2012 年增加 2.8 元/千克，增幅 12.5%。2013 年全省茶叶出口量 6 505 吨，出口创汇7 644万美元。

2014 年全省茶叶均价达 50 元/千克，比 2013 年均价提高 9.3 元/千克。高端名优茶受到前所未有的冷遇，低价位名优茶和大宗茶逆势而上，大宗绿茶量增价涨，红茶和黑茶等多元化开发步伐加快。春茶市场压力较大，全省高档茶价格下跌两成以上，中低档茶价格相对较平稳，从鲜叶收购价格看，保持上升的态势，增幅 10%以上。夏秋茶鲜叶价格普遍高于往年，均价 10～12 元/千克，较 2013 年提高 10%左右。黑茶发展势头强劲，原料里茶价格 5～6 元/千克，面茶价格 8～12 元/千克；比 2013 年上涨 10%。商品茶销售价格有所上涨，全省夏秋茶干茶均价 40～50 元/千克，较 2013 年提高 10%～15%。2014 年全省茶叶出口量达 8 372 吨，出口额 8 892 万美元，出口均价 10.6 美元/千克，高于全国平均水平 1 倍以上。

2015 年，春茶鲜叶收购价格持平略降。鲜叶收购价格各地不一，总体呈先高后低走势。清明节前芽茶采摘收购价 80～110 元/千克，清明节后一芽两叶鲜叶收购价约 10～20 元/千克，春茶后期机采鲜叶收购价约 1～3 元/千克。2015 年总体鲜叶价格呈现基本持平略有下降的态势。春茶总量持平略增，名优茶量值双减。虽然开园时间普遍比 2014 年提早一周以上，但到 4 月上中旬，全省各大茶区遭受了“明前茶”和“雨前茶”两次严重的低温阴雨、霜冻灾害，对全省春茶带来不利影响，截止到 5 月 18 日，全省春茶产量达到 10.08 万吨、产值 80.76 亿元，与 2014 年同比分别增加 4 106 吨、22 811 万元，增长 4.25%和 2.91%，其中名优茶产量 5.42 万吨、产值 55.32 亿元，分别减少 1 517 吨、10 735 万元，减幅 2.72%和 1.90%。截止到 10 月 10 日，全省夏秋茶产量达 16 万吨，同比增加 2 万吨，增长 14.3%，夏秋茶产值 54.24 亿元，同比增加 9 亿元，增长 20%。夏秋茶鲜叶价格与 2014 年基本持平。青砖茶产品的老青茶原料价格提升，全年干毛茶均价为 51.5 元/千克，同比略减。绿茶保持稳定发展，青砖茶、红茶、乌龙茶多元化产业化开发势头强劲。2015 年，全省红茶、黑茶、乌龙茶总量 7.3 万吨，与 2014 年 6 万吨比增长 21.7%。

主要措施

1. 深入优化区域布局，不断调整茶类结构 2014 年全省茶园面积 0.67 万公顷以上的大县由 2011 年的 13 个增加到 17 个，1.33 万公顷以上的大县由 2011 年的 4 个增加到 7 个。产业区域结构进一步合理，已形成了鄂东大别山名优绿茶区、鄂西武陵山及宜昌三峡富硒茶和宜红茶及乌龙茶区、鄂西北秦巴山高香绿茶区、鄂南幕阜山青砖茶区等四大优势产区，产品结构进一步优化。通过大力实施“一主三辅”多元化开发战略（一主：绿茶；三辅：乌龙茶、红茶、青砖茶），全省茶类结构改变了长期以来名优绿茶一枝独秀的局面，乌龙茶、红茶、青砖茶开发力度大为增强，三类茶占总量比例由 2011 年的 17%提升到 2014 年的 25.5%，提升了 8.5 个百分点。

2. 扶持龙头企业做大做强，促进产业化提档升级 全省进一步加大了对龙头企业和专业合作组织的扶持力度，大力推广“龙头（合作社）＋基地＋农户”的产业化经营模式，截止到 2014 年年底，全省茶叶省级产业化龙头企业由 2011 年的 22 家增加到 40 家。至 2015 年年底，全省茶叶省级产业化龙头企业增加到 63 家。现有国家级龙头企业 4 家，较 2011 年增加 1 家。以现代化农业和现代化工业理念相结合的模式打造现代茶产业，一批综合型茶叶加工实体相继涌现，萧氏集团现代茶产业科技加工园和采花茶业加工科技园列入省委、省政府“四个一批”给予重点扶持；在省市县各级政府的大力扶持下，宜昌国贸投资 5 亿建设了采花茶叶科技产业园，装备了当前国内领先的全自动化智能化茶叶生产线；羊楼洞茶业公司投资新建的中国·赤壁羊楼洞茶生态文化产业园、竹溪县梅子贡茶食品产业园等得到各级政府大力扶持，均已投产见效；中国农业科学院茶叶研究所与鹤峰县走马镇联合建设的茶叶深加工项目速溶茶提取正式投产，为全面提升全省茶叶加工水平迈出了坚实步伐。

3. 大力推进品牌建设，提升鄂茶品牌知名度 2012年来，各地进一步打破区域界线，不断加大现有品牌整合力度，积极引导和支持重点龙头企业和专业合作组织打造大品牌，继湖北名茶第一品牌采花毛尖、湖北第一历史名茶恩施玉露、湖北第一文化名茶武当道茶和萧氏茶之后，又推出湖北生态名茶黄鹤楼茶、大别山生态名茶英山云雾茶和中华孝文化名茶大别山悟道茶、湖北高香型名茶襄阳高香茶以及湖北青砖茶、宜红茶等知名品牌，全省“十大茶品牌”的知名度和竞争力不断提高。通过大力实施“北进京、东入沪、南下港、走出国门”的“走出去、请进来”品牌战略，先后在武汉、香港、上海、北京、山东、广东、俄罗斯等地开展湖北品牌茶推介活动；重走“万里茶道”，在武汉汉口江滩举办“东方茶港”立碑仪式暨湖北斗茶大赛，把湖北青砖茶赠给普京总统；宜昌、恩施、英山、谷城、赤壁等每年举办茶叶节等一系列重大茶事活动，湖北优势茶区和茶品牌的社会知名度不断提升。

4. 大力开展标准化生产，提升产品质量安全水平 农业部开展园艺作物标准园创建活动以来，全省以基地建设为抓手，大力推广茶叶生态种植、病虫害绿色防控等种植模式。截止到2015年，全省16个县（市、区）实施了国家“菜篮子”产品生产项目——园艺作物标准茶园创建，创建茶叶标准园22个。标准茶园的创建有效地促进了湖北省茶叶质量安全水平的提升。截止到2015年，全省投产茶园均达到了无公害茶叶生产的要求，有近30个县市89家企业获得国内外有机茶认证，认证企业数量居全国第二位，有机认证面积达1万公顷，较2011年增加2 700公顷，带动了全省茶叶质量安全水平的提升。根据农业部茶叶质量多批次的抽查，全省茶叶产品合格率近100%得到了农业部的充分肯定。

5. 强化市场建设，流通渠道更为畅通 一是稳定发展“线下市场”。积极发挥宜昌三峡国际旅游茶城、宜昌采花茶城、英山大别山茶叶广场、恩施硒都茶城等专业市场的作用，成为产区主要茶叶集散地；大力繁荣汉口茶市、陆羽茶都等武汉茶叶市场，已建成各类茶叶专业市场5个，年交易总额达到50亿元左右，充分发挥了各大茶类交易中心的作用。二是快速拓展“线上市场”。随着电子商务的广泛普及，目前全省农产品已经建立了驻淘宝网旗舰店宜昌店、黄冈店、恩施店，以及农业产业化平台“1号店”等电子商务平台，更多的品牌茶企越来越重视在第三方平台上开设旗舰店进行网络营销，品牌茶企电商化成为全省品牌茶叶企业拓展销售途径的新方向。

6. 抢抓政策机遇，推进产业快速发展 各级领导高度重视茶产业发展，各地抢抓政策机遇，全省茶产业发展环境和氛围显著改善。从2010—2012年，湖北省财政每年安排1 000万元专项资金支持乌龙茶产业开发，有力地推动了湖北乌龙茶快速发展。中央财政现代农业生产发展专项资金高效标准茶园建设项目，全省有13个县（市、区）择优安排，连续3年每年安排1亿元左右专项资金用于新建和低改。随着《湖北省人民政府关于推进新一轮“菜篮子”工程建设的意见》的出台，将茶叶列入“菜篮子”工程建设内容进行考核督查。有22个项目单位纳入农业部标准茶园创建之中，每年每个项目单位安排50万元项目资金扶持基地建设。湖北省每年安排500多万元现代农业特色产业资金用于发展茶产业。2015年又有10个项目单位纳入农业部标准茶园创建之中，每单位安排50万资金；湖北省每年安排520多万现代农业特色产业资金用于发展茶产业。

科技教育

1. 茶叶科技进步和人才培训取得新成果 自2012—2014年，全省茶叶领域取得主要科研成果9项、获奖成果7项，其中省级成果奖励5项，包括湖北省科技进步二等奖1项、三等奖1项，省科技成果推广二等奖1项、三等奖2项，省科技发明三等奖1项。《地理标志产品　襄阳高香茶》《湖北白化茶》《地理标志产品　老君眉茶》《地理标志产品　远安黄茶》《地理标志产品　英山云雾》《青砖茶》《宜红茶》等一批省地方标准通过省质量技术监督局评审发布。2015年，全省茶叶科技项目获省政府科技奖3项，其中省科技进步二等奖1项、科技发明二等奖1项、科技成果推广三等奖1项。《咸宁市茶产业发展规划（2014—2020）》《宜昌市红茶产业发展规划（2014—2020）》经以中国工程院院士陈宗懋为组长的全国知名专家组评审通过。

2. 茶叶教育蓬勃发展 湖北省开设茶学专业的主要大专院校有华中农业大学、湖北民族学院、三峡旅游职业技术学院等。其中，华中农业大学是一所教育部直属、国家“211工程”建设的全国重点大学，其茶叶专业具有博士、硕士学位授予权，设有“刘后利茶学奖励基金”，现有副教授以上职称教师5人。湖北省农业科学院果茶研究所现有国家茶叶产业技术体系岗位专家1人，茶学相关博士、硕士10多人，全省有国家体系试验站3个。

3. 全省各地大力开展茶叶新型职业农民培训 2012—2014年，举办茶叶新型职业农民培育班10期，培训了大批骨干茶农。

4. 湖北两项茶叶制作技艺纳入国家非遗名录 2014年恩施玉露制作技艺、赵李桥砖茶制作技艺两项传统技艺入选国务院第四批国家级非物质文化遗产代表性项目名录，这两项传统技艺填补了历史空白。

5. 兴办科技推广示范点 湖北省农业厅果茶办公室

先后在保康、谷城、宣恩、夷陵区等地，开展茶叶绿色生产模式及技术集成示范工作；在宜都、五峰等县市开展茶园机械化生产技术示范工作；在武汉市新洲区开展旧街白茶新工艺试验示范工作；青砖茶、红茶和乌龙茶等特色茶开发力度进一步加大。茶园机械化生产技术和低产低效茶园改造技术列入 2015 年省农业厅特色经济作物主推技术。

茶文化

湖北茶业创意产业有待进一步开发。专业茶市、茶馆业、茶艺表演等逐步兴起。英山、宜昌、恩施、谷城等地茶文化节连年举办，但还没有形成茶文化创意产业。

茶文化推广如火如荼，湖北是“茶祖”神农、“茶圣”陆羽故里，汉口东方茶港、武当山道教、宜昌三峡、恩施土家族、大别山红色革命根据地、鄂南青砖茶等茶文化内涵十分丰富。湖北历史上是中国茶马古道、马帮进京入俄必经之路。为弘扬荆楚茶文化，宣传茶品牌，推动茶产业的经济发展，2012 年以来全省各地举办的茶事活动如火如荼。例如，第五、六、七届中国武汉茶叶博览会暨茶文化节，2013 年中国湖北斗茶大赛重走“万里茶路”活动，中国英山第二十一、二十二、二十三届茶叶节，赤壁市全民饮茶日活动，鄂西北“玉皇剑”杯茶王擂台赛及乡村文化旅游节等茶事活动，宜昌三峡茶文化艺术节这一系列活动提高了湖北茶叶的社会知名度。

2015 年 5 月中旬，在武汉国际会展中心举办第八届中国武汉茶业博览交易会，在夷陵区第五届中国宜昌三峡茶文化艺术节；6 月中旬，举办中俄“万里茶道”走进武当暨首届武当道茶博览会；10 月底，全省龙头企业抱团参加 2015 年在山东济南举行的中国茶叶博览会。

大事记

2012 年 4 月 21 日，大别山生态名茶“英山云雾茶”授牌仪式暨新闻发布会在武汉成功举行。

2012 年 5 月，以“同饮长江水、共品湖北茶”为主题，组织全省 15 家龙头茶企抱团参加“2012 年上海国际茶文化旅游节·茶乡旅游博览会”，同时举办了湖北品牌茶叶推介日启动仪式。

2012 年 6 月 13～15 日，湖北省农业厅果茶办公室组织主办的“全省乌龙茶开发暨茶叶板块基地建设现场会”在十堰市竹溪县召开。会议首次提出全省茶产业发展实施“一主三辅”多元化开发战略，会议邀请福建省郭吉春研究员、郭雅玲教授做专业技术报告，对全省 28 个乌龙茶产品进行质量鉴评。

2013 年，湖北省承办了农业部种植业管理司在英山县召开的“大别山地区名优茶优质高产协作第五次会议”，安徽、湖北、河南 3 省 26 个产茶县（市、区）农业局茶叶负责人 100 多人出席了会议。

2013 年，先后举办了襄阳高香茶授牌仪式暨新闻发布会、英山县第 22 届茶叶节、第六届武汉茶博会、谷城第五届“玉皇剑”杯鄂西北茶王赛暨高端“襄阳红”新品发布会、第二十届上海茶博会、第二届三峡斗茶大赛、第二十届上海国际茶文化旅游节闭幕式暨中国三峡第三届茶文化艺术节、中国首届青（米）砖茶交易会。

2013 年 12 月 29 日，重走“万里茶道”东方茶港立碑揭幕仪式，在汉口江滩隆重举行。

2014 年 4 月 19 日，湖北省委书记李鸿忠专程到赤壁市开展茶产业调研，要求充分挖掘丰富的历史文化资源，做大做强农业特色优势产业。

2014 年 4 月 18～21 日，湖北省农业厅厅长戴贵洲、副厅长徐能海亲自率团参加在北京举办的“第四届中国国际茶博会”，并举办湖北专场品牌推介会。

2014 年 11 月 2～7 日，湖北省农业厅副厅长徐能海带队到莫斯科、圣彼得堡等地进行了考察。武汉茶业协会会长张岳峰代表湖北茶人，请俄罗斯联邦旅游署副署长、俄罗斯“伟大的万里茶路”研究会会长亚历山大·伊利因先生，把湖北青砖茶代为转赠给普京总统。

2014 年 11 月 4 日，湖北省民政厅正式批准成立“湖北省青砖茶产业协会”，协会由省内 38 家青砖茶生产、加工和销售的相关企业组成会员单位，羊楼洞茶业有限责任公司董事长刘建军被推选为会长。

2014 年，恩施市、赤壁市由中国茶叶学会授予“中国名茶之乡”称号，采花公司韩志凌被评选为“全国优秀茶叶科技创新企业企业家”。中国茶叶流通协会授予萧氏集团、邓村绿茶、黄鹤楼茶、汉家刘氏、湖北宜红、羊楼洞茶业、五峰千珠碧共 7 家企业为“2014 年度中国茶业百强企业”，罗华被推选为 2014 年中国茶叶行业年度经济人物，保康县、宜都市被评选为全国重点产茶县。

2015 年 1 月，湖北省果茶办公室在黄冈市召开湖北省大别山地区名优茶优质高产协作活动工作交流总结会。

2015 年 1 月底，全省继续大力实施“走出去”战略。咸宁市、赤壁市茶叶协会在广东省中山市华通行茶叶市场举办“赤壁青砖茶推介会”。

2015 年 3 月底，湖北省茶叶学会以“科技创新与品牌建设”为主题，在宣恩县举行“2015 年鄂茶高峰论坛”，并邀请中国农业科学院茶叶研究所 4 位专家进行讲座。

2015 年 4 月中旬，英山县在金雷公司举办院士专家工作站挂牌仪式，中国工程院院士陈宗懋亲自出席，湖北省科学技术协会秘书长余军、省农业厅果茶办调研员、省茶叶学会会长宗庆波与英山县县长为院士专家工作站揭牌。

2015 年 5 月中旬，湖北省果茶办公室联合省农机推广总站，在五峰县举办全省茶叶生产机械化现场演示观摩及技术培训班，共计培训 150 多人。

2015年6月10日，大别山地区名优茶优质高产协作活动总结会在河南信阳召开，农业部部种植业管理司表彰湖北省17人，宗庆波代表湖北在总结会上讲话。

2015年11月6～8日，“2015国际茶业大会”在咸宁赤壁市隆重举行，由中国食品土畜进出口商会等单位主办，中国食品土畜进出口商会茶叶分会、赤壁市人民政府等单位承办，国内外近1 000人参会。9日，在武汉隆重举行2015国际茶业大会“东方茶港”国际合作交流会。国际茶业大会以“一带一路互联 万里茶道共赢”为主题，旨在展现万里茶道源头的历史底蕴和东方茶文化的独特魅力，打造国际茶人交流合作平台，促进互利共赢，重铸万里茶道辉煌。

（湖北省果茶办公室　宗庆波　曾维超）

湖 南 省

湖南适宜茶树生长。不仅茶叶生长的自然生态环境、地理条件优越，而且生产加工技术、贸易经营和商品流通极为发达，不仅有君山银针、碣滩贡茶、安化松针、高桥银峰、古丈毛尖、南岳云雾、石门银峰、狗脑贡茶、桂东玲珑茶等获过国内外大奖的历史名茶；还有驰名中外的安化黑茶、猴王花茶、岳阳黄茶、保靖黄金茶、桃源野茶王等畅销茶；更打造出了君山、怡清源、金井、猴王、古洞春、湘丰、湘益、洞庭山、古丈毛尖、石门银峰、安化黑茶等湖南 11 大中国驰名商标企业茶叶品牌与地方公共茶叶品牌代表；安化黑茶、石门银峰、碣滩茶、古丈毛尖、桂东玲珑、君山银针等还相继获得国家地理标志保护。特别是随着近年来安化黑茶、岳阳黄茶和武陵山生态有机茶等优势茶类的迅速崛起，茶产业的竞争力与综合效益明显提高，茶产业已成为湖南山区农民增收致富、奔小康和当地区域经济发展的主导产业。

湖南产茶历史悠久，茶文化底蕴深厚，发展茶产业具有人文、生态、工贸、科教等多方面的优势，产业基础较好，劳动力资源丰富，茶叶自然品质好，茶类丰富且结构较为合理。因地处亚热带季风性湿润气候区，光温水热资源丰富，土壤肥沃，很适宜茶树生长，自古就为我国重要产茶区。湖南省有 97 个县（市、区）产茶，农村涉茶人口超过 500 万人，茶叶产业已成为农业农村经济的重要支柱产业。

产业政策

近年来，湖南省茶产业得到各级政府部门的大力支持，获得蓬勃发展。湖南省委、省政府高度重视茶叶产业发展，多次召开专题会议研究茶产业发展，并在 2013—2014 年相继出台了《关于全面推进茶叶产业提质升级的意见》（湘政发〔2013〕26 号）、《湖南省茶叶产业发展规划（2013—2020 年）》（湘政办发〔2014〕6 号），这在湖南茶产业发展史上具有里程碑式的意义。此外，湖南省财政还专门下发了《关于支持我省茶叶产业发展的意见》（湘财农〔2014〕59 号），从茶产业龙头企业发展、基地建设、服务体系建设、品牌联盟创建、市场开拓和税费优惠等六个方面出台了财政扶持茶叶产业发展的一揽子政策，通过发挥财政资金的杠杆引导和聚集扶持效应，支持湖南省茶产业健康、持续、快速发展。湖南省发改委、农委、供销总社、扶贫办、农开办、湘西办、商检局等省直部门也从不同层面、不同角度支持湖南省茶叶产业发展。为促进茶产业发展，益阳、岳阳市委市政委主要领导多次召开专题调研会研究促进茶产业发展相关政策措施。郴州市出台了《关于加快茶叶发展的意见》，并将茶产业发展列入市县政府年度目标考核内容；常德市设立专门茶叶工作办公室，出台政策性文件，全面支持茶产业发展；安化、临湘、汝城、石门、古丈、桃源、沅陵、保靖、吉首、桂东、茶陵、炎陵、资兴、桃江、洞口、江华等地政府通过多种举措支持茶产业发展，全省茶叶产业发展环境进一步优化。

茶叶生产

1. 面积产量持续增长 2012 年湖南省茶园面积 108.8 千公顷，产量 13.5 万吨，2014 年发展到 127.5 千公顷，产量 16.2 万吨，面积和产量分别增长 10.4%、11.0%，位居全国第八位、第六位，湖南省茶叶产业步入发展快车道。

2. 产业布局进一步优化 湖南省茶产业布局向武陵山脉、南岭山脉和长岳山丘三个优势区域集中，基本形成“长岳山丘、武陵、南岭、罗霄山脉优质绿茶带”“雪峰山脉优质黑茶带”“环洞庭湖优质黄茶带”三大优势茶类主产区。

3. 多茶类协调全面发展 湖南省形成了以名优绿茶、黑茶为主（2014 年湖南省绿茶产量 7.2 万吨，黑茶产量 6.1 万吨，占全省总产量的 82.1%），花茶、黄茶、红茶、茶叶提取物等为辅的多茶类全面发展格局。名优绿茶、黑茶及茶叶精深加工将成为湖南茶产业发展的推动力和增长点。

4. 质量安全水平稳步提升 通过大力推广茶树无性系良种、“三品”认证、标准化生产、清洁化和连续化加工及实施全程质量安全监管，湖南省茶叶质量安全水平稳步提升。2014 年，全省出口茶叶备案生产企业 24 家，出口茶叶备案种植场 66 个，面积达 14.7 千公顷，实现了产品质量与国际市场接轨。

湖南省茶叶生产情况（2012—2014 年）

单位：千公顷、吨

年份	茶园面积	采摘面积	茶叶产量	其中				
				绿茶	红茶	黑茶	乌龙茶	其他
2012	108.8	86.8	135 346	58 363	15 890	48 010	3 582	9 501
2013	115.5	91.1	146 031	62 762	16 849	52 531	3 719	10 170
2014	127.5	98.4	161 813	71 994	17 342	61 169	3 330	7 978

数据来源：《湖南农业统计数据》。

湖南省茶叶主产县（2013 年）

单位：千公顷、吨

县（市）	茶园面积	茶叶产量	主要茶类	主要品牌
安化县	14.02	42 053	黑茶、绿茶、红茶	安化黑茶
古丈县	8.21	1 522	绿茶、红茶	古丈毛尖
石门县	6.69	8 298	绿茶、红茶、黑茶	石门银峰
长沙县	6.12	21 277	绿茶、红茶	金井、湘丰
桃源县	5.91	4 850	黑茶、绿茶、红茶	古洞春、腾琼、紫艺
桃江县	4.43	8 346	黑茶、绿茶	雪峰山、香炉山
平江县	3.98	400	绿茶、红茶、黄茶	九狮寨、江南
宁乡县	3.89	5 046	绿茶、红茶、黄茶	沩山、密印寺
湘阴县	3.80	2 313	绿茶	兰岭、铁香
临湘市	2.99	5 355	黑茶、绿茶、黄茶	洞庭、永巨、明伦

数据来源：《湖南农业统计数据》。

茶叶加工

湖南茶叶加工以龙头企业和专业合作社为基础，茶叶加工技术不断优化升级，加工设备也逐步更新。一是茶叶初加工水平普遍提升。长沙、桃源、石门、沅陵等茶叶优势区域县基本实现了机械化。二是精、深加工不断向自动化、标准化、清洁化、智能化推进。例如，益阳茶厂目前拥有国内最先进的自动化茯茶精制生产线，湖南省茶业（集团）股份有限公司在湘茶高科技产业园内建成了国内规模最大、最先进的精深加工车间，成为湖南省茶叶加工的标杆企业。

近几年，湖南省的黑茶和黄茶取得了跨越式的发展。其中湖南黑茶发展最快，益阳市茶叶加工量由2008年的2.2万吨增加到2014年的9.43万吨，增长328.64%；茶叶加工企业由2008年的30家增加到2014年的近300家，其中茶叶精制加工企业107家，全市市级以上茶叶龙头企业32家，其中省级6家、市级26家，厂房总面积12万米^2，年加工能力10万吨以上。黑茶和黄茶的发展，有力地带动了全省夏秋茶的加工，大大地提高了当地茶农的收入，同时带动了机械化采摘技术的推广应用。

目前，湖南省茶产业有国家级龙头企业1家，省级龙头企业38家，其中湖南省茶业集团股份有限公司作为湖南省唯一的国家级龙头企业，2014年公司（含控参股企业及基地）实现销售收入50亿元，出口8 000万美元，利税4.5亿元，经营规模及综合实力居国内同行业第一。此外，各龙头企业充分发挥资本、市场优势，跨乡（镇）、跨县、跨市州建立茶叶生产基地和茶叶加工厂，通过采取收购、租赁、联营、重组等多种形式，实施产业化经营。

湖南省省级茶叶农业产业化龙头企业（38家）

湖南省茶业有限公司	湖南中茶茶业有限公司
湖南猴王茶业有限公司	湖南潇湘茶业有限公司
湖南省怡清源茶业有限公司	湖南金洲茶叶有限公司
湖南省白沙溪茶厂有限责任公司	湖南沩山湘茗茶业有限公司
湖南省益阳茶厂有限公司	湖南腾琼野茶王茶业有限公司
湖南沅陵碣滩有机茶开发有限公司	湖南壶瓶山茶业有限公司
湖南省桃源县古洞春茶业有限责任公司	临湘明伦茶业有限公司
湖南省京湘天然藤茶有限公司	岳阳县洞庭春纯天然茶叶有限公司
衡阳市南岳怡绿有机茶开发有限公司	湖南岳阳洞庭山茶叶有限公司
长沙沩山茶业有限公司	蓝山三峰茶业有限责任公司
湖南省张家界白鹤井茶业有限责任公司	桂东县玲珑王茶叶开发有限公司
湖南省三益茶业有限公司	湖南资兴东江狗脑贡茶业有限公司
湖南省兰岭茶叶有限公司	湖南官庄干发茶业有限公司
湖南湘丰茶业集团有限公司	湖南长春茶业有限公司
湖南金井茶业有限公司	永州福田茶业有限公司
湖南省君山银针茶业有限公司	湖南浩茗茶业食品有限公司
湖南省九狮寨高山茶业有限责任公司	湖南黑美人茶业有限公司
澧县太青山有机食品有限公司	湖南自然韵黑茶科技有限公司
湖南华莱生物科技有限公司	湖南省渠江薄片茶业有限公司

资料来源：湖南省乡镇企业局、湖南省农业产业化办公室。

茶叶市场

1. 内销市场 在全国倡导厉行节约、反对铺张浪费的大环境下，2013年以来全国各地高端礼品茶市场遭遇寒冬期，湖南省也不例外。高档次名茶市场与往年同期比较销售走得慢，销售价格稍有回落，但普通毛尖和一般消费销售价格相应上涨，中低档茶稳中有升。2014年湖南省大部分茶叶企业吸取2013年的教训，纷纷采取调整产品结构、简化包装、网上销售、压缩利润空间、加大宣传力度等措施，应对宏观调控、物价上涨、人工短缺以及天气变化等因素叠加影响，取得较好效果。名优茶量价齐增，部分品牌茶企业名优茶更是供不应求；中档茶、大宗茶产销两旺，销售畅通，全省茶叶生产形势总体稳定向好。

2. 边销市场 数十年来，湖南益阳、安化、临湘均是全国“边销茶”生产基地，在西北市场湖南黑茶销售份额约占40%以上。黑茶含多种人类必需的有机酸、维生素、多酚类等生物活性物质，是边疆少数民族营养物质的重要来源。产品远销新疆、内蒙古、青海、西藏、宁夏等边疆地区，深受边疆少数民族的好评。藏族、蒙古族和维吾尔族等少数民族兄弟不但把黑茶当作日常必需，还赞之为“宁可三日无食，不可一日无茶”。

3. 出口市场 近年来，湖南茶叶出口克服重重困难，保持强劲增长势头，茶叶出口量由2007年全国排名第四上升并一直稳居全国第二。尤其是湖南省茶业集团股份有限公司，从1999年开始，致力于“低农残”“有机茶园”的建设工程，突破了欧盟的技术壁垒，取得了显著的成绩，茶叶连续多年出口欧盟居第一位。

湖南茶叶出口主要贸易国家有俄罗斯、美国、乌克兰、摩洛哥、阿尔及利亚等60多个国家（地区）。其中绿茶仍是出口茶叶的主要品种，主要输往俄罗斯、乌克兰、德国、斯里兰卡、阿尔及利亚等国家；红茶为出口茶叶的第二大茶类，主要输往俄罗斯、乌克兰、蒙古、美国等国家；花茶主要输往俄罗斯、美国、斯里兰卡、乌克兰、加拿大等国家；其他茶叶主要输往俄罗斯、乌克兰、美国等国家。出口自有品牌有“沙漠之舟”“猴王”“怡清源”“湘益”等。

2012—2014年湖南辖区出口茶叶情况

单位：吨、万美元

年份	出口量	创汇	红茶		绿茶		特种茶	
			出口量	创汇	出口量	创汇	出口量	创汇
2012	25 924	8 433	5 941	1 579	18 367	5 757	1 616	1 097
2013	23 351	7 769	4 884	1 303	16 969	5 481	1 498	985
2014	24 252	8 036	3 856	1 260	18 815	5 924	1 581	852

数据来源：湖南出入境检验检疫局。

4. 茶叶品牌 近年来，湖南省积极实施茶叶品牌工程，加大了茶叶品牌打造和整合力度，形成了一批有一定知名度和美誉度的地方标志产品和品牌。目前，全省已有18个品牌荣获中国驰名商标，此外，还有10个茶叶品牌获得了国家地理标志保护产品认证，10个企业品牌和4个地方公共品牌入选湖南十大品牌。“白沙溪”“君山银针”分别被评为中国黑茶、黄茶标志性品牌。

湖南茶叶品牌情况

类型	品　牌
湖南十大企业商标品牌	“君山”“猴王”“沙漠之舟”“金井”“湘丰”“怡清源”“白沙溪”“湘益”“天牌”“巴陵春”
湖南四大地方公共品牌	“古丈毛尖”“石门银峰”“安化黑茶”“保靖黄金茶”
中国驰名商标	“君山”“金井”“怡清源”“猴王”“古洞春”“湘丰”“古丈毛尖”“安化黑茶”“湘益”“石门银峰”“兰岭”“巴陵春”“白沙溪”“洞庭”“狗脑贡”“双上绿芽”“华莱健”“密印寺”

茶文化

湘茶文化底蕴深厚，茶祖神农文化、茶禅文化、黑茶文化在国内外影响深远。为了充分发挥这一资源优势做大做强茶文化，提高湘茶知名度、影响力，推动茶叶产业发展，一是办好茶叶品牌节会，为茶叶推介搭建推广平台。目前，湖南省已形成“中国（湖南）安化黑茶文化节”（两年一届，湖南省政府主办）、“中华茶祖节”和“湖南茶业博览会”（一年一届）3个品牌节会，这些节会对于宣传湘茶品牌、开拓湘茶市场、扩大湘茶消费产生了深远影响，推动湘茶实现了跨越式发展。二是挖掘茶文化素材，丰富茶文化产品形式。通过电视、电视剧、歌舞、广播、刊物等现代媒体方式宣传湘茶，科学引导茶叶健康消费；通过建设茶馆（楼）、茶叶旅游休闲基地，提倡茶休闲、茶旅游、健康的生活方式，形成“好喝茶，喝好茶，喝茶好”的产业氛围。

大事记

2012年4月18日，“中国·武陵山（沅陵）首届生态茶文化旅游节”在美丽的沅水之滨沅陵县龙舟文化广场盛装开幕。一场盛大精彩、独具魅力的茶文化宴席吸引了来自长沙、吉首、张家界等地数千名游客前来观光。

2012年4月22日，中国（古丈）第二届茶文化节——“红石林杯”茶歌大赛在古丈县国家地质公园红石林景区举行。该活动以“唱中国茶歌、品古丈毛尖、赏古丈山水”为主题，既是一次茶界人士的聚会盛典，更是对弘扬茶文化、繁荣茶经济的一次有力推动。

2012年9月24～25日，第二届“中国·湖南（益阳）黑茶文化节暨安化黑茶博览会”在益阳市隆重举行，并召开了首次安化黑茶全国茶商大会。之后，在北京老舍茶馆举行了为期10天的安化黑茶专场品鉴、推介文化活动。

2012 年 12 月 6～9 日，“2012 第四届湖南茶业博览会”在湖南省展览馆隆重举行。茶博会以“展示湘茶魅力、搭建交流平台、发展茶业经济、扩大茶叶消费”为主题，全面展示了湘茶的魅力。

2012 年 12 月 14 日，“湖南省茶叶学会 2012 年学术年会暨首届武陵山片区茶产业高峰论坛”在沅陵县举行，来自湖南、湖北、贵州、重庆等武陵山片区 26 个茶叶主产县相关负责人和茶叶生产、流通、教学、科研等有关单位的 300 余名代表围绕“绿色、生态、有机与茶产业可持续发展”的会议主题进行了广泛交流和探讨。

2013 年 4 月 20 日，以“弘扬茶祖文化、促进茶叶消费、建设茶叶强省、实现千亿产业梦想”为主题的“2013 中华茶祖节品茗思祖活动月开幕式暨三茗茶仓、中茶武陵绿感恩茶会”在长沙举行。

2013 年 6 月 15 日上午，“‘大汉杯’2013 年中国·武陵山（怀化·沅陵）第二届生态茶文化旅游节暨中国·沅陵传统龙舟国际邀请赛”在美丽的沅水之滨沅陵龙舟文化广场盛装开幕。

2013 年 7 月 10 日，湖南省政府下发了《关于全面推进茶叶产业提质升级的意见》（湘政发〔2013〕26 号），文件中明确提出：到 2020 年，全省建设 20 万公顷优质茶园，产量 45 万吨，力争实现 1 000 亿元茶业综合产值，全省茶农茶业收入翻一番。

2013 年 9 月 18～22 日，湖南两岸文化创意产业合作周在台北华山文创园区举行，以安化黑茶为代表的湘茶首次亮相台湾，在茶香茶舞中，传递出湘茶独具的精神价值和文化魅力，赢得如潮的好评。

2013 年 10 月 29～31 日，第九届“中国茶叶经济年会暨首届中国（岳阳）黄茶文化节”在岳阳召开，以“中国黄茶崭新起点”为主题，由中国茶叶流通协会主办，岳阳市人民政府、湖南省茶叶协会、湖南省茶叶学会、湖南省茶叶集团承办，来自全国各省（自治区、直辖市）茶叶协会负责人及全国各地知名茶商、茶企、科研机构专家、学者参与了盛会。

2013 年 11 月 1 日，由中国茶叶流通协会主办、湖南猴王茶业有限公司承办的“中国花茶技术创新论坛”在长沙举行。

2013 年 12 月 14～15 日，“湖南省茶叶学会 2013 年学术年会”在中国黑茶故里安化县召开，会议就建设湖南茶业强省、打造千亿产业发展目标，推进茶叶产业提质升级进行了深入探讨和广泛交流。

2014 年 1 月 6 日，湖南省人民政府办公厅下发了《湖南省茶叶产业发展规划》（湘政办发〔2014〕6 号），进一步明确了到 2020 年全省力争实现 1 000 亿元茶业综合产值的发展目标。

2014 年 3 月 4 日，全国茶叶标准化技术委员会黑茶工作组在长沙正式成立，由湖南农业大学刘仲华教授任组长，秘书处设在湖南省茶业集团股份有限公司，湖南、湖北、广西、四川等省（自治区）的企业、大学、科研院所及黑茶主产地政府代表 30 余人为成员，这是全国茶叶标准化技术委员会在湖南成立的首个茶叶标准工作组。

2014 年 4 月 20 日，“2014 中华茶祖节活动月开幕式暨‘汝城白毛茶’品鉴推介会”在湖南神农茶都市场举行，随后在长沙、株洲、衡阳、湘西等地先后举办了品茗思祖系列活动。

2014 年 10 月 12 日，“安化黑茶产业发展科学家论坛”在安化县隆重举行。中国工程院院士陈宗懋，中国茶叶流通协会常务副会长王庆，中国农业科学院茶叶研究所所长、国家茶叶产业技术体系首席科学家杨亚军等 7 位国内顶级茶叶科学家出席并做学术报告，安化县人民政府聘请 7 位科学家担任安化黑茶产业发展首席顾问。同时，湖南农业大学与安化县将联合共建“国家新农村研究院湖南省安化黑茶产业技术创新与推广中心”。

2014 年 12 月 12 日，“湖南省茶叶学会 2014 年学术年会暨高效湘茶发展战略研讨会”在茶叶之乡古丈县召开，湖南茶产业转型升级成为参会代表热议话题。来自湖南涉农涉茶部门负责人，茶业界的专家学者，省、市茶叶龙头企业等会员代表 300 余人参加了会议。

（湖南省农业厅经济作物处　陈岱卉）

广 东 省

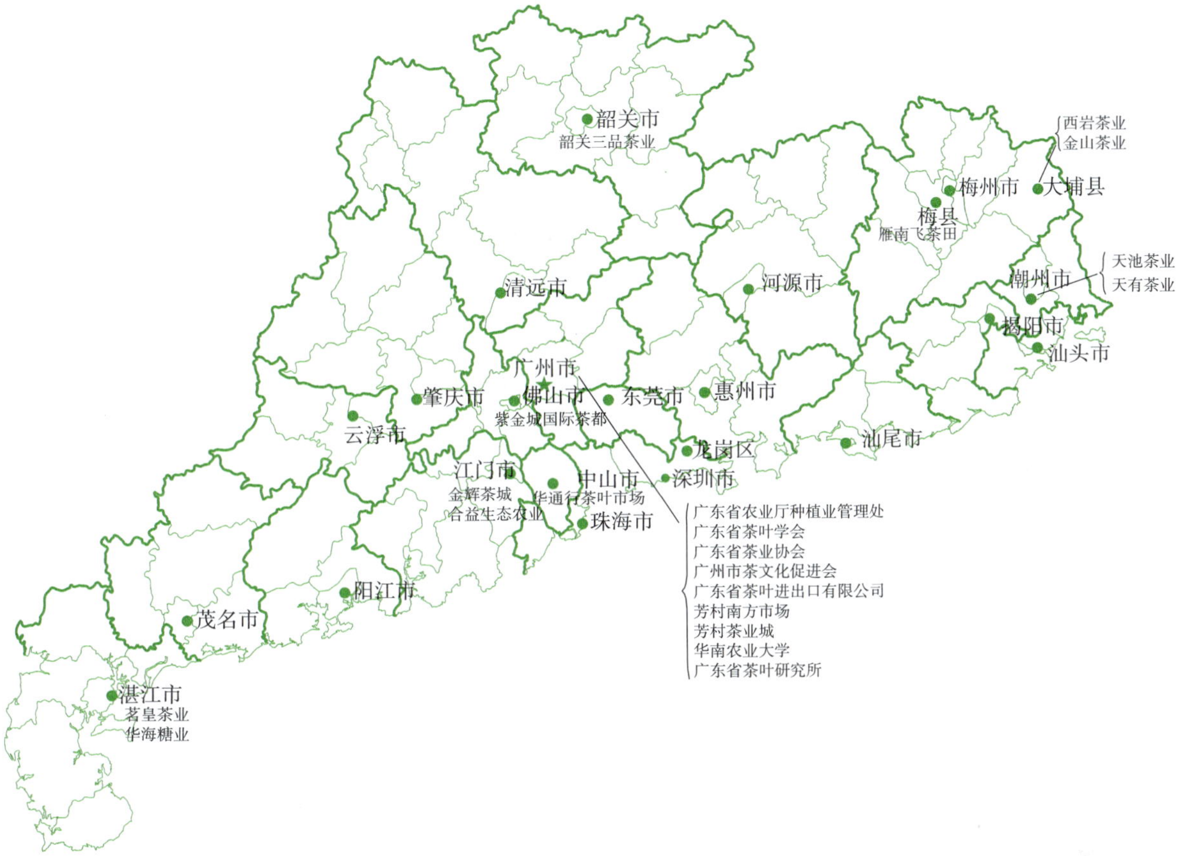

广东历来是一个多茶类的产茶大省和重要的茶叶贸易省份，在我国茶产业中具有举足轻重的作用。作为中国古代海上丝绸之路，也是茶叶之路、瓷器之路的起点，广东为我国茶业经济的繁荣发展做出了突出贡献。当下，国家提出“一带一路”战略，无疑给广东省茶业带来了新的机遇与挑战。新形势下如何进一步促进广东省茶产业又好又快发展，已成为广东省茶业主管部门和全行业共同关心的问题。

发展现状

1. 生产稳步发展 近年来，全省茶叶生产在稳步的基础上保持较快发展，面积稳步扩大，产量不断增加，产品结构优化，名优特茶增多，产销两旺，茶产业呈现良好的发展势头。2014 年，全省茶叶种植面积 4.82 万公顷，产量 7.392 5 万吨。其中绿茶 2.928 1 万吨、乌龙茶 3.463 2 万吨、红茶 0.341 0 万吨、黄茶 0.000 9 万吨、其他茶 0.659 3 万吨。值得关注的是，在近年红茶热的带动下，全省红茶取得了快速的恢复发展。2014 年广东省以英德红茶为代表的红茶类产品增长迅猛，同比大幅增长将近 70%，增长量占到了全省茶叶增长总量的三成以上。

2011—2014 年广东茶叶生产情况

单位：万公顷、万吨

年份	面积	产量					
		总产量	绿茶	乌龙茶	红茶	黄茶	其他茶
2011	4.11	5.963 7	2.530 0	2.725 2	0.127 9	0.000 8	0.579 8
2012	4.18	6.309 5	2.574 1	3.014 3	0.133 8	0.000 8	0.586 5

（续）

年份	面积	产量					
		总产量	绿茶	乌龙茶	红茶	黄茶	其他茶
2013	4.42	6.975 8	2.842 2	3.333 1	0.201 1	0.000 8	0.598 1
2014	4.82	7.392 5	2.928 1	3.463 2	0.341 0	0.000 9	0.659 3

2. 产业基础良好 广东省茶业经过近年来的调整和优化，不断夯实产业基础，逐步向现代茶业加快发展。

一是总体生产能力逐步提高。2014 年全省茶叶产量与 2011 年相比，增长了 23.98%。

二是产业结构日趋协调。2014 年优新品种规模不断扩大，全省无性系茶园面积占比已达 70%左右。茶类结构以市场需求为导向不断调整，红茶产量占比上升近两个百分点，绿茶保持下降趋势，占总产量比重已下降到 40%以下，具有广东省特色的优良品种单丛等乌龙茶产量比重大幅上升，达 46.84%。产业结构适应市场需求日益改善，发展更趋协调。

三是科技支撑明显强化。在新品种选育、品种布局、名优茶开发、优质安全生产、节本增效等方面有所突破，产业进入依靠科技进步的发展轨道。

四是设施装备水平不断提升。进一步提升机械化采制水平，信息化、电子商务建设、物联网等现代科技设施迅速发展，茶叶生产资料供给保障能力稳步增强。

五是茶叶质量安全水平不断提高。品牌建设得到加强，无公害、绿色食品和有机茶生产进一步加快。

六是生产经营方式逐步改善。在稳定农村基本经营制度的同时，积极推进经营机制不断创新，种植大户、家庭农场、专业合作社、茶叶龙头企业等新型经营主体快速发展壮大。

七是茶农收入持续增长。随着广东省茶业现代化发展的推进，推动了茶叶产品产量增加、结构优化和品质提升，加上茶叶价格提高，茶农生产经营收入快速增加。同时，为山区农民转移就业创造了条件，农民工资性收入也大幅增加。

3. 市场建设日益完善 广东省继续加强茶叶市场建设，重点产区也建设了产地茶叶专业市场。珠江三角洲地区的广州、深圳、中山、东莞、佛山、江门等城市建设了数十家销区茶叶专业市场，拥有一批庞大的茶叶流通队伍。特别是广州地区，茶叶专业市场改造升级正在稳步推进。此外，各种大型茶叶展会、名优茶评比、茶艺师技能竞赛等茶事活动，为企业搭建展销和宣传平台，拓宽了茶叶的销售领域，促进茶文化深入发展，有力地促进广东省茶业经济的快速发展。

2012—2014 年，广东省以云南普洱茶为代表的黑茶、以英德红茶为代表的红茶和以福鼎白茶为代表的白茶产品仍是广东省茶叶市场的消费热点；以凤凰单丛为代表的乌龙茶和本土绿茶保持平稳增长。受经济新常态影响，高端产品持续回调，中档茶继续增多。

主要措施

在新形势下，广东茶业的发展要紧紧围绕增强综合生产能力，确保增产、增效和农民持续增收的目标，力争到 2020 年全省茶园面积达 5.67 万公顷，总产量达到 9 万吨，分别比 2014 年增长 17%和 22%。茶树品种与产品结构进一步优化，产品质量安全水平与生产效益进一步提高，基本建成茶树良种化、茶园基地化、加工规模化、经营产业化，以及优质、高效、生态的现代茶产业体系。为达到这一目标，必须把握和坚持以下几个原则：

一是坚持因地制宜，突出特色。充分发挥区域自然条件与产业基础优势，突出区域特色，合理安排品种布局和茶类生产，扬长避短，提升产业竞争力。

二是坚持规模经营，集约发展。因地制宜选择适合当地实际的规模经营实现路径，扶持培育新型茶叶生产经营主体。引导茶叶企业建立良好的产业化经营机制，以企业发展带动产业基地建设，促进茶产业向规模化、专业化、产业化方向发展。

三是坚持市场导向，多方参与。充分发挥市场配置资源的基础性作用，以市场主导推动茶业发展。正确处理政府、企业、科研单位、农民的关系，发挥相关主体的积极性，创新发展机制，增强茶产业发展动力。

四是坚持兼顾生态，科学发展。遵守自然规律和经济规律，合理利用和有效保护资源，科学规划山地茶园建设，注重水土保持，禁止盲目开荒毁林种茶，实现经济、生态、社会效益和谐统一。

发展规划

党的十八大强调工业化、信息化、城镇化、农业现代化“四化同步”发展，为我国农业发展创造了广阔的空间。广东省在推进现代农业发展实践中，提出了建设“优质、高效、生态、安全”农业，提高土地出产率、资源利用率、劳动生产率，增强农业抗风险能力、国际竞争力、可持续发展能力的发展目标，为广东省茶业现代化发展指明了方向。就广东省茶业今后的发展，提出以下几点建议：

一要以市场为导向，充分发挥广东省地理、资源、消费优势，培育特色产品，实行区域化布局，专业化生产，规模化经营，努力开发“拳头”产品，发展区域特色茶叶经济，打造独具特色的茶叶生产基地。特别是大力做好广东省独具特色的粤东茶区单丛乌龙茶和客家绿茶、粤北英德红茶和白毛茶的文章，努力拓宽市场。

二要增强品牌意识，积极发展无公害、绿色食品和有机茶生产，着力打造生态经济品牌。优化茶种、茶园和生态环境，促进绿色、生态发展。积极引进和鼓励外资、民营工商资本参与茶产业开发，加快培育一批具有较强竞争力、带动力的茶业龙头企业，大力打造广东省茶叶企业品牌和产品品牌。

三要提升科技水平，加强茶叶生产、科研、推广等领域合作，加快优质高效生产技术的集成、组装与示范推广。积极发挥茶叶科技示范场、科技园区等在茶叶科技推广中的作用。加强老茶园改造，不断提高茶叶生产科技水平，以科技引领广东省茶业生产现代化发展。

四要加强宣传推广，充分挖掘具有广东地方特色的茶文化、茶习俗等，深入拓展广东茶的文化内涵和底蕴，以文化引领产业的发展。将茶业资源与当地文化相结合，积极营造茶文化氛围，打造以茶为主题的特色旅游，发展生态农业新模式，创造更大的社会效益和经济效益。

五要大力推动经营主体创新，不断发展和完善“公司＋农户”“合作社＋农户”“公司＋合作社＋农户”“公司＋基地＋科研机构＋农户”等有效的多种经营模式，建立健全农民参与的“风险共担、利益均沾”的紧密利益联接机制。加快构建广东省茶业生产、加工、销售一体化的生产经营体系，提升茶叶产业化经营水平。

六要探索销售模式的变革与提升，在维持现有经营的同时，将传统销售模式与电商模式结合、将现场销售转化为网络社交圈销售，由传统的单一销售转为知识普及、茶品定制等的综合服务，积极利用互联网、微信等营销方式实现经营效益最大化，同时为茶叶销售带来更多年轻化消费力量。

七要加强茶文化的宣传推广力度，积极倡导“茶为国饮”，提倡全民饮茶。广泛开展各种茶事茶文化活动，深入打造具有广东特色的茶文化靓丽名片。做好中国优秀传统文化——茶文化这一文章，必将有利于拉动广东省茶叶消费的增长。

八要积极发挥行业组织作用，加强茶叶行业组织建设，支持和完善茶叶行业服务体系建设。支持省、市、县茶业协会、学会体系建设，强化行业自律、科技咨询和组织、协调能力；实行行业组织购买服务制度，设立行业组织专项服务经费；充分发挥行业组织的参谋作用，在政府重大决策、政策扶持、重要投资和产业项目论证上听取行业组织的意见和建议；支持行业组织所办会刊、网站等行业服务平台的建设，支持其拓宽服务范围、提高服务层级、提升服务水平、扩大服务效果。

九要积极发挥政府职能作用，各级政府作为农业增收的坚强后盾，应当立足科学发展，充分发挥财政资金的引导和杠杆作用，建立资金服务体系，做好资金的投放使用和监督工作，完善利益协调机制。努力提升财政支持经济建设的政策、资金和服务平台，积极扶持广东省茶叶产业发展壮大，全面发挥政府对经济社会发展的引导和推动作用。努力使广东省茶产业继续保持健康、稳步增长的良好势头，服务广东省山区经济的发展。

大事记

2012 年 4 月 25 日，为响应全国茶行业，推动茶为国饮的行动，中国茶叶学会、广东省茶叶学会、广东省茶业行业协会联合举办“2012 全民饮茶日——广东区域活动”，发动广东各地十多个城市的茶叶协会（商会）联合茶企业，以“茶为国饮　品味生活”为主题，进行茶知识竞猜、科学饮茶咨询、茶艺表演、春茶赠饮、书法字画现场挥毫、茶叶科普资料派发，以及专家咨询等形式多样的茶文化活动。

2012 年 5 月 24～28 日及 11 月 22～26 日，经商务部批准，中国茶叶流通协会、广东省茶业行业协会联合在广州成功主办了春、秋两季“2012 中国（广州）国际茶业博览会”，为国内外茶叶生产、加工、贸易企业提供了一个不同季节的交流与合作的平台，展会的国内外参展企业之多、展会规模之大、宣传力度之强、展览效果之好，赢得了国内外茶界人士的一致认可。

2013 年 4 月 20 日，由中国茶叶学会、广东省茶叶学会、广东省茶业行业协会联合举办“2013 全民饮茶日——广东区域活动”。

2013 年，作为亚洲最大的茶业态交易中心——广州芳村，普洱茶再次“疯狂”。此次的普洱“疯狂”体现在古树茶、老茶以及明星单品上，出现了几个关键词：原料价格飙涨、大益明星茶疯狂、雨林古茶坊升空、新兴品牌北上、明星老茶热炒、低端市场瞎忙。

2013 年 5 月 15～16 日，由广东省农业厅支持，广东省茶叶学会、广东省茶业行业协会共同举办的广东省第十届名优茶质量竞赛活动在英德市举办。本次竞赛获奖茶样共有 133 个，其中特等金奖 8 个、金奖 39 个、银奖 63 个、优质奖 21 个、创新奖 2 个。

2013 年 5 月 23～27 日及 11 月 21～25 日，经商务部批准，由中国茶叶流通协会、广东省茶业行业协会联合主办的春、秋两季“2013 中国（广州）国际茶业博览会”在广州会展中心盛大举行。

2013 年 6 月 28 日，由中国茶叶流通协会、广东省农业厅作为支持单位，英德市人民政府、广东省茶叶学会、广东省茶业行业协会主办，英德市茶业行业协会等单位承办的“首届中国英德红茶文化节”在英德市英红镇的广东省农业科学院茶叶研究所基地隆重开幕。

2014 年 4 月 26 日，由中国茶叶学会、广东省茶叶学会、广东省茶业行业协会共同主办的“2014 全民饮茶日——广东区域活动”在全省范围内开展。

2014 年 9 月 28 至 10 月 3 日，为推动广东茶产业特别是英德红茶的发展，广东省茶业行业协会、广东省茶叶学会及英德市人民政府共同成功举办了“2014 第二届中国英德红茶文化节”。

2014 年 5 月 29 日至 6 月 2 日及 11 月 20～24 日，经商务部批准，由中国茶叶流通协会、广东省茶业行业协会联合主办的春、秋两季“2014 中国（广州）国际茶业博览会”成功举办。

2014 年 11 月 7～10 日经广东省人力资源和社会保障厅批准，由广东省职业技能鉴定指导中心技术指导、广东省茶业行业协会主办的“2014‘迎海杯’广东茶艺师职业技能大赛”在迎海茶都成功举办，这是茶艺从业人员展示技能的优秀平台，它有效地促进了茶艺职业技能的普及和健康发展，为茶行业培养了一大批新晋的高技能人才。

（广东省茶业行业协会　张黎明）

广西壮族自治区

广西具有优越的茶叶种植环境和悠久的种茶制茶饮茶历史，气候温和，雨量充沛，土地肥沃，生态良好，是我国茶树原产地之一。据陆羽在《茶经》中记载，在唐朝，广西就是茶叶主产区之一。改革开放以来，经过历代茶叶工作者的努力，广西茶叶生产有了较大发展，茶叶产业进入了历史最好的发展时期，茶产业已经成为广西农村产业发展、边远山区特别是少数民族地区农民脱贫致富及实现农民收入倍增计划新的增长点，成为发展经济的主要途径之一。

发展现状

广西是全国重要茶叶产区之一，主要生产绿茶、红茶、黑茶（六堡茶）和茉莉花茶等。2014 年，全区茶园面积 6.7 万公顷，在全国排第 12 位。干毛茶总产量 5.88 万吨，全国排第 11 位。茶叶产值 34.8 亿元，在全国排第 12 位。

全区现有各类茶叶初制厂 1 623 家、各类茶叶品牌 175 个，其中六堡茶、桂平西山茶、昭平银杉茶等获得国家地理标志产品保护。横县茉莉花茶、六堡茶等部分品牌在全国茶叶企业产品品牌价值评估中排名靠前。

广西主要茶区的茶产业是当地举足轻重的支柱产业，以少数民族聚居的三江县为例，该县自 1988 年开始以发展茶产业实施扶贫计划，经过坚持不懈的努力，2012 年全县茶园总面积达到了 8 666.67 公顷，干茶产量近 9 000 吨，产值 8.56 亿元。15 个乡（镇）有 154 个行政村种茶，茶农达到 20 万人，全县农民人均茶叶收入为 2 620 元，茶产业成为三江县农业支柱产业。

茶叶种植

广西茶区主要分布在边远山区的贫困地区。据广西农业厅经济作物处调查，2013 年广西茶园种植茶叶 0.5 万亩以上的县有 26 个，占种植茶叶县数的 53%，种茶面积达到全区种茶总面积的 91%；种茶 1 万亩以上的县有 15 个，占种茶县数的 30%，种茶面积占全区种茶总面积的 83%；种茶 1.5 万亩以上的县有 10 个，占种茶县数的 20%，种茶面积占全区种茶总面积的 76%。

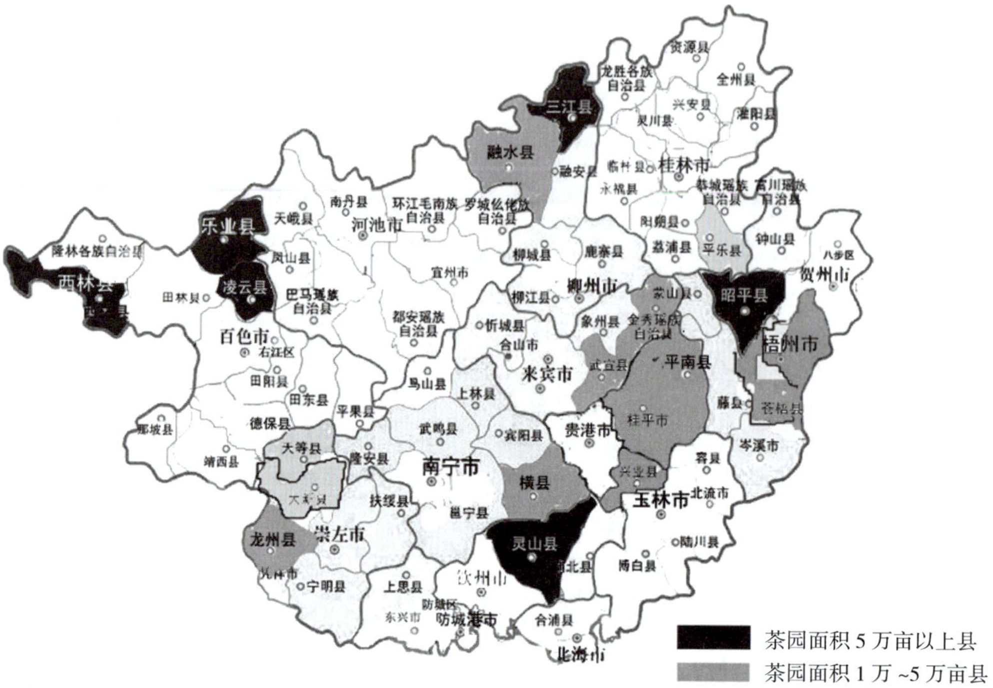

广西茶区分布示意图

2013 年广西 26 个种植茶叶 0.5 万亩以上的县（区）表

单位：万亩

县（区）	面积	县（区）	面积	县（区）	面积
三江县	14.76	金秀县	2.18	防城区	0.76
昭平县	11.61	平乐县	1.48	全州县	0.69
凌云县	11.20	平南县	1.40	隆林县	0.68
乐业县	10.86	龙州县	1.34	柳城县	0.66
灵山县	6.30	博白县	1.21	资源县	0.58
西林县	5.20	桂平市	1.20	恭城县	0.58
苍梧县	4.39	覃塘区	0.99	武宣县	0.58
融水县	3.11	兴业县	0.88	南丹县	0.53
横　县	2.49	德保县	0.86		

数据来源：广西农业厅。

目前，广西茶区栽培品种以大、中叶品种为主，其中无性系茶园约占50%。主栽品种类型有3大类，即地方品种、云南大叶种、福云6号，约占总面积的85.2%。

广西茶树品种及其分布情况表

单位：万亩、%

品种	面积	比例	分布区域
地方品种（凌云白毫、六堡茶）	37	35	凌云、西林、乐业、苍梧
云南大叶种	5	4	龙州、柳城、鹿寨、凌云、西林、乐业
福云6号	49	45	昭平、三江、灵山、平南、金秀等
其他引进品种（浙江、福建、湖南）	13	12	全区产茶县

数据来源：广西农业厅。

茶叶生产和市场情况

广西是中国茶叶生产的最适宜区之一，茶园栽培品种以大、中叶种为主，生长量大，内含物质丰富，适制各大茶类，但主产绿茶、红茶与黑茶（紧压、六堡），产品品种丰富、茶类齐全，品质特色突出。广西栽培的大叶种茶叶内含的茶多酚类物质多在30%以上，生产出来的茶叶味道浓、耐泡、保健价值高。绿茶在广西茶叶产品中占据绝对多数，约为茶叶总产量的87%。广西茶树的原料持嫩性好，内含物丰富，白毫多，制成的绿茶香气高，滋味浓，风味独特，主要销往华东、华北市场。

广西早芽茶树品种加工的绿茶最早可在2月中旬上市，比华中、华东茶区早上市30～40天，具有其他省难以竞争的天然优势。早春茶可以极快地抢占销区市场，有较高的经济效益，目前全区已有早春茶园面积1万公顷以上，早春绿茶已经成为广西强势的茶叶产品品牌。

广西六堡茶与云南普洱茶、安化茯砖、雅安藏茶齐名，号称中国四大黑茶，六堡茶是广西传统优势茶叶产品。六堡茶原产地在苍梧六堡镇，但新中国成立后广西各地生产的黑茶都称为六堡茶。黑茶历史上主要是边销茶，价格、市场份额长期保持稳定，价格在低水平徘徊。近年来，由于人们对黑茶保健功效的进一步认识，加上云南普洱茶热销的带动，广西六堡茶发展迅速，被列为广西茶业重点发展的产品之一。2014年以来，黑茶市场再度升温，六堡茶又迎来一个新的发展机遇，成为广西茶业一支耀眼的绩优股。

广西横县是全国最大的茉莉花生产和花茶加工基地，年加工茉莉花茶6万吨，产值25亿元；茉莉花产量和茉莉花茶产量分别占全国的80%以上、世界的60%以上。

代用茶不是山茶科茶属的植物，广泛用来当作饮用材料，也称之为茶的产品。目前，广西的代用茶产品主要有石崖茶、苦丁茶、相思藤茶、甜茶、绞股蓝茶、藤茶、金花茶等，除了苦丁茶原有一定数量的栽培之外，其他品种近年来陆续少量栽培，合计面积约为4 666.67公顷。虽然商业宣传较多，但尚未能真正进入茶饮料消费的主流市场，产值有限。

广西茶类产量情况表

单位：万吨、%

年份	总产量	绿茶		红茶		乌龙茶		黑茶		其他	
		产量	比重	产量	比重	产量	比重	产量	比重	产量	比重
2010	3.915 8	3.27	83.59	0.05	1.36	0.01	0.27	0.05	1.26	0.54	13.52
2014	5.89	3.82	64.86	1.67	28.35	0.03	0.51	0.21	3.57	0.16	2.72

广西茶产业在发展过程中，凸现了一批实力较强、年加工量200吨以上的本土加工企业，约有20家。广西梧州茂圣茶业有限公司、广西农垦茶业集团有限公司、广西石乳茶业有限公司、广西梧州茶厂、广西金花茶业有限公司等一批初具规模、在市场上有较大知名度的企业以及它们拥有的产品品牌已经具备较强的市场竞争力，成为带动广西茶产业发展的生力军。

主要措施

1. 扩大标准茶园创建规模，提高茶产业标准化程度

广西茶产业从推行无公害茶叶标准入手，制订了16个（套）茶叶及其相关的地方标准，大面积推进无公害茶园建立，全区25个基地获得了无公害生产基地的认定，主要产区茶园基本上都实现“三品”认证，先后有24家企业获得过有机产品茶叶认证、7家企业获得过绿色食品茶叶认证、5个茶叶产品获得国家地理标志产品保护认证。特别是农业部实施园艺作物标准园创建活动的3年来，广西共下达资金近千万元，创建标准园项目14个，对推动全区的茶叶标准化生产，扶持广西茶叶品牌建设，起到明显的作用。

2. 加强科技创新，提高科技支撑能力 一是推广应用茶树良种。选育和推广地方特色茶树良种，适当引进区外优良品种，做到茶园良种化、良种本地化，适应开发规模化、标准化和多元化产品需要。二是加强茶叶技术集成创新。推进广西茶学重点实验室和茶叶工程技术中心建设，积极争取建立广西茶叶产品质量监督检验测试中心，成立自治区茶叶质量鉴定委员会，强化全区茶叶质量评定及管理。农业、科技部门及高等院校、科研院所联合组织力量，集成创新并推广特色茶树良种筛选与纯化、茶树良种无性系繁育技术、有机茶生产技术、茶叶精深加工技术、贮藏保质技术、安全性评价技术、茶叶新用途以及加工工艺革新、新机械研发和农机农艺技术，突破茶叶安全、优质生产的技术瓶颈问题。三是加大力度支持初制茶厂优化改造。加强茶叶连续化加工流水线的研发与推广，改善加工装备条件，改进加工工艺；支持和引导龙头企业与初制茶厂（场）采用清洁化、连续化、自动化、规模化、标准化和科学化的现代加工方式，推进标准化茶厂建设，大力推进QS等质量管理标准体系认证，提高茶叶加工现代化水平。

3. 培育壮大“桂茶”品牌，扩大市场影响力 培育和壮大“桂茶”品牌，促进茶产业转型升级，加强茶叶标准化建设，增强科技支撑能力，创建现代特色茶产业示范区，把广西建设成为我国具有明显地方特色、重要的优质茶叶生产基地和加工基地。针对广西茶叶品牌多、小、杂等突出问题，以政府名义成立协会开展地理标志证明商标和集体商标注册、使用和管理，加强推进品牌整合、宣传和推介等工作，实行品牌经营，重点培育壮大黑茶类的“六堡茶”、红茶类的“桂红”（“八桂红”“广西红”）、绿茶类的“桂绿”（“桂绿早”“八桂绿”）、“茉莉花茶”等“桂茶”品牌。

4. 拓展市场营销渠道，提高桂茶市场份额 一是按照市场化需求，创新发展理念，培育扶持一批基础条件好，企业信誉好，产品适销有竞争力，对带动当地产业发展有明显作用的茶叶龙头企业。二是加强重点县茶叶市场平台建设，充分发挥各地潜能，扩大其影响，促进茶叶流通。结合广西特色民族文化，举办形式上多种多样的民族文化和茶文化艺术节，提升文化营销宣传活动的水平。三是扩大营销队伍和经销网点。按照市场化需求，加快培育一批懂技术、会管理、善经营的茶叶经纪人队伍。支持企业、合作组织、经纪人在上海、北京、广州、深圳一线城市以及东北地区、西北地区等销区设立品牌茶销售连锁店、专营店、加盟店，开展多种形式的“桂茶”品牌推介和营销活动，把“桂茶”推向全国和世界。

茶叶贸易

广西重视茶叶流通和品牌建设，加大力度建设茶叶市场。目前，已建成了在中国与东盟有较大影响的广西南宁茶叶批发市场（“10+1”茶叶一条街）、南宁华南城天鹰茶城、南宁金桥茶城、南宁金砖茶城、全国最大的花茶交易市场——横县西南茶城、全国最大的六堡茶交易中心——梧州茶城，以及凌云县白毛茶批发市场、昭平县茶叶批发市场等茶叶市场。其中，广西横县成为中国茉莉花茶交易会永久举办地、全国四大茶叶交易市场之一。2000年以来，广西的茶叶零售、消费门店（茶楼、茶庄）迅速发展，目前约有5 000家茶楼、茶庄，仅南宁市就有近1 000家。

广西茶叶的主销市场为国内市场和国外市场。其中，茉莉花茶主销国内的华北、东北，以及俄罗斯、日本等国外市场；六堡茶主销粤港澳及马来西亚等侨胞地区。近年来，随着广西有机茶生产的发展，广西有机绿茶也销往欧美、日本市场。

科技教育

目前，广西茶叶技术推广体系是以广西桂林茶叶科学研究所为依托，茶叶生产市、县、乡农业技术推广部门为枢纽，茶业企业、茶叶基地、茶农为终端服务格局。以国家现代茶叶产业技术体系桂林综合试验站（设在广西桂林茶叶科学研究所）为技术依托，在三江、凌云、昭平、灵山、金秀等五县建立茶叶生产示范县，向全区茶叶产业推广先进生产技术。以广西茶产业技术创新战略联盟（广西桂林茶叶科学研究所为盟主和秘书长单位）为平台，组织企业、大学和科研机构等围绕产业技术创新的关键问题，制订联盟战略研究和发展规划，开展技术合作，聚集产学研等创新资源，联合攻克制约产业发展的共性、关键、核心技术，提升产业核心技术竞争力和产业创新效率。作为广西茶叶界学术组织的广西茶叶学会，属于广西农学会下的二级学会，现有团体会员50个，个人会员600人，基本上囊括了广西主要的茶叶种植、生产企业和销售企业，科研教育单位以及从事茶叶工作的个人，具有较大的广泛性和代表性。

全区除百色市、昭平县、三江县、凌云县外，其他市县没有专门茶叶管理机构。除广西桂林茶叶科学研究所、南亚农业科学研究所和广西职业技术学院承担一定的茶叶技术服务、推广职能外，全区无专门茶叶技术服务推广机构。从事茶叶生产、加工、营销的专业技术人员少，技术力量不足，优质安全技术的试验示范等难以组织开展，新知识、新技术、新品种、新产品推广渠道不畅。

茶文化

在2012—2014年的广西春茶节期间，广西茶叶学会举办广西茶叶品牌产品擂台赛、组织茶艺茶道表演大赛、饮茶达人赛、广西茶艺大赛等各种赛事，并配合中国茶叶学会开展全民饮茶日等系列活动。开展“桂茶杯”名优茶评比及其他茶叶及相关行业的评比、审评活动，在具备资质的范围内接受委托对茶叶及相关产品进行评比、审评、鉴定。推荐和奖励优秀学术论文、科普作品、茶与茶相关的产品。组织重大科学技术问题的探讨和产业考察活动，举办为茶业工作者服务的各项事业和活动。

同时，还开展学术报告、红茶加工技术培训以及茶艺、审评等活动；组织会员赴台考察交流茶业生产贸易，为促进中—缅茶产业的发展、合作，组织会员与缅甸联邦共和国驻南宁总领事进行座谈、交流。

在主流媒体开辟本土茶文化栏目、专业网站，在区内外茶叶专卖店植入统一桂茶元素。加大饮茶文化宣传，营造饮茶氛围，促进茶叶消费。树立大茶业、全产业链理念，建设茶业科普园，拓展茶产业观光、休闲功能，打造茶叶种植、生产、加工、销售与旅游、观光、休闲、度假等于一体的茶产业园。

大事记

2012年4月10～12日，由广西壮族自治区农业厅、文化厅、旅游局，中共贺州市委、市人民政府主办，中共昭平县委、县人民政府承办，广西茶叶学会、广西茶业协会协办的“广西茶韵　昭平银杉——2012广西（昭平）春茶节暨生态长寿文化旅游节”在昭平县举行，这是广西区内规格最高、规模最大、影响力最强的茶文化和茶产业合作交流盛会。

2012年8月，广西茶叶及茶制品产品质量监督检验研究中心落户凌云茶文化产业园。

2012年10月，中国茶叶学会评出广西乐业县荣获“中国名茶之乡”称号。

2013年4月28日～5月4日，由广西农业厅、南宁市人民政府主办，南宁市农业局、南宁华南城、天鹰茶城（中国—东盟茶叶交易中心）承办，广西茶业协会、广西茶叶学会、广西著名茶企若干家协办的“第六届广西（南宁）春茶节暨东盟茶博会”在南宁华南城天鹰茶城中国—东盟茶叶交易中心举行。

2013年9月，广西茶叶学会与广西茶叶产业创新联盟举办了为期4天的“广西红茶品质提升与营销策略观摩研讨活动”。

2013年10月，凌云县荣获“2013年度全国重点产茶县”称号。

2014年1月18日，广西茶叶学会举行广西茶叶学会八届二次理事会，通过了章程修正案，成立茶艺专业委员会决议，增补、改选理事和常务理事，建立广西茶叶评审、鉴定专家库登记人员名单，新入会团体会员名单等五项议程。

2014年4月25日至5月4日，由广西农业厅、南宁市人民政府主办，广西茶叶学会、广西茶业协会、南宁市农业局、南宁华南城天鹰茶城（中国—东盟茶叶交易中心）承办的“第七届广西（南宁）春茶节”，主题是打造广西“中国大陆第一早春茶”品牌。

2014年4月，广西茶叶质检中心、广西凌云白毫茶繁育与加工工程技术研究中心在凌云县揭牌成立。

2014年10月11～15日，为了引导广西红茶茶树品种改良与加工技艺的提升，广西茶叶学会联合广西茶叶产业技术创新战略联盟、南宁市金桥茶城共同组织，在南宁市金桥茶城举办金桥杯广西名牌茶叶产品（红茶）擂台赛暨广西红茶品种与加工工艺研讨观摩活动。

2014年10月，广西乐业县被评为“2014年度全国十大生态产茶县”。

2014年10月17～21日，梧州市成功举办“2014中国茶业经济年会暨六堡茶博览交易会”。

2014年11月，中国茶叶学会50周年，广西茶叶学会推荐陈爱新、陈佩珍、杜超年、郭维深、李壁球、廖庆梅、黄锦河7人荣获50年贡献奖。

（广西茶叶学会　黄家琪）

海 南 省

海南是中国最南端的海岛，地处南北回归线之间的纬度带，位于赤道两侧，北纬 18°10′～20°10′，东经 108°31′～110°03′，海南岛的地势四周低平，中间高耸，以五指山、鹦哥岭为核心，向外围逐级下降，是我国具有热带海洋气候特色的地方。海南茶园分布于中部五指山山地边缘和东部、北部低丘台地，这里全年阳光辐射量大，日照时间长，气候温和，年平均气温 22～26℃，年降水量 1 700～2 400 毫米，相对湿度在 80%以上，昼夜温差达 6～11℃，是我国最大的热带宝地，是我国唯一的热带岛屿茶区，也是我国新兴茶区热带茶树生态最优良的地方，具有茶叶生长得天独厚的自然环境。

茶叶生产

2012 年海南省茶叶种植面积为 963.7 公顷，采摘面积为 751.9 公顷，产量为 945 吨，产值为 6 647 万元；茶叶出口量约 147 吨，创汇 24 万美元。2013 年种植面积为 972.2 公顷，采摘面积为 738.7 公顷，产量为 799 吨，产值为 7 577 万元；茶叶出口量约 587 吨，创汇 75 万美元。2014 年种植面积为 1 024.3 公顷，采摘面积为 762.7 公顷，产量为 846 吨，产值为 7 822 万元；茶叶出口量约 464 吨，创汇 72 万美元。

2012—2014 年海南省茶业基本情况

单位：公顷、吨、万元、万美元

年份	种植面积	采摘面积	产量	产值	出口量	创汇
2012	963.7	751.9	945	6 647	147	24
2013	972.2	738.7	799	7 577	587	75
2014	1 024.3	762.7	846	7 822	464	72

产业情况

20世纪60年代开始大力发展茶叶，80年代后期，海南茶叶发展到鼎盛时期，茶园面积达8 000公顷，产量达1.2万吨。海南以生产红茶为主，南海茶场生产的红碎茶，金江农场五指山茶厂、乌石农场岭头茶厂生产的红碎茶和红条茶96%远销欧美等50多个国家与地区，为国家换取了大量外汇。自90年代中期，由于我国茶叶市场全面开放，加上国际市场茶叶价格变化，红碎茶出口受阻，茶叶生产出现严重萎缩。2000年的前后几年中，占全省茶叶产量80%以上的农垦系统采取了一系列有效的措施，并把茶叶作为其支柱产业之一，对茶叶生产做了改革。通过对现有的国有茶园产权转让、租赁、长期承包、股份合作等形式盘活国有资产，进一步调动了茶农的积极性，优化茶叶资产结构，树立品牌意识，大力发展宣传扩大茶叶优质品种，海南茶叶产业趋稳回升。

海南现有种、产茶企规模较大的茶场：海南农垦白沙茶业股份有限公司、海南省国营乌石农场岭头茶厂、海南省国营金江农场五指山茶厂、海南省国营南海农场、海南省白沙县白沙农场、五指山市水满地区等茶叶合作社。种植树种的品种主要有云南大叶、海南大叶、水仙、祁门、奇兰、福鼎大白、福云6号等名优茶叶品种。茶叶加工从传统的制茶工艺到如今的传统与科技并存工艺。目前，“白沙绿茶”“白马岭”“金鼎牌”“海岛红”及“五指山红茶”等成为海南茶叶知名品牌。“白沙绿茶”“五指山红茶”已获得了农业部颁发的农产品地理标志认证，并被认定为农产品地理标志，这对提升海南茶叶市场知名度，加快产业提质增效，促进当地农业转型升级具有重要意义。

大事记

2012年3月22～24日，由海南省茶叶学会、海南省茶叶协会（海南省茶叶学会和海南省茶业协会简称“海茶两会”）发起举办，乌石农场承办的“海南省第三届茶事活动暨海茶两会第四届全体会员代表大会”在琼中黎族苗族自治县举行，此活动对于海南的茶产品和茶叶资源起到了良好的推广作用，大大地提升了海南茶产品的市场影响力。

2012年5月19日，海口市世贸茶业城举办“2012春茶品鉴会暨茶友会成立仪式”活动，海南省国营金江农场五指山茶厂的两款早春茶获得优秀奖，海茶两会组织专家团队参与春茶评比工作。

2012年，国家质量监督检验检疫总局发布：苦丁茶仅用于保健食品的物品。接到消息，海茶两会召开了苦丁茶企业座谈会，请求海南省卫生厅配合，向卫生部申请调整海南冬青科苦丁茶为普通食品。对此卫生部派专家小组8人，于2013年1月6～8日到海南省知名苦丁茶场进行现场考察调研及召开座谈会。海茶两会把有关材料送至中国科学院进行检测。4月10日，接到卫生部的批文：同意将冬青科苦丁茶作为普通食品管理。

2013年12月6～8日，在海口市世纪公园广场举办的“第三届海南茶文化节”。海南省三利茶叶进出口有限公司、海南省国营乌石农场岭头茶厂、海南省金江农场五指山茶厂、海南农垦白沙茶业有限公司参加茶叶展销，海茶两会积极配合组委会工作，宣传海南茶文化，扩大海南茶叶品牌的知名度。

2014年，海茶两会联合海南茶友精心策划筹办“无我茶会”。第二期在海口白沙门公园举办，第三期“无我茶会”在海南大学育才园举行。

2014年12月4～7日，为期4天的“2014世界游艇盛典”在海口新埠岛国际游艇会盛大举行，海茶两会借助世界游艇盛典的平台，同期举办海南特产精品茶叶宣传推广活动及海南金奖红茶品鉴会。

2014年，会员单位海南省国营乌石农场岭头茶厂、海南农垦白沙茶业有限公司、海南三利茶叶进出口公司参加国茶专家委员会推介的中华好茶评比工作，参加报送的乌石农场岭头茶厂的“白马骏红”“白马君红”“白马雾珠”产品、白沙茶业公司的“白沙绿茶”产品和海南三利茶叶进出口公司的“海岛红1号”产品均被入选获奖。

2014年12月，由中国茶叶流通协会和海茶两会共同举办的“国家评茶员职业技能培训班”在海口市成功举办。

（海南省茶叶学会　陈世登）

重　庆　市

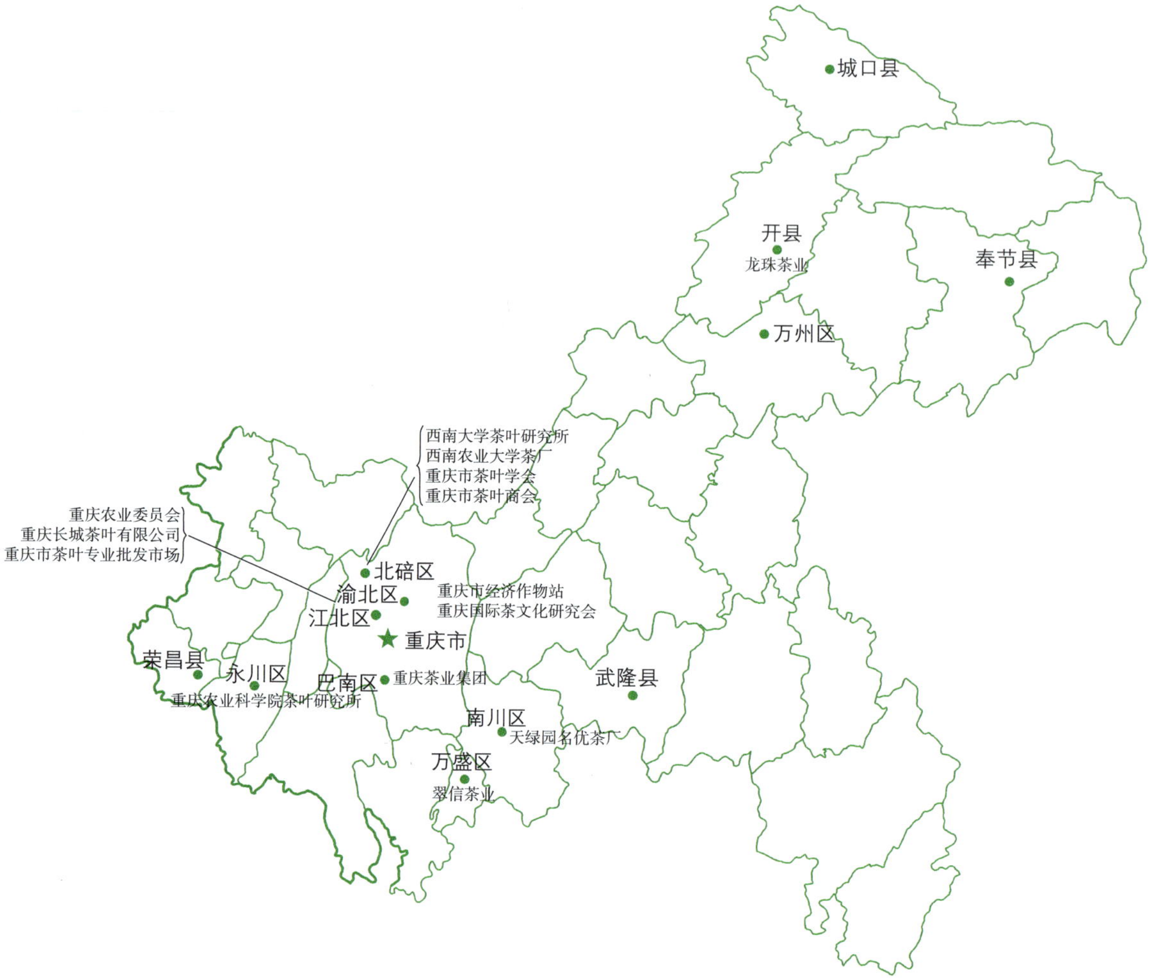

重庆位于中国西南部，长江上游。地处四川西北，东邻湖北、湖南，南接贵州，北连陕西。属东亚内陆季风区，冬暖春早，降水丰沛，多云雾，少霜雪，立体气候明显，生态环境优越，十分适宜茶树生长和优质茶叶生产，是全国最古老的茶区之一，也是我国茶树生长最适宜地区。

基本情况

重庆位于中国西南部，长江上游，地处四川西北，东邻湖北、湖南，南接贵州，北连陕西；属东亚内陆季风区，冬暖春早，降水丰沛，多云雾，少霜雪，立体气候明显，生态环境优越，十分适宜茶树生长和优质茶叶生产，是全国最古老的茶区之一，也是我国茶树生长最适宜地区。近年来，重庆茶业得到较大发展。南川、永川、荣昌列入2009年农业部全国绿茶优势区域发展规划；初步建成渝西名优早茶区、武陵山区高山名优绿茶区、三峡库区生态及有机茶区三大优势区域；建成国家级茶树良种繁育基地。茶叶市场建设迈上历史新台阶，有重庆市茶叶专业批发市场、天月茶城、石生国际茶城、重庆京闽国际茶都共约13万米^{2}茶叶专业市场开业营运；“定心”“永川秀芽”“滴翠剑名”等品牌强势崛起。茶叶逐渐成为重庆山区农村经济发展、农民致富增收、出口创汇的重要特色优势产业和主要经济来源之一。重庆茶叶在国际贸易除有少量的绿茶出口以外，其他主要是对巴基斯坦和俄罗斯出口低档次红碎茶。

重庆市茶业基本情况（2012—2014年）

项目	单位	2012年	2013年	2014年
毛茶产值	亿元	10.87	12.64	13.00
茶园面积	万公顷	4.05	4.23	4.40

（续）

项目	单位	2012 年	2013 年	2014 年
茶叶产量	万吨	2.83	2.85	2.90
精制茶产量	万吨	5.00	5.20	5.21
茶叶年加工能力	万吨	10.00	10.00	10.00
茶农户数	万户	100	100	100
毛茶平均价格	元/千克	38.40	44.35	44.82
企业数	个	385	385	387
行业销售额	亿元	10.50	10.45	10.60
城镇居民茶叶消费	千克/人	0.78	0.79	0.80

产业政策

2012 年，重庆市茶产业得到了市委、市政府及市级有关部门的高度重视和支持，茶产业被纳入全市特色效益农业重点工程之一。按照市委市政府农业、农村工作会议精神，认真执行市农委的工作部署，以《中共重庆市委 重庆市人民政府关于加快推进农业现代化的若干意见》（渝委发〔2012〕26 号）、《重庆现代农业重点产业发展规划》（重庆市农业委员会制定（2012—2017）年）指导重庆茶叶产业的发展。

茶叶生产

1. 产业规模持续扩大 2014 年，全市茶园总面积 4.4 万公顷，无性系良种茶园占茶园总面积的 45.36%。其中：有机茶园面积 0.08 万公顷，绿色食品认证茶园面积 0.3 万公顷，无公害茶园面积 1.2 万公顷。茶叶总产量 3 万吨，农业产值 13 亿元，综合产值 35 亿元。出口茶叶 0.3 万吨，实现创汇 273 万美元。重庆茶产业 2014 年在种植面积、产量、产值等方面均同步增长。

目前，全市共有 37 个产茶区县，其中市级重点产茶区县有 8 个，随着茶叶特色效益产业的不断推进和建设，茶产业已成为重庆山区农业经济和农民增收致富的支柱产业和朝阳产业。

重庆市茶叶主产县基本情况（2014 年）

单位：吨、公顷

名称	茶叶产量	茶园面积	品种	主要品牌
永川区	4 500	4 066	四川中小叶种、福鼎、蜀永系、巴渝特早、早白尖等	永川秀芽
南川区	3 421	5 180	云南大叶种、巴渝特早等	金佛玉翠
荣昌区	3 100	1 933	黔湄系列、云南大叶种、福鼎大白、巴渝特早	天岗玉叶
巴南区	2 880	2 600	福鼎大白、巴渝特早、四川中小叶种、名山白毫	巴南银针、定心
武隆县	2 600	2 700	云南大叶种、金牡丹	仙女红
酉阳县	2 057	3 200	四川中小叶种、福鼎大白茶、巴渝特早	宜居茶叶
秀山县	1 140	5 200	福鼎大白茶、福鼎大白毫	钟灵毛尖
江津区	940	940	四川中小叶种、福鼎大白茶、巴渝特早	江津硒茗
万州区	710	1 866	四川中小叶种、福鼎大白茶、巴渝特早、名山白毫	太白银针
万盛经开区	700	1 106	四川中小叶种、福鼎大白茶、巴渝特早、名山白毫	滴翠剑名

2. 茶叶安全生产得到加强 随着现代化、标准化茶叶生产基地建设步伐的加快，全市茶叶三大优势区域逐步形成，推进了全市茶产业的升级。按照农业部园艺作物标准园创建活动的要求，建成农业部茶叶标准园 7 个，市级茶叶标准园 20 个，辐射带动全市茶叶生产。茶叶标准园全面推行生物物理防控措施，化肥、农药减量替代使用，达到零增长。同时，生态茶园示范应用取得突破，列入农业部生态农业和生态茶叶示范基地。2012—2014 年，全市茶叶质量抽检合格率达 100%，茶叶质量安全得到保障。

3. 加工水平不断提升 一批综合实力强的茶叶龙头企业如国家级龙头企业重庆茶业集团，市级龙头企业重庆云岭茶业科技有限责任公司、重庆翠信茶业有限公司重视厂房和加工设备的提档升级，逐渐普及电、天然气为茶叶加工燃料，运用微波、蒸汽等先进杀青技术推广茶叶加工机械化，引进建成国内外领先水平的名优茶连续化加工生产线，做到了茶叶加工过程实现不落地连续生产。全智能化、清洁化生产线建设在全市加工企业得到铺开，为提升全市茶叶加工水平迈出了坚实步伐。重庆市农业科学院茶叶科学研究所和重庆市农业技术推广总站研究、开发和推广夏秋茶品质提升技术，优化了夏秋茶加工的工艺参数，提出一套夏秋茶品质的新工艺，使全市夏秋茶产量、产值、品质效益得以全面提高。

重庆市主要茶叶加工企业（2014年）

单位：万元、吨、公顷、吨/年

公司名称	销售额	茶叶产量	茶园面积	加工能力	品牌
重庆茶业集团	8 000	1 300	800	1 500	定心、巴南
重庆翠信茶业有限公司	5 000	120	400	150	滴翠剑名
重庆市冠恒农业开发有限公司	3 200	820	367	1 500	仙女红
重庆玉琳茶叶公司	2 500	720	350	1 300	玉琳
重庆市秀山县钟灵茶叶有限公司	2 300	170	533	260	钟灵
重庆云岭茶叶公司	1 800	103	100	150	云岭
重庆市天岗玉叶茶业有限公司	1 600	100	71	300	天岗玉叶
南川区天绿园名优茶厂	1 580	520	667	1 200	金佛玉翠
西南农业大学实验茶厂	1 200	300	—	400	西农花茶

茶叶销售

1. 茶叶销售持续增长、消费结构发生变化 茶叶消费趋于合理，消费结构将由低、中、高向中、高、低转变。花茶减少，绿茶、红茶增长，工夫红茶销量上升较快，消费人群逐渐增多，黑茶增长迅速。中档茶叶走势好于往年，茶叶均价提高，红碎茶出口形势好转，尽管“八项规定”出台后，高端茶销售出现一定下滑，而主产的中高档名优绿茶，却因此成为消费者自买自用的主要产品，推动了全市茶产业的持续稳定发展，并成功实现市场转型。据不完全统计，2014年重庆市城镇居民茶叶消费由2013年的0.79千克/人增加到0.8千克/人。

2. 市场建设加快推进 打造了重庆市茶叶专业批发市场、重庆石生国际茶城、重庆京闽国际茶都、重庆天月茶城共13万米^{2}的茶叶专业市场，茶叶经营户上千家。2014年，4个市场总计年交易量7.5万吨，产品交易额7.5亿元；年销售重庆本地茶叶1.5万吨，年交易额上亿元。

重庆市主要茶叶批发市场（2014年）

单位：万吨、亿元、万米^2

茶叶专业市场	年交易量	年交易额	市场面积
重庆市茶叶专业批发市场	3	3	3
重庆石生国际茶城	3	3	5
重庆京闽国际茶都	1	1	3
重庆天月茶城	0.5	0.5	2

3. 流通企业渐成气候 2014年，重庆有专业茶叶流通公司约30余家，以自加工茶和经销茶叶为主，年销售额在3 000万元以上的企业有7家。例如，重庆茶业集团、长城茶业、重庆翠信茶业、苗品记茶业4家企业总计年销售重庆本地茶叶2 920吨左右，年销售收入2.5亿左右，纯利润有2 200万元。零售茶叶主要有大型国有商场、大型超市、专业零售店、综合性副食商场和零售店等，重庆主城区年销售茶叶约5亿元。

重庆市主要茶叶贸易企业（2014年）

单位：万元、吨

企业名称	年销售额	年交易量	年出口量
重庆茶业集团	8 000	1 300	—
重庆长城茶叶贸易有限公司	7 500	900	—
重庆翠信茶业有限公司	5 000	120	—
重庆苗品记茶业有限公司	4 500	600	—
重庆云岭茶业科技有限责任公司	1 800	103	—
重庆市荣昌县宏发茶业有限公司	1 250	1 850	1 560
重庆市荣发茶叶进出口有限公司	520	1 020	680
重庆市荣昌县兴荣茶叶有限公司	450	800	600

主要措施

1. 优化区域布局，建设优势产业带 按照重庆市委市政府对农业、农村工作的总体部署，结合《中共重庆市委 重庆市人民政府关于加快推进农业现代化的若干意见》和《重庆现代农业重点产业发展规划》整体框架，调整、优化区域布局，建设渝西特早名优茶、武陵山区高山名优绿茶、三峡库区生态及有机茶三大茶叶优势区域，引导产业基地向优势企业集中，大力提升优势产区的综合生产能力和整体竞争力。

2. 强化科技支撑，提高产业整体素质 以重庆市农业技术推广总站、重庆市农业科学院茶叶科学研究所、西南大学为科教平台，充分发挥行业协会、学会、茶文化研究会的职能和功能，利用相关科研机构、技术推广部门的优势，开展各类茶叶综合素质培训，发掘涉茶人口，形成产加销等全产业链从业人员，以科技为动力，全面提高重庆市茶叶生产、加工、冷链、流通等综合开发及信息服务的整体素质。

3. 加快标准化进程，全面提高产品质量 加大重庆茶叶标准茶园和生态茶园创建的推进力度和示范带动作用，实施绿色综合防控技术，大力推行茶园太阳能杀虫灯、黄板诱杀、测土配方施肥等物理防治和农业生态防治措施，加快名优茶连续化、清洁化加工制作技术，以及茶叶现代化生产管理模式等关键技术的示范推广与开发力度。加快茶叶质量标准体系建设，形成产前、产中、产后全过程的茶叶质量标准化体系，确保茶叶产品质量的全面提高。

4. 打造公共品牌，努力推进产业化经营 以打造地域茶类品牌为抓手，全面实施品牌化建设，在做强绿茶的基础上，重振沱茶、花茶、红茶、砖茶及其他茶类当年的雄风，提高茶叶原料利用率，加大品牌整合力度，举全市之力，在每一种茶类中各打造一个重庆茶叶地域公共品牌，茶叶品种实行早、中、晚品种搭配，春绿（春天绿茶，永川秀芽、定心）、夏花（夏天花茶，西农花茶）、秋沱（秋天沱茶，重庆沱茶）、冬红（冬天红茶，重庆古茶树制作的工夫红茶，如南红）等多茶类发展，推进产业化经营，形成知名品牌带动产业发展的良好格局。

5. 实施茶叶市场开拓，健全市场流通体系 进一步支持全市4家茶叶专业批发市场的发展和建设，建立茶叶产销信息共享平台。通过举办和参加各种茶叶专业和农产品节会、采茶节、茶文化休闲旅游活动和各类媒体营销，推广重庆名优茶产品，提升重庆茶叶的知名度。对举办和参加各种茶叶专业和农产品节会、采茶节、茶文化休闲旅游活动给予补贴。

科技教育

重庆的科技教育有坚实的基础，大专院校云集，科研院所较多，茶叶科技人才优势明显，汇集了西南大学茶学系、重庆市农业科学院茶叶科学研究所、重庆市农业技术推广总站等一批国家和市级的茶叶科研、教学及推广单位，培养高素质科技人才和促进茶学专业发展；茶树原产地、茶树种植资源及品种抗性鉴定方法研究；茶产业各个环节的重大科技问题和关键技术开展课题研究；建立国家茶叶现代产业技术体系病虫害预测预报科学家岗位和重庆综合试验站；茶叶新品种和新技术的引进、试验、示范、推广，开展技术培训、技术咨询等工作上起着重要推动作用，为全市茶叶生产提供了独具特色的科技后盾和技术保障，对农业结构调整、促进农村经济发展和农民增收起到了重要作用。

茶文化

茶文化建设初步推进。一是产业功能得到拓展。随着休闲农业的蓬勃发展，茶产业休闲功能得到进一步拓展。中国·重庆茶旅文化节、永川茶山竹海休闲观光节、巴南休闲茶叶采摘节、南川金佛山古茶树节等活动带动了茶叶功能向观光休闲、体验旅游的拓展，对第二、三产业的发展和推进当地新农村建设，起到了积极的作用。二是市场驱动清茶馆、茶文化推广圈层的产生。例如，传统文化与巴渝文化做得较好的重庆白鹭原茶艺馆与苗品记茶馆，茶文化推广与培训做得较好的荟茗茶艺培训中心、井杨子茶艺培训中心等专业培训机构，为从事茶行业人员进行上岗培训，对传承和推广博大精深的巴渝茶文化，为重庆茶业会展业的持续健康发展奠定了很好的基础。市场自发提高了社会各界对茶叶的认知度，促进各种资源进入茶叶链条的各个环节。

大事记

2013年9月，重庆市茶叶学会、重庆市茶叶商会联合主办了“重庆市首届茶文化品鉴会”。

2013年10月，重庆市商业委员会和江北区人民政府主办了“重三届重庆茶文化艺术节”。

2013年12月，重庆市茶叶学会、重庆市茶叶商会联合主办了“重庆市茶叶信息年会”。

2013年，重庆市南川区、永川区被中国茶叶流通协会评选为全国重点产茶县。

2014年4月，由重庆市农业技术推广总站、重庆市巴南区农业委员会选育的巴渝特早茶树新品种经全国茶树品种鉴定委员会鉴定通过，成为国家级茶树良种。

2014年6月6～9日，由深圳市华巨臣实业有限公司承办的“2014中国（重庆）国际茶产业博览会”。在重庆南坪国际会展中心举办。

2014年12月，由中国国际商会、重庆商会、重庆市茶叶商会联合举办了“2014中国(重庆)国际茶文化博览会”。

（重庆市农业技术推广总站　贺鼎）

四　川　省

2012—2015 年，全省茶园面积增加 82.51 千公顷，达到 321.71 千公顷，年均增幅 8.63％；产量增加 6.22 万吨，达到 24.84 万吨，年均增幅 8.35％；毛茶产值增加 71 亿元，达到 157 亿元，年均增幅 20.64％，川茶面积、产量、产值均居全国前三位。

2012—2015 年四川省茶叶生产情况

单位：千公顷、万吨、亿元、千克/公顷、万元/公顷

年份	总面积	投产面积	产量	毛茶产值	单产	单产产值
2012	266.53	186.67	20.92	98	784.90	3.68
2013	284.07	203.13	21.95	113	772.70	3.98
2014	305.70	216.40	23.40	130	765.46	4.25
2015	321.71	229.75	24.84	157	772.12	4.88

茶叶生产

四川是茶的故乡，有着2 000多年的种植历史，享有“蜀土茶称圣”的美誉。优越的自然生态条件，适宜茶树生长，2月中旬就有新茶上市。四川也是全国茶叶主产区之一，全省有120多个产茶县，茶叶优势县30个，其中茶叶重点县20个，已形成川西南名优绿茶产业带、川南优质早茶和红茶产业带、川东北富硒茶产业带。

2015年20个茶叶重点县生产情况

单位：千公顷、吨、亿元、千克/公顷、万元/公顷

地区	总面积	投产面积	产量	毛茶产值	单产	单产产值
蒲江县	5.81	5.61	9 638	3.40	1 658.86	5.85
纳溪区	11.74	7.09	6 163	6.04	524.96	5.15
峨眉山市	13.67	12.27	8 300	7.91	607.17	5.77
夹江县	16.33	12.33	7 367	8.74	451.13	5.36
犍为县	7.54	2.64	957	3.76	126.92	5.01
马边县	14.67	11.72	9 450	7.54	644.17	5.13
沐川县	14.73	11.95	6 550	8.00	444.67	5.44
翠屏区	5.24	3.32	2 160	2.83	412.21	5.45
高县	16.75	12.01	10 695	9.06	638.51	5.41
屏山县	13.45	7.80	11 488	7.20	854.13	5.37
筠连县	13.17	9.29	10 153	7.01	770.92	5.32
万源市	11.87	9.22	4 955	6.31	417.44	5.31
名山区	23.36	19.25	46 513	12.59	1 991.14	5.39
雨城区	19.90	12.55	18 362	10.49	922.71	5.27
通江县	4.94	2.27	782	2.52	158.30	5.09
南江县	4.47	2.43	1 734	2.21	387.92	4.93
平昌县	0.84	0.71	92	3.71	109.52	4.42
洪雅县	18.59	14.73	17 182	10.06	924.26	5.41
青川县	16.41	12.61	3 952	8.35	240.83	5.09
旺苍县	6.45	4.29	3 345	3.30	518.61	5.11

2012—2015年四川省茶叶产量统计

单位：万吨、%、亿元

年份	春茶产量	占总产量	春茶产值	占总产值	名优茶产量	占总产量	名优茶产值	占总产值
2012	9.8	46.85	71.5	72.96	11.22	53.63	76.40	77.96
2013	10.2	46.47	80.6	71.32	11.87	54.08	87.20	77.17
2014	11.6	49.57	95.0	73.08	13.04	55.73	102.61	78.93
2015	13.4	53.99	119.0	75.82	15.05	60.59	122.46	78.00

产业政策

1. 政策支持力度空前，助推川茶产业转型升级 一是2013年四川省政府发布《四川省人民政府关于大力推进现代农业林业畜牧业重点县建设的意见》（川府发〔2013〕3号），将茶产业发展纳入全省现代农业产业重点县建设。2014年，四川省政府又发布《加快茶产业转型升级建设茶业强省的意见》（川府发〔2014〕1号），这是川茶发展史上首次以省政府名义发布1号文件，也是农业上就单个产业首次以省政府名义发布1号文件。组建了以省政府分管领导为召集人，四川省农村工作委员会、发展改革委员会、财政厅、农业厅等16个部门为成员单位的川茶产业发展联席会议制度，办公室设在农业厅，并召开了2次联席会议，明确分工、落实责任、推进工作，加大了对川茶产业发展的领导。

二是四川省政府办公厅印发了《关于印发做大做强川茶产业一系列工作方案的通知》（川办发〔2014〕101号），包含了《四川省茶叶生产基地建设工作方案》《川茶加工业转型升级工作方案》《川茶市场开拓工作方案》《川茶市场体系建设工作方案》和《金融支持川茶产业工作方案》这5个方案，同时四川省农业厅和食品药品监督管理局联合印发了《四川省茶叶质量安全监督管理办法》。

三是成立了由竹叶青茶业、川茶集团、川红集团等130余家市级以上的茶叶龙头企业和相关部门单位为会员的四川省川茶品牌促进会。

四是整合发展和改革委员会、林业、扶贫、农发等相关部门的资金近20亿元，重点支持茶树良种繁育的试验示范，茶园基础设施建设，茶园绿色防控、机械化修剪与采摘、提高土壤有机质等技术的推广，推动茶产业健康快速的发展。

五是按照四川省政府1号文件精神，茶区各级党政也出台配套政策措施予以扶持，达州市制订了《关于大力发展实施富硒茶产业“双百”工程的意见》、乐山市制订了《关于加快茶产业转型升级建设茶业强市的意见》、雅安市制订了《关于加快雅茶产业发展建设强市的意见》、宜宾市制订了《宜宾市未来十年茶产业发展总体规划》等八项茶产业发展战略规划，支持本地茶产业发展。

2. 狠抓标准化生产，加快产业基地上档升级 以现代农业（茶叶）重点县、万亩示范区和标准园创建等项目为抓手，改造提升为重点，新建与改造相结合，扎实推进茶园标准化建设。一是全省优势县茶园面积达287.33千公顷，占总面积的94.73%，推进基地集中连片发展。二是绿色防控面积达192.25千公顷，无公害茶园面积183.93千公顷，绿色茶园面积86.2千公顷，有机茶园面积2.73千公顷，茶叶有机示范区建设达到4个，4家企业获得GAP认证，40家企业获得有机产品认证，基地安全水平得到快速提高。三是机修面积257.83千公顷，机采面积73.33千公顷，有力地提高了生产效率，降低了生产成本。四是通过项目区业主、种植大户的示范带动，投入品台账、茶园管理记录等生产档案制度的建立得以推广，为产品实现可追溯做好前段工作。

3. 狠抓品牌建设，川茶影响力大幅提升 一是按照四川省委、省政府确定的打造茶叶区域品牌的目标和重点，制订了《川茶品牌发展规划》，加大了对“峨眉山茶”“蒙顶山茶”“宜宾早茶”“米仓山茶”“三山一早”四大区域品牌的推进力度，起到了促进产业发展、产销两旺、效益提升、茶农增收、川茶影响力扩大的良好效果，重点龙头企业的品牌销售量大幅增加。二是连续举办了三届“中国（四川）国际茶业博览会”、三届“茶叶网购节”、两届“中国·四川茶叶开采节活动周”和“川货全国行”等形式多样、内容丰富的大型茶事活动，组织川茶企业走出去参加万企出国门、香港茶博会、北京茶业展、上海茶博会、广州茶博会等展示展销活动，拓展国际国内市场，提高川茶知名度和影响力，促进川茶经济的发展。三是成都市、乐山市、雅安市等茶叶主产区举办丰富多彩的茶事活动，宣传地标文化，展示地标产品，吸引了国内外、省内外的茶商和专家。四是在各地举办大型推介活动，如米仓山茶业在成都、西安、兰州、呼和浩特、哈尔滨、北京等城市成功举办了“米仓山”茶大型推介活动，全方位宣传了米仓山茶业集团和产品；犍为县在济南、北京举办“犍为茉莉花茶”推介活动。五是全省有16个县获得地理标志，中国驰名商标达到12个。

4. 狠抓市场建设，渠道服务功能逐步完善 一是四川省已建成海峡茶城、龙和茶城、大西南茶叶市场、西部茶都、名山茶马古城、峨眉双福茶叶批发市场等一批大型专业批发市场，具备了产品的收集、整理和价格形成，并通过不断投入改造，为交易双方提供包括信息、仓储、运输等服务功能。据统计，全省有规模不等的茶叶产地市场122家，交易量达14万吨，交易额达49.7亿元。二是各主产茶区积极建设一批产地交易市场，重点龙头企业在成都、北京、广州等主销区建立品牌直销店，电子商务等多元化市场营销逐步建立，蒙顶山茶叶交易所的建立对扩大全省在茶叶市场上的话语权奠定了基础。

茶叶科技

1. 狠抓科技推广，加快茶叶的成果转化 一是“花秋1号”“天府28号”和“名山213”被认定为国家级良种，“问春”“川茶2号”“川茶3号”等8个茶树新品种被认定为省级良种。在沐川县、纳溪区各新建一个良种繁育基地，使全省省级以上的良繁场达到7个，年产优质茶苗达到13亿株。在犍为县建立了国内品种最全、数量最多、规模最大的茉莉花种质资源圃——“中华茉莉种质园”。2014年，全省无性系良种茶园面积达21.08万公顷，占总面积的69.49%。二是制定了四川省地方标准《生态茶园建设技术规程》和《金尖茶加工技术规范》，修订了《有机茶园生产技术规程》；各市、县也纷纷制订标准，确保地标产品生产、加工各环节有标可依。三是加快对加工厂环境和加工设备的更新改造，2014年全省连续化、清洁化名优茶生产设备1 700余台（套），加工名优茶13.04万吨，机制率达100%，全部实现清洁化加工，大宗茶10.66万吨，67%实现不落地加工。四是在不同生产季节、不同生产环节，针对不同人群，开展多形式、多层次的省级培训会7次，共计1 000余人次。2013年四川省农业厅承办了“全国标准园茶叶生产技术培训会”，来自11个重点产茶省市农业部门、龙头企业、茶叶专合社120余人参加了培训。五是与中国农业科学院茶叶研究所开展了《关于四川茶产业发展技术合作框架协议》的全方位合作，在科技支撑、品牌建设等方面取得了良好成效，发挥四川茶叶创新团队专家作用，广泛开展技术集成创新和川茶品牌打造等方面的研究。

2. 狠抓主体培育，产业化经营水平显著提高 一是企业积极采用先进设备、现代工艺，创新发展适应市场需求的新产品，现已形成以名优绿茶为主，茉莉花茶、工夫红茶、藏茶为辅的“一主三辅”优势产品格局。名优绿茶品质不断提升，产量不断增加；工夫红茶产量快速增加，近3年年增幅达200%以上；各种档次、多种类型的工夫红茶和优质茉莉花茶日益丰富，满足了市场消费转型的需要。2014年，全省名优绿茶达13.04万吨，红茶产量1.3万吨，藏茶3万吨，茉莉花茶2.3万吨。二是川茶集团、峨眉雪芽茶业等十余家茶企入股组建了川茶股份公司；雅安市整合藏茶企业，组建了雅安藏茶集团抱团发展，壮大产业经营实力，提高产业竞争力。省级以上重点龙头企业47家，其中国家级6家；亿元以上的茶叶龙头企业由2家增加到10家，1 000万元以上的龙头企业由36家增加到102家。三是茶叶专业合作社围绕产业各环节开展统防统治、农资采购、科技培训等社会化服务功能得到完善和优化。全省有茶叶专业合作社582家，其中省级示范社21家。

茶活动

2012—2014年，四川省农业厅、经济和信息委员会、商务厅和中国茶叶学会联合举办了第一、二、三届“中国（四川）国际茶业博览会”。四川省农业厅和商务厅联合举办了第二、三、四届“川茶网购节”。四川省农业厅与泸州市人民政府联合举办了第一、二届“中国·四川茶叶开采活动周”。中国茶叶流通协会、中国优质农产品开发服务协会、四川省农业厅、四川省林业厅、四川省旅游局、成都市人民政府联合举办了第二、三、四届“蒲江·中国采茶节”。四川省农业厅、商务厅、旅游局和雅安市人民政府联合举办了第八、九、十届“蒙顶山国际茶文化旅游节”。

大事记

2013年1月6日，四川省政府发布了《四川省人民政府关于大力推进现代农业林业畜牧业重点县建设的意见》（川府发〔2013〕3号）文件，将茶产业纳入现代农业产业重点县建设。

2013年10月21～23日，农业部在四川省蒲江县成功举办了“全国园艺作物（茶叶）标准园创建培训会”，来自全国11个重点产茶市的农业部门、龙头企业（茶叶专业合作社）120余人参加了培训。

2014年2月28日，四川省政府发布了《加快茶产业转型升级建设茶业强省的意见》（川府发〔2014〕1号），这是川茶发展史上首次以省政府名义发布1号文件，也是农业上就单个产业首次以省政府名义发布1号文件。

2014年4月17日，四川省副省长曲木史哈主持召开了《研究加快川茶产业发展专题会议》，研究推动川茶产业发展工作，安排部署贯彻落实《加快茶产业转型升级建设茶业强省的意见》（川府发〔2014〕1号）任务分工。

2014年7月10日，四川省政府办公厅印发了《关于成立四川省川茶产业发展联席会议的通知》（川办函〔2014〕108号）。

2014年12月9日，四川省政府办公厅印发了《关于印发做大做强川茶产业一系列工作方案的通知》（川办发〔2014〕101号），包含《四川省茶叶生产基地建设工作方案》《川茶加工业转型升级工作方案》《川茶市场开拓工作方案》《川茶市场体系建设工作方案》和《金融支持川茶产业工作方案》这5个方案，由四川省农业厅和食品药品监督管理局联合印发了《四川省茶叶质量安全监督管理办法》。

2014年12月12日，按照《加快茶产业转型升级建设茶业强省的意见》（川府发〔2014〕1号）要求，在川茶产业发展联席会议办公室的指导下，成立了四川省川茶品牌促进会，竹叶青茶业、川茶集团、川红集团、米仓山茶业等130余家市级以上的茶叶龙头企业和相关部门单位成为会员。

2015年2月27日，四川省政府在宜宾市召开川茶产业发展宜宾现场会，16个川茶产业发展省级联席会议成员单位负责人、20个茶产业重点县主要负责人和农业局长，以及19个川茶品牌促进会会长、副会长单位参加了会议。曲木史哈副省长出席了会议，并对加快川茶产业转型升级进行了工作部署。

2015年，四川省省委书记王东明先后两次对川茶产业发展作出重要批示，昌平常委、曲木史哈副省长也多次对茶产业发展作出批示，并明确把“天府龙芽”作为省级川茶区域大品牌打造。

2015年8月，在联席会议办公室的指导下，川茶品牌促进会编制完成了《2015—2017年天府龙芽川茶品牌打造重点工作及1.2亿元扶持资金分解表》，2015年已安排3 000万元实施“天府龙芽”品牌打造。

（四川省园艺作物技术推广总站 张冬川）

贵 州 省

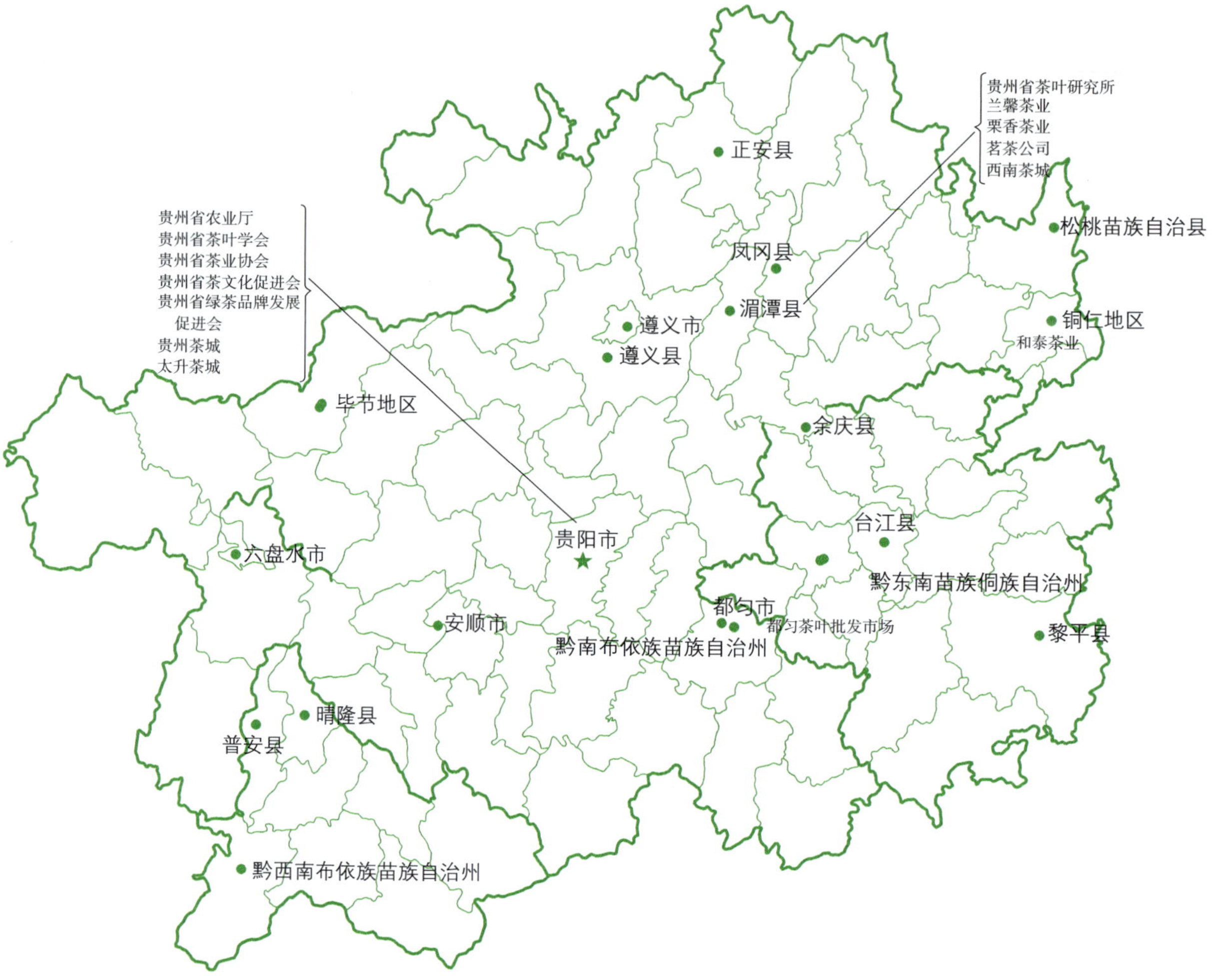

贵州是茶树的原产地和古老茶区之一。境内山清水秀、云雾缭绕，是全国唯一兼具低纬度、高海拔、寡日照、无污染的茶叶产区，茶叶内含物丰富，具有香高馥郁、鲜爽醇厚、汤色明亮等独特品质，发展生态茶、安全茶、健康茶得天独厚。茶产业是贵州省重要的传统产业、优势产业、富民产业、绿色产业，集生态、经济、休闲、旅游、文化传承功能为一体，对于调整产业结构、推动“三化同步”、增加农民收入、建设生态文明和社会主义新农村具有重要意义。

茶叶生产

2012 年，全省茶园面积 33.82 万公顷，其中投产茶园 15.93 万公顷，占全国茶园总面积 14.8%，居全国第二位。2012 年全省茶叶产量 10.23 万吨，综合产值 86.1 亿元。全年春茶产量 4.68 万吨，预计产值 60.14 亿元。

2013 年，全省茶园面积 40.73 万公顷，其中，投产茶园 18 万公顷，占全国茶园面积 15.8%，居全国第一位；全年茶叶产量 13.6 万吨，总产值 105 亿元，综合产值 152 亿元，产量、产值分别占全国的 6.8%、9.1%，居全国第六位、第四位。

2014 年，全省茶园面积达 44.15 万公顷，其中投产茶园 23.36 万公顷。其中，全年新建高标准茶园 3.41 万公顷。全省苗圃建设面积达 1 500 公顷。有加工企业 1 638家，2 608 家茶叶加工点，实现综合产值 270 多亿元。

产业政策

围绕深入贯彻落实贵州省委书记赵克志在2012年全省茶产业发展大会上的讲话精神，以实施《贵州省茶产业提升三年行动计划》为抓手，以茶叶园区建设为平台，全产业链统筹推进“品牌创建、市场拓展、加工升级、基地建设、质量安全、科技人才、金融服务、文化宣传”等八大工程建设，加快实现茶叶强省建设目标任务。

为贯彻落实贵州省委、省政府关于加快发展特色优势产业的战略部署，着力推进全省茶产业的转型升级，提升品牌竞争力，促进农村经济发展和农民增收，为加快全省茶产业转型升级，实现又好又快发展，2014年4月，贵州省委、省政府出台了《贵州省茶产业提升三年行动计划（2014—2016年）》。在茶行业主管部门的指挥下，全省茶叶行业立即行动起来，精诚团结，鼓足干劲实施行动计划。

据统计，仅2012年，贵州省各部门投入支持茶产业资金10亿元以上。其中，贵州省农村工作委员会在安排2 950万元省级茶产业专项资金基础上，整合各类项目资金5 567.5万元，累计8 517.5万元支持茶产业；省财政厅安排2.84亿元，其中中央现代农业生产发展资金1.77亿元、省级现代农业特色优势产业发展资金1.07亿元；省发展和改革委员会安排巩固退耕还林成果中央专项和石漠化综合治理工程资金3 478.9万元；省经济和信息化委员会安排省中小企业发展专项资金2 959万元；省科技厅安排茶叶类科技项目1 200万元；省扶贫办投入财政扶贫资金7 450万元；省林业厅安排森林植被恢复费和省级造林等补助资金4 924万元；省交通运输厅2011—2012年共安排茶区道路建设项目总投资17.39亿元，其中中央投资12.25亿元、地方配套5.14亿元。

另外，贵州省国土厅、商务厅、教育厅、农业科学院、贵州大学等部门单位，在土地整理、基础设施建设、市场流通、人才培养、质量安全、品牌建设等方面给予大力支持。加强技术推广人才队伍建设，初步形成覆盖茶叶主产县、核心乡镇和专业村的技术推广体系。贵州大学恢复了茶叶学专业招生，省茶叶学校、安顺和铜仁职业技术学院等茶学专业年招生550人以上，贵州省农业广播电视学校培养茶学专业中专生16 000人，依托中国农业科学院茶叶研究所、西南大学、华南农业大学、湖南农业大学和贵州省茶叶科学研究所等科研院所，通过整合阳光工程、雨露计划、远程教育等教育培训资源，培训茶农和技术干部100万人次。

茶叶加工

2012年，全省注册茶叶加工企业1 056个、固定资产53.98亿元，初步形成了大中小并举的茶叶加工企业集群。其中，9家国家级重点龙头企业、99家省级重点龙头企业、148家市（州）级重点龙头企业、5家全国行业百强企业。369家企业通过QS认证，215家企业获对外贸易经营资格。茶叶加工企业向优势产区集聚步伐加快，湄潭、凤冈、石阡、都匀等地加工企业集群效应显现。湄潭绿色食品工业园投产企业以茶叶企业为主，15家规模茶叶加工企业占园区工业企业总数的1/4以上。凤冈县田坝村集聚了93家茶叶加工厂，其中有20家规模加工企业。茶叶合作社从无到有，发展到554个，茶农组织化程度明显提高。半数茶叶加工企业拥有现代化生产车间，加工逐步实现从注重春茶向春夏秋茶并重转变，从芽茶向一芽多叶茶转变，从以绿茶产品为主，向以绿茶为主、多茶类产品以及茶叶深加工转变，茶青资源综合利用率大幅提高。全省茶叶类现代高效农业示范园区21个，占113个省级园区的17.7%。21个茶叶园区基地面积5.27万公顷，占113个园区基地总面积的42.43%，入园企业588家、农民合作社208家，分别占113个省级园区总数的56.16%、21.16%。

2013年，采取财政资金贷款贴息方式，支持新建改扩建茶叶加工企业，提高产能，优化产品结构。全省注册茶叶加工企业1 337家（加工点1 789个），茶叶加工企业集群效应初现。其中，9家国家级重点龙头企业、104家省级重点龙头企业、192家市（州）级重点龙头企业。通过工商部门注册登记商标数934个，350家企业通过QS认证，220家企业获对外贸易经营资格。全年从茶叶大省以及其他行业引进企业87个，投资17.93亿元。

2014年，全省有茶叶加工点2 608个，同比增长45%。茶叶初制加工企业1 719家，其中2014年新建229家。拥有清洁化生产线的有603家，其中新建91家；精制加工企业348家，其中新建32家；精深加工企业348家，其中新建6家；茶叶精加工企业348家，其中新建有17家。全省通过工商部门注册登记商标数893个，通过QS认证企业435家，获对外贸易经营资格企业65家。全省有清洁化生产线603条，约占总企业数的24%；全省茶产业加工企业固定资产总额143.61亿元，同比增长86%。

茶叶市场

目前，使用湄潭翠芽品牌企业200家，占湄潭县企业数的50%；使用都匀毛尖品牌企业180家，占黔南州企业数的87%，授权使用地理标志27家，授权使用证明商标18家；使用梵净山翠峰品牌的企业138家，占铜仁市企业数的49.2%。另外，使用凤冈锌硒茶品牌企业90余家，占凤冈县企业数的51%。区域品牌、企业品牌迅速成长，知名度、美誉度和市场影响力日益提升。加强了与吴裕泰、张一元、天福、八马茶业等国内重要渠道商的合作，实现资源共享和渠道嫁接。

在省外目标市场建立贵州茶叶专卖店300家。都匀毛尖与梵净山茶分别抱团落户北京马连道茶叶专业批发市场。湄潭、凤冈企业进入济南、芳村、西安、东莞、深圳、信阳等茶叶市场。国品黔茶专卖系统已在国内开设直营旗舰店4家、加盟店200家，聚福轩黔茶库连锁直营店48家，仙人岭公司在全国开设茶叶专卖店15家。贵天下茶叶进入全国400家沃尔玛系统，贵茶产品绿宝石在德国30余家Kaufhof连锁超市销售。在天猫商城和淘宝网“贵州馆”、京东商城、善融商务等电子商务平台上线茶叶企业200多家，网络销售贵州茶门店达1 000多家。

贵州省内的中国茶城、太升茶城、贵州茶城等一批产地茶叶交易市场建设加快推进，建设产地茶青交易市场89个，极大地提升了贵州茶叶大宗商品交易能力。贵州省内景区开辟大中型销售体验店10个，50家茶馆承诺推广黔茶品牌。支持省内茶馆营销贵州茶，支持省内三星级以上酒店开设大堂茶吧、茶店营销模式，共补助经费300万元。

贵州省茶叶协会投入2 000万元资金，用于引导和支持企业在省外开店营销贵州茶、建立连锁系统。全省茶企在省外建立销售渠道的公司（企业、合作社）共197家，销售点3 027个，遍布全国32个省市区，其中专卖店387个、店中店62个、专柜92个、代销点2 486个。

2013年，电商销售茶叶有序推进。全省茶叶电商销售金额为8 295.3万元，成交21.9万笔。其中，有14家茶企业120个单品在天猫商城销售，销售额712.6万元，淘宝网有826家茶叶店铺销售贵州茶。本土电商黔茶商城现已经入驻了贵州31家茶企，销售单品数量326个，全年实现800万元的销售额。

茶文化活动

2012年以“贵州绿茶·秀甲天下”为主题，组织企业2 500家集群参加北京、上海、深圳、广州、西安、银川、济南、青岛、成都、重庆、香港等40次茶博会。在贵阳、北京、上海、深圳、广州、济南、银川等城市举办27次万人品茗活动，120万人次免费品鉴贵州绿茶。

贵州省内各种茶事活动日益频繁，茶馆业、茶消费与茶文化蓬勃发展。全省茶叶流通企业发展到956家、茶叶专卖店1 945个、茶馆茶楼1 123家。出版《茶的途程》《黔山茶话》《贵州绿茶》《20世纪中国茶工业的背影》等一批茶历史、茶文化著作，有力地推进了贵州茶文化发展。把茶产业与多彩贵州旅游文化宣传结合，围绕高速公路沿线、重要景观通道、风景名胜区、乡村旅游目的地建立了一批休闲观光茶园。

2013年，在电视媒体方面，中央电视台、贵州卫视等电视媒体宣传报道贵州茶867次，广告宣传378条。报刊宣传报道贵州茶产业动态871条，广告宣传668条。全省设立省内高速公路沿线广告牌270块，其他户外广告牌953块。贵州省茶叶协会牵头或参与组织重点品牌企业1 093家，参加了285场境外及国内重要的茶事活动展会，其中参加境外省外茶博会及品茗活动36次。全省共组织开展其他大中小型品茗活动246场次，其中，省茶叶办公室组织开展10次，推动市州县开展236次。

2014年，全省茶企抱团发展，成立了贵州黔茶控股集团、贵州智慧黔茶产销联盟、贵州贵天下茶业有限责任公司、贵茶公司、贵州苔茶集团、梵净山茶叶集团公司、贵州万峰报春茶业（集团）有限公司等7家企业集团（联盟）。在媒体上，也能经常看到贵州茶的身影。

大事记

2012年4月9日，贵州省茶园办理林权证的启动仪式率先在石阡县举行。在上级有关部门的支持下，石阡县先后为全县1.89万公顷茶园涉及的4万余户茶农办理了林权证，此举开创了全省茶园办理林权证的先河，解决茶农后期管护资金困难。

2012年4月28～29日，“贵州都匀毛尖第六届茶文化节”在上海光大会展中心东馆主会场隆重举办。2012都匀毛尖茶文化节还特别在上海城隍庙九曲桥广场和南京东路人民公园设立了分会场。

2012年5月15～16日，贵州省茶产业发展大会在湄潭召开。大会提出，“十二五”期间，贵州茶园种植面积要达到46.67万公顷，实现全国第一；到2020年，黔茶综合产值要实现千亿目标。

2012年8月28日，全省茶树病虫害绿色防控现场会在凤冈召开，此次会议是贵州省茶产业发展进程中首次为茶树病虫害防控召开的专题会议。

2012年9月25日，贵州绿茶“贵茶绿宝石”在通过欧盟权威检测机构的农药残留和重金属含量标准后与德国公司签订327.9万欧元销售合同，首批产品于2013年4月出口。

2012年9月25日，“加快黔茶渠道建设暨国酒茅台&国品黔茶系统合作推进会”在贵阳举办，各茶区茶产业发展的主要负责人、企业代表，以及省直茶叶相关单位负责人，共200余人参加了本次会议，各茶区政府负责人与国品黔茶系统签订共建共享合作协议。

2012年10月11日，新成立的贵州银行宣布，该行将筹集100亿元资金投入茶产业，支持贵州茶产业发展。

2013年1月20日，贵州省内40余家茶叶协会的负责人在贵阳共同发起成立了贵州省茶叶行业社团组织联席会。

2013年4月28日，坐落于雷山县西江苗寨景区集文化传播、茶叶销售为一体的茶文化广场正式开放，这是贵州首次在景区设立专门的茶叶一条街。

2013年6月26日，第九届泛珠三角区域合作与发展论坛暨经贸洽谈会、现代特色农业合作磋商会在贵阳召开，来自9个省份的农业部门主要负责人，茶叶行业组织、重点企业负责人一致同意发起成立“中国泛珠三角茶业合作（贵阳）组织”。

2013年8月29日，在“2013中国·贵州国际绿茶博览会”开幕之际，贵州省委副书记李军与参会的茶业专家和知名茶企负责人就集中力量打造黔茶品牌进行了座谈。

2013年9月29日，经过两年多时间的筹备，贵州茶文化生态博物馆正式在湄潭开馆。这是国内首个以茶文化为主题的生态博物馆，首次全面、系统、立体地展示了贵州茶文化从起源发展至现在的全过程。

2013年9月30日，由贵州省茶叶学会、贵州省绿茶品牌发展促进会联合主办的首届“黔茶杯”名优茶评选揭晓。本次评选活动共收到参评茶样102只，根据综合评审，18只参评茶样脱颖而出，获首届“黔茶杯”贵州名优茶称号。

2013年10月31日，在黔南布依族苗族自治州第十三届人大常委会第十一次会议上审议通过了《黔南布依族苗族自治州促进茶产业发展条例（草案）》，黔南成为继福建省之后全国第二个为茶产业立法的地区。

2013年11月，为了加快贵州茶产业提质增效，转型升级，贵州省制订了贵州茶产业三年提升行动计划。

2014年3月7日，全国“两会”贵州代表团，中共中央总书记、国家主席习近平在听取了贵州省领导介绍贵州茶产业发展后，对贵州茶产业取得的成绩给予了高度肯定，并希望贵州抓住机遇大力发展茶产业。

2014年4月25日，贵州省人民政府办公厅出台了《贵州省茶产业提升三年行动计划》。该计划分别从“品牌创建、市场拓展、加工升级、基地建设、质量保障、科技创新、金融服务、文化宣传”等八个方面为贵州茶产业未来三年发展提出了具体的目标和路径。

2014年5月28～29日，主题为“复兴中华茶文化，振兴中国茶产业”的2014第十三届国际茶文化研讨会在贵州湄潭成功举办，来自全国30多个市（州）茶文化研究会会员参加了此次研讨会。

（贵州省绿茶品牌发展促进会　徐嘉民）

云 南 省

云南省是世界茶树的原产地，具有得天独厚的自然生态环境、丰富优质的茶树种质资源和深厚的茶文化底蕴。云南天高云淡、水源清洁、空气清新，拥有优越的茶树生长环境，尤其在低纬度、高海拔地带，土壤肥、日照足、云雾浓、湿度大，特别适应云南特有大叶种茶树种植，茶叶具有芽叶肥壮、萌发较早、生长旺盛、采摘期长的特点，鲜叶中的水浸出物、多酚类、儿茶素、咖啡碱含量均高于国内其他优良品种，生产的红茶、普洱茶和绿茶在国内外市场上享有较高知名度。另外，云南有着悠久的生产历史和独具韵味、底蕴深厚、博大精深的民族茶文化，成为云茶产业发展的宝贵财富和重要依托。

基本情况

据统计，2014 年全省茶园面积 39.67 万公顷，采摘面积 35.87 万公顷，干茶总产量 33.5 万吨，分别较 2012 年增加 2.59%、22.88%、22.56%；实现茶叶综合产值 371 亿元，其中：毛茶产值 111 亿元，成品茶产值 170 亿元，较 2012 年增长 56.34%、66.34%。茶农来自茶产业人均收入达2 400多元，增长 61%。总体上，全省茶产业处于全国采摘面积第一、产量第二、产值第三。

发展特点

1. 产量、产值取得新突破 2014 年总产量 33.5 万吨，较 2012 年增加 6.15 万吨，增长 22.56%；实现综合产值 371 亿元，增加 148 亿元。其中，第一产业产值首次突破百亿，达 111 亿元，增加 40 亿元，增长 56%；第二产业产值达 170 亿元，增加 68 亿元，增长 66%，均创历史新高。

2. 普洱茶量价稳增，产值首破百亿 2014 年普洱茶产量首次突破 10 万吨，达 11.4 万吨，较 2012 年增加 3.3 万吨，增长 40%；产值首次突破百亿，达 101 亿元，增加 48.6 亿元，增长 93%。普洱茶平均单价达 88.6 元/千克，上涨 24 元/千克，涨幅达 37%。在国内众多传统名茶价格滑坡、传统市场形势低迷的形势下，普洱茶成为国内茶叶市场中的一大亮点。

3. 古树茶知名度继续扩大 古树茶、名山茶市场继续保持高热，价格持续上扬，产销两旺，成为茶农增收的亮点。例如，西双版纳古树茶春茶总产量 400 吨，实现农业产值超 2 亿元，同时带动了台地茶鲜叶收购价的上扬，部分古茶区台地茶鲜叶收购价在 40 元/千克以上；临沧市区域名山茶同比上涨 40%以上。古茶树知名度的扩大还带动了旅游业的发展。

4. 产业集中度提高，规模持续扩大 2014 年成品茶 23 万吨，较 2012 年增加 6 万吨，增长 35%，茶叶精制水平进一步提高，精制率提高了 6 个百分点，达到了 68%。产值千万以上茶企 170 多家，增加了 50 多家，亿元以上企业达 24 家，增加了 14 家，产业集中度提升明显。大益勐海茶厂产值达 21 亿元，龙头企业实力得到进一步提升。

主要措施及成效

1. 强化高优生态基地建设 通过农业部标准茶园创建、省级现代农业优势农产品茶叶示范基地，大力实施茶园生态绿色防控、中低产茶园改造，推动高优生态茶园、标准化茶园创建，2014 年实现全省无性系茶园达 15.3 万公顷，占全省茶园面积的 39%，无公害茶园达 34.67 万公顷，占茶园总面积的 87%，有机茶园达 2.61 万公顷，通过“三品一标”认证面积达 12.67 万公顷，高优生态茶园比例不断提升。经中国茶叶流通协会评选，云南省成为入选全国茶叶百强县最多的省份。

2. 大力提升精制加工水平 2014 年，成品茶产量近 23 万吨，茶叶总精制率达 68%，提高了 6 个百分点。全省通过 QS 认证的企业达1 000多家，产值过亿元企业 24 家，增加了 14 家；产值 0.5 亿～1 亿元企业 30 多家，增加了 15 家；产值1 000万元以上企业 170 多家，增加了 55 家，年加工量 10.76 万吨，产值 121.26 亿元，分别占全省年加工量、加工产值的 46.95%、71.35%，产业规模持续扩大，产品集中度明显提高。

3. 进一步优化产品结构 从总体结构上来看，普洱茶、滇红茶两大茶类产量占全省成品茶总产量的 71%，成为全省茶叶代表性骨干产品。2014 年普洱茶产量 11.4 万吨，增长 40%，占成品茶总产量的 50%；滇红茶产量 5.3 万吨，增长 16%，占成品茶总产量的 21%。资源稀缺、产量稀少的“古树茶”备受中外茶人、消费者的追捧，成为全省茶产业的一大亮点。此外，以天士力帝泊洱、贡润祥、云南白药天颐等茶企为代表生产的茶粉、茶膏、茶饮料及化妆品等高科技高附加值产品有新发展，丰富了云南茶产品结构。

4. 稳步推进品牌建设 在全国区域公用品牌价值评选中，普洱茶品牌价值 52.10 亿元，连续被评为全国十强品牌，市场竞争力第一。2014 年，滇红茶产量 5 万余吨，品牌价值 11.61 亿元。全省“国家农业产业化重点龙头企业”达 4 家，获“中国驰名商标”9 个，“省级龙头企业”50 余家，“省著名商标”达百余个。一些州市也在深入打造区域公共品牌，如西双版纳勐海县打造“中国普洱茶第一县”、临沧市凤庆县打造“中国红茶之都”、保山市昌宁县打造“昌宁红”等，推动了云茶品牌建设。

5. 积极拓展省外市场 以统一抱团的方式，加大了云茶市场开拓力度，以云南省茶博会为依托启动实施了“云南展团·云茶巡展”，重点选择了西安、济南、深圳组织茶企开展云茶巡展活动，取得了明显实效。云南省茶博会举办规模持续扩大，第九届云南省茶博会实现总交易 14 亿元，其中现场交易3 000多万元、签订合同交易达 3 亿元、总交易量达2 000余吨。三场云南展团·云茶巡展活动取得交易额达 4 亿多元，签订代理商 300 多人。近年来，新增经销商4 000多户，营销网络继续向二、三线城市（镇）延伸，并已覆盖全国各省，远销世界 30 多个国家和地区。云茶出口量稳步递增，据海关总署的统计数据，2014 年全省茶叶出口6 352吨，创汇3 010万美元，较 2012 年创汇增长 11%，出口单价增加 1.1 美元，增长 23%。

6. 进一步弘扬了民族茶文化 各茶叶主产州市在少数民族茶文化的挖掘、整理、宣传上下功夫。普洱、临沧、保山、西双版纳等以千年古茶树为重点举办祭茶祖活动，融入布朗族、拉祜族、佤族、傣族、哈尼族等云南特有少数民族文化元素，着力打造以普洱茶为重点的少数民族茶文化。部分茶企组建了以少数民族青年为骨干的茶文化表演队，不断创新推介形式，加大宣传力度。少数民族茶文化还带动了云南名茶山自驾游热潮，成为茶区一道亮丽风景。

7. 加强产业标准化建设 制订宣传并深入执行云南省有机茶生产技术规范、生态茶园创建要点，切实提升有机茶、生态茶生产的标准化水平。按照《全国标准茶园创建活动工作方案》《农业部茶叶标准园创建规范》的要求，重点围绕 30 个优势县（市、区）组织开展茶叶标准化创建，起到良好的示范带动作用。2014 年完成创建农业部标准茶园 32 个，创建面积达3 333.3多公顷，辐射带动全省高优生态茶园 26.67 万公顷。积极推广茶园机械化修剪采摘技术，降低了生产成本，提高了茶叶生产标准化水平，全省茶园机械修剪茶园达 8 万公顷，同比增加约 4 万公顷，增长 1 倍。同时，切实加强技术培训，全面提高从业人员技能水平，共举办各类培训班、现场会 800 多场（次），培训茶农 15 万多人。

大事记

2012 年 2 月 28 日，“日本·云南联谊协会”理事长初鹿野惠兰在临沧市发展生物产业办公室李文雄主任的陪同下，到凤庆县进行了茶产业发展情况考察。初鹿野惠兰理事长慕名参观了凤庆县小湾镇锦秀村香竹箐具有 3 200 年历史的古茶树，访问了凤庆县滇红集团公司的生产基地，欣赏了凤庆洞经古乐的表演，并出席了“滇红茶艺茶道表演”晚会。此访为吸引更多外商到凤庆了解凤庆悠久的茶文化历史，加强与凤庆县的茶业合作，将起到积极推进作用。

2012 年 4 月 20 日，由农业部、云南省人民政府共同主办，云南省农业厅、云南省商务厅、中国国际贸易促进委员会云南省分会等单位承办的“第七届中国云南普洱茶国际博览交易会”，在昆明国际会议展览中心开幕。

2012 年 10 月 15 日，云南省茶叶流通协会会员代表第一次大会在昆明召开，云南省茶叶流通协会第一届理事会理事 101 人，常务理事 43 人，名誉会长 1 人（陈勋儒），常务副会长 1 人（刘益成），副会长 13 人，秘书长 1 人（王家金）。

2013 年 5 月 20 日，“第八届中国云南普洱茶国际博览会暨国际茶业大会”在云南普洱成功举行，博览会期间签订交易协议金额 6.75 亿元。同时，大会评选揭晓了“2013 国际茶业大会十大普洱茶品牌”。

2014 年 5 月 9～12 日，“第九届中国云南普洱茶国际博览会”在昆明国际会展中心举办。本届茶博会旨在汇集天下茶叶精品，搭建茶叶交易平台，展示茶产业发展成就，传承和弘扬千年茶文化精髓，促进茶叶交易和消费，推进茶产业的健康发展，从规模、专业化程度、市场化程度、品牌化程度上向全球茶业品牌展会迈进！

（云南省农业厅茶叶处　王立波）

陕西省

基本情况

2012—2014年，陕西省茶产业稳步发展，面积快速扩大，茶品愈加丰富，销区不断扩张，效益显著提升，品牌持续增值。

2011—2014年陕西省茶叶生产基本情况表

单位：千公顷、万吨、亿元、千克/公顷、万元/公顷

年份	茶园面积	开采面积	茶叶产量	茶叶产值	单产	单产产值
2011	91.2	59.2	3.3	24.5	361.8	2.6
2012	101.9	62.8	3.8	47.8	372.9	4.6
2013	108.0	90.2	4.3	55.9	398.1	5.1
2014	128.2	96.4	6.1	83.2	475.8	6.5

2014 年陕西省茶叶主产市茶叶生产基本情况表

单位：千公顷、万吨、亿元、千克/公顷、万元/公顷、元/千克

地区	总面积	开采面积	总产量	总产值	单产	单产产值	茶叶均价
汉中市	64.0	42.0	3.8	47.9	593.7	7.5	126.0
安康市	40.8	26.0	1.7	26.9	416.6	6.5	158.2
商洛市	23.4	15.3	0.29	4.6	123.9	1.9	158.6
咸阳市			1.16	13.0			

截止到 2014 年年底，陕西省注册茶叶商标 97 个，拥有国家驰名商标 4 个，陕西省著名商标 8 个。全省茶叶加工企业达到 1 280 家，其中国家级龙头企业 1 家，省级重点龙头企业 20 家，市级龙头企业 36 家；无性系茶园面积 3.6 万公顷，占全省面积的28%；茶园产地“无公害、绿色、有机”认证面积稳定在总面积的 95%左右，其中“无公害”认证面积保持在 5.13 万公顷，占全省总面积的 70%以上。

茶叶生产

陕西省茶叶生产以春茶为主，夏秋茶产量较少，2012—2014 年茶叶生产没有遭遇影响全省茶区生产的严重冻害和显著干旱，茶叶生产受气温影响不是很大。因近年来省市相关单位对茶叶生产关注度高，政策和资金投入显著增加，陕西茶市场销售区域扩大，需求旺盛，春茶及全年生产量增长很快。

陕西省出产的茶类有绿茶、红茶和黑茶三大类。2014 年绿茶 5.5 万吨、红茶 0.12 万吨，黑茶 0.48 万吨。此外，从产出效益看，春茶和名优茶占据了主要地位。春茶约是 70%的产量，近 85.5%的产值；名优茶是 32.6%的产量，54.1%的产值。

2012—2014 年陕西省茶叶产量产值基本构成情况表

单位：万吨、%、亿元

年份	春茶产量	占总产量	春茶产值	占总产值	名优茶产量	占总产量	名优茶产值	占总产值
2012	2.04	54	34.0	71	1.0	26	23.8	49
2013	2.7	62	35.8	64	0.8	18	18.7	33
2014	3.4	55	49.7	60	2.05	33	47.6	57

茶叶贸易

1. 茶叶内贸 陕西省内茶叶经营企业近 2 000 家，70%为本省内销售，其余大多为省外销售，电子商务销售企业有 300 多家。采取的方式主要在西安、北京、天津、济南、上海、广州、深圳、兰州、银川、太原等大中城市为辐射点，开设直销窗口和代销店的形式拓展销售市场。

2. 茶叶外贸 2012—2014 年，陕西茶叶外贸主要通过国内有关外贸公司出口销售，受产量和价格影响，出口量较小，陕西省内茶企还没有自营出口。

产业政策

在陕西省政府领导的重视下，2012 年，陕西省政府为了推动陕南茶产业发展，将茶产业管理职能由省供销社调回省农业厅，理顺了产业体制。2013 年，陕西省农业厅制订并实施《陕西省茶产业发展规划（2013—2020）》，省财政投入专项资金 5 000 万元。2014 年起，陕西省农业厅每年再配套 5 000 万元，使茶叶专项资金达到每年 1 亿元。同时，茶叶主产地汉中、安康、商洛、咸阳也相继出台了一系列扶持政策和措施。陕西省政府办公厅出台《陕西省人民政府办公厅关于加快全省茶产业发展的意见》，陕西省农业厅发布《陕西省茶叶主导品种和主推技术》等。

陕西省财政茶叶发展专项资金 2013 年 5 000 万元、2014 年 10 000 万元。农机补贴资金（茶叶）2012 年中央财政补贴 322.28 万元，补贴购机 875 台，带动农民投入 1 490.22 万元，受益户数 737 户；2013 年中央财政补贴 119.79 万元，带动农民投入 462.89 万元，补贴购机 331

台，受益266户；2014年，中央财政补贴221.17万元，带动农民投资994.05万元，购机918台，收益农户347户。其他资金（茶叶）方面农发、科技、扶贫等资金合计年均投入茶叶项目在5 000万元以上。

主要措施

1. 明晰发展思路，加快茶产业发展 陕西省农业厅按照“提升产业水平、培育市场主体、促进农民增收”的思路，以茶产业发展财政专项资金项目为抓手，加强领导，进一步扩大基地规模，优化品种结构，壮大龙头企业，打造知名品牌，持续开展宣传推介，加大对茶产业发展项目实施的日常督查，确保各项重点工作和重点项目建设落到实处。

2. 扩大基地规模，推进茶生产标准化 茶产业基地建设工作，坚持品种良种化、栽培标准化、生产无害化，因地制宜、科学规划、集中连片，推行示范茶园认证，引导标准化建园。全省共建设了12个良种茶苗繁育基地，创建了国家级标准化示范茶园9个，认定了省级标准化示范园160多个，建成标准化示范茶园面积近3.3万公顷，辐射带动7.3万公顷，扩大了规模，增加了单产，提高了效益。

3. 做好技术培训，解决发展瓶颈 针对茶产业的发展需要，陕西省农业厅与西北农林科技大学、中国茶叶学会、安康学院等单位加强协作，积极开展陕茶培训与技术帮扶，解决茶叶生产难题，提高茶产业综合效益。3年来省、市、县开展各类茶叶培训1 000余场次，培训茶农和茶叶技术人员10万人以上，编印教材8本，印发相关技术资料12万余份，显著提高了茶产业人员的知识面和基本技能。

4. 加快陕茶出省，促进市场营销 陕茶企合力推陕茶，抱团打天下已成为常态。陕西省农业厅3年来先后组织省内茶企在南宁、兰州、福州、北京、乌鲁木齐、贵州、济南、西宁、西安等大中城市和中国香港、哈萨克斯坦等地举办陕茶专场推介会、茶商圆桌会、茶业博览会等多种形式的推介活动30多场次。与中国农业科学院茶叶研究所落实茶产业战略合作协议，依托国内茶业界高端人才，加快茶产业科技引进和吸收。在北京马连道建设“陕西茶城”，成为陕西省首个政府支持入驻省外市场的陕茶建设项目。“泾阳茯砖茶—丝绸之路文化之旅”活动的圆满成功，加快了陕茶出省步伐。

科技教育

1. 茶业教学 陕西省承担茶学研究生教育的是西北农林科技大学，职业技术教育的有安康学院、汉中职业技术学院和陕西理工大学。截止到2014年年底，西北农林科技大学茶叶类在校学生有全日制在校本科生共60人，硕士生18人，博士生4人，茶学教职工8人。全省茶学类教职工有14人，其中教师10人，教辅4人。

2. 茶业科技 据统计，全省有茶叶推广机构23个，从事茶叶专业科技人员360多人，中高级职称170多人，分布在育种栽培、土壤肥料、生物植保、生产加工、质量监测、技术推广等方面，长期从事技术推广、科研教学和生产实践，具有丰富的科研能力和经验。

2014年在研省级科研项目15项，总经费1 602万元，其中2014年行政科研项目5项，获得经费507万元，比2012年减少18项，经费减少544万元。

茶文化活动

陕西茶文化底蕴深厚，客来敬茶成为一种习俗。陕西省农业厅近年来加大组织茶企广泛参与国内外茶事活动，省内部分产茶大县，西乡、南郑、紫阳、平利和商南等每年举办茶叶宣传品鉴等活动。咸阳市泾阳县建设的“茯茶小镇”，成为距西安最近的休闲、品茶、餐饮等活动区域，成为陕西茯茶产业发展的特色品牌。

陕西茶叶休闲观光主要在陕南汉中、安康、商洛3市。汉中有西乡县东裕千亩观光茶园，峡口镇江榜高产茶园，胡氏观光茶园，汉南茶叶观光农家乐基地，羌州百里茶廊及茶艺，宁强玉皇观生态旅游及茶文化、文物展示，青木川古镇茶园游等；安康有瀛湖茶园休闲带，汉滨区万亩茶叶观光园等；商洛有商南县闯王寨景区和试马镇千亩白茶现代农业旅游区等；咸阳市有“茯茶小镇”等。

大事记

2012年11月13日，陕西省政府首次在汉中市西乡县召开“全省茶产业工作会”，明确了陕西茶产业工作发展的思路和重点，同时由省财政列支5 000万元，设立陕西省茶产业发展专项，用于陕茶发展。这次会议理顺了省级茶叶管理体制，有关市、县先后开始理顺茶产业管理体制工作，结束了九龙治水的历史。

2013年，陕西省农业厅出台《陕西省茶产业发展规划2013—2020》，确定到2020年，全省将新增茶园9.3万公顷，总面积达到18.7万公顷，茶叶总产达到13万吨以上，实现生产总值150亿元。陕西的茶园基地和茶产品将进行区域化重点发展，形成新的区域布局，茶产品将以绿茶为主走向绿茶、名优茶、红茶等共同发展的多元化局面。

2013年，陕西省农业厅相继出台《陕西省茶叶标准化示范园建设规范》和《陕西省省级茶叶示范园认定标准（试行）》并开始实施，加快了陕茶发展步伐。

2014年，陕西省政府出台《陕西省人民政府办公厅关于加快全省茶产业发展的意见》（陕政办发〔2014〕117号），提出“以增加农民收入为核心，以市场为导向，用现代工业、流通、金融、生态理念大力发展茶产业，强化扶持政策措施，完善生产经营体系，全面提高茶产业发展水平”的发展思路。

2014 年 9 月 19 日，“泾阳茯砖茶—丝绸之路文化之旅”活动启动，这次活动由 136 峰骆驼、8 架马车、100 多名身着古装的工作人员组成的驼队和 30 多辆依维柯组成的宣传车队以及相应的品牌宣传、文化展演、产业推介等，途径中国和哈萨克斯坦两国 5 省区、5 个省会城市和 16 个地级市，到达哈萨克斯坦江布尔州陕西村，历时一年半，行程 1.5 万千米。旨在宣传泾阳茯茶悠久的历史文化和特殊功效，扩大影响，做大做强泾阳茯砖茶。

2014 年 11 月 25～27 日，由陕西省农业厅和中国茶叶学会共同举办的“2014 中国茶叶学会团体会员会议”在咸阳市成功举办，全国 1 200 余名代表参会，陕茶发展高端论坛同期举办，极大地提高了陕茶知名度和影响力。

（陕西省农业厅园艺蚕桑站茶叶科　梁军青）

第六次监测合格农业产业化国家重点龙头企业名单：茶叶企业名单

浙江省茶叶集团股份有限公司
浙江华发茶业有限公司
浙江更香有机茶业开发有限公司
安徽茶叶进出口有限公司
天方茶业股份有限公司
黄山市松萝有机茶叶开发有限公司
武夷星茶业有限公司
华祥苑茶业股份有限公司
漳州天福茶业有限公司
福建八马茶业有限公司
福建春伦茶业集团有限公司
福建满堂香茶业股份有限公司
江西省宁红集团有限公司
湖北采花茶业有限公司
宜昌三峡茶城集团有限公司
萧氏茶业集团有限公司
湖北龙王垭茶业有限公司
湖南省茶业集团股份有限公司
广西凌云浪伏茶业有限公司
重庆茶业（集团）有限公司
四川省文君茶业有限公司
四川省峨眉山竹叶青茶业有限公司
四川省茶业集团股份有限公司
峨眉山仙芝竹尖茶业有限责任公司
四川巴山雀舌名茶实业有限公司
四川省花秋茶业有限公司
贵州凤冈黔风有机茶业有限公司
贵州湄潭兰馨茶业有限公司
贵州铜仁和泰茶业有限公司
贵州贵茶有限公司
贵州省湄潭县栗香茶业有限公司
贵州湄潭盛兴茶业有限公司
贵州经典云雾茶业有限责任公司
云南下关沱茶（集团）股份有限公司
云南双江勐库茶叶有限责任公司
云南龙润茶业集团有限公司
勐海茶业有限责任公司
陕西苍山茶业有限责任公司

通过中国驰名商标认定的茶类商标（2012—2014年）

商标	商标注册人/所有人	类别	认定商品/服务
安化黑茶及图	安化县茶叶协会	30	茶
中茶及图	中国茶叶股份有限公司	30	茶叶
品品香	福建品品香茶叶有限公司	30	茶叶
峩眉雪芽	峨眉山旅游股份有限公司	30	茶叶
普洱茶 PUER 及图	云南省普洱茶协会	30	茶叶
西湖龙井	杭州市西湖区龙井茶产业协会	30	茶叶
猴坑 HONGKENG 及图	黄山市猴坑茶业有限公司	30	茶叶
巴陵春 Balingchun 及图	袁小月/岳阳市洞庭山茶叶有限公司	30	茶、茶叶代用品、茶饮料
春伦及图	傅天甫/福建春伦茶业集团有限公司	30	茶
高黎贡山	腾冲县高黎贡山生态茶业有限责任公司	30	茶叶
金香品雪 JXPX 及图	宜昌萧氏茶叶集团有限公司	30	茶
兰岭及图	湖南兰岭绿态茶业有限公司	30	茶叶
泉岩 QUANYAN 及图	泉州市泉岩茶业有限公司	30	茶
石门银峰	石门县茶叶产业协会	30	茶
仙洋洋	福建仙洋洋食品科技有限公司	30	茶、茶叶代用品
湘益 XIANG YI 及图	益阳茶厂有限公司	30	茶叶（红茶、绿茶、砖茶、花茶）
谢正安及图	黄山谢裕大茶叶股份有限公司	30	茶
紫阳富硒茶 ZIYANGFUXICHA 及图	紫阳县茶业协会	30	茶
蒙顶山茶 MDSC	名山县茶业协会	30	茶、茶叶
润思 RUNSI 及图	安徽国润茶业有限公司	30	茶、茶叶代用品
六百里	黄山六百里猴魁茶业有限公司	30	茶、茶叶代用品
霍山黄芽	霍山县茶叶产业协会	30	茶叶
十阡苔茶	石阡县茶业协会	30	茶
兰馨及图	贵州湄潭兰馨茶业有限公司	30	茶、茶叶代用品
品香园 PIN XIANG YUAN 及图	海南品香园实业有限公司	30	茶、茶叶代用品
白沙溪 BAISHAXI	湖南省白沙溪茶厂有限责任公司	30	茶
三江雪	青海三江雪食品饮料有限公司	30	茶饮料、茶叶代用品
崂池及图	青岛崂池云峰茶业有限公司	30	茶
午子 WUZI 及图	陕西省午子绿茶有限责任公司	30	茶
勐库及图	云南双江勐库茶叶有限责任公司	30	茶叶

（续）

商标	商标注册人/所有人	类别	认定商品/服务
龙生 LongSheng 及图	云南龙生茶业股份有限公司	30	茶
羊岩山及图	临海市羊岩茶厂	30	茶叶、红茶、绿茶
洞庭	湖南省临湘永巨茶业有限公司		茶
文君	四川省文君茶业有限公司	30	茶叶
蒙顶	四川省蒙顶皇茶茶业有限责任公司	30	茶
蒙山	四川省茗山茶叶有限公司	30	茶
凤岗锌硒茶	凤冈县茶叶协会	30	茶
元正	福建正山堂茶业有限责任公司	30	茶
碧生源	北京澳特舒尔保健品开发有限公司	30	茶叶、茶叶代用品

农产品（茶叶类）地理标志登记产品公告信息（2012—2015年）

序号	所在区域	产品名称	申请人全称	划定的产地保护范围	质量控制技术规范编号
1	浙江	天目青顶	临安市茶叶产业协会	临安市天目山区太湖源镇、西天目乡、高虹镇、於潜镇、藻溪镇、太阳镇、潜川镇、乐平乡、昌化镇、河桥镇、湍口镇、龙岗镇、清凉峰镇、大峡谷镇、岛石镇共计16个乡镇78个行政村。地理坐标为东经118°51′00″～119°44′00″，北纬29°56′00″～30°23′00″	AGI2012-02-892
2	福建	大田高山茶	大田县茶叶学会	大田县全境，具体是屏山、济阳、吴山、谢洋、武陵、桃源、上京、太华、建设、广平、奇韬、文江、梅山、前坪、华兴、均溪、石牌、湖美、东风等19个乡镇和农场。地理坐标为东经117°29′00″～118°03′00″，北纬24°37′00″～24°44′00″	AGI2012-02-898
3	福建	北苑贡茶	建瓯市农业技术推广中心	建瓯市14个乡镇及4个街道办事处，即徐墩镇、吉阳镇、房道镇、南雅镇、迪口镇、小桥镇、玉山镇、东峰镇、东游镇、小松镇、顺阳乡、川石乡、龙村乡、水源乡，以及建安街道办事处、通济街道办事处、瓯宁街道办事处和芝山街道办事处。地理坐标为东经117°58′45″～118°57′11″，北纬26°38′54″～27°20′26″	AGI2012-02-900
4	湖北	屈乡丝绵茶	秭归县茶叶协会	秭归县茅坪镇、归州镇、屈原镇、水田坝乡、泄滩乡、沙镇溪镇、两河口镇、梅家河乡、郭家坝镇、九畹溪镇、杨林桥镇等11个乡镇。地理坐标为东经110°18′00″～111°00′00″，北纬30°38′00″～31°11′00″	AGI2012-02-934
5	重庆	南川大树茶	重庆市南川区茶叶协会	南川区德隆乡、合溪镇、古花乡、大有镇、三泉镇（马嘴村）5个乡镇。地理坐标为东经107°02′09″～107°18′06″，北纬28°31′48″～28°53′16″	AGI2012-02-949
6	重庆	南川金佛玉翠茶	重庆市南川区茶叶协会	南川区大观、兴隆、乾丰、木凉、河图、石溪、黎香湖、太平场、白沙、鸣玉、冷水、民主、丰岩、福寿、铁村、石墙、中桥、骑龙、神童、石莲、东城、南城、西城、水江、南平、三泉（原马嘴除外）、鱼泉、金山、头渡共计29个乡镇、街道办事处。地理坐标为东经106°54′00″～107°27′00″，北纬28°46′00″～29°30′00″	AGI2012-02-950

（续）

序号	所在区域	产品名称	申请人全称	划定的产地保护范围	质量控制技术规范编号
7	山东	长清茶	济南市长清区农业环境保护站	长清区5个乡镇（办事处）32个行政村，东至济南市长清区万德镇拔山村，西至双泉乡大张庄村，南至万德镇马套村，北至五峰山街道办事处石窝村。地理坐标为东经116°43′00″～117°03′00″，北纬36°23′00″～37°30′00″	AGI2012-03-1026
8	山东	泰山绿茶	泰安市有机食品协会	泰安市地理坐标为东经116°02′00″～117°59′00″，北纬35°38′00″～36°28′00″	AGI2012-03-1027
9	湖北	孝感龙剑茶	孝感市农业技术推广总站	孝感市所辖的大悟、孝昌、孝南、应城、安陆、双峰6个县（市、区）的三里城、大新、宣化、吕王、周巷、丰山、小悟、王店、田店、杨河、三合、王义贞、木梓、杨店、西河、邹岗等乡镇。地理坐标为东经113°19′00″～114°06′00″，北纬30°42′00″～31°29′00″	AGI2012-03-1032
10	江西	黄冈山玉绿	铅山县虞军茶叶专业合作社	铅山县的武夷山镇、英将乡、鹅湖镇鹅湖村、太源乡、篁碧乡、天柱山乡共6个乡镇。地理坐标为东经117°44′33″～117°47′31″，北纬27°48′19″～28°17′16″	AGI2013-01-1104
11	江西	铅山河红茶	铅山县连四纸（连史纸）河红茶制作技艺传习所	铅山县天柱山乡、篁碧乡、太源乡、湖坊镇、葛仙山乡、英将乡、武夷山镇共7个乡镇。地理坐标为东经117°44′03″～117°70′41″，北纬27°48′19″～28°31′77″	AGI2013-01-1105
12	湖北	五峰宜红茶	五峰土家族自治县茶叶专业经济协会	五峰土家族自治县所辖的采花乡、五峰镇、渔洋关镇、长乐坪镇、仁和坪镇、湾潭镇、傅家堰乡、牛庄乡等八个乡镇。地理坐标为东经110°15′00″～111°25′00″，北纬29°56′00″～30°25′00″	AGI2013-01-1149
13	广东	岭头单丛茶	饶平县浮滨镇兴农茶叶专业合作社	饶平县浮滨、东山、汤溪、新塘、三饶、韩江林场、新丰、上饶、饶洋、建饶、樟溪等11个镇（场）。地理坐标为东经116°35′00″～116°58′00″，北纬23°45′00″～24°14′00″	AGI2013-01-1151
14	云南	回龙茶	梁河县茶叶技术推广站	德宏傣族景颇族自治州梁河县境内，产地区域范围涉及大厂乡、小厂乡、平山乡、囊宋乡、九保乡、河西乡、芒东镇、勐养镇和遮岛镇9个乡镇。地理坐标为东经98°06′00″～98°34′00″，北纬24°31′00″～24°58′00″	AGI2013-01-1169
15	云南	白竹山茶	双柏县茶桑站	楚雄州双柏县法脿镇境内，产地范围涉及法脿、烂泥、石头、铺司、六街、双坝、者科哨、麦地、雨龙、法甸、古木、红栗、折苴13个行政村。地理坐标为东经101°44′00″～101°50′00″，北纬24°26′00″～24°40′00″	AGI2013-01-1170

（续）

序号	所在区域	产品名称	申请人全称	划定的产地保护范围	质量控制技术规范编号
16	山东	沂蒙绿茶	临沂市茶叶学会	临沂市现辖3区（兰山区、河东区、罗庄区）9县（费县、平邑县、苍山县、郯城县、临沭县、莒南县，沂水县、沂南县、蒙阴县），地理坐标为东经117°24′00″～119°11′00″，北纬34°22′00″～36°22′00″	AGI2013-03-1297
17	湖北	马坡茶	建始县马坡明珠茶业专业合作社	建始县三里乡大沙河村、蟠龙村、扎鱼口村、崔家村坊村、马坡村、窑场村、龙飞村、石牌村、香树湾村、洋湖沟村、青林口村、老村村、大洪村、小洪村、何家坡村、大牌村、大兴村、三高村、二龙湾村、小屯村、孙家坝村、枫香树村杨柳村、河水坪村、农科村、擦擦坡村等26个村。地理坐标为东经109°47′00″～109°56′00″，北纬30°33′00″～30°39′00″	AGI2013-03-1322
18	湖北	木鱼绿茶	湖北神农架林区深山茶业专业合作社	神农架林区木鱼镇所辖青天村、木鱼村、小当阳村、青峰村、红花坪村、茅胡村、三堆河村、九冲村8个行政村、木鱼坪居委会、红花坪居委会2个居委会。地理坐标为东经110°21′00″～110°36′00″，北纬31°19′00″～31°31′00″	AGI2013-03-1323
19	湖南	江华苦茶	江华瑶族自治县粤华茶业发展合作社	江华瑶族自治县河路口镇、涛圩镇、白芒营镇、大石桥乡、桥市乡、未竹口乡、贝江乡、大锡乡、务江乡、湘江乡、花江乡、大圩镇、小圩镇、码市镇、水口镇、沱江镇、东田镇、江华国有林场等乡、镇、场。地理坐标为东经111°25′25″～112°12′35″，北纬24°38′35″～25°19′43″	AGI2013-03-1326
20	浙江	平阳黄汤茶	平阳县茶叶产业协会	平阳县水头镇、鳌江镇、山门镇、腾蛟镇、昆阳镇、万全镇、南雁镇、顺溪镇等8个镇42个村。地理坐标为东经120°24′00″～121°08′00″，北纬27°21′00″～27°46′00″	AGI2014-01-1393
21	安徽	金寨红茶	金寨县茶叶发展办公室	金寨县梅山镇、麻埠镇、油坊店乡、青山镇、张冲乡、全军乡、桃岭乡、铁冲乡、燕子河镇、天堂寨镇、古碑镇、吴家店镇、花石乡、白塔畈镇等23个乡镇。地理坐标为东经115°22′00″～116°11′00″，北纬31°06′00″～31°48′00″	AGI2014-01-1395
22	河南	固始皇姑山茶	固始县兴农茶叶专业合作社	固始县武庙集镇长江河村、锁口村、黄土岭村。地理坐标为东经115°20′35″～115°56′17″，北纬31°45′19″～32°34′50″	AGI2014-01-1408

（续）

序号	所在区域	产品名称	申请人全称	划定的产地保护范围	质量控制技术规范编号
23	湖北	宜都宜红茶	宜都市宜红茶协会	宜都市红花套镇、高坝洲镇、姚家店镇、五眼泉镇、聂家河镇、潘家湾土家族乡、王家畈乡、松木坪镇、枝城镇、陆城街道办事处7个镇2个乡1个街道办事处。地理坐标为东经111°05′47″～111°36′02″，北纬30°05′55″～30°36′00″	AGI2014-01-1410
24	福建	寿宁高山茶	寿宁县茶业协会	寿宁县的南阳、竹管垅、清源等14个乡镇所辖海拔500米以上的190个行政村（社区）。地理坐标为东经119°22′00″～119°73′00″，北纬27°16′00″～27°65′00″	AGI2014-02-1467
25	福建	七境茶	罗源县茶叶协会	罗源县所辖白塔乡、西兰乡、飞竹镇、霍口乡、起步镇、洪洋乡、中房镇以及凤山镇的南门、松山镇的刘洋、上土港、碧里乡的西洋、鉴江镇的呈家洋等11个乡镇152个行政村。地理坐标为东经119°07′00″～119°54′00″，北纬26°23′00″～26°39′00″	AGI2014-02-1468
26	浙江	龙泉金观音	龙泉市茶叶产业协会	龙泉市所辖龙渊街道、剑池街道、西街街道、塔石街道、兰巨乡、八都镇、上垟镇、竹垟镇、锦溪镇、住龙镇、宝溪乡、查田镇、小梅镇、屏南镇、安仁镇、龙南乡、道太乡、城北乡、岩樟乡共计8镇7乡4个街道444个行政村。地理坐标为东经118°42′00″～119°25′00″，北纬27°42′00″～28°42′00″	AGI2014-03-1519
27	湖北	磨坪贡茶	南漳县磨坪贡茶种植专业协会	南漳县所辖李庙镇磨坪寺、全家湾、刘坪3个村。地理坐标为东经111°29′00″～111°46′00″，北纬31°43′00″～32°00′00″	AGI2014-03-1546
28	广西	桂林桂花茶	桂林市茶叶协会	桂林市所辖秀峰、象山、七星、叠彩、雁山、临桂6个城区以及灵川、兴安、全州、阳朔、平乐、荔浦、龙胜、永福、恭城、资源、灌阳11个县。地理坐标为东经109°36′00″～111°29′00″，北纬24°15′00″～26°23′00″	AGI2014-03-1551
29	广西	开山白毛茶	八步区农业技术推广中心	贺州市八步区所辖开山镇、桂岭镇、大宁镇和黄洞乡。地理坐标为东经111°41′12″～111°47′41″，北纬24°28′54″～24°46′24″	AGI2014-03-1552
30	广西	平乐石崖茶	平乐县农业技术推广中心	平乐县所辖源头镇、阳安乡、青龙乡、桥亭乡、大发瑶族乡、平乐镇、二塘镇、广运林场等7个乡镇1个国有林场。地理坐标为东经110°34′00″～111°02′00″，北纬24°16′00″～24°38′00″	AGI2014-03-1553

（续）

序号	所在区域	产品名称	申请人全称	划定的产地保护范围	质量控制技术规范编号
31	广西	金秀红茶	金秀瑶族自治县水果茶叶技术指导站	金秀瑶族自治县所辖金秀镇、罗香乡、大樟乡、三角乡、三江乡、桐木镇、忠良乡、长垌乡、六巷乡、头排镇共10个乡镇的77个村民委员会。地理坐标为东经109°50′00″～110°27′00″，北纬23°40′00″～24°28′00″	AGI2014-03-1554
32	四川	筠连红茶	四川省筠连县农业局茶叶站	筠连县所辖筠连镇、腾达镇、巡司镇、蒿坝镇、双腾镇、沐爱镇、维新镇、镇舟镇、大雪山镇、武德乡、塘坝乡、龙镇乡、孔雀乡、乐义乡、高坎乡、团林乡、联合乡、高坪乡等18个乡（镇）。地理坐标为东经104°17′45″～104°47′20″，北纬27°50′37″～28°14′08″	AGI2014-03-1565
33	贵州	凤冈锌硒茶	凤冈县茶叶协会	凤冈县所辖永安镇、新建镇、土溪镇、绥阳镇、花坪镇、龙泉镇、永和镇（党湾村除外）、蜂岩镇、进化镇、琊川镇、何坝镇、石径乡等12个乡镇。地理坐标为东经107°31′00″～107°56′00″，北纬27°32′00″～28°21′00″	AGI2014-03-1570
34	贵州	湄潭翠芽	贵州省湄潭县茶业协会	湄潭县所辖湄江镇、永兴镇、复兴镇、天城镇、兴隆镇、抄乐镇、黄家坝镇、高台镇、茅坪镇、新南镇、石莲镇、鱼泉镇、洗马镇、马山镇、西河镇等15个乡镇。地理坐标为东经107°15′36″～107°41′08″，北纬27°20′18″～28°12′32″	AGI2014-03-1571
35	贵州	金沙贡茶	金沙县农业技术推广站	金沙县所辖城关镇、沙土镇、安底镇、禹谟镇、岩孔镇、清池镇、岚头镇、源村乡、官田乡、后山乡、长坝乡、木孔乡、茶园乡、化觉乡、高坪乡、平坝乡、西洛乡、龙坝乡、桂花乡、石场苗族彝族乡、太平彝族苗族乡、箐门苗族彝族仡佬族乡、马路彝族苗族乡、安洛苗族彝族满族乡、新化苗族彝族满族乡、大田彝族苗族布依族乡等26个乡镇。地理坐标为东经105°47′00″～106°44′00″，北纬27°07′00″～27°46′00″	AGI2014-03-1572
36	安徽	舒城小兰花	舒城县茶叶产业协会	舒城县所辖晓天镇、山七镇、高峰乡、庐镇乡、河棚镇、汤池镇、阙店乡、春秋乡、舒茶镇、南港镇、五显镇、万佛湖镇、干汊河镇、棠树乡、张母桥镇、城关镇共16个乡镇。地理坐标为东经116°26′～117°15′，北纬30°01′～31°34′	AGI2015-01-1610
37	山东	日照绿茶	日照市茶叶技术推广中心	日照市所辖东港区、岚山区、莒县、五莲县4个县（区）54个乡镇1600个行政村。地理坐标为东经118°35′～119°39′，北纬35°04′～36°02′	AGI2015-01-1614

（续）

序号	所在区域	产品名称	申请人全称	划定的产地保护范围	质量控制技术规范编号
38	广西	覃塘毛尖茶	贵港市覃塘区农业技术推广中心	贵港市覃塘区所辖覃塘镇、东龙镇、三里镇、黄练镇、石卡镇、五里镇、山北乡、樟木乡、蒙公乡、大岭乡等10个乡镇138个行政村7个街道居委会。地理坐标为东经108°58′～109°18′，北纬22°48′～23°25′	AGI2015-01-1635
39	贵州	石阡苔茶	石阡县茶业协会	石阡县所辖龙塘镇、龙井乡、白沙镇、聚凤乡、本庄镇、河坝乡、大沙坝乡、坪地场乡、花桥镇、石固乡、青阳乡、五德镇、枫香乡、坪山乡、中坝镇、甘溪乡、国荣乡、汤山镇等18个乡镇。地理坐标为东经107°44′55″～108°33′47″，北纬27°17′05″～27°42′50″	AGI2015-01-1644
40	福建	平和白芽奇兰	平和县白芽奇兰茶协会	平和县所辖崎岭、九峰、长乐、秀峰、芦溪、霞寨、大溪、国强、安厚共9个乡镇91个行政村。地理坐标为东经116°53′12″～117°31′15″，北纬24°02′31″～24°35′25″	AGI2015-02-1683
41	江西	庐山云雾茶	九江市茶叶产业协会	庐山及鄱阳湖（九江管辖范围）、庐山西海周边区域的浔阳区、庐山区、瑞昌市、九江县、武宁县、修水县、永修县、德安县、星子县、都昌县、湖口县、彭泽县，涉及海会镇、岷山乡、赛阳镇等185个乡镇（办事处）。地理坐标为东经113°56′30″～116°54′01″，北纬28°41′12″～30°04′29″	AGI2015-02-1686
42	广西	龙脊茶	龙胜各族自治县农业技术推广站	龙胜各族自治县所辖龙脊镇、龙胜镇、江底乡、平等镇、马堤乡、泗水乡、伟江乡、乐江乡、瓢里镇、三门镇等10个乡镇119个行政村和6个居民社区。地理坐标为东经109°43′05″～110°21′24″，北纬25°29′21″～26°12′14″	AGI2015-02-1699
43	福建	永泰绿茶	永泰县茶叶协会	永泰县所辖樟城镇、城峰镇、葛岭镇、清凉镇、梧桐镇、嵩口镇、大洋镇、同安镇、长庆镇、塘前乡、丹云乡、白云乡、红星乡、盘谷乡、霞拔乡、东洋乡、盖洋乡、洑口乡、富泉乡、赤锡乡以及岭路乡共21个乡镇。地理坐标为东经118°23′～119°12′，北纬25°39′～26°05′	AGI2015-03-1752
44	湖北	玉泉仙人掌茶	当阳市特产技术推广中心	当阳市所辖玉泉办事处的玉泉、百宝寨、焦堤、金沙、干河、枣林、清溪、柳林、三桥、官道河、合意等11个村，以及王店镇的木店、新店、严河等3个村。地理坐标为东经111°59′07″～112°09′22″，北纬31°14′06″～31°34′53″	AGI2015-03-1760
45	湖北	兴山白茶	兴山县特产办公室	兴山县所辖水月寺、峡口、高桥共3个乡镇。地理坐标为东经110°25′～111°09′，北纬31°08′～31°25′	AGI2015-03-1762

（续）

序号	所在区域	产品名称	申请人全称	划定的产地保护范围	质量控制技术规范编号
46	湖北	咸安砖茶	咸宁市咸安区有机茶产业协会	咸宁市咸安区桂花镇、马桥镇、大幕乡、双溪桥镇、贺胜桥镇、汀泗桥镇、横沟桥镇等7个乡镇63个行政村和1个国有林场。地理坐标为东经114°06′～114°43′，北纬29°39′～30°02′	AGI2015-03-1763
47	湖南	太青双上绿芽茶	澧县城头山双上绿芽茶文化研究所	澧县所辖太青乡、杨家坊乡、火连坡镇、甘溪滩镇、方石坪镇、码头铺镇、洞市乡等7个乡镇。地理坐标为东经111°12′35″～111°31′34″，北纬29°42′57″～29°57′39″	AGI2015-03-1764
48	广东	鹤山红茶	鹤山市农产品质量监督检验测试中心	鹤山市所辖雅瑶镇的南靖，古劳镇的茶山、丽水，龙口镇的福迳、那白，桃源镇的中心、龙溪、蟠光，鹤城镇的坑尾、城西、五星、万和、坪山，共和镇的来苏、新连，址山镇的云新，宅梧镇的白水带、荷村、泗云和双合镇的合成、先庆等21个村委会。地理坐标为东经112°28′～113°02′，北纬22°28′～22°51′	AGI2015-03-1767
49	海南	五指山红茶	五指山市茶叶协会	五指山市所辖通什镇、南圣镇、毛阳镇、番阳镇、毛道乡、水满乡、畅好乡等7个乡镇，以及畅好农场和海胶集团畅好橡胶站。地理坐标为东经109°19′～109°44′，北纬18°38′～19°02′	AGI2015-03-1770
50	云南	勐库大叶种茶	双江拉祜族佤族布朗族傣族自治县茶叶技术推广站	双江自治县所辖大文乡、忙糯乡、勐库镇、勐勐镇、沙河乡、邦丙乡6个乡（镇）和勐库华侨管理区、双江农场管理委员会2个农场。地理坐标为东经99°35′～100°09′，北纬23°11′～23°48′	AGI2015-03-1772
51	陕西	镇安象园茶	镇安县农产品质量安全检验检测站	镇安县所辖达仁镇、柴坪镇、东川镇、木王镇、庙沟镇、云盖寺镇、永乐镇等7个镇26个行政村。地理坐标为东经109°06′15″～109°36′55″，北纬33°08′35″～33°42′25″	AGI2015-03-1778

部分茶业企业介绍

四川省茶业集团股份有限公司

四川省茶业集团股份有限公司（以下简称“川茶集团”）是四川首家实施全茶产业链开发的股份制企业，拥有自建万亩高山有机茶园和联建的10万亩优质茶园，拥有一流的科技园区和现代化加工园区，川茶集团旗下有茶树良种繁育公司、国内区域化营销公司、国际贸易公司、电子商务公司等10余家控股子公司，注册资金2.08亿元。2015年，公司实现综合产值16.36亿元，出口创汇760万美元，占四川茶叶出口额52%以上。

川茶集团自成立以来，以“创新、创业、融合、共享”为理念、以“资源共享、优势互补、抱团发展、联合共赢”为宗旨，不断创新技术链支撑全茶产业链整体转型升级发展，创新利益链促进全茶产业链持续健康发展，经过多年努力，产业引领带动能力显著提升，先后荣获“农业产业化国家重点龙头企业”“全国农业产业化优秀龙头企业”“全国茶行业综合实力十强企业”“中国出口茶叶企业十强企业”“国家科技创新型星火龙头企业”等多项荣誉，并被四川省委省政府确定为“川茶千亿产业”发展的排头兵企业进行重点扶持。

川茶集团在宜宾北域金秋湖与茶农共同打造全国优质早茶基地1万余亩，有茶树良种繁育基地1 000余亩，全资收购的天宫山万亩高山有机茶基地是川茶大区域品牌“天府龙芽”的优质原料供应基地，且连续11年通过国内、国际有机茶双认证，是目前全国连片规模最大的高山有机茶基地。

川茶集团先后承担和实施了国家、部、省、市级科技攻关、成果转化、星火计划和技术创新各类项目20余项，参与制订31个国家、行业标准，并攻克全国绿茶加工共性技术难题，创新中国黑茶加工技术，突破名优茶机制集成加工技术，为茶行业的技术研发和成果应用做出了表率。同时，公司拥有目前全国最大的科技创新园区和全国茶行业唯一的“一站两院两中心”（即四川茶行业唯一的院士专家工作站、全国茶行业唯一的“国家企业技术中心”、四川省唯一的“四川省茶业工程技术研究中心”“四川省茶产业技术研究院”“川茶产业商学院”）科技创新平台，引领茶行业科技创新。

川茶集团致力于多茶类产品的研究与开发，成为全国茶行业茶叶多元化发展的先驱者，形成了以“天府龙芽”“叙府龙芽”产品为拳头，以“优黑优红”产品为优势，以专利产品“超微茶粉”为特色，“龙芽酥”“龙芽脆”“龙芽米花糖”等茶食品同步开发的多元化产品体系。“叙府牌”商标被评为“中国驰名商标”“四川省著名商标”，拳头产品“叙府龙芽”产品连续七次在国际名茶评比中荣获金奖，“天府龙芽”获“百年世博中国名茶金骆驼奖”和“金芽奖·中国最具国际竞争力名茶品牌”。

川茶集团大力实施走出去战略，先后在中国香港、马来西亚等10多个国家和地区建立了营销机构，拓展了蒙古、摩洛哥、格鲁吉亚等国外市场，并与斯里兰卡、俄罗斯等国建立了战略合作关系。俄罗斯原第一副总理索斯科维茨先生于2015年正式受邀成为公司终身荣誉顾问。

川茶集团通过创新的“6+X”（6为中国六大茶类，X为茶叶衍生产品）大品牌发展模式，推动品牌跨品类融合发展，首创了涵盖中国六大茶类的茶叶品牌——天府龙芽，在全国茶行业率先实现了一壶香茗品尽中国六大茶类的重大创新。同时，作为千亿川茶产业排头兵企业，按照四川省政府2014年1号文件《关于加快川茶产业转型升级建设茶业强省的意见》中关于“统筹区域品牌建设、运营和保护，提升区域品牌的影响力和凝聚力，支持四川省茶业集团等优势企业建立品牌联盟，组建品牌集团”的重要指示，积极联合竹叶青、峨眉雪芽等省内121家茶企，于2014年12月12日成立了以川茶集团为会长单位的川茶品牌促进会，并经四川省政府同意，团结带领省内茶企共同打造“天府龙芽”川茶大区域品牌。2015年，公司原创品牌“天府龙芽”被确定为川茶大区域品牌，自此，中国茶行业诞生了第一个省级大区域茶叶品牌，四川有了承载大天府文化的地理标志性茶叶品牌。2016年，“天府龙芽”品牌川茶在“第五届国际（四川）茶博会暨天府龙芽茶文化节”上正式发布。

目前，川茶集团正实施四川省有史以来第一个农业省级重点项目——川茶产业融合发展项目，项目计划投资12.65亿，项目建设期限为3年。项目建成后，将构筑起公司跨越发展、助推川茶产业整体转型升级的强大引擎。

未来，川茶集团将以“川茶产业融合发展项目”和“川茶大区域品牌建设项目”为主要抓手，以推动川茶产业整体转型升级发展、带动茶区农村同步实现小康为奋斗目标，通过引资引智、兼并重组、合资合作，在3～5年内，实现年销售收入50亿元，建成川茶企业航母，助推实现川茶千亿产业宏伟目标，带动更多茶企增效、茶农增收。

浙江华发茶业有限公司

浙江华发茶业有限公司创办于1994年，是全国民营企业中第一家农业产业化国家重点龙头企业，是全国农业产业化优秀农业龙头企业、全国农产品加工出口业示范企业，通过ISO 9000、ISO 14001、HACCP、QS、IMO有机产品等认证。公司注册资本1亿，总资产3.66亿元，年加工出口绿茶2.6万吨，销售额3.61亿元。2002—2012年在全国茶叶加工企业中连续收购、加工、出口名列第一，是目前中国厂房面积最大、加工能力最强、联结基地和联结农户最多，集科研开发、技术推广、生产加工、国际贸易为一体的大型绿茶生产加工出口企业之一，是浙江省嵊州市三十强企业、嵊州市纳税大户。

公司下属全资企业5家，境外投资企业1家，境外办事处4家。公司产品主要包括珠茶、眉茶、龙井茶、乌龙茶、辉白茶、蒸青茶等六大类系列产品，公司有注册商标40多个，"皇帝"牌商标和产品先后被评为"中国驰名商标""浙江出口名牌""浙江省著名商标"。

2013年起，公司从嵊州市经济开发区整体搬迁到有着80年历史的原浙江省三界茶厂（该厂第一任厂长为当代茶圣吴觉农），目前进行产业结构调整和升级，从原来比较单一的出口，转向朝着以出口为主、内销与深加工为重点发展。多年来，公司一直为以维护行业利益、加强食品安全、环境保护、科技兴农、基地建设为己任，热心社会公益事业，积极回报社会。

企业发展的第一阶段（1994—1998年），是华发人艰苦奋发、艰苦创业的5年，是斗志昂扬的5年，是上下齐身协力、忘我工作的5年，华发人在市场经济的大潮中艰难搏击，不畏千辛万苦，完成了华发人第一个梦想，实现了华发的原始资本积累。

企业发展的第二阶段（1999—2003年），是全体华发人团结协作、开拓进取的5年，是企业的转型期，是创建完整、有力的经营管理团队的质变期，是正确战略思想的快速飞翔期，经营管理团队运筹帷幄，倡导以人为本、诚信务实、敬业进取、合作共赢的核心价值观，提倡以科学管理、优质高效、服务至上、争创一流的企业经营理念，逐步改善各种管理环节，大胆创新，华发人敢为人先，为茶叶走向世界奠定了扎实的基础。

企业发展的第三阶段（2004—2008年），是开拓创新的5年，是跨越式发展的5年，公司理顺各种关系，完善各项制度，提升内部管理水平，调整优化产品结构，加强品牌建设，拓展相关产业，实现跨领域多元化发展，开启了华发崭新的一页。

2012年是华发第四个5年计划的关键之年，食品行业正面临着前所未有的挑战，三聚氰胺、问题胶囊、康师傅饮料茶叶二次销售等食品安全事件层出不穷，严重冲击着茶叶食品行业的正常运行。华发人当机立断，显示出了强大的企业精神魅力和不畏艰难的团队战斗力，在各部门的大力支持和配合下逐渐缓解。

在市场经济的大背景下，华发人不忘使命，在"农业产业化国家重点农业龙头企业""全国优秀龙头企业""全国最大的茶叶加工出口企业"的光环下，仍然不忘"为社会提供最优质的产品和服务，提高行业食品安全水平，服务'三农'，并积极参与社会公益活动"，受到社会各界的一致好评。华发董事长尹晓民还担任着中国食品土畜进出口商会茶叶分会副会长、浙江省茶叶产业协会副会长、绍兴市工商联（总商会）副会长、绍兴市农业龙头企业协会会长、嵊州市茶叶产业协会会长等职。

华发，以"艰苦奋发，团结协作、开拓创新、追求卓越"的精神，从立足市场，到快速成长，转型升级，跨越发展，追求卓越，华发人一直奋斗着；以人为发展之根本，以诚信为发展之基石，以敬业为发展之动力，以共赢为发展之目标，华发人一直追求着；以绿色、环保、健康、和谐为宗旨，提升食品质量安全，提供优质产品和服务，大力支持"三农"建设，积极参与社会公益事业，华发人一直创造着。

华发人正气凛然，朝着企业愿景——铸百年企业、创国际品牌、打造全球一流的茶叶加工贸易企业强势挺进。

孝感市福良山农业综合开发有限公司

孝感市福良山农业综合开发有限公司是2006年湖北省孝感市孝南区引进的回归企业，固定资产1.5亿元，在孝南区、大悟县建有10 000亩生产、示范基地，主营业务为名优茶生产和销售，茶树和果蔬品种引进、培育、繁育、推广，优质粮油、蔬菜、水产品示范基地、养殖，以及农产品物流、农业技术培训、农业观光旅游等。公司致力于品牌农产品的生产、销售。

公司以建成国家级现代农业龙头企业为目标，以"种子、种苗"为主业，围绕主业做产业。以"富润良品，健康人生"为己任，坚持生态、科技、高效的发展方针，以"示范带动，五统一分"和"六个一"为纽带，采取"公司+基地+合作社+家庭农场+农户"运营模式，主攻精品茶、优质苗、品牌菜、健康鱼、优质粮油，追求企业发展、百姓致富。在各级政府、部门的高度重视和扶持下，全体同仁奋力拼搏、艰苦奋斗。公司从零开始，迅速壮大，投资8 000万元在孝南区、大悟县分别建设了2个育苗工厂和3个基地。现已形成"三园七区、六个基地、两个中心"的格局：即孝南西河园区（高产稻、油全程机械化生产示范区、标准化茶园及母本园生产区、蔬菜种植采摘示范区、水产区），大悟玄坛园（工厂化育苗示范区），孝南陡岗镇孙桥园（蔬菜种植示范区）；全国最大无性系良种茶树种苗繁育基地，全省最大水稻工厂化育秧基地，高产高效果蔬种苗繁育、推广基地，高效农业示范基地，水产健康养殖示范基地，观光农业基地；农产品物流配送中心，农业科技培训中心。

公司已具备年产精品茶 20 吨，年繁育无性系良种茶苗 1.5 亿株，果蔬种苗 3 亿株，24 万亩大田机插秧苗，年产名、优、特品牌蔬菜 5 000 吨、水稻 1 000 吨、油菜籽 400 吨、健康水产品 100 吨，年交易农产品 6 万吨，交易额 2 亿元，年培训农业技术人员 2 000 人次，年接待游客 15 万人次，年产值 5 亿元的能力。

公司被农业部授予“大别山无性系良种茶苗繁育和高效名优茶示范基地”“种子工程（茶树）项目承担单位”，国家茶叶产业技术体系“湖北扁形茶加工示范基地”，省农业厅和农业科学研究院“茶树主推品种定点繁育和供应基地”，湖北省“农业产业化省级重点龙头企业”“湖北省科技创新型企业”“农业科技创新试点企业”“孝感市农业产业化经营十佳企业”等称号。

公司茶叶产品“福良山碧剑”“感天龙剑”评为湖北名牌产品，荣获全国第七届、第八届（中茶杯）特等奖，中国茶博会和中国农博会金奖，湖北二十佳名茶、孝感市六大名茶、孝感市十大土特名品等十多个奖项。

公司董事长、总经理乐子华当选为湖北省工商业联合会常务理事、孝感市政协委员、孝感市茶叶商会会长，荣获“孝感市五一劳动奖章”“孝南区建区 20 周年十大优秀企业家”“孝感英才—农村拔尖实用人才”等荣誉称号。

部分茶叶基地

江西省茶叶生产基地——铅山县

一、茶叶生产基地与经营主体建设

2012年新增并通过省级现代农业生产发展资金项目验收的标准化茶叶生产基地5个，面积200公顷；茶叶生产企业18家，初制加工厂14家，精制加工厂4家，2家市级龙头企业（黄岗山有机资源开发有限公司和江西天鑫含珠实业有限公司）。2013年新增并通过省级现代农业生产发展资金项目验收的标准化茶叶生产基地6个，面积133.33公顷；茶叶生产企业24家，初制加工厂18家，精制加工厂6家，市级龙头企业4家分别是江西皇华农业科技发展有限公司、铅山县黄岗山有机资源开发有限公司、铅山县天鑫河红茶业有限公司、铅山县绿和有机资源开发有限公司。2014年新增并通过省级现代农业生产发展资金项目验收的标准化茶叶生产基地15个，面积200公顷；铅山县千亩以上规模茶叶种植基地有6个；茶农共8 000余户，茶叶生产加工企业50余家，市级龙头企业4家分别是铅山县黄岗山有机资源开发有限公司、铅山县绿和有机资源开发有限公司、江西天鑫含珠实业有限公司、江西皇华农业科技发展有限公司；茶叶专业合作社16家，其中1家国家级茶叶专业合作社铅山县英将乡六和茶叶专业合作社和1家省级茶叶专业合作社铅山县虞军茶叶专业合作社。

通过省级现代农业生产发展资金项目验收的标准化茶叶生产基地

单位：公顷

年　份	基地建设地点	基地建设规模	基地承建单位
2012	武夷山镇篁村村	66.67	江西河口红茶实业有限责任公司
	武夷山镇西坑村	33.33	黄岗山有机资源开发有限公司
	英将乡汉阳村	33.33	铅山县绿和有机资源开发有限公司
	天柱山乡佛寨村	33.33	江西含珠实业有限公司
	紫溪乡红星村	33.33	江西皇华农业科技发展有限公司
2013	紫溪乡红星村	33.33	江西皇华农业科技发展有限公司
	英将乡汉阳村	13.33	铅山县英将乡英坪农业合作社
	太源畲族乡马鞍村	20.00	铅山县泰缘茶叶专业合作社
	虹桥乡飞蛾村	33.33	铅山县虹丰农业开发有限公司
	武夷山镇车盘村	20.00	铅山县武夷山镇香榧林茶叶专业合作社
	武夷山镇乌石村	13.33	铅山县武夷山镇七仙山茶叶种植专业合作社
2014	武夷山镇车盘村	10.00	铅山县武夷山镇香榧林茶叶种植专业合作社
	武夷山镇乌石村	7.33	铅山县武夷山镇七仙山茶叶种植专业合作社
	武夷山镇篁村村	8.00	铅山县虞军茶叶专业合作社
	武夷山镇篁村村	7.33	铅山县武夷山镇竹山际水果种植专业合作社
	武夷山镇篁村村	7.33	铅山县尖顶茶叶专业合作社
	武夷山镇共大林场	8.00	上饶市黄岗山七鸿生态茶业有限公司
	英将乡汉阳林场	8.00	铅山县英坪茶叶种植合作社
	英将乡汉阳村	8.00	铅山县绿和有机资源开发有限公司
	英将乡英将村	8.00	铅山县英将乡铅武茶叶种植专业合作社
	英将乡汉阳村	6.67	铅山县英将天和茶叶专业合作社
	太原畲族乡马鞍山村	6.67	铅山县泰缘茶叶专业合作社
	紫溪乡红星村	46.67	江西皇华农业科技发展有限公司
	虹桥乡森源村	33.33	铅山县虹丰农业开发有限公司
	篁碧畲族乡畲族村	8.00	铅山县篁碧独竖尖茶叶专业合作社
	天柱山乡佛寨村	26.67	铅山县天鑫河红茶业有限公司

茶叶经营主体情况

单位：个

年　份	2012	2013	2014
工商注册的茶叶企业数	17	24	50
有 QS 认证企业数	0	1	3
估计本地全部茶叶企业总数	17	24	50
市级龙头企业总数	3	4	4
茶叶专业合作社数	10	14	16

二、铅山县基地规模

为振兴茶叶产业，铅山县通过实行“公司＋基地＋农户”的发展模式，加快基地开发建设进度。2012 年铅山县共有茶园面积 1 314.6 公顷，覆盖全县 17 个乡镇，茶叶年产量达 362.7 吨，绿茶 252.4 吨，红茶 110.3 吨；茶叶总产值约 5 800 万元。2013 年茶园面积1 701.3 公顷，茶叶年产量达 384.5 吨，绿茶 267.5 吨，红茶 117 吨；茶叶总产值约 6 148 万元。2014 年茶叶种植总面积2 766.7 公顷，茶叶年产量达 766 吨，绿茶 307 吨，红茶 398 吨，白茶 61 吨；茶叶综合产值约 2.3 亿元。

铅山市茶业基本情况

单位：公顷、吨、万元

年　份	2012	2013	2014
茶园总面积	1 314.6	1 701.3	2 766.7
其中：开采面积	1 067	1 267	1 966.7
有机茶园面积	333	333	1 200
无性系茶园面积	787	787	1 473
干茶总产量	362.7	384.5	766
其中：绿茶	252.4	267.5	307
红茶	110.3	117	398
名优茶	253.9	269.2	563
茶叶综合总产值	5 800	6 148	23 000

三、茶叶品牌整合

2012 年铅山县茶叶有武夷玉枝、绿和、河红贡、天鑫河红、畲山红雾等品牌。铅山县政府继续恢复河红茶生产研发，于 9 月通过专家论证。2013 年“铅山河红茶”与“武夷玉绿”获农业部农产品地理标志产品，“天鑫河红”获“江西名茶”称号，通过 QS 认证。

四、铅山茶产业发展优势

1. 茶文化底蕴深厚　铅山县河口镇 2014 年 9 月被中华文化促进会命名为“万里茶道”第一镇，制茶业是铅山县的传统产业，北宋时铅山的周山茶、白水团茶、小龙凤团茶等就是贡品，自明嘉靖年间起，铅山县河口镇即逐步成为南方内陆水运中心和茶纸加工转运的贸易大市场，在《中国通史》中载有“铅山河红茶乃国内著名红茶”和“第一次问世（出口）之华茶”，被西方奉为“至尊名茶”与“茶中皇后”。明清两代铅山河红制作技艺传遍全国红茶产区。

2. 自然条件优势　铅山县境内三面环山，地势南高北低，生态条件优美，森林覆盖率 74.8%；气候温暖湿润，雨量充沛，光照充足，土壤肥沃，水源清洁无污染，优越的地理环境和自然因素为发展茶产业提供了得天独厚的条件。

3. 茶叶内在品质佳　铅山县茶区属高海拔茶区，茶叶芽肥叶嫩，具有持嫩性好、芽叶肥壮、水浸出物丰富、耐冲泡等品质特色，特别是影响香气和滋味的芳香物质、氨基酸等含量高，茶多酚、咖啡碱含量适中，奠定了生产优质绿茶的良好基础，且铅山茶叶多次获得省内外大奖。

4. 区位优势明显 铅山县位于江西省东北部，武夷山主峰——黄岗山北麓，与产茶大省福建省的武夷山市相邻，距上饶市仅40千米；上武高速、沪昆高速等高速在铅山县都有出入口，交通十分便利。

（江西省上饶市铅山县农业局茶果办　林淑红）

湖南省茶叶生产基地——安化县

近年来，安化县各级及社会各界立足资源禀赋和产业基础，大力实施以“做深矿产业、做强茶产业、作响旅游业和加快交通、城镇建设”为主要内容的“3+2”发展战略，把做强黑茶产业作为全县的重点特色产业来培育，抢抓市场机遇，安化黑茶产业迅速复兴和发展，逐步成长为区域内规模最大、品牌最响、综合效益最高、带动能力最强的支柱产业和湖南省实现千亿茶产业战略目标的重要力量。

一、安化县茶产业发展特点

1. 产业规模进一步做大 全县茶园面积从2007年的7.27千公顷发展到2014年的16.67千公顷；茶叶加工量由2007年的1.1万吨增加到2014年的4.95万吨。2014年安化县茶产业综合产值达78亿元，荣获“2014年度中国茶产业十大转型升级示范县”和“中华生态文明茶乡”称号，稳居全国重点产茶县十强，连续两年全国综合排名第三。

2. 产业效益进一步凸显 一是居民收益增多。在茶产业的带动下，全县大量的农村劳动力从传统的种养殖业转移到绿色包装、茶叶加工、现代物流、营销仓储等行业，以及茶馆茶楼、茶旅等服务行业，农民从田间走向车间，成为名副其实的产业工人。2014年全县从事黑茶及关联产业人员达28万人，实现收入20亿元以上。二是企业经济效益显著增长。茶产业体系逐步完善，白沙溪茶厂、华莱生物、中茶安化茶厂等龙头企业经营状况良好，中小茶企全面盈利，还促进了包装、物流、旅游、设计、广告等关联产业的发展，其中县内竹木加工及纸质包装业的产值达5.2亿元，同时电商等新型经营模式快速成长。三是茶叶税收实现较快增长。连续两年茶产业税收过亿元，2014年茶叶税收1.2亿元，对财政收入的贡献率达31.2%。

3. 公共品牌进一步作响 “安化黑茶”“安化千两茶”“安化茶”三个公用品牌的估价升至28.8亿元。安化黑茶成为国家地理标志保护产品，“安化黑茶”成为中国驰名商标，安化千两茶和茯砖茶制作技艺列入第二批国家非物质文化遗产保护名录。目前，全县茶叶行业拥有中国驰名商标4个、省著名商标12个，湖南名牌8个，中华老字号1家、湖南老字号2家。

4. 营销市场进一步拓宽 2014年全国茶叶市场整体下行，安化黑茶仍然呈平稳上升之势，营销网络不断拓宽，已成功进入北京、广州、上海、武汉、深圳等146个大中城市，远销蒙古、日本、俄罗斯、韩国、德国、泰国、法国、新加坡等国家，以及中国港澳台地区。据不完全统计，安化黑茶品牌形象店4 200家以上，网店3万多家。

5. 茶旅一体化进程进一步加快 安化县委、县政府根据全县旅游规划和景点建设的需要，因地制宜地布局一批观光茶园、休闲茶园和体验茶园。重点打造资江北岸生态茶廊，2014年已全面完成核心区433.3公顷茶园的建设规划、土地流转等工作。以“天下黑茶神韵安化”为主题的雪峰湖大道景观风光带和罗马广场安化黑茶精品街全面建成。编印《安化黑茶》《安化黑茶砖》等文化典籍，保护和修缮风雨廊桥、古茶亭、古茶碑、古茶道，安化风雨廊桥和陶澍墓成功列入第七批国家重点文物保护单位。茶马古道风景区成为国家AAAA级景区，“走茶马古道，品安化黑茶”的游客年均200万人次以上，旅游综合收入达10亿元，实现茶产业和旅游业互动发展。

当前，湖南省正全力贯彻实施“千亿湘茶”战略，安化将继续坚定不移地走茶产业富民强县之路，着力破解交通、城建、电力、水利等瓶颈制约，进一步凝聚全民共识，以“扩基地、强企业、响品牌、提品质、拓市场、重监管”为抓手，全力打造安化茶产业“健康、大众、安全、便捷”的新常态。

二、下一阶段安化县茶产业发展的基本方向与措施

1. 坚持茶产业在“3+2”发展战略中的优先地位 全县上下将围绕“3+2”发展战略，把做强茶产业作为全县的特色支柱产业来培育，坚定不移地走茶产业富民强县和茶旅融合之路。抓住成为湖南省第三轮（2015—2017年）特色县域经济农副产品加工重点县的历史机遇，认真贯彻落实省政府《关于全面推进茶叶产业提质升级的意见》和《湖南省茶叶产业发展规划》的文件精神，努力朝着茶园面积26.67千公顷、年产量10万吨、综合产值200亿元以上、年税收10亿元、带动区域40万人就业的目标迈进，把安化黑茶产业打造成为千亿湘茶产业的引擎，努力实现千亿湘茶“三分天下有其一”的目标，把安化打造成为“黑茶之都”。

2. 加大资金投入，用市场的手段来整合提升黑茶产业 加强政策导向，把目标定位于“大产业、大企业”，着力打造良好的产业生态环境。通过财政贴息、参股金融机构等方式引导信贷资金和撬动社会资金投入，整体推进茶企清洁化、标准化生产，在“安化黑茶”大品牌的旗帜下，逐步推进茶产业的整合和转型升级。加快行业优势资源整合，鼓励以实力强、管理优的茶企为主导优化组合，支持白沙溪茶厂、华莱生物、安化茶厂等建设成为现代茶

叶标杆企业，由龙头企业共同出资组建安化黑茶产业集团并最终实现捆绑上市融资。引领茶企由“大而全、小而杂”向“大而专、小而精”转变，支持中小企业精准定位、凸显特色，专心专意做精做特，形成一批生产单一茶品且极具竞争优势的企业，实现安化黑茶的生产专业化、档次多元化、品饮便利化。

3. 以重点工程项目建设为平台，推进茶旅一体化 继续抓好“天下黑茶、神韵安化”为主题的茶产业、茶文化和旅游品牌打造工作。完成黄沙坪古茶市、中国黑茶博物馆、陶澍文化广场、中国黑茶产业园、中国黑茶种苗中心、云台山茶旅文化园、古梅山民俗博物馆、盛世茶都、安化黑茶学校等茶旅重点工程建设。由安化黑茶产业集团或龙头企业建设茶王大厦（商会大厦），实行市场化、公司化运作，拟选址中国黑茶产业园或盛世茶都·中国黑茶大市场，规划面积33.3公顷以上，集商务办公、信息交流、产品交易、仓储物流、酒店休闲、综合服务于一体，作为安化茶叶企业总部，并以此为平台推进产业整合和抱团发展。

4. 加强与科研院所的合作，提升科技支撑能力 加强与全国供销总社杭州茶叶研究院、湖南农业大学、湖南省茶叶研究所等科研院所的科技合作，聘请中国科学院陈宗懋院士等7位国内顶级茶叶科学家担任茶产业发展顾问，推进产学研有机结合。大力引进专业技术人才，加强职业教育培训，壮大产业发展人才队伍，建成覆盖全产业的技术服务网络。加快黑茶科技成果转化，在茶饮料、美容、保健、医药等方面不断推出新产品，实现茶叶全价利用，提高产业资源利用率，提升综合效益。

5. 坚持拓展国内市场，瞄准国际市场的大定位 安化黑茶将在稳定边销、拓展内销的同时，积极开拓国际市场，稳步扩张亚洲市场，力求突破欧美市场。近年来，由省、市各级人民政府及相关部门组织安化茶企参加了哈萨克斯坦、泰国、韩国、法国、新加坡、中国香港、中国澳门等国家和地区茶事茶文化活动，加快了安化黑茶走出国门的步伐。

6. 坚持以“安化黑茶”公共品牌为载体进行宣传推介 组织茶企以安化黑茶品牌整体形象抱团参展，支持企业参加国内外大型茶博会和茶事活动以及米兰世博会。积极争取在主流媒体刊发茶产业新闻及公共品牌的软文广告，协助拍摄与安化黑茶有关的电影、电视剧和专题片，办好《安化黑茶》专业杂志。继续支持茶企在中央电视台、湖南卫视和影响力较大的纸质媒体和网站，以及国内热点旅游景区、高铁站、高速公路、机场等重点区域发布广告。

湖北省茶叶生产基地——咸丰县

近年来，咸丰县委、县政府紧紧围绕200千米茶叶产业走廊带建设目标，突出咸丰特色，坚持把乌龙茶产业作为县域经济发展和农民增收新的增长点来培育，全县已建成高效标准乌龙茶良种基地1 885公顷，乌龙茶生产加工企业达到8家，截止到2014年年底，乌龙茶产量达2 510吨，实现产值2.74亿元，成为湖北省名副其实的乌龙茶生产加工第一县。

一、主要成效

1. 良种基地建设，规模逐渐形成 咸丰县坚持按照良种化、区域化、标准化、生态化、高标准的原则建设生产基地。所有乌龙茶基地种植品种以金观音、黄观音、红心铁观音等高香型乌龙茶良种为主，主要分布在高乐山镇、小村乡、活龙坪乡、清坪镇、黄金洞乡5个乡镇。其中，高乐山镇1 375公顷，小村乡、活龙坪乡、清坪镇和黄金洞乡共515公顷，已初具规模。

2. 龙头企业壮大，国内外市场有效拓展 咸丰县坚持把培植龙头企业，壮大市场主体作为推动产业发展的战略举措来抓，注重创造良好的投资环境。目前，全县已有8家企业规模化生产乌龙茶，产值过千万元的有4家，并建成现代化乌龙茶生产线120条，年加工能力2 800吨。其中，省级龙头企业馨源公司已成功获取自营出口权，已在国内的北京、武汉、福州、沈阳、上海、香港等10多个城市设立了销售网点，同时产品畅销东南亚、俄罗斯等国家和地区。

3. 质量档次提升，品牌战略初见成效 咸丰县充分利用全国有机农业（茶叶）示范基地县、全国绿色食品原料（茶叶）标准化生产基地县、湖北省乌龙茶第一县这三块“金字招牌”，集中打造有机、绿色、富硒乌龙茶，适应了广大消费者日益增长的健康需求。一是突出加工技术。在加工工艺上引进台湾和福建安溪乌龙茶加工技术，聘用安溪茶叶加工技术人员从事生产加工。二是突出质量认证。目前，全县有机、绿色乌龙茶产品认证达到4个，产品在中国绿色食品博览会、武汉茶叶博览会、恩施硒茶博览会等参展评活动中多次荣获金奖和银奖。三是突出品牌建设，目前已成功注册“咸丰帝茶”统一商标，打造具有咸丰地域特色的品牌。在省内外的知名度和竞争力不断增强，产业集群发展之势逐步呈现。

二、主要管理措施

1. 加快基地建设，规范茶园管理 一是科学制订规划。坚持突出地域特色，科学编制《咸丰县乌龙茶产业发展规划》，从发展定位、产业布局、要素配置等方面建立乌龙茶发展立体框架。二是高标准建园。乌龙茶基地建设坚持高标准、高起点建设。坚持良种推广先行，为保证乌龙茶原料质量、加工优质的乌龙茶奠定了坚实基础。三是强化规范管理。严格执行有机茶、绿色食品生产加工一系列标准，在种苗、栽培、施肥、防病、治虫等关键环节实行全程跟踪指导服务，并加强农业投入品监管，定点供应专用肥料和生物农药，大力推广太阳能杀虫灯、诱虫板，建立农事生产档案，强化乌龙茶基地规范化管理，从源头上控制茶叶质量。

2. 培育龙头企业，增强带动能力 近年来，咸丰县针对县内缺少龙头企业的问题，大力培育乌龙茶生产企业。一是加大招商引资力度，出台优惠政策，吸引县内外有实力的加工企业和营销企业入驻咸丰，加快乌龙茶产品开发。二是全力支持现有的乌龙茶加工企业做大做强，帮助茶企扩建厂房、引进技术和人才，协调解决企业在运行中的困难和问题。三是出台扶持政策，在资金、项目、信息上对加工企业予以倾斜，促进中小企业发展成龙头骨干企业，逐步形成“市场牵龙头、龙头创品牌、品牌带基地、基地带农户”的产业格局。

3. 落实政策措施，做强乌龙茶产业 按照县委、县政府的工作决议，认真落实《关于加快乌龙茶产业发展的决定》和《咸丰县乌龙茶产业人才“万人计划”实施方案（2011—2015年）》，从组织、人才、资金、技术等保障层面加大对乌龙茶产业的扶持力度，围绕做大做强咸丰乌龙茶产业做文章。一是大力实施品牌发展战略。全县着力打造公共品牌，建立公共品牌管理制度、使用规则和市场准入制，主推“咸丰帝茶”这一品牌。二是加强品牌宣传和推介。充分运用电视、网络、报刊、展销、品评等载体进行宣传推介，以提高“咸丰帝茶”知名度。三是茶产业与旅游相融合。发挥咸丰的生态旅游优势，利用咸丰尖山唐崖土司城列入世界文化遗产名录的重要契机，开发茶旅游产品，开辟茶旅游观光线路，建设休闲观光茶园，促进茶文化与土家历史风情、茶产业与旅游业的和谐发展。

绿色茶叶标准化基地——福安市

福安市是福建省首个绿色食品茶叶标准化生产基地市，基地规模 8 133 公顷，范围涉及社口、晓阳、潭头、上白石、范坑、穆云、甘棠、松罗、城阳、坂中等 10 个乡镇，产业化经营单位有林芝茶厂、北门茶场、秀茗茶厂、坦洋茶场、王家茶场、范坑凤山茶厂、城湖茶叶有限公司、天香茶叶有限公司、富春茶叶有限公司、工夫茶叶有限公司、满园春茶叶有限公司、恒威茶业有限公司、兴旺茶叶有限公司、福特茶叶有限公司、圣春茶叶有限公司、农垦茶业有限公司、茗春馨香茶叶有限公司等 17 个茶叶企业。2008 年 12 月被列为“创建全国绿色食品原料（茶叶）标准化生产基地市”。多年来，福安市按照中国绿色食品发展中心有关要求及考核标准，在品种选种、操作规程、生产销售等方面，严格执行“五统一”生产管理措施，如今福安市茶叶良种普及率达 98%，全市 60 个标准化生产基地示范乡镇、示范村和示范户相继建成，有力地带动毛茶产值逐年提升的同时，也为全国茶标准的应用和普及做出了积极贡献。

一、组建机构，建立健全组织管理体系

1. 组织管理体系 成立了由市人民政府分管、副市长为组长的“创建绿色食品茶叶标准化生产基地领导小组”，成员由茶业、农业、质监、工商、环保及各创建乡镇等有关部门、乡镇负责人组成。基地建设领导小组统一指导和协调基地建设工作。领导小组下设基地办，指定专职工作人员，基地办负责基地技术服务体系和质量保障体系的建立、基地日常管理和协调工作。同时，各有关乡镇成立了相应机构，配备工作人员，具体做好技术指导和生产管理工作。同时，建立了标准化基地建设目标责任制度，市、乡、村层层签订责任书，明确职责，落实到片到人。

2. 技术服务体系 由市茶叶技术推广中心为主要技术骨干成立了市绿色食品茶叶标准化生产基地建设技术小组，以乡（镇）农技员为主体成立了相应的乡（镇）基地建设技术小组，以茶叶企业、专业合作社、科技示范户、种植能人和村级茶技员为骨干形成了相应的基地技术服务小组。三级技术服务体系健全，确保了绿色食品茶叶标准化生产技术进村入户。

3. 监督管理体系 市、乡（镇）、村组织成立监管队伍，加强对基地环境、生产过程、投入品使用、产品质量和档案管理的监督检查。组织机构、服务体系、监管队伍，三位一体，各尽其职，相互配合，确保基地生产管理全程符合绿色食品基地建设要求。

4. 财政保障体系 福安市逐年加大财政对茶产业的扶持力度，从 2008 年每年 50 万元到 2013 年的每年 1 300 万元，并依托当地农业发展银行，创办恒泰担保公司、联信茶叶专业合作社（小型茶企贷款担保），为茶企提供信用担保服务。

二、科学管理，全面落实生产管理体系

绿色食品基地建设严格按照“五统一”，即“统一优质良种、统一生产操作规程、统一投入品供应和使用、统一生产管理、统一收购”生产管理措施进行具体实施。

（1）按照“因地制宜、集中连片”的原则，根据当地地理条件进行合理规划，规模种植。基地及各生产单元在显要位置设置了基地标识牌。基地办制作了详细的基地分布图和地块分布图，并对各地块进行了统一编号。

（2）基地全面推行茶树良种工程，主要种植福云 6 号、福云 7 号、福鼎大白茶、福鼎大毫茶、金观音、黄观音等优良品种，良种普及率达 98%。

（3）统一编印了生产操作规程（《绿色食品原料（茶叶）标准化生产手册》）、农户操作手册、田间生产管理记录，并下发到乡（镇）、村和户，做到统一技术口径，统一规范管理。

（4）统一投入品供应和使用。设立绿色食品原料（茶叶）标准化生产基地农业投入品专供点和专供柜，加强对绿色食品原料基地农业投入品市场的监督管理，从源头上有效控制农业投入品的流向和使用。农药化肥的施用严格按照《绿色食品　农药使用准则》（NY/T 393）、《绿色食品　肥料使用准则》（NY/T 394）等标准要求，确保基地农业投入品科学规范管理和使用。

（5）统一生产管理。建立县、乡（镇）、村、户生产管理体系，遵循“预防为主、综合防治”的原则，大力推广农业、生物、物理防治相结合的综合防治技术。

（6）统一收购。龙头企业和专业合作社与基地单元农户签订购销协议，实行统一收购价，实现互惠互利。

三、规范管理，有效控制农业投入品使用

（1）严堵生产环节污染源。严格执行国家有关农业投入品禁用、限用规定，加强投入品监管。农业部门加强农业执法，加大对农药市场的清理整治力度，确保茶区不经营、不使用国家明令禁止的农药品种。

（2）强化茶叶卫生质量监督。质监、茶业、卫生、农业等部门密切配合、通力合作，形成长效的质量监管体制，营造健康的茶叶质量环境。

四、培训人才，积极推广绿色茶叶生产技术

（1）集中培训技术骨干。依托市茶叶生产技术培训基

地，邀请省农业厅、省茶科所、宁德职业技术学院等专家、教授，对乡镇茶叶技术员、龙头企业技术负责人、茶叶合作社负责人、种植大户、加工能手等技术骨干进行集中上课和现场实践。

（2）定期轮训村级茶技员。全市共聘村级茶叶技术员262人，基本做到茶叶主产村1人以上，为了提高他们的技术水平，对新聘用人员进行岗前培训，每年每人至少轮训2次。

五、加强监管，实行全程控制管理

（1）建立监管队伍。整合利用乡镇农技站、联动中心、村级茶技员等资源，为每个乡镇配备1名质量监管协管员，负责做好乡镇、村的茶叶质量监督管理与生产技术指导，加强对基地环境、生产过程、投入品使用、市场及生产档案监督检查或抽查，形成覆盖全市的质量安全监管网络。

（2）加大监管力度。每年福安市农业局行政综合执法大队定期开展原料基地的农业投入品检查，对农业投入品市场进行监督检查。

（3）加强基地环境和产品的检测。市茶叶质量检测中心每年定期组织3次以上对标准化基地茶叶抽样检测，并对检测结果进行内部通报，提出整改意见，确保达到绿色食品茶叶生产要求。

第四届“中国名茶之乡”

安徽省岳西县

岳西县位于安徽省西南部，茶业是该县最具特色、最具竞争力的优势产业。全县茶园1万多公顷，产茶4 450吨，产值7亿余元，其中名优茶2 200吨，产值3.8亿元。自全国名茶岳西翠兰创立以来，岳西县做大做强茶业经济，使之成为农业结构调整的第一主线，农民增收的第一渠道和农村经济的第一产业，积极响应中国茶叶学会“名乡产名茶，名茶创名牌，名牌显名茶”的品牌战略号召，按照“生态优先、加速崛起、富民兴县”的发展要求，努力提升茶叶基地、品牌、企业的内在素质，着力实施品牌战略、品质战略和产业化战略，取得显著成效，并成为了新晋的“中国名茶之乡”。

岳西县是长江中下游平均海拔最高的纯山区县，地处大别山腹部，地跨长江、淮河两大流域。境内有千米以上高峰69座，最高海拔1 755米；天河尖、驼尖、多枝尖，分别为大别山第二、三、四主峰，座座挺拔雄浑，丰姿独具。森林覆盖率达75.1%，生物资源极为丰富，被专家称为“一座保存发育完好的天然花园”。鹞落坪国家自然保护区、妙道山国家森林公园、枯井园省级自然保护区，千峰竞秀，万壑争流。中华禅宗第一山司空山、明堂山（母皖山）、彩虹瀑、天仙河，引人入胜，秀色可餐。

岳西县是长江中下游名优绿茶优势区域重点县，连绵起伏的大别山为茶树的生长提供了优越的自然条件。岳西县平均气温14.6℃，平均无霜期210天左右，年均降水量1 482毫米，茶树生长的3～9月月均降水量在100毫米以上，空气相对湿度77%左右；土壤种类繁多，茶园土壤主要是山地棕壤和山地黄棕壤，偏酸性，pH为5.29，极适宜茶树生长。域内山高谷深，日照短、光照弱，年均日照时数约2 091小时，日照率47%，年均太阳辐射总量约490焦/厘米，特别是春季（1～5月）日照少，夏秋季（6～8月）日照多，四季云雾多，漫射光丰富，有利于形成岳西翠兰的独特香气。

岳西县工业属绿色产业，又远离大、中城市，不易受到工业废气、废水的污染，生态环境良好，是发展名茶生产的天然胜地。岳西翠兰茶园全部分布在深山峡谷之中，绝大部分海拔在500～1 000米，四季兰花飘香，土壤有机质丰富，茶芽鲜嫩肥壮，所产岳西翠兰氨基酸含量高达7%以上，远远高出国内其他名优茶。

大别山主分水岭东段横穿岳西中部，南北冷暖气流在此交汇，形成温凉湿润气候，茶树新梢生育缓慢；昼夜温差大，同化产物积累多，内含物丰富，成就了岳西翠兰优异内在品质。岳西翠兰优异的品质，还与当地栽培的优良品种密切相关。岳西茶农长期不懈地筛选地方群体品种，技术部门有组织地引进、选育适宜的无性系良种，并将独特的制作工艺和适宜的茶树良种完美结合，生产出形质兼优的岳西翠兰。

岳西县仍留存的含“茶”命名的行政区、山、水、物等有40多处，至今流传于民间的茶俗、茶谚、茶诗、茶舞、茶戏、茶歌、茶艺等不胜枚举。塔儿岭、西水岭等古茶亭，今天依然有迹可循。属于国家非物质文化遗产的岳西高腔剧目的《采茶记》，就是突出反映皖西茶事的一出地方传统戏剧。北坡姚河乡竹山有树龄300～500年的古茶树，南坡的温泉镇资福村是宋代六榷货务十三山场之一的罗源场所在地。这些文化史实证明，当今岳西之辖域，在历史上享有过古老茶区的辉煌。

“岳西翠兰”于2013年通过地理标志保护产品审查，并获得中国驰名商标称号；2014年被评选为中国茶叶区域公用品牌之“最具经营力品牌”称号，品牌价值9.18亿元，进入全国五十强，安徽前五名。岳西县还荣获全国农业（茶叶）标准化示范县、全国重点产茶县、安徽茶产业十强县等荣誉称号。

2014年，全县茶园无公害产地认证率100%，QS认证企业达42家，33家企业获得证明商标使用权。所有企业一律按省级地方标准《岳西翠兰茶》（DB34/T43—2004、DB34/T431—2004）安全生产。产品除工商、质监部门市场检测外，所有QS认证企业每年至少开展省级或国家级产品质量检验检测一次，检验全部合格，至今未出现质量问题。

广西壮族自治区灵山县

灵山县位于广西南部美丽富饶的北部湾畔，地处北回归线以南，属南亚热带季风气候，四季温和，土地肥沃，雨量充沛，日照充足，河流纵横，主产粮食、水果、茶叶、甘蔗等农产品，是著名的“中国荔枝之乡”、“中国奶水牛之乡”、全国重点产茶县、广西茶叶生产大县。

灵山县茶叶生产历史悠久，据记载元朝开始种植，大面积栽种也已有500多年。目前，灵山县茶叶生产已经形成一个特色优势产业，是灵山县“特色农业提升工程”十大特色优势产业之一。2013年茶叶种植面积4 200公顷，比2012年增长1.94%；茶叶产量6 770吨，比2012年增长7.31%；产值22 347万元，比2012年增长17.73%。

灵山县无公害茶叶生产基地获得无公害农产品产地认定证书，认证面积占全县茶叶面积88.41%。茶树主要品种为福云6号，占茶园面积68%；灵山中叶种、云南大叶种占25%；龙井长叶、平阳特早、乌牛早、金萱、福安大白、福鼎大毫、桂绿1号、白芽奇兰、福云595、金观音、铁观音、金牡丹、早春毫、春波绿等占7%。

灵山茶叶加工走现代化与传统相结合的路子，根据市场需求，不断改进生产加工工艺，研制适销对路的新产品，加工的茶类有绿茶（银螺、毛峰、松针、扁茶等）、红茶（工夫红茶）、黑茶（六堡茶）、乌龙茶，以绿茶为主。灵山茶叶以形秀、色美、汤亮、味醇、香高、耐泡等特色，赢得消费者的赞誉。灵山茶叶产品多次在全国、全区茶叶评比中获奖，2012年“俊兴”牌水凌红红茶荣获第二届“国饮杯”全国茶叶评比特等奖、2013年荣获第十届“中茶杯”全国名优茶评比特等奖。2014年2月，灵山绿茶获选入农业部《2013年度全国名特优新农产品目录》，编入《2013年度全国名特优新农产品介绍丛书》。

多年以来，灵山县委、县政府高度重视茶叶生产，把茶叶生产作为经济增长、农民增收的重要产业来抓，茶叶产业在全县经济发展中起到了积极的推动作用。灵山县委、县政府制定出台了《关于加快茶叶产业化发展的意见》《关于加快实施“特色农业提升工程”的意见》等，并对茶叶生产出台了一系列的奖励扶持政策，重点培育提升，做大做强茶叶产业。从20世纪90年代开始，对原有茶叶加工机械进行更新改造升级，购进名优茶加工机械，目前全县大部分茶厂实现了名优茶加工机械化。大力开展名优茶加工工艺的研究和开发，提高产品质量。

名优茶品种推广种植早、品种多、比例大、产值高。目前，全县推广种植名优茶面积占全县茶叶种植面积75%，名优茶产量占85%；正常盛产期茶园，每年每亩鲜叶（一芽二叶）产量可达700～850千克、鲜叶产值5 000～6 000元。推广先进适用技术成效显著，如推广“密植速成园”技术、春茶后修剪管理技术、无公害茶叶生产技术、无性繁育技术等，确保茶树品种的质量。

为提高茶叶质量和安全水平，让消费者放心，灵山县着力加强茶叶无公害标准化生产基地建设。2012年开展水溶性农药替代品种试验、推广，全县茶叶质量安全水平不断提高。2013年度被中国茶叶流通协会评为“全国十大生态产茶县”。

2010—2013年连续4年，灵山县先后成功举办了“灵山春茶节”，中国茶叶流通协会、杭州茶叶研究院、国家茶叶质量监督检验中心、全国城市农贸中心联合会，以及自治区、钦州市有关领导和专家出席了春茶节系列活动，国内外的客商代表也应邀出席系列活动。通过以“灵山春茶节”为媒，举办了灵山名优茶评比活动，多形式、多层次、多渠道宣传推介灵山茶叶，提高灵山茶叶知名度，拓展灵山茶叶流通渠道，促进了灵山茶叶产业发展。

贵州省都匀市

都匀市位于贵州省南部，属亚热带湿润季风气候，四季分明，降雨充沛，雨热同季，立体气候明显。都匀毛尖主要产地在团山、哨脚、大槽一带，这里山谷起伏，海拔千米，峡谷溪流，林木苍郁，云雾笼罩，四季宜人，年平均气温为16℃，年平均降水量在1 400多毫米。加之土层深厚，土壤疏松湿润，土质是酸性或微酸性，内含大量的铁质和磷酸盐，这些特殊的自然条件不仅适宜茶树的生长，而且也形成了都匀毛尖的独特风格。

都匀毛尖茶作为我国历史名茶和中国十大名茶之一，具有悠久的生产历史，早在明清时期便为宫廷贡茶，深受当朝皇帝的喜爱。1915年，在巴拿马国际赛会上与贵州茅台酒同获金奖。进入21世纪以来，都匀市相续获得了“中国茶产业发展政府贡献奖”“全国三绿工程茶业示范市”“中国茶叶绿色示范市”“全国茶叶科技创新示范市”“中国毛尖茶都”称号；都匀毛尖茶获“中茶杯”一等奖、中国名优茶评比最高奖项“金牛奖”“中国鼎尖名茶”“中国世博十大名茶”“中华老字号”等各种荣誉100余项。2010年，都匀毛尖茶实现了统一包装。2012年，都匀毛尖成为消费者最喜爱的100个中国农产品区域公用品牌；都匀毛尖品牌价值已达11.39亿元；都匀毛尖红茶荣获2012“金芽奖”中国十大杰出（红茶）品牌。2013年，都匀市在人民网举办的“最具影响力十大茶产地”评选活动中被评为“全国十大茶产地”；都匀毛尖品牌被贵州省人民政府评为“贵州省自主创新品牌100强”。2014年，都匀毛尖品牌价值达13.78亿元，在贵州同类产品中，品牌价值第一。农业部把都匀市定为全国117个名茶基地县（市）之一、全国茶叶标准园示范基地、中央财政现代农业茶产业项目示范市。茶产业正在逐渐成为都匀市农业的支柱产业。

历届都匀市委、市政府紧紧抓住省、州对茶产业大力发展的有利契机，着力打造都匀毛尖茶这一富民兴市产业。在全市上下的共同努力下，截止到2014年9月底，茶园总面积达到1.84万公顷，其中可采茶园0.7万余公顷，有机茶园认证面积1 333余公顷；全市茶叶年产量2 850余吨，同比增长30%，其中春茶产量1 250吨，产值4.5亿元，夏秋茶产量1 650吨，产值1.3亿元，综合产值7.8亿元以上；全市有茶企业51家，茶叶专业合作社45家，其中省级龙头企业8家、州级龙头企业4家、市级龙头企业10家，企业资产总额25 599万元，加工设备合计5 529台（套），年加工能力10 000吨。

都匀市成功申报了《都匀毛尖农产品证明商标保护》《都匀毛尖茶地理标志产品保护》，完成了《都匀毛尖茶》（DB52/433）产品标准和《都匀毛尖茶无公害种植规范》（DB52/T507）的制订。2010年省、州、市质监局联合重新修订标准，发布了《地理标识产品都匀毛尖茶综合标准体系》（DB52/T433—2009），严格规范了都匀毛尖茶的生产和加工，细化了产品等级，实现了“从茶园到茶杯”系列标准化体系建设。

贵州省沿河县

贵州省沿河县具有悠久的茶叶栽培历史，早在春秋战国时期就有茶叶栽培。宋、明、清等朝代皇家已规定了必须生产一定数量的贡品茶。勤劳朴实的土家人民不仅有着传统的栽培和饮茶习惯，而且在长期的生活过程中孕育了丰富多彩的土家茶文化，如献茶歌、采茶歌、茶艺、煨罐茶、盖碗茶、油茶、榨茶油等。

到2014年春，全县18个种茶乡镇茶园总面积1.12万余公顷，茶树品种有福鼎大白茶、安吉白茶、龙井43、黔眉502、黔眉601、黄金芽、乌牛早和地方群体种等9个品种。2010年以来重点打造且注册品牌有“姚溪”牌姚溪雀舌和姚溪甘露、“土家古”牌千年古茶、“塘坝千年古”、“懿兴”牌懿兴雀舌、“沿河看柳”牌画廊雀舌、“武陵功夫”牌武陵功夫红茶、“黔赋”牌乌江白茶，以及“天缘峰”“天赋”“T. O. E”等品牌，沿河县政府将上述品牌统一以“沿河古茶”冠名。“沿河古茶”内质丰富，芽叶肥厚，汤色嫩绿，香高味醇，为天然保健茶叶，是我国绿茶、红茶、白茶之精品。产品外形主要有卷曲形的毛峰和碧螺春、扁形茶雀舌和翠片等。

沿河县气候和生态环境非常适宜于茶树生长：一是热量丰富，年平均气温13～18℃，10℃以上的活动积温5 723.84℃，无冷害和高温热害。二是雨量充沛，年均降水量1 050～1 220毫米，茶树生长的4～10月降水量占全年的80%以上，并且降雨强度小，空气湿润，相对湿度大，雨热同季。三是云雾多，光照中散射光和漫射光多，年日照时数1 100～1 400小时，适合茶树喜温、爱湿、耐阴的生长特性，有利于增强茶树的光合作用，促使新梢积累氨基酸、咖啡碱等有效成分，并提高茶叶的香气和滋味，提升茶叶品质。四是微酸性、酸性土壤分布广，土层深厚，具有熟化快，肥力适中，保水保肥能力强，通透性好，适宜生产多种特色茶。五是土地资源丰富，据区划资料统计，全县pH 4.5～6.5、海拔500～1 200米、坡度小于25°的宜茶面积4.7万余公顷，其中集中连片20公顷以上的约有1.9万公顷；质地一般多为黏壤土、砂壤土，土壤富含硒、锶、锌等多种有益矿物质元素，生产的茶产品更有利于人体的健康。六是沿河县属山区农业县，没有工业污染，山清水秀，空气清新。七是全县农业农村经济欠发达，农民平均年收入不高，农业投入品少。

无性系品种有龙井43、乌牛早、安吉白茶和福鼎大白茶优良品种；地方群体品种主要分布在塘坝、客田、新景、洪渡、黄土等乡镇；古茶树品种类型较多，有大、中、小三种叶型，至今尚生长有千余年的茶树；沿河地方群体种相对集中分布在思渠、黄土、新景、客田等乡镇，主要品种有姚溪贡茶、青茶、豆瓣茶、台子茶、红边茶、青龙茶、甜茶等。在诸多地方品种中尤以新景乡的姚溪村和白果树村、黄土乡的简家村、塘坝乡的榨子村所产的茶叶，形质上乘，品质最佳。

在塘坝乡榨子村发现集中连片古茶树323株，树龄最短500年，最老1 000年左右，这是目前贵州省发现最早的人工古茶园，在全国都罕见。塘坝乡榨子村2014年被贵州茶行业十大系列评选委员会认定为贵州10个“贵州十大古茶树之乡”之一。此发现对佐证贵州茶树栽培史和古代茶文化的研究有重要史料价值，对今后的生态茶园建设有一定的指导作用，是观光茶产业的一笔宝贵财富。同时，乌江山峡“百里乌江画廊”、麻阳河国家级黑叶猴自然保护区原生态环境自然风光旖旎迷人；土家傩堂戏、摆手舞、肉莲花、山歌、情歌等民族风情浓郁而古朴；黔东特区革命委员会旧址等红色文化独具魅力；唐永佛寺、宋鸾塘书院、汉墓群等人文景观历史悠久；献茶歌、采茶歌、茶艺、煨罐茶、盖碗茶等土家茶文化丰富多彩，充分利用这些人文景观开发茶文化旅游产品，培育茶文化旅游产业，促进茶产业健康有序发展。

河南省固始县

茶产业是固始县传统优势产业，近年来，固始县充分发挥得天独厚的茶叶自然资源优势，大力推进茶叶产业化建设，不断培育壮大茶产业规模，有力地促进了县域经济发展。2013年，全县涉茶农户3万多户，涉茶人口10余万人，规模茶企98家，安排就业8 000人，茶园总面积达到9 133公顷，茶叶总产量2 200吨，综合产值7.5亿元，茶产业已成长为富民强县的重要支柱产业。

固始是经济欠发达地区，工业发展相对滞后，但具有良好的茶叶生产条件：一是生态条件优越。境内植被覆盖率高，海拔高差大，土壤、气候等自然条件适宜茶树生长，所产茶叶品质优异。二是种茶历史悠久。固始自古出名茶，产茶历史长达2 300多年。广大群众具有种茶、品茶、爱茶的优良传统。三是品牌优势明显。到2012年，全县已开发出“九华山”毛尖、“仰天雪绿”、“十八盘”毛尖、“青峰云峰”、“黄岭”毛尖等一批知名茶叶品牌，其中“九华山”“仰天雪绿”牌商标被评为中国驰名商标，十八盘等八个商标被评为河南省著名商标。

固始南部山区的优势在茶、特色在茶、出路在茶、希望在茶，开发生态茶资源，提升茶叶产业，是富民强县，加快经济发展的重要途径。固始县委、县政府每年都出台《关于加快发展茶叶产业的意见》，制订了《固始县十二五茶产业发展》和《固始县茶产业聚集区发展规划》，而且制订了一系列优惠政策，吸引外来客商到固始投资兴办茶产业；鼓励外出务工创业成功人士回乡投资开发茶叶基地，兴建茶叶加工厂；要求各相关部门全力配合，举全县之力推进茶叶产业化建设，全县上下齐念茶叶经，小树叶要做出大产业，小树叶要引出大民生，发展茶板块，振兴茶产业。

固始县夯实基础，狠抓“两大工程”，一是抓茶叶基地开发的标准规模工程。精心策划，连片开发，形成茶叶板块基地。重点建设以陈淋、武庙、段集为中心的3个千公顷茶叶板块，以省道339以南30个66.7公顷以上的种茶专业乡村。采用集中连片的办法，使茶叶基地规模化、特色化。完善机制，强化责任。实行“一个基地，一个领导，一个专班，一个责任，一抓到底”的“五个一”责任制，对已开发的基地由县特产局长跟踪服务，做到及时解决生产经营中出现的各种问题。突出特色，创新方法。实行自主开发，以企业、茶农为投资主体，采用市场化操作，不搞大集体开发，确保开发一处，成功一处。对种植茶地统一技术标准，由县特产局集中采购茶籽茶苗，避免分散作业困难和人资浪费；实行招商引进开发，把招商引进与基地开发有机结合起来，对外来开发者，提供各种方便，优先提供技术指导，对开发大户实行全程挂牌服务，并指派一名县领导和一名技术人员对口帮扶，解决基地开发中出现的各种问题。二是抓龙头企业和专业合作社的培育工程，如依托龙头企业发展茶叶专业合作组织，推行“茶场＋基地＋农户”的产业化经营模式，用工业化理念谋划茶叶产业，等等。固始九华山、仰天雪绿、十八盘、青峰云雾、大红堂、翰墨茶园、华阳大佛山、皇姑山、五岭等茶场已成为当地茶产业的加工、销售龙头，茶农按照企业提出的标准采摘鲜叶，然后集中到企业统一生产和销售，带动了茶叶专业村、专业镇的发展。

大力整合品牌资源，树立大品牌意识。针对固始县茶叶品牌过多过乱的实际，固始县成立了茶叶商会。近几年，推出了一批信阳毛尖、信阳红茶、绿茶包装，塑造了“固始茶”的社会形象，扩大了“固始茶”的社会知名度，鼓励有实力的茶企收购小茶企、茶农半成品和鲜叶加工的形式，形成紧密型联系，壮大龙头企业，尽快形成1～2家产值超过5亿元的大型龙头企业。固始县财政每年拿出200万元，设立茶产业发展专项资金支持茶叶产业发展，主要用于茶园的改造与发展、良种推广与技术培训、茶叶加工和茶品牌的创建宣传、茶龙头的培育壮大、茶叶销售网络和市场建设等。从2013年起，全县争取省现代农发资金500万元，用于全县茶叶核心区建设。鼓励支持茶叶企业不断加强基础设施建设，提高茶叶基地建设的综合水平，引导鼓励金融部门对茶叶种植大户、专业村、骨干企业给予贷款支持。

湖北省恩施市

恩施市地处湖北省西南的武陵山区，属亚热带季风性湿润气候，雨量充沛、温暖湿润；境内层峦叠嶂、森林茂密，蕴藏着极其丰富的林特资源、旅游资源和矿产资源。平均海拔在900米以上，森林覆盖率高达65%；拥有“全球唯一探明独立硒矿床”“世界第一天然富硒生物圈”两大独一无二的资源优势，被誉为“世界硒都”。恩施是茶叶的原产地之一，西周有“武王伐纣、巴人献茶”之说；茶圣陆羽所著《茶经》有“巴山峡川有两人合抱者，伐而掇之”的记载。而今两人合抱者虽已难觅踪迹，但树龄在百年以上的野生老茶树随处可见。

清康熙年间，施南府黄连溪一兰姓茶商，按《茶经》中的“蒸之、焙之”工艺垒灶制茶。茶成，将其进贡给当地土司和当朝皇帝，获“胜似玉露琼浆”的盛赞，故名恩施玉露。如今，恩施玉露是我国唯一传承下来的蒸青针形绿茶，其形似松针，外形紧细圆直，色泽翠绿油润，汤色嫩绿明亮，香气清香持久，滋味鲜爽回甘，叶底嫩匀明亮。独特的蒸青工艺使茶叶在加工过程中最大限度的保持了原质原色，其“三绿”特征堪称绿茶典范。近年来，恩施玉露先后获得“中国茶叶区域公用品牌最具发展力品牌”“消费者最喜爱的中国农产品区域公用品牌”“最具影响力中国农产品区域公用品牌”等荣誉称号。2014 年，第四批国家级非物质文化遗产代表性项目名录和扩展项目名录中“恩施玉露制作技艺”成功入选，是恩施市继“恩施傩戏”“恩施灯戏”“恩施扬琴”后又一成功跻身国家级非物质文化遗产代表性项目名录。

2014 年，恩施市茶园总面积达到 2.02 万公顷，投产园面积 1.5 万公顷，全市良种茶园面积 1.7 万公顷，茶叶基地良种化率达到 84.8%，较 2013 年提高 1.2 个百分点。随着投产茶园面积的增加和茶园管理水平的提高，其产量和亩产值均得到提高。全市投产茶园平均亩产干茶 78.35 千克，平均亩产值达到 5 356 元。2014 年茶叶产量产值的迅速上升，也让恩施市获得“全国产茶大县”荣誉，恩施市政府也顺利进入“中茶协重点产茶县工委会成员”名单。

2014 年，恩施市干茶总产量达到 1.77 吨，较 2013 年的 1.6 吨增长 10.3%；茶叶收入 12.1 亿元，较 2013 年的 10.3 万元增长 17.3%。其中，名优茶产量 0.73 吨，占总产量的 41.6%，收入 9.5 亿元，占茶叶总收入的 79.1%。2014 年，在春夏长期低温阴雨和 7 月份长时高温干旱的自然灾害下，恩施市在应对自然灾害增加茶叶产业收益方面有“早谋划”：从基地建设、企业建设、市场建设和品牌建设等方面着力，稳步提高茶园良种化、标准化程度，逐步壮大企业规模，不断拓宽销售渠道，使得茶叶产业产量效益稳定增长，品牌建设成果丰硕，加快了茶叶产业链建设步伐。茶产业已成为恩施市农业经济的支柱产业，被农业部和湖北省政府确定为优势茶叶区域。

如果说恩施玉露是古人留给恩施人民的历史瑰宝，那么恩施富硒茶则是大自然馈赠给世界人民的健康珍品。硒是人体必需的微量元素之一，可预防肿瘤等多种疾病，被称为“生命的火种”。恩施市是世界罕见的高硒区，拥有全球唯一的硒矿床，茶树是天然富集硒能力较强的植物，而饮茶则成为人们最便捷的补硒渠道。目前已开发了富硒绿茶、富硒红茶、富硒青茶和富硒黑茶等系列产品，富硒地区高档鲜叶生产的“富硒恩施玉露”堪称茶中奇珍。

湖北省赤壁市

赤壁市地处湖北省东南部，长江中游的南岸，为幕阜低山丘陵与江汉平原的接触地带。赤壁市的地理坐标处于东经 113°32′～114°13′，北纬 29°28′～29°55′。鄂南—鄂西南地处长江流经湖北留下的一个条形地带，北饮长江，大部分属微酸性黄红壤土。年平均气温 13～18℃，年平均降水量 750～1 500 毫米，无霜期达 220～300 天，有发展茶叶生产的良好条件。

近年来，赤壁依托丰富的茶资源和深厚的茶文化，打造百亿茶业、挖掘千年茶史、复兴万里茶道、造福亿万民众，在 2015 年全国重点产茶县中排名第八。赤壁市茶叶生产历史悠久，茶文化历史底蕴深厚，先后荣获“中国青砖茶之乡”“中国米砖茶之乡”“中国名茶之乡”“万里茶道源头”等称号。2014 年，全市茶园总面积 9 200 公顷，茶叶总产量 3.14 万吨，全产业链产值 21 亿元，位居全国 100 个重点产茶县市第十位，砖茶销售占全国近 35%的市场份额。

赤壁市把茶产业发展作为实现“转型升级、绿色崛起”突破口来抓，确立“擦亮百年品牌、延续百年茶香、打造百亿产业”目标，实现了茶产业的升级跨越。赤壁市推行“园区+公司+基地+农户”的发展模式，扩大基地规模、培育壮大企业，带动农民致富。2014 年新建和改造基地 3 200 公顷，全市茶叶加工企业达 32 家，其中规模企业 18 家。赤壁（砖茶）农业产业化示范园区被评为省级农业产业化示范园区，投资 10 亿元的羊楼洞茶生态文化产业园一期工程已经竣工投产，规划建设 66.7 公顷的赵李桥砖茶产业园一期实现企业满园。茶叶全产业链带动从业人员 3 万人，茶农平均年收入41 000元。茶叶辐射带动了赤壁农业、旅游业、服务业、物流业等多重产业，成为赤壁市的支柱产业和农民增收致富的主要渠道。

赤壁市加强茶产品质量安全管理，参与起草并颁布实施了省级地方标准《青砖茶》《青砖茶生产加工技术规程》《老青茶生产技术规程》，配套制订了赤壁市《茶叶水泥晒场建设标准》《茶叶初制加工厂建设标准》等系列生产建设标准，新建标准化原料晒场 5 万米^2。赤壁市赵李桥镇羊楼洞是万里茶道的源头、世界茶业第一古镇，在中国砖茶生产和中俄茶叶贸易史上具有十分重要的地位。

作为砖茶发祥地，赤壁市积极融入“一带一路”和“长江经济带”国家战略，着力推进长江经济带和伏尔加河城市群的合作共赢，大力弘扬茶文化，擦亮赤壁青砖茶品牌，推动茶业与旅游业融合发展，提升赤壁的知名度和影响力，铸就万里茶道源头新辉煌。如今，赤壁市正在演绎“打造百亿茶业、挖掘千年茶史、重振万里茶道、造福亿万民众”的新骄傲，举全市之力，激活茶产业生命力，续千年茶香。

湖南省古丈县

古丈县属中亚热带山地型季风湿润气候，年平均气温16℃左右，充沛的雨水，云雾缭绕的山地森林小气候，土壤腐殖质含量高，尤其是茶园土壤母质多为紫色板页岩，含磷量高，极宜茶树生长。全县适宜茶叶种植开发的土地资源十分丰富，具有巨大的拓展空间。

古丈毛尖产于湖南古丈县，位于武陵山脉中段，著名的北纬25°～30°，是世界公认的优质产茶区域，生态环境优良，土壤有机质丰富，pH适宜，雨水充沛、云雾缭绕，这独有的山地森林小气候，成就了“古丈毛尖”香高味浓、纯天然、绿色有机的优异品质。古丈有着悠久的产茶历史，最早东汉《桐君录》明确记载，永顺之南（今古丈县境），列入全国产茶地之一。唐代杜佑著《通典》记载：“溪州等地均有茶芽入贡。”可见古丈茶在唐代就已被列为皇家贡品。

2014年古丈县茶园面积发展到1.03万公顷，可采面积5 200公顷，良种率达62%，产量达4 719吨，产值达5.4亿元，成为湖南名优茶重点产茶县、全国重点产茶县之一。古丈县现有茶园1万多公顷，已经实现了全县人均一亩茶的目标。

近年来，古丈县委、县政府实施“生态文明立县 特色产业富民 发展环境创优”战略指导，始终坚持把茶叶作为第一富民产业来抓，通过大力推进基地建设，不断实施科技改良、品质提升、品牌打造和市场开拓，全县茶叶产业逐步走向了科技化、产业化、品牌化、效益化的发展道路。2011年冬至2012年春茶园面积增加2 200公顷，在品种推广方面选择了碧香早、槠叶齐、乌牛早等无性系良种，为古丈茶产业快速发展奠定了基础。2011—2013年古丈县共投入财政资金12 332万元。连续6年引进茶叶专家任古丈县挂职副县长，引进省茶叶科技特派员10名来县指导茶叶产业化建设，聘请国内知名专家担任古丈县茶叶产业发展长期顾问，选派50名技术人员到湖南农业大学茶学专业班脱产学习一年。将所有技术人员纳入茶叶产业化建设队伍体系中管理，积极引导有能力的加工、种植大户带头组建专业合作社和地方茶叶协会，有能力的协会、企业加入省级茶业协会和茶叶学会。

在茶叶产业化建设中，坚持“四个强化”来指导和推动全县茶叶产业发展，即强化组织领导、强化资源整合、强化品牌管理、强化政策扶持。古丈县委、县政府连续7年举办大规模的茶事宣传活动，在国际国内影响深远，先后50多家媒体对古丈毛尖进行宣传报道。2014年“神农茶都杯”首届湘茶大赛长沙赛区名优绿茶古丈县喜获3个头等奖、名优红茶古丈县喜获2个头等奖，几乎囊括了名优绿茶、红茶的全部头等奖。国家现代茶叶产业技术体系湘西综合试验站落户古丈县，成为全国31个综合茶叶试验站之一。

古丈毛尖选用适制的茶树品种的嫩芽叶，经摊青、杀青、初揉、炒二青、复揉、炒三青、做条、提毫收锅等八道工序精细加工制作而成，具有紧直多毫、色泽翠绿、嫩香高悦、滋味醇爽回甘、耐冲泡等特点，具有独特的口感和芳香，被誉为“绿茶中的珍品”，古丈毛尖独特的加工工艺被列入国家非物质文化遗产保护名录。

在古丈境内，饮茶习俗丰富多彩，土家族四道茶、土司擂茶、土家油汤茶，苗族的八宝茶、米虫茶，是茶与民族文化的融合，土家族、苗族茶文化收集整理后，已形成凸显民族特色的茶艺表演，增加了古丈茶文化的内涵，丰富了古丈茶文化的底蕴。

江苏省金坛区薛埠镇

薛埠镇是江苏省常州市金坛区下辖镇，地处茅山东麓，是常州市的西大门，古称“吴中门户”，位于金坛区、溧阳市、句容市交界处，西南与溧阳市别桥镇接壤，东南与金坛区指前镇接壤，东与金坛区朱林镇接壤、北与金坛区直溪镇接壤，西与句容市磨盘乡接壤。薛埠镇属北亚热带季风区，四季分明；雨量充沛，年降水量1 063.5毫米，年平均湿度78%；日照充足，年平均日照2 033.8小时，日照率46%；年平均气温15.3℃，极端最高气温39.3℃，最低温度为－12.0℃，无霜期228天；土壤肥沃，有机质含量丰富，西部丘陵山区多为黄棕壤，pH 5.0～6.0。

金坛产茶历史悠久，据县志第一卷《舆地志》记载：“金坛设县于隋，物产之特殊者有嵇稻、茶叶。”1923年《金坛县志》记载：“茶叶，出郁冈山者佳，出方山者尤佳。”1982年，金坛县有关科研人员在总结传统茶叶和名茶采制经验基础上研制成“金坛雀舌茶”，是江苏省最早研制开发的地方名茶之一。1985 年 6 月通过技术鉴定，先后获省农业科技进步奖、农牧渔业部优质产品奖和商业部全国名茶称号等。根据当时的金坛县名和茶叶形状，命名为“金坛雀舌”。金坛雀舌研制成功后，在多次名茶评比会上获奖，如荣获中茶杯、江苏省陆羽杯特等奖等，及荣获全国名茶称号；通过江苏省无公害认定及有机茶认证，成为全省通过无公害食品、有机茶双认证的产品。

金坛是“中国绿茶（名茶）之乡”“全国重点产茶县”。2014 年，金坛拥有茶园2 733公顷，其中无性系良种茶比重逾四成，为规模化生产金坛雀舌茶奠定坚实基础。金坛茶叶的发展坚持因地制宜、区域布局，产地集中在西部的茅山东麓丘陵岗坡地带，97.5%隶属于薛埠镇，以及紧邻薛埠镇的指前镇丰产村、解放村，朱林镇的巷头村、五联村，直溪镇的邓慕村，这里山峦起伏，海拔10～300 米，浓荫覆盖，经冬犹绿，百花竞艳，鸟语声喧，泉洞奇特，清流琤琮。土质为弱酸性黄棕壤，土壤有机质含量丰富，金坛区委、区政府还专门成立了茅山管委会，加强对这一地带的环境保护，为金坛茶叶产销保驾护航。

近年来，金坛区高标准创建国家级茶叶标准化示范区，国家级设施园艺（茶叶）标准园；建成省内产能最大的名特绿茶清洁化加工生产线；国家茶叶产业技术体系常州综合试验站、江苏省企业研究生工作站、常州市现代农业科学院茶业研究所相继落户金坛，为金坛茶业科技创新提供有力支撑，尤其是金坛雀舌成功申报国家证明商标，成为金坛区域共享的对外名片。

长期以来，金坛市政府高度重视茶产业的健康发展，把茶叶列为金坛农业六大特色产业之一，坚持以科学发展观为指导，以市场为导向，以品牌为引领，以茶企为主体，以科技为支撑，以提升质量效益为目标，以标准化茶园建设为重点，以增加茶农收入为核心，加强产业转型升级，壮大茶叶龙头企业，大力实施科技兴茶、品牌强茶战略，做大做强茶产业。

江西省九江市庐山区

江西省九江市庐山区在中国茶叶学会举办的第四届“中国名茶之乡”评选中荣膺“中国名茶之乡”称号，这是庐山区继“全国重点产茶县”“中国茶叶产业示范县”“江西省茶叶生产十强县”之后获得的又一殊荣。

庐山区位于江西省北部，紧靠九江市中心，因环抱庐山而得名，古属荆楚之地，史称“吴头楚尾，形胜之区”，东临我国最大淡水湖鄱阳湖，北襟黄金水道长江、与鄂皖相望，西接昌九工业走廊，南抱旅游胜地庐山，在地质史上经历岩浆侵袭，冰川活跃，因而地貌千姿百态，集雄奇秀丽于群山峻岭之间。因其独特的地理环境，使之成为庐山云雾茶最大的原产地保护生产县区和庐山云雾茶核心主产区。庐山云雾茶属绿茶，古称“闻林茶”，系我国十大历史名茶之一，因庐山多云雾，故取名“云雾茶”，以味醇、色秀、香馨、液清而久负盛名。

庐山云雾茶历史悠久，始于东汉，至少已有 300 余年的历史。相传，庐山云雾茶最早是一种野生茶，后东林寺名僧慧远将野生茶改造为家生茶。他曾以自种自制的茶款待好友，常话茶吟诗，通宵达旦。至宋代，庐山云雾茶已成“贡茶”。1959 年庐山云雾茶被评为“中国十大名茶”，1971 年被列为中国绿茶之“特种名茶”。以条索粗壮、青翠多毫、汤色明亮、嫩绿匀齐、香凛持久、醇厚味甘等“六绝”一举扬名中外。仔细品尝，其色如沱茶，却比沱茶清淡，宛若碧玉盛于碗中。它的味道，类似“龙井”，却比龙井更加醇厚，若用庐山的山泉沏茶焙茗，就更加香醇可口。风味独特的云雾茶不仅味道浓郁清香，怡神解泻，而且可以帮助消化，杀菌解毒，具有防止肠胃感染，增加抗坏血病等功能。朱德同志有诗云：“庐山云雾茶，味浓性泼辣，若得长时饮，延年益寿法。”1982 年在江西 21 种茶叶评比中，名列江西八大名茶之冠；同年，全国名茶评比中又被定为中国名茶；1983 年获农业部优质产品证书；1985 年获全国优质产品银牌奖；1988 年获首届中国食品博览会金牌奖；1990 年荣获国家质量银质奖。

近年来，庐山区委、区政府把发展茶产业作为农民脱贫致富奔小康的富民产业来抓，依托环庐山得天独厚的区位优势，推进“企业＋合作社＋基地＋农户”的产业化发展模式，印发了《关于进一步加快庐山云雾茶产业发展的意见》《关于发展特色农业推进“四个基地”建设实施方案》，每年投入 300 万元鼓励无性系茶园扩建、标准化茶园创建、改造老茶园、引进茶叶生产新技术；对新增集中连片 6.67 公顷以上规模茶园每公顷补助 1.2 万元。通过政策资金扶持促进了庐山云雾茶产业迅猛发展，品牌影响力和知名度迅速提升。目前产区内有茶园面积近3 333公顷（其中庐山区1 200公顷，九江县、星子县、庐山管理局 2 000 公顷），茶叶企业 47 个，茶叶专业合作社 31 个，其中省级龙头企业 1 个、市级龙头企业 7 个。产区内茶叶均通过了无公害整体认证，其中绿色食品茶叶认证企业 17 个、有机茶认证企业 4 个、茶叶地理标志认证 1 个、地理标志证明商标 1 个。产品远销欧盟、美国、加拿大等国家和地区。

雄关漫道真如铁，而今迈步从头越。庐山区将继续认真贯彻落实省、市关于进一步加快茶产业发展精神，充分利用近城、临江、沿湖、环庐山得天独厚的区位优势，以市场为导向，以茶企增效、茶农增收为目标，严格按照“标准化生产、清洁化加工、市场化营销、品牌化推介和整体化推进”的要求，坚持走“扩规模、提品质、扶龙头、创品牌、拓市场、增效益”的发展道路，进一步加强茶园基础设施建设，开发建设庐山云雾茶加工专业园区和茶叶交易市场，组建庐山云雾茶核心产区集团公司，做大做强庐山云雾茶品牌，让庐山云雾茶香飘全国、走向世界。

陕西省宁强县

宁强县位于陕西省西南角，与川甘两省接壤。宁强种茶历史悠久，茶叶内质优异，2013 年宁强县政府被汉中市政府授予“全市茶产业发展突出贡献奖”，2014 年宁强县高寨子镇被汉中市赛茶大会组委会授予“十大美丽茶乡”。

2009 年至今，全县大力发展无性系良种茶园，无性系良种茶园2 400公顷。全县已投产茶园5 667公顷，其中丰产茶园2 333公顷，有机茶认证面积1 733公顷。2013 年全县产茶5 210吨，其中名优茶1 770吨、红茶 154 吨，茶叶总产值突破 6.56 亿元，占农业产值的 16.20%。

宁强县高档名茶以汉中仙毫为主，占总产量的 11%，占总产值的 30%以上；中档茶包括宁强毛尖、宁强特炒，因其香高味醇、耐泡、物美价适深受消费者的青睐，占总产量 50%以上；低档茶为大宗炒青、烘青，主要销往农村市场。近年来，宁强县茶叶中心指导开发红茶，产量虽小，但已打破了绿茶一枝独秀的局面。

在国家惠农政策的激励下，宁强县大力推广茶园管理机械、茶叶加工机械，茶叶生产加工装备水平大大提高。依托汉水源头良好的自然环境和茶园突出的生态功能，以建设茶叶产业园、绿色生态园、休闲观光园、农业示范园为目标。按照因地制宜、集中连片、重点突出、产业升级的原则，集中力量重点打造茶产业“1 带 2 园 3 片”的目标，即建设“胡家坝—铁锁关—高寨子—汉源—舒家坝”覆盖五个镇的 1 个“百里茶叶产业带”，打造“高寨子镇玉皇观—沈家沟—祖师观”和“汉源镇二道河—草坝场”2 个万亩茶园观光示范园，创建“汉水源头、大安（金牛古道）、青木川古镇”3 个茶叶旅游示范片，3 个目标已具雏形。

2012 年宁强县委、县政府又对茶产业发展政策进行了修订，加大了扶持力度。决定主要包括：对积极投身茶产业的干部职工的激励机制；建茶园、建茶厂优先享受国家的政策扶持；县财政每年拿出 200 万元扶持新建茶园、茶园管理好的大户、带动基地发展的企业，奖励实干的乡镇和单位。同时，宁强县按照“渠道不乱、用途不变、捆绑使用、各记其功”的原则，整合通村水泥路工程、机耕道建设、小型水利水保工程、电网改造、农业综合开发等项目集中用于茶叶农业园区建设和茶产业示范村建设，每年捆绑资金在 1 000 万元左右。同时，对于发展茶产业不积极，年终考核末位的乡镇，实行领导干部末位淘汰制，倒数二三名的乡镇主要领导和分管领导扣发一个月工资。

大力实施企业带农户、大户带小户的“两带”战略，积极鼓励龙头企业通过基地建设、技术示范带动农户参与，企业重点在加工、流通环节获取利益，生产环节利润让利于老百姓，实现龙头企业与农户抱团发展，13 个产茶乡镇均有 3～6 个企业在辖区建厂生产。为支持和鼓励茶叶企业发展，在企业建厂、立项、土地协调、贷款等方面给予大力扶持，督促宁强县科技、中小企业等部门积极为茶叶企业申报技改和科技项目，帮助企业做大做强。鼓励企业和大户通过租赁、承包等方式进行规模种植，促进散户茶园向企业和大户集中，建立密切的“公司＋基地＋农户”利益联结机制。

加强宣传扩大影响，一方面积极组织企业通过参加各类茶事活动进行宣传推介，扩大宁强茶叶的知名度。近几年，每年都要参加国家、省、市举办的茶博会、交易会、赛茶大会等茶事活动 3～4 次，在这些茶事活动的茶叶评比中，宁强茶叶屡获殊荣，从 2007 年至今，共获各类奖项 71 个，其中国家级金奖 12 个、银奖 8 个，省级金奖 18 个、银奖 14 个；另一方面弘扬茶文化，宣传宁强茶产业，创编的“羌州茶艺”多次赴京、赴省市表演，不仅获奖而且得到广泛的关注和好评，特别是在 2007—2012 年六次代表汉中参加中国（北京）国际茶博会，均获得奖励。通过宣传推介，以“汉中仙毫”为代表的宁强茶叶在陕西省及周边省市享有较高的知名度，为宁强茶叶市场拓展奠定了良好的基础。

陕西省商南县

2014 年商南县被中国茶叶学会命名为第四届“中国名茶之乡”，这是继“全国名茶百强县”“国家现代农业产业技术体系茶叶示范县”“中国茶叶之乡”之后获得的又一重要荣誉称号。

商南地处北亚热带与暖温带过渡地带，独特的地理位置造就了独特的气候、植被、土壤资源，让商南茶叶从无到有，从小到大，漂洋过海，一路走红。商南茶之所以取得如此之多的殊荣，受到广大客户的青睐和好评，主要是因为商南茶具有得天独厚的气候条件和生长环境。一是独特的气候条件。商南县位于秦岭南麓，属长江流域汉江水系丹江中游地区，介于东经 110°24′～111°01′、北纬 33°6′～33°44′，由于秦岭天然屏障阻挡寒流入侵，故气候温和，雨量充沛，四季分明，为茶树的生长提供了独特的气候条件。冬季积雪凌冻，不利于越冬虫卵、病菌的繁衍生长，茶树的病虫危害小，是生产无公害有机茶的理想基地。二是理想的土壤条件。商南茶区土壤主要为微酸性黄棕壤，占茶叶面积 95%，pH 5.5～6.5，土层深厚、质地疏松，腐殖质含量高，N_1、P_2O_5、K_2O 三项比适中，土壤富含锌、硒人体所需的微量元素，通过茶树的吸收利用，茶叶饮用后对人体有很好的保健作用。

独特的自然环境，40 年的艰苦摸索，孕育了商南茶“汤绿、香高、味浓、回甜”的显著特点，深受消费者青睐。目前，商南县已培育生产有泉茗、仙茗、乌龙茶、黄茶、白茶、茯砖茶、红茶、金丝翠芽、金丝雾峰、秦眉、清泉毛峰等秦岭泉茗系列 20 多个品种。商南县茶叶联营公司的“双山”牌商标和金丝茶业发展有限公司的“秦露”牌商标被认定为陕西省著名商标，“商南泉茗”“商南乌龙茶”两大系列产品被陕西省政府认定为“陕西省名牌产品”。“商南茶”已获得国家农产品地理标志保护产品认证，商南县也先后获得“全国名茶百强县”“国家现代农业产业技术体系茶叶示范县”和“中国茶叶之乡”的美誉。

为了把茶产业做大做强，商南历届县委县政府都高度重视茶叶发展，坚持把茶叶作为头号优势主导产业来抓，先后出台了《“十二五”茶叶发展规划》，做出了《关于进一步加快茶叶产业发展的决定》，制订了《茶园基地建设补助办法》。商南县成立了茶叶协会、茶叶产业发展局、茶叶技术指导站、茶叶研究所、农民茶叶专业合作社等一批茶叶产业管理、生产和研制机构，并与西北农林科技大学及省内科研院所合作对茶产业做高端策划。截止到 2013 年年底，全县共建茶园 1.37 万公顷，其中丰产茶园 0.67 万公顷，可采摘茶园 0.93 万公顷，无性系茶园 360 公顷，无公害认证茶园面积 0.29 万公顷；年产茶叶 2 400 吨，其中名优茶 200 吨，大宗茶 2 200 吨；产值达 2.6 亿元，其中名优茶产值 1 亿元，大宗茶产值 1.6 亿元。有规模以上的茶叶加工企业 6 家，茶叶专业合作社 15 家，茶叶初制加工厂 200 余个，年加工能力达 2 600 吨，发展茶叶大户 4 200 多户，遍布全县 12 个镇、116 个行政村。形成了“公司＋基地＋农户”的产业化发展格局，走出了一条山上建基地、山下深加工、山外拓市场，科技创新高，技工贸、产供销一体化的发展新路子。

四川省泸州市纳溪区

纳溪地处“天府之国”南缘，是一座古老优美的城市，自南宋建县以来有 780 年的历史，境内森林覆盖率达 56%。纳溪地理坐标东经 105°09′～105°37′，北纬 28°02′14″～28°26′53″，境内地势南高北低，海拔 230～960 米，以浅丘和低山地貌为主；属准南亚热带湿润季风气候，年平均气温 18.3℃，日照时数1 053小时，总积温5 627℃，年降水量1 184.9毫米，年均相对湿度 83%，全年无霜期 350 天左右；温暖湿润的气候使境内生态良好，森林覆盖率达 56%以上。境内低山区海拔多在 400～900 米；土壤为酸性红壤，pH 4.5～6.5，有效土层 1 米以上，土层深厚，养分丰富且平衡，特别适宜茶树生长。纳溪茶区主要分布在低山区，因独特的气候条件成为全球同纬度茶树萌发最早的区域，常年在 2 月初就可采制新茶，最早可在除夕便能尝到新茶，纳溪茶更有“除夕茶”的美誉。纳溪，自古以来就是茶树原产地之一，产茶历史悠久，茶文化源远流长。

21 世纪以来，纳溪无性系良种茶园基地建设、名优茶开发和茶叶品牌建设达到了高峰，形成了以“纳溪特早茶”区域品牌为背景的“凤羽”“瀚源”“早春二月”等企业品牌竞相发展的局面。经过多年的培育和发展，2013 年年底全区茶园总面积达到 1.4 万公顷（其中：有机茶基地认证面积 178.7 公顷，无公害茶园面积 1.38 万公顷），投产面积 0.87 万公顷。纳溪制订并实施了《纳溪特早茶栽培技术标准》，通过企业自建基地、茶叶专业合作社联企业联农户等方式，确保标准化茶园生产管理技术要求落到实处，茶园管理规范、鲜叶质量达标。

纳溪主要生产的茶产品种类包括高档名优绿茶、大宗烘炒青绿茶、茉莉花茶、珠兰花茶、乌龙茶、沱茶、边销紧压茶、名优红茶等。名优绿茶产品主要以扁形单芽茶和直条一芽一二叶毛峰茶为主，单芽名茶代表品种为“凤羽”牌凤羽茶、“瀚源”牌天竹龙芽、“早春二月”牌早春二月茶等，直条一芽一二叶毛峰茶代表品种为“瀚源”牌早香露茶、“凤羽”牌毛峰等。优质大宗绿茶以条炒青为主，代表品种为云溪绿茶。扁形单芽茶、直条一芽一二叶毛峰茶制订了加工工艺标准，企业可按照标准生产，为“纳溪特早茶”区域品牌打造提供了技术保障。

目前，全区呈现出了区域品牌、企业品牌、产品品牌共同发展的良好局面。纳溪区政府高度重视纳溪茶的品牌打造，特别是在“纳溪特早茶”区域品牌打造上狠下功夫，提高了纳溪茶的知名度和市场影响力，促进了茶产业发展。近年来，通过组织举办“中国华夏特早茶节”和“中国·四川茶叶开采活动周”等节庆活动，以“纳溪特早茶”整体形象组织区内企业参评、参展，积极开展报纸、路牌、网络、电视等媒体对“纳溪特早茶”的广泛宣传，“纳溪特早茶”已有了较高的知名度。2012 年 8 月，纳溪区被中国茶叶流通协会命名为“中国特早茶之乡”。2013 年，“纳溪特早茶”证明商标注册成功。

纳溪区内企业品牌主要有“凤羽”“瀚源”“早春二月”“沁宏”“伏金”“酒城贡芽”“荣龙”等，其中“凤羽”被评为四川省泸州市知名商标，“瀚源”被评为四川省著名商标。2012 年“瀚源有机茶”获四川名牌产品称号。2013 年，“早春二月”“荣龙茗香”在中国（四川）第二届国际茶业博览会上荣获金奖。纳溪茶产品主要通过“区域品牌＋企业品牌”在泸州及省内大中城市和茶叶专业市场，直接开设形象店和专卖店，发展经销商入驻全国各大茶叶专业批发市场，以及进驻超市等形式进行销售。产品主销四川、重庆以及北京、上海、天津、江苏、浙江、安徽、河南等地，全区茶叶品牌化销售率占 80%以上，有力地促进了茶产业发展。

2013 年全区茶叶综合产值达 15 亿元，实现税收 4 200余万元；茶农鲜叶收入 5.2 亿元，茶农人均收入为 1.2 万元；涉茶收入占茶农总收入的比例 2012 年为 60.1%，2013 年为 63.8%。茶叶种植大户、茶叶专业合作社不断涌现，涉茶从业人员达到了 10 万人，茶产业已成为纳溪区农业经济增长和农民增收致富的支柱产业。发展茶产业有效改善了农村的生产生活条件，改善了农村面貌，提高了农民的生活水平。

同时，丰富的茶园资源促进了纳溪区林下鸡等养殖业发展，茶园养殖收入占全区家禽总量的 20%，利用茶园自然景观和茶文化开发有力地促进了旅游业的发展，涉茶旅游收入占全区旅游收入的 30%。通过坡改梯的茶园建设和在茶园中规范间套珍稀树木，有效地提高了纳溪区森林覆盖率，全区森林覆盖率已达到了 56%，对生态环境的改善、水土保持，特别对长江上游生态屏障保护具有重要的生态意义。

戈佩贞

女，1931年10月出生于上海，1952年从复旦大学茶叶专修科毕业后来到福建福安农校（后升办福建福安农业专科学校大专部茶科，今宁德职业技术学院），先后担任茶学教师、教研组组长、茶学科主任、讲师、高级讲师等，成长为当代中国第一位茶学女教育家。任过福建省茶叶学会三、四届《福建茶叶》刊物编委，宁德地区茶叶学会荣誉理事长。戈佩贞讲授过茶叶高等学校（本科教材）的茶树栽培、茶树生物化学等茶学教程，还长期担任大、中专茶叶专业教学工作。先后5次主编、2次合编福建省各类茶专业教材；参加全国专业课教学大纲的审编，3次主编、合编全国中专统编教材《茶树栽培学》《茶树栽培实验实习指导书》和中央农业广播电视学校的茶叶教材。为学校设置茶树品种园、教学生态茶园、苗圃和茶叶加工厂。结合教学开展科研调查，撰写论文，反馈于课堂教学，提高教学质量和培养人才并举。近40多年中，由她执教培养的大、中专茶专业班有37个，毕业生1 348人，学生遍布省内外。戈佩贞于省级以上刊物和学术会上发表论文30余篇，其中不少获优秀论文奖。戈佩贞与人合编的《福建乌龙茶》获第三届全国优秀科普作品三等奖，参与《中国农业百科全书·茶业卷》部分条目的撰写。退休后，她仍勤奋笔耕，编教材、写论文；为福州农校茶训班、中央农业广播电视学校辅导员授课，参与调研、茶文化活动等。近年来深入探讨生态茶园、红茶制造工艺、饮茶健康、张天福茶学思想等，并撰写学术论文，在多场学术会上交流，2014年专著《伴茶六十春》正式出版。戈佩贞把毕生精力献给中国茶叶教育事业，献给中国茶叶事业，她是茶叶界少有的女奠基者、奉献者，是著名的教育家、茶学家。

叶靖平

男，壮族，1958年生于广西靖西县，中共党员，历任百色市茶叶开发中心主任、百色市农业技术推广中心主任、现任市农业局副总农艺师，中国茶叶学会会员、科普专家。1982年毕业于广西农学院茶叶专业，推广研究员，享受国务院政府特殊津贴专家、自治区优秀共产党员、百色市先进工作者、专业技术拔尖人才、优秀科技工作者等。

从事茶叶工作33年，推动百色茶叶生产发展，茶园面积从666.7公顷发展到24 000公顷，在浪伏茶业公司主持广西科技“创业链”——茶叶项目，转化研究成果，效益大大提高，成为广西（茶叶类）首家“国家重点农业龙头企业”；在八桂凌云公司主持“广西凌云白毫茶繁育与加工工程技术研究中心”，成为广西首家（茶叶类）高新技术企业。1996年建成广西第一个AA级绿色食品茶叶基地、2002年建成广西第一个有机食品茶叶基地，2012年作为首席专家在乐业县成功创建全国第一个综合类“有机农业（茶叶、水稻、猕猴桃）示范基地”。主持和参与国家、自治区等科技攻关项目30多项，获国家级奖1项、省部级奖5项、市厅级奖16项，制订农业地方标准8项，申报专利2项。主编和参编茶叶著作6部，发表论文38篇，2个研究成果达到国际领先水平。

周重旺

男，1962年9月出生于湖南新化，毕业于湖南农业大学茶学系，研究生学历，高级评茶师，长沙市人大代表。现任湖南省茶业集团股份有限公司董事长，兼任中国茶叶流通协会副会长、湖南省茶叶学会副理事长、湖南省茶业协会副会长。从事茶叶生产、加工、贸易与经营管理工作29年，在出口有机茶开发、黑茶和黄茶加工技术、茶叶深加工等研究与产业化领域取得了一系列颇具影响力的研究成果。先后主持或主要参加“黄茶产业化关键技术

研究与示范”“出口优质高效低农残茶与有机茶产业化关键技术研究与示范”“茯茶产业化关键技术研究与示范”“低氟茯砖茶生产关键技术研究与示范”“茶叶功能成分绿色高效提制新技术产业化”“传统优势特产资源生态高价利用技术研究与产品开发”“现代黑茶产业化技术示范与推广”“机采鲜叶加工出口红碎茶的去梗技术”“提高红碎茶的颗粒和容重的技术”“降低茉莉鲜茶农残污染茶坯的技术”“花卷茶系列新产品开发加工新技术”等课题研究，先后获湖南省科技进步一等奖1项、三等奖2项，为力推中国茶产业快速发展做出了巨大的贡献，是中国茶业十大经济人物之一。

吕立哲

男，1963年8月出生于河南省唐河县，信阳农林学院茶叶专业毕业，大学本科学历，学士学位。现任国家茶叶产业技术体系信阳综合试验站站长、河南省茶叶工程技术研究中心主任、河南省茶学博士后科研创新团队主任、信阳市农业科学院茶叶研究所所长、中国茶叶学会理事。

长期从事茶叶科学研究和生产技术示范推广工作。近年来，主持河南省重大科技专项“豫南茶产业升级关键技术研发及产业化”、科技部星火计划重大项目“信阳茶叶优质高效生产关键技术集成与示范”；先后主持和参与承担其他省部级及信阳市科技攻关项目10余项，获得省部级及市厅科技成果奖13项，其中省部级科技成果奖二等奖2项、三等奖2项。在国家和省级学术刊物上发表论文、研究报告30多篇；主编著作2本，参编著作4本，主持起草省级地方标准2部。在茶树新品种选育、茶园基地规划和建设，品种引进、示范、推广，以及无公害茶叶生产技术、信阳毛尖茶机械化生产技术推广等方面，做出了突出成绩，为信阳市乃至河南省的茶叶发展做出了突出贡献。曾获得信阳市专业技术拔尖人才、信阳市优秀青年科技专家、信阳市学术技术带头人、河南省优秀茶叶科技工作者、全国优秀学会工作者、全国优秀茶叶科技工作者等荣誉称号，并多次担任河南省名茶评比会、信阳市茶叶评比会的评委，以及国家、省、市科技项目评审专家。

颜泽文

男，1963年出生于四川省宜宾市，现任四川省茶业集团股份有限公司党委书记、董事长，四川省川茶品牌促进会会长，四川省人大代表，四川省政协委员，四川省工商联副主席，宜宾市政协常委，宜宾市工商联副主席。

宜宾是“中国早茶之乡”，茶产业一直以来是促进宜宾农村经济发展、带动农民致富增收的支柱产业。出于对茶事业的热爱和对茶产业前景的看好，颜泽文于1988投身从事茶叶事业；1990年组建四川省宜宾市江北茶厂，任厂长；1995年组建四川省宜宾市茶叶总公司，任董事长、总经理；2005年再次扩大企业规模，组建四川省叙府茶业有限公司，任董事长、总经理；2013年，按照四川省委书记王东明调研公司时做出的“站在更高的高度谋划川茶产业发展”的重要指示精神，对四川省叙府茶业有限公司进行整体改制，组建四川省茶业集团股份有限公司，任党委书记、董事长。2014年，按照四川省政府1号文件《关于加快川茶产业转型升级建设茶业强省的意见》中关于“统筹区域品牌建设、运营和保护，提升区域品牌的影响力和凝聚力，支持四川省茶业集团等优势企业建立品牌联盟，组建品牌集团”重要指示精神，联合四川省121家茶企成立了四川省川茶品牌促进会，并担任会长。

茶叶科技创新方面：通过创新产学研合作模式，聚合了茶行业科技创新资源，形成了以陈宗懋院士为首的科研团队，并成功打造了在全国茶行业唯一的“一站两院两中心”科技创新共享平台。30年来，通过与专家科研团队的紧密合作，先后承担和实施了国家、部、省、市级科技攻关、成果转化、星火计划和技术创新各类项目20余项，带领专家科研团队率先攻克绿茶加工共性技术难题，突破名茶机制集成技术，创新中国黑茶加工技术，在全国范围内首创了一茶双香型创新黑茶产品“优黑优红”，该项技术被陈宗懋院士评价为“在国内同类研究中处于领先水平”。

品牌打造方面：积极创新品牌发展模式，经过对茶行业品牌发展现状的深入思考，总结提炼出创新的“6＋X”（6 为六大茶类，X 为茶叶衍生产品）品牌跨品类融合发展模式，成功首创了在中国茶行业唯一的涵盖中国六大茶类的品牌——天府龙芽。同时，作为品牌促进会会长，颜泽文团结带领 121 家四川茶企共同打造川茶大区域品牌。在民主推选下，将企业原创品牌“天府龙芽”贡献出来作为川茶大区域品牌，并明确了把“天府龙芽”打造成为世界文化名茶的战略目标。经过颜泽文的努力和多方协调，“天府龙芽”川茶大区域品牌于 2016 年在“第五届国际（四川）茶业博览会暨天府龙芽茶文化节”上发布，带领四川茶企开启了川茶双品牌战略的新征程。

绿色发展方面：通过自建与联建的方式，在宜宾北域环金秋湖打造了绿色生态早茶基地近 2 000 公顷，全资收购的宜宾天宫山万亩高山有机茶基地已经连续 11 年通过国际和国内有机茶基地双认证，树立了世界性标准化优质绿色茶园典范。颜泽文带领公司不断加强质量体系建设工作，先后制订了《川茶集团 ISO 质量管理手册》《绿色食品茶生产管理制度》《川茶集团有机茶生产经营管理规程》等系列文件，同时，围绕茶叶质量检测，带领公司建立了“从茶园到茶杯”的全程质量 26 个关键质量控制环节，真正实现了为百姓提供绿色优质茶、质量安全茶。

市场拓展方面：结合产业市场战略布局，在宜宾、成都、北京、哈尔滨等地建立了品牌川茶实体店 200 余家。同时，紧扣国家“一带一路”战略部署，积极参加各类境外商贸考察和国外参会，并在香港、马来西亚等 10 多个国家和地区建立了营销机构，拓展了蒙古、摩洛哥、格鲁吉亚、俄罗斯等海外市场。2015 年，成功聘请俄罗斯原第一副总理索斯科维茨为公司终身荣誉顾问，为宜宾茶、四川茶走进俄罗斯市场做出了积极贡献。

助农增收方面：通过“公司＋合作社＋农户”“公司＋农户”等产业化经营模式和自己在实践中探索凝练的“两定一返三包，按股分红”利益共享新机制，带动 10 余万农户实现人均年增收 2 000 余元。

颜泽文先后获得“全国劳动模范”“全国乡镇企业家”“全国青年星火带头人标兵”“全国食品工业科技进步先进工作者”“中国茶叶行业年度经济人物”“四川省首届杰出民营企业家”“四川省优秀青年企业家”“四川十大杰出民营企业家”“宜宾市十大优秀企业家”等近 30 多项荣誉。

郭桂义

男，1963 年 11 月出生于河南辉县，1983 年 7 月毕业于安徽农业大学茶业系机械制茶专业，获得学士学位。现任信阳农林学院茶学院院长，二级教授，国家一级评茶师，国家一级茶艺技师，河南科技学院茶学硕士研究生导师，河南省茶产业技术创新战略联盟秘书长和专家委员会主任委员、河南省高校信阳毛尖茶产业工程技术研究中心主任。同时，还担任中国茶叶学会常务理事、学术委员会副主任委员，中国国际茶文化研究会理事，河南省茶文化研究会副会长、学术委员会主任委员。

工作 30 多年来郭桂义先后主讲《茶叶审评与检验》等多门课程，主讲的《制茶工艺》课程被评为“国家精品课程”，获省级教学成果奖一等奖 3 项、二等奖 2 项，主持的茶叶生产加工技术专业为部级高职高专教育专业教学改革试点、国家高职高专精品专业。茶文化专业为河南省高等学校特色专业，茶学专业为河南省高等学校专业综合改革试点项目，茶学专业教学团队为河南省高等学校教学团队。郭桂义获省部级科技进步二等奖 3 项，主持的“信阳茶树种质资源普查评价及应用推广”2013 年获河南省科技进步三等奖。主持起草制订了国家标准《地理标志产品　信阳毛尖茶》（GB/T 22737—2008），并发表论文 100 余篇，荣获教育部高等学校教学名师奖、河南省优秀专家、河南省五一劳动奖章等称号。

宗庆波

男，1964 年 11 月出生于湖北大悟。1986 年 7 月从安徽农业大学茶业系机械制茶专业毕业，本科学历。2003 年 12 月从华中农业大学农业推广专业毕业，硕士学位。工作单位为湖北省果茶办公室，职务为调研员，担任中国茶叶学会常务理事、中国认证认可协会有机产品认证高级检查员、全国茶树品种鉴定委员会委员、湖北省茶叶学会副理事长兼秘书长、湖北省陆羽茶文化研究会副会长，以

及湖北省农业科学院果树茶叶研究所客座研究员、第五届湖北省农作物品种审定委员会委员。获2003年度湖北省政府专项津贴人员，2012年12月晋升正高三级岗位。自2000年以来，主持和承担重大科技项目10项，获省部级科技进步奖、农业技术推广成果奖二、三等奖8项；出版参编专著17部，撰写论文报告50多篇；主持制订省地方标准18项；主笔编制湖北省茶产业“十五”至“十三五”等发展规划和湖北省政府文件《关于加快茶叶产业发展的意见》（鄂政发〔2009〕43号）；打造了一批湖北知名茶品牌；提出鄂茶“一主三辅”多元化开发和“走出去”战略，引领湖北茶产业快速健康发展，组织参加“中茶杯”和“国饮杯”评比、全国茶艺师大赛、全民饮茶日等活动。宗庆波为促进科技成果转化，提升湖北茶叶在全国的地位做出了突出贡献。

刘仲华

男，1965年3月出生于湖南衡阳，现任湖南农业大学茶学系教授、博士生导师，国家植物功能成分利用工程技术研究中心主任、国家茶叶产业技术体系茶叶深加工研究室主任、国家农产品加工技术研究中心茶叶分中心主任、湖南省植物功能成分利用协同创新中心主任、湖南省天然产物工程技术研究中心主任，兼任国务院学位委员会园艺学科组成员、中国茶叶学会副理事长、中国茶叶流通协会副会长兼专家委员会主任、中国国际茶文化研究会副会长、国际茶科学文化研究会副理事长、国际标准化组织（ISO/TC34/SC8）茶叶专家、全国茶叶标准化技术委员会副主任、湖南省茶叶学会理事长、湖南省院士专家咨询委员会委员等职。先后获得国家新世纪百千万人才、教育部创新团队领衔人、教育部新世纪优秀人才、全国优秀科技工作者、湖南省科技领军人才、国务院特殊津贴专家、湖南省优秀中青年专家、湖南省科技创新奖（十杰）、湖南省科技创业奖（十杰）、湖南省青年科技奖等荣誉。

刘仲华主要从事茶及植物功能成分利用研究，先后主持国家973前期项目、国家科技支撑计划项目、国际科技合作项目、国家创新基金项目、湖南省科技重大专项等科研项目40余项；以第一完成人先后获得国家科技进步二等奖1项，湖南省科技进步一等奖3项、二等奖1项、三等奖1项，以第二完成人获湖南省技术发明二等奖1项；在国际国内核心学术刊物上发表论文400多篇，其中第一作者和通讯作者230多篇，SCI收录40多篇；获授权国家发明专利35项、实用新型专利6项；出版教材及专著13部。

杨普香

女，1965年5月出生，现任江西省蚕桑茶叶研究所科学技术研究与开发中心副主任。1989年7月从安徽农业大学茶业系机械制茶专业本科毕业至今在江西省蚕桑茶叶研究所工作，主要从事茶叶质量检测、茶学研究等工作。现为江西省茶叶产业技术体系首席专家，国家茶叶产业技术体系南昌综合试验站站长，中国茶叶学会理事，江西省园艺学会常务理事，江西省经济作物标准化委员会委员。近5年主持国家、省级科研项目8项，其中国家和省级现代农业产业技术体系各1项，省级重大科技支撑“江西茶树种质资源遗传多样性鉴定与创新利用”1项。

近5年研究重点：江西区域茶园病虫害种类及危害特点研究，茶树病虫害绿色防控及茶叶质量安全控制技术研究，茶树种质资源收集和创新利用、茶树新品种选育和良种引进推广，生态茶园建设、优质高效茶树栽培和优质茶机械化采摘技术研究，江西特点名优茶机械化、标准化加工新技术研发、引进、推广应用。

论文论著及获奖：主编出版《绿色有机茶叶生产实用技术》和《江西主要农作物生产实用技术》专著2部；省级地方标准《江西绿茶质量标准》1部；在省级以上学术期刊上发表论文60余篇，获国家发明专利2项，获实用新型专利1项；获江西省科学技术进步三等奖1项、省农牧渔技术改进二等奖1项、三等奖2项；2014年获得全国优秀茶叶科技工作者及江西省“讲理想、比贡献，奋力实现中国梦”活动创新标兵称号。

余文权

余文权（右）

男，1972年1月出生于福建大田，中共党员，农学博士，教授级高级农艺师，现任福建省农业科学院副院长、福建省茶叶学会副会长。1994年从福建农学院茶学专业毕业后，赴南平茶树良种繁育场蹲点锻炼；其后参与宽裕型小康工作、2005年到安溪挂职担任科技副县长；2011年赴美国参加骨干培训班。在职期间，又先后取得福建农林大学经济管理硕士、茶学博士学位。长期从事茶叶技术推广工作，深入基层生产一线，了解产业发展动向，指导基层开展名优茶审评和无公害茶园、生态茶园、有机茶园及标准茶园建设，积极组织举办名优茶机制等各种技术培训。任职安溪县科技副县长期间，牵头组织茶叶强县富民行动计划，配合地方政府开展生态茶园建设、万人培训工程以及农残控制三大工程，安溪县获全国科技进步县称号，余文权被评为全国县（市）科技进步工作先进个人。自2012年10月任职福建省农业科学院副院长以来，担任茶叶科技创新团队副首席，深入开展茶树种质资源收集与应用、茶树病虫害绿色防控、茶树智能化加工与检测等方面研究。曾获得部省三项丰收及科技进步二、三等奖，亦被评为福建省农技先进个人。曾在专业刊物上发表论文40余篇，参与编写专著2本，先后参与编写《全国茶叶优势区域发展规划》《福建省茶叶优势发展规划》《安溪县茶叶发展规划》等专业规划，参与制订《无公害食品茉莉花生产技术规程》等5个标准。

周绍迁

男，福建宁德蕉城区人，福建仙洋洋食品科技有限公司董事长、高级工程师、天津科技大学食品工程与生物技术学院院外科研院长、中国茶叶标准化委员会委员、中国茶饮料标准起草人之一，宁德市政协委员。

周绍迁从农民企业家成长为中国浓缩茶高级专家，经历了创业的艰辛。1992年他从故乡——福建宁德挑着一担茶叶来到京城，从小商贩到开设“憩园”茶店，又把“店”变成“憩园公司”，闯出一片天。正当事业如日中天，他却放弃京城优异生活，回到宁德投入2 000万元再创业，建立了“仙洋洋食品科技公司”，将普通茶叶经加工制成高科技的浓缩茶汁、茶粉……多年的磨砺，练就坚忍的品格，并开拓创新。曾取得许多成果，主持科研组研发“利用膜分离和膜浓缩技术提取鲜茶浓缩汁”获福建省科技进步三等奖，两种制作方法和产品分获发明专利，并在专家网上发表论文；主持完成3项科技成果鉴定；承担国家级项目2项、省级项目5项；完成公司新产品10余项；主持重大技术攻关和产品开发2项，这一切都是由他领军。如今公司成为国内同行业排名第一的国家高新技术企业；“仙洋洋”获中国驰名商标，领雁取得20多项国家专利……但他不满足于现状，又于2014年始，筹资5亿多元，在蕉城区建起了约15公顷的“宁德茶产业园”，创新发明全国当今最先进的生物萃取高智能设备，成为中国茶叶精深加工的唯一标杆。

Ⅰ.全国茶园面积和茶叶产量统计

1-1 全国各类茶叶总产量

（2012—2015）

单位：吨

项　目	2012	2013	2014	2015
茶叶总产量	1 789 753	1 924 457	2 095 717	2 248 999
绿　茶	1 247 827	1 313 362	1 416 238	1 494 644
乌龙茶	217 879	236 773	249 605	270 283
红　茶	132 416	159 967	180 180	203 221
黑　茶	79 836	91 931	112 885	126 323
黄　茶	179	200	234	580
白　茶	10 244	12 002	17 287	20 390
其他茶	101 371	110 223	119 288	133 558

数据来源：国家统计局。

1-2 全国茶叶产量和茶园面积（2012）

单位：吨、千公顷

地　区	茶叶产量								年末实有茶园面积	本年采摘面积
	合计	绿茶	乌龙茶	红茶	黑茶	黄茶	白茶	其他茶		
全国总计	1 789 753	1 247 827	217 879	132 416	79 836	179	10 244	101 371	2 280	1 735.2
江　苏	15 371	12 674		2 452				245	34	28.8
浙　江	174 840	168 731		1 370	3 159			1 579	183	164.6
安　徽	95 374	89 150	70	4 422			48	1 684	150	131.0
福　建	320 958	110 064	172 690	27 365			9 284	1 555	221	195.5
江　西	38 662	29 317	1 530	5 123	46	12	286	2 348	65	49.9
山　东	13 323	13 323							21	14.3
河　南	51 374	45 496		5 878					88	73.5
湖　北	206 984	165 004	4 116	21 746	11 363		151	4 604	260	189.4
湖　南	135 346	58 363	3 582	15 890	48 010	10	4	9 487	109	86.8
广　东	63 095	25 741	30 143	1 338		8		5 865	42	37.9
广　西	49 359	34 087	362	8 720	949			5 240	56	47.0
海　南	1 196	1 011		134				51	1	0.8
重　庆	31 372	24 059	30	3 101	1 883			2 299	35	25.8

（续）

地区	茶叶产量								年末实有茶园面积	本年采摘面积
	合计	绿茶	乌龙茶	红茶	黑茶	黄茶	白茶	其他茶		
四　川	210 201	171 628	4 558	3 195	14 403	145	268	16 004	267	186.7
贵　州	74 359	63 161	132	950	23	4	203	9 886	252	121.3
云　南	271 704	199 817	666	30 731				40 490	390	308.7
西　藏	31	3						27		
陕　西	35 195	35 195							97	69.2
甘　肃	1 002	1 002							10	4.0

数据来源：国家统计局。

1-3　全国茶叶产量和茶园面积（2013）

单位：吨、千公顷

地　区	茶叶产量								年末实有茶园面积	本年采摘面积
	合计	绿茶	乌龙茶	红茶	黑茶	黄茶	白茶	其他茶		
全国总计	1 924 457	1 313 362	236 773	159 967	91 931	200	12 002	110 223	2 468.8	1 857.2
江　苏	13 862	11 905		1 948			5	4	34.0	28.4
浙　江	168 602	162 711		1 321	3 047			1 523	184.0	167.9
安　徽	100 949	93 608	220	5 168			78	1 875	155.3	135.0
福　建	346 989	109 899	188 038	36 866			10 704	1 482	232.3	205.7
江　西	43 112	34 116	1 366	4 915	30	7	389	2 289	72.6	55.0
山　东	15 740	15 740							22.7	15.7
河　南	55 891	49 063		6 828					97.7	79.0
湖　北	221 957	170 408	4 819	23 757	18 343		246	4 384	291.8	205.4
湖　南	146 031	62 762	3 702	16 849	52 531	12	5	10 170	115.5	91.1
广　东	69 753	28 422	33 331	2 011		8		5 981	44.2	41.6
广　西	53 905	35 627	348	11 348	1 178			5 404	62.9	53.5
海　南	1 028	583		419				26	1.2	1.0
重　庆	34 221	26 816	35	3 128	1 894			2 348	35.9	22.6
四　川	219 536	181 391	3 743	3 660	14 428	145	387	15 782	284.0	203.1
贵　州	89 403	77 736	385	1 472	480	28	188	9 114	313.2	145.9
云　南	301 736	210 871	786	40 278				49 802	400.6	327.7
西　藏	40	5						35	0.2	0.1
陕　西	40 656	40 656							109.7	74.0
甘　肃	1 042	1 042							10.8	4.5

数据来源：国家统计局。

1-4 全国茶叶产量和茶园面积（2014）

单位：吨、千公顷

地　区	茶叶产量								年末实有茶园面积	本年采摘面积
	合计	绿茶	乌龙茶	红茶	黑茶	黄茶	白茶	其他茶		
全国总计	2 095 717	1 416 238	249 605	180 180	112 885	234	17 287	119 288	2 649.8	1 989.4
江　苏	14 592	12 334		2 250			5	3	34.3	28.5
浙　江	165 385	159 607		1 296	2 989			1 494	195.6	175.3
安　徽	111 196	103 741	20	5 660			91	1 684	166.6	144.6
福　建	372 087	114 859	197 461	43 359			14 626	1 782	242.9	216.3
江　西	47 123	37 390	1 017	5 723	32	14	622	2 325	77.8	58.3
山　东	17 647	17 647							23.9	17.0
河　南	61 119	53 910		7 209					105.5	88.5
湖　北	250 316	186 451	3 817	27 467	28 695		980	2 906	303.8	218.9
湖　南	161 813	71 994	3 330	17 342	61 169	26	3	7 949	127.5	98.4
广　东	73 925	29 281	34 632	3 410		9		6 593	48.2	42.5
广　西	58 752	39 694	366	12 122	1 085			5 485	67.1	53.8
海　南	1 025	421		572				32	1.3	1.1
重　庆	33 753	28 124	41	3 679				1 909	37.7	28.4
四　川	233 970	194 690	3 895	3 788	15 245	146	392	15 814	305.7	216.4
贵　州	107 145	88 655	659	4 863	3 670	37	565	8 696	369.3	174.8
云　南	335 495	227 120	4 367	41 441		1.6	3	62 562	409.4	346.0
西　藏	54	7						47	0.5	0.1
陕　西	49 128	49 128							121.4	75.1
甘　肃	1 185	1 185							11.4	5.6

数据来源：国家统计局。

1-5 全国茶叶产量和茶园面积（2015）

单位：吨、千公顷

地　区	茶叶产量								年末实有茶园面积	本年采摘面积
	合计	绿茶	乌龙茶	红茶	黑茶	黄茶	白茶	其他茶		
全国总计	2 248 999	1 494 644	270 283	203 221	126 323	580	20 390	133 558	2 791.4	2 115.8
江　苏	14 469	12 033		2 426			4	6	33.8	30.3
浙　江	172 530	166 502		1 352	3 118			1 558	194.5	177.9
安　徽	112 915	104 755	20	6 406			82	1 652	167.9	143.7
福　建	402 328	121 239	215 756	47 419			16 637	1 277	250.1	226.9
江　西	51 868	42 045	683	5 497	30	20	764	2 829	85.1	63.8
山　东	18 909	18 909							25.5	18.1

（续）

地区	茶叶产量								年末实有茶园面积	本年采摘面积
	合计	绿茶	乌龙茶	红茶	黑茶	黄茶	白茶	其他茶		
河南	64 855	59 026		5 828					114.0	93.0
湖北	268 774	194 472	3 606	30 863	34 759	325	1 489	3 260	324.1	231.3
湖南	175 704	73 258	3 234	19 668	71 349	37	5	8 153	131.2	103.3
广东	79 344	30 344	37 206	4 738		10		7 046	49.4	40.5
广西	63 593	42 592	324	13 780	1 567			5 330	68.9	56.0
海南	864	364		358				141	1.3	1.1
重庆	35 173	30 190	45	3 676			11	1 251	39.9	28.6
四川	248 414	207 434	4 120	4 159	11 203	146	614	20 738	321.7	229.8
贵州	118 031	98 287	629	4 965	4 297	42	781	9 030	418.9	217.9
云南	365 841	237 902	4 660	52 084			3	71 191	424.8	364.0
西藏	92	3		1				88	0.6	0.1
陕西	53 987	53 987							127.5	83.2
甘肃	1 302	1 302							12.2	6.3

数据来源：国家统计局。

Ⅱ.全国茶叶出口

2-1 全国茶叶出口

(1995—2015)

单位：吨、万美元

年份	出口数量	出口金额
1995	167 469.35	27 907.45
1996	171 254.78	28 749.92
1997	204 346.11	33 914.33
1998	219 649.32	37 823.91
1999	200 898.70	34 489.26
2000	231 961.81	35 696.73
2001	255 058.00	35 242.91
2002	256 023.45	33 998.53
2003	261 938.53	37 601.55
2004	284 293.22	45 186.43
2005	291 117.89	50 104.69
2006	304 329.27	57 445.72
2007	295 420.40	63 822.43
2008	303 879.32	71 591.81
2009	308 920.79	73 981.41
2010	308 848.49	82 523.39
2011	329 518.53	101 756.83
2012	323 262.85	112 100.35
2013	335 387.07	134 117.91
2014	312 832.19	137 864.72
2015	324 956.08	138 159.14

数据来源：海关总署。

2-2 全国茶叶出口货源地

(2012—2015)

单位：吨、万美元

地 区	2012		2013		2014		2015	
	出口数量	出口金额	出口数量	出口金额	出口数量	出口金额	出口数量	出口金额
全国合计	323 262.85	112 100.35	335 387.07	134 117.91	312 832.19	137 864.72	324 956.08	138 159.14
浙 江	184 517.53	52 607.60	191 396.45	61 845.67	161 374.42	53 977.79	170 593.78	53 662.69
安 徽	38 503.64	12 835.23	44 853.10	16 407.81	51 872.66	21 471.67	60 969.11	24 257.51
福 建	20 230.15	12 787.17	20 272.21	14 937.39	20 193.69	17 006.10	17 075.84	16 007.43
湖 北	3 863.90	2 351.54	6 961.59	7 005.40	8 481.92	8 360.69	11 858.18	8 710.91

（续）

地　区	2012		2013		2014		2015	
	出口数量	出口金额	出口数量	出口金额	出口数量	出口金额	出口数量	出口金额
湖　南	27 645.50	8 165.25	24 880.41	7 660.35	26 292.50	7 856.27	27 730.31	7 805.50
广　东	10 794.15	5 931.95	10 712.88	7 438.38	8 876.10	6 198.69	5 420.45	3 412.42
云　南	7 186.93	3 787.14	7 313.45	4 766.01	6 684.00	6 176.51	7 637.72	5 051.27
上　海	9 435.13	5 962.68	6 074.45	5 557.94	5 992.56	6 007.57	5 309.90	7 660.38
江　西	9 090.07	3 414.90	10 592.22	4 281.32	11 605.10	5 678.35	9 746.13	5 943.54
贵　州	36.30	146.89	59.85	234.08	175.00	1 307.01	433.52	2 606.85
河　南	2 421.73	828.19	3 067.26	1 036.67	4 420.26	1 269.95	3 901.35	1 101.87
江　苏	1 836.65	1 311.74	1 409.25	911.55	1 284.80	827.24	28.01	25.55
广　西	1 657.89	688.82	1 589.48	744.30	1 354.35	596.26	1 342.87	637.29
四　川	255.39	336.92	360.40	457.21	429.06	522.28	427.58	480.87
重　庆	4 599.50	430.34	5 385.35	498.85	3 174.14	283.02	1 819.81	176.83
山　东	829.78	259.34	237.61	85.42	524.01	204.51	462.49	200.36
黑龙江	113.99	79.19	123.39	87.75	72.44	50.90	63.83	42.69
天　津	110.47	126.47	3.74	110.15	4.77	46.23	4.16	14.42
北　京	56.93	41.75	62.31	46.17	16.56	18.12		
吉　林	0.24	0.64			2.64	3.09		
新　疆	0.10	0.25	30.11	3.75	0.31	1.01		
辽　宁			0.09	0.51	0.13	0.39		
内　蒙	51.00	1.79			0.23	0.39		
河　北	0.13	0.24	1.30	1.11	0.27	0.39		
陕　西	0.78	0.56	0.10	0.09	0.26	0.21	36.78	63.05
山　西					0.02	0.09		
海　南	24.97	3.77	0.10	0.03				

数据来源：海关总署。

2-3　全国茶叶出口目的地国家或地区

（2012—2014）

单位：吨、万美元

国家或地区	2012		2013		2014	
	出口数量	出口金额	出口数量	出口金额	出口数量	出口金额
合　计	323 262.85	1 121 003 453	335 387.07	1 341 179 113	312 832.19	1 378 647 189
摩洛哥	55 763.01	182 566 642	61 190.98	211 570 552	58 996.24	211 522 630
中国香港	13 271.54	74 692 951	12 271.60	104 388 857	13 400.27	138 160 603
美　国	25 829.96	99 985 215	23 285.29	106 302 759	16 476.89	95 135 596
多　哥	12 233.81	44 553 532	12 188.82	50 286 597	16 892.53	75 434 307

（续）

国家或地区	2012		2013		2014	
	出口数量	出口金额	出口数量	出口金额	出口数量	出口金额
日本	18 124.11	70 649 380	18 217.76	77 367 496	15 314.53	72 704 845
毛里塔尼亚	12 512.65	48 921 593	18 189.52	73 845 049	14 096.60	61 791 989
塞内加尔	7 767.43	31 112 380	10 218.98	44 664 864	13 332.03	59 766 269
阿尔及利亚	14 393.69	46 811 334	13 356.22	48 768 650	15 010.21	56 190 108
德国	9 440.51	35 571 999	10 704.73	48 082 751	13 171.32	54 272 978
俄罗斯	15 317.69	51 473 551	13 539.10	52 646 199	13 940.29	49 025 626
乌兹别克斯坦	25 856.34	51 140 762	23 415.13	52 838 185	16 388.18	38 013 522
越南	151.46	5 409 425	900.29	26 828 026	1 668.03	36 717 221
马来西亚	1 838.44	11 635 170	2 225.84	20 095 629	2 434.13	32 897 071
马里	6 464.58	24 290 023	7 571.50	31 167 045	5 277.97	24 416 100
澳大利亚	1 680.96	15 661 047	1 428.82	16 773 909	1 801.74	21 295 792
缅甸	2 850.45	12 339 980	2 526.17	12 784 460	2 501.42	21 060 765
法国	3 774.68	19 076 180	3 895.43	20 379 918	3 182.36	19 180 799
加纳	5 959.56	18 231 464	6 033.34	22 734 341	4 267.57	18 401 932
冈比亚	4 630.71	17 799 303	7 149.62	27 194 076	4 438.96	17 974 700
泰国	2 368.34	10 583 560	2 637.88	15 944 738	2 096.66	15 303 369
尼日尔	3 803.76	13 243 193	3 812.27	15 115 463	3 495.96	14 468 192
巴基斯坦	4 878.06	6 922 734	6 363.99	9 888 102	6 352.55	14 443 078
伊朗	6 965.21	15 247 934	4 508.66	13 729 018	2 995.61	13 633 010
加拿大	1 281.94	7 822 966	1 408.62	10 824 882	1 236.76	12 746 625
印度尼西亚	1 501.50	8 456 381	1 476.19	10 156 939	1 550.50	11 402 875
比利时	1 920.86	7 140 024	3 269.92	13 861 167	2 313.78	11 133 855
利比亚	5 002.58	12 340 595	4 454.85	11 766 306	3 274.51	10 980 628
阿富汗	974.85	2 463 056	2 079.65	5 501 478	4 130.98	10 032 326
贝宁	3 623.69	8 292 388	5 329.27	12 586 569	5 062.94	9 515 190
新加坡	2 067.17	9 726 349	2 405.67	12 696 691	1 718.06	9 297 121
英国	1 927.63	6 334 676	2 096.59	7 978 706	2 401.46	9 081 025
几内亚	4 464.34	13 895 168	2 696.87	7 751 862	3 005.97	8 561 037
乌克兰	2 735.78	8 483 666	3 224.63	10 853 787	2 368.83	7 914 950
沙特阿拉伯	1 058.54	4 084 470	981.79	4 409 956	1 427.01	7 247 630
科特迪瓦	1 593.09	6 182 965	2 230.72	8 305 850	1 826.29	7 187 747
喀麦隆	7 754.79	11 433 254	8 695.74	12 193 547	7 099.71	7 007 881
斯里兰卡	3 087.48	8 127 930	2 561.41	6 747 473	2 365.63	6 281 019

（续）

国家或地区	2012		2013		2014	
	出口数量	出口金额	出口数量	出口金额	出口数量	出口金额
波兰	1 834.43	12 622 252	1 440.62	8 833 927	1 437.68	5 962 305
中国台湾	772.38	10 107 598	1 123.37	17 581 169	404.39	5 738 017
土库曼斯坦	2 938.01	5 222 722	2 262.20	4 881 586	2 690.61	5 679 733
阿联酋	753.62	2 732 095	1 240.19	4 652 116	1 073.41	5 123 441
突尼斯	3 278.40	5 082 742	2 481.90	4 448 429	2 830.22	4 756 823
哥伦比亚	466.54	3 426 278	620.30	3 990 371	789.28	4 745 098
西班牙	1 111.01	2 605 525	1 764.88	4 764 648	1 566.02	4 609 131
爱尔兰	531.67	4 154 382	301.59	2 446 135	554.54	4 459 174
荷兰	1 826.71	6 569 470	1 625.19	6 391 323	973.53	3 918 671
塔吉克斯坦	2 128.13	4 008 756	1 818.99	4 140 130	1 990.30	3 502 446
智利	230.56	1 434 847	215.18	1 465 704	402.31	3 017 862
埃及	1 405.29	2 857 351	1 504.27	3 093 862	1 170.37	2 838 366
印度	586.19	1 424 852	532.60	1 676 658	669.12	2 161 540
韩国	283.26	2 421 380	298.45	3 271 744	152.14	2 089 075
中国澳门	435.09	3 051 731	479.44	1 685 757	489.57	2 024 317
墨西哥	232.72	1 669 821	416.39	2 884 316	230.23	1 912 545
哈萨克斯坦	1 224.06	3 325 597	631.45	1 566 536	699.46	1 842 456
蒙古	1 640.31	2 025 905	1 698.56	2 253 897	1 119.65	1 666 429
乍得	250.40	448 108	1 139.33	2 084 928	865.30	1 587 740
吉尔吉斯斯坦	985.31	1 877 934	747.80	1 462 585	748.90	1 453 871
南非	134.17	1 487 547	159.78	1 201 111	184.75	1 317 348
新西兰	251.32	1 120 261	258.46	1 170 415	273.65	1 255 649
布基纳法索	592.50	1 676 249	328.00	1 207 857	320.90	1 190 563
巴西	216.70	928 478	207.77	700 520	173.79	1 176 630
菲律宾	124.42	1 187 795	124.91	1 495 261	191.35	1 163 218
叙利亚	254.09	588 425	54.81	103 243	217.75	950 837
加蓬	190.59	829 449	164.32	863 499	164.99	859 484
土耳其	415.42	904 763	210.97	370 029	316.73	802 704
刚果	84	399 444	120.22	518 865	97.38	535 803
芬兰	244.76	1 150 012	198.91	653 280	122.05	532 406
阿根廷	157.02	395 366	153.36	352 717	183.45	503 807
以色列	205.22	495 764	166.29	544 839	195.21	496 372
肯尼亚	36.01	257 573	176.61	456 678	133.32	494 323

（续）

国家或地区	2012		2013		2014	
	出口数量	出口金额	出口数量	出口金额	出口数量	出口金额
巴拿马	106.13	496 599	31.29	469 000	67.09	460 076
塞拉利昂	117.40	204 762	188.80	326 270	258	450 989
安哥拉	62.65	311 442	123.45	618 905	66.21	378 085
立陶宛	78.41	286 087	93.12	362 402	99.58	360 553
意大利	114.80	699 395	56.52	466 225	79.44	359 517
尼日利亚	195.36	472 935	125.74	413 130	104.25	353 737
几内亚比绍	88.30	308 545	138.70	521 090	82	343 980
秘鲁	22.12	184 299	23.30	183 421	39.36	337 253
利比里亚	443.62	687 790	414.72	860 579	231.20	296 700
约旦	15.39	70 062	52.23	110 867	89.37	269 593
哥斯达黎加	24.52	261 384	20.53	172 815	25	257 455
也门	221.14	285 795	2.00	7 390	74.33	236 619
罗马尼亚	60.05	168 343	16.44	85 347	59.88	231 853
瑞士	78.91	532 115	5.93	170 478	7.72	228 239
希腊	36.30	133 994	29.85	154 638	53.95	225 085
黎巴嫩	27.12	109 159	41.42	91 142	36.16	198 604
白俄罗斯	162.45	711 377	62.22	458 438	32.43	165 521
瑞典	84.72	408 117	57.94	272 074	33.27	162 805
丹麦	136.07	501 941	137.43	558 243	31.05	137 061
塞尔维亚	17.30	39 219	47.79	79 287	57.10	94 236

数据来源：海关总署。

2-4 全国绿茶出口

（1995—2015）

单位：吨、万美元

年份	出口数量	出口金额
1995	66 882.05	11 052.02
1996	55 866.11	8 962.28
1997	78 773.93	12 441.73
1998	111 684.75	18 065.17
1999	121 631.95	18 942.95
2000	155 325.26	21 786.77
2001	163 163.00	19 952.55
2002	170 355.99	20 292.50
2003	181 728.58	24 112.26
2004	196 205.73	29 438.73

（续）

年份	出口数量	出口金额
2005	206 170.37	33 078.68
2006	218 737.34	39 020.24
2007	223 665.05	43 139.90
2008	223 327.07	48 692.50
2009	229 316.04	52 453.18
2010	234 272.29	56 678.71
2011	257 441.96	70 638.43
2012	248 653.74	75 566.60
2013	264 490.87	93 249.31
2014	249 176.77	95 260.12
2015	272 145.62	100 535.23

数据来源：海关总署。

2-5　全国绿茶出口货源地

（2012—2015）

单位：吨、万美元

地　区	2012		2013		2014		2015	
	出口数量	出口金额	出口数量	出口金额	出口数量	出口金额	出口数量	出口金额
全国合计	248 653.74	75 566.60	264 490.87	93 249.31	249 176.77	95 260.12	272 145.62	100 535.23
浙　江	172 560.02	48 570.24	179 916.15	56 891.35	151 585.89	49 364.98	161 882.95	50 895.88
安　徽	35 809.98	11 973.60	42 913.20	15 628.26	49 877.33	20 571.89	58 978.03	23 310.08
湖　北	2 352.01	1 314.65	5 421.70	5 823.87	7 151.27	7 456.99	9 398.38	6 545.74
湖　南	20 050.41	5 655.10	18 506.12	5 539.28	21 087.75	5 925.63	22 149.49	5 772.15
江　西	7 721.17	2 682.95	8 839.47	3 475.19	9 471.10	4 159.35	7 825.48	3 403.62
福　建	1 245.93	1 207.96	1 496.74	2 134.83	1 932.15	3 732.21	3 210.34	5 244.48
上　海	3 310.37	1 951.84	1 142.35	1 198.57	968.68	1 232.67	1 294.97	2 057.43
河　南	2 421.51	827.44	3 048.84	1 012.45	4 374.77	1 205.13	3 897.21	1 081.07
云　南	1 454.59	529.27	1 651.34	619.28	1 400.43	610.84	2 348.62	956.29
广　东	679.19	343.58	656.89	418.07	654.64	471.11	504.38	443.31
四　川	55.87	55.66	157.76	118.20	215.19	151.20	284.70	179.32
贵　州	6.00	1.98	12.03	23.67	39.15	114.13	133.78	424.73
广　西	209.59	118.13	142.79	146.99	105.52	102.63	103.61	113.37
江　苏	561.93	217.75	424.27	110.26	183.29	52.14	23.20	23.06
黑龙江	113.99	79.19	123.39	87.75	72.42	50.69	59.83	41.97
山　东	23.91	9.55	1.43	3.28	49.75	39.38	19.35	12.17
天　津	46.16	19.33	0.73	8.57	1.37	13.20	3.71	13.40
北　京	5.58	4.08	4.27	4.73	4.61	4.17	2.86	2.01
吉　林					1.20	1.57		

（续）

地　区	2012		2013		2014		2015	
	出口数量	出口金额	出口数量	出口金额	出口数量	出口金额	出口数量	出口金额
陕　西	0.78	0.56	0.10	0.09	0.26	0.21		
辽　宁								
海　南	24.75	3.71						
新　疆			30.02	3.51				
重　庆	0.01	0.03						
河　北			1.30	1.11				
山　西							0.02	1.79

数据来源：海关总署。

2-6　全国绿茶出口目的地国家或地区

（2012—2014）

单位：吨、万美元

国家或地区	2012		2013		2014	
	出口数量	出口金额	出口数量	出口金额	出口数量	出口金额
合　　计	248 653.74	75 566.60	264 490.87	93 249.31	249 176.77	95 260.12
摩洛哥	54 978.72	18 001.68	60 536.42	20 945.41	58 535.86	20 997.87
多　哥	12 178.13	4 439.76	12 188.82	5 028.66	16 883.56	7 542.67
毛里塔尼亚	12 512.65	4 892.16	18 189.52	7 384.50	14 096.60	6 179.20
塞内加尔	7 702.01	3 071.37	10 155.53	4 425.39	13 188.61	5 875.29
阿尔及利亚	14 373.82	4 675.97	13 350.22	4 875.65	14 996.61	5 616.62
中国香港	889.24	537.32	2 155.74	2 741.35	3 016.70	4 252.92
乌兹别克斯坦	25 772.06	5 089.31	23 336.12	5 255.76	16 328.50	3 783.71
俄罗斯	11 066.77	3 204.80	10 061.94	3 775.15	11 026.27	3 569.16
德　国	6 355.94	2 087.34	6 850.52	2 573.79	8 758.55	3 325.81
美　国	11 550.78	3 055.77	11 440.51	3 694.02	6 148.33	3 112.02
马　里	6 464.58	2 429.00	7 571.50	3 116.70	5 277.75	2 441.39
加　纳	5 735.11	1 756.05	5 774.94	2 182.90	4 248.41	1 833.30
冈比亚	4 630.71	1 779.93	7 149.62	2 719.41	4 438.96	1 797.47
法　国	3 261.54	1 575.85	3 345.76	1 687.17	2 672.72	1 526.50
尼日尔	3 803.65	1 323.56	3 812.26	1 511.17	3 495.84	1 446.79
伊　朗	6 891.69	1 493.20	4 479.12	1 347.49	2 991.83	1 358.99
巴基斯坦	1 702.95	403.20	2 306.42	616.83	4 241.95	1 151.95
利比亚	4 984.70	1 223.45	4 452.33	1 174.92	3 260.15	1 088.62
比利时	1 815.05	657.47	3 173.96	1 310.16	2 265.82	1 019.40
阿富汗	974.85	246.31	2 079.65	550.15	4 130.98	1 003.23
贝　宁	3 442.85	766.93	5 288.06	1 231.22	5 062.94	951.52
几内亚	4 464.34	1 389.52	2 696.87	775.19	3 004.83	855.89

（续）

国家或地区	2012		2013		2014	
	出口数量	出口金额	出口数量	出口金额	出口数量	出口金额
科特迪瓦	1 593.09	618.30	2 228.28	829.85	1 826.29	718.77
喀麦隆	7 754.79	1 143.33	8 695.74	1 219.35	7 099.70	700.76
乌克兰	2 470.52	727.44	2 994.58	968.53	2 206.79	695.80
沙特阿拉伯	1 004.25	366.96	949.30	404.56	1 182.27	581.42
英国	1 335.60	378.83	1 423.03	489.02	1 611.08	559.83
土库曼斯坦	2 910.51	513.94	2 244.80	483.96	2 651.81	558.26
斯里兰卡	2 799.26	690.06	2 235.98	542.10	2 098.36	504.60
日本	2 986.08	689.33	2 488.15	596.10	1 922.74	477.38
突尼斯	3 031.39	464.39	2 370.39	415.85	2 820.36	457.58
泰国	1 395.38	431.36	1 442.45	572.27	983.39	449.35
阿联酋	698.28	241.31	1 131.80	389.33	934.27	420.57
西班牙	980.44	227.01	1 572.03	418.41	1 403.48	414.28
塔吉克斯坦	2 103.16	368.41	1 809.39	379.93	1 990.30	350.24
波兰	1 033.38	779.91	678.31	428.18	829.26	272.81
埃及	1 385.06	275.10	1 373.67	262.06	1 141.36	254.24

数据来源：海关总署。

2-7 全国红茶出口

（1995—2015）

单位：吨、万美元

年份	出口数量	出口金额
1995	68 004.23	8 933.42
1996	80 978.26	11 257.44
1997	87 144.71	12 314.89
1998	69 591.37	10 263.33
1999	33 594.01	4 657.81
2000	29 449.01	3 608.62
2001	40 926.85	4 127.53
2002	40 828.44	3 880.74
2003	37 771.54	3 631.24
2004	39 370.56	4 117.98
2005	35 847.17	3 994.41
2006	31 538.45	4 245.08
2007	30 266.55	4 319.54

（续）

年份	出口数量	出口金额
2008	40 277.00	6 234.40
2009	40 105.55	6 437.58
2010	36 590.07	7 984.60
2011	35 576.62	10 872.38
2012	35 847.22	11 883.29
2013	32 876.56	12 836.52
2014	27 752.98	14 500.76
2015	28 115.46	20 634.22

数据来源：海关总署。

2-8　全国红茶出口货源地

（2013—2015）

单位：吨、万美元

地　区	2012		2013		2014		2015	
	出口数量	出口金额	出口数量	出口金额	出口数量	出口金额	出口数量	出口金额
全国合计	35 847.22	11 883.29	32 876.56	12 836.52	27 752.98	14 500.76	28 115.46	20 634.22
上　海	4 225.60	3 476.88	3 780.86	3 947.08	3 457.18	4 373.55	3 707.70	5 241.98
云　南	4 436.29	1 371.48	4 325.07	1 427.24	3 938.34	1 480.67	4 005.28	1 764.16
广　东	3 578.07	1 558.46	2 422.01	1 433.73	1 951.37	1 378.89	1 629.93	1 232.59
江　西	556.06	354.65	950.08	418.15	1 581.10	1 170.99	1 429.36	1 803.94
福　建	278.02	377.72	517.21	782.62	739.81	1 125.79	821.21	3 016.62
湖　南	5 962.73	1 487.41	4 846.13	1 317.76	3 645.56	1 100.34	3 755.80	1 122.28
贵　州			19.42	115.46	111.70	928.00	244.67	1 647.28
浙　江	7 012.58	1 142.12	6 498.19	1 215.69	5 093.59	919.66	5 413.59	1 124.14
安　徽	2 426.60	657.72	1 612.85	635.22	1 738.42	689.55	1 913.34	872.43
湖　北	1 067.12	502.29	1 000.46	559.47	1 008.08	537.55	2 011.49	1 725.83
广　西	1 139.74	333.08	1 127.13	336.22	953.71	292.53	952.19	324.90
重　庆	4 599.49	430.31	5 385.35	498.85	3 174.14	283.02	1 819.81	176.83
四　川	66.17	48.14	46.34	57.62	58.62	78.04	25.02	69.36
山　东	342.78	124.52	156.45	44.37	186.77	60.03	274.41	146.00
河　南			5.74	9.70	32.85	59.13	4.14	20.80
江　苏	104.12	16.24	182.70	36.77	81.09	21.85	4.76	1.82
新　疆	0.10	0.25	0.09	0.24	0.31	1.01	0.15	0.40
北　京	0.65	0.23	0.41	0.31	0.35	0.15	0.28	0.16
内蒙古	51.00	1.79						
海　南	0.10	0.03	0.10	0.03				
陕　西							12.05	48.06
天　津							0.45	1.02

数据来源：海关总署。

2-9 全国红茶出口目的地国家或地区

（2012—2014）

单位：吨、万美元

国家或地区	2012		2013		2014	
	出口数量	出口金额	出口数量	出口金额	出口数量	出口金额
合计	35 847.22	11 883.29	32 876.56	12 836.52	27 752.98	14 500.76
美国	11 289.62	3 120.25	9 502.29	3 425.04	8 021.57	3 367.36
中国香港	3 899.72	1 759.75	3 267.91	2 087.99	3 356.97	2 997.55
澳大利亚	1 201.90	1 154.18	1 051.68	1 174.94	1 323.06	1 513.70
缅甸	2 566.75	763.26	2 148.19	721.57	1 910.70	1 149.34
德国	2 258.37	788.20	2 461.79	903.14	3 040.79	1 019.00
俄罗斯	2 821.48	1 087.16	2 243.35	808.93	1 932.94	788.75
泰国	442.33	141.58	732.07	477.85	660.17	545.39
加拿大	482.61	331.62	298.11	405.72	291.28	462.96
日本	643.29	336.50	764.00	420.98	641.51	443.09
马来西亚	472.07	136.16	505.92	179.37	291.40	295.71
新加坡	485.45	158.93	553.19	180.85	459.74	207.17
英国	465.01	176.84	511.88	181.67	591.44	203.74
波兰	504.07	320.77	517.58	324.12	425.78	196.46
越南	35.41	93.91	15.00	82.38	46.05	185.32
巴基斯坦	3 165.72	285.36	4 046.80	368.20	2 070.17	170.60
法国	275.70	91.63	331.73	115.88	313.88	126.28
蒙古	1 563.69	159.07	1 671.09	190.44	1 050.45	126.08
新西兰	202.99	89.96	200.06	93.87	212.40	100.93
智利	43.79	35.71	22.00	16.26	69.25	98.81
乌克兰	131.98	47.29	147.06	61.54	114.66	57.07
中国澳门	184.90	58.35	130.72	43.46	126.91	42.90
荷兰	951.35	276.43	842.11	272.01	63.00	39.00
沙特阿拉伯	18.50	5.18	1.18	1.26	10.01	26.85
哈萨克斯坦	333.23	84.41	77.50	13.11	67.01	17.59
芬兰	90.43	30.50	51.30	17.35	48.58	15.95
韩国	16.20	0.49	31.92	8.39	55.78	13.81
巴拿马	90.48	15.09	17.35	13.95	49.69	12.84
突尼斯	233.63	38.81	110.02	26.31	7.88	11.73
丹麦	120.68	43.22	122.04	50.07	19.14	8.26
墨西哥	12.72	4.86	14.21	5.13	14.70	8.21
印度尼西亚	225.46	37.34	90.19	9.82	72.14	7.94

（续）

国家或地区	2012		2013		2014	
	出口数量	出口金额	出口数量	出口金额	出口数量	出口金额
阿根廷	20.40	10.26	30.00	10.66	10.50	7.01
瑞典	28.01	9.09	31.03	13.74	20.32	6.90
乌兹别克斯坦	40.00	6.05	0.02	0.02	44.34	6.86
土库曼斯坦			17.40	4.19	28.00	6.03
摩洛哥	13.23	13.60	2.96	2.69	10.09	5.52
菲律宾	18.17	15.46			13.24	5.00
比利时	45.72	19.32	3.84	10.89	3.14	4.33
印度	54.22	6.71	55.21	7.33	2.93	4.21
萨摩亚	15.60	2.46	15.60	2.46	18.40	2.91
厄瓜多尔	11.00	2.00	11.00	2.10	7.31	2.56
阿尔及利亚	19.86	5.15	6.00	1.22	13.60	2.39
希腊	11.04	2.80	1.69	0.78	2.46	0.59

数据来源：海关总署。

2-10 全国乌龙茶出口

（1995—2015）

单位：吨、万美元

年份	出口数量	出口金额
1995	18 724.18	4 740.14
1996	17 919.24	4 781.89
1997	18 156.31	4 707.60
1998	17 134.24	4 277.45
1999	20 130.40	4 744.13
2000	21 157.64	4 855.91
2001	21 671.10	5 041.12
2002	21 200.43	4 843.31
2003	18 971.83	4 338.42
2004	19 459.20	4 499.26
2005	18 814.03	4 516.37
2006	21 026.94	5 188.01
2007	21 683.66	5 609.84
2008	22 274.80	6 185.44

（续）

年份	出口数量	出口金额
2009	24 132.57	6 686.49
2010	19 730.63	7 139.70
2011	17 946.78	7 412.25
2012	17 372.04	7 985.45
2013	17 037.80	8 748.79
2014	15 386.96	8 907.80
2015	15 365.48	8 748.65

数据来源：海关总署。

2-11　全国乌龙茶出口货源地

（2012—2014）

单位：吨、万美元

地　区	2012		2013		2014	
	出口数量	出口金额	出口数量	出口金额	出口数量	出口金额
全国合计	17 372.04	7 985.45	17 037.80	8 748.79	15 386.96	8 907.80
福　建	12 647.22	5 675.04	12 468.49	5 923.13	11 875.06	6 460.90
广　东	1 809.02	783.04	2 411.32	1 471.67	1 735.97	1 126.20
浙　江	1 515.39	435.08	1 159.01	476.16	929.63	363.41
贵　州	30.30	144.91	10.75	87.07	24.15	264.87
湖　南	398.48	377.60	368.33	295.41	324.01	241.07
湖　北	142.79	225.55	182.58	255.35	106.42	116.93
安　徽	32.59	24.88	161.34	59.84	86.53	103.21
江　西	26.48	14.62	69.05	49.79	45.54	93.93
上　海	64.85	61.26	136.26	89.63	74.32	66.74
山　东	367.06	71.95	30.60	7.28	158.64	39.26
广　西	56.41	60.49	36.44	27.40	23.90	23.21
北　京			0.11	1.55	0.76	5.85
云　南	0.94	2.68			1.82	1.82
内蒙古					0.23	0.39
天　津			0.03	0.38		
江　苏	280.50	108.34	3.50	4.14		
海　南	0.02					

数据来源：海关总署。

2-12 全国乌龙茶出口目的地国家或地区

(2012—2014)

单位：吨、万美元

国家或地区	2012		2013		2014	
	出口数量	出口金额	出口数量	出口金额	出口数量	出口金额
合　　计	17 372.04	7 985.45	17 037.80	8 748.79	15 386.96	8 907.80
日　　本	11 376.91	3 483.32	12 109.34	4 386.81	10 200.93	4 000.79
中国香港	3 665.34	1 932.32	2 671.51	1 778.21	2 324.89	1 550.14
越　　南	15.00	97.50	193.29	30.89	707.31	304.26
美　　国	482.34	949.90	388.87	691.65	423.96	943.44
马来西亚	263.61	184.79	320.86	639.72	332.56	843.15
印　　度	208.66	43.81	174.40	58.52	256.00	80.71
俄 罗 斯	376.38	359.85	344.27	295.90	253.97	201.17
新 加 坡	246.64	185.36	215.26	172.24	232.94	111.14
斯里兰卡	87.05	45.17	92.19	49.38	114.67	59.66
德　　国	151.13	111.18	151.98	159.06	112.80	94.63
泰　　国	146.53	71.29	92.88	66.29	87.30	32.21
加 拿 大	52.38	53.83	36.01	44.57	63.60	57.66
中国澳门	33.87	15.62	43.06	21.73	41.94	21.36
墨 西 哥	39.01	22.71	23.41	15.14	33.31	25.28
巴基斯坦					31.70	118.33
澳大利亚	41.86	46.66	31.77	47.36	25.81	33.70
缅　　甸	10.30	139.05	9.00	85.50	23.57	274.42
印度尼西亚	20.97	18.80	15.09	18.08	16.20	17.09
英　　国	1.54	1.62	7.35	7.82	14.75	22.43
菲 律 宾	9.20	24.72	14.85	38.16	12.68	13.08
智　　利	4.48	2.90	9.23	9.75	11.46	9.88
法　　国	12.11	14.88	5.01	8.22	9.85	17.96
南　　非	19.07	80.80	12.54	19.60	7.80	20.43
韩　　国	49.08	14.08	7.71	4.89	6.57	8.28
塔吉克斯坦	24.98	32.47	9.60	34.08		
阿塞拜疆			5.75	2.85		
伊 拉 克			0.11	1.55		
摩 洛 哥	0.43	0.40	1.11	1.39		
巴 拿 马			0.51	0.73		
沙特阿拉伯	9.65	10.37				

数据来源：海关总署。

2-13 全国花茶出口

（1995—2015）

单位：吨、万美元

年份	出口数量	出口金额
1995	12 961.97	2 749.22
1996	14 905.99	3 248.43
1997	15 285.45	3 197.08
1998	15 645.35	3 712.00
1999	18 664.67	4 098.25
2000	17 414.20	3 587.88
2001	18 338.76	3 978.66
2002	14 697.27	3 182.41
2003	16 279.29	3 549.66
2004	19 850.29	4 488.91
2005	19 383.68	4 775.31
2006	8 133.35	2 946.80
2007	7 690.15	3 335.72
2008	6 719.98	3 439.37
2009	5 910.61	2 960.84
2010	7 355.66	3 988.07
2011	7 340.84	4 631.89
2012	7 322.78	5 155.21
2013	6 856.31	5 517.95
2014	5 782.12	4 714.51
2015	6 064.06	5 117.99

数据来源：海关总署。

2-14 全国花茶出口货源地

（2012—2014）

单位：吨、万美元

地区	2012		2013		2014	
	出口数量	出口金额	出口数量	出口金额	出口数量	出口金额
全国合计	7 322.78	5 155.21	6 856.31	5 517.95	5 782.12	4 714.51
福　　建	2 339.13	2 127.81	2 053.36	2 460.19	1 667.44	1 860.07
浙　　江	1 993.49	1 118.17	1 734.88	984.20	1 568.12	989.03
湖　　南	856.20	418.54	893.03	373.58	895.66	420.09
广　　东	636.20	376.86	630.18	376.36	446.07	334.36
四　　川	126.72	221.06	154.35	277.97	155.25	293.04

（续）

地区	2012		2013		2014	
	出口数量	出口金额	出口数量	出口金额	出口数量	出口金额
江　西	743.87	328.15	721.01	321.49	457.91	236.67
上　海	177.06	210.49	123.15	198.67	108.12	194.28
广　西	216.72	138.09	268.46	215.52	250.77	159.83
湖　北	103.07	143.72	162.37	219.88	119.29	142.26
安　徽	111.75	63.04	84.52	62.37	98.47	75.10
河　南			11.30	7.07	12.64	5.69
云　南	0.41	0.59	6.32	12.39	0.90	2.92
北　京	0.97	0.58	1.27	0.97	0.97	0.52
山　东	1.01	0.99	0.04	0.30	0.50	0.43
黑龙江					0.03	0.20
山　西						0.03
天　津			0.02	0.12		
江　苏	16.06	6.96	8.35	3.30		
海　南	0.10	0.02				
河　北	0.03	0.13				
贵　州			3.71	3.57		

数据来源：海关总署。

2-15　全国花茶出口目的地国家或地区

（2012—2014）

单位：吨、万美元

国家或地区	2012		2013		2014	
	出口数量	出口金额	出口数量	出口金额	出口数量	出口金额
合　计	7 322.78	5 155.21	6 856.31	5 517.95	5 782.12	4 714.51
日　本	1 619.62	988.55	1 541.97	1 026.30	1 368.26	972.24
美　国	906.86	1 363.89	700.13	1 179.96	669.00	858.23
德　国	214.97	218.10	394.94	469.41	346.29	298.71
马来西亚	130.92	68.83	155.81	127.51	218.60	288.17
俄罗斯	903.78	352.43	777.47	294.72	642.99	261.26
摩洛哥	770.63	240.99	650.49	207.56	450.30	148.88
澳大利亚	112.25	112.33	121.70	195.20	98.04	125.39
新加坡	261.86	128.84	259.90	145.08	176.19	117.92
塞内加尔	65.42	39.87	63.45	41.09	143.42	101.34

（续）

国家或地区	2012		2013		2014	
	出口数量	出口金额	出口数量	出口金额	出口数量	出口金额
法国	107.45	83.89	114.43	105.11	117.41	98.56
加拿大	124.05	89.46	103.10	92.19	90.36	94.94
英国	81.42	60.77	99.25	70.15	131.15	91.60
墨西哥	46.38	54.14	53.89	72.94	58.84	66.23
斯里兰卡	153.96	49.93	174.90	56.88	140.61	57.53
南非	27.12	24.14	21.48	20.49	32.19	50.82
阿联酋	53.81	30.54	97.73	53.56	85.89	46.68
荷兰	51.58	46.57	77.80	64.87	52.68	43.98
波兰	56.30	68.32	26.78	33.53	11.83	41.83
乌克兰	128.18	70.46	54.17	40.90	43.10	36.60
比利时	58.24	34.52	72.09	43.51	20.12	15.44
沙特阿拉伯	5.89	5.53	6.02	6.24	11.52	15.40
中国澳门	37.68	18.77	21.59	13.70	21.07	13.72
韩国	26.98	23.60	34.62	23.48	13.97	12.71
秘鲁	4.63	3.97	7.72	7.12	10.69	11.00
乌兹别克斯坦	44.28	18.71	78.96	27.83	14.84	10.29
埃及	19.60	7.04	130.60	47.32	21.32	9.75
利比亚	17.88	10.61	2.52	1.71	13.63	8.94
印度尼西亚	58.48	19.53	9.51	5.88	15.69	7.11
泰国	33.96	21.63	25.46	16.36	12.08	6.22
土库曼斯坦	27.50	8.33			10.80	3.68
突尼斯	11.89	4.23	1.49	2.68	0.85	3.60
巴基斯坦	9.39	3.71	10.78	3.79	8.74	3.42
印度	8.57	4.17	12.02	5.54	6.67	3.24
伊朗	63.00	25.97	21.94	15.60	1.66	2.49
土耳其	8.27	8.88	6.00	2.39	3.40	2.34
以色列	15.04	8.00	11.75	7.42	2.40	2.18
白俄罗斯	122.92	42.54	14.64	7.13	1.73	1.21
阿塞拜疆			26.65	6.30	2.91	1.20
哈萨克斯坦	24.06	5.49	3.96	0.50	1.60	1.04
格鲁吉亚	11.17	3.41	18.00	5.23		

数据来源：海关总署。

2-16 全国普洱茶出口

(1997—2015)　　单位：吨、万美元

年份	出口数量	出口金额
1997	3 102.99	586.32
1998	3 381.15	709.63
1999	5 586.87	1 390.66
2000	4 315.50	874.96
2001	5 554.78	1 103.87
2002	5 190.31	990.40
2003	5 166.05	1 102.16
2004	5 307.07	1 139.59
2005	6 347.65	2 065.79
2006	7 158.09	3 291.33
2007	6 130.83	4 308.58
2008	4 341.23	3 677.19
2009	3 486.83	1 956.64
2010	4 576.43	2 620.74
2011	4 273.59	2 954.71
2012	4 287.95	3 622.56
2013	4 513.33	4 331.66
2014	3 385.25	3 914.69
2015	3 284.44	3 423.66

数据来源：海关总署。

2-17 全国普洱茶出口货源地

(2012—2014)　　单位：吨、万美元

地　区	2012		2013		2014	
	出口数量	出口金额	出口数量	出口金额	出口数量	出口金额
全国合计	4 287.95	3 622.56	4 513.33	4 331.66	3 385.25	3 914.69
云　南	1 251.66	801.46	1 222.97	1 065.93	1 218.21	1 827.38
广　东	1 979.92	2 218.60	2 384.80	2 774.49	1 432.19	1 677.20
湖　南	365.05	183.29	263.78	130.65	329.30	156.22
湖　北	163.26	146.48	151.68	129.96	71.33	77.90
浙　江	193.31	70.91	241.47	86.09	123.97	49.89
福　建	132.09	99.08	82.57	86.68	58.05	49.20

（续）

地　区	2012		2013		2014	
	出口数量	出口金额	出口数量	出口金额	出口数量	出口金额
上　海	126.16	43.08	61.95	14.76	35.93	25.36
广　西	33.55	32.88	14.67	18.17	20.44	18.05
江　西	35.99	22.67	5.75	3.96	46.08	13.20
安　徽	2.00	0.37	80.00	17.51	42.78	12.25
山　东					5.87	7.56
江　苏	4.22	2.97	1.40	0.56	1.11	0.49
北　京	0.76	0.76				
贵　州			1.34	1.41		
四　川			0.95	1.49		

数据来源：海关总署。

2-18　全国普洱茶出口目的地国家或地区

（2012—2014）

单位：吨、万美元

国家或地区	2012		2013		2014	
	出口数量	出口金额	出口数量	出口金额	出口数量	出口金额
合　计	4 287.95	3 622.56	4 513.33	4 331.66	3 385.25	3 914.69
马来西亚	505.57	593.05	535.57	579.00	585.81	716.26
中国台湾	629.54	865.24	1 009.95	1 629.20	255.26	400.80
日　本	694.00	270.29	648.09	267.68	416.57	170.36
韩　国	127.60	188.03	112.66	269.71	61.07	162.70
法　国	116.91	140.40	95.89	119.32	68.46	148.70
德　国	297.82	101.95	255.29	99.67	284.06	115.05
新加坡	186.79	85.86	191.58	98.69	131.49	81.70
波　兰	233.15	80.93	210.28	85.04	166.66	80.49
俄罗斯	129.64	130.55	98.88	89.01	77.09	76.85
中国澳门	11.13	11.39	79.18	43.71	105.44	76.36
泰　国	1.11	6.89	0.86	5.57	11.86	67.02
美　国	91.07	100.81	45.89	81.32	39.98	43.37
西班牙	123.29	25.84	160.54	34.82	115.57	31.18
智　利	53.55	29.21	38.99	22.94	43.82	27.21
澳大利亚	35.22	28.78	18.67	19.64	17.52	18.49
加拿大	10.26	11.54	17.01	18.76	15.47	17.08
荷　兰	12.98	7.97	19.06	8.38	12.11	6.89
阿根廷	30.00	6.70	20.00	4.30	30.00	6.39
越　南			36.46	10.20	14.75	4.10
斯里兰卡	38.80	21.94	10.62	5.66	3.85	1.33

数据来源：海关总署。

Ⅲ.全国茶叶进口

3-1 全国茶叶进口数量和金额

(1995—2014)　　单位：吨、万美元

年份	进口数量	进口金额
1995	2 317.01	191.97
1996	1 661.59	149.19
1997	957.72	135.17
1998	1 304.01	297.42
1999	1 984.06	413.98
2000	2 640.87	461.82
2001	1 849.17	359.29
2002	1 783.54	303.20
2003	2 965.69	477.48
2004	2 508.25	687.04
2005	3 090.23	920.61
2006	3 784.64	1 124.78
2007	5 984.26	1 878.17
2008	6 230.46	2 653.26
2009	4 713.75	2 442.77
2010	13 531.47	5 722.55
2011	14 871.97	6 648.12
2012	19 500.76	7 733.89
2013	20 729.90	8 267.75
2014	23 695.88	9 990.42

数据来源：海关总署。

3-2 全国茶叶进口来源地

(2012—2014)　　单位：吨、万美元

国家或地区	2012		2013		2014	
	进口数量	进口金额	进口数量	进口金额	进口数量	进口金额
合　　计	19 500.76	7 733.89	20 729.90	8 267.75	23 695.88	9 990.42
斯里兰卡	4 273.70	2 189.29	5 370.57	2 718.73	6 115.65	3 207.65

（续）

国家或地区	2012		2013		2014	
	进口数量	进口金额	进口数量	进口金额	进口数量	进口金额
印　　　度	4 950.19	1 965.70	3 498.62	1 517.02	4 449.78	1 836.27
中国台湾	1 114.01	1 100.06	1 426.96	1 433.87	1 479.76	1 334.39
印度尼西亚	1 900.12	352.87	2 552.26	435.54	4 328.76	780.34
越　　　南	4 077.83	518.78	5 189.85	584.38	4 004.48	449.22
波　　　兰	110.28	122.04	156.53	194.89	191.98	235.87
肯　尼　亚	1 285.82	449.72	796.38	244.34	857.26	229.44
新　加　坡	94.36	30.01	39.34	36.23	61.72	188.40
中国香港	71.52	66.22	88.62	89.67	141.81	159.03
马来西亚	268.50	154.55	417.42	213.12	310.20	158.81
美　　　国	116.82	205.63	58.24	160.30	45.73	129.48
阿　根　廷	363.87	53.27	269.04	64.99	584.34	109.35
德　　　国	111.18	98.07	125.11	92.72	100.53	98.73
老　　　挝	101.40	33.69	88.45	35.52	98.71	98.09
英　　　国	29.97	59.56	30.07	54.96	44.03	82.02
缅　　　甸	74.90	64.59	62.99	74.35	31.00	65.51
南　　　非	25.41	20.70	52.17	40.18	86.15	51.45
泰　　　国	89.82	12.18	60.74	9.44	185.07	32.21
日　　　本	13.48	24.08	4.92	21.88	9.44	31.73
马　拉　维	271.36	51.77	203.10	44.93	177.41	31.47
韩　　　国	23.23	13.48	34.28	19.65	34.08	20.03
阿　联　酋			16.07	19.95	19.65	19.04
毛里求斯			5.52	3.94	24.71	18.01
伊　　　朗	22.22	2.59	88.14	10.50	99.46	12.63
布　隆　迪					24.28	7.30
乌　干　达					11.40	3.40
塞内加尔	11.12	2.67	13.60	2.72		

数据来源：海关总署。

3-3　全国茶叶进口收货地

(2012—2014)

单位：吨、万美元

地　区	2012		2013		2014	
	进口数量	进口金额	进口数量	进口金额	进口数量	进口金额
全国合计	19 500.76	7 733.89	20 729.90	8 267.75	23 695.88	9 990.42
广　东	3 033.01	1 891.54	3 117.53	1 866.26	4 153.49	2 724.88
上　海	3 875.80	2 125.72	3 949.90	2 286.78	4 317.45	2 525.92
福　建	6 505.33	1 523.39	8 211.13	1 796.18	7 308.26	1 614.54
广　西	483.27	88.86	370.81	81.70	2 183.63	622.56
安　徽	1 229.35	451.05	1 463.06	615.31	1 457.93	593.35
江　苏	377.28	165.72	765.47	274.68	1 662.43	377.53
江　西	2 000.78	663.02	1 189.22	411.78	961.94	370.97
云　南	176.30	98.28	155.01	183.29	138.06	325.18
浙　江	750.54	171.65	772.76	213.60	926.42	249.49
北　京	177.70	140.27	186.23	153.27	221.00	245.66
山　东	279.12	135.04	94.46	71.77	161.37	119.32
天　津	467.55	196.09	241.65	200.99	37.44	93.80
新　疆	76.85	37.55	108.68	58.22	97.73	70.29
辽　宁	16.24	12.58	6.09	11.65	21.20	13.81
海　南	13.64	5.59	34.01	14.59	18.86	8.84
湖　南	2.10	1.65	19.77	9.04	7.26	8.21
四　川	2.37	8.99	1.36	0.59	4.50	8.14
河　南	12.45	4.38	14.74	3.87	1.13	7.92
内蒙古	15.46	6.90	18.85	8.25	11.47	5.13
重　庆	0.70	1.21	1.58	2.26	3.39	2.66
山　西					0.05	0.94
湖　北	0.73	0.37	6.27	1.86	0.55	0.68
吉　林	1.96	1.93	1.07	1.39	0.27	0.56
黑龙江	1.68	1.49	0.02	0.16		0.02
陕　西	0.29	0.37	0.12	0.11	0.03	0.01
河　北	0.05	0.10				
贵　州	0.23	0.17	0.10	0.16		

数据来源：海关总署。

Ⅳ. 世界茶业生产

4-1　世界茶叶产量十强国家生产情况

(2000—2015)

单位：万吨

国　家	2000	2010	2013	2014	2015
中　　国	70.37	146.75	193.95	209.6	227.8
印　　度	68.33	145.00	192.45	120.7	119.1
肯 尼 亚	82.60	99.12	120.88	44.5	39.9
斯里兰卡	23.63	39.90	43.24	33.8	32.9
越　　南	30.58	33.14	34.02	17.5	16.5
土 耳 其	6.99	19.85	21.43	23.0	25.8
伊　　朗	13.88	23.50	21.24		
印度尼西亚	4.99	16.57	16.00	13.2	12.9
阿 根 廷	16.26	15.03	14.81	8.2	8.3
日　　本	7.43	9.24	10.50	8.1	8.2

数据来源：FAO。

4-2　世界茶叶种植十强国家种植情况

(2000—2013)

单位：万公顷

国　家	2000	2010	2013
中　　国	89.80	144.06	176.35
印　　度	49.00	57.90	56.40
斯里兰卡	18.90	22.20	22.20
肯 尼 亚	12.04	17.19	19.86
印度尼西亚	12.12	12.46	12.24
越　　南	7.03	11.32	12.16
缅　　甸	6.69	7.87	7.99
土 耳 其	7.68	7.59	7.64
孟 加 拉	4.86	5.22	5.83
日　　本	5.04	4.68	4.54

数据来源：FAO。

4-3　世界各洲茶叶产量

(2011—2013)

单位：万吨

世界各洲	2011	2012	2013
全　球	477.12	503.50	534.55
亚　洲	403.36	430.46	452.57
非　洲	62.79	63.24	69.91

（续）

世界各洲	2011	2012	2013
美　洲	10.48	9.31	11.57
大洋洲	0.44	0.46	0.47
欧　洲	0.05	0.03	0.03

数据来源：FAO。

4-4　主要国家或地区茶叶产量

（2011—2013）

单位：万吨

国家或地区	2011	2012	2013
中　　国	164.03	180.47	193.95
印　　度	109.55	113.51	120.88
肯 尼 亚	37.79	36.94	43.24
斯里兰卡	32.75	33.00	34.02
越　　南	20.66	21.69	21.43
土 耳 其	22.16	22.50	21.24
伊　　朗	10.39	15.80	16.00
印度尼西亚	15.02	14.34	14.81
阿 根 廷	9.29	8.28	10.50
日　　本	8.21	8.59	8.48
泰　　国	7.33	7.40	7.50
孟 加 拉	6.05	6.00	6.40
马 拉 维	5.20	5.35	5.40
乌 干 达	3.52	5.09	5.30
布 隆 迪	4.09	4.21	4.18
坦桑尼亚	3.20	3.28	3.37
缅　　甸	3.10	3.12	3.17
莫桑比克	2.70	2.20	2.30
卢 旺 达	2.41	2.25	2.22
尼 泊 尔	1.74	1.87	2.06
津巴布韦	1.82	1.90	1.90
马来西亚	1.66	1.47	1.84
埃塞俄比亚	0.73	0.75	0.74

数据来源：FAO。

4-5 世界茶叶采摘面积

（2011—2013）

单位：万公顷

世界各洲	2011	2012	2013
全　球	341.25	351.74	352.12
亚　洲	304.85	314.59	313.05
欧　洲	0.14	0.11	0.06
美　洲	4.57	4.45	4.27
非　洲	31.40	32.29	34.45
大洋洲	0.30	0.30	0.30

数据来源：FAO。

4-6 主要国家或地区茶叶采摘面积

（2011—2013）

单位：万公顷

国家或地区	2011	2012	2013
中　国	165.88	174.85	176.35
印　度	60.00	60.50	56.40
斯里兰卡	22.20	22.20	22.20
肯尼亚	18.79	19.06	19.86
印度尼西亚	12.33	12.16	12.24
越　南	11.44	11.60	12.16
缅　甸	7.86	7.90	7.99
土耳其	7.59	7.59	7.64
孟加拉	5.67	5.79	5.83
日　本	4.62	4.59	4.54
阿根廷	3.91	3.93	3.80
乌干达	2.10	2.70	2.80
马拉维	2.46	2.50	2.56
伊　朗	2.39	2.40	2.45
泰　国	2.02	2.10	2.15
坦桑尼亚	0.86	0.88	2.14
尼泊尔	1.75	1.81	1.90
卢旺达	1.51	1.54	1.53
莫桑比克	1.58	1.30	1.40
津巴布韦	0.94	0.96	0.96
埃塞俄比亚	0.95	0.96	0.95
布隆迪	0.84	1.05	0.91
刚　果	0.83	0.84	0.80

数据来源：FAO。

4-7 主要国家或地区茶叶单位面积产量

(2011—2013)

单位：公斤/公顷

国家或地区	2011	2012	2013
中　　国	988.90	1 032.10	1 099.80
越　　南	1 806.00	1 870.40	1 761.60
印度尼西亚	1 218.20	1 179.30	1 210.00
印　　度	1 825.80	1 876.10	2 143.30
伊　　朗	4 340.10	6 583.30	6 530.60
乌　干　达	1 675.90	1 885.70	1 892.90
土　耳　其	2 920.00	2 966.00	2 779.20
坦桑尼亚	3 742.30	3 742.20	1 574.30
泰　　国	3 627.20	3 523.80	3 488.40
斯里兰卡	1 475.40	1 486.70	1 532.80
日　　本	1 777.10	1 871.50	1 867.80
尼　泊　尔	999.30	1 031.80	1 081.50
莫桑比克	1 708.90	1 692.30	1 642.90
缅　　甸	394.40	394.90	396.70
孟　加　拉	1 067.60	1 036.30	1 097.80
马来西亚	6 763.70	6 181.10	6 778.70
马　拉　维	2 116.50	2 140.00	2 109.40
卢　旺　达	1 597.50	1 462.80	1 450.00
肯　尼　亚	2 011.70	1 938.10	2 177.20
喀　麦　隆	2 502.60	2 500.00	2 350.00
津巴布韦	1 929.20	1 979.20	1 979.20
韩　　国	1 188.60	1 250.00	1 280.00
布　隆　迪	4 843.80	4 014.00	4 578.20
埃塞俄比亚	766.70	781.30	778.90
阿　根　廷	2 374.50	2 106.00	2 763.20

数据来源：FAO。

V. 世界茶业贸易

5-1 主要国家或地区茶叶出口量

(2012—2015)

单位：万吨

国家和地区	2012	2013	2014	2015
斯里兰卡	31.99	35.73	32.73	30.70
中　　国	32.33	33.54	31.28	32.50
印　　度	23.02	26.17	21.84	22.10

（续）

国家和地区	2012	2013	2014	2015
西　班　牙	11.56	12.30	11.22	
阿　根　廷	11.23	11.27	11.06	7.03
印度尼西亚	7.07	7.24	6.82	7.03
加　拿　大	5.66	6.05	5.54	
美　　国	3.81	3.99	4.34	
德　　国	3.70	3.97	4.02	
巴　　西	3.81	3.89	3.52	

数据来源：COMTRADE。

5-2　世界茶叶进口十大国家或地区

（2012—2014）

单位：万吨

国家或地区	2012	2013	2014
美　　国	20.15	20.63	19.97
俄 罗 斯	18.33	17.56	17.54
巴基斯坦	14.33	12.19	15.10
英　　国	14.70	13.99	13.06
埃　　及	10.94	10.48	10.33
阿 富 汗	5.41	9.82	9.87
德　　国	8.64	9.81	8.38
日　　本	4.16	3.99	3.69
波　　兰	3.46	3.83	3.64
荷　　兰	3.19	7.04	3.28

数据来源：COMTRADE。

5-3　主要国家或地区茶叶进口量

（2012—2014）

单位：吨

国家或地区	2012	2013	2014
美　　国	201 547.18	206 329.25	199 690.80
俄 罗 斯	183 322.61	175 583.16	175 389.07
巴 基 斯 坦	143 334.84	121 930.55	150 986.71
英　　国	146 989.85	139 949.22	130 638.39
埃　　及	109 405.93	104 808.98	103 300.35

（续）

国家或地区	2012	2013	2014
德　　国	86 377.04	98 069.37	83 755.69
日　　本	41 590.63	39 874.09	36 886.08
波　　兰	34 574.65	38 335.88	36 404.38
荷　　兰	31 917.97	70 356.89	32 765.48
哈萨克斯坦	34 535.58	34 134.88	32 610.28
乌 拉 圭	31 535.37	33 145.09	31 857.79
加 拿 大	25 826.98	26 543.19	31 079.76
智　　利	29 227.58	28 544.74	27 403.21
南　　非	24 313.51	25 794.20	27 259.20
马来西亚	19 903.79	21 497.61	27 081.48
澳大利亚	24 148.54	25 394.37	24 475.80
中国(大陆)	19 500.93	20 754.32	23 696.29
印　　度	21 392.00	19 855.41	23 317.65
乌 克 兰	26 339.88	26 501.54	21 105.26
法　　国	21 969.41	22 496.90	20 957.88
比 利 时	16 938.13	18 670.36	19 055.60
印度尼西亚	25 900.26	22 434.78	16 556.41
毛里塔尼亚	11 790.36	13 851.17	15 524.93
西 班 牙	13 678.82	17 839.37	15 324.87
阿尔及利亚	16 009.95	12 993.57	14 835.40
中国香港	13 783.12	13 561.72	14 330.69
希　　腊	13 036.24	10 981.95	14 009.37
爱 尔 兰	11 616.06	11 616.06	12 878.23
尼 日 尔	13 916.67	9 900.09	9 879.39
泰　　国	18 176.98	5 856.00	5 569.22
摩 洛 哥	53 097.74	57 318.91	
沙特阿拉伯	34 743.00	35 955.37	
也　　门	17 620.52	16 495.66	
马　　里	12 450.26		

数据来源：COMTRADE。

5-4 主要国家或地区茶叶进口额

（2012—2014）

单位：万美元

国家或地区	2012	2013	2014
俄 罗 斯	67 488.45	68 552.22	67 612.69
美 国	61 595.84	65 317.06	64295.87
英 国	45 129.51	43 731.92	39 046.98
埃 及	33 082.28	30 755.52	34 513.15
巴基斯坦	36 143.96	31 847.94	32 846.69
德 国	24 990.26	28 410.05	28 144.04
日 本	24 402.31	23 940.00	23 545.85
法 国	21 209.50	23 823.90	23 308.76
荷 兰	18 870.07	25 095.84	20 418.06
加 拿 大	23 329.57	22 220.95	20 257.60
哈萨克斯坦	14 605.59	15 486.64	13 875.63
澳大利亚	12 908.03	13 119.01	1 3286.56
乌 克 兰	16 381.16	16 630.65	127 92.79
波 兰	10 962.00	12 436.23	12 477.41
阿 富 汗	6 906.38	15 108.23	11 171.07
乌 拉 圭	6 117.97	8 758.87	10 431.21
沙特阿拉伯	25 059.90	23 720.13	
摩 洛 哥	16 736.62	18 964.63	

数据来源：COMTRADE。

5-5 主要国家或地区茶叶出口量

（2012—2014）

单位：吨

国家或地区	2012	2013	2014
斯里兰卡	319 949.86	357 321.02	327 341.97
中 国	323 262.85	335 418.48	312 832.20
印 度	230 181.17	261 723.14	218 399.65
西 班 牙	115 554.70	122 957.00	112 178.91
阿 根 廷	112 261.88	112 744.40	110 634.74
印度尼西亚	70 666.44	72 439.14	68 166.63
加 拿 大	56 636.85	60 549.87	55 430.54
美 国	38 057.78	39 932.44	43 356.85
德 国	37 048.11	39 664.95	40 232.58
巴 西	38 104.24	38 912.08	35 169.75

（续）

国家或地区	2012	2013	2014
坦桑尼亚	27 820.25	26 373.32	27 808.26
瑞士	24 170.94	41 407.53	25 587.40
泰国	27 496.39	29 934.62	24 428.24
波兰	19 478.36	21 732.96	24 053.24
卢旺达	23 010.39	22 344.13	24 031.86
英国	21 877.77	23 596.48	23 700.09
荷兰	20 645.68	21 681.25	21 717.68
比利时	15 243.88	12 550.90	14 463.31
津巴布韦	11 540.11	11 863.01	12 789.90
俄罗斯	12 586.21	13 709.05	12 346.13
布隆迪	9 730.42	10 061.67	10 443.86
马来西亚	5 851.51	8 644.16	10 156.35
南非	10 828.18	8 361.42	7 485.11
莫桑比克	11 354.02	3 999.10	4 083.90
肯尼亚		451 028.05	
越南	146 898.76	141 168.01	
乌干达	55 210.33	62 018.68	
马拉维		43 245.12	
马达加斯加	162.65	16 182.00	
尼泊尔	9 893.42	10 205.81	

数据来源：COMTRADE。

5-6 主要国家或地区茶叶出口额

（2012—2014）

单位：万美元

国家或地区	2012	2013	2014
斯里兰卡	141 391.62	154 402.73	162 791.58
中国	112 098.80	134 064.46	137 833.16
印度	72 210.21	85 883.18	69 380.18
美国	30 272.19	33 606.23	33 792.36
德国	27 962.14	32 490.87	33 370.83
荷兰	26 136.21	29 921.93	30 776.37
波兰	17 912.81	21 479.82	24 397.78
阿根廷	17 729.75	20 207.38	21 731.53

（续）

国家或地区	2012	2013	2014
英　　国	20 868.25	21 842.25	19 061.79
印度尼西亚	16 023.31	16 078.23	14 149.53
爱 尔 兰	17 062.41	20 216.62	13 226.52
巴　　西	7 961.14	10 911.68	12 020.86
加 拿 大	11 117.67	10 672.82	9 577.72
比 利 时	9 368.72	9 847.20	9 332.37
俄 罗 斯	8 319.19	9 877.20	8 586.00
日　　本	7 202.57	7 762.92	8 332.09
西 班 牙	6 589.45	8 220.03	8 268.11
法　　国	5 932.62	7 087.72	7 390.53
卢 旺 达	8 660.77	6 154.77	5 781.47
新 加 坡	3 817.27	5 159.32	5 087.67
瑞　　士	4 203.76	6 859.43	4 860.68
坦桑尼亚	5 604.66	5 462.88	4 401.78
泰　　国	3 321.08	3 991.54	4 001.17
马来西亚	2 410.63	3 081.90	3 533.00
南　　非	3 044.25	3 337.36	3 320.23
阿塞拜疆	3 743.11	4 434.30	3 124.52
智　　利	2 956.29	2 919.70	3 117.06
中国香港	2 210.05	2 602.89	2 546.42
埃　　及	2 446.58	2 336.46	2 350.51
土 耳 其	1 276.49	1 839.92	2 079.98
奥 地 利	1 745.85	1 955.64	1 953.81
津巴布韦	1 768.73	2 142.21	1 874.88
匈 牙 利	1 798.20	1 778.81	1 832.93
捷克共和国	1 350.37	1 291.30	1 753.81
意 大 利	1 121.56	1 236.74	1 396.78
布 隆 迪	1 436.82	1 448.82	1 347.17
丹　　麦	1 178.76	1 431.08	1 309.94
巴基斯坦	1 132.50	1 433.35	1 202.39
韩　　国	1 726.16	1 925.76	1 143.03
澳大利亚	717.14	961.44	1 111.82

（续）

国家或地区	2012	2013	2014
肯尼亚		122 144.28	
越南	22 589.65	23 017.92	
马拉维		8 604.03	
乌干达	7 390.37	8 559.63	
尼泊尔	2 072.91	2 052.82	
摩洛哥	1 727.04	2 025.41	
也门	1 501.86	1 695.44	
沙特阿拉伯	783.63	1 064.59	

数据来源：COMTRADE。

5-7 世界茶叶五大出口国——肯尼亚出口目的地国家或地区

（2009—2013）

单位：吨

国家或地区	2009	2010	2013
全球	331 607.36	417 704.31	451 028.05
巴基斯坦	68 363.86	73 963.46	87 536.94
埃及	59 977.08	76 999.63	71 514.89
英国	60 503.24	69 223.67	64 210.93
阿富汗	31 994.60	49 052.78	62 657.17
苏丹			27 104.98
阿拉伯联合酋长国	13 008.25	21 089.77	24 824.78
也门	14 325.91	18 175.05	19 836.70
俄罗斯	13 068.21	15 329.18	19 363.12
哈萨克斯坦	8 675.98	10 301.40	13 723.62
伊朗	1 594.75	2 853.42	1 0225.71
波兰	4 000.08	4 780.87	6 843.41
印度	3 731.09	5 081.90	4 248.85
尼日利亚	2 963.40	3 411.79	4 169.07
沙特阿拉伯	1 447.33	1 922.31	3 656.22
美国	3 559.45	3 822.80	3 492.74
爱尔兰	3 103.51	2 868.83	2 933.78
加拿大	1 117.68	1 717.13	2 636.91
索马里	2 309.60	2 955.95	2 375.49
日本	2 410.22	2 541.44	2 087.87

（续）

国家或地区	2009	2010	2013
荷兰	176.38	770.10	2 030.10
土耳其	1 444.68	1 894.29	1 753.75
印度尼西亚	1 397.46	2 147.98	1 647.95
德国	779.97	901.53	1 608.43
马来西亚	616.26	711.06	1 214.28
吉布提	1 319.64	2 513.56	1 168.61
中国	891.93	1 531.99	1 020.95
斯里兰卡	3 311.35	3 688.42	649.53
南苏丹	21 759.29	32 504.87	

数据来源：COMTRADE。

5-8 世界茶叶五大出口国——斯里兰卡出口目的地国家或地区

（2012—2014）

单位：吨

国家或地区	2012	2013	2014
全球	319 949.86	357 321.02	327 341.97
土耳其	23 163.12	26 061.42	44 746.31
俄罗斯	49 231.54	61 534.45	44 100.81
伊朗	41 043.48	64 029.30	30 076.64
伊拉克	23 488.49	12 201.96	24 749.41
阿拉伯联合酋长国	11 887.39	20 248.82	19 813.56
叙利亚	24 741.38	22 646.98	12 917.42
利比亚	16 514.20	2 259.58	12 650.30
科威特	7 402.24	14 528.83	12 222.65
阿塞拜疆	10 691.05	16 508.03	11 154.55
日本	9 753.57	13 943.37	9 108.29
智利	6 581.80	7 945.24	7 029.21
约旦	9 434.04	6 428.10	6 711.89
德国	5 925.86	8 687.48	6 701.35
乌克兰	9 792.15	12 024.14	6 700.94
中国	3 211.99	6 080.41	5 304.68
沙特阿拉伯	4 698.97	3 974.81	5 091.03
中国香港	4 417.33	5 722.35	5 073.69
美国	3 482.63	3 761.78	5 005.90

（续）

国家或地区	2012	2013	2014
黎巴嫩	2 156.77	1 844.60	3 491.44
荷兰	2 371.40	1 832.43	3 240.68
澳大利亚	2 905.48	3 558.76	3 039.98
其他亚洲地区，不另详述	2 106.73	2 561.57	2 970.71
埃及	3 800.07	1 773.41	2 828.71
波兰	2 876.68	3 310.26	2 825.19
比利时	2 523.77	1 548.18	2 607.92
以色列	1 631.92	1 311.14	2 314.00
芬兰	1 041.20	1 626.83	2 253.95
爱尔兰	1 469.17	2 013.45	2 058.96
阿尔巴尼亚	996.29	1 029.09	1 941.51
印度	521.16	946.74	1 887.70
南非	1 861.07	3 165.34	1 765.32
乌兹别克斯坦	1 932.08	829.51	1 660.99
意大利	1 805.64	2 104.90	1 525.25
英国	1 943.42	1 544.20	1 276.78
法国	1 028.93	706.61	1 135.67
新西兰	960.01	928.40	1 053.19
吉尔吉斯斯坦	1 014.46	1 535.48	1 020.44
哈萨克斯坦	991.48	1 235.56	892.56
加拿大	721.67	1 001.61	745.46
希腊	1 084.70	591.64	674.98
巴基斯坦	4 487.12	780.41	123.40

数据来源：COMTRADE。

5-9 世界茶叶五大出口国——中国出口目的地国家或地区

(2012—2014)

单位：吨

国家或地区	2012	2013	2014
全球	323 262.85	335 418.48	312 832.20
摩洛哥	55 763.01	61 190.98	58 996.24
多哥	12 233.81	12 188.82	16 892.53
美国	25 829.96	23 285.73	16 476.90
乌兹别克斯坦	25 856.34	23 415.13	16 388.18

（续）

国家或地区	2012	2013	2014
日本	18 124.11	18 217.76	15 314.53
阿尔及利亚	14 393.69	13 356.22	15 010.21
毛里塔尼亚	12 512.65	18 189.52	14 096.60
俄罗斯	15 317.69	135 39.10	13 940.29
中国香港	13 271.54	12 271.60	13 400.27
塞内加尔	7 767.43	10 218.98	13 332.03
德国	9 440.51	10 704.73	13 171.32
喀麦隆	7 754.79	8 695.74	7 099.71
巴基斯坦	4 878.06	6 363.99	6 352.55
马里	6 464.58	7 571.50	5 277.97
贝宁	3 623.69	5 329.27	5 062.94
冈比亚	4 630.71	7 149.62	4 438.96
加纳	5 959.56	6 033.34	4 267.57
阿富汗	974.85	2 079.65	4 130.98
尼日尔	3 803.76	3 812.27	3 495.96
利比亚	5 002.58	4 486.26	3 274.51
法国	3 774.68	3 906.57	3 206.36
几内亚	4 464.34	2 696.87	3 028.97
伊朗	6 965.21	4 508.66	2 995.61
突尼斯	3 278.40	2 481.90	2 830.22
土库曼斯坦	2 938.01	2 262.20	2 690.61
缅甸	2 850.45	2 526.17	2 501.42
马来西亚	1 838.44	2 225.84	2 434.13
英国	1 927.63	2 096.59	2 401.46
乌克兰	2 735.78	3 224.63	2 368.83
斯里兰卡	3 087.48	2 561.41	2 365.63
比利时	1 920.86	3 269.92	2 313.78
泰国	2 368.34	2 637.88	2 096.66
塔吉克斯坦	2 128.13	1 818.99	1 990.30
科特迪瓦	1 593.09	2 230.72	1 826.29
澳大利亚	1 680.96	1 428.82	1 801.74
新加坡	2 067.17	2 405.67	1 718.06

（续）

国家或地区	2012	2013	2014
越南	151.46	900.29	1 668.03
西班牙	1 111.01	1 764.88	1 566.02
印度尼西亚	1 501.50	1 476.19	1 550.50
波兰	1 834.43	1 440.62	1 437.68
沙特阿拉伯	1 058.54	981.79	1 427.01
加拿大	1 281.94	1 408.62	1 236.76
埃及	1 405.29	1 504.27	1 170.37
蒙古	1 640.31	1 698.56	1 119.65
阿拉伯联合酋长国	753.62	1 240.19	1 073.41
荷兰	1 826.71	1 625.19	973.53
乍得	250.40	1 139.33	865.30
哈萨克斯坦	1 224.06	631.45	699.46

数据来源：COMTRADE。

5-10　世界茶叶五大出口国——印度出口目的地国家或地区

（2012—2014）

单位：吨

国家或地区	2012	2013	2014
合计	230 181.17	261 723.14	218 399.65
俄罗斯	44 048.56	43 059.55	39 529.59
伊朗	13 963.56	26 187.72	19 518.70
英国	20 937.85	18 414.61	18 982.30
阿拉伯联合酋长国	20 618.99	27 563.68	17 508.46
美国	15 559.13	17 966.66	15 900.49
巴基斯坦	22 931.52	22 129.55	15 726.52
哈萨克斯坦	14 509.02	11 763.77	12 477.96
埃及	9 410.25	7 753.41	8 172.81
德国	7 532.39	9 094.83	7 882.31
孟加拉国	578.97	13 318.62	5 964.80
突尼斯	5 227.20	4 643.00	4 551.24
波兰	3 989.82	4 981.87	4 240.75
中国	4 769.14	4 620.22	3 792.04
日本	4 033.23	3 882.26	3 496.81
荷兰	3 700.80	3 926.24	3 490.62

（续）

国家或地区	2012	2013	2014
沙特阿拉伯	2 812.05	2 894.88	3 336.85
澳大利亚	7 194.69	4 197.89	3 255.60
肯尼亚	3 105.61	2 640.07	2 824.64
阿富汗	686.06	3 633.16	2 748.38
斯里兰卡	2 051.94	1 694.72	2 686.34
乌克兰	2 137.45	2 480.37	2 488.34
马来西亚	1 754.30	1 949.03	2 311.52
意大利	1 923.48	2 684.19	2 205.09
加拿大	1 503.00	1 644.10	1 607.74
印度尼西亚	1 530.91	1 462.07	1 371.29
爱尔兰	2 319.34	1 605.98	1 328.40
以色列	1 231.83	548.11	402.71
尼泊尔	134.93	3 488.78	266.59

数据来源：COMTRADE。

5-11 世界茶叶五大出口国——越南出口来源国家或地区

（2011—2013）

单位：吨

国家或地区	2011	2012	2013
全球	134 573.57	146 898.76	141 168.01
巴基斯坦	17 770.48	24 044.79	22 890.15
其他亚洲地区，不另详述	20 421.78	22 544.95	22 517.20
中国	12 638.53	14 580.43	13 953.60
俄罗斯	14 819.18	13 896.38	11 748.74
印度尼西亚	12 123.79	15 397.26	11 717.69
阿富汗			11 668.92
美国	4 604.25	8 207.81	9 829.42
地区，不另详述	20 538.50	16 425.99	4 586.27
波兰	2 873.62	4 083.44	4 138.99
阿拉伯联合酋长国	3 190.65	3 771.99	3 806.86
马来西亚	2 786.46	3 395.37	3 723.54
德国	3 548.32	2 988.85	2 482.70
沙特阿拉伯	3 000.25	2 782.31	2 283.17
科威特	141.84	457.45	1 627.40

（续）

国家或地区	2011	2012	2013
泰　　国	882.85	1 928.84	1 563.26
乌 克 兰	1 451.42	1 600.73	1 378.80
印　　度	1 024.41	1 120.16	1 085.89
约　　旦	1 463.51	1 163.49	925.27
土 耳 其	1 743.00	656.88	788.00
英　　国	1061.46	418.03	273.96

数据来源：COMTRADE。

5-12　世界茶叶五大进口国——俄罗斯进口来源国家或地区

（2012—2014）

单位：吨

国家或地区	2012	2013	2014
全　　球	183 322.61	175 583.16	175 389.07
伯 利 兹			49 164.61
斯里兰卡	59 562.28	54 561.27	41 734.03
印　　度	44 113.67	40 014.80	30 508.54
新 加 坡	1 545.30	866.51	14 700.11
阿拉伯联合酋长国	4 450.71	8 158.85	9 167.98
中　　国	15 154.80	14 632.57	6 887.80
越　　南	13 810.45	11 931.90	4 819.68
英　　国	65.42	48.16	4 739.24
土 耳 其	0.34	24.22	2 193.81
阿塞拜疆	3 606.21	2 912.67	1 230.93
肯 尼 亚	19 513.74	20 874.82	1 200.41
德　　国	2 167.06	2 148.95	1 164.53
哈萨克斯坦	431.05	825.26	1 033.91
印度尼西亚	10 158.48	9 913.93	660.16
伊　　朗	1 432.62	1 334.56	625.91
坦桑尼亚	1 582.90	2 031.32	174.40
阿 根 廷	1 046.45	820.01	82.69
巴布亚新几内亚	1892.16	1451.52	

数据来源：COMTRADE。

5-13 世界茶叶五大进口国——英国进口来源国家或地区

（2012—2014）

单位：吨

国家或地区	2012	2013	2014
全　　　球	146 989.85	139 949.22	130 638.39
肯　尼　亚	61 221.88	52 190.07	46 909.19
新　加　坡	586.33	9 817.41	21 543.84
印　　　度	30 711.34	19 015.75	17 998.02
马　拉　维	8 068.12	7 782.41	8 345.01
荷　　　兰	422.83	1 186.82	4 250.62
坦桑尼亚	3 605.13	2 871.12	4 087.77
中　　　国	3 507.67	3 358.13	3 251.61
瑞　　　士	2 108.90	3 070.58	3 086.17
波　　　兰	3 397.12	3 372.98	2 940.55
津巴布韦	1 850.36	1 586.75	2 628.28
德　　　国	2 627.94	1 677.82	2 601.59
印度尼西亚	16 562.99	21 703.37	2 126.52
斯里兰卡	2 302.95	1 438.99	1 529.52
南　　　非	1 367.16	2 866.92	1 479.08
阿　根　廷	1 877.76	1 567.33	1 163.78
爱　尔　兰	1 053.02	730.35	1 018.31
阿拉伯联合酋长国	1 210.49	552.16	279.49

数据来源：COMTRADE。

5-14 世界茶叶五大进口国——美国进口来源国家或地区

（2012—2014）

单位：吨

国家或地区	2012	2013	2014
全　　　球	201 547.18	206 329.25	199 690.80
加　拿　大	55 559.87	59 647.81	54 601.28
阿　根　廷	50 219.01	51 118.51	51 345.89
中　　　国	28 199.51	26 814.52	18 741.61
印　　　度	13 601.28	15 456.94	15 820.33
越　　　南	8 086.38	9 490.08	10 369.35
马　拉　维	3 729.12	4 473.78	8 261.13
斯里兰卡	4 115.42	4 507.90	5 126.46
肯　尼　亚	3 500.83	3 500.37	5 121.39
德　　　国	5 799.55	5 225.24	4 482.89

（续）

国家或地区	2012	2013	2014
印度尼西亚	4 434.11	4 451.03	4 142.60
哥斯达黎加	3 683.57	0.53	3 600.93
墨西哥	7 093.33	5 386.01	2 639.43
日本	1 314.45	1 762.38	1 961.67
荷兰	271.44	909.93	1 793.27
智利	1 322.14	1 182.03	1 677.13
英国	990.09	1 221.92	1 209.05
津巴布韦	1 676.04	910.58	1 190.96
其他亚洲地区，不另详述	906.14	1 065.11	1 165.89
巴西	1 161.28	980.53	953.46
泰国	605.79	2 649.40	823.00

数据来源：COMTRADE。

5-15 世界茶叶五大进口国——埃及进口来源国家或地区

（2012—2014）

单位：吨

国家或地区	2012	2013	2014
全球	109 405.93	104 808.98	103 300.35
肯尼亚	93 933.30	87 398.05	91 203.93
印度	6 676.78	8 129.63	5 828.66
斯里兰卡	3 745.22	2 132.56	2 673.17
中国	764.13	1 504.74	1 150.66
乌干达	800.34	1 048.47	430.59
印度尼西亚	1 377.91	1 348.47	219.74

数据来源：COMTRADE。

5-16 世界茶叶五大进口国——巴基斯坦进口来源国家或地区

（2012—2014）

单位：吨

国家或地区	2012	2013	2014
全球	121 930.55	143 334.84	150 986.71
肯尼亚	65 216.05	75 384.88	96 199.35
印度	15 989.49	15 893.39	18 526.94
卢旺达	7 599.99	5 823.49	8 566.94
越南	9 482.94	7 635.65	5 180.20

（续）

国家或地区	2012	2013	2014
布隆迪	4 056.85	3 543.78	4 802.06
印度尼西亚	5 013.43	4 150.91	4 035.06
乌干达	3 544.79	2 573.74	3 137.85
坦桑尼亚	2 293.98	1 269.09	3 019.57
中国	1 770.98	2 567.60	2 307.00
孟加拉国	569.87	400.52	1 943.85
马拉维	1 026.76	1 397.08	1 494.31
埃塞俄比亚	195.86	164.20	1 257.67
斯里兰卡	4 405.24	546.00	131.46
美国	21 017.34	8.54	4.57

数据来源：COMTRADE。

第十届“中茶杯”全国名优茶评比获奖名单

第一阶段

特等奖

茶类	单位名称	茶样名称
绿茶（74）	安吉县溪龙贡茗茶场	溪龙贡茗牌安吉白茶
	江苏茗苑茶叶科技开发有限公司	高庙牌茗苑曲毫
	安吉县溪龙皇甫茶场	皇甫牌安吉白茶
	句容市林场	句林牌宝华玉笋茶
	安吉县女子茶叶专业合作社	溪龙仙子牌安吉白茶
	岳西县林兰名茶厂	林兰芳牌岳西翠兰茶
	宜兴市碧绿春茶场	韵芽牌善卷春月
	安吉旭升茶场	竹乡银凤牌安吉白茶
	安徽省上行山茶叶有限公司	黄公山白茶
	安吉县雅思茶场	雅思牌安吉白茶
	无锡市茶叶品种研究所有限公司	惠泉牌无锡毫茶
	安吉溪龙仙子农业发展有限公司	溪龙仙子牌安吉白茶
	日照浏园生态农业有限公司	浏园春牌润峰茶
	宜兴市御茶农林生态园有限公司	韵芽牌御茶
	句容市赵庄林苗场	句曲牌金山翠芽
	广西亿健茶业有限公司	亿键牌珍品翠芽
	江西馨阳岭实业有限公司	馨阳岭牌馨阳岭白茶
	镇江市南山茶林研究所	南山滴翠牌南山滴翠
	淳安县清平源茶叶专业合作社	清平源牌千岛玉叶茶
	白河县歌风春燕茶业有限公司	歌风春燕牌绿茶
	广西柳州市柳城县春江茶厂	名羽牌春江云螺
	句容市龙山茶场	容华牌龙山白茶
	樟树市天心农业生态科技有限公司	天心汇牌天心雪芽
	三江侗族自治县天池茶业发展有限责任公司	侗仙牌三江春天池绿剑
	广西亿健茶业有限公司	亿键牌特级翠芽
	杭州瑞茗茶叶有限公司	皇家山牌西湖龙井
	贵州省普定县黔龙茶业有限公司	黔馥牌朵贝毛尖
	景宁畲族自治县香雨有机茶有限公司	雨巷牌金奖惠明茶
	靖安县玉芽白茶专业合作社	靖安白茶

（续）

茶类	单位名称	茶样名称
	安吉县大山坞壶笑天茶场	壶笑天牌安吉白茶
	溧阳市金泉生态科技园	周城金泉牌翠柏茶
	安吉恒盛白茶有限公司	恒盛牌安吉白茶
	武汉大雾山茶业有限公司	通禅茶牌通禅茗香
	句容市林场	句林牌句容白茶
	浙江德清县双丰茶业有限公司	莫干剑芽牌莫干黄芽茶
	安吉美茗白茶有限公司	溪龙香牌安吉白茶
	应城市聂山茶场	聂山牌景山春雪
	杭州千岛湖纯浙农业开发有限公司	里商牌千岛玉叶
	安吉千道湾白茶有限公司	千道湾牌安吉白茶
	株洲市将军山生态农业发展有限公司	云宵山牌醴陵白芽
	兴国春赐福生态茶场	兴国白茶
	宁波市鄞州大岭农业发展有限公司	甬茗大岭牌绿茶
	江苏鑫品茶业有限公司	鑫品牌金坛雀舌茶
	句容市张庙茶场	华阳牌茅山长青
	宜兴市太华华锦茶场	锦叶牌白茶
	湖北茗道茶业有限公司	锦潭牌锦潭茶
	无锡市茶叶品种研究所有限公司	惠泉牌太湖翠竹
	贵州省印江自治县梵净山玉芽茶业有限公司	孟娇牌梵净山翠峰茶
	丹阳市后巷镇建林茶场	丁建林牌金山翠芽
	德江县鸿泰茶业有限责任公司	梵净山牌鸿泰春葵
	日照御景茶业有限公司	御景春芽
	玉环县石峰山农业科技有限公司	龙额牌玉环火山茶
	安吉龙王山茶叶开发有限公司	龙王山牌安吉白茶
	安吉天荒坪杜家茶场	蔡志萍牌安吉白茶
	句容市赵庄林苗场	句曲牌茅山长青
	青川县蒿溪茶业有限公司	仙泉牌七佛贡茶
	凤冈县世外茶源有限责任公司	绝谷草牌翠芽
	柳城县国营伏虎华侨农场茶厂	伏侨牌伏虎龙芽
	句容市苏南茶业有限公司	三泉牌玉雪白茶
	湖北省鹤峰鑫农茶业有限公司	白果牌走马翠毫
	江苏茗苑茶叶科技开发有限公司	高庙牌茅山长青
	苏州市古涵生态茶业开发有限公司	涵村牌涵村雪芽
	江西三山实业有限公司	玉山怀玉牌三清山白茶

（续）

茶类	单位名称	茶样名称
	淳安县大墅白茶专业合作社	杭州白茶
	咸宁市华胜生态茶业有限公司	亚杰牌华胜雪绿茶
	青川县鼎源茶业有限责任公司	孔溪牌七佛贡茶
	江西恒泰林业开发有限公司	格物之源牌白茶
	贵州省凤冈县夷洲有机茶业有限公司	伊依草牌锌硒翠芽
	贵州夜郎湖茶业有限公司	夜郎湖牌朵贝御茗（御芽）
	安吉县茶叶有限公司	竹乡牌安吉白茶
	日照清吟茶业有限公司	清吟牌曲毫
	句容市茅山镇茅业茶场	茅山长青
	江西梧怡庄园生态发展有限公司	白驹飞涧牌资溪白茶
	安吉县安兴茶场	安兴牌安吉白茶
红茶（25）	无锡市茶叶研究所有限公司	岚峰牌阳羡金毫
	江苏省宜兴市红岭茶业有限公司	红岭牌红岭金螺
	无锡市茶叶研究所有限公司	岚峰牌阳羡条红
	仁化县红丹舒茶业有限公司	红丹舒牌丹霞红花香红茶
	浙江昴山茶叶有限公司	昴山缘牌红茶
	浙江龙泉阳光农业有限公司	龙泉红牌红茶
	江苏中科农业科技发展有限公司	阳羡红牌阳羡红茶
	乐昌市大瑶山茶叶有限公司	佗红牌金毫红茶
	利川市飞强茶业有限责任公司	星斗山牌天赐冷后浑利川红茶
	广西南亚热带农业科学研究所	鸿渐牌金龙美人茶
	宁海县望府茶业有限公司	望府牌望府金毫
	福建吾要茶业有限公司	陈焕牌白琳工夫红茶
	江口县鑫繁生态茶业有限公司	页岩牌珍珠红
	鹿寨县大乐岭茶业有限公司	大乐岭牌桂妃红
	广西乐业县金泉茶业有限公司	凌翁牌乐翁红
	资兴市东江库区果树研究所	好地方牌东江楚云仙红茶
	广西凌云县伟利茶业有限公司	泗水年华牌月明红茶
	贵州省丹寨县三泉茶业有限公司	三泉牌丹寨硒锌红茶
	贵州湄潭百道茶业有限公司	百道红牌遵义红茶
	溧阳市周城汤山茶厂	九龙牌九龙红茶
	遂昌精诚茶业有限公司	阳阳红
	江西修水眉峰开发实业有限公司	眉毛山牌红茶
	丹寨县黔丹硒业有限责任公司	黔丹牌硒锌丹红

（续）

茶类	单位名称	茶样名称
	遂昌精诚茶业有限公司	精诚红
	寿宁县鸾峰茶业有限公司	鸾桥牌高山乌龙红
乌龙茶（6）	漳平市南洋水仙茶专业合作社	漳平水仙
	炎陵县大院龟龙窝高山乌龙茶园	高山乌龙茶
	汕头市好韵茶业有限公司	好之韵牌凤凰单丛茶
	潮州市湘桥区陈韵茶坊	韦德宁牌沐玲珠
	武夷山市兰汤岩茶研究所	兰汤牌肉桂
	潮安县凤凰南馥茶叶有限公司	南馥牌凤凰东方红单丛茶
白茶（3）	福建省天湖茶业有限公司	绿雪芽牌白毫银针
	福建鼎白茶业有限公司	鼎白牌福鼎白毫银针茶
	福建省天鼎茶业有限公司	天鼎牌白毫银针
特种茶（1）	缙云县黄贡茶业有限公司	仙都黄贡
黑茶（2）	梧州市天誉茶业有限公司	熹誉牌槟榔香 1 号
	广西壮族自治区梧州茶厂	三鹤牌六堡茶 0126

一等奖

茶类	单位名称	茶样名称
绿茶（224）	应城市思鹏茶场	思鹏牌雪绿茶
	安吉剑头山茶场	剑头山牌白茶
	武汉市黄陂区独屋茶场	春然牌木兰春然茶
	宁海县双峰乡海云茶场	澄深牌双尖白茶
	淳安千岛湖怡神堂茶果专业合作社	怡神堂牌千岛玉叶
	日照市北经济开发区十和茶业有限公司	百秀牌百秀迎春
	重庆云岭茶业科技有限责任公司	云岭牌云岭永川秀芽
	资溪县韵茗香茶叶有限责任公司	香芽春牌资溪白茶
	扬州市白沙玉叶茶叶专业合作社	烟花三月牌绿杨春
	宜兴市太华春泽园茶场	尚枫牌白茶
	宜兴市桥三茶业专业合作社	华竹牌白茶
	镇江市十里长山生态农业有限公司	虹枫白眉牌白茶
	淳安县千岛湖睦州茶业有限公司	睦州牌千岛玉叶
	贵州省黎平县侗乡媛茶厂	黔东牌侗乡雀舌
	安吉县溪龙小岙山茶场	大山岙牌安吉白茶
	无锡市钱桥镇藕塘七一茶场	惠亭牌太湖翠竹茶
	日照浏园生态农业有限公司	浏园春牌玉龙展颜

（续）

茶类	单位名称	茶样名称
	常熟昆承茶业	雅思牌白碧螺
	句容市方山茶场	翠竹牌茅山长青茶
	溧阳市龙峰茶场	天目富伟牌白茶
	句容市浮山果园	浮翠硒茶牌茅山长青
	安徽兰花茶业有限公司	万佛山牌舒城小兰花
	余庆县正泰茶业发展有限公司	飞龙湖牌白茶
	杭州余杭区余杭仙宅茶厂	仙宅牌径山茶
	奉化市雪窦山茶叶专业合作社	雪窦山牌奉化曲毫
	宣恩县伍台昌臣茶业有限公司	昌臣牌伍家台贡茶
	江苏省镇江市五洲山茶场	五洲牌金山翠芽
	山东日照碧波茶业有限公司	日照碧波牌碧波春
	正安县吐香茶业有限责任公司	吐香牌吐香翠芽
	安吉县百竹茶业有限公司	百竹源牌安吉白茶
	句容市方山茶场	翠竹牌金山翠芽茶
	江西九岭白茶开发有限公司	九云牌靖安白茶
	湖北省咸宁市长江经济开发区华胜生态农庄	春绿茶
	湖北悟道茶业有限公司	悟道牌悟道茶
	安吉递铺三官大明山茶厂	芳羽牌安吉白茶
	镇江市丹徒区谷阳茶场	金谷阳牌金谷阳春
	安吉县溪龙杨家山茶场	银叶牌安吉白茶
	崇义县乐洞龙归茶场	龙归牌龙归白茶
	宁海贡府茶业有限公司	宁贡牌贡府白茶
	应城市景山阳光生态农业有限责任公司	春剑茶
	大足县玉峰茶叶专业合作社	梵玉牌玉峰翠竹
	无锡市十八湾茶文化农庄	太湖翠竹
	宜兴市灵谷有机茶场	阳羡牌白茶
	江苏省镇江市五洲山茶场	五洲牌五洲白茶
	南通会友茶业食品有限公司	会友牌会友白茶
	淳安千岛湖沁心茶叶专业合作社	千岛沁心牌龙井茶
	宁海县双峰乡海云茶场	澄深牌双尖香茗
	句容市茅山茶场	金茅牌茅山长青
	安吉叶兢茶场	叶兢牌安吉白茶
	黄山甘白香白茶生态园	甘白香牌黄山白茶
	湖北玉皇剑茶业有限公司	玉皇剑牌绿茶

（续）

茶类	单位名称	茶样名称
	安顺市蚕种场	瀑布牌毛峰茶
	南京淳青茶业有限公司	淳青牌金陵春
	仪征市清源茶叶科技示范园	绿篱牌特级绿杨春
	安吉县晨溪山茶场	晨溪山牌安吉白茶
	句容市九龙山茶场	九龙春早牌金山翠芽
	沿河县懿兴生态茶业有限公司	懿兴雀舌
	应城市鑫越绿色林果茶有限公司	高河茶
	紫阳县盘龙天然富硒绿茶有限公司	盘龙仙茗牌毛尖
	贵州省凤冈县浪竹有机茶业有限公司	凤头羽牌春芽
	镇江山水湾生态农业开发有限公司	山水映竹牌山水映竹茶
	镇江市丹徒区富农茶叶专业合作社	茗海雪燕牌金山翠芽
	贵州湄潭百道茶业有限公司	百道香牌湄潭翠芽
	金坛市御庭春茶业有限公司	天壶牌金坛雀舌
	贵州省凤冈县茗都茶业有限公司	新尧牌锌硒翠芽
	溧阳市天目湖时雨茶厂	天目湖时雨牌白茶
	溧阳市幽香苏茶有限公司	幽香苏牌白茶
	安吉县溪龙乡黄杜村贤家山茶厂	贤家山牌安吉白茶
	贵州和鑫农业发展有限公司	苔茶树牌石阡苔茶翠芽
	南京六平茶叶有限公司	六平牌雨花茶
	句容市下蜀茶场	金翠牌金山翠芽
	日照达摩茗茶发展有限公司	达摩牌达摩绿茶
	江苏天目湖生态农业有限公司	天目湖富子白茶
	贵州印江绿野农牧综合开发有限公司	黔印贵芽牌梵净山翠峰
	黎平源森茶业开发贸易有限责任公司	黔贵源森牌黎平雀舌茶
	湖南省石门县白云山国有林场	冠云牌白云银毫
	杭州千岛湖永安茶叶专业合作社	永安牌千岛玉叶茶
	德江县鸿泰茶业有限责任公司	梵净山牌鸿泰碧露（德江白茶）
	铅山县黄岗山有机资源开发有限公司	武夷玉枝牌武夷云芽
	平利县女娲银峰茶叶有限公司	女娲峰牌女娲富硒白茶
	贵州省印江县洋溪镇茶场	梵绿牌梵净山翠峰茶
	浙江巨农茶业有限公司	巨农牌永嘉早茶
	湖北嘉润茶业有限公司	杨家坡牌生耕甘露绿茶
	宁波和美茶业有限公司	天一阁牌天一阁白茶
	贵州省黎平县森绿茶业对外贸易有限公司	森绿牌黎平雀舌茶

（续）

茶类	单位名称	茶样名称
	安吉溪龙对面山白茶有限公司	对面山牌精品安吉白茶
	句容市茅山茶场	金茅牌金山翠芽
	咸宁市圣龙春茶业有限公司	鄂南圣龙春牌圣龙春茶
	天台石溪白茶专业合作社	玉玺牌白茶
	建始县天露茶叶有限公司	官店牌官店香茗
	贵州江口净园春茶业有限公司	净园春牌梵净翠芽
	咸宁市横沟春华茶业有限公司	横沟春华牌春华茶
	宁波明州茶业发展有限公司	天一阁牌天一阁白茶
	山东天宝茶业有限公司	浮来天宝牌天宝茗茶
	绍兴县舜源茶业有限公司	万年湾牌平水日铸茶
	淳安县大墅桃园茶厂	千层浪牌杭州白茶
	江苏茅山青锋茶叶有限公司	金鹿牌茅山青锋
	平利县女娲银峰茶叶有限公司	秦楚缘牌女娲银峰
	凤冈县娄山春茶叶专业合作社	娄山春牌娄山凤冠
	鹤峰县龙福茶业有限公司	官鼎牌珍稀白茶
	贵州夜郎湖茶业有限公司	夜郎湖牌朵贝御茗（特级绿茶）
	德清县黄回山德龙茶叶专业合作社	游子牌莫干黄芽茶
	临沂临港经济开发区杰青茶业有限公司	杰青牌杰青芽
	德江永志生态茶业有限公司	白兰春牌银针
	镇江市五峰茶场	彭公牌金山翠芽茶
	紫金县黄花茶业有限公司	黄花牌黄花闺秀
	杭州龙冠实业有限公司	七佛龙冠牌龙冠龙井茶
	德清县莫干山镇石颐茶场	石颐牌莫干黄芽
	镇江市丹徒区春沁茶叶专业合作社	墅山牌墅山白茶
	湖北金林原种畜牧有限公司	御林君牌御林白茶
	广西华盛集团四塘农工商有限责任公司	桂碧牌四塘鼎尖
	安徽云林茶业有限公司	妙道春牌妙道春茶
	宜兴市灵谷有机茶场	阳羡牌雀舌
	贵州省黎平县森绿茶业对外贸易有限公司	森绿牌黎平白茶
	安吉银羽茶业园	银羽牌安吉白茶
	长兴县和平基隆坞茶场	霞幕山牌基隆坞白茶
	湖南古丈茶业有限责任公司	无射山牌古丈毛尖
	宁波市鄞州区它山堰茶叶专业合作社	它山堰牌它山堰白茶
	贵溪市鑫叶茶业有限公司	桂景峰牌贵溪白茶

（续）

茶类	单位名称	茶样名称
	德清县莫干山镇石颐茶场	石颐牌莫干云峰
	镇江市丹徒区壹零捌茶叶合作社	墅香牌长山剑毫茶
	溧阳市梅坞生态园艺有限公司	天目骄子白茶
	恩施炜丰富硒茶叶有限公司	寒杉牌寒杉天露Ⅱ
	江苏香山白云生态农业开发有限公司	香山白云牌天目湖白茶
	日照南湖马陵春茶业有限公司	马陵春牌马陵春贡茶
	淳安千岛湖石窟群开发有限公司	千岛之吻牌龙井
	房县神农贡茶业有限公司	神农贡牌神农贡芽
	安徽省香炉冲茶业有限公司	香炉冲牌岳西翠兰
	日照清吟茶业有限公司	清吟牌翠兰
	溧阳市幽香苏茶有限公司	幽香苏牌翠柏
	乐山市五通桥区芽芝春茶厂	芽芝春牌银麟叁零贰（扁形）
	乐山市五通桥区芽芝春茶厂	芽芝春牌银麟叁零贰（卷曲）
	安徽乌松岭生态农业有限公司	乌松岭牌徽白茶
	德江永志生态茶业有限公司	白兰春牌雪芽
	房县扶贫开发培训中心	陵州牌陵州毛尖
	台州顶赞生态农业开发有限公司	宋都御茶牌顶赞白茶
	余庆县玉龙茶业有限公司	玉河牌翠芽茶
	贵州怡壶春生态茶业有限公司	怡壶春牌湄潭翠芽茶
	湖北鹤峰县骑龙茶业有限公司	骑龙牌鹤峰生态白茶
	镇江市丹徒区富农茶叶专业合作社	茗海雪燕牌白茶
	湄潭县伊愫制茶厂	伊愫牌湄潭翠芽
	贵州省凤冈县浪竹有机茶业有限公司	香珠玉叶牌香珠玉叶
	宜兴市太华春泽园茶场	尚枫牌阳羡雪芽
	江西省协和昌实业有限公司	协和昌牌井冈云雾
	光山县净居寺茶场	紫云苏山春牌一级信阳毛尖
	三江侗族自治县多耶楼茶业有限公司	多耶楼牌大歌仙子
	黔南州贵天下茶业有限责任公司	贵天下牌都匀毛尖茶
	舒城县南港茶叶专业合作社	小麦岭兰花
	溧阳富子茶果专业合作社	富子牌白茶
	溧阳市金泉生态科技园	周城金泉牌白茶
	贵州印江梵净山翠峰茶业有限公司	梵净山牌梵净山翠峰茶
	溧阳市金山茶业有限公司	金山里牌白茶
	句容市赵庄林苗场	句曲牌赵庄白茶

（续）

茶类	单位名称	茶样名称
	广西西林浪伏有机茶业开发有限公司	王子山牌丹韵
	随州神农茶业有限公司	神农益木牌随州芽茶
	日照市共青茶厂	共青绿牌共青绿茶
	江西灵华山白茶开发有限公司	灵华山牌灵华山白茶
	德清县筏头乡瑶坞彩佳茶场	瑶佳牌莫干黄芽
	三江县春源茶业有限公司	侗妹益仙牌春源宜翠
	宜兴市阳羡茶业有限公司	灵谷牌阳羡白茶
	贵州省印江土家族苗族自治县净团茶叶有限公司	净团牌梵净山翠峰茶
	贵州省印江自治县梵净青茶业有限公司	双弓牌梵净山翠峰茶
	南京中山园林建设（集团）有限公司茶厂	盛峰牌雨花茶
	凤冈县龙江汇绿茶厂	汇陆牌翠芽
	安吉山客来茶园	山客来牌安吉白茶
	贵州新景生态茶业有限公司	梵净山画廊雀舌
	贵州金沙贡茶茶业有限公司	金沙贡牌绿茶
	杭州千岛湖姜记农产品专业合作社	友易牌千岛玉叶
	德清县筏头乡木竹坞茶场	庵碧尖牌莫干黄芽
	莒南县老子峪茶业有限公司	老子峪茶
	长兴县桃花岕有机茶厂	金紫笋-长兴黄茶
	贵州湄潭兰馨茶业有限公司	兰馨牌兰馨雀舌
	无锡市八士斗星茶场	斗星牌太湖翠竹（茶）
	淳安县鸠坑万岁岭茶叶专业合作社	万岁岭牌鸠坑毛尖
	四川绿昌茗茶业有限公司	绿昌茗牌绿昌茗雀舌
	溧阳市天目湖时雨茶厂	天目湖时雨牌翠柏茶
	金坛市御庭春茶业有限公司	秦汉相府牌相府白茶
	河南新林茶业有限公司	新林玉露牌蒸青绿茶
	庐江县柯坦有机茶厂	潜川好茗牌潜川好茗
	杭州千岛玉叶茶业有限公司	千岛湖牌千岛玉叶
	镇江市五峰茶场	彭公牌五峰白茶
	广西昭平县故乡茶业有限公司	故乡牌故乡春晓
	重庆龙缸茶业有限公司	龙缸云雾牌歧阳毛尖
	咸宁市逸思园生态茶业有限公司	逸思园牌泉谷毫峰
	湖北金林原种畜牧有限公司	御林君牌玉蕊茶
	金坛市西阳阳山茶厂	茅山御芽牌金坛雀舌
	资兴市东江库区果树研究所	好地方牌东江楚云仙绿茶

（续）

茶类	单位名称	茶样名称
	浮梁县浮瑶仙芝茶业有限公司	浮瑶仙芝牌绿茶
	三江侗族自治县布央茶业有限责任公司	布央牌三江春
	黄山茶业集团有限公司	云谷牌云谷大方茶
	广元市白龙茶叶有限公司	白龙湖牌七佛贡茶
	日照市凤玉茶厂	始皇牌始皇春绿茶
	德清县筏头乡光明茶场	游子牌莫干黄芽茶
	江苏吟春碧芽股份有限公司	吟春碧芽牌吟春碧芽
	印江自治县银杉茶叶有限公司	银杉牌梵净山翠峰茶
	光山县净居寺茶场	紫云苏山春牌特级信阳毛尖
	浙江省诸暨绿剑茶业有限公司	绿剑牌绿剑茶
	河南省商城县金刚台自然保护区茶场	金刚台牌金刚台野茶
	溧阳市天目湖宋塘茶叶专业合作社	千品春牌白茶
	日照冠清茶业科技有限公司	冠清牌冠清绿茶
	溧阳市神园春茶场	神元春牌天目湖白茶
	溧阳南山禄茶果专业合作社	南山禄牌白茶
	南京许呈茶树良种场	蟠龙湖牌雨花茶
	江苏省镇江市五洲山茶场	五洲牌五洲特供炒青
	四川都江堰青城茶叶有限公司	青城道茶
	贵州省翁安县贵山茶业有限责任公司	贵山春芽牌贵山春芽
	安徽云林茶业有限公司	妙道春牌妙道春芽
	建始县天露茶叶有限公司	官店牌官店玉露
	南京钟山旅游发展有限公司中山陵茶厂	钟山牌雨花茶
	淳安千岛湖秀水渔村开发有限公司	种群王牌鸠坑毛尖
	无锡太湖翠竹茶业有限责任公司	二泉映月牌太湖翠竹茶
	广水市武胜关镇孤山岗茶叶专业合作社	猿眉牌孤山春剑
	贵州平塘县云海茶业有限公司	高原雅韵牌玉水雪芽
	黔南州梅渊商贸有限公司	梅渊牌都匀毛尖茶
	建始县奇盛茶叶专业合作社	杉润牌雀舌
	赣州韶琳茶业有限公司	韶琳牌韶琳茶
	青川县仙雾茶场	树仙牌七佛贡茶
	乐山市沙湾玉芽茶业有限责任公司	峰顶山牌峰顶玉芽
	蕲春驹龙园茶业有限公司	驹龙园牌蕲香茶
	湖北楚孝生态茶叶有限公司	双毫雨露-孝颂系列
	广西桂平市国营金田林场龙盘茶厂	西山正庄牌“翠毫”西山茶

（续）

茶类	单位名称	茶样名称
	句容市马尾山茶场	加寿牌白茶
	浙江龙顶贡茶业有限公司	源头牌开化龙顶
	句容市赵庄林苗场	清谷香牌清谷香
红茶（74）	福安市茗亿香茶叶有限公司	坦洋工夫
	缙云县黄贡茶业有限公司	仙都黄贡牌黄贡曲眉
	广西西林宫保府茶业有限公司	宫保府牌王府红顶
	三江侗族自治县仙池茶业专业合作社	侗美仙池牌侗乡红
	宜宾川红茶业集团有限公司	川红工夫
	贵州新景生态茶业有限公司	梵净山武陵工夫红茶
	湖北瑶红茶业有限公司	瑶红
	广西凌云县伟利茶业有限公司	泗水年华牌日晓红茶
	新兴县翔顺生态旅游发展有限公司	象窝牌象窝红茶
	广西南亚热带农业科学研究所	鸿渐牌皇袍
	福建省天禧御茶园茶业有限公司	御茶园牌金闽红
	紫阳县郁禧园茶业有限公司	郁禧园牌紫阳富硒红茶一级
	广西乐业县昌伦茶业有限责任公司	布柳河牌雾露金芽红
	台州市旭日茶业有限公司	济公牌天台红茶
	沿河县懿兴生态茶业有限公司	懿兴茶业牌乌江富硒茶．红茶
	紫阳县科宏茶业有限公司	科宏牌紫阳富硒红茶（紫硒红）
	三江侗族自治县布央茶业有限责任公司	布央牌布央珍红
	柳城县国营伏虎华侨农场茶厂	伏侨牌伏虎金毫
	宜兴市伏东兰剑茶场	兰剑牌兰剑红
	乐昌市沿溪山茶场有限公司	雾翔牌沿溪山红茶
	广东丹霞天雄茶叶有限公司	丹霞天雄牌丹霞岩红（红茶）
	无锡市斗山茶叶科学研究所	斗鼎牌斗鼎金茗
	广西八桂凌云茶业有限公司	八桂凌云牌金毫红茶
	乐业县乐之星茶叶专业合作社	乐叶乐牌百色红
	宁德市九龙峰农业综合开发有限公司	九龙峰牌白芽奇兰
	广西凌云县凌森茶业有限公司	凌贡牌金毫红茶
	福建达敏农业综合开发有限公司	西溪凝露牌凤奇茶
	凌云县宏鑫茶业有限公司	岑王老山牌金毫
	广西西林浪伏有机茶业开发有限公司	王子山牌町香
	泉港区雨石辉红茶行	吴辉木牌红芽
	贵州湄潭兰馨茶业有限公司	兰馨牌兰馨金尖

（续）

茶类	单位名称	茶样名称
	宜兴市太华华锦茶场	锦叶牌红茶
	淳安千岛湖沁心茶叶专业合作社	俏红眉牌工夫红茶
	广西乐业县昌伦茶业有限责任公司	布柳河牌昌伦红
	乐业县乐家家特色农产品开发有限公司	乐叶乐牌金针
	广西凌云县老山源茶叶特产有限公司	老山源牌老山源金毫
	淳安千岛湖怡神堂茶果专业合作社	怡神堂牌怡神红茶
	韶关市曲江罗坑雪花岩茶业有限公司	雪花岩牌古树奖公红
	上犹县五指峰云雾茶业有限公司	五指韵牌花香型红茶
	广西壮族自治区国营柳城华侨农场茶厂	柳侨牌红叶传情 1969
	淳安千岛湖石窟群开发有限公司	千岛福牌红螺茶
	福建省尤溪县云富茶业有限公司	云富牌金云富
	寿宁县鸾峰茶业有限公司	鸾桥牌金骏福宁眉
	广西农垦茶业集团有限公司	大明山牌红金龙
	宜兴市太华镇良生茶厂	良生牌红茶
	浙江京鹏生态资源发展有限公司	源头牌开门红
	凌云县凌春茶业科技园区	桂红牌金钩红茶
	宜兴市湖父东岭茶场	竹海茗峰牌竹海金茗
	江西修水眉峰开发实业有限公司	五杰银雾牌红茶
	淳安县千岛湖睦州茶业有限公司	淳红牌工夫红茶
	仁化县红丹舒茶业有限公司	红丹舒牌丹霞红蜜香红茶
	宜宾川红茶业集团有限公司	川红．红贵人
	三江县浔江茶业有限公司	浔江春金红眉
	浙江乡雨茶业有限公司	乡雨牌红茶
	三江侗族自治县仙池茶业有限公司	侗美仙池牌仙池红
	都匀市匀山茶叶有限责任公司	匀山牌匀山红韵
	丹阳市鑫品茶业有限公司	鑫品牌丹阳红红茶
	广西金秀瑶族自治县新元茶业有限公司	叶志尧精制金山红韵
	宜兴市阳羡茶业有限公司	灵谷牌阳羡宜红
	三江侗族自治县东竹茶业有限公司	东竹牌三江红
	宜章县莽山瑶族乡标明茶叶种植专业合作社	瑶益春牌红茶
	福建省寿宁县天福缘茶厂	京鑫牌金骏眉
	利川市飞强茶业有限责任公司	星斗山牌红杜鹃利川红茶
	福建火烈鸟茶叶科技有限公司	火烈鸟牌肯尼亚工夫红茶
	宜兴市太华镇桥涯制茶厂	崖峰牌红茶

（续）

茶类	单位名称	茶样名称
	上犹县五指峰云雾茶业有限公司	五指韵牌蜜香型红茶
	中国农业科学院茶叶研究所	红茶 1 号样
	浙江省诸暨绿剑茶业有限公司	绿剑牌古越红
	宜兴市湖父镇永红茶林场	永红牌百岁红
	宜兴市绿洲生态茶业专业合作社	阳羡牌水仙红
	广西昭平县故乡茶业有限公司	故乡牌珍品故乡红
	湖北和合永安农业发展有限公司	万生堂牌宜红工夫
	淳安千岛湖早逢春茶叶专业合作社	利市牌千岛金桂茶
	淳安千岛湖秀水渔村开发有限公司	鸠岭御牌红眉茶（千岛工夫）
乌龙茶（19）	福建仙汇茶业有限公司	仙汇牌漳平水仙茶
	福建漳平鸿鼎农场开发有限公司	永福鸿鼎牌永福鸿鼎特级
	福建漳平鸿鼎农场开发有限公司	永福鸿鼎牌永福鸿鼎 3A 级
	福建省安溪大茗王朝茶叶科技有限公司	大茗王朝牌安溪铁观音清香型
	福建漳平鸿鼎农场开发有限公司	永福鸿鼎牌永福鸿鼎鼎级
	湖北省鹤峰鑫农茶业有限公司	白果牌鹤峰黄金乌龙
	福建省农业科学院茶叶研究所	福特利牌春闺乌龙茶
	潮州市湘桥区陈韵茶坊	韦德宁
	武夷山市兰汤岩茶研究所	兰汤牌大红袍
	福建省武夷山市中远生态茶业有限公司	苑芳牌琴韵大红袍
	福建省武夷山市响岩茶业有限公司	响岩牌黄观音（105）茶
	武夷山市幔亭岩茶研究所	幔亭牌肉桂
	武夷山市兰汤岩茶研究所	兰汤牌金锁匙
	广西金秀瑶族自治县新元茶业有限公司	叶志尧精制膨风茶
	潮安县凤凰高峰茶业有限公司	高峰绿宝牌凤凰单丛茶
	潮安县凤凰镇森峰茶庄	八仙
	广西金秀瑶族自治县大瑶山天然植物开发有限公司	瑶家树牌叶志尧精制东方美人茶
	潮安县凤凰镇迎宾茶庄	宋种
	武夷山市幔亭岩茶研究所	幔亭牌大红袍
白茶（9）	福建省天鼎茶业有限公司	天鼎牌白牡丹
	广东丹霞天雄茶叶有限公司	丹霞天雄牌丹霞玉芽
	福建吾要茶业有限公司	陈焕牌白牡丹
	福建品品香茶业有限公司	品品香牌白牡丹
	福建省天湖茶业有限公司	绿雪芽牌极品白牡丹
	仁化县红丹舒茶业有限公司	红丹舒牌丹霞雪芽白茶

（续）

茶类	单位名称	茶样名称
	乐业县乐家家特色农产品开发有限公司	乐叶乐牌百色白
	福建吾要茶业有限公司	陈焕牌白毫银针
	广西乐业县昌伦茶业有限责任公司	布柳河牌乐业白
黄茶（2）	德清县莫干山镇石颐茶场	石颐牌莫干黄芽
	德清莫干山黄芽茶业有限公司	横岭春晓牌莫干黄芽
黑茶（8）	苍梧六堡茶业有限公司	苍松牌六堡茶 0612-01
	梧州中茶茶业有限公司	中茶牌六堡茶 5105
	云南易武同庆号茶业有限公司	易武同庆号牌易武落水洞（生）饼茶
	广西凌云浪伏茶业有限公司	浪伏牌泗城 1658 典藏．有机黑茶
	广西苍梧县银泰六堡茶业有限责任公司	苍顺牌六堡茶
	麻栗坡县平河国信茶叶有限公司	高朋牌老茶树
	麻栗坡县平河国信茶叶有限公司	高朋牌古茶神韵
	梧州圣源茶业有限公司	圣源牌御品·槟榔香
特种茶（4）	鹿寨县大乐岭茶业有限公司	大乐岭牌佳人醉
	余庆县构皮滩茶业有限责任公司	构皮滩牌苦丁茶
	缙云县上湖茶业专业合作社	缙云黄茶
	韶关市曲江区罗坑茶厂	罗坑牌果香蜜韵

第二阶段

特等奖

茶类	单位名称	茶样名称
红茶（12）	隆林三冲茶叶有限公司	翅东牌三冲红茶
	台州市桐坑茶业有限公司	绿壳红
	广西凌云县凌森茶业有限公司	凌贡牌金毫红茶
	翁源县七仙子生态茶场	云雾仙子牌丹桂红
	大足县玉峰茶叶专业合作社	玉峰天香
	华南农业大学园艺学院	石牌红茶
	宜兴市大地春农产品加工有限公司	大地春红
	灵山县平南镇俊兴茶厂	俊兴牌水凌红
	广西金秀瑶族自治县新元茶业有限公司	王建民监制瑶源红
	江苏省晴兰生态农业有限公司	晴兰红
	上犹县五指峰云雾茶业有限公司	五指韵牌红茶
	广西乐业县金泉茶业有限公司	凌翁牌乐翁金芽
乌龙茶（6）	武夷山市天心正岩茶叶有限公司	大红袍

（续）

茶类	单位名称	茶样名称
	浙江金福茶业有限公司	浓香金观音
	武夷山市天心正岩茶叶有限公司	肉桂
	饶平县源雾茶叶专业合作社	源雾牌岭头单丛茶
	浙江顶峰生态农业有限公司	龙泉凤羽金观音
	福建漳平鸿鼎农场开发有限公司	永福鸿鼎牌顶级（茶）
白茶（1）	福建鼎白茶业有限公司	鼎白牌福鼎白毫银针茶
特种茶（2）	汕头市龙湖区祥华茶庄	顺强红茶
	浙江龙泉阳光农业有限公司	龙泉红牌黄金茶
黑茶（2）	梧州圣源茶业有限公司	金花六堡
	广西壮族自治区梧州茶厂	“三鹤”牌六堡茶0136
花茶（1）	重庆西农茶叶有限公司	西农毛尖

一等奖

茶类	单位名称	茶样名称
红茶（41）	泉港区雨石辉红茶行	吴辉木牌金毫
	日照市义泉茶业有限公司	义泉金贡红茶
	浙江龙泉五龙山茶业有限公司	“五龙云间”龙泉金观音红茶
	日照市茶叶科学研究所名优茶开发中心	海润曲红
	广西乐业县昌伦茶业有限责任公司	布柳河牌雾露金芽
	龙泉市金福红茶叶专业合作社	“金福红”牌高山红茶
	山东日照公路茶业有限公司	祥路碧海·日照红
	新丰县茶峒高山茶专业合作社	仙堂山牌红茶
	宜章莽山瑶族乡钟家木森森茶场	过山瑶牌瑶山红
	贵州湄潭盛兴茶业有限公司	遵义红红茶
	宜宾酒都生态茶业有限公司	酒都牌酒都红红茶
	安徽省黄山市祁眉茶旅有限公司	红颜牌祁门红茶
	三江县东竹山茶叶生产专业合作社	东竹牌“侗红”
	广西乐业县昌伦茶业有限责任公司	布柳河牌昌伦红
	广东省农业科学院饮用植物研究所、韶关市曲江罗坑雪花岩茶业有限公司	“鸿雁”牌、“雪花岩”牌“杏仁香红茶”
	广西八桂凌云茶业有限公司	八桂凌云牌凌香1号
	福建省天荣茶业有限公司	东顶牌坦洋工夫红茶
	无锡市惠山区藕塘勤建茶场	“勤梅”牌红茶
	开化县京红家庭农场	源头京红牌红茶
	日照南湖马陵春茶业有限公司	马陵春红茶
	泰安金女儿茶业有限公司	金女儿红茶

（续）

茶类	单位名称	茶样名称
	福建海雾茶业发展有限公司	高山红韵（工夫红茶）
	三江侗族自治县程阳桥有机茶叶有限公司	侗王牌顶红茶
	湛江市茗禾茶业有限公司	茗禾江牌茗禾红
	景德镇市金桂园农业开发有限公司	孚钉红茶
	青岛市崂山区神水泉茶场	神水泉牌红茶
	广西八桂凌云茶业有限公司	八桂凌云牌金毫红茶
	广西凌云县老山源茶叶特产有限公司	老山源金毫
	安徽省黄山市祁眉茶旅有限公司	祁眉牌祁眉高级红茶
	祥源茶业股份有限公司	祥源·祁红毛峰
	济南南湖玉露茶叶科技开发有限公司	泉城牌红茶
	三江侗族自治县仙池茶业有限公司	侗美仙池牌仙池红
	海阳市步鹤山茶果专业合作社	步鹤山牌鹤山正红
	广西凌云县凌森茶业有限公司	凌贡牌凌香2号
	苏州市东山御封茶厂	桶木红毫
	广西柳州市三江县绿茶公主茶业有限责任公司	绿茶公主牌三江红玉
	贵州省普定县黔龙茶业有限公司	黔馥牌朵贝红茶
	泉港区雨石辉红茶行	吴辉木牌雨石红
	云南临沧双江双龙古茶园茶厂	勐康牌高山乔木红
	泉港区雨石辉红茶行	吴辉木牌曦红
	景宁畲族自治县香雨有机茶有限公司	雨巷红茶
乌龙茶（9）	广东飞天马实业有限公司	飞天马牌飞天一叶
	广东省潮安县安凤茗茶庄	宋种单丛
	广东飞天马实业有限公司	飞天马牌忘言单丛
	福建省武夷山市中远生态茶业有限公司	苑芳牌大红袍（有机）
	武夷山茗兰茶业研究所	九叶金观音
	福建武夷丘苑茶业有限公司	闽派老枞水仙
	福建向荣大芹山茶业发展有限公司	名峰山牌白芽奇兰茶
	新丰县茶峒高山茶专业合作社	三叶粒牌乌龙茶
	福建大用生态农业综合发展有限公司	大用山牌漳平水仙茶
白茶（5）	福建吾要茶业有限公司	陈焕牌白毫银针
	福建鼎白茶业有限公司	鼎白牌福鼎白牡丹茶
	福建老茶三生态农业发展有限公司	白牡丹
	福建瑞达茶业有限公司	瑞达牌银针饼
	浙江龙顶贡茶业有限公司	源头牌白茶

（续）

茶类	单位名称	茶样名称
黑茶（6）	云南临沧双江双龙古茶园茶厂	勐康牌冰岛王
	广西八桂凌云茶业有限公司	八桂凌云牌凌云黑宝茶
	云南春茗茶业有限责任公司	香竹箐普洱生茶
	广西梧州金益六堡茶业有限公司	金益牌 806 系列（陈香型）六堡茶
	广西金花茶业有限公司	金花牌六堡茶（65208）
	广西南山白毛茶茶业有限公司	圣种牌南山黑茶
特种茶（6）	宜兴市锦绣农副产品专业合作社	井峰牌朝霞黄茶
	广东省新华农场茶叶公司	华煌牌红条茶
	金华锦林佛手专业合作社	金枝玉叶
	广西凌云县老山源茶叶特产有限公司	老山源秋金花茶
	龙泉红国礼茶业有限公司	国礼牌高香红韵
	云南雨竹轩科技有限公司	“原真之地”牌熟茶茶膏
花茶（5）	北京吴裕泰茶业股份有限公司	吴裕泰牌茉莉龙针
	北京二商京华茶业有限公司	京华牌茉莉花茶
	北京吴裕泰茶业股份有限公司	吴裕泰牌翠谷幽兰
	咸宁市幕山茶业有限公司	幕峰牌幕峰桂花茶
	四川省峨眉山竹叶青茶业有限公司	碧潭飘雪牌花茶

第十一届“中茶杯”全国名优茶评比获奖名单

第一阶段

特等奖

茶类	单位名称	茶样名称
绿茶（61）	贵州金科现代农业发展有限公司	黔秾坊牌务川大叶茶
	溧阳市天目湖裕丰茶果园	登茗牌天目湖白茶
	宜兴市太华华锦茶场	锦叶牌白茶
	无锡市茶都茶业有限公司	惠泉牌阳羡雪芽
	无锡市茶叶品种研究所有限公司	惠泉牌太湖翠竹
	安吉县百竹茶业有限公司	百竹源牌安吉白茶
	句容市下蜀茶场	金翠牌金山翠芽
	丹阳市丹北镇后巷建林茶场	丁建林牌金山翠芽
	安吉县溪龙杨家山茶场	银叶牌安吉白茶
	句容市林场	句林牌句容白茶
	句容市九龙山茶场	九龙春早牌金山翠芽
	平利县女娲银峰茶叶有限公司	女娲峰牌女娲富硒白茶
	江苏吟春碧芽股份有限公司	吟春碧芽牌吟春碧芽
	句容市苏南茶业有限公司	苏南牌玉雪春白茶
	江苏南山坞生态农林有限公司	南山坞牌白茶
	句容市茅山镇茅业茶场	茱和春牌白茶
	湖北金雷茶业有限公司	春知己牌白茶
	安吉县雅思茶场	雅思牌安吉白茶
	利川金利茶业有限责任公司	雲頭山牌白茶
	安吉恒盛白茶有限公司	恒盛牌安吉白茶
	安徽吉桐茶叶开发有限公司	笄罩山牌白茶
	光山县净居寺茶场	紫云苏山春牌特级信阳毛尖
	青岛华盛绿能农业科技有限公司	玄武翠芽
	四川竹海玉叶生态农业开发有限公司	巴蜀玉叶牌白茶
	句容市林场	句林牌宝华玉笋茶
	安康市汉水韵茶业有限公司	汉水韵牌陕茶一号仙茗
	普定县凤翎茶叶种植专业合作社	银贝芽牌朵贝翠芽
	武汉大雾山茶业有限公司	刀楼寨牌白茶
	柳城县国营伏虎华侨农场茶厂	伏侨牌伏虎龙芽

（续）

茶类	单位名称	茶样名称
	缙云县轩黄农业发展有限公司	轩黄牌轩黄黄茶
	陕西省商南县金丝茶业发展有限公司	秦露牌金丝雾峰
	安吉县溪龙贡茗茶场	溪龙贡茗牌安吉白茶
	山东泰茶农业发展有限公司	良心谷牌白茶
	紫金县黄花茶业有限公司	黄花牌闺秀绿茶
	应城市景山阳光生态农业有限责任公司	傅承茶礼牌承德茶
	安吉山客来茶园	山客来牌安吉白茶
	安吉弘昌茶叶有限公司	正弘昌牌安吉白茶
	湖北省鹤峰鑫农茶业有限公司	白果牌走马翠毫茶
	江西灵华山白茶开发有限公司	灵华山牌白茶
	青岛海青炳运茶厂	炳运牌精品龙
	奉化市雪窦山茶叶专业合作社	雪窦山牌奉化曲毫
	日照浏园生态农业有限公司	浏园春牌润峰绿茶
	江苏茗苑茶叶科技开发有限公司	高庙牌茗苑曲毫
	镇江市丹徒区壹零捌茶叶专业合作社	墅香牌墅香剑毫茶
	德清县莫干山镇石颐茶场	石颐牌莫干黄芽
	贵州博雅农业科技发展有限公司	湄潭玉叶
	株洲市将军山生态农业发展有限公司	云霄山牌醴陵白芽茶
	贵州省贵之缘茶业发展有限责任公司	御之茗牌白茶
	重庆云岭茶业科技有限责任公司	云岭牌云岭永川秀芽
	贵州省普定县黔龙茶业有限公司	黔馥牌朵贝毛尖茶
	镇江市丹徒区春沁茶叶专业合作社	墅山牌金山翠芽
	都匀市匀山茶叶有限责任公司	匀山牌都匀毛尖茶
	句容市磨盘山林场	玉树林峰牌白茶
	溧阳市天目湖时雨茶厂	天目湖时雨牌白茶
	贵州省余庆县正泰茶业发展有限公司	飞龙湖牌白茶
	句容市赵庄林苗场	句曲牌金山翠芽
	江苏省镇江市五洲山茶场	五洲牌金山翠芽
	江西馨阳岭实业有限公司	馨阳岭牌馨阳岭白茶
	德江县鸿泰茶业有限责任公司	梵净山牌鸿泰碧露茶
	安吉萌峰茶业有限公司	芽生牌安吉白茶
	镇江市丹徒区富农茶叶专业合作社	茗海雪燕牌长山剑毫
红茶（27）	仁化县红丹舒茶业有限公司	红丹舒牌丹霞红
	宜兴珍香生态茶业专业合作社	九香翠芽牌红茶

（续）

茶类	单位名称	茶样名称
	广东丹霞天雄茶叶有限公司	丹霞天雄牌丹霞岩红
	浙江省永康市名茶研究所	旗王牌永康红
	广西昭平县天成生态农业有限公司	天成牌寿红红茶
	杭州龙尊茶叶专业合作社	石镜牌红茶
	浙江昴山茶叶有限公司	昴山缘牌红茶
	贵州怡壶春生态茶业有限公司	黔门红牌工夫红茶
	贵州阳春白雪茶业有限公司	阳春白雪牌遵义红
	广西凌云浪伏茶业有限公司	浪伏牌红韵
	宜兴市岭下茶场	竹海金茗牌竹海金茗
	广西凌云县金字塔白毫茶商贸有限公司	凌云金字塔牌凌云红茶金毫
	灵山县俊兴茶厂	俊兴牌水凌红
	茂名天宇茶业有限公司	三江顶牌高山红茶
	广西凌云县凌森茶业有限公司	凌贡牌金毫红茶
	无锡市茶都茶业有限公司	惠泉牌宜兴红茶
	贵州湄潭兰馨茶业有限公司	点犀牌红茶
	柳城县国营伏虎华侨农场茶厂	伏侨牌伏虎金毫
	灵山县许峰茶厂、灵山县许峰茶叶专业合作社	许峰牌灵山红
	三门绿毫茶叶专业合作社	太师峰牌仙子红茶
	广东雪花岩茶业有限公司	雪花岩牌古树杏仁香红茶
	鹿寨县大乐岭茶业有限公司	桂妃红牌桂妃红
	广西南亚热带农业科学研究所	桂香红美人茶
	广西凌云县高山茶业商贸有限公司	高山春雨牌红茶金毫
	广西壮族自治区国营柳城华侨农场茶厂	柳侨牌桂侨红
	三江侗族自治县仙池茶业有限公司	侗美仙池牌仙池红
	广西农垦茶业集团先锋制茶有限公司	大明山牌红金龙
乌龙茶（7）	广东凯达茶业股份有限公司	凯达牌香妃翠玉乌龙茶
	武夷山市幔亭岩茶研究所	幔亭牌肉桂
	潮州市湘桥区陈韵茶坊	韦德宁牌沐玲珠
	饶平县杯杯香茶行	岭头单丛茶
	武夷山市兰汤岩茶研究所	兰汤牌大红袍
	兰亭世家	鸡笼刊
	武夷山市幔亭岩茶研究所	幔亭牌水仙
白茶（5）	仁化县红丹舒茶业有限公司	红丹舒牌丹霞雪芽
	福建省天湖茶业有限公司	绿雪芽牌白毫银针

（续）

茶类	单位名称	茶样名称
	福建省天湖茶业有限公司	绿雪芽牌白牡丹
	福建鼎白茶业有限公司	鼎白牌白毫银针
	福建省莲峰茶业有限公司	三泉牌白毫银针
黑茶（3）	广西壮族自治区梧州茶厂	三鹤牌 0156 六堡茶
	广西梧州茂圣茶业有限公司	茂圣牌六堡茶 910512
	云南大元昌茶业有限公司	大元昌牌普洱生饼
黄茶（2）	远安嫘祖黄茶有限公司	嫘祖牌远安黄茶
	平阳县益众绿色食品有限公司	慧春牌平阳黄汤

一等奖

茶类	单位名称	茶样名称
绿茶（186）	德清莫干山东山生态林场有限公司	百亩顶牌莫干绿茶
	日照市御贡茶业有限公司	御贡翠芽
	汉中远健农业综合开发有限公司	秦巴毛尖
	宁海县深圳镇岭峰茶场	明雾茶牌明雾茶
	安吉县晨溪山茶场	晨溪山牌安吉白茶
	镇江市丹徒区谷阳茶场	金谷阳牌金谷阳春
	安吉叶兢茶业有限公司	叶兢牌安吉白茶
	张家界龙鑫生态农业有限公司	湘陵春牌银芽
	安吉奇源茶叶有限公司	御禾源牌安吉白茶
	台州顶赞生态农业开发有限公司	顶赞牌顶赞白茶
	安吉龙王山茶叶开发有限公司	龙王山牌安吉白茶
	湖北绿可生态茶业有限公司	绿可牌绿针
	无锡太湖翠竹茶业有限责任公司	斗山牌太湖翠竹茶
	宜兴市碧绿春茶场	韵芽牌善卷春月
	浙江德清县双丰茶业有限公司	金德银清牌莫干黄芽
	安吉县群英茶场	倚绿奇葩牌安吉白茶
	青岛钰雪家庭农场有限公司	钰雪牌钰雪寻梅
	句容市张庙茶场	华阳牌茅山长青
	安吉县女子茶叶专业合作社	溪龙仙子牌安吉白茶
	日照浏园生态农业有限公司	浏园春牌玉龙展颜茶
	应城市聂山茶场	聂山牌景山春雪
	新沂市马陵春茶场	马陵山牌马陵春芽
	浦江县大畈乡东坪茶叶专业合作社	东坪牌东坪高山茶

（续）

茶类	单位名称	茶样名称
	深圳市随园投资有限公司	紫桐牌桐城小花独芽茶
	贵州岚宇茶业有限公司	茗鹤春牌开阳白茶
	山东天宝茶业有限公司	横山天宝牌绿茶
	句容市行香绿润茶场	行香绿润牌绿润白茶
	安徽白云春毫茶业开发有限公司	白云春毫牌绿茶
	句容市赵庄林苗场	句曲牌茅山长青
	陕西省商南县茶叶联营公司	双山牌秦岭泉茗
	安吉递铺三官大明山茶厂	芳羽牌安吉白茶
	乐山市五通桥区芽芝春茶厂	银麟 302
	浙江老茶缘茶庄有限公司	老茶缘牌径山茶
	青岛怡博茶业专业合作社	怡博牌春苑茶
	湖北中兴食品有限公司	大洪山牌雪芽
	溧阳市金泉生态科技园有限公司	周城金泉牌天目湖白茶
	日照北叶青茶业有限公司	北叶青牌绿茶
	句容市九龙山茶场	九龙春早牌茅山长青
	镇江市丹徒区谷阳茶场	金谷阳牌金山翠芽
	贵州印江自治县梵净青茶业有限责任公司	双弓牌梵净山翠峰茶
	常州日日春农业科技开发有限公司	玉芽芝牌白茶
	武汉市黄陂区独屋茶场	木兰春然牌绿茶
	三江侗族自治县多耶楼茶业有限公司	多耶楼牌大歌仙子
	句容市茅山茶场	金茅牌茅山长青
	建德市农业技术推广中心茶叶生产站	新安江牌新安江白茶
	广西三江侗族自治县人和茶叶专业合作社	侗岭牌侗岭仙茗
	山东日照碧波茶业有限公司	日照碧波牌碧波春
	咸宁市华胜生态茶业有限公司	亚杰牌华胜雪绿茶
	铅山县黄岗山有机资源开发有限公司	武夷玉枝牌云芽
	安吉千道湾白茶有限公司	千道湾牌安吉白茶
	星子庐山七尖云雾茶有限公司	七尖幽兰牌庐山云雾茶
	青岛华盛绿能农业科技有限公司	华盛翠芽
	商南县沁园春茶业有限责任公司	秦园春牌商南白茶
	三江侗族自治县东竹茶业有限公司	东竹牌三江春
	贵州省印江自治县梵天净土绿色产业有限公司	梵天净土牌梵净山翠峰茶
	乐山市沙湾玉芽茶业有限责任公司	峰顶山牌峰顶玉芽
	溧阳市金泉生态科技园有限公司	周城金泉牌翠柏

（续）

茶类	单位名称	茶样名称
	山东省五莲县富园茶厂	富园牌富园春绿茶
	安吉溪龙对面山白茶有限公司	对面山牌安吉白茶
	安吉天荒坪杜家茶场	蔡志萍牌安吉白茶
	平塘县云海茶业有限公司	高原雅韵牌都匀毛尖
	江苏鑫品茶业有限公司	鑫品牌金坛雀舌茶
	宜兴市御茶农林生态园有限公司	韵芽牌御茶
	湖北中兴食品有限公司	大洪山牌毛尖
	岳西县林兰名茶厂	林兰芳牌长岭兰芽
	缙云县黄贡茶业有限公司	仙都黄贡牌缙云黄茶
	德清丁孝芳家庭农场有限公司	石颐牌莫干黄芽
	青岛瑞玥春茶叶专业合作社	瑞玥春牌瑞玥春茗
	安吉县黄杜白玉山茶场	如意源牌安吉白茶
	黄山甘白香茶业有限公司	甘白香牌黄山白茶
	德江县鸿泰茶业有限责任公司	梵净山牌鸿泰春葵茶
	三江县鑫隆茶业有限责任公司	侗都人牌侗剑茶
	安吉宋道茶叶有限公司	宋道牌安吉白茶
	江苏天目湖华耕生态农业科技有限公司	天目湖华耕牌白茶
	五莲县陆羽茶业机械专业合作社	富园牌莲山云雾绿茶
	宜兴市太华乾宏茶厂	荆峯牌阳羡雪芽
	乐昌市沿溪山茶场有限公司	雾翔牌沿溪山白毛尖茶
	湖北咸宁长江经济开发区华胜农庄茶叶基地	亚杰牌香绿茶
	宜兴珍香生态茶业专业合作社	九香翠芽牌白茶
	江西公和厚茶业有限公司	公和厚牌庐山云雾
	日照盛润茶业专业合作社	盛润牌盛润茶
	河南省商城县金刚台自然保护区茶场	金刚台牌金刚台野茶
	浠水董河茶叶专业合作社	董河牌碧珍茶
	江苏天目湖华耕生态农业科技有限公司	天目湖华耕牌翠柏
	日照市御园春茶业有限公司	江北御园春牌极品绿茶
	平利县女娲友缘富硒名茶有限公司	宏门牌女娲毛尖
	句容市浮山果园	浮翠硒茶牌句容白茶
	淳安县大墅桃园茶厂	千层浪牌杭州白茶
	三江县民兴茶叶专业合作社	三省坡茗牌三江春
	三江侗族自治县布央茶业有限责任公司	布央牌三江春
	浙江三农茶业有限公司	半岭早牌半岭早茶

（续）

茶类	单位名称	茶样名称
	贵州博雅农业科技发展有限公司	贵阳毛峰
	湖北省紫云山茶有限公司	紫云峰牌紫云碧绿茶
	三江县绿源茶业有限公司	风雨桥牌绿源乐春
	山东天宝茶业有限公司	横山天湖牌绿茶
	金坛市西阳阳山茶厂	茅山御芽牌金坛雀舌
	广西华盛集团四塘农工商有限责任公司	桂碧牌四塘鼎尖茶
	江西恒泰林业开发有限公司	格物之源牌白茶
	日照市盛业茶业有限公司	盛业春牌盛业春绿茶
	日照市义泉茶业有限公司	義泉牌松雾绿茶
	广西凌云县金字塔白毫茶商贸有限公司	凌云金字塔牌凌云绿茶银针
	山东日照公路茶业有限公司	祥路碧海牌日照绿茶
	安吉茗来福白茶有限公司	茗来福牌安吉白茶
	日照达摩茗茶发展有限公司	达摩牌达摩茗茶
	安吉黄杜打石坎茶场	圣丰牌安吉白茶
	丹徒区上党三泉茶场	三泉牌长山剑毫
	五峰汲明茶业有限责任公司	汲明牌汲明毛尖
	青岛海青志光茶业有限公司	煜龙春牌煜龙春芽
	贵州省湄潭县芸香茶业有限公司	国翠飘香牌湄潭翠芽·御品
	贵州省印江土家族苗族自治县净团茶叶有限公司	净团牌梵净山翠峰茶
	江苏大敬茶业有限公司	周大敬牌天目湖白茶
	湖北昭君生态农业有限公司	昭君牌白茶
	陕西西乡汉茗茶业有限责任公司	汉茗牌汉中仙毫
	南京六平茶叶有限公司	六平牌雨花茶
	溧阳市周城伏家茶厂	洑家毫牌白茶
	无锡市八士斗星茶场	斗星牌太湖翠竹（茶）
	青岛华盛绿能农业科技有限公司	明道春
	凤冈县娄山春茶叶专业合作社	娄山春牌娄山凤冠
	贵州江口梵净山茶业有限公司	梵净山牌梵净翠芽
	湖北中兴食品有限公司	大洪山牌翠峰
	黄岛区海青北山茗正茶场	朋珍牌海茗珍
	浙江龙泉阳光农业有限公司	龙泉红牌黄金茶
	日照市东港区伊坊苑茶叶专业合作社	益竹青牌益竹青茶
	无锡市茶叶研究所有限公司	岚峰牌宜兴金兰
	贵州哚贝古茶开发有限公司	哚贝古茶牌朵贝毛峰

（续）

茶类	单位名称	茶样名称
	贵州夜郎湖茶业有限公司	夜郎湖牌朵贝御茗特级御芽
	仪征市清源茶叶科技示范园	绿篱牌绿杨春茶
	句容市方山茶场	翠竹牌茅山长青
	青岛晓阳工贸有限公司	晓阳春牌东海龙须茶
	日照清吟茶业有限公司	清吟牌翠兰茶
	日照清吟茶业有限公司	清吟牌曲毫茶
	胶南市海青镇东蔡家还来茶厂	鲁御春牌绿茶
	贵州江口净园春茶业有限公司	净园春牌梵净翠芽茶
	广西西林京桂古道茶业有限公司	京桂古道牌古道玉芽茶
	无锡太湖翠竹茶业有限责任公司	二泉映月牌太湖翠竹茶
	宜兴市伏东兰剑茶场	兰剑牌太湖翠眉
	金坛市方麓茶场有限公司	百园春牌金坛雀舌
	缙云县黄贡茶业有限公司	仙都黄贡牌仙都黄贡
	德清县筏头乡光明茶场	游子牌莫干黄芽茶
	青岛钰雪家庭农场有限公司	钰雪牌钰雪香兰
	缙云县丽州龙芽家庭农场	缙云黄芽
	金坛市御庭春茶业有限公司	天壶牌金坛雀舌茶
	咸宁市华胜生态茶业有限公司	亚杰牌华胜玉剑茶
	青岛泽农茶业专业合作社	泽农牌桂平玉剑茶
	利川金利茶业有限责任公司	雲頭山牌绿茶
	贵州阳春白雪茶业有限公司	贵芽牌湄潭翠芽
	溧阳市天目湖玉枝特种茶果园艺场	玉枝牌天目湖白茶
	杭州千岛湖永安茶叶专业合作社	永安牌千岛玉叶 1078 龙井茶
	重庆龙缸茶业有限公司	龙缸云雾牌歧阳秀芽
	乐山市五通桥区芽芝春茶厂	银龄翠
	重庆市二圣茶业有限公司	巴南牌银针茶
	浙江省武义茶业有限公司	九龙山牌武阳春雨
	日照市茶叶科学院研究所名优茶开发中心	海润牌海润碧芽
	石阡县龙塘镇大屯兆豊茶叶专业合作社	石阡苔茶牌石阡翠芽茶
	资兴市东江库区果树研究所	好地方牌东江楚云仙茶
	紫云自治县土红坡茶业有限公司	毛山盖牌毛尖
	浙江碧云天农业发展有限公司	碧云天牌黄芽茶
	贵州江口净园春茶业有限公司	净园春牌梵净山白珍珠茶
	镇江市五峰茶场	彭公牌五峰白茶

（续）

茶类	单位名称	茶样名称
	溧阳市兴望茶场	天白牌白茶
	青岛海青龙泰茗家庭农场有限公司	九州龙和泰牌海青龙茗
	句容市赵庄林苗场	清谷香牌清谷香茶
	宜兴市绿洲生态茶业专业合作社	阳羡牌白茶
	安吉千道湾白茶有限公司	香里香牌安吉白茶
	江口县铜江生物科技有限公司	江口梵净翠芽
	江西恒泰茶业开发有限公司	虔茶云杉牌绿茶
	景德镇市金桂园农业开发有限公司	山里雾牌浮梁绿茶
	建德市峰鼎茶场	金岩峰牌白玉莲心茶
	宜兴市红岭茶业有限公司	红岭牌红岭春月
	陕西省商南县金丝茶业发展有限公司	秦露牌金丝翠芽
	台州顶赞生态农业开发有限公司	顶赞牌顶赞白茶仙子
	广西凌云县高山茶业商贸有限公司	高山春雨牌绿茶白毫王
	湖北邓村绿茶集团有限公司	邓村绿茶牌邓村绿茶
	贵州夜郎湖茶业有限公司	夜郎湖牌朵贝御茗特级御峰
	白河县药树茶业有限责任公司	药树牌绿茶
	贵州湄潭兰馨茶业有限公司	兰馨牌雀舌
	黄山市黄山区猴岗王府茶业有限公司	猴岗牌太平猴魁茶
	陕西紫阳春富硒茶业有限公司	紫阳春牌紫阳春雨
	印江土家族苗族自治县洋溪茶叶专业合作社	净合牌梵净山翠峰茶
	宁海县天顶山茶场	裕竺牌裕竺茶
	山东万平农业开发有限公司	万平牌万平春绿
	彭泽县大岷山生态农林有限公司	赣北牌大岷山白茶
	光山县净居寺茶场	紫云苏山春牌苏山白茶
	无锡市茶叶品种研究所有限公司	惠泉牌苏茶
	湖州溪涧雪芽茶叶有限公司	溪涧雪芽牌安吉白茶
	山东冠清茶业科技股份有限公司	冠清牌冠清绿茶
红茶（82）	广东翔顺象窝茶业有限公司	象窝牌象窝红茶
	广西凌云浪伏茶业有限公司	浪伏牌金毫
	宜兴市太华镇胥锦茶场	井峰牌红茶
	海南五指雨林茶业有限公司	五指雨林牌有机工夫红茶
	溧阳市金泉生态科技园有限公司	周城金泉牌红茶
	保山冰清茶叶有限责任公司	云雾冰清牌生态红茶
	福建省松溪县天园生态茶科学研究所	天上仙园牌红观音

（续）

茶类	单位名称	茶样名称
	翁源县七仙子生态茶场	云雾仙子牌金品红茶
	石阡县夷州贡茶有限责任公司	华贯牌石阡苔茶（红茶）
	商洛市秦岭红生态茶业开发有限公司	秦岭红牌秦岭一号
	萧氏茶业集团有限公司	萧氏牌皇乌眉
	陕西紫阳春富硒茶业有限公司	紫阳春牌紫阳红茶
	广西八桂凌云茶业有限公司	八桂凌云牌金毫红茶
	济南红香螺泉城红茶有限公司	泉城红香螺牌红茶
	寿宁县华天茶业有限公司	华天工夫红茶
	河池市六龙茶业有限责任公司	六龙岩赤牌金芽红茶
	三江县浔江茶业有限公司	浔江春牌金红眉
	中国农业科学院茶叶研究所、淳安县农业局茶叶站	千岛红
	龙泉红国礼茶业有限公司	剑茗园牌高香红韵
	江西省宁红有限责任公司	漫江红牌宁红金毫
	贵州省丹寨县三泉茶业有限公司	三泉牌丹寨硒锌红茶
	广西八桂凌云茶业有限公司	八桂凌云牌凌香 1 号红茶
	江西修水眉峰开发实业有限公司	眉毛山牌红茶
	恩施茗道茶业有限公司	恩茶红牌恩茶红茶
	福建省天禧御茶园茶业有限公司	御茶园牌金闽红
	宜兴市中超阳羡红茶业有限公司	阳羡红红茶
	利川市飞强茶业有限责任公司	星斗山牌野放茶
	陕西省紫阳县大晟富硒茶业有限公司	红安康牌特级红茶
	无锡市茶叶研究所有限公司	岚峰牌阳羡金毫
	宜兴市太华乾宏茶厂	荆峯牌红茶
	宜兴市嘉锦茶叶专业合作社	嘉锦牌红茶
	江西公和厚茶业有限公司	公和厚牌宁红茶
	湖北嘉润茶业有限公司	生耕甘露牌利川红红茶
	浙江金福茶业有限公司	必福牌金福红红茶
	寿宁县鸾峰茶业有限公司	鸾桥牌高山乌龙红
	广西凌云县沁香茶业商贸有限公司	桂沁园牌天尊红茶
	重庆云岭茶业科技有限责任公司	云岭牌渝红工夫金芽
	宜兴市红岭茶业有限公司	红岭牌红岭金螺
	宜兴市阳羡茶业有限公司	灵谷牌阳羡宜红
	湖南省沅陵碣滩茶业有限公司	凤娇牌碣滩红
	海南五指雨林茶业有限公司	五指雨林牌野生工夫红茶

（续）

茶类	单位名称	茶样名称
	贵港市港南区北一茶厂	德诚和牌红茶
	宜兴市太华镇乾元茶场	乾红牌红茶
	金寨县安态特色农产品有限责任公司	安态牌金寨红
	贵州湄潭盛兴茶业有限公司	遵义红牌红茶
	浙江浦江莓蓝芳农业开发有限公司	莓蓝芳牌莓蓝芳红茶
	中国农业科学院茶叶研究所、巴中市农业局	巴中云顶红
	利川金利茶业有限责任公司	云头山牌红茶
	海南省国营乌石农场	白马岭牌白骏红
	寿宁县下党乡岁月康茶厂	岁月康牌工夫红茶
	缙云县轩黄农业发展有限公司	轩黄牌高山土种红茶
	江苏天乙生态茶业科技有限公司	茗鼎牌茗鼎红茶
	凌云县凌春茶业科技园区	桂红牌金钩红茶
	福建省寿宁县天福缘茶厂	京鑫牌寿宁高山红
	苏州天山绿茶业有限公司	天萃牌金骏眉
	云南滇红集团股份有限公司	凤牌工夫红茶
	贵州省湄潭县芸香茶业有限公司	国翠飘香牌遵义红茶·珍品
	山东丹崖春茶业有限公司	丹崖春羽牌丹崖春红
	江西恒泰林业开发有限公司	格物之源牌红茶
	广西金秀县瑶山王茶业有限公司	香哩歌牌红茶
	韶关市曲江罗坑猴采红茶业有限公司	猴采红牌高山古树红茶
	宁海县天顶山茶场	裕竺牌裕竺红茶
	宜兴市桥三茶业专业合作社	华竹牌红茶
	宜兴市太华镇良生茶厂	良生牌良生红茶
	广西金秀瑶族自治县聚福堂茶业有限公司	金秀印象红茶
	宜兴市太华华锦茶场	锦叶牌红茶
	利川市飞强茶业有限责任公司	星斗山牌天宠冷后浑利川红茶
	修水县大椿新华茶厂	山谷翠芽牌宁红金毫
	宜兴市湖父镇永红茶林场	永红牌百岁红
	溧阳市幽香苏茶有限公司	幽香苏牌红茶
	常州日日春农业科技开发有限公司	玉芽芝牌红茶
	海阳锦源健康产业发展有限公司	三皇山牌海阳顶红
	溧阳市神园春茶场	神元春牌红茶
	奉化市雨易茶场	雨易茶庄牌红茶
	宜都市安明有机富锌茶业有限公司	饮博士牌宜红茶

（续）

茶类	单位名称	茶样名称
	泰安市泰山区凡易商贸有限公司	金女儿牌金女儿红茶
	紫阳县科宏茶业有限公司	科宏牌紫阳红茶
	利川市佳兴茶业有限公司	漫山红牌利川红
	翁源县坝仔胜龙名茶生产基地	珠江源牌有机红茶
	溧阳南山禄茶果专业合作社	南山禄牌红茶
	西林王子山有机茶业有限公司	王子山牌町韵
	寿宁县鸾峰茶业有限公司	鸾桥牌金骏福宁眉
乌龙茶（23）	武夷山市幔亭岩茶研究所	幔亭牌大红袍
	武夷山市兰汤岩茶研究所	兰汤牌水仙
	福建大用生态农业综合发展有限公司	大用山牌漳平水仙茶
	武夷山市兰汤岩茶研究所	兰汤牌肉桂
	鹿寨县大乐岭茶业有限公司	大乐岭牌佳人醉
	伟川茶业	黄枝香单丛
	无锡市茶叶研究所有限公司	岚峰牌阳羡青茶
	天泰茶业	蜜兰香
	武夷山市天地人和岩茶研究所	大红袍
	湖北省鹤峰鑫农茶业有限公司	白果牌鹤峰黄金乌龙
	福建漳平鸿鼎农场开发有限公司	永福鸿鼎牌顶级茶
	福建省农业科学院茶叶研究所	福特利牌春闺乌龙茶
	武夷山市其云岩茶有限公司	其云牌大红袍
	福建省武夷山市中远生态茶业有限公司	苑芳牌琴韵一号大红袍
	广东省迎枫阁茶业	黄枝香单丛
	饶平县源雾茶叶专业合作社	怡意芳牌岭头单丛茶
	名丛阁	八仙单丛
	武夷山市其云岩茶有限公司	其云牌水仙
	武夷山市其云岩茶有限公司	其云牌肉桂
	潮州市湘桥区天誉茶厂	天誉牌东方红
	汕头市好韵茶业有限公司	好之韵牌凤凰单丛茶
	福建向荣大芹山茶业发展有限公司	名峰山牌金观音
	潮州市潮安区凤凰高峰茶业有限公司	高峰绿宝牌乌岽蜜兰香
白茶（12）	福建省三山源茶业有限公司	玉琳清语牌白毫银针
	仁化县农业局	丹霞白白茶
	宁德市安记茶业有限公司	骏安牌白茶
	云南象谷茶业有限公司	承启牌古树雪芽

（续）

茶类	单位名称	茶样名称
	福鼎市雅香茶业有限公司	雅古香牌白牡丹
	福建省天鼎茶业有限公司	天鼎牌白牡丹
	福建瑞达茶业有限公司	瑞达牌白毫银针
	福建省天鼎茶业有限公司	天鼎牌白毫银针
	福鼎市雅香茶业有限公司	雅古香牌白毫银针
	勐海县云茶科技有限责任公司	宾牌云茶银针
	福建鼎白茶业有限公司	鼎白牌白牡丹
	西林王子山有机茶业有限公司	王子山牌白露
黑茶（12）	梧州市天誉茶业有限公司	熹誉牌六堡茶 T4102
	广西梧州茂圣茶业有限公司	茂圣牌六堡茶 910609
	广西凌云浪伏茶业有限公司	浪伏牌 12 款黑茶
	羊楼洞茶业股份有限公司	羊楼洞牌小镇故事
	成都市碧涛茶业有限公司	碧涛牌乌润殷馨
	勐海陈升茶业有限公司	陈升号牌天韵
	麻栗坡县平河国信茶叶有限公司	高朋牌普洱之春
	广西八桂凌云茶业有限公司	八桂凌云牌黑宝茶 3 号
	广西梧州金益六堡茶业有限公司	金益牌黑金尖六堡茶
	浙江三农茶业有限公司	黑眉人牌半岭黑茶
	西双版纳鸿泰昌茶叶有限公司	鸿泰昌牌易武弯弓老树普洱（生茶）
	云南易武同庆号茶业有限公司	易武同庆号牌南糯山普洱（熟茶）
黄茶（6）	广西南亚热带农业科学研究所	桂热黄茶
	德清县黄干山镇石颐茶场	石颐牌莫干黄芽
	德清县莫干山镇千亩山茶场	千亩山牌莫干黄芽
	安徽铜锣生态农业有限公司	东方道牌霍山黄芽
	四川川黄茶业集团有限公司	圣山仙茶牌蒙顶黄茶
	德清莫干山东山生态林场有限公司	百亩顶牌莫干黄芽
特种茶（1）	湖南省求喜茶业有限公司	求喜牌银币茶

第二阶段

金奖

茶类	单位名称	茶样名称
	北京吴裕泰茶业股份有限公司	吴裕泰牌茉莉龙针
	广西凌云县凌森茶业有限公司	凌贡牌金毫红茶
	潮州市潮安区凤凰高峰茶业有限公司	高峰绿宝牌乌岽蜜兰香

银奖

茶类	单位名称	茶样名称
	广东丹霞天雄茶叶有限公司	丹霞天雄牌丹霞玉芽
	贵州省黎平县森绿茶业对外贸易有限公司	森绿牌黎平白茶
	贵州湄潭盛兴茶业有限公司	遵义红红茶
	三江侗族自治县仙池茶业有限公司	侗美仙池牌仙池红
	福建漳平鸿鼎农场开发有限公司	永福鸿鼎牌顶级茶

特等奖

茶类	单位名称	茶样名称
红茶（14）	宁波望海茶业发展有限公司	望海峰牌望海茶
	茂名市云开茶业有限公司	云开金鼎牌云开红玉
	广西凌云县正道茶业有限公司	挹翠门红茶
	惠州市鑫山茶业有限公司	鑫茶山牌有机红茶（金萱）
	福建省周宁县沁源春茶业有限公司	今春红牌金丝猴红茶
	台州市桐坑茶业有限公司	绿壳红
	中国农业科学院茶叶研究所巴中市农业局	巴中云顶红
	浙江景宁慧明红实业发展有限公司	慧明红牌红茶
	湖北省齐云春茶业有限公司	皇后鹤红牌红茶
	翁源县七仙子生态茶场	云雾仙子牌丹桂红茶
	宜兴市湖父镇邵坞茶林场	青子岭牌吉祥红
	山东丹崖春茶业有限公司	丹崖春雨牌丹崖春红
	福建省千氏茗茶业有限公司	千氏茗牌坦洋工夫
	青岛少海茶叶有限公司	少海红牌红茶
乌龙茶（3）	深圳玉树堂茶业科技有限公司	醇和园牌单丛
	潮州市潮安区凤凰森峰茶业有限公司	八仙单丛
	福建秀雨农业发展有限公司	秀雨农业牌漳平水仙
白茶（1）	福建自然园茶业有限公司	自然园牌白毫银针
花茶（1）	北京吴裕泰茶业股份有限公司	吴裕泰牌茉莉龙针
特种（绿）茶（1）	安徽吉桐茶叶开发有限公司	笄罩山牌白茶

一等奖

茶类	单位名称	茶样名称
红茶（37）	云南大元昌茶业有限公司	大云红牌滇红金针红茶
	靖西县乐村茶叶有限公司	地州乐村牌高山红茶
	莒南县刘山绿茶厂	刘山牌绿逸茶

（续）

茶类	单位名称	茶样名称
	广西凌云县凌森茶业有限公司	凌贡牌金毫红茶
	浙江龙泉阳光农业有限公司	龙泉红牌红茶
	融水苗族自治县元宝山茶业有限公司	元宝牌元宝红
	广西凌云县凌森茶业有限公司	凌贡牌凌香1号红茶
	茂名市云开茶业有限公司	云开金鼎牌贵妃红红茶
	惠州市鑫山茶业有限公司	鑫茶山牌有机红茶（红玉）
	临沂市兰山区太公现代农业有限公司	姜氏庄园牌有机红茶
	宜兴市灵谷有机茶场	阳羡牌阳羡水仙红
	丹凤秦鼎茶业有限公司	秦鼎牌秦鼎红茶
	云南双江勐库茶叶有限责任公司	勐库牌壹百度红茶
	莒南县老子峪茶业专业合作社	老子峪牌红茶
	资兴市东江库区果树研究所	好地方牌东江楚云仙茶
	炎陵县大院龟龙窝高山乌龙茶园	龟龙窝牌炎陵红茶
	云南天士力帝泊洱生物茶集团有限公司	大叶禅牌红茶-秋水若饴
	广西八桂凌云茶业有限公司	八桂凌云牌凌香1号红茶
	勐海县云茶科技有限责任公司、云南省农业科学院茶叶研究所	宾牌香金针
	广西昭平县天成生态农业有限公司	天成牌昭平红红茶
	莒南县绿逸茶叶专业合作社	刘山牌一品红牡丹
	泉州泉港涂岭红茶叶专业合作社	吴辉木牌海丝源红茶
	广西八桂凌云茶业有限公司	八桂凌云牌金毫红茶
	凌云县八桂凌云雾中缘有机茶专业合作社	金毫红茶
	贵州湄潭盛兴茶业有限公司	遵义红红茶
	广西凌云县老山源茶叶特产有限公司	笕香韵牌金毫
	湛江市茗禾茶业有限公司	茗禾江牌花香红茶
	泉州泉港涂岭红茶叶专业合作社	吴辉木牌丹桂红
	大连市连福茗茶	久元春牌早春芽红
	浙江武义浙星农业开发有限公司	浙星牌红茶
	五峰武陵山茶业股份有限公司	千珠碧牌五峰红
	宜昌市恒生茶叶有限公司	万草先牌宜红金毫
	日照圣谷山茶场有限公司	圣谷山红茶
	泉州泉港涂岭红茶叶专业合作社	吴辉木牌金毫
	日照十德茶业有限公司	日照十德牌仁德红茶
	山东日照公路茶业有限公司	祥路碧海牌日照红

（续）

茶类	单位名称	茶样名称
	重庆市开县龙珠茶业有限公司	龙珠渝红
乌龙茶（10）	福建省武夷山市响岩茶业有限公司	响岩牌肉桂
	潮州市潮安区凤凰金聚顺茶叶专业合作社	乌岽银花香
	璞韵茶业（上海）有限公司	乌岽东方红
	福建省武夷山市响岩茶业有限公司	响岩牌大红袍
	广东省潮州市潮安区凤凰镇顺记茶厂	凤芝茗牌凤凰单丛品系八仙
	福建漳平鸿鼎农场开发有限公司	永福鸿鼎牌特级茶
	潮州市潮安区凤凰嘉茗茶业有限公司	狮涎泉牌宋种单丛
	福建漳平鸿鼎农场开发有限公司	永福鸿鼎牌鼎级茶
	潮州市潮安区凤凰镇迎宾茶庄	乌岽东方红
	福建漳平鸿鼎农场开发有限公司	永福鸿鼎牌顶级茶
黑茶（11）	临沧邦泰昔归庄园有限公司	昔归濮牌昔归沱茶
	云南双江勐库茶叶有限责任公司	勐库牌本味大成普洱茶（生茶）
	临沧邦泰昔归庄园有限公司	昔归濮牌沉韵饼茶
	云南春茗茶业有限责任公司	香竹箐牌古树茶
	临沧邦泰昔归庄园有限公司	昔归濮牌翔盛砖茶
	云南易武同庆号茶业有限公司	易武同庆号牌易武王子山普洱（生茶）
	广西梧州金益六堡茶业有限公司	金益牌六堡茶（茶月饼）
	广西八桂凌云茶业有限公司	八桂凌云牌黑宝茶
	广西凌云县凌森茶业有限公司	八桂凌云牌凌云黑宝茶
	广西梧州茂圣茶业有限公司	茂圣牌六堡茶 910712
	凌云县八桂凌云雾中缘有机茶专业合作社	八桂凌云牌凌云黑宝茶
白茶（5）	福鼎市品缘茶业有限公司	山品缘牌白牡丹
	福建清圆茶业有限公司	大清圆牌白毫银针
	广东丹霞天雄茶叶有限公司	丹霞天雄牌丹霞玉芽
	青岛万里江茶业有限公司	万里江牌万里江白茶
	福建自然园茶业有限公司	自然园牌白牡丹
花茶（3）	重庆西农茶叶有限公司	西农牌西农香剑
	咸宁市幕山茶业有限公司	幕峰牌幕峰桂花茶
	重庆西农茶叶有限公司	西农牌西农毛尖
特种（绿）茶（7）	江西井茗茶叶有限公司	井茗晨露牌井茗贡皇
	江苏鑫品茶业有限公司	鑫园牌抹茶
	贵州涵龙生物科技有限公司、清华启迪科技园丹寨创新基地	涵龙牌铁皮石斛伴生红茶

（续）

茶类	单位名称	茶样名称
	云南天士力帝泊洱生物茶集团有限公司	帝泊洱牌即溶菊普茶珍
	新洲区杨山龙岩茶场	楊山牌通禅湖禅茶
	贵州省黎平县森绿茶业对外贸易有限公司	森绿牌黎平白茶
	黟县柯兰茶林有限公司	柯兰牌特种茶

China Tea

The World Largest Tea Producing Country